威远年鉴

WEIYUAN YEAR BOOK

2017

威远县史志办公室 编

方志出版社

图书在版编目（CIP）数据

威远年鉴.2017/威远县史志办公室编.—北京：方志出版社，2017.12

ISBN 978-7-5144-2893-3

Ⅰ.①威… Ⅱ.①威… Ⅲ.①威远县—2017—年鉴
Ⅳ.① Z527.14

中国版本图书馆CIP数据核字（2017）第321399号

威远年鉴（2017）

编　　者：威远县史志办公室
责任编辑：黄　彦

出 版 人：冀祥德
出 版 者：方志出版社
　　地址　北京市朝阳区潘家园东里9号（国家方志馆四层）
　　邮编　100021
　　网址　http://www.fzph.org
发　　行：方志出版社发行中心
　　电话（010）67110500
经　　销：各地新华书店
印　　刷：成都市金雅迪彩色印刷有限公司

开　　本：889×1194　1/16
印　　张：23.5
字　　数：751千字
版　　次：2017年12月第1版　　2017年12月第1次印刷
印　　数：001~500册

ISBN 978-7-5144-2893-3　　定价：260.00元

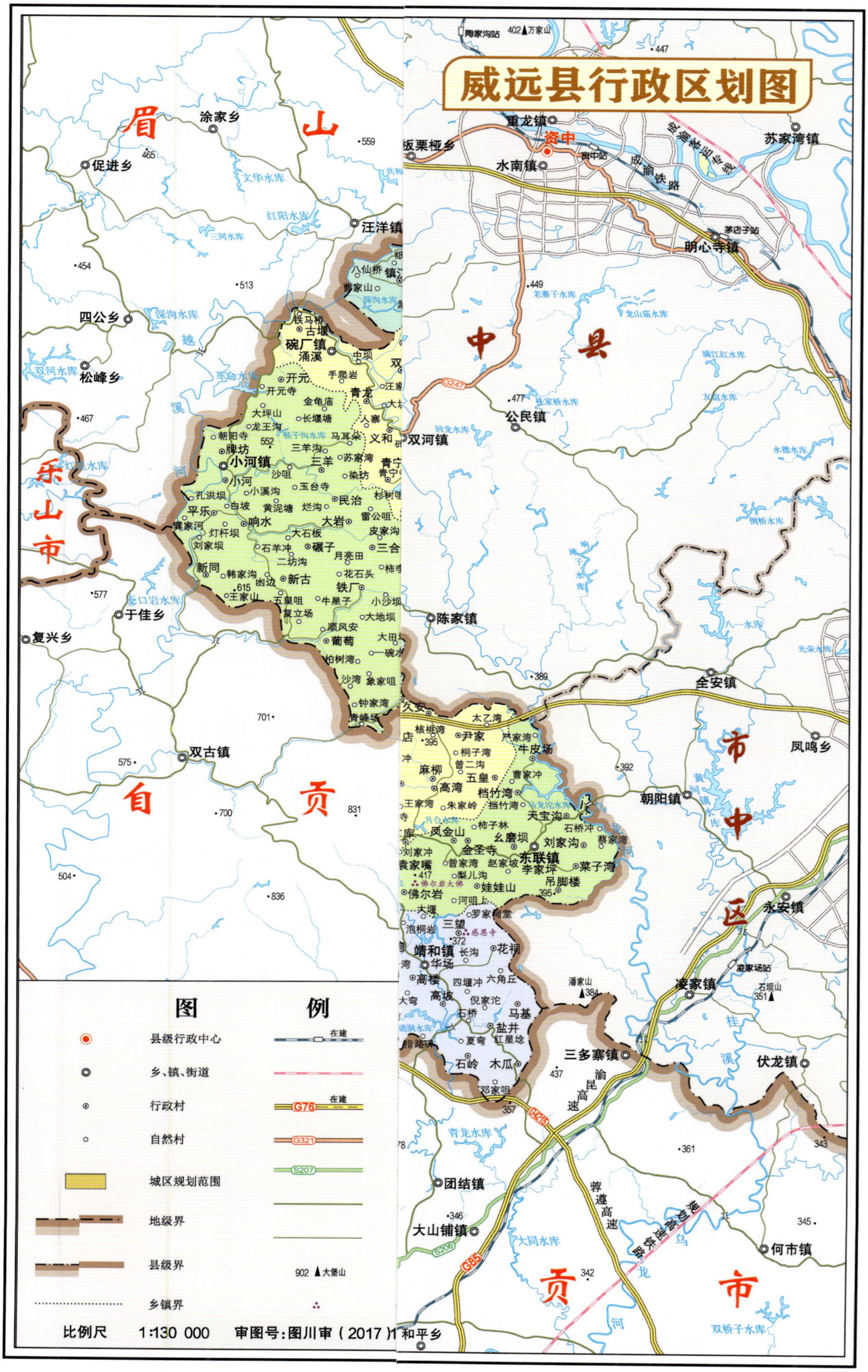

成都地图出版社 2017年12月

STANLEY

婆城新貌

婆城新貌 （冷国文摄）

2016年1月26日，县委、县政府召开全县脱贫攻坚大会，传达学习中央、省、市脱贫攻坚工作会议精神，安排部署全县脱贫攻坚工作
（县委宣传部供图）

2016年2月23日，内江市川商返乡创业投资推介会在成都锦江宾馆举行，会议评选出“十大杰出内江籍在外企业家”和“优秀内江籍在外企业家”10名。李海、吴雄飞、缪克良、李自树等4名威远籍企业家上榜
（孔小维供图）

2016 年 3 月 9 日至 11 日，中国首届无花果产业发展大会在威远县召开　　（县委宣传部供图）

2016 年 6 月 19 日，石板河景区开发建设动工。该项目按国家 AAAAA 级景区标准打造，总投资 20 亿元，分三期工程进行，打造以亲水游乐为主题的水上乐园。图为动工仪式现场　　（冷国文摄）

2016年7月24日至28日，中国共产党威远县第十四次代表大会召开。会议选举产生中国共产党威远县第十四届委员会委员、候补委员和中国共产党威远县第十四届纪律检查委员会委员。图为7月25日大会会场

（县委宣传部供图）

2016年8月5日，威远县第十六届人民代表大会第一次会议在威远县城举行　（县委宣传部供图）

2016年8月4日，中国人民政治协商会议威远县第十届委员会第一次会议召开　（余远文摄）

2016年7月13日，威远县无花果种植科普示范基地（威远县无花果公园）入列四川省农业厅省级示范农业主题公园认定名单。图为无花果湖（余远文摄）

2016年11月28日，威远县创建省级卫生县城工作正式启动。图为县城一角　（余远文摄）

2016年10月31日，威双路路面改造第一期工程完工并通车　（县交通局供图）

2016年12月5日至6日，副省长王铭晖、省政协副主席陈文华到扶贫联系点——威远县连界镇船石村，宣讲党的十八届六中全会、省委十届九次全会精神，开展“走基层、送温暖”活动，走访慰问贫困群众，调研督导脱贫攻坚、新村建设等工作（内江日报社供图）

骑龙坳云瀑 （余远文摄）

俩母山日出　　（夏向前摄）

风垭寺赏雪

（夏向前摄）

石板河踩水　（陈宁摄）

四方湖晚霞　（曾建涵摄）

威远特产

中国农产品地理标志登记保护产品：沐春复立茶　（冷国文摄）

大头菜　（余远文摄）

中国地理保护标志产品

威远无花果　（虞崇宁摄）

七星椒　（余远文摄）

四川省名优水果：威远柠檬　（余远文摄）

樱桃　（冷国文摄）

威远年鉴编纂委员会

顾　　问：张　勇　周功会　马　炬　刘浑源
主　　任：李　磊
副 主 任：胡林仁　王学斌　王志远
委　　员：刘期文　袁成援　倪永秋　汪世秀　申宏伟　许　可
官荣常　樊元全　倪毅中　欧东林　滕学礼　冷国文
黄　森　李吉强　廖天清

威远年鉴编辑部

主　　编：冷国文
副 主 编：李吉强　廖天清
执行主编：樊碧贞
编　　辑：刘斌杰　余智慧　蒋再鹏　汪　明　刘亚鸿　周　超
编务人员：张俊远　黄翠英　谭忠友
封面题字：余相儒
封面摄影：左宗良

地　　址：四川省威远县严陵镇西街2号
邮　　编：642450
电　　话：0832-8222362
邮　　箱：wyszb2011@163.com

编辑说明

一、《威远年鉴（2017）》以马克思列宁主义、毛泽东思想、邓小平理论、“三个代表”重要思想、科学发展观、习近平新时代中国特色社会主义思想为指导，坚持辩证唯物主义和历史唯物主义的立场、观点和方法，全面、客观、系统地记述2016年1月1日至12月31日威远政治、经济、文化和社会发展的基本情况，为各级领导、决策者、管理者以及社会各界了解和研究威远提供基本资料，并为志书编纂做必要的资料准备。

二、《威远年鉴（2017）》按分类编辑法，设特载、威远概览、2016年大事记、中共威远县委、威远县人民代表大会、威远县人民政府、政协威远县委员会、纪检监察、社会团体、法治、军事、综合经济管理、农业、工业、商贸与服务业、环境保护、城市建设与管理、交通·邮政·通信、教育、科学技术、文化、卫生·体育、人力资源和社会保障、社会生活、镇域概况、人物、先进名录、附录等28个类目，条目为记述的基本单位，其标题用黑体加“【】”表示。

三、“先进名录”收录威远县在2016年内受到国家级部门、中共四川省委、四川省人民政府、中共内江市委、内江市人民政府、内江军分区、中共威远县委、威远县人民政府与部分省级部门表彰的先进集体和先进个人。

四、年鉴中收录的各单位领导干部名录、各村（社区）负责人名单均以记述年度内实际任职时间为准。先进单位、先进个人名录则以记述年度内获奖文件的时间为准。

五、《威远年鉴》所载信息资料和图片均由各单位提供，经年鉴编辑部整理编纂，并经年鉴编纂委员会审核而成。文中“年内”指2016年，“上年”则指2015年。主要数据由威远县统计局提供，部分数据经撰稿单位核实后提供。除“特载”内容外，条文中计量单位“亩”“公斤”“公里”对应换为“公顷”“千克”“千米”。

六、《威远年鉴（2017）》卷首有中文目录和英文要目，卷末有按汉语拼音排列的主题分析索引，读者所需信息可由目录、索引获得。

目　录

特　载

立足转型　加快发展　以优异成绩向党的十九大献礼
中共威远县委副书记　罗　平 …………………… 1
政府工作报告
威远县人民政府县长　马　炬 …………………… 9
威远县“两学一做”学习教育
中共威远县委组织部 …………………… 16

威远概览

基础县情 …………………… 18
地理位置 …………………… 18
地质地貌 …………………… 18
建置沿革 …………………… 19
区划人口 …………………… 19
民族宗教 …………………… 19
自然资源 …………………… 19
土特名产 …………………… 19
气候 …………………… 20
名胜古迹 …………………… 21
文化遗存 …………………… 21
威远名人 …………………… 21
国民经济和社会发展状况 …………………… 22
概况 …………………… 22
农业 …………………… 22
工业 …………………… 23
固定资产投资和建筑业 …………………… 23
国内贸易和对外经济 …………………… 24
交通旅游和邮电通信 …………………… 24
财政、金融和保险 …………………… 24
教育和科学技术 …………………… 24
文化、卫生和体育 …………………… 24
市政建设、环境保护和安全生产 …………………… 25
人口、人民生活和社会保障 …………………… 25
组织机构及负责人 …………………… 26

2016 年大事记

1 月 …………………… 37
2 月 …………………… 37
3 月 …………………… 37
4 月 …………………… 38
5 月 …………………… 38
6 月 …………………… 39
7 月 …………………… 39
8 月 …………………… 40
9 月 …………………… 40
10 月 …………………… 41
11 月 …………………… 41
12 月 …………………… 41

中共威远县委

综　述 …………………… 43
概况 …………………… 43
政治建设 …………………… 43

经济建设 …… 44
社会建设 …… 44
党的建设 …… 44
全面深化改革 …… 45
综合协调服务 …… 46
政策研究 …… 46
目标督查 …… 46
重要决策 …… 47
新型农业经营体系专项改革 …… 47
脱贫攻坚 …… 47
工业强县产业兴县决定 …… 47
第十三个五年规划制定建议 …… 47
“两学一做”学习教育实施方案 …… 47
全面创新改革驱动转型发展实施意见 …… 47
农村土地经营权专项改革 …… 48
供给侧结构性改革意见 …… 48
公务用车制度改革实施方案 …… 48
现代公共文化服务体系构建 …… 48
全面加强改革落实工作 …… 48
农村基层党的建设 …… 48
人才发展体制机制改革意见 …… 48
县委重要会议 …… 49
中国共产党威远县第十三届委员会第十次全体会议 …… 49
中国共产党威远县第十四次代表大会 …… 49
中共威远县委第十三届常委会会议 …… 49
中共威远县委第十四届常委会会议 …… 51
组织工作 …… 52
概况 …… 52
干部人事制度改革 …… 52
干部监督管理 …… 53
县镇村换届风气监督 …… 53
人才工作 …… 53
基层党组织建设 …… 53
党员教育管理 …… 54
党内民主建设 …… 54
大学生村干部工作 …… 54
党员干部现代远程教育工作 …… 54
非公经济和社会组织党建工作 …… 54
党建促脱贫攻坚工作 …… 54
科级领导班子综合分析研判 …… 54
“五个优先五不提名”工作法 …… 55
“经管人才+”体系助推企业创新发展 …… 55
制定“三张清单”推动党建责任落实 …… 55
“四联四包”压实村（社区）“两委”换届工作责任 …… 55
党建“智能化” …… 55
宣传工作 …… 55
概况 …… 55
公民道德教育 …… 56
基层宣传思想文化 …… 56
舆论引导工作 …… 57
理论宣讲新探索 …… 57
文化惠民 …… 57
网络管理 …… 57
统一战线工作 …… 57
概况 …… 57
党外代表人士工作 …… 58
非公有制经济领域统一战线工作 …… 58
民族宗教领域统一战线工作 …… 58
对台工作 …… 58
概况 …… 58
台商台企服务 …… 58
信访工作 …… 59
概况 …… 59
信访案件复查 …… 59
积案化解工作 …… 59
矛盾纠纷排查化解 …… 59
信访法治化建设 …… 59
县直机关党建 …… 60
概况 …… 60
干部驻村帮扶工作 …… 61
志愿服务和党员义工日活动 …… 61
机构编制管理 …… 61
概况 …… 61
园区体制机制创新 …… 61

扶贫机构增设 …… 61
经济发达镇行政管理体制改革 …… 61
事业单位改革 …… 62
民生事业保障 …… 62
机构编制管理 …… 62
老干部工作 …… 62
概况 …… 62
老干部政策待遇落实 …… 62
老干部作用发挥 …… 63
党校（行政学院）工作 …… 63
概况 …… 63
科研教研 …… 64

威远县人民代表大会

综 述 …… 65
概况 …… 65
监督工作 …… 65
决定重大事项 …… 65
人事任免 …… 65
代表工作 …… 67
概况 …… 67
人大代表 …… 68
重要会议 …… 69
县第十五届人民代表大会第六次会议 …… 69
县第十六届人民代表大会第一次会议 …… 69
县第十六届人民代表大会第二次会议 …… 70
县人大常委会会议 …… 70
主任会议 …… 72
“脱贫攻坚——人大代表再行动”活动 …… 72
概况 …… 72
“人大代表联系帮扶再行动” …… 73
“人大代表送温暖再行动” …… 73

威远县人民政府

综 述 …… 74
概况 …… 74
县地区生产总值首次突破300亿元 …… 74
转型升级加快 …… 74
统筹城乡发展 …… 75
民生实事 …… 75
政府自身建设 …… 76
文会办理 …… 76
县政府重要会议 …… 76
县政府常务会议 …… 76
人大、政协联络工作 …… 77
人大代表议案办理 …… 77
人大代表建议办理 …… 78
政协委员提案办理 …… 78
招商引资 …… 78
概况 …… 78
招商“三大”行动 …… 78
返乡创业“回家工程” …… 79
行政审批服务管理 …… 79
概况 …… 79
“放管服”工作 …… 79
镇便民服务中心工作 …… 80
三级联审 …… 80
互联网+政务服务 …… 80
公共资源交易监管 …… 80
外事侨务 …… 80
外事工作 …… 80
侨务工作 …… 81
威远县基本侨情摸底调查工作完成 …… 81
扶贫工作 …… 81
概况 …… 81
财政专项扶贫资金项目 …… 81
财政专项扶贫资金（第二批） …… 81
市级财政专项扶贫资金项目 …… 82
市级财政专项扶贫资金（第二批） …… 82
产业扶持基金项目 …… 82
脱贫攻坚 …… 82
“栋梁工程” …… 82
应急管理 …… 82

概况 …… 82
应急演练 …… 82
应急队伍建设 …… 82
应急保障 …… 82
宣教培训 …… 82
应急处置 …… 83

政协威远县委员会

综　述 …… 84
概况 …… 84
政治协商 …… 84
参政议政 …… 84
民主监督 …… 84
提案办理 …… 85
社情民意 …… 85
委员活动 …… 86
文史活动 …… 86
联系联络 …… 86
政协委员 …… 86
政协重要会议 …… 87
县政协九届六次全体会议 …… 87
县政协十届一次全体会议 …… 88
县政协常委会议 …… 88
主席会议 …… 89

纪检监察

综　述 …… 90
概况 …… 90
党风廉政建设 …… 90
纪律建设 …… 91
源头治理 …… 91
违纪案件查处 …… 91
威远县纪委承办内江市纪检监察机关第一期“审理讲坛” …… 91
重要会议 …… 92
中国共产党威远县第十三届纪律检查委员会第八次全体会议 …… 92
县2016年上半年党风廉政建设社会评价工作动员会议 …… 92
中国共产党威远县第十四届纪律检查委员会第一次全体会议 …… 92
县2016年下半年党风廉政建设社会评价工作推进会议 …… 92
省纪检监察学会在威远召开全面从严治党座谈会 …… 92

社会团体

威远县工商业联合会 …… 93
概况 …… 93
服务区域经济社会及助力脱贫攻坚 …… 93
会员服务工作 …… 94
参政议政 …… 94
威远县总工会 …… 95
概况 …… 95
劳动竞赛活动 …… 95
就业帮扶 …… 96
劳动者风采宣传 …… 96
“金秋助学”活动 …… 96
工会组织建设 …… 97
工资集体协商 …… 97
职工文化体育活动 …… 97
共青团威远县委员会 …… 98
概况 …… 98
新媒体思想舆论引导 …… 98
SYE 项目 …… 98
青少年关爱行动 …… 98
青少年思想道德建设 …… 99
青少年违法犯罪预防 …… 99
威远县青年企业家协会成立 …… 99
“阳光助残——为你阅读世界”获中国青年志愿服

务项目大赛铜奖 …… 99
"城乡儿童心连心"志愿义卖募捐活动 …… 99
威远县妇女联合会 …… 99
概况 …… 99
威远县妇联召开第十届执委会第八次会议 …… 99
基层组织建设 …… 100
妇女创业就业服务 …… 100
维护妇女儿童合法权益 …… 100
开展贫困救助 …… 100
和谐创建活动 …… 101
"两纲"实施工作 …… 101
威远县科学技术协会 …… 101
概况 …… 101
科普宣传 …… 102
科普培训 …… 102
科普惠农 …… 102
威远县老科技工作者协会成立 …… 102
威远县科协五届十次全委会 …… 103
县第31届青少年科技创新大赛 …… 103
威远县2016年全国科普日科普益民进社区宣传活动 …… 103
威远县归国华侨联合会 …… 103
概况 …… 103
县侨联四届十次全委会议 …… 103
威远县文学艺术界联合会 …… 103
概况 …… 103
文艺创作 …… 104
威远县2016年文联工作会召开 …… 104
威远县首届美术作品展在大千美术馆举行 …… 105
威远县红十字会 …… 105
概况 …… 105
备灾救灾 …… 105
应急救护培训 …… 105
人道救助 …… 106
"三献"工作 …… 106
项目建设工作 …… 106
威远县残疾人联合会 …… 106
概况 …… 106
0—6岁残疾儿童筛查 …… 106
残疾人精准扶贫 …… 107
假肢装配筛查 …… 107
组团参加省市残疾人文化艺术节 …… 107
威远县社会科学界联合会 …… 107
概况 …… 107
社科成果 …… 107
威远县关心下一代工作委员会 …… 108
概况 …… 108
保障机制落实 …… 108
主题教育实践活动 …… 108
"五个一千""学雷锋"实践活动 …… 109
调研工作 …… 109
青少年维权岗活动 …… 109
助学助残助困活动 …… 109
"五失"青少年关爱 …… 109

法　治

政法委及综治 …… 110
概况 …… 110
法治威远建设 …… 110
平安威远建设 …… 111
涉法涉诉信访工作 …… 111
大调解工作 …… 112
网格化服务管理 …… 112
铁路护路 …… 112
挂牌督办 …… 112
维稳处突工作 …… 112
威远县法学会正式成立 …… 113
法治政府建设 …… 113
概况 …… 113
行政执法管理和程序 …… 113
行政规范性文件的制定和审查 …… 113
行政执法监督检查 …… 113
行政复议 …… 114
行政调解 …… 114

行政权力清理 …… 114
行政权力运行 …… 114
公　安 …… 114
概况 …… 114
治安管理 …… 115
户籍管理 …… 115
出入境管理 …… 115
公安法治 …… 115
消防 …… 115
巡逻防范 …… 115
深化公安改革 …… 115
“群众的110，你我的30年”主题集中宣传活动 …… 115
县忠诚服务奖章授予仪式 …… 115
检　察 …… 115
概况 …… 115
反贪污贿赂 …… 116
反渎职侵权检察 …… 116
职务犯罪预防 …… 116
刑事检察 …… 116
刑事诉讼监督 …… 116
控告申诉检察 …… 116
民事行政检察 …… 116
刑事执行检察 …… 116
未成年人刑事检察 …… 116
检务保障 …… 117
检察体制改革创新 …… 117
检务公开 …… 117
首批入额检察官选定 …… 117
“检察开放日”活动 …… 117
发挥检察职能服务和保障县域经济社会发展实施意见 …… 118
法　院 …… 118
概况 …… 118
司法便民利民 …… 119
审判管理 …… 119
司法公开 …… 119
县人民法院淘宝网司法拍卖首次网拍 …… 119
首批环保行政非诉审查案件 …… 119
“院领导办案月”活动启动 …… 120
全省首例代替考试罪案件 …… 120
县人民法院执行指挥中心建成 …… 120
司法行政 …… 120
概况 …… 120
基层司法工作 …… 121
人民调解 …… 121
帮教安置及社区矫正 …… 121
法律援助 …… 121
律师工作 …… 121
公证服务 …… 121
司法鉴定 …… 121
威远开展首个全民国家安全教育日学习宣传活动 …… 121
法治动漫《对家庭暴力说不》获内江市影视作品大赛一等奖 …… 122
四川听天律师事务所成立 …… 122

军　事

人民武装部 …… 123
概况 …… 123
战备和维稳工作 …… 123
民兵整组和国防潜力调查 …… 123
军事训练 …… 124
征兵工作 …… 124
参建参治 …… 124
规范化建设 …… 124
安全工作 …… 124
县武警中队 …… 124
概况 …… 124
思想政治教育 …… 124
执勤处突 …… 125
部队管理 …… 125
后勤保障 …… 125
预备役 …… 125

概况 …… 125
思想政治建设 …… 125
战备训练 …… 125
正规化管理 …… 125
参建参治 …… 126
人民防空 …… 126
概况 …… 126
人防警报建设 …… 126
人防行政审批 …… 126

综合经济管理

发展规划与经济体制改革 …… 127
概况 …… 127
项目管理与固定资产投资 …… 127
规划编制及经济运行分析 …… 130
国债资金争取 …… 130
农村产权制度改革 …… 131
产权交易流转服务体系 …… 132
农村金融制度改革 …… 132
物价管理 …… 132
价格管理 …… 132
价格认证 …… 132
价格监督检查 …… 132
招投标管理 …… 132
国土资源管理 …… 132
概况 …… 132
土地资源保护 …… 133
地质灾害防治 …… 133
矿政管理 …… 134
脱贫攻坚 …… 134
不动产登记 …… 134
工商行政管理 …… 134
概况 …… 134
“五证合一”改革 …… 136
“三证整合”改革 …… 136
“归雁”经济发展 …… 136
电子商务发展服务 …… 136
“个转企”工程推进 …… 136
商标兴县战略实施 …… 136
小微企业发展扶持 …… 136
企业定点帮扶 …… 136
非公党建工作 …… 136
信用监管有力推进 …… 137
“红盾春雷行动 2016” …… 137
网络市场监管 …… 137
专项执法 …… 137
流通领域商品质量监管 …… 137
赔偿先行制度建设试点 …… 137
消费维权工作 …… 137
质量技术监督管理 …… 137
质量监督管理 …… 137
标准化管理 …… 138
计量监督管理 …… 138
特种设备安全监察 …… 138
行政执法监督管理 …… 138
安全生产监督管理 …… 138
概况 …… 138
安全社区创建 …… 139
安全隐患排查 …… 139
打非治违工作 …… 139
矿山安全管理 …… 139
矿山安全标准化建设 …… 139
危险化学品及烟花爆竹监管 …… 139
职业健康安全管理 …… 140
安全教育培训 …… 140
食品药品监督管理 …… 140
概况 …… 140
宣传培训 …… 141
依法行政 …… 141
食品药品专项整治 …… 141
风险监测检验 …… 142
应急管理 …… 142
案件查处 …… 142
四川省食品安全示范县通过评估验收 …… 142

统计管理 …… 142
概况 …… 142
依法统计 …… 143
重大国情国力普查和重点统计局调查 …… 143
基本单位名录库规范化建设 …… 143
2016 年全县主要经济指标运行情况 …… 144
金融管理 …… 144
概况 …… 144
金融环境优化 …… 145
支持企业发展 …… 145
金融创新步伐加快 …… 145
货币政策落实 …… 145
金融改革 …… 146
金融监管与服务 …… 146
金融精准扶贫 …… 146
普惠金融服务体系建设 …… 146
金融知识普及工作 …… 147
打击假币犯罪 …… 147
“全面经理国库”建设 …… 147
财 政 …… 147
概况 …… 147
财政管理 …… 148
政府性债务管控 …… 149
国家税务 …… 149
概况 …… 149
依法行政 …… 149
税收征管 …… 150
税务稽查 …… 150
地方税务 …… 150
概况 …… 150
税收征管 …… 150
税收检查 …… 151
依法治税 …… 151
税法宣传和纳税服务 …… 151
审计管理 …… 151
概况 …… 151
财政预、决算审计 …… 152
经济责任审计 …… 152
固定资产投资审计 …… 152
专项资金审计 …… 152
国有资产投资管理 …… 152
概况 …… 152
工程建设 …… 153
投资转型 …… 153
城乡经济调查 …… 153
网点分布 …… 153
信息搜集整理 …… 153

农　业

综　述 …… 154
农业生产 …… 154
农业结构调整 …… 155
万亩无花果产业示范片 …… 155
幸福美丽新村建设 …… 156
农业产业重点片建设 …… 156
“四好村”创建 …… 156
村落环境整治 …… 156
扶贫新村建设工程 …… 156
政策性农业保险 …… 156
农业技术推广 …… 156
农业产业化经营 …… 156
休闲农业 …… 157
高标准农田建设 …… 157
农村电商 …… 157
种植业 …… 157
概况 …… 157
无花果种植 …… 158
大头菜种植 …… 158
设施蔬菜种植 …… 158
茶叶种植 …… 158
白萝卜种植 …… 158
植物保护 …… 158
种子及农资经营 …… 158
农村经营管理 …… 158

农村财务管理 …… 158
农村合作经济组织建设 …… 158
农产品质量安全 …… 159
农产品质量安全监管 …… 159
无公害农产品生产 …… 159
农业机械化 …… 159
农机化建设 …… 159
农机购置补贴 …… 159
农机安全 …… 159
林 业 …… 159
概况 …… 159
天然林保护工程 …… 159
退耕还林工程及成果专项建设 …… 160
植树造林 …… 160
林业科技推广 …… 160
林业有害生物防控 …… 160
林地管理 …… 160
野生动植物保护管理 …… 160
木材经营加工管理 …… 160
森林防火 …… 160
森林公安 …… 161
集体林权制度改革 …… 161
畜禽养殖 …… 161
概况 …… 161
畜禽养殖规模化、标准化发展 …… 161
畜牧示范园区建设 …… 161
良种补贴与品种改良工作 …… 161
禽养殖管理及污染治理工作 …… 161
畜禽养殖技术培训及畜牧科技推广工作 …… 162
动物疫病防控 …… 162
饲料质量监督管理 …… 162
水产渔政 …… 162
概况 …… 162
禁渔期渔政检查 …… 162
龙会镇特种水产养殖示范村 …… 162
高石镇甲鱼养殖示范村 …… 162
向义镇休闲渔业示范村 …… 162
威远县昌琪特种水产渔场 …… 162
甲鱼深加工产业 …… 162
全国水产品质量安全示范县创建 …… 163
水 利 …… 163
概况 …… 163
防汛抗旱 …… 163
防洪治理工程 …… 164
抗旱应急水源工程 …… 164
山洪灾害防治项目 …… 164
水土流失治理 …… 164
水土保持预防监督 …… 164
小型水利工程确权颁证 …… 164
春灌用水 …… 164
水利工程蓄水 …… 164
新增蓄引提水能力 …… 165
农村饮水安全项目 …… 165
水资源管理 …… 165
水生态文明建设 …… 165
水政执法 …… 165
长葫管理 …… 165
概况 …… 165
供水服务 …… 166
防汛管理 …… 166
工程管养维护 …… 166
水政水资源保护与管理 …… 166
团结渠大田口渡槽整治工程 …… 166

工 业

综 述 …… 167
概况 …… 167
技改投入 …… 167
产业结构 …… 167
钒钛合金产业 …… 172
概况 …… 172
川威集团 …… 172
精细化工产业 …… 173
概况 …… 173

建业集团 …… 173
建材新材料产业 …… 173
概况 …… 173
四川威玻新材料集团有限公司 …… 173
四川白塔新联兴陶瓷集团公司 …… 174
四川威远西南水泥有限公司 …… 174
绿色食品产业 …… 174
概况 …… 174
威远县黄老五土特产食品有限公司 …… 174
四川省复立茶业有限公司 …… 175
四川久润泰科技有限公司 …… 175
电子机械产业 …… 175
概况 …… 175
四川省金镭铸业有限公司 …… 175
其他产业 …… 176
概况 …… 176
内江市沙湾煤业有限公司 …… 176
四川百胜药业有限公司 …… 176
严陵工业园区 …… 176
概况 …… 176
园区重点项目建设 …… 177
园区科技企业孵化器建设 …… 177
安全与环境保护 …… 177
连界工业园区 …… 178
概况 …… 178
帮扶企业 …… 178
项目建设 …… 178
自主创新 …… 178
依法治园 …… 179
镇西食品工业园区 …… 179
概况 …… 179
产企对接 …… 179
产业融合 …… 179
品牌建设 …… 179
电子商务 …… 180

商贸与服务业

商贸服务业发展 …… 181
概况 …… 181
重点项目建设 …… 181
对外经贸 …… 181
电子商务 …… 181
概况 …… 181
电子商务实体规模壮大 …… 182
农产品上行销售量扩增 …… 182
电商带动产业基地建设 …… 182
电子商务培训 …… 182
电子商务基础设施建设 …… 182
农资供销 …… 182
概况 …… 182
农资供应 …… 183
庄稼医院 …… 183
项目建设 …… 183
农民专业合作社 …… 183
再生资源管理 …… 183
粮食流通 …… 183
概况 …… 183
储备粮管理 …… 184
市场监管 …… 184
烟草专卖 …… 185
概况 …… 185
营销管理 …… 185
法规宣传 …… 185
烟草市场专项整治行动 …… 185
食盐专卖 …… 185
概况 …… 185
盐政执法 …… 185
盐政宣传 …… 186
2016年夏季食盐安全整治行动 …… 186
旅游业 …… 186
概况 …… 186

船石湖旅游小镇建设 …… 186
石板河旅游景区建设 …… 186
银花山庄乡村旅游提升示范项目 …… 187
旅游项目包装宣传 …… 187
旅游宣传 …… 187
旅游扶贫 …… 187
旅游行业监管 …… 187
银　行 …… 188
中国农业发展银行威远县支行 …… 188
中国工商银行威远支行 …… 188
中国农业银行威远县支行 …… 188
中国银行威远支行 …… 189
中国建设银行股份公司威远支行 …… 189
中国邮政储蓄银行威远县支行 …… 190
内江兴隆村镇银行威远支行 …… 190
威远农商银行 …… 190
保险与证券 …… 191
中国人民财产保险股份有限公司威远支公司 …… 191
中国人寿保险股份有限公司威远县支公司 …… 191
光大证券股份有限公司内江威远县南大街证券营业部 …… 192

环境保护

综　述 …… 193
环境质量状况 …… 193
源头控制 …… 193
突出环境问题整改 …… 193
污染治理 …… 193
流域治理 …… 193
主要污染物总量减排 …… 194
大气污染防治 …… 194
饮用水水源保护 …… 194
环境监管 …… 195
概况 …… 195
危险废物管理 …… 195
环境监察执法 …… 195
环境质量监测 …… 195
环保宣传 …… 195
产地环境动态监控 …… 196
农业面源污染治理 …… 196
生态绿化 …… 196
概况 …… 196
生态绿化工程 …… 196

城市建设与管理

住房与城乡规划建设 …… 197
概况 …… 197
村镇建设 …… 197
规划编制 …… 197
规划管理 …… 198
市政建设 …… 198
市政设施 …… 198
市政管理 …… 198
温家坝五云东路（含温家坝桥梁工程）及滨河景观 …… 198
吴荣路快速通道威远城区段一期一标段 …… 199
威远河（清溪河）综合治理一期工程 …… 199
园林绿化 …… 199
概况 …… 199
景观绿化工程建设 …… 200
建筑业管理 …… 200
建筑勘察设计 …… 200
建筑施工管理 …… 200
建设质量监督 …… 201
新墙体及散装水泥管理 …… 201
招投标管理 …… 202
房地产管理 …… 202
房地产市场管理 …… 202
物业管理 …… 202
保障性安居工程建设 …… 202
白蚁防治 …… 202
房地产权属登记 …… 202

青龙山公园一期安置房分配 …… 202
城市管理 …… 202
概况 …… 202
城管信息化建设 …… 203
市容管理 …… 203
扬尘治理 …… 203
人力客运三轮车退出营运市场 …… 203
环卫管理 …… 203
生活垃圾处理 …… 203
城乡环境综合治理 …… 204
“农村生活垃圾治理全覆盖”攻坚行动 …… 204
“环境质量大改善”攻坚行动 …… 204
“设施建设增投入”攻坚行动 …… 204
“城镇品质大提升”攻坚行动 …… 204
“示范创建作引领”攻坚行动 …… 204
“文明新风促和谐”攻坚行动 …… 205
供　水 …… 205
概况 …… 205
供水管理 …… 205
供水价格 …… 205
供　电 …… 206
概况 …… 206
安全工作 …… 206
经营管理 …… 206
解决历史遗留问题 …… 206
供　气 …… 206
概况 …… 206
威远港华燃气有限公司 …… 207
居民生活用气阶梯价格制度实施 …… 207

交通·邮政·通信

交　通 …… 208
概况 …… 208
交通运输 …… 208
养护管理 …… 208
路政管理 …… 208
行政管理 …… 209
水上交通 …… 209
交通安全 …… 210
国防交通战备建设 …… 210
国防交通保障 …… 210
邮　政 …… 211
概况 …… 211
业务发展 …… 211
安全管理 …… 211
服务地方 …… 211
电　信 …… 211
概况 …… 211
“宽带中国·光网威远”工程建设 …… 212
业务经营 …… 212
服务管理 …… 212
移动通信 …… 212
概况 …… 212
网络建设 …… 213
服务地方 …… 213
联合网络通信 …… 213
概况 …… 213
网络建设 …… 213

教　育

综　述 …… 214
概况 …… 214
教育扶贫 …… 215
威远县中小学生学籍管理工作经验在全国交流 …… 215
学前教育 …… 216
概况 …… 216
威远县第一幼儿园 …… 216
威远县第二幼儿园 …… 217
义务教育 …… 217
概况 …… 217
威远县被认定为全国义务教育发展基本均衡县 …… 217
威远县严陵镇中心学校 …… 218

威远县实验小学 …… 218
四川省威远县严陵中学 …… 219
威远县第一初级中学 …… 219
普通高中教育 …… 220
概况 …… 220
威远中学校 …… 223
威远县龙会中学 …… 223
威远县竞力学校 …… 223
职业教育 …… 224
概况 …… 224
威远县职业技术学校 …… 224
特殊教育 …… 225
概况 …… 225
威远县特殊教育学校 …… 225
成人教育 …… 226
概况 …… 226
内江广播电视大学威远分校 …… 226
威远县被教育部确定为全国社区教育实验区 …… 226
民办教育 …… 227
概况 …… 227
威远县自强中学校 …… 227

科学技术

综　述 …… 229
概况 …… 229
科技创新 …… 229
科技富民 …… 230
科技计划 …… 230
科技成果与知识产权 …… 231
科技成果 …… 231
知识产权 …… 231
气象测报 …… 232
概况 …… 232
公共气象服务 …… 233
气象为农服务 …… 233
气象防灾减灾体系建设 …… 233
气象科普宣传 …… 233
主要天气气候事件 …… 233

文　化

综　述 …… 235
概况 …… 235
文化市场监管 …… 235
威远县图书馆 …… 236
文化惠民 …… 236
公共文化服务体系建设 …… 236
群众文化活动 …… 236
文化精品工程 …… 236
文化遗产保护 …… 236
非物质遗产保护 …… 236
文物保护 …… 236
档案管理与编研 …… 239
概况 …… 239
行政执法与政策法规宣传 …… 239
重大建设项目档案 …… 239
园区档案管理 …… 239
企事业单位档案工作 …… 239
档案资源体系建设 …… 240
史志编纂 …… 240
概况 …… 240
威远县史志工作座谈会 …… 240
省委党史研究室领导到威远调研 …… 240
《威远年鉴（2015）》出版 …… 241
主要文艺团体 …… 241
威远县摄影家协会 …… 241
威远县作家协会 …… 242
威远县书法协会 …… 245
威远县诗词学会 …… 245
威远县镇西文学艺术协会 …… 245
传　媒 …… 245
概况 …… 245
电视栏目 …… 246

威远县党政网 …… 246
威远县电子政务 …… 246
政府网站群建设 …… 246

卫生·体育

卫生事业 …… 247
概况 …… 247
医改工作 …… 247
卫生计生服务体系建设 …… 248
妇幼卫生健康服务 …… 248
医疗服务管理 …… 248
爱国卫生 …… 249
医疗卫生扶贫 …… 249
法定传染病监测 …… 249
甲、乙类传染病发病构成 …… 250
免规工作 …… 250
结核病防治 …… 250
地方病防治 …… 251
寄生虫病防治 …… 251
公共卫生监测 …… 251
学校卫生 …… 251
艾滋病防治 …… 251
省级艾滋病综合防治示范区项目建设 …… 252
威远县主要医院简况 …… 252
县人民医院 …… 252
县妇幼保健院 …… 253
县第二人民医院 …… 253
县第三人民医院 …… 253
县中医医院 …… 254
体育事业 …… 254
竞技体育 …… 254
群众体育 …… 255
体育产业 …… 255
体育场地建设 …… 255
县“龙传调杯”中年男子篮球赛 …… 255

人力资源和社会保障

人力资源管理 …… 256
公务员管理 …… 256
职称评聘 …… 256
招才引智 …… 257
事业单位改革 …… 257
工资制度改革 …… 257
军转干部管理 …… 257
就业创业 …… 258
概况 …… 258
创业环境优化 …… 258
职业技能培训 …… 258
川威集团职工安置工作 …… 258
返乡创业“回家工程” …… 258
农劳开发工作 …… 258
劳动关系维护调整 …… 258
劳动保障监察 …… 258
劳动人事争议仲裁调解 …… 259
社会保障 …… 259
概况 …… 259
养老保险 …… 259
医疗保险 …… 259
失业保险 …… 259
工伤保险 …… 259
生育保险 …… 259
统一社会保险费征收和稽核 …… 259
养老保险制度改革 …… 259
社会保险待遇调整 …… 260
工伤保险工作 …… 260
基本医疗保险工作 …… 260
社会保险基金监管 …… 260

社会生活

人民生活 …… 261

城乡居民生活 …… 261
物价走势 …… 261
人口和计划生育 …… 261
概况 …… 261
计生证件改革 …… 261
流动人口计生服务 …… 261
计划生育家庭奖励扶助 …… 262
计生基层群众自治 …… 262
计生服务站机构整合 …… 262
全省计生协工作推进会暨计生基层群众自治工作现场会在威远县召开 …… 262
民政工作 …… 262
概况 …… 262
救灾减灾 …… 262
社会救助 …… 263
农村五保 …… 263
慈善救助 …… 263
社会福利 …… 264
优抚安置 …… 264
社会事务管理 …… 264
婚姻登记管理 …… 264
殡葬和救助管理 …… 264
区划地名工作 …… 264
民间组织管理 …… 264
老龄事业 …… 264
概况 …… 264
养老服务 …… 265
百岁老人 …… 265
民族宗教事务 …… 267
概况 …… 267
民族工作 …… 267
宗教工作 …… 267
威远县佛教协会成立 …… 268

镇域概况

严陵镇 …… 269
概况 …… 269
严陵镇新设4个城市社区 …… 270
大桥街社区被评为全国综合减灾示范社区 …… 270
严陵镇跻身全国建制镇综合实力1000强 …… 271
铺子湾镇 …… 272
概况 …… 272
重点工程建设 …… 273
镇域规模工业总产值逾11亿元 …… 273
新店镇 …… 274
概况 …… 274
民富村计划生育协会被评为“全国计划生育协会村级先进单位” …… 275
新店镇实现“村村通客运” …… 275
向义镇 …… 276
概况 …… 276
全镇规模工业总产值突破10亿元 …… 278
威远县无花果公园被认定为四川省省级示范农业主题公园 …… 278
省级“四好村”创建 …… 278
界牌镇 …… 279
概况 …… 279
四川久润泰科技有限公司无花果系列产品加工项目建成 …… 281
中坝村知青纪念馆建成开放 …… 281
界牌镇新敬老院建成投用 …… 281
龙会镇 …… 282
概况 …… 282
龙会镇页岩气日产量实现180万立方米 …… 284
四川天娇纺织配件有限公司投入试生产 …… 284
威远县川康医院建成 …… 284
高石镇 …… 285
概况 …… 285
全市首个镇级压缩式垃圾转运站建成 …… 286
高石镇工会联合会获评“四川省示范乡镇（街道）工会” …… 286
高石镇获评四川省2016年度水土保持工作先进单位 …… 287
东联镇 …… 288

概况 …… 288
佛尔岩景区旅游收入突破100万元 …… 289
靖和镇 …… 290
概况 …… 290
靖和镇新建敬老院项目建成 …… 291
团鱼凼水厂东线管网延伸工程（靖和段） …… 291
镇西镇 …… 292
概况 …… 292
镇西镇食品工业园区广场建成 …… 293
第23届闹元宵活动 …… 293
庆卫镇 …… 294
概况 …… 294
樱桃产业 …… 295
省级“四好村”创建 …… 295
山王镇 …… 296
概况 …… 296
镇域劳动力收入突破亿元 …… 297
省林业厅领导到山王镇检查护林防火工作 …… 297
观英滩镇 …… 298
概况 …… 298
威远县第一批农村饮水安全项目结余资金观英滩供水工程 …… 299
黄荆沟镇 …… 300
概况 …… 300
黄荆沟镇第六届人民代表大会第六次会议 …… 300
“好婆婆·好媳妇”评选活动启动 …… 300
黄沓路路面改造工程开工 …… 301
新场镇 …… 301
概况 …… 301
2015年退耕还林工程项目完成133公顷 …… 303
2015年石漠化综合治理工程二期项目 …… 303
连界镇 …… 304
概况 …… 304
镇村换届 …… 306
石板河景区建设 …… 306
连乐铁路开工建设 …… 306
越溪镇 …… 307
概况 …… 307
越溪镇第七次党员代表大会闭幕 …… 308
市委政法委领导到越溪调研 …… 309
市委宣传部领导到越溪镇调研旅游工作 …… 309
两河镇 …… 310
概况 …… 310
银花山庄AAAA级乡村酒店提档升级 …… 311
山洪地质灾害应急防御演练 …… 311
碗厂镇 …… 312
概况 …… 312
安全社区创建 …… 313
铁大路建成投用 …… 313
天宫自来水厂建成投运 …… 313
小河镇 …… 313
概况 …… 313
小河镇供水及基础设施建设项目建成投运 …… 315
小河镇生活污水处理厂试运行 …… 315

人　物

中共威远县第十四届委员会书记、副书记、常委 …… 316
罗平 …… 316
马炬 …… 316
李怀兵 …… 316
刘学兵 …… 316
毕胜 …… 316
刘均 …… 316
刘维帝 …… 317
刘源 …… 317
李磊 …… 317
谭斌 …… 317
倪轮 …… 317
袁开武 …… 318
威远县第十六届人民代表大会常务委员会主任、副主任 …… 318
周功会 …… 318
胡林仁 …… 318
唐克友 …… 318

钟玉钦 …… 318
全毅 …… 318
威远县人民政府县长、副县长 …… 319
马炬 …… 319
毕胜 …… 319
胡小虎 …… 319
蔡虎城 …… 319
王跃辉 …… 320
王革屏 …… 320
王学斌 …… 320
政协威远县第十届委员会主席、副主席 …… 320
刘浑源 …… 320
王志远 …… 320
罗伦建 …… 320
常胜 …… 321
罗刚 …… 321
中国农技协优秀乡土人才 …… 321
游勇 …… 321
荣誉天平奖获得者 …… 321
杨全跃 …… 321
全省优秀共产党员 …… 321
张进 …… 321
全省优秀党务工作者 …… 322
倪雪梅 …… 322

先进名录

先进集体名录 …… 323
全国先进集体 …… 323
四川省委、省政府及部门表彰的先进集体 …… 323
内江市委、市政府表彰的先进集体 …… 325
威远县委、县政府表彰的先进集体 …… 326
先进个人名录 …… 328
全国先进个人 …… 328
省委、省政府及部门表彰的先进个人 …… 328
内江市委表彰的先进个人 …… 328
威远县委、县政府表彰的先进个人 …… 328

附 录

统计资料 …… 331
文件索引 …… 335

索 引

索 引 …… 338

CONTENTS

Special information ········· 1

A survey of Weiyuan ········· 18

Memorabilia of the 2016 ········· 37

Weiyuan County Committee of the Communist Party of China ········· 43

Weiyuan County People´s Congress ········· 65

The people´s Government of Weiyuan County ········· 74

Weiyuan County Committee of the Chinese people´s Political Consultative Conference ········· 84

Discipline inspection and supervision ········· 90

Social groups ········· 93

Rule by law ········· 110

Military ········· 123

Comprehensive economic management ········· 127

Agriculture ········· 154

Industry ········· 167

Trade and service industry ········· 181

Environmental protection ········· 193

Urban construction and management ········· 197

Transportation, postal and communications ········· 208

Education ········· 214

Science and technology ········· 229

Culture ········· 235

Health and sports ········· 247

Human resources and social security ········· 256

Civil life ········· 261

An overview of the towns ········· 269

Characters ········· 316

Advanced list ········· 323

Appendix ········· 331

Index ········· 338

特 载

立足转型 加快发展
以优异成绩向党的十九大献礼

——在县委十四届四次全会第一次会议上的讲话

中共威远县委副书记 罗 平

（2017年4月7日）

这次会议的主要任务是，全面贯彻落实党的十八届六中全会、省委十届九次全会、市第七次党代会和市委七届二次全会精神，回顾去年工作，分析当前形势，部署今年工作，动员全县各级党组织和广大党员干部群众，紧紧围绕“加速转型升级、决胜全面小康、建设幸福美丽威远”的战略目标，发扬敢挺、苦干、实拼精神，奋力推动威远经济社会科学发展、加快发展、转型发展。

2016年工作回顾

2016年，面对复杂的经济形势和繁重的发展任务，我们在市委、市政府的坚强领导下，团结带领全县人民加压奋进、攻坚克难，圆满完成了年初确定的各项目标任务，保持了经济社会持续健康发展，实现了“十三五”良好开局。全年实现地区生产总值317.4亿元，增长7.7%；地方一般公共预算收入7.0亿元，负增长6.9%；规模工业增加值增长9.8%；全社会固定资产投资182.3亿元，增长7.4%；社会消费品零售总额85.0亿元，增长12.7%；城镇居民人均可支配收入28867元，增长8.8%；农村居民人均可支配收入12932元，增长9.1%。

——坚持科学谋划，发展思路更加清晰。在把握发展形势、深入分析县情的基础上，县第十四次党代会明

2017年4月7日，中共威远县委十四届四次全体（扩大）会议召开（余远文摄）

确了“加速转型升级、决胜全面小康、建设幸福美丽威远”的战略目标，确立了当前和今后一个时期的工作思路、重大任务、实施路径，绘就了威远发展宏伟蓝图。实践证明，县第十四次党代会确定的各项目标任务，集中反映了全县人民的共同愿望，既立足当前，体现了威远发展阶段特征的要求，又着眼长远，抓住了威远今后一个时期的发展突破口，成为全县上下团结奋斗的行动指南。

——坚持转型升级，产业支撑更加有力。实施“一企一策”帮扶，促进重点企业、重点行业稳定生产，川威集团、建业集团等企业生产平稳。页岩气日产量达370万方，威玻至诚复合材料挂牌新三板，金镭铸业、法拉特成功申报国家鼓励类产品，久润泰无花果系列产品技术改造项目投入运行。严陵工业园区科技企业孵化器获批省级科技企业孵化器，新培育国家级、省级知名品牌4个，战略性新兴产业、高新技术产业占比分别提高3.9%、1.8%。实施“互联网+工业”，电子商务中心入驻企业达60户，电商销售额达6亿元。石板河、船石湖旅游小镇两个AAAA级景区建设有序推进。新发展无花果7300亩、中药材2000亩、香樟3000亩，培育规模以上龙头企业2个、农民合作社41个、家庭农场51个、种养大户65个。

——坚持统筹城乡，人居环境不断改善。大力实施县城“五个一”工程[1]，完成温家坝大桥、滨河路温家坝段、天域路、锦园东街建设和二环路西段改造，吴荣路快速通道一期一标段、清溪湿地公园加快推进，县城新增建成区面积1.5平方公里。扎实推进“百镇建设试点行动”，连界镇纳入全省旅游休闲型特色小城镇规划建设。建成幸福美丽新村66个、重点示范片1个，改造提升旧院落17个、改造农房610户。完成威双路改造一期工程，新（改）建农村公路280.8公里，建成通村硬化路95.6公里。城乡供水“9厂10线”工程快速推进，县第二污水处理厂及配套管网工程启动建设。全县森林覆盖率达40.2%，穹窿地貌纳入全省第二批自然文化遗产名录。狠抓突出环境问题整改，通过环保部西南督查中心后督察。

——坚持创新驱动，发展动力更为强劲。深入推进供给侧结构性改革，化解生铁粗钢产能120万吨、煤炭产能18万吨，淘汰关闭落后产能企业7户。威远穹窿旅游一期项目收益债获国家发改委批准，开创全国“债券+基金”组合先河。无花果BOT模式作为创新退耕还林产权模式，受到国家林业局高度肯定。新签约项目52个，到位市外资金119.6亿元。大力实施返乡创业“回家工程”，引进返乡创业项目9个。认真落实“项目年”工作部署，全力推进页岩气勘探和综合利用、威远穹窿旅游一期等重点项目建设，以项目带投资、调结构、促发展。

——坚持惠民利民，民生福祉持续增进。完成贫困户D级危房改造292户，实现16个贫困村退出、4677名贫困群众脱贫，脱贫攻坚首战告捷。义务教育均衡发展顺利通过国家督导检查验收，生源地助学贷款连续7年名列全省县级前茅。完成2个镇卫生院改扩建和50个村卫生站建设，养老机构新增床位650张。全县文化场馆免费开放，农家书屋、广播等实现行政村全覆盖。认真落实“党政同责、一岗双责、齐抓共管、失职追责”，全县安全生产形势总体平稳。狠抓食品药品安全监管，被评为第一批四川省食品安全示范县、四川省农产品质量安全监管示范县。全面加强矛盾纠纷排查调处，依法打击违法犯罪，建成国家级安全社区1个、省级安全社区8个。

——坚持从严治党，党的建设全面加强。狠抓思想建设和理论武装工作，全面落实党委（党组）意识形态工作责任制，全县各级党员干部“四个意识”不断增强。坚持“好干部”标准，严格执行“九严禁”等换届纪律，圆满完成县镇领导班子换届和村（社区）党组织换届工作。深入开展“两学一做”学习教育，县委常委会带头学习系列讲话、党内法规，县级党员领导干部带头讲党课，教育引导党员干部做合格党员、当干事先锋。探索创新“村干部573述职评议法”[2]，得到省委党建领导小组肯定。龙会镇被确定为省级乡镇党委规范化建设试点镇。创新实行脱贫攻坚专项巡察“五步工作法”[3]，切实维护群众利益。坚持“无禁区、全覆盖、零容忍”，保持惩治腐败高压态势，处置问题线索231件，立案187件，党政纪处分186人。

一年来，县委常委会切实加强自身建设。始终做到政治坚定、严守规矩，坚决维护以习近平同志为核心的党中央权威，坚持用习近平总书记系列重要讲话精神统揽威远工作。始终做到民主集中、分工负责，切实加强和改进党对人大、政府、政协、人武部以及法院、检察院的领导，巩固和发展统一战线良好局面，凝聚起共促发展的智慧和力量。始终做到牢记宗旨、群众至上，认真践行党的群众路线，时刻把群众的安危冷暖放在心上。始终做到严于律己、清正廉洁，带头遵守廉洁自律各项规定，带领全县各级党组织和党员干部牢记使命、不忘初心、继续前进。

当前的形势和任务

县第十四次党代会已经对我县“十三五”发展作出全面部署，勾画出了威远未来五年发展蓝图。全县上下要统一思想、深化认识，准确把握威远阶段特征和发展条件的深刻变化，研究谋划事关长远和全局的重大问题，坚决贯彻落实中央、省委、市委和县委的决策部署，不断开辟威远发展新境界。

2017年是实施“十三五”规划的重要一年，是供给侧结构性改革的深化之年。从宏观形势看，经济发展新常态特征更加明显，稳的态势在持续，进的力度在加大，新的动能在成长，向好的因素在积累，总的特点是“缓中趋稳、稳中向好”。中央提出稳中求进的工作总基调，坚持宏观政策要稳、产业政策要准、微观政策要活、改革政策要实、社会政策要托底的政策思路，以推进供给侧结构性改革为主线，全面做好稳增长、促改革、调结构、惠民生、防风险各项工作，用稳定的宏观经济政策稳定社会预期，用重大改革举措落地增强发展信心。从发展机遇看，新一轮西部大开发、“一带一路”、长江经济带发展等国家战略持续发力，成渝经济区、川南经济区、天府新区等新兴增长极加快建设，一系列含金量高、带动力强的发展机遇交汇叠加，奠基长远的有利条件进一步累积。国家推动振兴实体经济，“中国制造2025”“互联网+”“大众创业、万众创新”等战略深入实施，将推动中小企业快速优质增长，培育更多“百年老店”，更加充分地释放威远的发展潜力和优势。从内部动能看，随着全面深化改革不断推进、创新驱动战略深入实施、高端消费需求陆续释放、开放合作持续扩大，改革动能、创新动能、消费动能、开放动能不断孕育积蓄。旅游产业发展态势强劲，电子商务产业迅猛壮大，商贸服务业蓬勃发展，现代服务业引领作用逐步凸现，产业结构调整步伐加快。全县工业用电量、货物周转量等支撑指标陆续回升，实体经济实现恢复性增长，呈现出发展动能增强的趋势。

当然，客观审视县情，威远发展不平衡、发展不足的主要矛盾还没有根本改变，全面小康的重任、转型升级的挑战、脱贫攻坚的硬仗都十分艰巨。从发展阶段看，我县正处于传统产业需要加快转型、新兴产业需要加快培育、实体经济需要加快壮大的关键时期，传统动力明显减弱，新兴动力正在孕育，应对风险的压力仍然较大。从经济结构看，产业层次和水平还不高，产业结构比较单一，产业支撑还不够有力，新的增长点不多，经济增长的质量和效益还不高。从环境承载看，资源环境约束不断趋紧，环境容量已成为发展面临的突出问题，改善环境质量、推进绿色发展迫在眉睫。我们必须以“等不起”“慢不得”“坐不住”的危机感和责任感，迎难而上，加压奋进，着力破解发展难题、厚植发展优势、增强发展动力，提高发展的质量和水平。

基于对当前形势和任务的深刻把握，今年全县工作的总体要求是：深入贯彻落实以习近平同志为核心的党中央治国理政新理念新思想新战略，按照“五位一体”总体布局和“四个全面”战略布局要求，自觉适应把握引领经济发展新常态，坚持“稳中求进、稳中求快、稳中求好”工作总基调，以提高发展质量和效益为中心，以推进供给侧结构性改革为主线，围绕“加速转型升级、决胜全面小康、建设幸福美丽威远”战略目标，保持科学发展、加快发展、转型发展战略定力，全面做好稳增长、促改革、调结构、惠民生、防风险各项工作，推动全县经济社会平稳健康发展。奋斗目标是：地区生产总值增长7.7%；规模工业增加值增长9%；服务业增加值增长8.4%；全社会固定资产投资增长9.2%；社会消费品零售总额增长12.1%；地方一般公共预算收入增长2.5%；城镇居民人均可支配收入增长8.7%；农村居民人均可支配收入增长9.5%。

做好今年工作，要把握好以下“四个方面”。

——把握一个基调。就是要牢牢把握“稳中求进、稳中求快、稳中求好”这个工作总基调，正确处理好发展、改革和稳定的关系，敬终如始、不急不躁，循序渐进、行稳致远。找准“稳”与“进”的最佳结合点，打好动力转换、结构调整这场硬仗，走出一条质量更高、效益更好、优势充分释放的发展新路。

——突出一个主题。就是要始终突出转型升级这个主题，在转型升级中挖掘增长潜力，在结构调整中激发经济活力。既要推动战略性新兴产业蓬勃发展，更要注重改造提升传统产业，持续优化产业结构，不断积蓄发展后劲，稳定增加财税收入，形成总量持续扩张、质量全面提升的发展新局面。

——紧扣一条主线。就是要紧扣供给侧结构性改革这条主线，以改革促发展，向改革谋红利。坚持转型发展“对内靠改革、对外靠开放”，突出全面创新改革“一号工程”，推动“三去一降一补”取得实质性进展，努力破除制约发展的体制机制障碍，为县域经济发展注入强劲动力。

——围绕一个目标。就是要紧紧

围绕建设幸福美丽威远这个目标，不断提升群众的获得感和幸福感。突出脱贫攻坚“头等大事”，持续用力办好民生实事，让老百姓共享改革发展成果。始终着眼长远发展、可持续发展，深入开展绿色发展实践，让良好的生态环境成为最普惠的民生福祉。

2017 年工作安排

做好今年各项工作，要突出抓好以下五个重点。

一、致力转型升级，发展多元支撑的经济生态

坚持以“六新产业”引领转型，以创新创业促进转型，以改革开放助力转型，不断优化结构、打牢基础，培育发展新动能、新主体、新业态，提升核心竞争力。

（一）提升区域定位，夯实产业支撑。坚持“工业强县、产业兴县”不动摇，主动融入成渝、川南经济区一体化发展，对内提升增长动能，对外提升服务功能。

建设川南经济区工业强县。坚持“两条腿”走路，改造提升冶金、建材、化工等“老字号”，培育壮大新能源、新材料、新制造等“新字号”，探索推进产业转型升级的有效途径，再造产业竞争新优势。积极推进页岩气就地转化，延伸产业链条，加快建设国家级页岩气产业示范园。鼓励企业积极研发高性能玻纤、特种陶瓷等新材料产品，力争白塔二期、利弘陶瓷等重点项目竣工投产，努力打造四川玻纤新材料基地、西部陶瓷之都。大力实施先进制造业“三百行动”[4]，依托金镭铸业、法拉特、东工水电等制造业骨干企业，培育提升整机制造能力。

建设川南旅游节点城市。积极融入川南旅游环线、川渝大旅游经济圈，深入实施旅游发展“1336”计划[5]，努力打造中国穹窿 AAAAA 级景区。加快“九大引擎项目”[6]等景点开发，正式对外开放石板河一期，启动船石湖小镇足球训练基地建设。大力发展新商贸产业，培育电子商务、健康养老、现代物流、现代金融等新兴先导型服务业，推动传统商业向集聚发展、电子商务向品牌发展，打造一批商贸、金融、文化、健康等现代服务集聚区，增强城市要素集聚能力和区域辐射能力。

建设川南绿色食品基地。以“12345”现代农业产业提升行动[7]为抓手，巩固提升无花果、设施蔬菜等现代农业产业规模，打造一批现代农业产业基地。拓展精深加工产业链，推进农业与二、三产业融合发展，做大做强镇西食品工业园区。培育壮大久润泰、金四方、黄老五等龙头企业，加快创建农产品区域品牌，培育一批无公害、绿色和有机拳头产品，让更多的威远农业特色品牌走进大城市、走进大超市。

（二）强化创新驱动，激活发展动力。创新是引领发展的第一动力。要进一步完善创新体系、聚集创新资源、优化创新环境，促进新动能发展壮大、传统动能焕发生机。

建设创新平台。扎实推进科技企业孵化器建设，提高孵化器的科技成果转型化率和在孵企业毕业率。全面推进返乡人才创业园、大学生创新创业园建设，构建一批低成本、便利化、全要素、开放式的众创空间。继续深化与农村淘宝等电子商务平台合作，推动电子商务与实体经济融合发展。新建一批企业技术中心、院士（专家）工作站，推动创新要素向企业集聚。

做强创新主体。完善激励企业创新政策，引导企业增强自主创新能力，以高新技术和先进适用技术改造提升传统产业。加大与国内知名高校、地方院校、科研院所的合作力度，着力形成政府引导、企业主体、高校和科研院所协作的创新模式，促进科技成果就地转化。大力推进大众创业、万众创新，以创业带动就业，以创新促进发展。

汇聚创新人才。大力倡导精益求精的“工匠精神”，加大创新创业人才培养引进力度，努力造就一批战略科技人才、科技领军人才和职业技术人才。推进人才发展体制机制改革，完善人才引进、培养、评价、激励、流动等制度和政策体系，加快形成人人渴望成才、人人努力成才、人人皆可成才、人人尽展其才的良好局面。

（三）深化改革开放，凝聚发展合力。改革开放是破解发展难题的关键一招。要坚定不移深化改革、扩大开放，以改革开放新突破增添发展新动能。

推进重要领域和关键环节改革。坚持“四个有利于”[8]导向，加强政策统筹、方案统筹、力量统筹、进度统筹，推进以经济体制改革为重点的“五位一体”改革。着力推进农村改革，用好农村产权制度改革成果，促进“三农”稳步发展。加快转变政府职能和管理方式，深化行政审批“放管服”和财税、金融、商事制度等改革，充分发挥市场在资源配置中的决定性作用。积极支持国防和军队改革，不断提高党管武装水平。

推进供给侧结构性改革。以“提质量、创品牌、培育新动能新动力”为抓手，深入实施“三去一降一补”。去产能方面，以钢铁、煤炭行业为重点，有序化解过剩产能；去库存方面，加大棚户区、征地拆迁货币化安置力度，积极推进人口城镇化；去杠杆方面，积极争取国家专项建设基金、置换债券、企业债券等支持；降成本方面，加大对实体经济的金融支持力度，帮助降低企业制度性交易、要素等成本；补短板方面，补齐基础设施、脱贫攻坚、生态环境等经济社会发展各项短板。

推进全方位开放合作。积极参加西博会、渝洽会等活动，灵活运用专题招商、驻点招商、以企招商等方式，在更宽领域、更大范围引进资金、技术、人才。瞄准高端产业和产业高端，以世界500强、中国500强、民企500强为主攻方向，引进一批投资体量大、带动能力强、税收贡献好的重大项目。支持威玻、黄老五等企业"走出去"，拓展国内外市场。积极发展在外商会组织，鼓励在外成功人士回乡发展"归雁"经济。

二、致力统筹城乡，建设宜居健康的人文生态

坚持以人的城镇化为核心，深入实施"两化"互动、城乡统筹发展战略，加快县城、重点城镇、幸福美丽新村建设，推进城乡一体化发展，构建梯次分明、功能互补的城乡体系。

（一）加快环境优美的丘陵宜居县城建设。强力推进县城"五个一"工程，以6平方公里西部新区为重点，实施吴荣路快速通道一期二标段、白塔大桥、杨家坝大桥建设和二环路北段改造，加快罗家坝片区道路、清溪湿地公园和狮子山公园建设，启动赵家坝片区道路改造和花城公园建设。加快推进城市棚户区改造，分步实施县城老旧院落改造整治。启动高铁新区规划修编，实现县城控制性详规全覆盖。大力开展城市管理各类专项治理，确保成功创建省级卫生县城。

（二）加快重点小城镇建设。抓好连界镇、镇西镇等国省重点小城镇建设，注重推广绿色建筑、完善市政设施、传承历史文脉，培育一批特色鲜明、绿色生态、美丽宜居的中心城镇。加快推进"一镇一品""一镇一业"，以城镇功能完善吸引产业集聚，以产业集聚促进人口集中，建设一批旅游休闲、现代农业、加工制造、文化创意特色小城镇。

（三）加快幸福美丽新村建设。以贡威路、连界两个新农村示范片为中心，按照产业现代化、新村示范化、设施一体化、配套服务便捷化的标准，推广"小组微生"[9]建设模式，梯次推进幸福美丽新村向贫困村、边远农村覆盖。坚持"保改建"相结合，全面实施"六大行动"[10]，重视旧村改造和传统村落保护利用，留住自然风貌和原始生态，形成依山就势、错落有致的村落格局，从实际出发推动"四好村"创建。力争今年，全县创建省、市、县"四好村"分别达20%、25%、30%以上。

（四）加快川南区域性交通枢纽建设。主动融入"一带一轴一区"[11]重要交通枢纽建设，以县城为中心、镇为骨架、村为支撑、组为基点，全力打造外联内畅的综合交通运输体系。要畅通"主动脉"。协调实施蓉昆高铁、连汪燕铁路，协助加快成宜高速、井研-乐至高速、资威快速公路等项目前期工作，快速推进威双路二期工程建设，分步改造威连路、内荣路等干线公路，适时启动威双路三期、连中路等项目建设。要疏通"毛细血管"。扎实推进农村联网公路和通组入户道路建设，着力打通镇与镇、村与村之间的"最后一公里"。加快建设镇村出境路、产业园区联网路，促进交通基础设施建设与产业发展相协调。

三、致力绿色发展，涵养山清水秀的自然生态

推动绿色发展关键在于真抓实干、动真碰硬。提交这次全会讨论的《关于威远河流域综合治理和绿色生态系统建设与保护若干重大问题的决定》，明确了推进绿色生态建设的总体要求、目标任务、重点工作，我们必须全域全面全程推进，为内江建设美丽四川先行区作出积极贡献。

（一）在"植"上下功夫，持续优化生态环境。开展"大规模绿化威远行动"，实施天然林保护、退耕还林等重点生态修复工程，加快建设城市生态绿廊、全域交通绿廊、江河湖库水系绿廊，积极创建省级绿化模范县。狠抓威远河流域综合治理，促进威远河水质稳步改善。有序推进湿地公园、山体公园等配套设施建设，改善生态环境，提升宜居水平。力争到2020年，全县城市绿化覆盖率达36%以上，森林覆盖率达41%以上。

（二）在"治"上下功夫，持续净化人居环境。以整改突出环境问题为抓手，深入推进重点区域、重点行业、重点企业环境污染整治。抓好工业点源污染防治。推动建立绿色低碳产业体系，严禁不符合产业政策、高耗能、高污染项目落户，加快淘汰落后产能。突出抓好工业园区环保监管，实施工业污染源全面达标排放和清洁化改造。抓好城镇生活污染防治。加强污水处理设置运营管理，推进城市污水管网及污水处理设施建设，建成连界生活污水处理厂。加快县城、各镇垃圾处理设施建设，力争2020年城镇生活垃圾无害化处理率达90%以上。抓好农业农村面源污染防治。实施"清洁水源、清洁家园、清洁田园"行动，加强农村环境综合整治，不断改善农村人居环境。

（三）在"制"上下功夫，持续强化底线约束。全面落实环保法律法规，健全制度机制，以刚性约束推动绿色治理，用执法如山留住绿水青山。

严格实施流域空间开发红线管控，绝不允许触碰生态红线，坚决维护流域绿色生态系统整体风貌。积极促进区域联动机制建设，探索与自贡市共同建立威远河流域联防联控协作机制、定期联席会商机制等制度，推进威远河流域生态功能保护共治共建。严格执行“气、水、土”污染防治行动计划，持续打好污染防治“三大战役”[12]，用5年时间基本解决突出环境污染问题。全面推行“河长制”[13]，严守水资源管理“三条红线”，构建责任明确、协调有序、监管严格、保护有力的河湖管理保护机制。

四、致力改善民生，构建幸福共享的社会生态

坚持普惠性、保基本、均等化、可持续方向，从解决人民最关心、最直接、最现实的利益问题入手，不断提高公共服务共建能力和共享水平。

（一）扎实抓好脱贫攻坚。深入开展“五个一批”[14]脱贫攻坚行动，把脱贫职责扛在肩上，把脱贫任务抓在手上。要锁定目标，明确责任。聚焦今年21个村退出、3963人脱贫的目标任务，对照省督查组来威督查发现的问题，抓好对标整改、检查验收，确保不漏一户、不落一人。要整合资源，统筹推进。抓好产业发展，落实就业帮扶，千方百计增加贫困群众收入。统筹好易地扶贫搬迁、农村危旧房改造等工作，改善贫困群众生产生活条件。充分发挥教育扶持、医疗救助等政策兜底作用，全面实现农村低保标准线和国家扶贫标准线“两线合一”。大力推行“菜单式”驻村帮扶、“万企帮万村”[15]等方式，引导社会力量参与脱贫攻坚。要强化督导，确保实效。按照“一低五有”[16]、“一超过两不愁三保障三有”[17]标准，对有脱贫任务的村，做到逐村逐户检查全覆盖。

（二）扎实抓好依法治县。大力实施“六大工程”[18]，着力构建严格执法、公正司法、全民守法的法治良序。要守住法治底线。把合法性作为行政决策的第一要件，自觉运用法治思维和法治方式分析解决问题。深化“法律七进”和基层法治示范创建活动，提高基层依法治理实效和水平。要守住安全底线。深入开展矿山、危化品、道路交通、消防、建筑施工、地质灾害等重点领域大检查大整治，坚决防止发生重特大安全生产事故。加大监管执法力度，推动食品药品安全监管责任落地落实。要守住稳定底线。健全协调联动和快速反应机制，加强国防后备力量和应急队伍建设，切实提高应急处置能力。推进网格化服务管理，不断完善立体化治安防控体系，严厉打击各类违法犯罪行为。大力排查社会矛盾纠纷，依法处理信访、涉稳问题，确保全县社会大局和谐稳定。

（三）扎实抓好民生工程。实施更加积极的就业政策，确保城镇登记失业率控制在4.5%以内。完善城乡居民基本养老保险制度、最低生活保障制度、特困人员供养制度，增强城乡居民抗风险能力。逐步扩大住房保障制度覆盖面，加大棚户区、农村危房改造力度。加快凤翔中学等教育基础设施建设，有序推进全面改簿项目[19]。支持县人民医院创建三级乙等综合医院，培育壮大民营医疗机构。实施文化惠民工程，大力推进基层综合文化服务中心建设。推进综合养老中心工程、12349居家养老服务平台和社区日间照料中心建设，促进健康养老服务业加快发展。

五、致力从严治党，巩固风清气正的政治生态

提交这次全会讨论的《关于深入推进全面从严治党 加强和规范党内政治生活 严格党内监督 巩固发展良好政治生态的决定》，是我们推进全面从严治党的根本遵循。各党委（党组）要勇担主体责任，强化监督问责，切实推动管党治党要求落地生根。

（一）从严抓好党性修养，锤炼绝对忠诚的政治品格。切实增强“四个意识”，坚决维护以习近平同志为核心的党中央权威。要增强政治意识。严格遵守党的政治纪律和政治规矩，提高政治敏锐性和政治鉴别力，坚守政治信仰、站稳政治立场、把准政治方向、保持政治清醒。要增强大局意识。始终站在党和人民的立场想问题、看问题，把本地本部门工作与中央、省委、市委、县委的决策部署统一起来，以大局为重、为大局分忧。要增强核心意识。始终在思想上政治上行动上同以习近平同志为核心的党中央保持高度一致，自觉做到思想上充分信赖、政治上坚决维护、组织上自觉服从、感情上深刻认同。要增强看齐意识。向党中央看齐，向习近平总书记看齐，向党的理论和路线方针政策看齐，向党中央决策部署看齐。

（二）从严抓好思想教育，巩固团结奋斗的精神基础。把理想信念教育作为思想建设的战略任务，引导党员干部筑牢信仰之基、补足精神之钙、把稳思想之舵。要切实筑牢思想基础。强化理论武装，推进“两学一做”学习教育常态化、制度化。落实意识形态工作责任制，切实抓好意识形态领域各项工作。扎实开展以“践行十爱·德耀甜城”为主题的爱传万家宣教活动、善美婆城引领活动、文明威远创建活动，积极培育践行社会主义核心价值观。要切实践行群众路线。全面落实领导干部联系指导基层、联系帮扶贫困村贫困户、“双报到”等制度，深化“走基层”等活动，在汲取群众智慧和力量中不断转变作风、增强本领、推动工作。要切实强化党内政治文化建设。倡导和弘扬忠诚老实、光明坦荡、公道正派、实事求是、艰苦奋斗、清正廉洁等积极健康的价值观，不断培厚良好政治生态的土壤。

（三）从严抓好能力提升，彰显勇立潮头的先锋本色。习近平总书记强调，党要立于不败之地，必须立于时代潮头。要充分发挥党委领导核心作用。围绕“总揽全局、协调各方”原则，大力支持人大、政府、政协、人武部、法院、检察院等依法依章独立负责、协调一致地开展工作，把各方力量凝聚到改革发展上来。要充分发挥基层党组织战斗堡垒作用。围绕“全面进步、全面过硬”目标，以村（社区）“两委”换届为契机，配齐配强村（社区）“两委”班子；强化软弱涣散基层党组织集中整顿，全面提高基层党组织凝聚力和战斗力。要充分发挥领导干部示范带头作用。围绕“忠诚、干净、担当”标准，鲜明“三重”用人导向，公道正派选干部用干部。进一步完善容错、激励、能上能下三项机制，切实把广大党员干部的心思和精力引导到干事创业上来。要充分发挥党员干部先锋模范作用。围绕“做合格党员、当干事先锋”要求，持续强化党员教育管理，统筹推进党政人才、企业经营管理人才、农村实用人才等人才队伍建设。

（四）从严抓好组织生活，强化遵规守纪的行动自觉。着力提高党内政治生活的政治性、时代性、原则性、战斗性，用严格的组织生活来增强党组织凝聚力。要深入开展纪律教育。引导党员干部切实增强纪律观念，自觉遵守党章、党的“六大纪律”[20]和党内各项规章制度，真正把党规党纪内化于心、外化于行。要用好批评和自我批评的武器。坚持“团结——批评——团结”，按照“照镜子、正衣冠、洗洗澡、治治病”要求，随时随地开展批评和自我批评，把矛盾和问题摆到桌面上，使“红脸出汗”成为常态。要提高组织生活质量和效果。认真落实“三会一课”、民主生活会、组织生活会、民主评议党员等制度，创新开展组织生活的方式方法，增强组织生活吸引力和感染力。

（五）从严抓好正风反腐，夯实转型发展的纪律保障。持续释放越往后执纪越严的强烈信号，筑牢正风反腐的钢铁防线。狠抓党内监督。加强对政治纪律、政治规矩和县委重大决策部署执行情况的监督检查，扎实开展县级巡察工作，切实发挥巡察利剑作用。狠抓正风肃纪。扎实开展作风建设提升年活动，持续用力整治“四风”，严肃查处脱贫攻坚、征地拆迁、生态环境保护等领域违纪违规问题。狠抓腐败惩治。保持高压态势，坚决查处群众身边的腐败问题，以及重点领域形成非法利益格局和“潜规则”的腐败问题。狠抓源头治理。深入开展“两准则四条例”[21]学习教育，着力构建警示教育常态化机制。推行重点领域“制度+科技”防腐治腐模式，积极探索对重点岗位特别是“一把手”的有效监督。

同志们，沉舟侧畔千帆过，病树前头万木春。当前，威远正在经历转型升级的阵痛，挑战与机遇并存，希望和困难同在。我们要更加紧密地团结在以习近平同志为核心的党中央周围，坚定信心、勇担使命，知难而进、主动作为，围绕“加速转型升级、决胜全面小康、建设幸福美丽威远”的战略目标，推动全县经济社会平稳健康发展，以优异成绩向党的十九大献礼！

附注：

［1］县城“五个一”工程：一路，指吴荣路（川威大道）；一河，指威远河综合治理；一区，指建设6平方公里西部新区；一站，指成都新机场至自贡城际铁路途经威远县并设城际站；一改，指统筹推进杨家坝片区、罗家坝片区等危旧房棚户区改造。

［2］“村干部573述职评议法”：“5个明确”指明确村干部工作能力、清正廉洁、团结协作、为人品行、公道正派五个方面；“7个环节”指考核、通告、述职、评议、谈话、公示、整改；“3个结合”指根据评分结果，与评先评优、管理使用、群众建议相结合，最终由群众的满意度来决定村干部是否能上能下。

［3］脱贫攻坚专项巡察“五步工作法”：一步“备”出基础，二步“摸”出轮廓，三步“析”出方向，四步“查”出案件，五步“铺”出成效。

［4］制造业“三百行动”：内江市出台《先进制造强市三百行动（2016—2020）》指出，“到2020年，发展100个先进制造企业，技改100个传统制造企业，培育100个制造业名优品牌。”

［5］旅游发展“1336”计划：打造一个世界级旅游品牌，指“国际知名的穹窿休闲度假旅游目的地”；构建三大特色产品，指山水游乐、山地运动、休闲康养；打造三大拳头景区，指石板河景区、俩母山穹窿古寨群景区、慈菇塘森林公园景区；发展六个旅游培育区，指长葫峡谷旅游培育区、无花果国家农业公园旅游培育区、中华感恩园乡村旅游培育区、工业旅游培育区、凤凰寨旅游培育区、韦家沟旅游培育区。

［6］“九大引擎项目”：指船石湖小镇、石板河景区、俩母山穹窿古寨群景区、慈菇塘森林公园景区、无花果国家农业公园、中华感恩园、长葫

峡谷国家生态旅游示范区、凤凰禅寨、三威工业大遗址。

[7] “12345”现代农业提升行动：打造一个品牌、做强两个园区、培育三条产业带、建设四大功能示范区、提升五个万亩示范片。

[8]“四个有利于”：有利于增添经济发展动力的改革，有利于促进社会公平正义的改革，有利于增强人民群众获得感的改革，有利于调动广大干部群众积极性的改革。

[9]“小组微生”：小规模、组团式、微田园、生态化。

[10] “六大行动”：脱贫解困行动、产业提升行动、旧村改造行动、环境整治行动、文化传承行动、改革创新行动。

[11]“一带一轴一区”：“一带”，成渝城市群发展带；“一轴”，云贵—陕甘南北大通道发展轴；“一区”，川南经济区。

[12] 污染防治“三大战役”：大气污染防治、水污染防治、土壤污染防治。

[13] “河长制”：由各级党政主要负责人担任“河长”，负责辖区内河流的污染治理的制度。

[14] “五个一批”：扶持生产和就业发展一批、移民搬迁安置一批、低保政策兜底一批、医疗救助扶持一批、灾后重建帮扶一批。

[15] “万企帮万村”：全国工商联、国务院扶贫办和中国光彩会联合举办的精准扶贫行动，力争用三到五年时间，动员全国一万家以上民营企业参与，帮助一万个以上贫困村加快脱贫进程。

[16] “一低五有”：“一低”，贫困村退出当年贫困发生率低于3%；“五有”，有集体经济、有硬化路、有卫生室、有文化室、有互联网。

[17] “一超过两不愁三保障三有”：“一超过”，脱贫户年均纯收入稳定超过国家现行扶贫标准；“两不愁”，不愁吃、不愁穿。“三保障”，基本医疗、义务教育和住房安全有保障；“三有”，有安全饮水、有生活用电、有广播电视。

[18] “六大工程”：依法决策工程、依法行政工程、公平正义工程、社会法治工程、全民普法工程、权力制约工程。

[19] 改薄项目：改善义务教育薄弱学校基本办学条件。

[20] 党的“六大纪律”：政治纪律、组织纪律、廉洁纪律、群众纪律、工作纪律、生活纪律。

[21] “两准则四条例”：“两准则”指《中国共产党廉洁自律准则》《关于新形势下党内政治生活的若干准则》；“四条例”指《中国共产党巡视工作条例》《中国共产党纪律处分条例》《中国共产党问责条例》《中国共产党党内监督条例》。

政府工作报告

——在威远县第十六届人民代表大会第三次会议上

威远县人民政府县长 马 炬

（2017 年 4 月 26 日）

2017 年 4 月 26 日，威远县第十六届人民代表大会第三次会议召开（余远文摄）

2016 年工作回顾

2016 年，面对错综复杂的宏观经济形势，在市委、市政府和县委的坚强领导下，在县人大、县政协的监督支持下，我们紧紧依靠全县人民，拼搏实干、迎难而上，推动了经济社会平稳健康发展，较好地完成了十五届人民代表大会第六次会议确定的各项目标任务，取得了“十三五”良好开局。实现地区生产总值 317.4 亿元，增长 7.7%；地方一般公共预算收入 7.0 亿元，下降 6.9%；社会消费以人民群众为本发展成果惠及群众品零售总额 85.0 亿元，增长 12.7%；城镇居民人均可支配收入 28867 元，增长 8.8%；农村居民人均可支配收入 12932 元，增长 9.1%。

一年来，我们全力以赴稳定增势，经济发展取得新成效。经济形势逐步趋稳。地区生产总值首次突破 300 亿元，排名全省县（区）第 28 位。现代农业、服务业稳步发展，特别是工业经济企稳回升。工业用电量达 18.35 亿千瓦时，增长 9.0%；钢铁、陶质砖、玻纤等主要工业产品产量稳定增长，三大工业园区实现销售收入 659 亿元；规模工业利润总额实现扭亏为盈，工业入库税金达 3.7 亿元，增长 62.0%；规模工业增加值增长 9.8%，排名全市第一。企业经营日益复苏。帮扶企业不遗余力，帮助威玻等 16 户企业应急转贷 1.2 亿元，帮助金镭铸业争取到国家专项建设基金 6000 万元，协调落实直购电、直供气优惠政策帮助川威等企业节约成本 6300 万元。大企业发展稳中向好，川威集团帮扶及风险化解工作有序推进，建业集团生产经营逐步恢复正常。中小企业蓬勃发展，新增私营企业 139 户。项目投资保持增势。扎实开展“项目年”活动，全年实施项目 483 个，完成投资 182.3 亿元，增长 7.4%。首个 PPP[1] 项目——连界镇生活污水处理厂开工建设。积极对接国家和省重点投资方向，争取到中央及省预算内资金 9558 万元、国家专项建设基金 1.4 亿元，发行额度 12 亿元的穹窿旅游（一期）项目收益债获国家发改委批准。大力实施返乡创业“回家工程”，吸引农民工及农民企业家返乡创办企业 125 户。积极参加各类投资促进活动，新签约项目 52 个，到位市外资金 119.6 亿元。

一年来，我们着力加快转型升级，创新发展实现新突破。工业结构逐步优化。深入实施老工业基地调整改造，利弘陶瓷、白塔二期加快推进，陶瓷传统产业得到巩固提升。大力发展新兴产业，页岩气累计投产84口井，年产能达14亿立方米，实现税收1.5亿元。金镭铸业、法拉特等企业迈向高端制造，玻纤新材料产销两旺，新型装配式建筑[2]取得突破，战略性新兴产业、高新技术产业产值占比分别提高3.9个百分点、1.8个百分点。现代农业稳步发展。特色产业规模持续扩大，发展林业产业基地4万亩，建成特色农业标准化基地2.4万亩、标准化养殖场11个。成功举办首届中国无花果产业大会产销对接会，无花果公园创建为省级示范农业主题公园。无花果酵素、能量棒生产线建成投产，全产业链基本形成。积极培育新型农业经营主体，新发展规模以上农业龙头企业2个、农民合作社41个、家庭农场51个。现代服务业加快发展。编制完成威远全域旅游发展规划，船石湖旅游小镇木兰苑安置房竣工，花田路商业步行街顺利推进；石板河景区完成总体规划和核心区修建性详细规划编制，正在加紧封闭打造。电子商务中心入驻企业达60户，建成电商村级服务网点86个，正威公司被评为“农村淘宝农资上行全国十佳企业”，全县电商销售额达6.0亿元，增长50.0%。新增限额以上商贸企业[3]9户，汽车4S销售集群区入驻企业2户，服务业增加值增长8.3%。改革创新有序推进。推进供给侧结构性改革，化解钢铁产能120万吨、核减煤炭产能18万吨。农村土地承包经营权确权登记工作顺利通过省级验收，并获得优秀等次。加大创业扶持力度，发放创业担保贷款2947万元、创业补贴286万元，支持1220人自主创业。成功创建国家高新技术企业4户，新增产学研合作项目17个，申请国家专利177件，培育省著名商标1件、省名牌产品12件。

一年来，我们统筹推进城乡发展，人居环境展现新面貌。城镇建设步伐加快。全县城镇化率提高1.5个百分点，达到47.7%。县城新增建成区1.5平方公里，总面积达20.9平方公里，常住人口达20万人。吴荣路快速通道一期一标段、二环路西段如期竣工，清溪湿地公园基本建成，城西新区呈现崭新面貌。连界新镇、镇西新区加快建设，改造老旧院落17个、农房610户，建成幸福美丽新村66个，创建省级“四好村”8个、市级“四好村”36个。基础设施不断提升。S308快速通道、成宜高速等项目前期工作进展顺利，连汪燕铁路（威远段）开工建设，威双路改造（一期）基本完成。新（改）建农村公路280.8公里，新增40个村通客车。团鱼凼东线、南线供水工程正式供水，惠及沿线14.7万人。整治病害水库4座，实施农田水利工程681处，建成农建综合示范片1个、全域灌溉示范小区2个。生态环境持续优化。深入实施大气、水、土壤污染治理，威远河出境断面水质持续改善，城区可吸入颗粒物（PM10）平均浓度为88毫克/立方米，同比下降3.3%，全年空气质量优良天数达257天。整改完成12个突出环境问题，通过了环保部西南督查中心后督察。开展省级卫生县城创建、大规模绿化威远、“一增一减一治”行动，城乡环境进一步提升。

一年来，我们全力保障民计民生，人民生活获得新改善。脱贫攻坚首战告捷。严格执行“五个一”帮扶机制[4]，全面落实教育、医疗、低保等扶贫政策，建立了医疗扶贫救助、特殊困难群体帮扶、扶贫小额信贷分险、教育救助4个基金。投入财政专项扶贫资金3490万元，扎实推进16个专项扶贫计划，贫困村基础设施、产业规模等明显提升。圆满完成16个贫困村退出、4677名贫困群众脱贫的任务，通过了省、市检查验收。社会保障日益健全。全力保障民生支出，75项民生工程和15件民生大事全面完成。狠抓化解过剩产能中转岗人员、高校毕业生等重点人群的就业，新增城镇就业人员11730人。建成县综合养老服务中心，新建区域性养老服务中心2个，新增养老床位650张。建成花塘片区安置房和威达煤业棚改项目，竣工公租房378套。开展“走基层、送温暖”活动，发送棉被8002套、棉衣14926件。各项事业协调发展。通过了义务教育均衡发展国家督导评估，开工建设凤翔中学和4所公办幼儿园，生源地助学贷款连续七年名列全省县级前茅。县级医院取消药品加成实现全覆盖，新改扩建镇卫生院2个、村卫生站50个。石坪山歌传承人蒋茂萍被认定为四川省第六批省级非物质文化遗产代表性传承人。新店中学等3所学校被命名为全国青少年校园足球特色学校，《梦幻羌寨》夺得全省第二届广场舞大赛冠军。社会大局和谐稳定。狠抓煤矿、非煤矿山、道路交通、消防等重点领域的安全监管，整改销案重大火灾隐患5起，煤矿行业连续三年实现零死亡。成功创建省级食品安全示范县、省级农产品质量安全监管示范县，群众食品安全满意度达92%。圆满完成村（居）民委员会换届选举工作。加强舆情监测引导，积极化解信访问题和不稳定因素，确保了社会稳定。完善社会治安防控体系，开展“雪亮”工程试点，依法严厉打击违法犯罪行为，人民群众安全感和满意度进一步提升。

一年来，我们全面加强自身建设，政府形象得到新提升。持续改进作风。深入开展“两学一做”学习教育，严格落实中央八项规定精神和省市县相关规定，长效推进作风建设，强化政府系统党员干部教育管理，查处违反中央八项规定精神问题8件17人。严格依法行政。自觉接受县人大及其常委会的工作监督、法律监督和县政协的民主监督，办理人大代表议案2件、建议231件，办理政协委员提案114件。坚持政府常务会会前学法，严格执行重大行政决策合法性审查，完成政府性投资项目合同审查125件、备案219件。优化政务服务。实施“三张清单”制度[5]，公开行政机关责任清单6007项、权力清单6111项、行权事项5.9万件。实施企业简易登记改革试点，审批时间缩短到3个工作日。强力推进“放管服”，网上公开行政许可事项办理指南，优化公共服务事项办理流程，按时办结率、现场办结率和群众满意率达100%。坚持反腐倡廉。全面落实党风廉政建设责任制，积极发挥监察、财政、审计部门职能作用，开展脱贫攻坚、滥发奖金工资补贴等专项督查，查处了一批群众反映强烈的突出问题，政纪处分42人。

同时，气象、邮政、通信、保险、烟草、盐业等事业实现了新发展，人民武装、档案、粮食、供销、史志、保密、民宗、应急、工会、共青团、妇女儿童、残疾人、红十字等工作取得了新进步。

各位代表，成绩来之不易，这是市委、市政府坚强领导、深切关怀的结果，是县委统揽全局、正确决策的结果，是县人大、县政协有效监督、鼎力支持的结果，是全县广大干部群众团结一心、奋发进取的结果。在此，我谨代表县人民政府，向全县人民，向所有关心支持威远发展的同志们、朋友们，致以衷心的感谢和崇高的敬意！

各位代表，回顾2016年，我们清醒地认识到，全县经济社会发展还存在不少问题和挑战：传统产业转型艰难，新兴产业支撑力还不强，服务业短板短期内难以改变；地方一般公共预算收入连续三年负增长，财政保障十分困难；缺乏大项目、好项目支撑，发展后劲还需加强；城乡环境离群众期望还有差距，城市管理等公共服务水平有待提升；环境保护、征地拆迁、安全生产等方面还存在一些问题，维护安全稳定的压力较大；少数政府工作人员群众观念不牢，服务意识不强，担当作为不够。对此，我们将坚持问题导向，采取有力措施，认真加以改进。

2017年工作安排

各位代表，今年是实施“十三五”规划承上启下的重要一年，是推进供给侧结构性改革的深化之年。今年政府工作的指导思想是：全面贯彻党的十八大和十八届三中、四中、五中、六中全会精神，深入落实以习近平同志为核心的党中央治国理政新理念新思想新战略，按照“五位一体”总体布局和“四个全面”战略布局要求，紧紧围绕县委十四届四次全体（扩大）会议的决策部署，自觉适应把握引领经济发展新常态，坚持“稳中求进、稳中求快、稳中求好”工作总基调，以提高发展质量和效益为中心，以推进供给侧结构性改革为主线，围绕“加速转型升级、决胜全面小康、建设幸福美丽威远”战略目标，保持科学发展、加快发展、转型发展战略定力，全面做好稳增长、促改革、调结构、惠民生、防风险各项工作，推动全县经济社会持续健康发展。

综合考虑当前经济形势和各方因素，今年全县经济社会发展的主要预期目标是：地区生产总值增长7.7%；农业增加值增长3.6%；规模工业增加值增长9.0%；服务业增加值增长8.4%；地方一般公共预算收入增长2.5%；全社会固定资产投资增长9.2%；社会消费品零售总额增长12.1%；城镇居民人均可支配收入增长8.7%，农村居民人均可支配收入增长9.0%。为此，我们将坚定不移地抓好七个方面的工作：

（一）突出稳中求进，促进经济健康发展。扎实推进“项目年”活动，充分把握经济发展形势，更好地发挥政府调节经济运行的作用，努力实现经济发展蹄疾步稳、稳中有升。

大力扶持实体经济。坚持领导干部联系企业等五项制度，帮助企业解决具体困难，重点帮扶川威、建业、白塔等企业转型发展。全面落实国家、省、市支持实体经济发展的各项政策措施，充分发挥应急转贷资金、“助保贷”[6]的作用，解决企业融资难问题。协调供电、供气部门对企业实行直购电、直供气，降低生产成本。落实企业上市、新进规模企业、新建技术中心、品牌创建等奖补政策，支持企业做大做强，力争新进规模工业企业3户。

继续强化项目投资。深化“项目年”活动，全年计划实施项目239个，完成全社会固定资产投资199亿元。扎实推进“四个一批”，突出抓好穹窿旅游（一期）、汽车4S销售集群区、公租房（二期）等省、市、县级重点项目建设，努力形成更多实物量。精准对接国家、省“十三五”规划重点投资方向，积极争取产业转型升级、脱贫攻坚、生态环保等领域的项目资金。推行政府与社会资本合作、政府购买公共服务等融资方式，挖掘民间投资潜力，激发民间投资活力。

保持财政平稳运行。严格依法治税，狠抓重点行业、重点企业、重点税种的税收征管，努力遏制地方一般公共预算收入下滑势头。强化预算管理，严格执行"收支两条线"，提高财政资金使用效益。调整完善县对镇财政管理体制，保障镇村组织正常运转和公共服务能力。积极争取各类预算内资金、专项建设基金、置换债券等，盘活财政存量资金，缓解调度压力。加强政府债务化解，确保债务余额不超过法定上限。

（二）突出产业兴县，加速转型升级步伐。坚持市场化配置资源，改造提升传统产业，培育壮大"六新产业"[7]，持续优化经济结构，不断提升发展的质量和效益。

推动工业提质增效。实施先进制造强市"三百行动"[8]，发展先进制造企业5户、技改传统制造企业6户、培育制造业名优品牌6个。改造提升冶金、建材、化工等传统产业，推动白塔等企业转型发展。大力发展新能源、新材料、新制造等优质产业，加快建设国家级页岩气产业示范园，支持金镭铸业、法拉特、东工水电等机械制造企业做大做强，力争高新技术产业总产值完成100亿元，战略性新兴产业产值占比提高2.5个百分点。完善园区科技、金融、物流等配套设施，科学谋划产业转移承接工作，提高园区产业关联度，形成上下游衔接、资源循环利用的产业集群。

推动三产提档增速。深入实施旅游发展"1336"计划[9]，保护好穹窿旅游资源，加快"九大引擎项目"[10]等景点开发，积极融入川南旅游环线、川渝大旅游经济圈。推进船石湖旅游小镇建设，启动足球训练基地项目，建成花田路商业步行街。推进石板河景区游客接待中心、度假酒店、漫水广场等重点项目，力争如期开放。推动"全民触网、全企上网"，争创省级电子商务示范县，力争电商销售额达7.2亿元。着力打造城西、城北新兴商圈，推动餐饮、商贸等传统服务业转型升级，培育健康养老、文化体育等新兴先导型服务业。

推动农业提优增量。实施"12345"现代农业产业提升行动[11]，培育壮大农业龙头企业，做强镇西食品工业园区，努力打造绿色优质农产品品牌，建设川南绿色食品基地。新发展无花果3000亩，巩固无花果万亩产业示范片；支持企业开发新产品、开拓新市场，促进无花果产业健康发展。推进现代农业示范县和现代林业、畜牧业重点县建设，稳定粮食生产，实施100万头"内江黑猪"产业化项目，巩固提升设施蔬菜、茶叶、柠檬等产业规模。加快培育新型农业经营主体，新增种养大户40户、家庭农场40个、专合组织4个、龙头企业1个。

推动产业融合互动。大力发展现代物流、检验检测等生产性服务业，完善县、镇、村三级物流配送体系，打通工业品、农产品双向流通渠道。推动"互联网+"发展，促进产业、金融、物流、文化、民生服务等与互联网深度融合，积极培育新型业态。鼓励工商资本下乡，开发农业多种功能，大力发展休闲农业、乡村旅游等新产业，促进农村一二三产业融合发展。

（三）突出改革开放，增强创新发展动力。推进全面创新改革"一号工程"，做到创新不止步、改革不停顿，同时注重因地制宜，确保改革接地气、有底气。

推进供给侧结构性改革。围绕"三去一降一补"，深入实施供给侧结构性改革"1+5"工作方案。做好川威集团钢铁去产能后续工作，化解煤炭行业过剩产能。鼓励支持农民进城购房，探索集体土地上房屋拆迁货币化安置办法，加大棚改货币化安置力度，促进房地产业健康发展。坚持市场需求导向和效率导向，深化农业供给侧结构性改革，加快推进农村产权制度、林权抵押贷款、供销社综合等改革，激活农业农村发展活力。

深化重点领域改革。推进"五证合一、一照一码"商事制度改革，力争新发展市场主体1200户。深化医药卫生体制综合改革，逐步完善分级诊疗体系，建立城乡统一的基本医疗保险管理制度。继续推进政府机构改革，组建经科局、商务局。统筹开展公务员职务与职级并行、生育保险和基本医疗保险合并全国改革试点，同步推进科技、文化、公务用车、事业单位分类、社会信用监管等重点领域改革。

提升开放合作水平。主动配套成渝，加快融入川南经济区一体化发展。以大企业大集团和产业链配套企业为主攻方向，大力开展平台招商、以企招商、精准招商，积极参加中外知名企业四川行、中国西部（四川）国际投资大会等投资促进活动，加快引进一批优质项目，力争到位市外资金132.2亿元，增长10.5%以上。大力实施返乡创业"回家工程"，鼓励引导更多在外成功人士回乡创业发展。

促进创新驱动发展。支持企业开展技术创新，建设一批重点实验室、工程技术研究中心、院士（专家）工作站，培育高新技术企业2户。鼓励企业与科研院所开展关键技术联合攻关，新增产学研合作项目30项以上，引进转化科技成果10项以上。推动"双创"示范基地建设，提高科技企业孵化器管理水平，力争孵化毕业企业5户。实施人才发展"三百计划"，培养一批企业精英、创新人才和创业先锋。

（四）突出城乡统筹，加快新型城镇化进程。坚持"以人为本"，加快推进以人为核心的新型城镇化，注重城镇体系的完善和城乡功能的协调，使城乡发展既有特点、更有亮点。

加快完善基础设施。大力推进蓉昆高铁、连汪燕铁路、成宜高速、井乐高速、资威快速通道等项目，打造川南区域性交通枢纽；分步改造威连路、内荣路等干线公路，建成威双路（二期）工程，新建农村联网公路56公里、通组公路159公里。配合推进长征渠规划修编，继续实施小型水库除险加固，推进威远河、新场河、越溪河防洪治理。加大中低压配电网、农村电网改造力度，加快风电开发步伐。持续推进“智慧城市”“宽带乡村”建设，实现行政村宽带网络全覆盖。

加快推进县城建设。坚持规划引领，启动编制并严格实施高铁新区规划、城市绿地系统规划、威远河流域综合治理总体规划，确保规划的权威性和严肃性。大力实施县城“五个一”工程[12]，加快推进白塔大桥、杨家坝大桥、吴荣路快速通道一期二标段、二环路北段等项目，实现城市健康有序发展。实施城市“双修”[13]，推进城市棚户区改造，实施老旧院落整治，逐步黑化旧城道路，城区路灯完好率达95%以上；规划建设花城公园，建成清溪湿地公园、狮子山公园，努力打造城市绿色走廊。

加快打造特色镇村。深化“百镇建设试点行动”，继续完善新连界配套设施，加快建设船石湖旅游小镇，努力打造县域副中心。建设镇西镇祥和广场，优化城镇配套功能，实现场镇和食品园区融合发展，打造商贸物流特色小镇。坚持“保改建”相结合，全面实施“六大行动”[14]，统筹农村基础设施和公共服务体系建设，推进传统村落、院落保护治理，建设幸福美丽新村33个，省级、市级、县级“四好村”分别达20%、25%、30%。

（五）突出绿色发展，着力改善生态环境。牢固树立环境保护“世代工程”的意识，坚持打基础、利长远、可持续，坚决打赢生态保护和环境治理攻坚战。

打好污染防治三大战役[15]。启动第二次全国污染源普查工作，摸清污染源基本情况。实施水污染防治“四大工程”[16]，全面落实“河长制”，划定县级水功能区，切实保护饮用水水源；推进威远河流域综合治理，编制威远河水体达标方案，建成连界镇生活污水处理厂及配套管网工程，推进县城第二污水处理厂建设，力争廖家堰出境断面水质达V类标准。实施大气污染防治“五大工程”[17]，突出抓好秸秆禁烧、扬尘治理等工作，强化重污染天气应急联动处置，可吸入颗粒物（PM10）平均浓度值控制在80毫克/立方米以内，空气优良天数比例达73%以上。实施土壤污染防治“三大工程”[18]，加快建设县垃圾填埋场渗滤液处理扩容技改工程，推进固体废物综合利用和无害化处置。加大环保执法力度，严惩环境违法行为，持续改善全县环境质量。

促进绿色低碳循环发展。推进工业废弃物综合治理和回收再利用，培育发展页岩气泥浆、岩屑处理等配套环保产业。实施能源消耗、建设用地等总量和强度双控行动，推动传统制造企业开展清洁生产。推行“种养结合”循环农业生产方式，实现种养废弃物资源化利用、无害化处置。落实节能减排目标责任，督促公共机构节约能源资源，推进钢铁、陶瓷等重点耗能行业实施技术改造，力争单位工业增加值能耗下降4%以上。

深化城乡环境综合治理。采取强力措施，确保成功创建省级卫生县城。完善交通标示标牌标线，科学规划一批停车位，加强重点地段、重点时段的交通管控；逐步改造城区农贸市场，新建城北农贸市场，规划设置一批临时市场；开展“五小行业”整治，深化“五乱”治理，专项整治集贸市场、滨河公园等重点区域；加强病媒生物防制；逐步完善公厕、垃圾库等环卫设施，城市生活垃圾无害化处理率达80%以上。建设完善农村基础设施，建立农村环境卫生长效监管机制，重点治理村容村貌、河道沟渠、公路沿线，切实解决农村环境卫生突出问题。

实施大规模绿化威远行动。启动“省级绿化模范县”创建，推进“八大绿化行动”[19]，深入实施天然林保护、脆弱地区生态修复、水土流失治理等工程。创新绿化投入、经营、参与机制，巩固退耕还林成果7.2万亩，实施森林质量精准提升1.3万亩，完成大规模绿化9600亩。开展全民义务植树活动，推进矿山创面植被恢复。加强森林火灾防范，强化有害生物防治，保护好现有林业资源。力争县城区绿化覆盖率达33%，全县森林覆盖率达40.22%以上。

（六）突出改善民生，保障人民安居乐业。牢记“宗旨意识”，时刻把民生事业放在心头、扛在肩上，着力解决群众最关心、最直接、最现实的利益问题，让人民群众有更多获得感。

深入推进脱贫攻坚。按照“一超过两不愁三保障三有”[20]“一低五有”[21]标准，压实工作责任，实行挂图作战，确保3963人脱贫、21个贫困村退出。坚持问题导向，切实整改省督查组提出的问题，精准补差补短。建立完善“六有”平台动态调整、扶贫资料“月清季结”等工作机制，强化巡查督导，严格考核评估，全力推进“五个一批”[22]脱贫攻坚行动。大力实施十一项精准扶贫项目，落实医疗、教育、就业等扶贫政策，注重发挥社会力量帮扶作用，支持每个贫困村至少发展一项特色产业。深入推进十一项脱贫攻坚工程，争取易地扶贫搬迁安置项目落地，完善交通、水利、电力、网络等基础设施，发展壮大贫困村集体经济。

持续优化公共服务。加快建设凤翔中学，继续改造农村薄弱学校，优化城乡教育资源布局。支持县人民医院创建三级乙等综合医院，筹建县妇幼保健和计划生育服务中心大楼，争创全国基层中医药工作先进单位。加强文物和非物质文化遗产保护传承，开展静宁寺儒林院排危抢救性维修工作，积极备战省第十三届运动会、省第二届农民艺术节。实施积极的就业政策，动态消除“零就业”家庭，确保城镇登记失业率控制在4.5%以内。完善城乡社会保障制度，扩大社会保险覆盖面。加快保障性安居工程建设，改造棚户区1557套。新建城乡社区日间照料中心13个，新增养老机构床位550张。扎实开展“践行十爱·德耀甜城”主题活动，弘扬社会主义核心价值观，推进群众性精神文明创建工作。

始终坚守安全底线。健全安全生产责任体系，构建风险分级管控和隐患排查治理双重预防工作机制，持续开展安全隐患大排查大整治，坚决防范遏制重特大事故发生。加强矿山、危化品、建筑施工、道路交通等重点行业领域安全监管，完善企业安全生产“黑名单”制度，落实企业主体责任。深入开展金属非金属矿山安全生产攻坚克难，确保摘掉“全国金属非金属矿山新增30个重点监控县”帽子。挂牌督办重大火灾隐患，专项整治居民小区消防设施损坏、消防通道堵塞等突出问题。筹建食品检验检测中心，加大监管执法力度，确保食品安全。

坚决维护和谐稳定。开展矛盾纠纷和不稳定因素排查，扎实推进社会稳定风险评估，严防群体性事件发生。坚持领导接访等制度，积极化解信访积案，妥善处理涉法涉诉信访案件。加强金融监管，防范化解民间金融风险。畅通维权渠道，依法保障劳动者合法权益，构建和谐劳动关系。推进应急救援指挥大平台建设，逐步构建“空中有监控、地面有巡逻、管理有重点”的立体防控体系，依法严厉打击各类违法犯罪行为。加强国防后备力量和应急队伍建设，提高应急处置能力。

（七）突出履职担当，巩固政府良好形象。牢固树立“四个意识”，匡正风气，砥砺前行，不断提高行政效能，落实为民务实清廉要求。

深化法治政府建设。坚决贯彻落实县委决策部署，自觉接受县人大及其常委会的法律监督、工作监督和县政协的民主监督，认真办理人大代表议案、建议和政协提案。强化审计和司法监督，主动接受人民群众和社会舆论监督。完善行政决策机制，依法、科学、民主决策政府工作重要事项。加强政府信息公开平台建设，做好政策解读，推进公共资源配置、重大项目等领域的信息公开。深入开展“七五”普法，严格规范公正文明执法，加强行政复议、行政首长出庭应诉、“两法衔接”[23]工作，运用法治思维和法治方式推动发展、化解矛盾、维护稳定。

推进效能政府建设。强化担当意识、责任意识，发扬“敢挺、苦干、实拼”精神，用求真务实的工作作风，推动各项决策部署落地生根。持续深入改进作风，巩固“三严三实”“两学一做”成果，发挥党员干部示范带头作用。深化“放管服”改革，建立“双随机一公开”[24]平台，推进新政务服务中心建设，提升政务服务水平。健全干部正向激励机制和容错纠错机制，完善工作责任、督查问责和第三方绩效评价机制，坚决整肃庸政懒政怠政行为，提高行政机关办事效率。

加强廉洁政府建设。坚决把纪律和规矩挺在前面，全面落实党风廉政建设责任制，将全面从严治党落实到政府工作各个环节。强化行政权力运行监督制约，健全用制度管人、管事、管权的长效机制，深化重点领域廉政风险防控，着力构建警示教育常态化机制，进一步扎紧制度“笼子”。加大对项目投资、公共资源交易、脱贫攻坚等方面的监管力度，严肃查处各类违法违纪和侵害群众利益的案件，始终保持惩治腐败高压态势。

各位代表，我县经济社会发展面临着新的机遇和挑战，圆满完成今年目标，奋力推进“加速转型升级、决胜全面小康、建设幸福美丽威远”战略，任务艰巨而光荣。让我们紧密团结在以习近平同志为核心的党中央周围，在省委省政府、市委市政府和县委的坚强领导下，在县人大、县政协的监督支持下，紧紧依靠全县干部群众，切实践行“忠诚是我魂、工作跟我上、廉政向我看齐”，履职担当、埋头苦干、抓紧抓快、从严从实，以优异成绩迎接党的十九大和省第十一次党代会胜利召开！

附注：

[1] PPP：公私合作模式，即政府与私人组织之间，为了合作建设城市基础设施项目，或是为了提供某种公共物品和服务，形成的合作关系。

[2] 装配式建筑：将构成建筑物的墙体、柱、梁、楼板、屋顶等在工

厂预制好，装运到需要建筑的现场，如同搭“积木”一样，把预制的构件配搭起来成为整体的建筑物。

[3] 限额以上商贸企业：指主营业务收入2000万元以上的商业批发企业，500万元以上的商业零售企业，200万元以上的住宿餐饮企业。

[4] “五个一”帮扶机制：即每个贫困村有1名责任县领导、1个帮扶单位、1名“第一书记”、1个驻村工作组、1名驻村农技员。

[5] “三张清单”制度：即权力清单、责任清单和负面清单。用李克强总理的话来回答，就是政府要拿出“权力清单”，明确政府该做什么，做到“法无授权不可为”；给出“负面清单”，明确企业不该干什么，做到“法无禁止皆可为”；理出“责任清单”，明确政府怎么管市场，做到“法定责任必须为”。

[6] “助保贷”：是由地方政府和银行共同筛选企业组成“中小微企业池”，由政府提供的风险补偿资金和企业缴纳的助保金共同组成“助保金池”作为风险缓释方式的信贷业务。

[7] 六新产业：新能源、新材料、新制造、新商贸、新旅游、新食品。

[8] 先进制造强市“三百行动”：到2020年，内江市发展100户先进制造企业，技改100户传统制造企业，培育100个制造业名优品牌，打造成渝经济区先进制造强市。

[9] 旅游发展“1336”计划：打造一个世界级旅游品牌，指“国际知名的穹窿休闲度假旅游目的地”；构建三大特色产品，指山水游乐、山地运动、休闲康养；打造三大拳头景区，指石板河景区、俩母山穹窿古寨群景区、慈菇塘森林公园景区；发展六个旅游培育区，指长葫峡谷旅游培育区、无花果国家农业公园旅游培育区、中华感恩园乡村旅游培育区、工业旅游培育区、凤凰寨旅游培育区、韦家沟旅游培育区。

[10] 九大引擎项目：指船石湖小镇、石板河景区、俩母山穹窿古寨群景区、慈菇塘森林公园景区、无花果国家农业公园、中华感恩园、长葫峡谷国家生态旅游示范区、凤凰禅寨、三威工业大遗址。

[11] “12345”现代农业产业提升行动：内江市打造一个品牌、做强两个园区、培育三条产业带、建设四大功能示范区、提升五个万亩示范片。

[12] 县城“五个一”工程：一路，指启动吴荣路二期（川威大道）项目；一河，指威远河综合治理；一区，指建设6平方公里的城西新区；一站，指成都新机场至自贡城际铁路途经威远县并设城际站；一改，指统筹推进杨家坝片区、罗家坝片区等危旧房棚户区改造。

[13] 城市“双修”：就是城市修补、生态修复，实现城市发展模式和治理方式的转型。

[14] “六大行动”：指扶贫解困、产业提升、旧村改造、环境整治、文化传承、改革创新。

[15] 污染防治三大战役：指大气、水、土壤污染防治，分别是“蓝天”战役、“碧水”战役、“净土”战役。

[16] 水污染防治“四大工程”：指重污染水体整治、良好水体保护、水污染防治设施建设、饮用水环境安全保障。

[17] 大气污染防治“五大工程”：指实施工业污染减排、抑制城市扬尘、压减煤炭消费总量、治理机动车船污染、控制秸秆焚烧。

[18] 土壤污染防治“三大工程”：指开展土壤污染状况详查，实施土壤污染分类管控，加强土壤污染治理与修复。

[19] “八大绿化行动”：指重点工程造林绿化行动、生态脆弱区治理行动、水系绿化行动、通道绿化行动、森林城市建设行动、绿色家园建设行动、森林质量精准提升行动、绿化成果保护行动。

[20] 一超过两不愁三保障三有：“一超过”，脱贫户年均纯收入稳定超过国家现行扶贫标准；“两不愁”，不愁吃、不愁穿。“三保障”，基本医疗、义务教育和住房安全有保障；“三有”，有安全饮水、有生活用电、有广播电视。

[21] 一低五有：“一低”，贫困村退出当年贫困发生率低于3%；“五有”，有集体经济、有硬化路、有卫生室、有文化室、有互联网。

[22] 五个一批：扶持生产和就业发展一批、移民搬迁安置一批、低保政策兜底一批、医疗救助扶持一批、灾后重建帮扶一批。

[23] 两法衔接：指行政执法与刑事司法衔接。

[24] 双随机一公开：即在监管过程中随机抽取检查对象，随机选派执法检查人员，抽查情况及查处结果及时向社会公开。

威远县“两学一做”学习教育

中共威远县委组织部

按照中央、省、市委的统一部署，在市委及市委组织部的有力指导下，威远县认真学习贯彻习近平总书记重要指示精神，始终坚持高标准谋划，高质量推进，以上率下，统筹结合，有力推动“两学一做”学习教育工作扎实有效开展。

一、总体开展情况

（一）注重科学谋划，确保学习教育任务落实落地。深刻领会中央、省委、市委、县委有关“两学一做”学习教育的具体要求，将学习教育工作纳入2016年组织工作要点，与党建工作同安排、同部署。一是着力培训工作骨干。分别于5月13日和24日，对各镇党务骨干、县级各部门分管领导、重点行业部门负责人，进行“两学一做”工作专题辅导，促进各领域各行业齐头并进、平衡开展。7月14日，召开工作推进会，以现场交流会的形式，总结推广严陵镇、县国税局、特殊教育学校等7个党组织工作经验，掀起学习教育“比学赶超”热潮。二是抓好前期准备工作。确定软弱涣散基层党组织64个，其中农村党组织27个、社区党组织5个、其他领域党组织32个。开展调查研究，准确找出软弱涣散基层党组织软弱涣散的原因，针对不同情况，分类解决。推行“双找双配套”，实施“三联系一平台”工程，查找并取得联系的失联党员已有841名。三是层层压实工作责任。出台“1+8”学习教育分行业指导意见，以工作任务表的形式下发至各单位，明晰学习内容、完成时限、责任单位等。印发《“两学一做”学习教育学习手册》1万本，指导各党组织以更加坚定的态度、更加有力的举措，把主体责任层层压紧压实。

（二）注重学做结合，确保学习教育主线突出分明。坚持学做结合，以学促做，知行合一，用心聚力逐项落实规定动作。一是在“深学”上下功夫。把教育引导党员真学实学作为第一位的任务，充分发挥支部的主体作用和基本功能，坚持和运用好“三会一课”、组织生活会等基本制度，让党支部把党员集结起来，组织党员系统学习，特别是深入学习习近平总书记“七一”重要讲话等讲话精神实质，切实用新理念新思想新战略武装头脑。二是在“真做”上下功夫。引导全县党员不忘初心、继续前进，埋头苦干、创造一流，推动县委重大决策部署落地落实，在各自岗位上展现新作为、在促进改革发展中创造新业绩。成立专项督导工作组，定期不定期开展督促指导。10月24日至28日，派出5个督导组对全县31个党（工）委学习教育情况进行专项督查，查出问题160余个，制定整改清单台账。三是在“实改”上下功夫。强化问题意识、问题导向，把解决问题贯穿始终，引导全县党组织和党员干部结合各自实际，认真查找自身存在的突出问题。扎实开展三项整改“回头看”，统筹新老问题一起解决，着力形成严肃党内政治生活、从严从实管理党员干部等“八个常态长效”。认真抓好党员日常教育管理制度“八个专项检查”，以坚决有力的举措落实党建工作各项重点任务，推动基层党建工作

2016年4月19日，县工商局举行“两学一做”暨学习《准则》《条例》知识竞赛　（县工商局供图）

严起来、实起来。

（三）注重以上率下，确保学习教育推进有力有效。坚持领导带头、以上率下，确保党员领导干部学在先、做在前，知之深、信之笃、行之实，层层立标杆、作示范。一是县委主导。县委积极履行主体责任，常委班子落实“五个带头”，遵守“四项制度”。截至目前，县委常委会带头学习系列讲话、党内法规、上级文件精神等14次，中心组集中学习研讨4次。二是领导率带。6月16日，县委书记罗平带头深入连界镇荣胜村，为党员干部讲党课。6月以来，所有县级党员领导干部分别深入联系点，围绕为什么要学党章党规，为什么要学习近平总书记系列重要讲话，怎样做一名合格党员，如何检验学习教育成果，学习《习近平总书记重要讲话文章选编》等内容，以党课形式向基层党员进行了全面深刻的讲解。截至目前，县级党员领导干部带头讲党课60余场次。三是上下联动。县委组织部带头开展学习教育，部长先后3次到联系点为党员干部讲党课，召开部务会议研讨“两学一做”学习教育工作14次。严格落实“学习教育提醒制度”等四项制度，向县级党员领导干部发出“温馨提示”5期。发放《习近平总书记系列重要讲话读本》3万余本，制发“两学一做”学习教育笔记本600余本，发放党徽3.3万枚，扎实开展“我是党员我示范”行动。

（四）注重统筹兼顾，确保学习教育成果可看可查。注重统筹兼顾，坚持“五个结合”，做到学习教育和中心工作两手抓、两不误。一是大力推进“五计划”。引导全县党员干部参与承诺亮诺，承诺事项1.16万余项；命名示范岗89个、示范团队51个、示范单位29个，形成完备的共产党员示范体系；以开展“党员服务日”活动为载体，开展活动1200余次；结合纪念建党95周年，对全县40名优秀共产党员、20名优秀党务工作者和30个先进基层党组织予以表彰，推动“红耀婺城、服务发展”深入开展。二是蓬勃开展“六课堂”。运用各类媒体平台发布消息1.6万余条，运用远程教育站点学习4600余次，参与人数8.5万余人次。建立33支“送学小分队”，开展“流动课堂”，参与送学人数200余人。开展“互动课堂”1302次，参与党员2.4万余人次。开展优秀党课评选活动，选出14名党员干部和党校教师，组建了优秀党课讲师团。三是深度融入“脱贫攻坚”。立足组织部门的职能职责，坚持把打赢脱贫攻坚战作为检验学习教育成效的主战场，正排工序、倒排工期，百倍用心、千倍用力，实施班子建设促进计划、实用人才振兴计划、智力惠民支持计划、社会力量共促计划“四大计划”，调整充实不齐不力贫困村班子4个、班子成员12名，遴选54名优秀年轻党员干部到贫困村担任“第一书记”，开展贫困村实用人才专项培训8期、246人次，引导“县青年创业协会”等社会力量助力脱贫攻坚，积极把组织优势转化为脱贫攻坚优势，把组织资源转化为脱贫攻坚资源。

二、存在问题及下步打算

（一）面临的主要问题。当前学习教育工作正在有力有序有效开展，仍有个别地方学习存在一定困难和问题。一是个别党组织流动党员证发放不及时，在外务工党员参与集中学习条件受限。二是农村党员老龄化现象严重、文化普遍较低，学习不够深入。三是示范项目建设特色不够鲜明。

（二）下一步工作打算。认真对前段工作进行“回头看”，及时查漏补缺，做到该补课的及时补课，确保取得实效。一是督促流动党员证的发放，积极拓展学习教育途径。二是广泛深入宣讲党的十八届六中全会、省委十届九次全会和市委七届二次全体会议精神，深度融入脱贫攻坚战，确保圆满完成今年8个镇25个村脱帽、4677人脱贫的目标任务。三是借助“七镇八村”建设，深度打造各具特色的党建示范体系。深入开展“走基层、解难题、办实事、惠民生”活动，积极谋划专题组织生活会和民主评议党员。

（张　雷）

威远概览

基础县情

【地理位置】 威远县位于四川盆地中南部，辖区面积1289平方千米，南北长54千米。地跨北纬29°22′—29°47′，东经104°16′—104°53′。东邻内江市市中区，南连自贡市大安区和贡井区，西界荣县，北衔资中，西北与眉山市仁寿县、乐山市井研县接壤。县城东至内江市市中区31千米、重庆市202千米；南至自贡市自流井区25千米、宜宾市翠屏区100.4千米；西至自贡市荣县31.7千米、乐山市96千米；北至资中县39.8千米、成都市138千米；西北至眉山市仁寿县79千米、乐山市井研县91.9千米。

【地质地貌】 威远位于扬子陆台四川分区西南部，出露有中生界和新生界地层。境内地质构造为荣威穹窿与新店子向斜。全县地势西北高、东南低，分为低山、丘陵两大地貌区。西北低山区山峦起伏，沟谷纵横，一般海拔500~900米，相对高差200~300米，新场镇鹞子岩海拔901.9米，为全县最高点。东南丘陵区多方山、馒头山和漫岗岭脊，低山向丘陵过渡带有单斜丘陵，间有缓坡台地，一般海拔300~400米，相对高差30~80米，向义镇双河口海拔277.6米，为全县最低点。

穹窿浅释 穹窿，亦称“穹隆”，指天空中间高四周下垂的样子，也泛指高起成拱形。通俗地讲，就如一口倒扣的铁锅。穹窿构造地貌是指发育在地台盖层上的圆弧形构造地貌。荣威穹窿（亦称威远穹窿、威远背斜）位于川中台拱中部，为一大的隆起区，呈东西长、南北短的不对称椭圆形背斜，横贯威远县西北部，是四川盆地中部一种非常特殊的地质构造，属构造拱曲穹窿。一亿多年前，在地壳运动过程中受内外力挤压整体上拱隆起的一块帽状高地，其顶部在上拱过程中断裂形成无数方山台地和峡谷坑道。威远穹窿地质构造面积达641.5平方千米，占整个荣威穹窿总面积的71%。

穹窿云雾 （余远文摄）

荣威穹窿构造特征是南陡北缓、西窄紧、东开阔。其资源的独特性和富集性，是全省唯一、全国最大的穹窿地质构造。900余平方千米的穹窿地貌奇观中，有300余座秀美的方山台地、80余处军事古寨、50余条幽深峡谷、20余个宁静湖泊、4万公顷森林，组成一道道丽质佳景。穹窿地质构造孕育了丰富多样的地质景观与人文景观，是独具特色的自然与文化遗产，也是威远旅游可持续发展最重要的基础条件之一。

【建置沿革】 威远古为梁州之域，周属蜀国，秦隶蜀郡，汉属犍为郡，东晋时为僚人聚居地。北周保定五年（565年），置盘石县，辖有威远境地。隋开皇三年（583年），置威远戍，取“威名远震”之义。开皇十一年（591年），改戍为县，为威远建县之始。唐贞观元年（627年），威远县析置为婆日、至如二县。县城所在地为婆日镇（今严陵镇），“婆城”之名由此而来。宋乾德五年（967年），和义县并入威远县。元初，废威远县。元统元年（1333年）复置。明洪武四年（1371年）威远县并入荣德县，隶属于嘉定府。明洪武九年（1376年）复设威远县。清初仍沿明制，县属嘉定州。清康熙六年（1667年），威远县并入荣县；康熙十三年（1674年）复设；康熙二十年（1681年）再并入荣县，至雍正七年（1729年）又复设威远县，属嘉定州。光绪三十四年（1908年）威远县隶属于上川南道嘉定府。清宣统三年（1911年），四川保路运动兴起。同年11月1日，保路同志军攻占威远，宣布威远独立，成立军政府。民国元年（1912年）废道制，由省辖府（州、厅），威远县仍属嘉定府，县军政府改名县公署。民国2年（1913年）恢复道制，威远县属上川南道，翌年改属建昌道（治所在今雅安市）。民国17年（1928年）废道制，县直属四川省。民国24年（1935年），威远县隶属第二行政督察区资中专员公署（治所在今资中县城），直到1949年12月9日威远解放。1950年2月，资中专员公署迁内江，改名为内江专区，1968年改为内江地区，1985年撤销内江地区改为地级内江市，威远县均属之。至2016年，威远建县1425年。

【区划人口】 1992年7月，县进行行政区划调整，撤销原7个区、42个乡（镇），调整为20个镇。2016年，全县辖严陵镇、铺子湾镇、新店镇、向义镇、界牌镇、龙会镇、高石镇、东联镇、靖和镇、镇西镇、庆卫镇、山王镇、黄荆沟镇、观英滩镇、新场镇、连界镇、越溪镇、两河镇、碗厂镇、小河镇共20个镇，313个村民委员会、4865个村民小组；61个社区居民委员会、602个居民小组。威远县人民政府驻地：严陵镇西街2号。

2016年，全县年末总人口728422人。年出生人口8855人，人口出生率12.1‰；死亡人口6735人，人口死亡率9.3‰；人口自然增长率2.8‰。迁入人口1580人，迁出人口4968人。

【民族宗教】 县内人口的民族结构以汉族为主，共有32个少数民族1344人，其中彝族261人、藏族103人、苗族163人、土家族98人、回族50人。从来源看，主要以婚迁为主；工作迁入的主要是因企业转产从甘孜藏族自治州丹巴县迁入严陵镇的藏族群众。少数民族群众分散居住在全县20个镇，其中人数较多的镇有严陵镇、新场镇、连界镇和观英滩镇；少数民族群众居住相对集中的是在严陵镇花城路社区。

县内信教群众主要信奉佛教、道教、天主教、基督教。经登记颁证的宗教活动场所15个，其中佛教12个、基督教2个、天主教1个。宗教教职人员35人，其中佛教34人、基督教1人；天主教堂教职人员由天主教宜宾教区派员兼任。

（冷国文）

【自然资源】 全县2016年年初实有耕地29570公顷，年末实有耕地面积55557公顷。林地41799公顷。西北低山区植被良好，林木种类37科58属1000余种，原生植物主要为马尾松、杉木、柏木、大头茶等，引进植物有湿地松、火炬松、巨桉等。有名木古树81株，其中国家一级保护树红豆杉22株、二级保护树红豆木2株。森林覆盖率40.2%，森林蓄积量407万立方米。丘陵区土壤肥沃，是四川重要的粮食和蔬菜种植基地，柠檬、茶叶、七星椒、大头菜、无花果为久负盛名的地方特产。矿产资源有石油、天然气、煤、石灰岩、铝土页岩矿、砖用页岩、含钾水云母黏土矿、黏土、高岭土、岩盐等20多种。其中，石油、天然气主要分布在新场镇及越溪一带，面积850平方千米，储量400亿立方米。煤藏探明储量约8000万吨，广泛分布于山王、黄荆沟、观英滩、新场、连界、越溪、两河、小河、碗厂、铺子湾、庆卫、镇西等镇。

（县国土资源局　县农林局）

【土特名产】 威远物产丰富。新店七星椒具有个小尾尖、色红皮薄、肉厚清香、辣味醇厚的特点，号称“中国第一香辣”，2001年8月成为中国吉尼斯吃辣椒比赛唯一指定用椒，2007年获国家质检总局“地理标志产品保护”认证和“四川省特色旅游商品”称号。威远是全国柠檬商品生产基地县，年产柠檬7万吨以上，平均单果重150克左右，1999年被评为四川省“名优水果”。“威宝”牌周萝卜是远近闻名的地方特产、四川特色旅游商品。复立雪芽茶2000年荣获国际茶博览会金奖，为全国十三大名茶之一。“飘香雪芽”绿茶获2004年第八届茶文化研讨会“国际名茶”金奖，是第八届中国西部国际博览会推荐茶叶。八卦鸳鸯酒系中药保健酒，被评为第二届中国国际保健节推荐产品。黄老五花生酥具有“甜、白、香、酥、脆”五大特色，其生产技术获得国家专利，产品制作工艺被录入市级非物质文化遗产名录。国友果业公司生产的系列果酒采用枇杷、柠檬、桑葚果汁经控温发酵酿造而成，是绿色纯天然食品，荣获内江市首批“名优特新食品”称号，远销上海等地。此外，金四方无花果、川老妈香辣酱、“泉威”竹笋也深受消费者喜爱。

羊肉汤是威远最普遍的营养美味快餐，也是最具威远特色的地方名小吃。羊肉汤馆遍布县城区和各镇。周记红油抄手、龙姐羊肉米线、三毛兔头脍炙人口，均被评为四川名小吃。

（冷国文）

【气候】 2016年，威远县年平均气温略偏高，降水量正常略偏多，日照与往年基本持平。全年无霜期328天、雨日151天、霾日1天、雾日13天、轻雾291天，最长连续降水日数8天，最长连续无降水日数20天，年最多风向频率为西北风（12）。年内无明显的低温时段，强降温次数少，也无明显的高温酷暑天气出现；干旱轻微，出现一般性的冬干夏旱；汛期出现大雨8次，暴雨1次，但整体范围小、强度小，洪涝偏轻。经综合评估：2016年，威远县气候属正常偏好年景。

气温 2016年平均气温18.4℃，比历年平均值偏高0.5℃，比2015年偏低0.5℃。年极端最高气温40.3℃，出现在8月25日，比2015年偏高4.1℃，比历年极端值偏低0.5℃；年极端最低气温-0.9℃，出现在1月23日，比历年极端值偏高1.5℃，比2015年偏低4.9℃。年内平均气温4月正常（与历年同期持平）、1月、2月、9月正常（偏低0.4℃），11月偏低0.5℃，3月、5月、6月、7月、8月、10月、12月月平均气温均偏高，尤以8月为甚，异常偏高2.0℃。

以季节而言，冬季平均气温为8.7℃，比历年同期平均值偏低0.1℃，比2015年偏低0.9℃；春季平均气温为18.6℃，与多年平均值比较偏高0.2℃，比2015年偏低1.6℃；夏季平均气温为27.2℃，与多年平均值比较偏高1.1℃，比2015年偏高1.1℃；秋季平均气温18.6℃，比历年同期平均值偏高0.1℃，比2015年偏低0.6℃；稳定通过10℃的初日在2月27日；秋季稳定通过22℃的终日在10月6日。>0℃的活动积温为6734.4℃，比2015年偏少178.1℃，比历年平均值偏多249.4℃。年内气温总体以偏高为主（除4月持平、1月、2月、9月、11月负距平外，其余月份均为正距平），特别是5到8月持续偏高。

降水 2016年总降水量正常为923.2毫米，比2015年偏多59.2毫米，较累年年平均值偏多16.4毫米即偏多1.8%。全年雨日151天，比2015年少17天，其中≥0.1毫米的降水日数为127天，比2015年少9天；≥1.0毫米的日数为85天，比2014年少2天；≥5.0毫米的日数45天，比2015年多6天；≥10.0毫米的日数30天，比2015年多5天；≥25.0毫米的日数为8天，比2015年多2天，≥50.0毫米的日数为1天，比2015年少3天。年内1日最大降水量为6月30日（62.8毫米）。雨强35.0毫米/小时，开始出现时间8月4日01时29分。最长连续降水日数为8天，出现在8月30日至9月6日，过程降水量为59.6毫米，最长连续无降水日数为20天，出现在11月24日至12月13日。月降水量：7月、8月、10月、11月偏少，偏少幅度在17%（8月）~63%（10月）。1月、2月、3月、4月、5月、6月、9月、12月偏多。尤其是2月降水量为32.4毫米，比多年平均值偏多17.3毫米即偏多115%；1月降水量为16.3毫米，比历年同期偏多7.4毫米，即偏多距平百分率83%。大雨开始于5月9日，结束于9月19日。

以季节而言，冬季总降水量异常为64.1毫米，比多年平均值异常偏多100%；春季总降水量为195.2毫米，比多年平均值偏多17%；夏季总降水量为449.5毫米，比多年平均值偏少15%；秋季总降雨量214.4毫米，比历年同期平均值偏多20%。年内降雨量总体以偏多为主（除7月、8月、10月、11月负距平外，其余月份均为正距平）。

日照 年总日照时数偏少为1095.4小时，比2015年偏少46.5小时，比累年年平均值少91.5小时。2月、3月、5月、6月、7月、8月偏多，偏多的幅度在3%（5月）~63%（2月）。其余月份均偏少，偏少的幅度在13%（1月）~48%（11月）。

以季节而言，冬季总日照时数为146.2小时，较多年同期平均值偏多

13%；春季总日照时数为 332.6 小时，较多年同期平均值偏少 4%；夏季总日照时数为 490.3 小时，较多年同期平均值偏多 18%；秋季总日照时数为 126.3 小时，较多年同期平均值偏少 38%。

（陈小能）

【名胜古迹】 独特的穹窿地质构造，孕育出奇险秀绝的自然景观。威远依据穹窿方山台地修筑的各类古寨有近百座，且保存完好，形成规模庞大、景观独特、全国少有的穹窿古寨群。其中向家寨、高顶寨、凤凰寨、五堡墩等古寨占地宽广，规模巨大，融奇险秀于一体，是考古、观光、休闲和户外运动的绝佳之地。威远山川秀丽，仅海拔 800 米以上的山峰就有 7 座，沟壑型峡谷 30 余条。俩母山海拔高度 833 米，双峰并秀，自唐宋以来便为川南名山，享有“西蜀二峨眉”之美誉。老君山雄奇瑰丽，方若削壁，有华山之险，从唐宋以来就已成为道家的修炼之地和风景名胜之地。慈菇塘省级森林公园是川中唯一的亚热带原始次生林，面积 400 公顷，是天然的生态氧吧。长沙湖、葫芦湖、船石湖等人工湖泊景色宜人。长沙湖又名长沙坝水库，为世界著名坝工建筑，大坝雄姿和湖内景点曾在《人民画报》上彩印刊出。“彩虹飞瀑”于夏秋季可见，场景十分壮观。葫芦湖水域有 4 平方千米，湖边怪石如“龙头望天”“狮子回背”“罗汉迎宾”“三星红岩”等，惟妙惟肖。船石湖有大小港汊 203 条，全岛、半岛 100 多个，有月亮崖、千鸡寨、轿子石、鹰嘴岩等诸多自然景点。位于东联镇佛尔岩风景区的弥陀寺依山而建，错落有致，寺内千年唐代摩崖造像远近闻名；静宁寺为川南规模最大的儒、释、道三教合一寺庙，抗日战争时期曾为国立东北中山中学和东北中学校址；感恩寺规模宏大，金碧辉煌，舍利宫如北京天坛般庄严布局，吸引八方游人。县城内还有初建于明朝的白塔、清乾隆年间建造的古城墙可供游览。

【文化遗存】 威远历史悠久，文化遗存较多。靖和镇发现的汉代岩墓群、黄荆沟镇秀峰桥村的古窑坑出土的汉“五铢”钱币、位于观英滩镇永兴桥村的神仙沟隋代聚落遗址，两河镇围子湾宋墓、县城狮子山明御史墓，是威远数千年历史文化的有力佐证。老君山、高顶寨、向家寨等数十座山寨，从周齐时即为“铁山僚人”盘踞之所，后成为南宋余玠抗元山寨体系的重要组成部分。东联镇佛尔岩摩崖造像，高 13.42 米，凿于唐贞观年间，被誉为“世界上最美的立佛”。小河镇民治村高 2 米的石桅杆，建于清咸丰年间，内江市仅此一对。县内还保存有十余条骡马古道，其中位于新场镇的古佛顶千年盐煤古道，全长近 10 千米，在四川境内十分罕见。山王镇象鼻岭古道有对联“象鼻岩边日过几千好汉，龙池河岸常住数百人家”，生动描述了当年的繁忙景象。抗战时期冯玉祥亲笔题写的“还我河山”碎瓷花瓶被省博物馆收藏。反映工业发展文明的古代冶铁、采矿遗址散布于连界、越溪等镇，红村石油会战旧址、威远煤矿小火车及黄泥段窄轨铁路均被列入省级文物保护单位。全县有抗战遗址 3 处、革命遗址 8 处，罗世文烈士史料陈列馆是四川省爱国主义教育基地。此外，县境内还有许多保存完好的古牌坊、古碑、古桥、古塔、古寺。截至 2016 年年末，县域内有文物点 693 处，省级文物保护单位 10 处，市县级文物保护单位 13 处（年内新增县级文物保护单位 1 处），馆藏文物 441 件。“石坪山歌”“越溪牛灯舞”“周萝卜传统酱菜技艺”是四川省非物质文化遗产，黄老五花生酥制作技艺、八卦鸳鸯酒酿制技艺是市级非物质文化遗产。全县有县级以上非物质文化遗产项目 10 个。

【威远名人】 威远历代名人辈出，代代相传。唐宋起就有崇文之风，宋绍兴年间景氏 7 人俱中进士，传为佳话；淳熙年间，进士李圃，官至忠州别驾；南宋何郯官至尚书右丞。明清时期威远出进士 31 名、举人 71 名、武进士 2 名。明末滇黔总兵倪养宁保境安民，为一代名将；清乾隆时学者知县李南晖主政威远 14 载，政绩卓著；淡水同知李慎彝在台湾为官 8 年，百姓称颂；傅光弼中同治庚午科解元，获主考赠匾；吴天成著《齐书》五卷，号“嘉郡文翁”。近代人物荟萃，“现代孔夫子”段正元创建道德学社，倡导人间大同；“神仙军师”刘从云一度为四川军阀座上宾。有曾担任孙中山临时大总统府秘书、中国佛教协会副会长的刘泌文，保路运动先锋、辛亥志士胡驭垓，中共四川省委书记、著名革命烈士罗世文。民国时期，全县百余人报考黄埔军校，涌现出曾扩情、官全斌、吴淡人、谭心、熊顺义、卿云灿等 10 余名国民党将军。在自然科学上威远人建树颇丰，有重庆人民大礼堂的设计者张家德，近代农学家罗世嶷、当代数学教育家丁尔升，著名的抗干扰快速记忆专家、特色教育专家，被中央电视台誉为“东方记忆奇人”的倪新威。在文化艺术方面，威远更是人才辈出。古希腊文学翻译家罗念生获得雅典文学院颁发的希腊最高文学艺术奖（国际上仅 4 人获此奖）；军旅诗人杨星火作词的歌曲《叫我们怎能不歌唱》《一个妈妈的女儿》唱遍全中国；有《人民日报》文艺部编辑、当代讽刺诗人易和元，《少年先锋报》总编徐国岩；《当代》杂志主编、以“周洪说话”系列丛书引起强烈反响的周昌义，著名诗人、比较文学研究专家邹建军。清末民初书法家王伯乔题于青城山天师洞的“一生二，二生三，三生万物；地法天，天法道，道法自然”为传世名联。当代著名国画家刘克刚以擅画八哥名世，有“蜀中刘八哥”之美誉。收藏家唐光晋的藏品得到徐悲鸿、谢无量等书画大师的首肯。新闻出版方面，有原人民日报社总编辑、社长胡绩伟。金融方面，有中国人民银行原副行长、国家外管局原局长，被美国《福布斯》两度选入“全球最有影响力的女性”排行榜的吴晓灵。体育方面，唐琳获得第二十七届悉尼奥运会女子柔道78公斤级冠军，扬威体坛。2014年，龙骄尔在首届世界太极拳锦标赛女子A组自选太极剑比赛中勇夺冠军。

（冷国文）

国民经济和社会发展状况

【概况】 2016年，面对复杂的经济形势和繁重的发展任务，县委、县政府团结带领全县人民加压奋进、攻坚克难，坚持专注发展、转型发展，统筹抓好稳增长、促改革、调结构、惠民生、防风险各项工作，以加快转变经济发展方式为主线，各项工作圆满完成，保持经济社会持续健康发展。全县实现国内生产总值317.4亿元，同比增长7.7%（可比价，下同）。其中，第一产业增加值42.7亿元，增长3.8%；第二产业增加值213.6亿元，增长8.2%；第三产业增加值61.1亿元，增长8.3%。全县三次产业结构比为13.4∶67.3∶19.3，三次产业对经济增长的贡献率分别为6.6%、73.5%和19.9%。人均GDP为53409元，增长7.7%。

民营经济增加值实现192.5亿元，增长8.2%，对经济增长的贡献率为64.9%，占全县国内生产总值的比重为60.7%。

【农业】 全年粮食种植面积63391公顷，比上年增加125公顷，增长0.2%，其中：谷物45451公顷，增长-0.4%；豆类5809公顷，增长1.0%；折粮薯类12131公顷，增长2.1%。油料种植面积9677公顷，增长0.9%，其中：花生2257公顷，增长0.2%；油菜籽7420公顷，增长1.1%。蔬菜及食用菌种植面积20831公顷，增长1.8%。

全年粮食总产量314082吨，增长1.0%，其中：谷物250040吨，增长0.7%；豆类18578吨，增长0.8%，其中：大豆13465吨，增长0.4%；折粮薯类45464吨，增长0.4%。油料总产量20702吨，增长3.7%，其中：花生4613吨，增长3.2%；油菜籽16089吨，增长3.8%。水果产量81055吨，增长4.4%。蔬菜产量813310吨，增长7.4%。（见表1）

表1　2016年威远县主要农产品产量统计表

指　标	计量单位	实绩	增减（±%）	指　标	计量单位	实绩	增减（±%）
粮食总产量	吨	314082	1.0	油料产量	吨	20702	3.7
#：水稻	吨	122187	1.4	#：油菜籽	吨	16089	3.8
玉米	吨	84606	1.8	花生	吨	4613	3.2
薯类	吨	45464	2.9	茶叶	吨	2005	9.1
豆类	吨	18578	0.8	水果	吨	81055	4.4
—	—	—	—	蔬菜产量（含菜用瓜）	吨	813310	7.4

全年出栏肉猪51.3万头，增长-4.2%。肉类总产量51546吨，增长-2.3%，其中：猪肉产量36667吨，增长-4.2%，猪肉产量占肉类总产量的比重为71.1%；禽肉产量6322吨，增长2.9%，禽肉产量占肉类总产量的比重为12.3%。禽蛋产量9565吨，增长0.4%。水产品产量21202吨，增长8.7%。（见表2）

表 2　　2016 年威远县主要畜牧业产品产量统计表

指　标	计量单位	实绩	增减（±%）	指　标	计量单位	实绩	增减（±%）
出栏肉猪	万头	53.1	-4.2	出栏兔	万只	405.2	2.9
出栏肉牛	头	5364.0	2.1	蚕茧产量	吨	401.0	-1.2
出栏山羊	万只	20.6	2.0	肉类总产量	吨	51546.0	-2.3
出栏家禽	万只	432.1	2.8	水产品产量	吨	21202.0	8.7

2016 年，全县农林牧渔业总产值 73.4 亿元，增长 3.7%（增速为可比价）。其中：农业产值 38 亿元，增长 4.6%；林业产值 2.2 亿元，增长 7%；牧业产值 25.7 亿元，增长 1.5%；渔业产值 4.5 亿元，增长 7.2%；农林牧渔服务业产值 0.7 亿元，增长 6.4%。

全县水利工程 11150 处，本年无新增水利工程；综合治理水土流失面积 46820 公顷，本年新增 4290 公顷；有效灌溉面积达 32220 公顷。全年化肥施用量（折纯）2.1 万吨，增长 0.5%；农村柴油使用量 1.7 万吨，增长 2.4%。

【工业】　2016 年，全县共有 88 户规模工业企业，实现总产值 549.2 亿元，增长 10.3%；增加值增长 9.8%；主营业务收入 545.4 亿元，增长 9.8%；产品销售率 99.7%；工业对经济增长的贡献率为 71.3%。反钛合金、新型建材、食品饮料、机械制造、医药化工等支柱产业加快发展，全县五大支柱产业实现产值 526.5 亿元，占全县规模工业的比重达 95.9%。高新技术产业和战略新兴产业占规模工业总产值的比重分别为 14.2% 和 22.9%，分别比上年增长 1.8 和 3.9 个百分点。全县工业企业入库税金 3.7 亿元，增长 62%；规模工业企业实现利税总额 7.6 亿元，增长 48.2%，其中，利润总额 0.8 亿元。工业经济效益综合指数 81.3%，比上年增长 14.2 个百分点。规模工业万元增加值能耗比上年下降 5.1%。主要工业品中，水泥、机制纸板等产品产量快速增长；钢、塑料制品、成品钢材、茶叶等产品产量较快增长；原煤、瓷质砖、陶质砖、玻璃纤维纱等产品产量稳步增长；焦炭、耐火材料等产品产量有所下滑。（见表 3）

表 3　　2016 年威远县主要工业产品产量统计表

指　标	计量单位	2016 年	增减（±%）	指　标	计量单位	2016 年	增减（±%）
原煤	万吨	148.1	0.1	水泥	万吨	151.8	26.1
焦炭	万吨	232.0	-11.0	钢	万吨	302.3	13.5
瓷质砖	万平方米	5783.6	5.5	成品钢材	万吨	296.1	10.7
陶质砖	万平方米	4627.5	1.6	塑料制品	万吨	5.3	17.8
耐火材料	万吨	6.5	-21.7	机制纸板	万吨	9.7	61.7
玻璃纤维纱	万吨	21.8	6.3	茶叶	吨	2500	13.0

【固定资产投资和建筑业】　2016 年，施工项目 447 个，比上年同期增加 116 个，增长 35%。完成全社会固定资产投资 182.3 亿元，增长 7.4%。

总计中，技改投资 77.3 亿元，增长 0.4%；房地产业投资 20.3 亿元，增长-18.8%。

总计中，工业性投资 86.4 亿元，增长 13.8%。

总计中，第一产业投资 11.4 亿元，增长 91.1%；第二产业投资 86.8 亿元，增长 13.7%；第三产业投资 84.1 亿元，增长-3.8%。

总计中，国有投资 83.2 亿元，增长-7.7%；非国有投资 99.1 亿元，增长 24.4%。

全年商品房竣工面积 47.2 万平方米，比上年减少 16.2 万平方米，增长

-25.5%；房地产销售面积67.8万平方米，增长23.3%；房地产销售额22.9亿元，增长22%。

全县有资质等级的建筑企业16个，实现总产值37.7亿元，增长39.5%；房屋建筑施工面积205.9万平方米，增长21.1%；房屋建筑竣工面积135.6万平方米，增长39.9%。

【国内贸易和对外经济】 全年实现社会消费品零售总额85亿元，增长12.7%。其中，城镇市场45.2亿元，增长12.6%；乡村市场39.8亿元，增长12.8%。从行业看，批发业2亿元，增长10.4%；零售业61.1亿元，增长11.2%；餐饮业21.4亿元，增长17.3%；住宿业0.5亿元，增长15.4%。

全年实现进出口总额3852万美元，增长9.6%。其中：出口总额3056万美元，增长2.7%；进口总额796万美元，增长48.0%。

全年新签并开工项目52个，比上年减少10个。到位域外资金119.6亿元，增长11.7%，完成固定资产投资78.1亿元，增长10.4%。总计中，制造业到位资金70.7亿元，增长-14.2%，其中：高新技术产业和战略性新兴产业到位资金41.5亿元，增长6.8%，占制造业到位资金的58.7%。总计中，到位省外资金108.4亿元，增长4.3%。

【交通旅游和邮电通信】 全县境内公路里程4569千米，其中：高速公路87千米、国道35千米、省道176千米、县道530千米、乡道359千米、村道3382千米。全年客运量0.4亿人次，旅客周转量69.2亿人千米，货运量0.4亿吨，货物周转量53.8亿吨千米。

全年接待旅游人数418.6万人次，增长22.3%。实现旅游总收入26.6亿元，增长27.6%。

全年实现邮政主营业务收入4229.7万元，增长15.5%。年末固定电话用户9.2万户，移动电话用户45.3万户，国际互联网用户11.1万户。

【财政、金融和保险】 2016年，财政总收入实现15.3亿元，增长-24%。其中，地方一般公共预算收入7亿元，增长-6.9%。财政支出33亿元，增长-7.3%。其中，地方一般公共预算支出31亿元，增长4%。

全年金融机构各项存款余额210.9亿元，增长11.3%。其中住户存款余额177.8亿元，增长11.7%。金融单位贷款余额151.9亿元，增长3%。

全年保险公司保费收入21176万元，增长6.9%。总计中，人保收入13336万元，增长6.7%；财保收入7840万元，增长7.4%。总计中，寿险保费收入12172万元，健康险保费收入474万元，人身意外伤害险保费收入689.6万元，企业财产保费收入36万元，机动车辆5454万元。保险支付各类赔款与给付9978万元，增长38%。总计中，人保赔付6536万元，增长72.5%；财保赔付3442万元，较上年减少2万元。总计中，寿险保费赔付6127万元，健康险保费赔付228万元，人身意外伤害险保费赔付181万元，企业财产保费赔付5万元，机动车辆保费赔付2166万元。

【教育和科学技术】 2016年年末，全县有各级各类学校93所，其中：小学54所、普通中学36所、职业中学3所。在校学生66651人，毕业学生数17208人；教职工5204人，其中专任教师4912人；小学学龄人口入学率100%；初中升学率89.7%，高中升学率90.1%。幼儿园136所，在园幼儿16869人。全县高考上线3592人，其中：大学本科上线1608人，大学专科上线1984人；高等院校录取3282人，其中：大学本科录取1364人；大学专科录取1918人。

全年完成重点科研项目12项，推广应用新技术10项，开发省级新产品6个，5项科技成果获市级科技进步奖。全年受理专利申请177件，专利申请授权量60件。全县高新技术产业企业16个，实现总产值78亿元。

【文化、卫生和体育】 2016年，全县共有文化馆站20个，广播电台1座，电视台1座，乡镇广播站20个，广播覆盖率97.5%，电视覆盖率98.3%，艺术表演场所1个，群众艺术馆、文化馆1个，剧场、影剧院2个。

全县拥有公共体育场馆3个，公共图书馆1个，公共图书馆图书总藏量39.3万册。市级以上运动会获取前三名23个，其中：第一名7个、第二名5个、第三名11个。

2016年，全县新型农村合作医疗参合人数485208人，参合率90.1%，较上年下降3个百分点。年末全县共有卫生机构511个，其中：综合医院17个，卫生院19个，疾病预防控制机构1个，妇幼保健机构1个，卫生执法监督机构1个，门诊部、诊所、医务室148个，村卫生室323个，其他卫生事业机构1个。实有床位数3556张，卫生技术人员4158人。其中：执业医师及执业（助理）医师1257人，注册护师（护士）1040人，其他人员1861人。卫生防疫工作成绩卓著，全县乙肝疫苗接种率99.3%，卡介苗接种率99.3%，脊灰疫苗接种率99.2%，麻疹疫苗接种率99.4%。

全年农村改水投资360万元，改水累计受益人口52.4万人，受益率93.3%，农村自来水普及率68.5%，农村卫生厕所普及率 88.2%，农村人畜粪便无害化处理率 76.7%，城市享有安全饮用水的人口覆盖率达 100%。

【市政建设、环境保护和安全生产】 2016 年，城镇建设资金支出 3.7 亿元；县城建成区面积达到 20.9 平方千米，年内新增 1.2 平方千米；建成区绿化覆盖面积 6.9 平方千米，建成区绿化覆盖率为 33%，城市公用绿地面积 6.5 平方千米，城市人均住宅建筑面积 34.2 平方米，城市人均住宅使用面积 27 平方米。城镇化率 47.26%，比上年提高 1.06 个百分点。

全县建有污水处理厂 1 座，污水处理站 18 个，垃圾处理场 1 座。主要污染物排放量中，化学需氧量排放量控制在 5809.28 吨；氨氮排放量控制在 676.65 吨；二氧化硫排放量控制在 30672.69 吨；氮氧化物排放量控制在 7483.16 吨；烟（粉）尘排放量控制在 5897.98 吨，其中工业烟尘排放量 5725.7 吨；废水排放量 2238.5 万吨，工业废水排放量 541.1 万吨。工业固体废物综合利用率 99.5%。全县县城饮用水水源水质保持达标率 100%，空气质量达标率 87.2%，城市生活污水处理率 75.53%。

全县实施造林面积 866.7 公顷，年末森林面积 40243.8 公顷，森林覆盖率 40.2%。

全县共发生各类伤亡事故 12 起，比上年增加 3 起；死亡 10 人，同比增加 6 人；全县亿元国内生产总值生产安全事故死亡人数 0.03 人，比上年增加 0.02 人；受伤 11 人，同比增加 2 人；直接经济损失 17.3 万元，增长 -79.2%。

【人口、人民生活和社会保障】 2016 年年末全县总人口为 728422 人。全年出生人口 8855 人，人口出生率 12.1‰；死亡人口 6735 人，人口死亡率 9.3‰；人口自然增长率 2.8‰，全年净减人口 988 人（威远县人口主要构成情况见表 4）。

表 4　　2016 年威远县人口主要构成统计表

指　标	年末数（人）	比重%	指　标	年末数（人）	比重%
全县总人口	728422	100	其中：0～17 岁	114891	15.8
其中：农业人口	538385	73.9	18～34 岁	159265	21.9
非农业人口	190037	26.1	35～59 岁	292932	40.2
其中：男	374455	51.4	60 岁以上	161334	22.1
女	353967	48.6	—	—	—

2016 年，全县城镇新增就业 11730 人，城镇登记失业人员 3992 人，年末城镇登记失业率为 3.4%。

全年城镇居民人均可支配收入 28867 元，增长 8.8%，其中：工资性收入 18688 元，增长 8%；经营净收入 6644 元，增长 9.3%；财产性收入 1722 元，增长 13.9%；转移性收入 1813 元，增长 10.3%。人均总支出 32970 元，增长 -2.5%，其中：消费支出 20618 元，增长 8.1%，消费支出中食品支出 4665 元，增长 3.5%。

全年农村居民人均可支配收入 12932 元，增长 9.1%。其中：工资性收入 6916 元，增长 11.4%；家庭经营收入 4352 元，增长 6.0%；财产性收入 403 元，增长 16.0%；转移性收入 1261 元，增长 6.2%。农民人均总支出 17968 元，增长 23.4%，其中：消费支出 9623 元，增长 9.2%，消费支出中食品支出 3026 元，增长 1.2%。

年末全县城镇单位从业人员 40837 人，增加 1034 人；从业人员人均劳动报酬为 56146 元，增加 6065 元，增长 12.1%。城镇在岗职工人均货币工资 57636 元，比上年增加 6340 元，增长 12.4%。

全县参加失业保险 26940 人；城乡居民社会保险参保人数 265226 人，其中：农村参保人数 261955 人；参加新型农村新型合作医疗 485208 人。参加城镇基本医疗保险人数为 152084 人，其中：居民 86109 人，职工 65975 人。城乡居民最低生活保障人数 17158 人，其中：城镇低保人员 6931 人，农村低保人员 10227 人。最低生活保障经费支出 3832 万元。

说明：

1. 公报中各项数据为初步统计数。

2. 公报中生产总值及增加值指标绝对数按当年价格计算，增长速度按可比价格计算。

（威远县统计局）

组织机构及负责人

中共威远县委

书　记　曾云忠（4月免）
　　　　罗　平（4月任）
副书记　马　炬（6月任）
　　　　周功会（7月免）
　　　　李怀兵（挂职，7月任）
　　　　刘学兵（7月任）
　　　　吴　昊（挂职，12月免）
常　委　毕　胜
　　　　王昭夏（女，7月免）
　　　　刘　均（7月任）
　　　　刘维帝
　　　　刘　源（7月任）
　　　　李　磊
　　　　韩双林（7月免）
　　　　李玉文（7月免）
　　　　谭　斌（7月任）
　　　　李　杜（7月免）
　　　　倪　轮（女，7月任）
　　　　徐永杰（7月免）
　　　　袁开武（7月任）
　　　　曾令和（挂职，5月免）

县委工作机构

县委办公室
主　任　金　毅
副主任　熊安禄　缪永利
　　　　丁　兀（挂职）
　　　　邱　麟　黄　森
　　　　杜　刚
专职纪检员　张　华（女）
县委政研室
主　任　谢勇灵
副主任　刘建均（5月免）
县委保密办（县国家保密局）
主　任(局长)
　　　黄　森（5月任）
副主任（副局长）　刘明鑫
县委防范和处理邪教问题领导小组办公室
主　任　曹　涛
副主任　张　波（5月免）
　　　　胡帮亿（5月任）
县委机要局（县密码管理局）
局　长　陈泽容（女）
总工程师　刘海枫（5月任）
副局长　许贞勇
四川党政网威远县管理中心
主　任　陈　彬
县委、县政府目标督查室
主　任　蒲丽梅（女）
副主任　李建宏　陈　香（女）
县接待办
主　任　罗　琼（女）
县委组织部
部　长　李　杜（7月免）
　　　　倪　轮（女，7月任）
常务副部长　申宏伟
副部长　倪毅中（8月免）
　　　　尤洪斌（11月任）
　　　　张建云
　　　　（兼，女，4月免）
　　　　李正中（兼，4月任）
　　　　许　可（兼）
　　　　赖贵先（兼）
专职纪检员　（空缺）
部务委员　李举勇（5月免）
挂靠单位
县委组织员办
主　任　（空缺）
县委非公有制经济组织和社会组织工作委员会（2016年9月批复）
书　记　（空缺）
副书记　（空缺）
县委党建办
主　任　倪毅中（8月免）
　　　　尤洪斌（11月任）
县委党建办
副主任　张　雷
县人才办
主　任　（空缺）
县人才办
副主任　唐　丽（女）
县委党代表联络办
主　任　李举勇（5月任）
副主任　官大燕（女）
县委组织部党员教育中心（县委党员干部现代远程教育中心）
主　任　潘维刚（9月任）
县委党员干部信息中心
主　任（空缺）
县委党员干部信息中心
副主任　郑　红（女，10月免）
　　　　曾　媛（女，10月任）
县委宣传部
部　长　刘　源（7月任）
副部长　喻升刚　唐　勇
　　　　官荣常（11月任）
专职纪检员　夏　敏
县精神文明建设委员会办公室
主　任　喻升刚（兼）
威远县文学艺术界联合会
主　席　唐　勇（兼）
副主席　陈　权
威远县社会科学界联合会
主　席　杨　林
　　　　（5月任，11月免）
威远县对外宣传报道中心
主　任　倪瑞琪（女）
县委统战部
部　长　胡林仁（8月免）
　　　　刘维帝（8月任）
常务副部长　刘成海
副部长　潘华富
专职纪检员　肖池平（女）
县台湾工作办公室
主　任　黄　楷（5月免）
副主任　何　燚（女，5月免）
　　　　王荣建（5月任）
县委政法委
书　记　李玉文（8月免）

谭　斌（8月任）
常务副书记　谭宏军
副书记　刘德友
政工科长　肖明忠
专职纪检员　张　玲（女）

县综治办

主　任　刘德友（兼）
副主任　廖　华

县委维稳办

主　任　王　朝
副主任　刘增汉

县大调解中心

专职副主任　王灵宇

县委群工局（县政府信访局）

局　长　缪永利
副局长　黄　林（5月免）
官玲琳（女，7月免）
何　健（7月任）
专职纪检员　吴源军（女）

县群众接待中心

主任　林程彬

县书记县长热线管理中心

主任　郭凡毅

县直机关工委

书　记　张克东（5月免）
杨　林（11月任）
副书记　刘国友
熊　燕（女，5月免）
刘丽娟（女，11月任）

县委编办

主　任　许　可
副主任　夏　宁
专职纪检员　陈　芳（女）

县事业单位登记管理局

局　长　易　兵

县委农工委

主　任　蒋远辉
副主任　罗　杰
吴　铭（5月免）
何　燚（5月任）
专职纪检员　袁守贵

县委老干部局

局　长　张建云（女，5月免）
李正中（5月任）
副局长　王　婕（5月任）
专职纪检员　徐　丽（女）

县关心下一代工作委员会办公室

主　任　刘迎春（女，5月免）

县委党校

校　长　李　杜（兼，8月免）
倪　轮
（女，兼，8月任）
常务副校长　陈　良（9月免）
李　谷（11月任）
副校长　曹顺堂
邓超军（女）
专职纪检员　柳　艳（女）

威远县人大常委会

主　任　倪习才（8月免）
周功会（8月任）
副主任　刘志华（8月免）
唐克友
龚建华（8月免）
金　毅（8月任）
胡林仁（8月任）
钟玉钦（8月任）

县人大常委会工作机构

办公室

主　任　李宇时（8月免）
袁成援（8月任）
副主任　余付香（女，5月免）
郭永权（9月任）
王　燕（女）
专职纪检员　周华斌（5月免）
胡　伟（9月任）

人事代表工委

主　任　周作书（8月免）
李宇时（8月任）
副主任　倪　凌

教科文卫工委

主　任　丁立超（8月免）
魏显德（8月任）
副主任　姜荣平（12月免）
周清泉（12月任）

农经工委

主　任　黄永高
副主任　陆富田
刘志明（12月免）

财经工委

主　任　翁有铭
副主任　邓明礼

法制工委

主　任　刘　斌
副主任　陈　波
周清泉（12月免）

预算工委

主　任　童杰华
副主任　杨美善

建环工委

主　任　魏显德（8月免）
林传冲（8月任）
副主任　江　梅（女）

信访办公室

主　任　杨　萍（女，5月免）
钟　政（12月任）
副主任　姚本学

威远县人民政府

县　长　罗　平（8月免）
马　炬（8月任）
副县长　毕　胜
韩双林（8月免）
谭　斌（8月免）
胡小虎
王志文（8月免）
蔡虎城（8月任）
王跃辉（8月任）
王革屏（女，8月任）
王学斌（8月任）

县政府工作机构

县政府办公室

主　任　郭永权（9月免）

　　　　付晓丹（9月任）

副主任　黄　强

　　　　钟　钢（6月免）

　　　　陈中华

　　　　陈礼胜（6月任）

　　　　李革英（女）

纪检组长　卢礼慧（女）

法制办

主　任　黄　强

副主任　曹文平

金融办

主　任　（空缺）

副主任　王　佳

人大、政协联络办

主　任　雷自立

应急办（救灾办）

主　任　李勇军

人防办

主　任　（空缺）

县电子政务办（信息公开办）

主　任　周仕文

县民族宗教事务局

局　长　韦　军

城乡环境综合治理办

主　任　董凤玲

　　　　（女，9月免）

县发展和改革局

局　长　杨普尚

副局长　潘利鑫

　　　　倪　成（10月免）

　　　　许伯溪

纪检组长　张　伟

县物价局

局　长　潘利鑫（兼）

县经济信息中心

主　任　冯光辉

县重点项目办公室

主　任　（空缺）

副主任　吴　旭（6月免）

县招标投标管理办公室

主　任　（空缺）

县城乡统筹委员会办公室

专职副主任　刘华友

县监察局

局　长　倪永秋

副局长　曾宏志

　　　　司晓英（女，6月免）

　　　　余　群（女，6月任）

派出监察分局

派出纪工委

书　记　曾宏志（11月免）

派出纪工委

副书记　曹德付

派出监察分局

局　长　曹德付

县教育局

局　长　郭秀英（女）

党委副书记　李佳栖

　　　　（女，5月免）

副局长　周　建（6月任）

　　　　倪　萍（女）

　　　　唐　庆

纪委书记　罗　刚

县人民政府教育督导室

主　任　郭　波

县教育工会

主　席　田　源

县大学中专招生委员会办公室

主　任　魏义国

县青少年活动中心

主　任　钟　英（女）

县科学技术和知识产权局

局　长　段培燕（女，7月免）

　　　　李　谷（8月至12月）

副局长　肖永康

纪检组长　史国伟

县经济和信息化局

局　长　钟玉钦

机关党委书记　龚　波

副局长　邹红云（女）

　　　　林传冲（8月免）

　　　　邱俊波（4月免）

　　　　陈旭东

　　　　杨　勇

纪委书记　张恪玮（女，4月免）

县中小企业局

局　长　邱俊波（兼）

县商务行政执法大队

队　长　龚平真（6月免）

县公安局

局　长　胡小虎

政　委　梁　稳

副政委　梁显强

副局长　钟国文　章　可

　　　　林　刚

姚　亮　倪　俊

　　　　蒋亚峰（9月任）

纪委书记　汪大强

党委委员　李成勇　黄　义

政工监督室主任　李成勇

指挥中心主任　黄　义

指挥中心教导员　王铭薇

刑侦大队大队长　李贤刚

刑侦大队教导员　曾　建

国保大队大队长　李清才

国保大队教导员　张　斌

经侦大队大队长　曾　威

巡警大队大队长　黄　勇

巡警大队教导员　何荣贵

交警大队大队长　倪进东

交警大队教导员　周学伟

禁毒大队大队长　高　源

禁毒大队教导员　陈　飞

看守所所长　谈小刚

看守所教导员　聂建清

拘留所所长　兰　天（4月免）

　　　　郑　伟（4月任）

拘留所教导员　吴钦桦

情报信息中心主任　李良冬

情报信息中心教导员　杜秀繁

县民政局
局　长　倪　清（女，9月免）
　　　　倪毅中（9月任）
副局长　夏光明　倪先进
　　　　熊　莺（女）
纪检组长　温　鸣
县老龄委办公室
主　任　钟生图
副主任　刘　波
县低保中心
主　任　李荣生
县双拥办公室
主　任　叶红梅（女）
县司法局
局　长　魏　键
副局长　曾本伟　赵　理
纪检组长　曹　毅（女）
政工科科长　杨　莉（女）
县法律援助中心
主　任　彭　静（女）
县财政局
局　长　樊元金
副局长　林成刚　缪　伟
　　　　黄　勇
纪检组长　曹幕展
总会计师　陈代红
县农业综合开发办公室
主　任　吴开友（12月免）
县财政投资评审中心
主　任　古　斌
县财政国库支付中心
主　任　罗　杰
县国有资产管理办公室
主　任　李响铃
县农村综合改革办公室
主　任　（空缺）
县人力资源和社会保障局
局　长　赖贵先
副局长　钟勇刚　李建军
纪检组长　赖庆勇
县公务员办公室
主　任　叶　新
县劳动人事争议仲裁委员会办公室
主　任　崔　胜
县职称改革办公室
主　任　雷新华
县军队转业干部安置办公室
主　任　李雪涛
县人力资源开发服务中心
主　任　李雪梅（女）
县社会保险事业管理局
局　长　谢元寿
县医疗保险管理局
局　长　余　刚
县机关事业社会保险局
局　长　罗建国（6月免）
县城乡居民社会养老保险管理局
局　长　杨明福
县就业服务管理局
局　长　殷学良
县国土资源局
局　长　刘　平
副局长　李　毅
　　　　钟孝军
　　　　徐显文
纪检组长　张志军
县环境保护局
局　长　罗　辉
党组副书记　吴友成（5月免）
副局长　沈长文（6月免）
　　　　王飞强
　　　　唐明友（12月任）
纪检组长　肖代泉（5月免）
　　　　沈长文（5月任）
县环境监察执法大队
大队长　张洪良
县环境监测站
站　长　李向勇（5月免）
　　　　龙天崇（6月任）
县核与辐射安全管理办公室
主　任　王　策
县住房和城乡规划建设局
局　长　陈光友（11月免）
副局长　李付君
　　　　刘泽林
　　　　邬长德
纪委书记　幸荣辉
县城乡规划办公室
主　任　（空缺）
总规划师　朱　彬
县房地产管理局
局　长　刘朝勋
县市政管理所
所　长　熊明勇
县园林管理所
所　长　段　波
县建筑勘测设计院
院　长　廖永胜
县测绘管理办公室（2016年9月更名为威远县测绘地理信息局）
主　任　袁　秋
县交通运输局
局　长　张立学
副局长　黄　梅（女）
　　　　黄志威
　　　　李盛忠
总工程师　付再明
纪委书记　郭惠敏（女，5月免）
　　　　丁云伟（10月任）
党委委员、机关工委书记
　　　　幸享成
县交通战备办公室
主　任　冯　旺
副主任　段希聪（女，6月免）
　　　　贺晓勇（6月任）
县公路运输管理所
所　长　李孟聪
县公路养护管理段
段　长　袁　岗
县公路路政管理大队
大队长　幸享勇
县地方海事处（县航务管理处）
处　长　叶　朗
县交通重点工程建设办公室
主　任　杨春梅（女，5月免）

县水务局

局　长　张焕明

副局长　张兴宏

　　　　王　良

　　　　魏　强

县农林局

局　长　王学斌（8月免）

　　　　李永辉（8月任）

副局长　钟　政（8月免）

　　　　曾　进

　　　　杨俊德

　　　　卓　建

纪委书记　周俊美（女）

党委委员、机关党委书记

　　　　杨启稳

总农艺师　倪艳梅（女）

县蚕业管理总站

站长　张学琦

县森林公安局

局　长　林义文

政　委　何　建（5月任）

县水产渔政局

局　长　李明良

威远县林场

场　长　何　斌

县文化体育广播影视和新闻出版局

局　长　付晓丹（9月免）

　　　　陈　丽（9月任）

党委书记　王章龙

副局长　王　祎

　　　　张建英（女）

　　　　李　睿

纪委书记　袁昌建

县广播电视台

台　长　唐　林

县卫生和计划生育局

局　长　李　伟（8月免）

　　　　段培燕（女，8月任）

副局长　张　春

　　　　杨笛宇（女，3月任）

　　　　周国庆（女，6月免）

党委委员　李　伟

纪委书记　蒋程红（女）

党委委员、机关党委书记

　　　　陈　洁（女，5月免）

县爱国卫生运动委员会办公室

主　任　杨笛宇（女，3月免）

　　　　刘　娜（女，12月任）

县卫生和计划生育监督执法大队

大队长　赵存春

县疾病预防控制中心

主　任　刘文林

副主任　李劲松　袁守田

县人民医院

院　长　李　伟（兼）

副院长　刘元生　肖华辉

县中医院

院　长　张仲华

副院长　段长明

　　　　邹照檎

县妇幼保健院

院　长　傅佳智

县人口计生服务中心

主　任　曾　莉（女）

县食品药品监督管理局

局　长　胡子林

副局长　陈玉辉

　　　　袁　莉（女，6月免）

　　　　贺彬兰（女，7月任）

纪检组长　王　华（女）

药品总监　晏小波

食品总监　熊　威

县审计局

局　长　陈　红（女，8月免）

　　　　欧东林（9月任）

副局长　吴　涛（女，6月免）

　　　　邓文涛

纪检组长　杨汉伟

总审计师　阳建全

经济责任审计分局局长　吴　波

投资审计分局局长　陈　翔

县安全生产监督管理局

局　长　欧东林（9月免）

　　　　李革非（9月任）

副局长　刘安贵

　　　　张　勇

　　　　周　军

　　　　吴东升

纪检组长　刘　明

总工程师　邹　鸣

县质量技术监督局

局　长　邱剑波

副局长　彭志能

　　　　刘达永

纪检组长　闵　斌（8月免）

　　　　官玲琳（女，5月任）

总工程师　闵　斌（8月任）

县工商行政管理局

局　长　唐鸿刚

机关党委书记　余　勇

副局长　胡　宁　刘英才

纪检组长　杨永良

县统计局

局　长　滕学礼

副局长　周　建（7月免）

　　　　曾国利

纪检组长　王　平（女）

总统计师　周华清（女，5月免）

县国情国力普查中心

主　任　康　玲（女）

县政务中心

主　任　吴　斌

副主任　罗正华

纪检组长　苟文彬（女）

县公共资源交易中心

副主任　胡　广

政协威远县委员会

主　席　刘浑源

副主席　王志远

　　　　罗伦建

　　　　常　胜

　　　　罗　刚（8月任）

党组副书记　胡林仁（8月免）

秘书长　汪世秀

县政协工作机构

县政协办公室

主　任　石华文

副主任　李天佑

　　　　夏　虹（女）

副秘书长　阳伯初

　　　　　陈明刚

　　　　　周长辉（女）

专职纪检员　陈明刚（兼）

政协提案委

主　任　张真能

副主任　李学明

政协经科委

主　任　郭小林

副主任　周宝华

政协教文委

主　任　郭　刚

副主任　张卿明

政协社法委

主　任　袁国琪

副主任　赖　平　袁朝荣

政协学文委

主　任　钟珍友

副主任　龚　坚（女，7月免）

　　　　李天佑

人事联络委

主　任　张智品（7月免）

　　　　陈海辉（8月任）

副主任　余　群（女，5月免）

政协信访室

主　任　袁国琪（兼）

副主任　袁朝荣（兼）

政协环资委

主　任　阳伯初（兼）

中共威远县纪委

书　记　王昭夏（女，7月免）

　　　　刘　均（7月任）

副书记　倪永秋　黄革委

常　委　袁成援（8月免）

　　　　倪永东

　　　　林　利

　　　　曾宏志（6月任）

　　　　汤　程

派出纪工委书记

　　　　曾宏志（11月免）

派出纪工委副书记　曹德付

办公室主任　汤　程

纪检监察一室主任

　　　　邹佳伦（8月任）

纪检监察二室主任

　　　　丁云伟（9月免）

纪检监察三室主任　黄锦杰

案件审理法规室主任

　　　　王　敏（女）

信访室主任　陈远泰

党风政风监督室主任　李　平

宣传教育调研室主任　（空缺）

执法和效能监督室（四监察室）

主　任　胡小刚（5月任）

招标投标监察室（案件监理室）

主　任　杨　炜

干部管理室主任（组织部部长）

胡铁军（4月任）

预防腐败室主任　胡易林

县政府直属事业机构

县城市管理局

局　长　胡跃辉

副局长　董　鑫　陈晓康

纪检组长　秦勇超

县城市管理局执法大队

大队长　陈晓康（兼）

指导员　董　鑫（兼）

县环卫管理所

所　长　李知荣

连界城管分局局长　董成康

县粮食局

局　长　王立平

副局长　王　立　游　忠

纪委书记　王沛舣（女）

党委委员、机关工委书记

　　　　王　英（女，4月任）

县投资促进局

局　长　余典谕（女）

副局长　许　彬　倪碧皎

纪检组长　周　焱

承接产业转移办公室

主　任　余广彬

县外事侨务旅游局

局　长　夏年方

副局长　周自新

　　　　张何军（5月免）

　　　　王小朋（5月免）

纪检组长　刘建盆

县档案局

局　长　刘　莉（女，5月免）

　　　　李政频（5月任）

副局长　卢　云

　　　　杨汉明

纪检组长　袁丽涛（女）

县史志办公室

主　任　冷国文

副主任　李吉强

纪检组长　廖天清（女）

县供销合作社联合社

主　任　李永辉（9月免）

　　　　周　兵（9月任）

副主任　唐　金（5月免）

　　　　崔　平

　　　　黄禹森（5月任）

纪委书记　李青峰（女）

党员委员、机关党委书记

　　　　徐志伟（9月任）

县扶贫开发办公室

主　任　周　兵（9月免）

　　　　陈　良（9月任）

副主任　刘　燕（女）

　　　　胡勇强

纪检组长　张世刚

威远投资控股集团有限责任公司

董事长　李建斌

总经理　陈　翔（7月免）
　　　　陈代红（挂职，7月任）

李　杜（兼，7月免）
倪　轮（女，兼，7月任）

法治·军事

威远县人民法院

院　长　刘应江
党组副书记　陈德友
副院长　彭华清
　　　　杨　飞
　　　　付　军
纪检组长　滕仲全
政治处主任　欧子前
执行局局长　李　涛
审判委员会专职委员
　　　　　　潘安仁
　　　　　　李　嘉

威远县人民检察院

检察长　刘明亮
副检察长　官东华
　　　　　倪　涛
　　　　　陈　双
纪检组长　赵坚尧
政治处主任　罗晓吾（女）
反贪局局长　官文军
检察委员会专职委员
　　熊思德
　　李　健

威远县人民武装部

部　长　袁开武
政　委　徐永杰
副部长　刘永安

中国人民武装警察部队威远县中队

中队长　孙克华
指导员　周山淞

中国人民武装警察部队威远县消防大队

大队长　曾修晨
政治教导员　王　锐

内江预备役防化团三营

营　长　毛小军
政治教导员

县人民团体

威远县总工会

主　席　李　磊
常务副主席　陈　剑
副主席　杜　旭（5月免）
　　　　高　恒（5月免）
　　　　王　秀（女，5月任）
　　　　刘馨云（8月任）
纪检组长　余良才（5月免）
　　　　　黄　忠（12月任）

共青团威远县委员会

书　记　曾　瀚（4月免）
　　　　魏　嘉（女，4月任）
副书记　魏　嘉（女，4月免）

威远县妇女联合会

主　席　吴红艳（女，5月免）
　　　　刘　莉（女，5月任）
副主席　付　洁（女）

妇儿工委办公室

副主任　杨鲤逢（2月免）

威远县工商业联合会

主　席　罗　刚（8月免）
　　　　倪　成（9月任）
党组书记　潘华富（兼）
副　主　席　李正戈
秘书长　黄　忠（5月免）
纪检组长　杜　旭（5月任）

威远县科学技术协会

主　席　曾顺才
副主席　龙荣洲

威远县归国华侨联合会

主　席　王志远（兼，5月免）
　　　　吴正军（5月任）
副主席　吴正军（5月免）

威远县残疾人联合会

理事长　杨照华
副理事长　余　涛
纪检组长　叶　华（女）

威远县红十字会

会　长　王学斌
专职副会长
　　　　文国秀（女，7月免）
　　　　陈付君（女，7月任）

工业园区、镇

严陵工业园区管理委员会

党工委书记　李玉文（兼）
主　任　陈刚涛
规划建设办公室
主　任　金耀元
副主任　孙正来（12月免）
综合办公室
副主任　吴　畏（女）
经济发展办公室
副主任　罗　燕（女）
发展服务中心
主　任　高学萍（女）
副主任　唐凤飞（女）

连界工业园区管理委员会

党工委书记　曾云忠（兼）
党工委副书记　罗　平（兼）
　　　　　　　王　劲（兼）
主　任　罗　平（兼）
　　　　王　劲（兼）
副主任　钟玉钦
副主任　王跃辉（兼）
规划建设办公室主任　唐光耀
发展服务中心副主任
　　　　　　林　青（5月免）
综合办公室副主任　党　伟

镇西食品工业园区管理委员会

党工委书记　缪红军
主　任　曾远和（12月免）
　　　　李佳栖（女，12月任）
副主任　刘丽娟（女）
　　　　黄志桥（12月任）

严陵镇

党委书记　张　琳
副书记、镇　长　刘忠明

（5月免）
钟　钢（5月任党委副书记，6月任镇长）
人大主席　杨荣科（6月免）
　　张克东（6月任）
党委副书记　张何军（5月任）
党委副书记、纪委书记
　　陈礼胜（5月免）
　　杨舒文（5月任）
党委组织委员
　　戴　民（女，5月任）
副镇长、武装部长
　　杨舒文（5月免副镇长）
副镇长　罗　超
　　童亮淇
　　廖勇军（6月任）
党委委员　李国华（女，5月免）

铺子湾镇

党委书记　李政频（5月免）
　　夏年志（5月任）
党委副书记、镇长
　　夏年志（5月免）
　　周俊丽（女，6月任）
党委副书记　邹　伟（5月任）
人大主席　周俊丽（女，5月免）
　　刘　永（6月任）
党委副书记、纪委书记
　　卢　容（女，5月免）
纪委书记　叶　强（5月任）
副镇长、武装部长
　　邹　伟（5月免）
　　周正雄（6月任）
副镇长　胡小刚（5月免）
　　刘勇辉（5月免）
　　马传勤（6月任）
　　曹国彬（6月任）
党委组织委员
　　陈秀梅（女，5月任）

新店镇

党委书记　林卫萍（女，5月免）
　　刘期文（5月任）
党委副书记、镇长　成　城
人大主席　周继仁
党委副书记　张　生（5月任）
党委副书记、纪委书记
　　刘迎春（女，5月任）
副镇长、武装部长
　　叶　强（5月免）
　　曾开光（6月任）
副镇长　曾宏新　余　良

向义镇

党委书记　李　谷（5月免）
　　彭春林（5月任）
党委副书记、镇长
　　彭春林（5月免）
　　袁春桥（6月任）
人大主席　刘　永（5月免）
　　黄　剑（6月任）
党委副书记　宋建军（5月任）
党委副书记、纪委书记
　　黄　剑（5月免）
　　李　平（女，5月任）
副镇长、武装部长
　　孙　伟（6月任）
副镇长　李　平（女，5月免）
　　潘安童（5月免）
　　向　楷
　　温春艳（女，6月任）
党委组织委员　林　青（5月任）

界牌镇

党委书记　倪雪梅（女）
党委副书记、镇长　王文渊
人大主席　谭长平（5月免）
　　吴培元（6月任）
党委副书记　周华斌（5月任）
党委副书记、纪委书记　周　游
副镇长、武装部长　刘海枫
副镇长　殷智勇
　　张　鹏（6月任）
　　游英杰（6月任）
党委组织委员
　　熊　萍（女，5月任）

龙会镇

党委书记　梁平春
党委副书记、镇长　何　林
人大主席　唐　刚
党委副书记　陈念东（挂职）
　　李凌宇（5月任）
党委副书记、纪委书记
　　李凌宇（5月免）
　　熊　燕（6月任）
副镇长、武装部长　毛长春
副镇长　王　秀（女，5月免）
　　梁洪源（6月任）
党委组织委员　毛　蓉（6月任）
党委委员　肖　潇（5月免）

东联镇

党委书记　李正中（5月免）
　　陈　春（5月任）
党委副书记、镇长
　　陈　春（5月免）
　　曾　翰（6月任）
人大主席　黄谦云（6月免）
　　阴代林（6月任）
党委副书记　龚　勋（5月任）
党委副书记、纪委书记
　　余华祥（5月免）
　　周　兵（5月任）
副镇长、武装部长　唐　波
副镇长　缪丽鹃（女）
黄超英（女，6月任）
党委组织委员　代帅（5月任）
党委委员　何利成（5月免）

高石镇

党委书记　邱　勇
党委副书记、镇长　郑镈沅
人大主席　李　良（女，6月免）
　　谭长平（6月任）
党委副书记　高　恒（5月任）
党委副书记、纪委书记
　　罗均衡
副镇长、武装部长
　　龙天崇（6月免）
　　叶　彬（6月任）
副镇长　龚建钧
　　陈　娜（6月任）

党委组织委员　刘　竹（5月任）

靖和镇

党委书记　杨　林（6月免）

黄龙成（6月任）

党委副书记、镇长

黄龙成（6月免）

人大主席　阴代林（6月免）

倪秀川（6月任）

党委副书记　张　波（6月任）

党委副书记、纪委书记

倪秀川（6月免）

滕　芸（女，6月任）

副镇长、武装部长　唐功树

副镇长　滕　芸（女，6月免）

黄　禹

应淑丽（女，6月任）

党委组织委员　陈　中

镇西镇

党委书记　缪红军

党委副书记、镇长

王　勇（5月免）

李佳栖（女，5月任）

人大主席　吴培元（5月免）

王兴安（5月任）

党委副书记

漆彦岭（女，5月任）

党委副书记、纪委书记

王兴安（5月免）

付书伟（5月任）

副镇长　黄志桥（5月免）

漆彦岑（女，5月免）

付书伟（5月免）

龚平真（6月任）

彭　伟（6月任）

黎　云（6月任）

党委组织委员

林　敏（女，5月任）

党委委员　刘　忠（5月免）

庆卫镇

党委书记　李革非（5月免）

曾云松（5月任）

党委副书记、镇长

曾云松（5月免）

许　凤（女，6月任）

人大主席　倪昔武

党委副书记、纪委书记

许　凤（女，5月免）

古世平（女，5月任）

副镇长、武装部长

王　毅（5月免）

肖祥忠（6月任）

副镇长　阳琳莉（女，5月免）

邹欣原

刘桂斌（6月任）

党委组织委员　黄永其（5月任）

党委委员　罗　敏（女）

山王镇

党委书记　袁　超

党委副书记、镇长　宋　剑

人大主席　周基武

党委副书记　陈　洁（5月任）

党委副书记、纪委书记

张光忠（5月免）

张　惠（5月任）

副镇长、武装部长

唐小洪（5月免）

罗林华（5月任）

副镇长　陈　娜（女，5月免）

刘书国

段竣译（5月任）

党委组织委员　邱忠锋（5月任）

党委委员　欧　清（5月免）

观英滩镇

党委书记　桂　雄（11月免）

党委副书记、镇长　曾建涵

人大主席　朱能军（5月免）

唐功树（6月任）

党委副书记　曹康林（5月任）

党委副书记、纪委书记

杨　洁（女）

副镇长、武装部长　朱明远

副镇长　曾正洪（5月免）

罗利勇　刘曾斌（6月任）

党委组织委员　陈　浩（5月任）

黄荆沟镇

党委书记　刘期文（5月免）

王　勇（5月任）

党委副书记、镇长　刘　砜

人大主席　贺晓勇

党委副书记　郑人弋（挂职）

吴　铭（5月任）

党委副书记、纪委书记　吕恒权

副镇长、武装部长

杨建生（5月免）

刘　坤（6月任）

副镇长　何　健（5月免）

曾天维（6月任）

缪雨利（6月任）

党委组织委员

曾淋梅（女，5月任）

新场镇

党委书记　陈　强（5月免）

刘忠明（5月任）

党委副书记、镇长

余　华

人大主席　陈万葫（6月免）

倪鹏志（6月任）

党委副书记

段希聪（女，5月任）

党委副书记、纪委书记

倪鹏志（6月免）

吴　旭（5月任）

副镇长　杨　芳（女）

喻　丹（女，6月免）

曹康林（6月免）

郭开宾（6月任）

刘　浩（6月任）

党委组织委员　李　奇（6月任）

党委委员　蒋大贵（5月免）

连界镇

党委书记　王跃辉（11月免）

桂　雄（11月任）

党委副书记、镇长　崔　山

人大主席　刘芝秀（女，6月免）

余长春（6月任）

党委副书记

喻　丹（女，5月任）
党委副书记、纪委书记　黄述友
副镇长、武装部长
谭智洪（6月免）
唐小洪（6月任）
副镇长　谢鹏跃
余长春（6月免）
陈红英（女，6月任）
党委组织委员　王文楚（5月任）
党委委员　张顺清（5月免）

越溪镇

党委书记　罗　兴（5月任）
党委副书记、镇长
罗　兴（6月免）
张光忠（6月任）
人大主席　杨宗辉（6月免）
何晓松（6月任）
党委副书记
曾红梅（女，5月任）
党委副书记、纪委书记
周　兵（5月免）
叶　飞（5月任）
副镇长、武装部长
刘红彬（6月任）
副镇长　吴玉明
叶　飞（5月免）
曾红梅（女，5月免）
彭利超（6月任）
党委组织委员　施玉峰（5月任）

碗厂镇

党委书记　宋加元（5月免）
杨　岗（5月任）
党委副书记、镇长
杨　岗（6月免）
黄　林（6月任）
人大主席　胡德才（6月免）
李国军（6月任）
党委副书记　王　毅（5月任）
党委副书记、纪委书记
黄禹森（5月免）
刘勇辉（5月任）
副镇长、武装部长
宋建军（6月免）
副镇长　李国军（6月免）
彭　涛（6月任）
肖平林（6月任）
党委委员　肖平林（6月免）
李嫦琰（6月任）

小河镇

党委书记　唐明友（5月免）
宋加元（5月任）
党委副书记、镇长　何茂林
人大主席　贺彬兰（女，5月免）
余华祥（6月任）
党委副书记　梁宏杰（5月任）
党委副书记、纪委书记
何晓松（5月免）
王庆臣（5月任）
副镇长、武装部长
梁宏杰（6月免）
谢　刚（6月任）
副镇长　隆　强
王庆臣（5月免）
黄建英（女，6月任）
党委组织委员　杨海斌（5月任）

两河镇

党委书记　钟明亮
党委副书记、镇长　杨国辉
人大主席　陈付君（女，5月免）
黄　宇（6月任）
党委副书记　刘建均（5月任）
党委副书记、纪委书记
黄　宇（6月免）
景　晟（6月任）
副镇长、武装部长
王荣建（6月免）
毛　静（6月任）
副镇长　曾　旭（6月免）
胡帮亿（6月免）
欧仁明（6月任）
阳琳莉（女，6月任）
党委组织委员　曾　旭（6月任）

垂管单位和其他机构

县国家税务局

局　长　刘　毅（2月免）
尤　林（2月任）
副局长　陈　刚
黄世斌（5月免）
李　磊
李华兵（5月任）
纪检组长　李华兵（5月免）
罗　彬（5月任）
机关党委书记　王　宇（女）

县地方税务局

局　长　郑国伟
机关党委书记　许华忠
副局长　唐光大
杨　勇（12月免）
熊文安（3月免）
赖　剑（9月任）
纪检组长　赖　剑（8月免）
吴　斌（8月任）
总会计师　王文贵

县气象局

局　长　叶晓锋
副局长　王　梅（女）
纪检组长　杨　戈（11月任）

四川省长葫灌区管理局

党委副书记、局长　闵学理
党委书记、副局长　代北川
党委副书记、纪委书记、工会主席　周宗剑
副局长　杨　桓　尹光成

威远供电局

总经理　曾　强
党委书记　任明新
副总经理　沈　澜
蒋世建
何　敬

国家统计局威远调查队

队　长　刘金元
副队长　伍桥良

纪检组长　许良英

四川省威远县烟草专卖局（四川省烟草公司内江市公司威远分公司）

局长、经理　龙　英（女）

副局长　戴旭川

副经理　周　宇

四川省盐业总公司威远盐业支公司

经　理　翟　静

副经理　商　毅

威远县邮政局

局　长　陈荣华

副局长　郭　军

四川省邮政速递物流有限公司威远县分公司

经　理　李　伟

中国电信股份有限公司威远分公司

总经理　许　扬

中国移动通信集团四川有限公司威远分公司

经理　熊　辉

中国联通威远分公司

总经理　周　胜

中国人民银行威远县支行

行　长　张特格（8月免）

副行长

曾　茜（女，9月主持工作）

曾晓飞

孔冀川（12月任）

中国工商银行威远县支行

行　长　郑　钢（11月免）

苏忆（11月任）

副行长　苏　忆（11月免）

罗　成（5月免）

刘丽梅（女，5月任）

中国农业银行威远县支行

行　长　罗　元

副行长　秦　勇　刘远瞩

行长助理　黄　凯

中国银行威远支行

行　长　张　君（女）

副行长　方　方　曹天鸿

钟　霞（女，6月免）

刘　浩（7月任）

中国建设银行威远县支行

行　长　崔敏阳

副行长　王鸿来

纪检监察特派员　龙存彬

中国农业发展银行威远县支行

行　长　王险峰

副行长、工会主席　周晓彬

副行长　倪晓蓉（女）

中国邮政储蓄银行威远县支行

行长　阳　珉

行长助理　刘云霞（女）

威远农商银行

理事长　刘阳德

行　长　周英秀（女）

内江兴隆村镇银行威远支行

行　长　晏　萍（女，6月免）

副行长　倪砚辉（主持工作）

中国人寿保险股份有限公司威远县支公司

总经理　唐红英（女）

副经理　冷雪莲（女，5月任）

刘学生（女，5月任）

中国人民财产保险股份有限公司威远支公司

经　理　周广勇（女）

副经理　丁　凯

经理助理　谢岳平

光大证券股份有限公司内江威远县南大街证券营业部

经　理　陈　慧（女）

（年鉴编辑部统稿，县委组织部校核）

2016 年大事记

1 月

3 日 内江市副市长、县委书记曾云忠到高石镇调研镇域交通建设、扶贫工作和基层组织办公条件等情况。

8 日 县委召开县委常委（扩大）会议，听取县委书记曾云忠抓党建工作的述职，并开展满意度测评。

14 日 县委副书记、县长罗平主持召开 2015 年新连界建设工作总结会。会议强调，2016 年要加快推进木兰苑安置房、学校、医院等民生工程速度，抓紧做好船高路、云海步道、连界旧城改造等基础设施建设，同步完成污水处理厂、自来水厂、游客接待中心等公共服务设施建设，快速启动商业街、温泉酒店等商业项目，精心打造船石湖旅游小镇这张名片。

19 日 副省长陈文华、省政协副主席高烽到威远县镇西镇花祠村 9 组 202H4 平台，实地了解长宁—威远国家页岩气示范区开发，调研督导项目建设，强调要把稳定经济增长放在首要位置，加大投资力度，推进“项目年”工作。

25 日 县委印发《关于脱贫攻坚工作的实施意见》。

26 日 县委、县政府召开全县脱贫攻坚大会，传达学习中央、省、市脱贫攻坚工作会议精神，安排部署全县脱贫攻坚工作。会议要求围绕 2019 年全县 54 个贫困村全部摘帽，7949 户贫困户全部脱贫，2020 年巩固扶贫成果的基础上全面建成小康社会的目标，不折不扣地做到扶贫对象精准、项目安排精准、资金使用精准、措施到户精准、驻村帮扶精准、脱贫成效精准。

同日 罗平主持召开县委常委（扩大）会议，专题听取各镇、县直党（工）委书记 2015 年抓党建工作述职，并作测评。

2 月

17 日 威远县向义镇无花果产业协会理事长游勇被中国农村专业技术协会表彰为“中国农技协优秀乡土人才”，位居全国第 353 位、四川省第 13 位。

18 日 4 名威远籍企业家被内江市人民政府发文表扬，其中，重庆海成实业有限公司董事长兼总裁李海、四川雄飞集团有限责任公司董事长兼总裁吴雄飞、珠海迈科智能科技股份有限公司总经理缪克良被评为“十大杰出内江籍在外企业家”，四川格瑞化工科技有限公司董事长、总经理李自树被评为“优秀内江籍在外企业家”。

同日 罗平主持召开会议，专题研究县 2016 年交通运输工作。罗平强调，要制定完善“十三五”全县交通发展规划；继续推进交通重点项目，抓好高速公路入城线的规划建设，尽快启动自隆高速公路连接线建设相关准备工作和城北客运车站前期建设工作，适时启动威双路二期工程，完成农村公路联网工程；做好农村客运线路延伸和农村客运一体化推进工作；确保 2016 年交通运输工作安全稳定。

3 月

1 日 四川电视台记者到威远县龙会镇互助村专题采访报道“第一书记”李佳栖先进事迹。

7 日 中国共产党威远县第十三届纪律检查委员会第八次全体会议召开。会议通报 2015 年度镇、县级部门落实党风廉政建设责任制情况考核结果，审议通过县纪委常委会工作报告、《中国共产党威远县第十三届纪律检查委员会第八次全体会议决议》。

9 日至 11 日 2016 年中国首届无花果产业发展大会在威远县召开。来自土耳其、阿根廷和中国农业大学、南京农业大学等国内外专家，以及全国各地无花果业内人士、产业合作伙伴、省内新闻媒体人员共计 200 余人出席。大会的主题是：通过无花果种植加工国际国内深度交流，助推无花果产业发展。会议表彰国内无花果产业发展做出特殊贡献人员，围绕无花果产业发展进行深入交流探讨。

15日 “威远穹窿旅游（一期）工程建设项目”项目收益债获国家发改委批复，发行金额12亿元，发行期限10年。

16日 县委召开农村工作会议，学习中央和省委、市委一号文件和农村工作会议精神，总结2015年及“十二五”期间全县“三农”工作，安排部署2016年全县“三农”工作。

17日 中国共产党威远县第十三届委员会第十次全体会议召开。会议听取并讨论县委常委会工作报告，审议通过《中共威远县委关于制定国民经济和社会发展第十三个五年规划的建议》和《中共威远县委关于推进工业强县产业兴县的决定》。

19日 2016中国国际酒业博览会川南经济区投资贸易推介会在泸州市举行，德国捷科纳食品工程有限公司与威远县金四方果业有限责任公司就新建无花果营养能量制品及医药中间体精深加工项目签订投资框架协议。

22日 省总工会副主席李茂林一行到威远调研并慰问企业困难职工。

26日 县委印发《关于大力推进工业强县产业兴县的决定》《关于制定国民经济和社会发展第十三个五年规划的建议》。

28日至30日 中国人民政治协商会议威远县第九届委员会第六次会议召开。大会听取政协威远县第九届委员会常务委员会工作报告、提案工作报告、县人民法院工作报告和县人民检察院工作报告；通报九届五次全会以来常务委员会组成人员变动情况。审议通过大会提案审查情况的报告和本次大会《决议》。内江市副市长、威远县委书记曾云忠出席闭幕会议并讲话。

28日 省总工会党组书记、副主席胥纯到川威集团成渝钒钛公司，看望慰问困难职工，并就企业在去产能过程中职工分流安置的政策瓶颈等问题作调研。

29日至31日 威远县第十五届人民代表大会第六次会议第一次全体会议召开。大会听取县政府工作报告、县人民法院工作报告、县人民检察院工作报告。书面审查《威远县国民经济和社会发展第十三个五年规划纲要（草案）》，书面听取《威远县2015年国民经济和社会发展计划执行情况及2016年计划草案的报告》《威远县2015年财政预算执行情况和2016年财政预算草案的报告》，表决通过相应的决议。

4月

5日 县委印发《关于认真做好镇领导班子换届工作的通知》。

8日 威远县召开干部大会，宣布省委、市委关于威远县委主要领导调整的决定。罗平任中共威远县委书记，曾云忠不再担任中共威远县委书记、常委、委员职务。

13日 市人大常委会主任集体视察威远县蚕桑产业发展情况。

20日 市委常委、宣传部部长潘梅率队到威远县向义镇四方村、严陵镇接官亭社区、县人民检察院，调研精神文明创建暨社会宣传工作。

同日 县召开全县安委会2016年第二次全体成员（扩大）会暨安全社区建设工作推进会。

22日 威远县驻苏州市农民工服务站在苏州市吴中区甪直圣钰工艺品有限公司挂牌成立，服务站将为4万多名在苏州务工的威远籍农民工提供维权、帮扶、就业、创业及返乡创业服务。内江市委副书记、市长任晓春，副市长陈朗，县委常委、常务副县长毕胜等出席授牌仪式。

同日 县委批转《中共威远县人大常委会党组关于做好县镇两级人大换届选举工作的意见》。

26日 威远县选举委员会召开第一次会议。会议审定县、镇人大选举工作方案及进程安排，县人大代表选举选区划分及选区代表名额分配方案；关于县、镇人大换届选举选民登记的通告；县选举委员会办公室机构设置、职责分工和联系指导人大换届工作人员名单；县、镇人大换届选举工作动员暨培训会方案。依照有关法规和县人大常委会决定，县、镇换届选举日为6月5日。选举工作共分为动员部署、选民登记、提名推荐代表候选人、组织选民投票选举四个阶段进行。全县共设立县人大代表选区97个，县人大代表总名额267名，镇人大代表总数为1295名。

同日 威远县“两学一做”学习教育工作座谈会召开。会议传达学习贯彻中央、省委、市委“两学一做”学习教育工作座谈会精神，对威远县开展“学党章党规、学系列讲话，做合格党员”学习教育进行动员部署。

同日 内江市政协主席李发强到威远调研政协工作。

5月

3日 县召开青年党员义工成立及青年岗位能手表扬大会。10名“十佳青年岗位能手”、30名“优秀青年岗位能手”受到表扬。

5日 县委召开政法工作会议，总结2015年全县政法工作，安排部署2016年工作。各镇党委和县级部门与县委签订综治维稳目标责任书。会议要求，深刻把握当前形势，始终服务发展大局，全力维护社会稳定。

9日　按照省委统一部署，省委第五巡视组进驻威远，开展为期两周的巡视工作。

16日　县委印发《关于推进全面创新改革驱动转型发展的实施意见》。

17日　县侨联四届十次全委会议召开，选举吴正军为县侨联主席。。

19日　四川省工商局党组书记、局长万鹏龙到威远县调研商标品牌创建发展工作。

24日　罗平主持召开全县依法治县领导小组工作会议。会议审议通过2016年依法治县工作要点和“法律七进”工作要点。

24日　罗平主持召开全面深化改革领导小组第八次会议。会议审议《中共威远县委全面深化改革领导小组2016年工作要点》《中共威远县委全面深化改革领导小组2016年改革工作台账》、威远县推进供给侧结构性改革“1+5”文件和2个专项改革方案。

同日　县镇人大换届选举工作联系会召开。会议听取县、镇选举委员会前期工作、关于《代表选举选票印制方案》及代表资格审查等情况汇报，安排部署下一步工作。

25日　县委召开党的群团工作会议，分析群团工作面临的形势和任务，安排部署当前和今后一段时期的工作。

同日　市委副书记周勇到威远督查“脱贫攻坚”工作推进情况。

26日　县召开城市规划建设工作专题会议。

6月

3日　罗平主持召开县委中心组学习（扩大）会暨“两学一做”学习教育专题学习会。会议学习习近平总书记对四川工作的重要指示批示精神、《中组部关于学习贯彻习近平总书记重要批示精神加强党委（党组）领导班子建设的通知》，开展“习近平总书记治国理政新理念新思想新战略”的学习讨论。

6日　罗平率队调研新连界建设推进情况，要求高起点谋划，高标准规划，高速度推进船石湖AAAA级景区和石板河AAAA级景区建设。

9日　县委办、县政府办印发《威远县公务用车制度改革实施方案》。

12日　内江市人民政府与宜宾市人民政府签订《关于共同推进成都至宜宾高速公路建设的备忘录》。成都至宜宾高速公路全长157千米，规划路线经过威远县小河镇并设出口。

13日　威远县茶叶协会被中国科协、财政部列入2016年“基层科普行动计划”奖补对象。

16日　罗平主持召开县规委会2016年第一次方案审查会。会议审议并原则通过威远县交通运输“十三五”发展规划；威远县全域旅游发展规划修编、威远县石板河景区总体规划暨核心区修建性详规、威远石油大会战红村旧址修缮项目规划等方案。

19日　石板河景区开发建设动工。按国家AAAA级景区标准打造，总投资20亿元，分三期工程进行，打造以亲水游乐为主题的水上乐园。

24日　县委、县政府印发《关于大力推进供给侧结构性改革促进经济社会持续健康发展的意见》。

27日　四川省政协副主席高烽到威远县连界镇船石村为村里的党员上“两学一做”专题党课。

28日　市委常委、常务副市长方存好率队到威远县税源企业和重点镇，调研县镇财政工作。

30日　威远县庆祝中国共产党成立95周年大会在县委大礼堂举行。大会对全县40名优秀共产党员、20名优秀党务工作者和30个先进基层党组织予以通报表扬。

同日　全国退耕还林经验交流现场会在云南省临沧市召开，威远县无花果BOT模式受到国家林业局肯定，并作为全国四县之一（全省唯一）在大会上做交流发言。

7月

5日　省总工会党组书记、副主席胥纯率队到威远县开展“送清凉”慰问活动。

9日　威远县召开全县干部大会，宣布省委、市委关于威远县委主要领导调整决定。马炬任中共威远县委副书记、常委、委员，提名担任威远县人民政府县长。罗平不再担任威远县人民政府县长职务。

11日　省委第五巡视组组长向阳向威远县反馈巡视情况。根据省委统一部署，5月9日至22日，省委第五巡视组对威远县开展为期半个月的集中巡视。省委巡视工作领导小组听取了巡视组的巡视情况汇报，并对整改工作提出明确要求。县委副书记马炬受县委书记罗平委托，代表县四套班子对省委巡视反馈意见作表态发言。

13日　威远县无花果种植科普示范基地（威远县无花果公园）入列四川省农业厅省级示范农业主题公园认定名单。

14日　全省计划生育协会工作推进会暨计生基层群众自治现场会在威远县召开。会议总结省计生协上半年工作，安排部署下半年工作任务，对中国计生协青春健康教育示范基地进行授牌。

21日　中共威远县第十三届委员会第十三次全体会议召开。会议审议并表决通过《中国共产党威远县第十四次代表大会会议方案》《十三届县委工作报告》《十三届县纪委工作报告》《第十四届县委委员、候补委员和县纪委委员候选人预备人选》等17项议程。

22日 威远县举行新任县级领导任职见面会。市委决定：刘学兵任中共威远县委委员、常委、副书记；刘源任中共威远县委委员、常委；王革屏提名为威远县人民政府副县长人选。3位到威远工作的县领导作表态发言。

24日至28日 中国共产党威远县第十四次代表大会召开。会议听取并讨论县委书记罗平代表县委常委会所作的题为《加速转型升级、决胜全面小康，奋力建设幸福美丽威远》的工作报告，审议通过《关于中共威远县第十三届委员会工作报告的决议》《关于中共威远县第十三届纪律检查委员会工作报告的决议》《关于代表提案审查工作的报告》。选举产生中国共产党威远县第十四届委员会委员、候补委员和中国共产党威远县第十四届纪律检查委员会委员。

28日 中国共产党威远县第十四届委员会第一次全体会议在县委小礼堂召开。会议选举产生中共威远县第十四届委员会常务委员会委员和县委书记、副书记。罗平、马炬、刘学兵、毕胜、刘均、刘维帝、李磊、倪轮、袁开武、谭斌、刘源11名同志当选为新一届县委常委，罗平当选为县委书记，马炬、刘学兵当选为县委副书记。

28日 中国共产党威远县第十四届纪律检查委员会第一次全体会议在县政府206会议室召开。会议选举产生县第十四届纪律检查委员会常委7名，其中，刘均当选为县纪委书记，倪永秋、黄革委当选为县纪委副书记。

29日 国务院发展研究中心农村部副巡视员、研究员肖俊彦一行，到威远县调研农村改革工作推进情况。

8月

3日 中广核新能源投资（深圳）有限公司与威远县政府签订合作开发风力资源协议。威远风电项目规划总容量10万千瓦，总投资约9亿元人民币，风电场建设将分期进行。

3日至7日 政协威远县第十届委员会第一次会议在县城召开。会议听取并审议政协第九届委员会工作报告、提案工作报告，选举产生政协威远县第十届委员会主席、副主席、秘书长和常务委员。刘浑源当选为政协威远县第十届委员会主席，王志远、罗伦建、常胜、罗刚当选为政协威远县第十届委员会副主席，汪世秀当选为政协威远县第十届委员会秘书长，韦军等当选为政协威远县第十届委员会常委会委员。

4日至8日 威远县第十六届人民代表大会第一次会议在威远县城举行。大会听取和审查威远县人民政府工作报告；听取威远县2011年以来国民经济和社会发展计划执行情况的报告，威远县2011年以来财政预算执行情况的报告；听取和审查威远县人民代表大会常务委员会工作报告，威远县人民法院工作报告，威远县人民检察院工作报告；选举了威远县第十六届人民代表大会常务委员会组成人员，威远县人民政府县长、副县长，威远县人民法院院长，威远县人民检察院检察长。周功会当选为威远县人民代表大会常务委员会主任，胡林仁、唐克友、钟玉钦、金毅当选为副主任；马炬当选为威远县人民政府县长，毕胜、胡小虎、蔡虎臣、王跃辉、王革屏、王学斌当选为副县长；刘应江当选为威远县人民法院院长，刘明亮当选为威远县人民检察院检察长。县委书记罗平出席闭幕会并讲话。

4日 省委党史研究室副主任江红英率队到威远调研。

5日 省国土资源厅党委书记、厅长杨冬生到威远县调研国土资源管理工作。

9日 威远县老科技工作者协会成立，陈廷德当选为第一届理事会会长。

9日至11日 市委书记马波先后到资中县、隆昌县、威远县调研。在威远县，马波先后察看无花果研究所、四川久润泰科技有限公司、四川威玻新材料集团有限公司、金镭铸业高端精密铸锻零部件建设项目和威远河（清溪河）综合治理工程现场。

15日 县召开脱贫攻坚大会，安排部署脱贫攻坚蹲点督导工作。

23日 “好老师工程——留守儿童地区教师能力建设及心理支持”试点项目在威远启动，县内5所示范学校获授牌。该项目系中央财政支持的社会组织示范项目，威远县为全国第四个试点落地县。

同日 县教育基金会对全县200名贫困大学生进行资助，发放资助金40万元。

24日 中国共产党威远县代表会议召开，选举产生51名出席中国共产党内江市第七次代表大会代表。县委副书记、县长马炬主持会议。

25日 县不动产登记局和不动产登记中心成立，市、县领导向群众代表颁发威远县首批不动产权证书。

9月

5日 县委召开全面深化改革领导小组第九次会议。会议听取县委改革办《关于已出台半年以上专项改革方案推进落实情况的督查评估报告》，审议通过《中共威远县委关于全面加强改革落实工作的实施意见（送审稿）》《关于加强政党协商的办法（送审稿）》等相关文件。

同日 威远县青年企业家协会成立。

6日 县召开产业发展、投资促进暨“项目年”推进大会，总结安排项目投资暨“项目年”、农业发展、现代服务业发展、投资促进、工业发展工作。

同日 “向人民汇报——威远县首届美术作品展”在内江市张大千美术馆开幕。

7日 县召开服务业暨旅游业发展大会，总结安排全县服务业发展和旅游业发展工作。

8日 市委书记马波深入威远县农村、工业园区和贫困群众家中，调研指导市第七次党代会精神贯彻落实工作。

9日 县召开连乐铁路（威远段）建设动员大会。

12日 罗平主持召开县委常委会议，专题听取各镇各部门“两学一做”学习教育工作情况汇报。

同日 县委印发《关于进一步加强人大工作和建设的意见》《关于新形势下进一步加强和改革人民政协工作的意见》。

17日 市委副书记、市长任晓春带队考察川威集团炼铁2#、5#高炉和炼钢3#转炉设备拆除情况，并听取川威集团负责人关于钢铁去产能的情况汇报。

20日至21日 县第十六届人民代表大会第二次会议召开。会议选举产生74名出席内江市第七届人民代表大会代表。

21日 市委副书记牟锦毅率队到威远调研经济社会发展情况。

24日 省经信委主任陈新有、副主任王万锟一行到川威集团，检查指导内江钢铁去产能工作。

28日 全市脱贫攻坚现场推进会在高石镇召开。

同日 市委常委、宣传部部长潘梅一行专题调研威远县旅游产业发展情况。

同日 威远县佛教协会成立，释净明当选为首届理事会会长。

29日 县工商联（总商会）召开第十一届四次执委会，选举倪成担任县十一届工商联主席（总商会会长）。

30日 县在新店烈士陵园举行烈士公祭活动。

10月

1日 威远县知青纪念馆建成开放。该馆位于界牌镇中坝村，占地面积500余平方米。

15日 县城区人力客运三轮车退出营运市场。

20日 内威荣高速公路威远铺子湾收费站开通。

26日 威远县创建全国基层中医药工作先进单位工作启动。

31日 威双路路面改造第一期工程主体工程完工并通车。

11月

1日 市委常委、政法委书记康俊率队到县调研政法和禁毒工作。

9日 县委印发《关于进一步加强农村基层党建加快完善农村依法治理体系的实施意见》。

9日至13日 全国“大力发展社区教育推动社会治理创新”研讨会在县城举行。

10日 市委常委、常务副市长方存好一行到威远县调研重点工程项目建设情况。

12日 威远县创建省级食品安全示范县工作通过省专家组评估验收。

17日 县举行“农民夜校”成立仪式。

18日 经县第十六届人民政府第3次常务会研究决定，同意严陵镇新设立荷花街、凤凰路、杨家坝和吴荣路4个城市社区。

22日 2017年全市小春生产现场会在威远县举行，研究推进农业调结构转方式的具体措施，安排部署小春生产各项工作。

25日 市委副书记牟锦毅到联系的黄荆沟镇红丰村开展“走基层、送温暖”活动，并宣讲党的十八届六中全会、省委十届九次全会精神。

同日 省政协驻内江委员视察威远页岩气勘探开发和环境保护工作，并召开座谈会听取汇报、建言献策。

28日 威远县召开创建省级卫生县城工作动员会，提出2017年年底创建成为省级卫生县城。

12月

1日 马炬主持召开县委全面深化改革领导小组第十次会议，传达学习中央、省、市深改领导小组会议精神，听取《创新幸福美丽新村建设机制专项改革方案》等12个专项改革方案推进落实情况汇报，审议通过《威远县镇纪委书记、副书记提名考察办法（试行）》等5个专项改革方案。

2日 内江市副市长蒋学东率队到威远县调研工业企业，检查督导安全生产工作。

3日 共青团威远县委申报的项目“阳光助残——为你阅读世界”在

第三届中国青年志愿服务项目大赛获得铜奖，之前该项目曾获四川省金奖、内江市金奖。

5日至6日 副省长王铭晖、省政协副主席陈文华到扶贫联系点——威远县连界镇船石村，宣讲党的十八届六中全会、省委十届九次全会精神，开展“走基层、送温暖”活动，走访慰问贫困群众，调研督导脱贫攻坚、新村建设等工作。

6日 市委副书记、市长任晓春先后到久润泰公司无花果产品加工基地、金镭铸业公司、凤翔中学项目部，威达煤业国有工矿棚户区改造工程，实地调研推进新型工业化、新型城镇化方面的情况。

8日 县召开大规模绿化威远行动动员大会。计划到2020年建成四川省绿化模范县，森林覆盖率达41%以上、国土绿化覆盖率达45%以上、城市绿地率达36%以上、人均公园绿地面积达11平方米，创建森林乡镇2个，绿化美化示范村庄10个；大幅提升森林、湿地生态系统功能，实现地绿山青、绿满威远，筑牢长江上游沱江中游生态屏障。

9日 市委副书记牟锦毅到威远县督导学习贯彻党的十八届六中全会、省委十届九次全会和市委七届二次全会精神情况、脱贫攻坚和目标任务等工作推进情况。

12日 市政府批准同意2016年63个贫困村退出（脱贫），其中威远县16个贫困村退出。

27日 马炬主持召开县委全面深化改革领导小组第十一次会议，听取全县2016年全面深化改革工作情况和《威远县人民法院设立建制未成年人案件审判庭的改革试点方案》等14个已出台的专项改革方案推进落实情况汇报，审议《进一步明确和规范县委改革办工作职能职责的意见》等8个改革事项。

同日 县委、县政府印发《关于深化人才发展体制机制改革建设人才集聚小高地的实施意见》。

同日 全省纪检监察系统“‘两学一做’作表率，执纪为民建功业”主题演讲决赛在成都举行。威远县纪委唐凤飞代表内江市参加决赛，获得全省第一名。

29日 威远县法学会成立并召开第一届会员代表大会。

本年 县“乡镇天网”工程全面竣工并完成验收。“雪亮”工程正式启动（即在各行政村安装“天网”视频监控系统），拟在2020年前实现全覆盖。

中共威远县委

综　述

【概况】　2016年，中国共产党威远县委员会（简称威远县委）贯彻落实中央、省、市一系列决策部署，紧紧围绕“加快转型升级、决胜全面小康、建设幸福美丽威远”的战略目标，冷静应对经济下行压力，始终保持科学发展、加快发展、专注发展、转型发展定力，扎实推进稳增长、促改革、调结构、惠民生、防风险各项工作，全县经济社会保持平稳发展势头。全年实现地区生产总值317.4亿元，增长7.7%。

2016年6月30日，威远县委召开庆祝中国共产党成立95周年大会（余远文摄）

【政治建设】　2016年，威远县继续深化“平安威远”建设，完善治安防控体系，加强信访工作和矛盾纠纷化解，开展安全生产大检查，2015年全县群众满意度测评位居全市三县两区第二位。召开威远县庆祝中国共产党成立95周年大会、县委十三届十次全体（扩大）会议、脱贫攻坚大会、中国共产党威远县第十四次代表大会、县村（社区）“两委”换届工作会等。开展党风廉政建设责任制考核、社会评价和述责述廉等工作，严格落实约谈制度，问责落实“两个责任”不力科级干部4名。开展“两学一做”学习教育和党章、党规、党纪专题教育学习。推进基层党建督查、农村星级党组织评定等工作，选派27名大学生村干部到建档立卡贫困村任职。完成10个村（社区）党组织换届试点工作。召开县第十五届人民代表大会第六次会议，听取和审议《政府工作报告》《法院工作报告》《检察院工作报告》。县人大常委会举行常委会会议、主任会议，检查《中华人民共和国政府采购法》《中华人民共和国档案法》《中华人民共和国社会保险法》等法律法规的实施情况，视察威远河（清溪河）综合整治一期、凤翔中学等重点项目；审议县政府提请的关于棚户区改造项目委托代建资金等重大事项12项，并作出决定。采用“菜单式”点选模式，邀请市人大代表参加县人大常委会会议及视察、评议、调研等活动。支持政协组织围绕中心工作开展调查研究，推进政治协商、民主监督。召开县政协十届一次会议，协商讨论《政府工作报告》《法院工作报告》《检察院工作报告》。全年主席会协商12次，形成集体意见建议33条。县政协开展“九年义务教育教师状况”“农业与旅游结合发展情况”等5个课题调研活动，形成《政协调研》9期。各界别活动组围绕信息经济发展、城区义务教育阶段学生入学难、城市商业网点发展等问题，与相关部门、镇（街道）开展协商活动。开展主席会议“双周”民主监督、界别季度民主监督。继续开展县政协领导走访约谈委员活动。安排工商联、群众团体和无党派人士参与视察、调研和民主监督等工作。

【经济建设】 2016年，威远县委实施“一企一策”帮扶，促进重点企业、重点行业稳定生产，川威集团、建业集团等企业生产平稳。页岩气日产量达370万立方米，威玻至诚复合材料挂牌新三板，金镭铸业、法拉特成功申报国家鼓励类产品，久润泰无花果系列产品技术改造项目投入运行。严陵工业园区科技企业孵化器获批省级科技企业孵化器，新培育国家级、省级知名品牌4个，战略性新兴产业、高新技术产业占比分别提高3.9%、1.8%。实施“互联网+工业”，电子商务中心入驻企业达60户，电商销售额达6亿元。石板河、船石湖旅游小镇两个AAAA级景区建设有序推进。新发展无花果面积486公顷、中药材面积133公顷、香樟面积200公顷，培育规模以上龙头企业2个、农民合作社41个、家庭农场51个、种养大户65个。

威远县委加快推进城市现代化建设进程，实施县城“五个一”工程，完成温家坝大桥、滨河路温家坝段、天域路、锦园东街建设和二环路西段改造，吴荣路快速通道一期一标段、清溪湿地公园加快推进，县城新增建成区面积1.5平方千米。推进“百镇建设试点行动”，连界镇纳入全省旅游休闲型特色小城镇规划建设。建成幸福美丽新村66个、重点示范片1个，改造提升旧院落17个、改造农房610户。完成威双路改造一期工程，新（改）建农村公路280.8千米，建成通村硬化路95.6千米。城乡供水“9厂10线”工程快速推进，县第二污水处理厂及配套管网工程启动建设。全县森林覆盖率达40.2%，穹窿地貌纳入全省第二批自然文化遗产名录。狠抓突出环境问题整改，通过环保部西南督查中心后督察。

威远县委、县政府稳步推进供给侧结构性改革，化解生铁粗钢产能120万吨、煤炭过剩产能18万吨，淘汰关闭落后产能企业7户。威远穹窿旅游一期项目收益债获国家发改委批准，开创全国“债券+基金”组合先河。无花果BOT模式作为创新退耕还林产权模式，受到国家林业局高度肯定。新签约项目52个，到位市外资金119.6亿元。实施返乡创业“回家工程”，引进返乡创业项目9个。落实“项目年”工作部署，推进页岩气勘探和综合利用、威远穹窿旅游一期等重点项目建设，以项目带投资、调结构、促发展。

【社会建设】 2016年，威远县委严格落实党委（党组）书记法治建设第一责任人职责和班子成员“一岗双责”职责，签订目标责任书120份，建立干部法治档案2000余份。完善“签字背书”、提交述廉报告等制度，健全“积极预防、系统治理”工作机制，强化监督执纪问责。受理群众举报196件、来人来访203批次、电话咨询252项，立案31件31人。健全脱贫重大政策、重大项目等合法性审查机制，聘请专业律师担任扶贫工作法律顾问，解决贫困群众养老问题、医疗脱贫等法律问题340余个。

威远县委全面推进依法治县工作。成立政府性投资项目合同审查办公室，完成合同审查125件、合同备案219件，审查合同标的30亿元。向社会公开责任清单6007项、权力清单6111项，及时公开事关群众切身利益的政务活动信息近3万条。全力加快以“六张网”为支撑的立体化社会治安防控体系建设，打造“一小时法律援助服务圈”，建立法制辅导站20个、法律援助工作站20个、法律服务小分队20支。建成科技法庭、未成年人审判庭。推进普法“六个一”工程，培养村（居）民小组“法律明白人”5000余人。开展“送法下基层”等活动200余场次，受益群众达2万余人。建立法律图书角500个，开设“法律大讲堂”“法律夜校”20个，组建法律服务宣讲团42个，配发法律读物11万余份（册）。

威远县委推进年度脱贫攻坚工作。完成贫困户D级危房改造292户，实现16个贫困村退出、4677名贫困群众脱贫，脱贫攻坚首战告捷。威远县委坚持改革创新，狠抓工作落实，全县教育科学文化事业协调发展。义务教育均衡发展顺利通过国家督导检查验收，生源地助学贷款连续7年名列全省县级前茅。完成2个镇卫生院改扩建和50个村卫生站建设，养老机构新增床位650张。全县文化场馆免费开放，农家书屋、广播等实现行政村全覆盖。落实“党政同责、一岗双责、齐抓共管、失职追责”，全县安全生产形势总体平稳。狠抓食品药品安全监管，被评为第一批四川省食品安全示范县、四川省农产品质量安全监管示范县。全面加强矛盾纠纷排查调处，依法打击违法犯罪，建成国家级安全社区1个、省级安全社区8个。

【党的建设】 2016年，威远县委狠抓思想建设和理论武装工作，全面落实党委（党组）意识形态工作责任制，全县各级党员干部“四个意识”不断增强。坚持“好干部”标准，严格执行“九严禁”等换届纪律，完成县镇领导班子换届和村（社区）党组织换届工作。深入开展“两学一做”学习教育，县委常委会带头学习系列讲话、党内法规，县级党员领导干部带头讲党课，教育引导党员干部做合格党员、当干事先锋。探索创新“村干部573述职评议法”，得到省委党建领导小组肯定。龙会镇被确定为省级乡镇党委规范化建设试点镇。创新实行脱贫攻坚专项巡察“五步工作法”，切实维护群众利益。坚持“无禁区、全覆盖、零容忍”，保持惩治腐败高压态势，处置问题线索231件，立案187件，党政纪处分186人。

【全面深化改革】 2016年，威远县贯彻落实中央、省委和市委全面深化改革工作的各项决策部署，立足县情，推进各项改革工作。制发全面深化改革工作要点和任务分工方案，将108项的改革小项任务落实到相关部门；印发改革工作台账，厘清职责范围、工作重点。全年召开深改小组会议4次，审议通过专项改革方案12个。学习传达上级有关改革会议精神，推动各部门积极探索改革新思路。利用QQ群和联络员制度，打通宣传干线，了解全县的改革动态。全年印发《威远改革信息》22期。

经济体制改革方面　建立规范化的公共资源交易平台，出台《交易受理操作规程》等23个交易管理制度，构建“分散+集中”　“配合+制约”“服务+监管”的交易模式，形成以交易受理系统、交易组织系统、交易评审系统、监管监察系统、综合管理系统等“五大系统”为技术支撑的公共资源交易服务体系。

科技体制改革方面　大力推进自主创新，完善产业技术创新体系，强化科技企业孵化器建设，严陵工业园区孵化器建成省级科技企业孵化器，新增入孵企业7户，累计入驻孵化企业48户、创新创业组织4个、科技服务中介机构6个，获得省科技厅100万元的“科技型中小企业创新创业孵化服务平台”项目资金支持。指导、

2016年5月24日，县委召开全面深化改革领导小组第八次会议　（余远文摄）

帮助中小企业，建立完善企业技术开发机构，新建成市级工程技术研究中心1个。着力深化产学研合作，举办中国首届无花果产业发展大会。

农业和农村体制改革方面　开展农村产权制度改革，完成全县20个镇、313个村的确权颁证工作。房屋所有权通过市级主管部门验收，集体土地所有权、集体建设用地（含宅基地）使用权、承包地经营权将迎接省市验收。健全农村产权流转交易市场体系，流转各类农村土地面积6866.67公顷，金额5150万元。

生态文明建设方面　建立重污染天气预警监测体系、预警预报机制，逐步推进重污染天气监测预警体系建设，构建重污染天气应急响应体系。推进威远河（清溪河）综合治理一期工程，开展环境优美示范工程创建，全面落实环境保护“党政同责、一岗双责”责任制、生态环境损害终身追究制和“一票否决”制，严格执行环境影响评价和环保“三同时”制度。

民主法治建设和社会治理方面　加大信息公开平台和机制建设，主动公布执法、司法情况。县人民法院运用官方微博直播案件庭审7次，荣登“阳光法院新媒体榜”全国第三名。继续推进未成年人案件审判庭试点改革，成立独立建制的未成年人案件审判庭，全面维护未成年人各项诉讼权利。推进法律援助制度实行“法律援助中心—工作站—联络点”的三级法律援助网络体系，打造“148”法律服务热线平台，建立20个法律援助工作站。

文化教育卫生体制改革方面　推进传统媒体和新兴媒体融合发展，开设威远县广播电视台公众微信号、新闻网、官方微博，走在全省县级广播电视台前列。深化公立医院综合改革，实施基本药物制度，巩固取消药品加成和完善分级诊疗制度。完成中医药县乡村一体化服务试点工作，全县95%以上的镇（中心）卫生院设置标准化中医科，75%的村卫生站能提供中医药服务。

党建机制建设方面　完善干部考核评价制度，建立“二分析四预警”研判体系，启动“四色”（指蓝、黄、橙、红）预警模型管理，完成全县20个乡镇和55个县直部门领导班子综合分析研判工作。完善干部选拔任用工作监督制度，坚持“六个坚决查处”“六个凡必”的原则，落实考察对象廉洁自律的“双签字”制度。

纪律检查体制方面　积极实践“四种形态”，畅通信访举报渠道，收集和规范处置问题线索。大胆探索推行谈话前承诺制度、“一带二”办案模式、案件“主办人”制度等，提升

纪律审查工作质效。

（谢勇灵　李　秀　丁　莉　刘　刚）

【综合协调服务】　2016年，中共威远县委办公室高质量撰写县委十三届十次全会报告、县第十四次党代会报告，撰写汇报材料、领导讲话140余篇、80余万字，运转各类公文3000余件。全年编发党委信息753条，被省委办公厅采用3条，市委信息室采用59条、得分315分，占任务的138.6%。其中，《威远县推行页岩气产业集约发展模式》被省委办公厅《每日要情》采用。坚持机要24小时值班制度，密码通信工作实现“保密、优质、高效、无事故”；建成市—县党政电视电话会议系统；切实加强全县商用密码监督管理执法；及时更新电子政务内网信息，共采用各镇各部门信息2610余条，制作7个专题栏目。年内无失泄密事件发生。开展警示教育工作，轮回播放以“崇尚科学、关爱家庭、珍惜生命、反对邪教”为主题的影视200余场，开展警示教育活动2000余人次，发放各类宣传资料2万余份。接待省、市领导到威远调研50余次，承各项重大会议300余次。

（汪　明）

【政策研究】　2016年，威远县委针对农村产权制度改革和全县的人才工作，政研室与县级相关部门协调，提出有价值的意见和建议，为县委、县政府主要领导决策发挥重要作用。加强对扩权强县工作的协调和服务，对扩权强县推进中出现的新情况和新问题，开展专题调研，为县委决策提供依据和参考。向市委政研室上报调研文章，其中罗平撰写的《关于加快县域特色旅游发展的思考》、马炬撰写的《关于威远县工业经济转型升级的思考》、周功会撰写的《关于依法治县工作的调研报告》、刘浑源撰写的《关于加快农旅结合发展的建议》入选市委政研室主编的《内江市主要领导和县（区）主要领导2016年调研文集》。对重、难点调研课题县委政研室派专人进行指导调研，共收集61篇调研文章编辑成《威远县调研文集2016》。全年编发《威远调研》6期，涉及重点项目、新型工业化、新型城镇化、农业产业化、新农村建设、旅游开发、食品安全、镇域经济发展、生态建设、历史文化等方面的内容，图文并茂地反映威远县经济社会发展的新风貌和深厚的文化历史底蕴。

【目标督查】　2016年，内江市下达威远县年度主要工作目标共六大类157小项，主要包括：综合指标14项、重点项目21项、分类目标14项、民生目标90项、保证目标14项，新增目标4项。县委、县政府的主要工作目标是：确保全县地区生产总值增长7.5%以上，规模工业增加值增长8.5%以上，全社会固定资产投资完成182亿元，社会消费品零售总额增长12.1%以上，招商引资落地企业（项目）54个，城镇居民人均可支配收入增长8.7%以上，农民人均可支配收入增长9.5%以上。完成2016年市下达威远县民生工程9大类75项，民生大事15件。全年督办会议议定事项387件，主要领导批交办事项137件；开展涉及重点项目、安全生产、环境保护等重点工作的督查督办件103件次；开展棚户区改造、通村通畅工程等民生工作的督查督办67件次；按时按要求办理市委市政府交办件92件次。

2017年2月9日，以威委发〔2016〕9号文件出台《关于2016年度全县绩效目标考核结果的通报》。其中，各镇一等奖8个，二、三等奖各6个；党群及民主法制序列一等奖6个，二等、三等奖各4个；综合经济序列一等奖5个，二、三等奖各4个；非经济序列一等奖8个，二等奖4个，三等奖5个；独立核算二级局序列一、二等奖各4个，三等奖3个；垂直管理序列一等奖3个，二等奖2个，三等奖2个；园区序列一、二、三等奖各1个；县四套班子机关和县人民武装部均为一等奖。

表5　**2016年威远县绩效目标考核一等奖名单一览表**

序号	序列	获奖单位
1	各镇	严陵镇、界牌镇、连界镇、镇西镇、龙会镇、新店镇、高石镇、越溪镇
2	党群及民主法制序列	县委组织部、县纪委、县委宣传部、县人民法院、县委政法委、县委统战部
3	综合经济序列	县住建局、县统计局、县交通运输局、县财政局、县发展和改革局

序号	序列	获奖单位
4	非经济序列	县人力资源和社会保障局、县教育局、县公安局、县卫生和计划生育局、县安全生产监督管理局、县文化体育新闻出版局、县环境保护局、县审计局
5	独立核算二级局序列	县就业局、县交警大队、县养路段、县市政所
6	园区序列	严陵工业园区
7	垂直管理序列	县国家税务局、县地方税务局、县国土资源局
8	其他序列	县人民武装部

（陈　香）

重要决策

【新型农业经营体系专项改革】2016年1月11日，县委办、县府办出台《关于印发〈威远县加快构建新型农业经营体系专项改革方案〉的通知》（威委办发〔2016〕3号）。方案从总体思路，工作重点（开展土地承包经营权确权登记颁证、培育新型农业经营主体、创新农业社会化服务体系、发展多种形式适度规模经营、加快供销合作社综合改革），推进措施（加强组织领导、落实责任分工、加大扶持力度、开展效果评价）等三个方面进行部署，着力构建以家庭经营为基础、合作与联合为纽带、社会化服务为支撑的立体式复合型现代农业经营体系，推进全县现代农业加快发展。

【脱贫攻坚】　2016年1月25日，威远县委、县政府出台《关于脱贫攻坚工作的实施意见》（威委发〔2016〕1号）。文件要求深化认识，准确把握脱贫攻坚的总体要求；明确思路，增强脱贫攻坚实效；突出重点，精准解决扶贫开发攻坚的突出问题；加强组织领导，为脱贫攻坚战提供坚强保障。

【工业强县产业兴县决定】　2016年3月26日，威远县委出台《关于大力推进工业强县产业兴县的决定》（威委发〔2016〕6号），从实施布局优化行动、项目支撑行动、动力强化行动、融合发展行动、品牌培塑行动、要素保障行动、环境提升行动等七个方面进行安排部署，进一步夯实产业发展基础，突出构建以工业为主导、一二三次产业协调发展的现代产业体系，推动威远产业转型升级，为与全国、全省、全市同步全面建成小康社会提供坚实支撑。

【第十三个五年规划制定建议】2016年3月26日，威远县委出台《关于制定国民经济和社会发展第十三个五年规划的建议》（威委发〔2016〕7号）。文件要求，要适应经济发展新常态，夺取全面建成小康社会决定性胜利；要坚持创新发展，培育经济增长新动力；要坚持协调发展，构建平衡发展新格局；要坚持绿色发展，建设生态文明新家园；要坚持开放发展，拓展互利共赢新领域；要坚持共享发展，创造幸福美好新生活；要加强和改善党的领导，为实现“十三五”规划提供坚强保证。

【“两学一做”学习教育实施方案】2016年4月28日，威远县委办公室出台《印发〈关于在全县党员中开展“学党章党规、学系列讲话、做合格党员”学习教育实施方案〉的通知》（威委办发〔2016〕12号），方案从把握总体要求（努力实现“四个进一步”、准确把握“六个具体要求”、着力解决“五个方面突出问题”），明确主题内容（学党章党规、学系列讲话、做合格党员），抓实具体措施（以开展“重温入党志愿、重温入党誓词”主题党日活动开局、围绕专题开展学习讨论、抓实“六课堂”讲好党课、高质量开好专题组织生活会、开展民主评议党员、实施“红耀婆城·服务发展”行动、领导机关领导干部做表率、开展学习教育两评价），强化组织领导（落实工作责任、夯实组织保障、注重方式方法、严格督导检查、加强宣传引导、坚持统筹兼顾）等四个方面进行安排部署，突出正常教育，狠抓思想理论武装，努力提升党员干部思想政治素质。

【全面创新改革驱动转型发展实施意见】　2016年5月16日，威远县委出台《关于推进全面创新改革驱动转型发展的实施意见》（威委发〔2016〕10号），从强化科技创新引领，推动产业转型升级；加强政产学研合作，提升创新发展支撑能力；构建创新创业平台，培育创新创业主体；实施创新人才战略，激发创新创业活力等四个方面作出安排部署，力争通过五年努力，在全市各县（区）率先实现创新驱动引领型发展，基本形成以创新为主要引领的经济体系和发展模式，全面建成国家技术创新工程四川省试点县。

【农村土地经营权专项改革】 2016年6月8日，县委办、县府办出台《关于印发〈威远县引导农村土地经营权规范流转发展农业适度规模经营专项改革方案〉的通知》（威委办发〔2016〕2号）。方案从推进土地经营权规范流转、建立土地流转管理制度、加大政策扶持力度、强化工作推动措施等方面进行安排部署，进一步引导农村土地（指承包耕地）规范有序流转，促进农业适度规模经营和现代农业发展。

【供给侧结构性改革意见】 2016年6月24日，威远县委、县政府出台《关于大力推进供给侧结构性改革促进经济社会持续健康发展的意见》（威委发〔2016〕11号），对推进供给侧结构性改革的重要意义、总体要求（指导思想、基本原则、总体目标）、重点工作（积极稳妥去产能，调整优化产业结构；加大力度去库存，促进房地产业健康发展；多措并举去杠杆，有效防控社会风险；扎实有效降成本，减轻实体经济负担；有的放矢补短板，提高公共服务能力）、工作保障（加强组织领导、明确责任分工、加强宣传引导、加强督查落实）四方面进行明确，破解产业结构不优、中低端产品过剩而高端产品偏少、产品规模有余而品质不足、结构性产能过剩比较严重等症结，推动实现更高质量、更有效率、更可持续的发展。

【公务用车制度改革实施方案】 2016年6月29日，县委办、县府办出台《关于印发〈威远县公务用车制度改革实施方案〉的通知》（威委办发〔2016〕16号）。方案从目标和原则，主要任务（参改范围、改革方式、保留车辆、车辆处置、司勤人员安置），保障措施（加强保留公务用车管理、严格财务管理、加强公务用车配备使用监督检查、切实保障公务出行），组织实施（加强组织领导、分步组织实施、加强舆论引导）等四个方面进行安排部署，改变传统的公务用车保障模式，创新公务交通提供方式，实现公务出行便捷合理、交通费用节约可控、公车管理规范透明、监管问责科学有效，基本形成符合威远县实际的新型公务用车制度。

【现代公共文化服务体系构建】 2016年7月13日，县委办、县府办出台《关于加快构建现代公共文化服务体系的实施意见》（威委办发〔2016〕20号），文件从总体要求、加强公共文化服务标准化建设、促进公共文化服务均衡发展、提升公共文化产品和服务供给水平、推动公共文化服务社会化发展、推进公共文化服务与科技融合发展、创新公共文化管理体制和运行机制、强化公共文化服务保障等八个方面作出安排部署，到2020年，全县基本建成覆盖城乡、便捷高效、保基本、促公平的现代公共文化服务体系。

【全面加强改革落实工作】 2016年9月9日，威远县委出台《关于全面加强改革落实工作的实施意见》（威委发〔2016〕16号）。文件要求，要明确职责，建立健全改革责任落实机制；要规范运行，建立健全改革工作推进机制；要奖惩分明，建立健全改革考核激励机制；要注重实效，建立健全改革督察督办机制；要强化保障，为推动改革落实提供有力支撑。

【农村基层党的建设】 2016年11月3日，威远县委出台《关于进一步加强农村基层党的建设加快完善农村依法治理体系的实施意见》（威委发〔2016〕20号）。文件要求，要明确加强农村基层党的建设、加快完善农村依法治理体系的总体要求和目标任务；要坚持农村基层党组织领导核心地位不动摇；要改革推进党在农村的组织和工作全面有效覆盖；要加快推进基层治理法治化建设；要建强镇村领导班子和党员干部队伍；要探索创新抓实农村基层党建的工作方法；要加强和改进对农村基层党建工作的领导。

【人才发展体制机制改革意见】 2016年12月27日，威远县委、县政府出台《关于深化人才发展体制机制改革建设人才集聚小高地的实施意见》（威委发〔2016〕22号），从总体思路和工作目标，构建更加开放的人才引进机制（完善人才引进长效机制、建立更为灵活的引进方式、突出企业引才的主导地位、发挥中介服务的支撑作用），形成更有成效的人才培养机制（分类分层次培养人才、大力支持建设创新创业平台、拓宽人才创业投融资渠道），用活建好更有效的人才激励评价机制（改进人才评价方式、加大创新人才激励力度）、构建更加优化的人才管理服务机制（建立市场化、社会化的人才服务体系，建设“人才示范园区”），加强对人才工作的领导（凝聚党管人才的强大合力、实行人才工作目标责任考核、营造创新创业社会氛围）等六个方面进行明确，进一步激发人才创新创业创造活力，形成人才引领产业、产业集聚人才的良性局面。

（汪　明）

县委重要会议

【中国共产党威远县第十三届委员会第十次全体会议】 于2016年3月17日召开，会议听取并讨论县委副书记、县长罗平代表县委常委会所作的题为《坚定信心　加快发展　努力实现“十三五”良好开局》的工作报告，会议明确2016年总体要求是：深入贯彻落实中共十八届五中全会、省委十届七次全会和市委六届十次全会精神，以“四个全面”布局为统揽，以“五大发展理念”为指引，以省委“三大发展战略”为引领，以市委“工业强市、产业兴市”部署为主导，深入推进从严治党和依法治县，着力加强供给侧结构性改革，努力实现“十三五”良好开局，为全面建成小康社会奠定坚实基础。当前和今后一个时期，围绕“一个目标”（确保到2020年全面建成小康社会，实现人民生活水平全面提升，全民素质和社会文明程度显著提高，生态环境持续改善，各方面体制机制更加完善），把握好“三个关系”（把握好“快”与“好”的关系、“远”与“近”的关系、“谋”与“做”的关系），突出抓好“四项重点”（抓好产业攻坚、抓好基础设施攻坚、抓好脱贫攻坚、抓好改革攻坚）。

【中国共产党威远县第十四次代表大会】 于2016年7月25日召开。大会应到代表307名，实到代表300名。会议听取并讨论县委书记罗平代表县委常委会所作的题为《加速转型升级、决胜全面小康，奋力建设幸福美丽威远》的工作报告，审议通过《中国共产党威远县第十四次代表大会关于中共威远县第十三届委员会工作报告的决议》《中国共产党威远县第十四次代表大会关于中共威远县第十三届纪律检查委员会工作报告的决议》《中国共产党威远县第十四次代表大会关于代表提案审查工作的报告》。大会全面总结过去五年的工作成绩，明确提出未来五年全县工作的指导思想、总体要求和工作部署，即围绕“一个目标”（即“加速转型升级、决胜全面小康、建设幸福美丽威远”战略目标），践行“创新、协调、绿色、开放、共享”五大发展理念，实施“产业攻坚、基础设施攻坚、脱贫攻坚和改革攻坚”。力争到“十三五”末，地区生产总值年均增长8.0%；规模工业增加值年均增长9.0%；服务业增加值年均增长9.0%；全社会固定资产投资年均增长6.0%；社会消费品零售总额年均增长12.0%；地方一般公共预算收入年均增长4.0%；城镇居民人均可支配收入年均增长8.0%；农村居民人均可支配收入年均增长8.5%。

2016年7月21日，中共威远县第十三届委员会第十三次全体会议召开（余远文摄）

【中共威远县委第十三届常委会会议】 年内，县委召开十三届常委会会议28次。

1月5日，县委召开十三届第151次常委会议。传达中共中央纪委《关于十起群众身边的不正之风和腐败问题典型案例的通报》（中纪通〔2015〕10号）、中共中央纪委《关于六起中管干部违反中央八项规定精神问题的通报》中纪通〔2015〕12号、中共内江市委办公室《关于违反市委六届十次全会有关纪律要求的情况》、审定《威远县2015—2018党员教育培训实施规划（草案）》等7个议题。

1月22日，县委召开十三届第152次常委会议。传达《杨松柏同志在市委人大工作会议上的讲话》（党办通报第2期）、《杨松柏同志在市委党的群团工作会议上的讲话》（党办通报第4期）、传达贯彻《关于完善县域经济发展工作推进机制的意见》和《四川省县域经济发展考核办法》等5个议题。

2月1日，县委召开十三届第153次常委会议。审定关于2015年度全县绩效目标考核结果的请示。

2月24日，县委召开十三届第154次常委会议。通报《关于五起领导干部违反中央八项规定精神问题的通报》（川纪通〔2016〕3号）、传达贯彻中共内江市纪委机关中共内江市委组织部内江市监察局内江市人力资源和社会保障局关于转发《关于纪律处分决定执行工作检查情况的通报》的通知（内纪综〔2016〕5号）、传达学习《四川省脱贫攻坚领导小组办公室关于五起违反扶贫开发政策规定问题的通报》（川脱贫办发〔2016〕8号）等8个议题。

3月4日，县委召开十三届第155次常委会议。传达学习习近平总书记在中央政治局“三严三实”专题民主生活会上重要讲话精神，审定钒钛大道、船石湖大道和白牛路绿化工程实施方案等9个议题。

3月14日，县委召开十三届第156常委会议。审定威远县突发公共事件总体应急预案、县委十三届十次全会方案，审议报告（送审稿）、决议（草案）、《中共威远县委关于大力推进工业强县产业兴县的决定（送审稿）》等6个议题。

3月24日，县委召开十三届第157次常委会议。审定关于争取国开发展基金有限公司投资四川省金镭铸业有限公司年产3.5万吨高端精密铸锻零部件及高铁专用轮对组成和齿轮箱组成生产线建设项目相关问题、审定《威地挂〔2016〕01号地块国有建设用地使用权挂牌出让方案》等9个方案共7个议题。

4月12日，县委召开十三届第158次常委会议。传达贯彻《中共中央关于郭伯雄严重违纪违法案及其教训的通报》（中发电〔2016〕5号），审议《中共威远县纪委关于乡镇纪委委员换届的建议方案》，传达中共四川省纪委通报《狠刹歪风邪气 坚决查处诬告陷害行为——批转〈中共达州市纪委关于市委群众工作局原副调研员罗胜月同志在“两会”期间严重违纪违法问题的通报〉》（川纪通〔2016〕4号）等7个议题。

4月22日，县委召开十三届第159常委会议。传达《中共内江市纪委关于省、市对县乡落实换届纪律及换届风气有关工作情况抽查督导的情况通报》（内纪通〔2016〕2号）、《中共内江市纪委办公室关于转发〈市纪委作风建设督察组关于清明节期间开展作风督查情况的报告〉的通知》（内纪办〔2016〕11号），审定《关于做好县镇两级人大换届选举工作的意见》及有关事项等9个议题。

5月6日，县委召开十三届第160次常委会议。传达《中共中央办公厅关于部分党员领导干部在谈话函询中不如实向组织说明情况典型案件及其教训的通报》（中办发电〔2016〕9号）、《中共四川省纪委四川省监察厅关于整治侵害群众利益的不正之风和腐败问题工作的通知》（川纪发〔2016〕3号），审定威远县房地产开发项目公共配套设施验收管理办法、威远县城市规划管理技术规定（2016版）等9个议题。

5月12日，县委召开十三届第161次常委会议。审定威远县产业攻坚三年行动计划和威远县城乡基础设施攻坚三年行动计划、《投资建设连界—汪洋—乐山南—燕岗铁路协议书》、2015年度全县维护社会稳定和社会治安综合治理工作先进单位名单等10个议题。

5月20日，县委召开十三届第162次常委会议。传达《中共内江市纪委关于近期查处3起违反中央八项规定精神典型问题的通报》（内纪通〔2016〕3号），学习《严肃换届纪律文件选编》部分内容：《中共中央办公厅关于认真做好市县乡领导班子换届工作的通知》（中办发〔2015〕65号）、《中共中央关于加强和改进人大代表、政协委员有关工作的通知》（中发〔2016〕3号）等5个议题。

5月22日，县委召开十三届第163次常委会议。审议《威远县第十四次党代会代表候选人预备人选建议名单》，审议《各镇第七届党委、纪委班子候选人方案》、干部任免。

5月27日，县委召开十三届第164次常委会议。审定《市级优秀共产党员、优秀党务工作者、先进基层党组织拟表扬名单》，审议《县人大代表正式候选人名单》等4个议题。

5月30日，县委召开十三届第165次常委会议。审定《关于调整新店镇、山王镇、小河镇、庆卫镇、县直机关工委出席威远县第十四次党代会代表名额的方案（建议）》、审定《政协威远县第十届委员会人事安排方案》、干部任免。

5月31日，县委召开十三届第166次常委会议。审定威远县领导班子换届会议推荐建议人选名单。

6月6日，县委召开十三届第167次常委会议。传达贯彻《中共中央办公厅国务院办公厅关于印发〈手机使用保密管理规定〉的通知》（中办发〔2014〕45号）、《中共四川省委办公厅四川省人民政府办公厅关于贯彻落实中办发〔2014〕45号文件精神切实加强手机使用保密管理的通知》（川机发4240号）文件精神，审议第十四届县纪委班子成员会议推荐人选名单等7个议题。

6月14日，县委召开十三届第168次常委会议。审定新进中共威远县第十四届纪委常委领导班子换届考察对象名单。

6月28日，县委召开十三届第

169次常委会议。传达《中共中央办公厅关于部分人大代表、政协委员涉法涉罪问题问责情况及其教训的通报》（密电〔2016〕3835号），传达《关于印发王雁飞同志、范锐平同志在全省建立市县党委巡察制度动员部署视频会议上的讲话的通知》（川委巡〔2016〕6号），审定《中共威远县委威远县人民政府关于2016年党风廉政建设和反腐败工作的意见（送审稿）》等14个议题。

6月29日，县委召开十三届第170次常委会议。审定《威远县党政机关公务用车制度改革实施方案》。

7月7日，县委召开十三届第171次常委会议。干部任免（审定中共威远县党委组成人员候选人预备人选建议方案；审议威远县人大、政府、政协、法院、检察院换届人事安排建议方案；审议中共威远县纪委组成人员候选人预备人选建议方案）。

7月8日，县委召开十三届第172次常委会议。传达《关于七起落实全面从严治党主体责任不力被问责典型问题的通报》（中纪通〔2016〕7号），传达贯彻全市市县乡换届工作推进会暨换届风气监督调度会会议精神、《王东明同志在省脱贫攻坚领导小组第二次会议上的讲话》（办公厅通报第27期）等12个议题。

7月9日，县委召开十三届第173次常委会议。研究近期工作。

7月14日，县委召开十三届第174次常委会议。审议《关于调整威远县第十四次党代会筹备领导小组的建议方案》《关于县委提名县第十四次党代会代表候选人有关事项的请示》、威远县十六届人大第一次会议八项组织工作等6个议题。

7月19日，县委召开十三届第175次常委会议。审议《中国共产党威远县第十三届委员会在中国共产党威远县第十四次代表大会上的报告（送审稿）》《中国共产党威远县第十四次代表大会关于十三届县委报告的决议（草案）（送审稿）》《中共威远县委十三届十三次全体会议方案（送审稿）》《中共威远县第十四次代表大会方案（送审稿）》、审议县政协十届一次全会的有关事项［政协威远县十届一次全会的请示，议程（草案）、日程（草案），临时党委、支部请示，筹备领导小组等七项组织工作安排的请示；政协威远县第九届委员会常务委员会在十届一次会议上的工作报告（送审稿）］等5个议题。

7月20日，县委召开十三届第176次常委会议。审议《关于政协威远县第十届委员会委员建议人选的请示》《关于政协威远县第十届常务委员会组成人员候选人的请示》，审议《32个选举单位选举产生出席县第十四次党代会代表名单和批复意见》、干部任免。

7月21日，县委召开十三届第177次常委会议。审议《省委第五巡视组巡视我县情况反馈意见整改落实工作方案（送审稿）》，审议县第十四次党代会期间相关事项，酝酿县第十四届县委委员、候补委员和县纪委委员候选人预备人选。

7月25日，县委召开十三届第178次常委会议。审议《威远县出席内江市第七届党代会代表候选人初步人选推荐建议名单》。

【中共威远县委第十四届常委会会议】

年内，县委召开十四届常委会议17次。

7月28日，县委召开十四届第1次常委会议。审议换届《政府工作报告（送审稿）》和2011年换届以来国民经济和社会发展计划执行情况报告（送审稿）、财政工作情况报告（送审稿）、审定《威远县推进“三大攻坚战”督查问责办法》、审议《威远县人民法院工作报告（送审稿）》《威远县人民检察院工作报告（送审稿）》等5个议题。

8月1日，县委召开十四届第2次常委会议。研究暂缓有关选举市人大代表的相关议程。

8月11日，县委召开十四届第3次常委会议。审定《关于在“两学一做”学习教育中开展三项整改“回头看”的通知》、传达全省纪检监察工作视频会议精神、传达学习《中共四川省委办公厅关于印发〈关于进一步推动县（市、区）党委落实党风廉政建设主体责任的意见〉的通知》（川委办〔2016〕28号）等8个议题。

8月24日，县委召开十四届第4次常委会议。审定《中国共产党威远县代表会议会议方案》、审定《中国共产党内江市第七次代表大会代表候选人建议人选名单》。

9月6日，县委召开十四届第5次常委会议。传达贯彻中国共产党内江市第七次代表大会精神、传达贯彻《中共中央关于辽宁拉票贿选案查处情况及其教训警示的通报》（中发电〔2016〕7号）及市委书记马波关于全市县以上党组织传达学习《通报》的批示、审议《中共威远县委关于落实省委第五巡视组反馈意见的整改情况报告》等10个议题。

9月12日，县委召开十四届第6次常委会议。专题听取县人大等五个党组和各镇各部门“两学一做”学习教育情况汇报、传达《中共四川省委关于10起扶贫领域典型案件的通报》（川纪通〔2016〕7号）、《中共内江市纪委内江市监察局关于开展违规收送礼金问题专项整治的通知》（内纪发〔2016〕4号）、《黄春江同志在市纪委七届一次全会上的讲话》。

9月17日，县委召开十四届第7次常委会议。审议县人代会相关工作(关于威远县第十六届人民代表大会第二次会议代表团的划分及正副团长建议名单等七项组织工作安排的请示、关于审定县十六届人大二次会议有关事项的请示)。

9月23日，县委召开十四届第8次常委会议。确定市委巡察机构副县级领导职位会议推荐人选。

9月23日，县委召开十四届第9次常委会议。确定市委巡察机构副县级领导职位人选考察对象。

9月30日，县委召开十四届第10次常委会议。传达《王东明同志在全省脱贫攻坚领导小组第三次会议上的讲话》(党办通报第46期)、《王东明同志在南充市和广安市脱贫攻坚工作座谈会上的讲话》（党办通报第45期）及马波关于学习贯彻办公厅通报第45期的批示，传达学习中共内江市纪委关于转发《中共四川省纪委〈关于蓬溪县宽台村人大代表换届选举履责不力等问题调查处理情况的通报〉》的通知，审定《威远县村（社区）党组织换届试点工作实施方案》。

10月18日，县委召开十四届第11次常委会议。传达贯彻内江市第七次党代会、内江市第七届人民代表大会第一次会议、内江市政协七届一次会议精神，传达《中共四川省委办公厅关于转发〈中共中央宣传部关于湖北省委严肃处理恩施州委、利川市委中心组学习突出问题通报〉的通知》(川委办发〔2016〕17号)，审定《2016年下半年威远县党风廉政建设社会评价工作方案（送审稿）》等10个议题。

11月1日，县委召开十四届第12次常委会议。传达学习中共十八届六中全会精神，传达学习总书记习近平在纪念红军长征胜利80周年大会上的讲话、省委书记王东明在省委纪念红军长征胜利80周年大会上的讲话精神，审定《威远县党政领导干部生态环境损害责任追究实施细则（试行）》等11个议题。

11月23日，县委召开十四届第13次常委会议。传达学习《中共中央办公厅关于认真学习宣传党的十八届六中全会精神的通知》（中办发电〔2016〕28号)、省委十届九次全会、10月31日市委常委会（扩大）会议(传达学习党的十八届六中全会精神)、11月17日市委常委会（扩大）会议（传达学习省委十届九次全会精神）精神，传达市委书记马波关于学习贯彻《选出忠诚干净担当好干部换出风清气正好面貌——内江“四个贯穿始终”推动市县乡换届圆满结束》(四川纪检监察信息工作交流第32期）的批示精神等11个议题。

12月2日，县委召开十四届第14次常委会议。传达市委七届二次全会精神，传达学习刘国中、曲木史哈在全省贫困对象退出验收考核工作电视电话会议上的讲话精神，传达学习川委办〔2016〕26号文件和市委书记马波批示精神等5个议题。

12月14日，县委召开十四届第15次常委会议。观看视频《警钟》，传达市委书记马波关于学习贯彻《习近平同志在党的十八届六中全会上的报告和讲话》的批示（内委办秘〔2016〕108号)，传达全市村（社区）“两委”换届工作会议精神等11个议题。

12月26日，县委召开十四届第16次常委会议。传达《市纪委关于5起征地拆迁领域典型案例通报》（内纪通〔2016〕7号)，审定《2016年度党组织书记抓党建工作述职评议考核工作方案，干部任免等12个议题。

12月30日，县委召开十四届第17次常委会议。传达12月27日中共内江市委常委（扩大）会议精神，专题听取县人大、县政府、县政协、县人民法院、县人民检察院党组书记和县委常委履行党风廉政建设主体责任情况汇报，全县党风廉政建设和反腐败工作情况汇报，传达全市出席党的十九大代表和省第十一次党代会代表推选工作会议会议精神等4个议题。

（汪　明）

组织工作

【概况】 2016年，全县有党的基层组织1250个，其中，党委30个、党总支25个、党支部1195个，共有党员30728人。全县有在职副科级以上领导干部633名（含挂职干部2名)，其中正县级7人（含挂职干部1名)、副县级20人、正科级194人、副科级412人。副科级以上领导干部中非中共党员干部有34人（含民建会员1名)，其中，副县级5人、正科级4人、副科级25人。

全县共调整干部398名，其中提拔100名，交流108名，调任5名，其他185名。举办换届后新任副科级领导干部培训班、党政领导干部读书班等，参训人员155人。开展“两学一做”学习教育，深化“四好班子”等创建活动，持续推进思想理论、法纪、警示和先进典型“四项教育”，着力增强领导干部的思想政治和专业素养，提升新常态下领导干部能为、会为、善为的能力和本领。

（许　可　梁誉川）

【干部人事制度改革】 年内，威远县完善机关事业单位工作人员调配管理办法，规范人事调配相关程序，进一步明确人事调配运行规则，将人事

2016年10月17日，县召开村（社区）党组织换届试点工作暨换届风气监督工作推进会 （县委组织部供图）

调配资格、人数等条件进行常态化设置，增强人事调配工作的透明度和公正度，调配工作日益科学化、制度化和规范化，促进干部人才队伍合理流动。全年召开人事调配会2次，审批调配人员129人次。其中党群系统平行调动7人，镇调入县级部门人员3人，借用人员15人；政府系统平行调动30人，镇调入县级部门人员25人，县外调入17人，借用人员57人，考核招聘引进人才29人，审批调配其他人员72人。

（梁誉川）

【干部监督管理】 2016年12月27日，县全面深化改革领导小组审议通过《威远县推进领导干部能上能下暂行规定》，按照《威远县党政领导干部和国有企业领导人员离任经济责任事项交接办法》，对12个单位的党政正职进行经济责任审计。收集600余名科级领导干部个人有关事项报告，实现县管科级干部报告个人有关事项全覆盖。持续开展“三超两乱”专项治理，整改消化率达100%。对全县90余名科级干部的因私出国（境）证件进行集中登记管理。

（唐 丽）

【县镇村换届风气监督】 2016年，威远县结合“两学一做”学习教育、专题民主生活会和专题谈心谈话活动，组织党员干部观看《镜鉴》《警钟》70余场次、4500余人次；印制换届纪律口袋读本4000册、换届纪律宣传册1万册，制发“换届纪律及有关要求明白卡”2900余份、《严肃换届纪律文件选编》120余本，编发严肃换届纪律短信1.1万人次。组织全县26名县级领导干部、600余名科级领导、150余名换届工作人员签订《严格遵守换届纪律承诺书》。派出换届风气巡回督导组，畅通信访、电话、网络、短信“四位一体”换届纪律举报投诉渠道，营造出风清气正的换届环境。

【人才工作】 年内，县人才工作领导小组办公室组织编制《威远县“十三五”人才发展规划》，出台《关于深化人才发展体制机制改革建设人才集聚小高地的实施意见》《关于推进全面创新改革驱动转型发展的实施意见》《威远县2016年人才工作要点》。引进紧缺专业和高层次人才43名，其中博士研究生2名。实施“高技能人才振兴计划”“大学生和科技人才创新创业扶持计划”“高端产业支持计划”等重大人才工程，送培各类经管人才230余名，新增高技能人才100余人，创新创业大学生100余人，创业科技人才40余人。完善《威远县科技企业孵化器扶持资金管理办法》等政策，成功创建省级企业技术中心2个，市级企业技术中心2个。与20余个科研院所达成合作协议，建成产学研合作基地12个。制作“威远英才”宣传片5部、宣传专刊10余期。

【基层党组织建设】 2016年12月，威远县启动村（社区）党组织换届工作，全面推行“两推一选”方式选拔村（社区）党组织书记和支部委员。出台《关于调整村（社区）实职干部基本养老保险补助和实行医疗保险补助的试行办法》《关于调整村（社区）干部基本报酬补助标准的通知》，落实村（社区）干部待遇。推进基层党建经费落实，村（社区）工作和活动经费达5万元，村、社区服务群众专项经费分别达5万元、10万元。继续实施村（社区）活动阵地“达标升级工程”，99个村（社区）组织活动场所建成投用。深入推进党（工）委书记认领基层党建重点项目制度、“321党建定期会工作法”和基层党组织书记“一事一记”文字纪实，建立并落实2016年抓基层党建责任清单事项82条，层层压实党建责任。推进基层党组织规范化建设，龙会镇被确定为省级乡镇规范化建设试点镇，向义镇等4个镇被确定为市级乡镇规范化建设试点镇。全面推行村（社区）干部573述职评议法，继续推行“六事一日”和“四议两公开一监督”工作法，规范农村党务、村务公开。

【党员教育管理】 年内，县委组织部结合“威远智慧党建”网络平台、“威远党建”手机微信公众平台和远程教育设备开展微型党课和优秀电教片系列展播，播发组织、党建、精准扶贫等工作新闻277条，党员群众关注数达3万余人。全县机关事业党组织和在职党员实现100%社区报到，统一制发基层党组织“三会一课”记录簿、村（社区）党组织工作记录簿，将“三会一课”、民主评议党员开展情况等纳入年度考核。实行党员外出报告登记制度，补发或更换“流动党员活动证”2000余本。依托“万名人才回引”工程，回引90余名农村党员回乡创业。探索建立“网上党支部”，定期将党课资料、党组织活动安排等事项向流动党员发送。

【党内民主建设】 2016年，威远县落实党代表调研视察、列席会议、提案提议等8项制度，先后邀请县、镇党代表列席县委全委会等各种重要会议。组织党代表参与干部民主测评、民意调查和民主评议以及干部选拔任用工作“一报告两评议”等活动。继续推行乡镇党代会年会制试点工作，建立党代表轮流定期接访制度，搭建起党代表与党员、群众经常性沟通联系的平台。

【大学生村干部工作】 2016年，威远县结合村（社区）“两委”换届，大力实施“100名大学生村干部进‘两委’”计划，选派27名大学生村干部到建档立卡贫困村任职。开展大学生村干部递进式培养，推荐7名大学生村干部参加中组部、省委组织部培训，从有大学生村干部工作经历的人员中选任副科级以上领导干部22名，从大学生村干部中考核招聘乡镇事业单位工作人员42名。

【党员干部现代远程教育工作】 2016年，威远县深化“五个主动”（即构建扶贫信息网络、培育扶贫引路人、依托电商培植扶贫产业、积极引导群众脱贫、推广扶贫脱贫典型案例），开展党员远程教育扶贫行动，接通互联网站点198个，培育电商带头人20余人，培训贫困户4500余人次。开展“三学院三基地集中培训行动”，定期组织各类创新创业、技能技术培训班，在重大节日、纪念日组织开展党性教育，实现镇、村两级党员干部培训全覆盖。开展“全媒体党员自主学习行动”，每周推送一期党员教育信息，同步更新“威远党建”手机APP。

【非公经济和社会组织党建工作】 年内，成立威远县非公经济和社会组织党工委，建立产业园区党建工作联席会议制度，制定《工业园区党建工作任务清单》。把非公有制企业党建经费纳入县镇财政预算，单独组建的非公企业党组织每个补助经费3000元/年。摸底排查全县非公有制企业和社会组织党建工作情况，建立党建工作“五个清”台账。全县非公有制企业和社会组织覆盖率91.3%。推行非公经济和社会组织“三培养”工作机制，发展党员32名。

【党建促脱贫攻坚工作】 年内，威远县严格“双十”季考制度，按照《威远县村党组织第一书记管理办法（试行）》，表扬激励第一书记28名、优先提拔5名，评选为内江市“最美第一书记”1名。第一书记引领健全贫困村制度67项，提供产业信息100余条，协调扶贫资金300余万元。实施党员精准扶贫示范工程，招商引资和吸纳种植大户投入680万元，全县54个党员精准扶贫示范项目启动并顺利实施。

【科级领导班子综合分析研判】 2016年3月18日，召开全县干部监督工作联席会议，逐一研判核实领导班子和干部履职成效、信访举报、审计、个人档案、个人有关事项报告、党风廉政等情况。开展“干群民主评、班子集体评、领导干部自评”活动，组

2016年11月17日，县举行“农民夜校”成立仪式　（县委组织部供图）

2016年7月1日，县委召开中心组学习（扩大）会议　（县委宣传部供图）

织机关干部、下属单位负责人、“两代表一委员”、服务对象等进行民主测评，召开专题会议对班子运行状况进行剖析，每名领导干部对自己优缺点进行自我评价。对乡镇、县直部门开展全覆盖个别谈话，深入了解领导班子运行和干部履职情况，并综合分析测评和平时掌握的情况。

【“五个优先五不提名”工作法】 2016年，威远县坚持“五个优先五不提名”正反清单甄别“四类人员”。“五个优先”，即业绩突出的优先，群众评价高的优先，经历丰富的优先，先进典型优先，有专业特长的优先。“五不提名”，即：爱要小聪明、对党不忠诚老实的干部不提名；法律意识淡薄、红线意识不牢的干部不提名；个人英雄主义突出、不善于团结同事的干部不提名；急功近利搞形象工程、政绩工程和好高骛远不切实际乱折腾的干部不提名；能力平平、推动工作不力的干部不提名。此做法被“四川组工动态”2016年第17期刊用。

【“经管人才+”体系助推企业创新发展】 2016年4月7日，县委组织部、县委统战部等7部门联合印发《关于实施威远县创新型企业家培养计划的工作方案》，实施“科技人才带项目”“高端产业支持计划”等工程，组织企业参与全球川商返乡发展大会、2016中外知名企业四川行等活动8次。结合重点产业、重点行业发展情况，建立5类经管人才信息库，实行动态管理，鼓励企业建立高端人才住房补贴制度。建立企业家激励保护机制，优先推荐企业经营管理人才参加市人才发展“三百计划”“有突出贡献人才”等评选活动。

【制定“三张清单”推动党建责任落实】 年内，县委组织部制定镇党委党建工作责任清单、镇党委书记党建责任清单和党委班子成员党建责任清单，细化党委责任清单，强化党委书记抓党建的主体责任，把交心谈心不及时、“三会一课”落实不到位、联系村党建指导不力等10种情况纳入党委班子成员是否履行“一岗双责”的重要依据，为班子成员履行党建责任拉起“警戒线”。

【“四联四包”压实村（社区）“两委”换届工作责任】 年内，威远县坚持县镇村三级信息联报、群众来信来访和网络举报问题线索联查、换届违纪违法行为联处、换届风险点排查和应急防控联动“四联”机制，落实“县级党员领导干部包镇、县级部门和镇领导干部包村（社区）、一般镇干部包组、村（社区）组干部包户”的“四包”责任机制，有力有序推动全县村（社区）“两委”换届工作。

【党建“智能化”】 年内，威远县采取“互联网+”思维模式，开办网上党校，为党员特别是流动党员开展学习教育、参加组织生活提供便利。开发党员管理信息系统，对党员教育学习、开展党员服务等实行积分式管理。搭建信息发布“E知道”平台，依托党建信息发布手机“微前端”，及时更新国际国内要闻、基层党建、干部工作、人才工作、党员教育等工作动态。推行线上线下互动模式，建立“网上党支部”3个，依托党代表工作室、义工之家等平台，实现党组织与党员、党员与党员、党员与群众之间的良性互动。

（张　雷）

宣传工作

【概况】 2016年，威远县宣传工作以深入学习习近平总书记系列重要讲话精神为主题主线，理论武装工作任务全面完成。全年县委中心组集中学习12天，参学率均达95%以上，中心组成员公开发表署名文章4篇。做好“两学一做”学习教育，常委会带头学习14次，县级党员领导干部带头讲党课60余场次。开展“讲话精神七进”活动，开展面向基层、面向群众的理论宣讲300余次，邀请专家、领导辅导授课4次。推介理论学习典型经验，各级机关和媒体采用学习信息110余篇。全面落实意识形态工作责任制，完善工作机制，把意识形态工作与中心工作结合起来，与换届工作结合起来，与正风肃纪结合起来；发挥思想引领，切实加强意识形态的引导和管理，不断巩固和发展主流意识形态，牢牢掌握意识形态工作领导权主导权。积极应对工业大县在经济下行中的转型发展、环境保护、安全生产和财税缩减等多重压力，立足抓住中央宏观政策调整带来的重大机遇、省委治蜀兴川部署涉威的重大项目和市委“两个率先”“三个基本建成”目标对威的重大安排，内聚力量、外树形象，展示威远加速转型升级、决战全面小康、建设幸福美丽威远的崭新形象。紧紧围绕穹窿旅游、页岩气等新兴产业发展形成的“威远名片”，抢抓蓉昆高铁、成宜高速等枢纽建设形成的“威远交通”，强化无花果、黄老五花生糖等特色农产品形成的“威远味道”，调动发改、经信、农业、交通、投促、旅游等部门能动性，全力协调各级媒体到威远报道采访，利用全国社区教育研讨会等开展外宣活动60余次，全方位展示威远投资潜力和发展空间。善用“中国民间文化艺术之乡”品牌，将威远牛灯舞纳入“百部看四川——微视工程”在全网展播；立足打造中国穹窿AAAAA景区前期预热，加强与川台旅游频道合作，制作旅游宣传广告片1部和专题片19部，陆续循环刊播；县电视台也同步制作50余部电视专题片，全面展示威远新旅游发展形象。制定《2016年对外宣传暨资金安排方案》，继续深化与新华社、四川电视台、《四川日报》《四川农村日报》《四川经济日报》《华西都市报》《内江日报》、内江电视台等中央省市级主流媒体的合作，定期或不定期召开新闻通气会、碰头会，用威远在转型发展、脱贫攻坚、项目建设、党的建设等方面的特色工作精准对接媒体报道节点和重点，全年在中央省市级主流媒体（含新媒体）刊用正面报道上万余条次。动员各界文艺工作者开展“摄威远、唱威远、书威远、写威远”活动，邀请《中国国家地理》杂志摄影家到威远创作采风，与市摄影家协会联合开展最美乡村威远篇拍摄展出活动，组织创作的《我的老爸老妈》获省“五个一工程奖”，《梦幻羌寨》等多部作品获省市大奖，全市首创的县级美术作品展获批在张大千美术馆举办。

【公民道德教育】 2016年，威远县坚持以推动社会主义核心价值观从普遍认同到自觉实践为关键，价值引领工作任务全面完成。开展“身边雷锋·时代榜样”主题实践活动；开展连界、界牌等6个镇社会主义核心价值观示范点建设，新建5所文明单位道德讲堂，推荐44名“四川好人”候选人。围绕“忘不了的节日·记得住的乡愁”主题开展“我们的节日”文化活动100余场；开展学雷锋志愿服务活动200余次，抓好“百村建设”行动，打造严陵、向义2个“三个一”建设示范村镇。加强未成年人思想道德阵地建设，创建14所县级文明校园，新建2处“青少年之家”，确保乡村学校少年宫常态化运转。立足从“关键少数”带头示范到“绝大多数”认同践行，狠抓价值观引领性、整体性、基层性的建设，以点带线、以线促面，逐步构建全员参与、人人共享的文明创建氛围。弘扬爱国主义、社会主义、集体主义，开展道德模范、身边好人等推荐评选活动，挖掘先进典型事迹，刘雨涵获省青少年爱国主义读书教育活动一等奖，并代表四川参赛获全国三等奖，县文明办连续三年获全国优秀组织奖；余向红家庭获全国“最美家庭”表彰；周治平、罗鸿分别被评为全省“十佳最美少年”“百佳美德少年”；《锦城诗韵》入选全省经典诵读会8个优秀节目；余文祥等4人获全市“最美人物”。全面启动省级文明城市创建，持续深入开展细胞创建工程，倡导并鼓励支持民营机构参与道德实践、志愿服务和文明创建活动，县勤达公交公司作为全市唯一的民营企业接受省级文明单位验收检查得到高度认可。发挥县文明办统筹作用，打破自上而下、一级抓一级的组织化动员模式，探索以寻求差异化、注重心灵体验的运作流程，从人力、资金、政策等方面支持鼓励“婆城有爱”“威远义工”“无线电应急分队”等6支民间志愿者队伍发展壮大，全县登记志愿者发展到近1万人，开展“三关爱”志愿服务活动上千次。威远青年志愿者协会获省、市志愿服务大赛金奖，民间志愿者李小红荣获“四川省优秀志愿者”称号。

【基层宣传思想文化】 2016年，威远县坚持以阵地建设和队伍建设为根本，基层宣传思想文化工作全面完成。制定专项规划，推动文化改革发展，建成幸福美丽新村（社区）文化院坝58个，建成综合文化站20个、省级综合文化示范站3个、文化书屋370个、村级文化活动室256个。全面推进全民阅读“七进”活动，举办“书香婆城”全民阅读活动，组织参加各类重要文化活动10余次，开展文化惠民活动536场次。抓住换届契机，配齐建强基层镇宣传文化干部队伍，落实镇党委副书记主抓意识形态和宣传思想工作。开展中心组学习秘书、新闻发言人、贫困村文化骨干等培训，确保有人抓工作、能抓好工作。

【舆论引导工作】 2016年，威远县坚持以塑造幸福美丽威远新形象为目标，舆论引导工作全面完成。完善新闻发布制度，新闻发言人配备到位，全年举办7次新闻发布。加大对本地正面宣传力度，开展声势浩大的外宣活动和集中采访60余次，“一台一报四网站”刊稿2万余篇，中央级媒体用稿98条，省级媒体用稿1291条。做好党报党刊宣传发行工作，全面完成核定发行任务。加强对社会热点难点问题的舆论引导，妥善处置涉威一般舆情3800余条，刊载正面引导贴文6000余条。报送《四川外宣工作》信息20余篇，舆情信息6700余条，完成省舆情中心约稿2条，中宣部采稿93条，省舆情中心采稿35条。

【理论宣讲新探索】 2016年，威远县委宣传部在抓好党委（党组）中心组学习基础上，重点在宣讲队伍、宣讲内容、宣讲形式上积极探索。充实宣讲的“人”。立足“领导讲政策、专家讲理论、群众讲身边事”，明确书记带头讲、成员主动讲、专家深入讲的责任，并从道德模范、身边好人、优秀基层干部、驻村第一书记中遴选优秀典型组建“身边模范”宣讲小分队40个，发挥身边人、身边事的宣讲感召力。创作宣讲的“品”。把理论宣讲和威远特色文化结合起来，采取山歌、三字经、顺口溜等形式，编创《如今农民最幸福》《威远风光如画廊》《换届纪律要遵守》等10余个作品，宣传党章党规、扶贫政策、换届纪律和威远发展成效。探索宣讲的“形”。在基层宣讲过程中注重“专家+身边典型”“理论+文艺”“提问+解答”等形式相结合，对回答正确的群众附赠生活用品，最大范围吸引群众参与，最大程度让群众爱听真懂，切实增强宣讲的感染力和亲和力。县社科联被推荐为2016年全省优秀社科工作单位。

【文化惠民】 2016年，威远县始终把深化改革与共享发展有机统一起来，既确保改革向纵深推进，又确保群众文化活动日益丰富。文化体制改革持续深化，以搞活文化主体、繁荣文化市场、发展文化事业、做强文化产业为导向，稳步推进电影公司、川剧团改制和县电视台“两分开”改革工作。电影公司已经进入清产核资阶段，2家电影放映企业实现票房收入450万元；县川剧协会正在筹备之中。文化扶贫活动围绕全县脱贫攻坚的总体要求，推进季度“送文化下乡”活动常态化，持续开展文艺演出、免费送春联、免费照全家福等活动。全年累计开展各类文化惠民活动200场以上。开展“深入生活·扎根人民”主题实践活动，开展捐赠书画作品扶贫义卖活动，募集资金3万余元。开展“留得住文化·记得住乡愁”行动，鼓励和支持有条件的地方多形式、多渠道建设和发展民间民俗文化场馆，建成反映威远地方特色文化的界牌知青纪念馆、四方村文化陈列馆、两河农耕文化博物馆、越溪牛灯舞陈列馆、石坪山歌传习馆等。

【网络管理】 2016年，威远县坚持把网络意识形态工作作为意识形态工作的重中之重，立足舆情信息、媒体融合、舆情导控，持之以恒净化网络空间。始终把为中央、省委提供有价值的舆情信息作为出发点，发挥省舆情信息直报点优势，组建70余人的舆情信息采编采写队伍，从高站位、高标准、高质量着手，全年撰写舆情信息6700余条，被中宣部采稿93条，完成省舆情中心约稿2篇，多条信息被通报为全省“好信息”，在全省舆情信息直报点中排前5名。着力构建“一台一报四网两微”全媒体平台，形成内容互通、机制互连、功能互补的联动新闻传播和舆论引导格局。全县共开通认证政务微博74个、微信公众号51个、头条号和企鹅号各34个，微威远、威远史志、威远广播电视等政务微信，集聚粉丝5万人；“威远工会”政务微信持续名列全国县级工会系统前列，“威远法院”政务微博5月荣登“阳光法院新媒体榜”全国第三名。采取“人工+智能”相结合，增强舆情监测强度和精度；加大舆情研判，编写《舆情专报》《舆情通报》《舆情周报》等，强化全县各镇各部门上下左右联动，妥善处置突发事件。全年未发生较大负面影响的舆情事件。

（刘　莉）

统一战线工作

【概况】 中共威远县委统战部有机关干部9人，挂牌有中共威远县委台湾工作办公室、威远县人民政府台湾事务办公室。全县20个镇均配备有兼职统战委员。全县有党外科级以上领导干部34人；有黄埔同学1人，国民党起义投诚人员85人。2016年度，县委统战部紧紧围绕全县中心工作目标，不断创新统战工作机制和载体，努力提升统战工作科学化水平。主动作为，搭建引智引资平台。美国华侨新泽西州施贵宝药务公司管理博士叶运奎到百胜药业公司考察，为该公司产品研发和优化管理提供帮助。为侨企四川缔铂酒业有限公司牵线搭桥解决收购原料资金困难等问题，促成缔铂酒业在第十六届西部国际博览会上与一家深圳供销商签订一笔600万元的产品合同。内江妙奇科技有限公司weelight系列照明产品在“太阳神鸟杯”天府宝岛工业设计大赛内江赛区获得二等奖并入围中国工业大赛复赛，得到市委主要领导的肯定。荣获全省统战工作实践创新优秀成果奖，县目标考核一等奖。

【党外代表人士工作】 2016年，威远县委统战部按照分层次、分领域开展培训和送训的原则，培训党外代表人士140人次。通过教育培训，广大党外代表人士凝聚起“自觉拥护党的领导，坚持走社会主义道路”的政治共识。提出“两推荐（单位和界别推荐）、三协商（与组织、政协、单位协商）、一考察（党委考察）、两公示（社会和单位公示）、一承诺（委员作出承诺）”新机制，809人次516人获得初步提名推荐，协商确定249名担任县十届政协委员，完成政协委员的换届工作。安排78名党外代表人士担任县人大代表，推荐21名市七届（党外）人大代表、18名市七届（党外）政协委员，引导有序的政治参与。县委举荐和提拔2名党外干部为副县级领导干部，提拔1名党外干部为正科级领导干部，交流3名党外干部的岗位。

【非公有制经济领域统一战线工作】 2016年4月20日，县委统战部在县政协二楼会议室召开习近平总书记在全国政协民建工商联界联组会上重要讲话精神的专题学习会，学习领会习近平总书记“两个毫不动摇”“三个没变”“五大问题”及树立“亲清”新型政商关系的讲话精髓。做好非公经济代表人士的政治安排，12名人士进入市工商联领导班子，其中1名副主席、4名常委、7名执委；安排26名担任县人大代表、35名担任县政协委员。发挥党外人士“人才库”“智囊团”作用，组织政协委员、无党派、工商联和民主党派人士围绕全县重点工作，向县委、县政府建言献策。年初“两会”期间，非公经济代表人士共提出建议、意见15条。县工商联主动参与重点项目的对接服务，联系汽车商贸城建设、金镭铸业高精度铸造等项目，积极协调部门关系，使项目进展顺利。召开成都威远商会、北京威远同乡会联谊会，宣传推荐威远的招商项目，推动回乡创业和引资工作。帮助黄老五食品公司在威远和内江电商博览会上举办移动互联网论坛，推动分享经济发展模式的应用推广，促进非公有制经济健康发展。全县非公经济人士参与“万企帮万村”活动，白塔集团、威宝公司、高山云雾、西藏圣核威远分公司、成都威远商会、汽车商会等10个企业与10个村进行结对帮扶。

【民族宗教领域统一战线工作】 2016年，威远县委统战部大力宣传党的民族方针、政策，依法处理涉及少数民族群众的矛盾纠纷，妥善处理高石镇彝族群众意外死亡事件。协助县城管局做好少数民族群众到威远县城经商活动的管理。开展“法律进寺观教堂”“和谐寺观创建”活动，完善教职人员学法制度，组织场所负责人开展集中学法，提高场所负责人法律知识水平，提高场所依法管理的水平。严格依法管理，执行重大宗教活动请示审批制度，加强对宗教节点日、宗教“敏感日”等特殊时段的监控防范，切实加强活动管理。开展教职人员备案、颁证工作，切实加强人员管理。加强宗教团体建设。完成“威远县佛教协会”的筹备、登记、成立工作，建立县域内首个宗教团体。

（秦建国）

对台工作

【概况】 2016年，中共威远县委台湾工作办公室、威远县人民政府台湾事务办公室（简称县台办）围绕县委、县政府的中心工作和对台工作的任务，抓重点，突特点，做好对台经贸、对台交往交流、对台宣传等工作，推动全县对台工作的平衡发展。在全市对台工作会议召开以后，县台办按照市委的安排，立即对传达贯彻会议精神作出具体安排。4月至5月，通过举办涉台知识讲座、开展涉台教育主题会议、印发涉台宣传教育资料等活动，在全县范围内开展涉台宣传教育活动。年内，台胞台属台商代表3人作为人大代表、政协委员积极参政议政，8人参加县委、县政府召开的各界人士迎春茶话会和中秋茶话会。县台办走访慰问重点、困难台胞台属20人次，发放慰问金6000余元。

【台商台企服务】 2016年，县台办重点抓对台招商引资和“2016年服务台商大走访季”活动。利用县政府和市委台办举办的各种招商活动，向台湾岛内和台商推介县上的亮点项目和优势项目，全力寻求与台商的交流和合作机遇。按照省、市台办关于开展“2016年服务台商大走访季”活动的通知要求，8月至9月，在全县开展为期两个月的“服务台商大走访季”活动。县台办走访台资企业3家、台属企业1家，拜访台胞台属35人，征集意见5条，收集台企（台商、台属）主要诉求4条，立行立办解决问题2件次。创新服务方式，建立领导干部帮扶联系台胞台属和台资企业制度，协调相关部门为台资企业落实优惠政策。全年办理诉求31件，接访43

次，结案率100%。

（王荣建）

信访工作

【概况】 2016年，全县信访量总体呈下降趋势。信访总量共1947件次2534人次，同比批次、人次分别减少5.2%、52.6%，其中：县级受理群众来信38件，同比下降53.7%；接待来访群众241批743人次，同比批次上、人次分别下降17.7%、77.4%（其中，到县集访33批324人次，同比批次、人次分别下降72.3%、89%）；受理群众来电及网上信访1576件，同比上升3.5%。到市上访共53批122人次，同比批次、人次分别下降3.6%、42.5%；到省上访27批43人次（无到省集访），同比批次、人次分别下降51.8%、75.8%，到京上访12批12人次，批次、人次分别下降72.1%、85.2%，其中进京非访5批5人次（其中重复非访1批1人次）、越级进京走访7批7人次。办理“12345”市民热线636件、书记县长热线3件、“县长信箱”433件、“人民网留言”143件、信访信息系统网上直转件337件，网上信访事项共办理1576件，办结回复率100%，同比上升3.5%。全年办理中央、省、市交办（包括网上直转件和领导批示件）337件，办结率100%。县委、县人大、县政府、县政协领导累计接访154批514人次，全部办结回复；批阅群众来信20件，办结20件，办结率达100%。

威远县按照国家和省市有关要求，开展信访事项群众满意度评价工作。通过不断加大网上信访工作力度，利用网络平台公开信访事项办理过程和结果，保障群众在信访领域的知情权、参与权、表达权和监督权。全年承办群众满意度评价信访事项6件，均已按时办结。开展“三无”县区和“五无”乡镇创建活动，山王、高石、东联、两河、新场、向义、越溪、靖和、界牌等9个镇被评为“五无”乡镇。

2016年6月28日，县组队参加全市信访系统“红歌献给党”歌咏比赛（县委群工局供图）

【信访案件复查】 年内，县政府复查委员会共受理复查事项17件，出具复查意见5件，出具不予受理意见12件；完成第三方评价信访件1件；经过反复做工作，息诉罢访13件；配合市委群工局复核3件。

【积案化解工作】 2016年，威远县共承办省、市挂牌督办突出信访问题19件，其中省集中交办4件，市挂牌督办15件（第一批市挂牌11件、第二批市挂牌4件），均按期办结化解。全县各镇、各部门开展矛盾纠纷摸排，共计摸排75件积案。县联席会议领导小组对其中的56件落实县级领导包案，明确调处、稳控责任单位，并对信访问题的办理时限、办结标准等方面进行明确，将其纳入对镇和相关部门的年终综合目标考核。截至12月，全县积案75件，结案75件，结案率100%；化解24件，化解率32%，息诉息访率32%。其中，县级领导包案56件，结案36件，化解20件，结案率100%，化解率35.7%；省市挂牌督办件19件，结案15件，化解4件，结案率100%，化解率21%。

【矛盾纠纷排查化解】 2016年，县委群工局坚持每月一次排查，每周一报信息，重大问题随时报告。对排查出的矛盾纠纷经整理和甄别后，对信访突出问题和集访苗头进行专项治理，逐一明确包案领导、工作责任、化解时限和稳控措施，在全国、全省、全市、全县“两会”、中共十八届六中全会等敏感时期进行滚动排查，确保排查到位，不留死角。全年排查上报各类矛盾纠纷710件，调处680件，化解率达96%，大量矛盾纠纷在基层得到及时妥善化解。

【信访法治化建设】 年内，县委群工局依法开展群众和信访工作。坚持每周对可能进京上访重点人员进行排查，坚持每月矛盾纠纷排查化解，信访预警取得良好效果；坚持重大信访事项交办、会办，使信访案件“件件有着落，事事有回音”；探索无理上访听证终结机制，坚持在全国、全省、全市、全县“两会”、十八届六中全会等敏感时期的督查，对重大信访事项进行督办。对非正常上访人员进行劝阻，维护正常信访秩序。

（唐丽娟）

县直机关党建

【概况】 2016年，中共威远县直属机关工作委员会（简称县直机关工委）设书记1名、副书记2名；内设机构为办公室、组织股、宣传股、威远县直属机关党员教育中心（设事业编3名，其中主任1名，目前空编3名）；另设中共威远县直属机关纪律检查工作委员会（简称县直机关纪工委）；在职职工5人（4名公务员、1名机关工勤人员），借用人员1名。2016年年底，县直机关工委辖直属基层党组织53个（其中机关党委4个、党总支部3个、党支部46个）和4个部门党委及县个私协党委所属党组织，共5个党总支部、176个党支部、2978名党员。

县直机关工委以贯彻落实新形势下从严治党要求为主线，不断推进学习型、服务型、创新型、规范型、廉洁型“五型党组织”建设。涌现出省委表彰的先进基层党组织1个，市委表彰的先进基层党组织4个、优秀共产党员2名、优秀党务工作者2名，县委表彰的先进基层党组织11个、优秀共产党员9名、优秀党务工作者2名。

2016年11月25日，县直机关工委与县史志办联合举办“史志讲堂”（汪明摄）

思想文化建设 县直机关工委通过集中宣讲、主题教育、中心组学习、“三会一课”、政治学习等形式，组织党员干部学习党的十八届五中、六中全会精神，学习省、市、县委系列全会精神以及中央、省委、市委经济工作会议精神。开展县直机关中共十八届六中全会、省委十届八次全会和市第七次党代会精神集中宣讲、《话说石坪山歌》讲座。组织开展“忠诚·感恩·奋进”诗歌朗诵比赛，选送一等奖节目——《只为那份荣光》参加全市决赛获得三等奖；组织机关党员干部参加全省“大美四川——首届党员风采杯”机关摄影大赛活动，作品《晨曦》获专业相机组三等奖；开展全市“书香机关”创建活动，引导机关形成浓厚的读书学习氛围。

组织建设 新批准设立机关党委3个、机关纪委1个、党支部4个，撤销党支部1个，指导5个新设立党组织召开第一次党员大会，选举产生班子成员，指导30个基层党组织完成换届或缺额补选。选举产生县直机关出席县第十四次党代会代表106名，提出出席市第七次党代会代表初步人选44名。接转党员组织关系353人次，按规定收缴党费1014277.93元。举办发展对象集中培训1期，培训发展对象33名，发展党员28名，批准40名党员按期转正。开展“两学一做”学习教育，开展党员组织关系排查，找回失联党员4名；制定《党政机关开展“学党章党规、学系列讲话，做合格党员”学习教育指导意见》，开展“重温入党志愿、重温入党誓词”主题党日活动，选送县直基层党组织书记参加省、市、县党务骨干专题培训；推进“共产党员示范行动”，获得命名市、县级共产党员示范岗40个、示范团队18个、示范单位11个、示范行业1个。

作风建设 落实“两个责任”体系，把“两个责任”向基层党组织延伸，落实到支部，责任到个人，努力发挥机关基层党组织在党风廉政建设中的前沿阵地和战斗堡垒作用。抓好县纪委《关于印发〈关于进一步深化正风肃纪持之以恒纠正“四风”的实施意见〉的通知》，以领导班子和领导干部为重点，加强教育引导，制定实施方案，开展专项整治。深入贯彻落实中央“八项规定”和省、市、县“十项规定”，推进机关作风建设长效化；坚持问题导向，协助部门党组（党委）、纪检组深入开展违规发放津补贴、违规收送礼金等专项治理。

反腐倡廉建设 落实党风廉政建设社会评价有关工作任务，参与县纪委牵头组织的专项督查工作；组织县直各机关党组织开展反四风专项活动，进一步规范机关干部思想言行，转变工作作风。结合“两学一做”学习教育，学习贯彻《党章》《廉政准则》《纪律处分条例》《关于新形势下党内政治生活的若干准则》《党内监督条例》等党纪法规和习近平总书记关于党风廉政建设和反腐败斗争系列重要论述，引导党员干部严格遵守政治纪律、组织纪律、工作纪律和各项政治规矩。继续推进红色传统教育、黑色警示教育、绿色宗旨教育，进一步筑牢党员干部思想防线，提升党员干部拒腐防变能力。

【干部驻村帮扶工作】 2016年，威远县整合力量将“双联”（指党政机关联系困难企业、机关干部联系困难职工）、“结对帮带”等活动与干部驻村帮扶工作同谋划、同安排。及时调整驻镇联络小组、驻村工作组成员，建立结对帮扶台账和帮扶措施台账。研究印发驻村工作组管理办法、联络小组工作制度、驻村工作组工作制度“一办法七制度”和威远县干部驻村帮扶工作《联系领导责任清单》《驻村工作组责任清单》等四项清单。各联络小组累计下基层调研805次，协调项目105个、资金2573.49万元，召开协调会435场，收集群众意见建议2918条；各驻村工作组累计帮助制定发展规划367项、健全村规民约206项、完善服务制度219项、举办实用技术培训188次；各级帮扶力量累计提供致富信息1824条、开展心理疏导2130人次、帮寻就业机会2141人次、开展技能培训348场、提供创业指导咨询服务641人次、开展义务劳动或服务537次、送文化法律科技政策到基层1121次、开展义诊243次、帮助再就业469人、解决民生难题760件、开展政策咨询1913次、维护合法权益203次、处理信访案446个、提供法律援助服务160次、化解基层矛盾1401次。

【志愿服务和党员义工日活动】 年内，县直机关工委指导所辖各级党组织及在职党员到社区“双报到”。每季度定期组织党员义工队伍，到场镇、街道、社区（村）、学校和企业等，深入干部群众中宣讲政策法规，发放宣传资料；走访慰问困难党员、困难职工、困难群众、留守儿童、敬老院老人；实施“一元钱”工程，开展“一日捐”活动，资助贫困学生；开展义诊、咨询、健康知识讲座。“七一”前后，县直各党组织开展庆祝中国共产党建党95周年“无偿献血党员在行动”志愿服务活动、主题宣传教育活动、扶贫帮困服务活动、法律知识宣传教育服务活动、文明创建及环境保护活动等系列活动，让党员在活动中锤炼党性、争当先锋。

（刘丽娟）

机构编制管理

【概况】 2016年，威远县深入推进政府职能转变，在全市率先完成责任清单编制工作，并在县人民政府门户网站面向社会公布，共涉及全县32个县级部门（不含垂管部门），6007项责任清单，得到市委编办的肯定。威远县委编办作为内江市唯一的县（区）代表参加省委编办责任清单编制工作交流座谈会，并荣获全省机构编制系统“最佳单位”，系省机构编制系统首次对县级机构编制部门进行的表彰。按照国家、省、市新的部署和要求，建立责任清单动态调整长效机制，被《四川经济日报》《内江日报》等省市级媒体进行报道。根据全县产业结构调整的要求，撤销县科技局和经信局，重新组建商务局和经科局。科学界定政府部门的工作任务和职责权限，承接省市下划的行政审批事项，落实由县政府公布取消的行政审批事项，并在县级部门的“三定”方案中予以明确。

【园区体制机制创新】 年内，中共威远县委编制委员会结合全县产业园区的功能定位和指标体系，确定连界、严陵、镇西等3个园区管委会均作为县政府行政派出机构，采用“分散管理”的运行模式。依法厘清产业园区与县级相关部门、属地镇政府的职责边界，理顺园区条块关系和内外关系，使园区聚焦促进产业发展的主业主责。核减13个县级部门38名行政编制、14名事业编制，全部用于充实园区人员编制。

【扶贫机构增设】 年内，威远县根据省、市关于加强扶贫工作力量的有关精神，完善扶贫工作机构的设置和职能，设立县扶贫工作服务中心，按副科级机构管理。县级扶贫机构新增加人员编制11名。县扶贫办主任进入县政府党组成员，按规定列席政府常务会。各镇均明确2名以上脱贫攻坚专职人员。通过资源整合、内部挖潜，全县专门从事扶贫工作人员上100人。按照县委、县政府安排，协调县级相关部门，筹措扶贫资金5万余元，帮扶碗厂镇青宁村19户贫困户，种植贵妃枣1.27公顷、3000余株。为2户贫困群众协调鱼苗300余尾，将3户贫困群众房屋纳入危房改造计划，协调县中医院医护专家义诊贫困群众20余人，联系相关单位到困难群众家中办理残疾、低保等相关手续。

【经济发达镇行政管理体制改革】 年内，威远县根据重点小城镇的发展实际，探索创新重点城镇体制机制。按照“商贸型”改革试点的思路，推行镇西镇与镇西食品工业园区实行“镇园合一”改革试点，实行“一套班子、两块牌子”，探索建立“统一领导、统一分工、统一组织、统一协调、统一预算、统一考核”的领导体制和管理机制，将镇西镇政府与镇西食品工业园区机构归并设置，并理顺县级部门派驻镇西镇工作机构管理体制。

【事业单位改革】 2016年，全县事业单位分类改革批复率达95%，生产经营类事业单位转企改制稳步推进。机关、群团组织统一社会信用代码赋码率达80.6%，位居全市第一名；新版事业单位法人证书换证率达70.19%，位居全市第一名；法人年度报告公示率达100%，中文域名注册率名列全市前茅。12月，威远县委编办承办全市事业单位法人治理结构建设、法人信息抽查、域名注册网络标志管理培训班暨工作经验交流会，被《内江日报》进行宣传报道。

【民生事业保障】 年内，威远县调整矿山安全生产监管体制，按照“一矿一人”的标准，配足配齐全县煤矿和非煤矿山安全监管力量。根据城乡生源变化动态调整教师编制，调剂25名教师编制充实城区小学教师配备，城区大班额问题有效化解。支持县人民医院创“三乙”，调剂60名事业编制到县人民医院，帮助引进紧缺人才40余名。在全市率先完成妇幼保健和计划生育管理体制改革，组建县妇幼保健计划生育服务中心，按正科级机构管理，并将乡镇计划生育技术服务机构整合到乡镇卫生院。为方便群众办事，推进不动产登记职责整合，在全市率先成立不动产登记局，在县国土资源局挂牌；组建不动产登记中心，按副科级机构管理；在全县10个镇国土资源所加挂镇不动产登记站牌子。制定全年公开招考用编计划，下达527名行政事业编制用于全年招考，其中用于教育、卫生的编制计划达68%。完成专项安置任务用编需求，共计安置转业军官2名、退役士兵6名，安置转聘大学生村干部28名。

【机构编制管理】 年内，威远结合县镇换届工作的开展，建立全县机构编制工作联络员制度，对每个单位明确1名分管机构编制工作的领导和具体联络员，确保机构编制工作规范有序开展。完善机构编制管理制度。制定《关于进一步加强和完善编制管理的意见》《关于县属事业单位整合机构编制资源和规范管理的工作意见》等规范性文件。建立机构编制增减“两本台账”，做到“兵马未动编制先行，兵马已动编制保障”。健全机构编制审计工作运行机制，将机构编制工作纳入领导干部经责审计的重要内容。狠抓实名制管理。建立实名制系统月报和季报制度，实行“基本统计+专项调查”的新模式，确保机构编制数据“月月清”。开展全县“吃空饷”专项治理，在收回“吃空饷”人员相应编制的同时，对该单位所有空编一律收回。2016年，全县共核减涉及“吃空饷”9个单位100名编制。

（周　樾）

老干部工作

【概况】 2016年年底，威远县有退休老干部128人，其中离休干部21人、副县级及以上退休干部107人。其中年龄最大97岁，最小60岁。

年内，县委老干部局组织老干部和机关干部职工开展“两学一做”学习教育，学习党的十八届五中、六中全会精神，学习习近平总书记系列重要讲话精神和中央、省市县委重要会议精神及重大决策部署，组织开展全国“两会”精神、“两学一做”、新常态下经济社会发展形势分析等专题讲座5次。组织老干部参观连界新城、川威新厂区建设情况。开展家风家训征集活动，收集老干部家规家训10余条、好家风诗词1首、故事3个。11月初，承办全市老干部运动会。在“端午”“中秋”等传统节假日之际，组织棋牌比赛、门球比赛、川牌比赛、书画展览等文体活动。9月9日，县委、县政府组织召开老干部情况通报会，县委书记罗平出席会议，县长马炬向老干部通报全县经济社会发展形势，让老干部全面了解新常态下威远县发展形势、任务，增强加快发展信心，更加坚定地支持县委、县政府的工作。

组织开展纪念中国共产党成立95周年暨红军长征胜利80周年系列活动，开展“学习光荣历史、传扬红色精神”主题活动，采取组织纪念座谈会、走访慰问老党员（6名）、组织观看纪念大会及学习纪念大会讲话等形式，激扬爱国情怀，弘扬“百折不挠、坚忍不拔的必胜信念”的伟大长征精神。会同县关工委、县老年书画研究会，进农村社区、机关企业，讲革命传统、讲法治建设、讲书画技艺等等，举办各类讲座报告11场次，参与青少年万余名。在重阳、国庆等重大节日期间，组织大规模走访慰问活动，送关爱、解难题、听意见、办实事，让老干部共享改革发展成果。

【老干部政策待遇落实】 年内，威远县全面落实党中央关于老干部工作方针政策，组织老干部参加全县“两会”“迎春茶话会”等重要会议，落实领导联系老干部制度等，做到重要会议老干部参加、重要情况向老干部通报、重大决策征求老干部意见。督促有关单位为老干部订阅报刊。协调县人社、财政等部门，全面落实老干部增加地方生活补贴和增加离退休费，特别是对企业离休干部的待遇，主动协调县社保局及时落实，使老干部“两费”及时足额发放，“三个机制”有效运转。开展走访慰问工作，全年走访慰问老干部1048人次，发放慰问金50万元、慰问品价值5万余元，看望生病住院老干部30人次。完善门球场规范化建设，加强对老干部活动中心的建设管理，规范活动开展，组织棋牌比赛、门球比赛等文体活动，丰富老干部精神文化生活。

2016年10月21日，县委党校到黄荆沟镇坭河村开展“脱贫攻坚”送温暖活动　（县委党校供图）

【老干部作用发挥】　年内，县委老干部局全面支持县关工委、县老年书画研究会开展活动。3个离退休党支部、5名老干部分别被市委组织部、市委老干部局表彰为“全市离退休干部先进党支部”和“全市离退休干部先进个人”。年内，县关工委调整领导班子，充实新退休老干部加入关心下一代工作队伍；调整工作组成机构，动员各部门优势力量参与关心下一代工作；召开全县关心下一代工作会议，表彰为关心下一代工作做出突出贡献的先进集体和先进个人。开展“爱心牵手农村留守儿童”“书画培训辅导”“法治宣教”、庆“六一”等系列关爱活动，发放各种学习资料3000余份，慰问金1万余元。县老年书画研究会组织动员老年书画艺术家组织开展“走基层、送春联”活动，为社区居民送去新春祝福。

（徐　丽）

党校（行政学院）工作

【概况】　威远县委党校（行政学院）贯彻落实党的十八大，中共十八届三中、四中、五中、六中全会精神和《中国共产党党校工作条例》要求，坚持围绕中心、服务大局，干部培训工作正常开展。2016年，在党校主要班次中更新党的理论和党性教育专题12个，班次开设专题新课率保持30%以上。全年举办干部轮培训班次10期，培训学员585人。把“送教上门”办成“流动课堂”，开辟为第二课堂，实现党校教学模式“两条腿”走路，避免干部教育培训功能退化。全年开展“送教上门”20期，8名教师赴农林局、工商局、房管局、财政局、地税局、群工局、交警大队、铺子湾镇、界牌镇、碗厂镇、龙会镇进行专题宣讲20场次，培训各级各类干部1700余人次。结合“两学一做”学习教育，推出“两学一做”精品专题8个，接受各镇各单位点题培训。

表6　2016年威远县委党校（行政学院）完成主体培训班一览表

序号	培训班别	培训日期	人数
1	县直机关基层党组织书记集中轮训班（第二期）	1月4日至1月8日	83
2	2016年环保干部培训班	4月6日至4月8日	74
3	2016年党务干部培训班	6月20日至6月22日	60
4	2016年纪检监察干部综合业务培训班	10月9日至10月11日	99
5	2016年镇人大主席业务培训班	11月9日至11月11日	20

续表

序号	培训班别	培训日期	人数
6	2016年上半年新录用公务员法律及其他知识培训班	11月30日至12月2日	101
7	2016年科级主要领导干部读书班（第一期）	12月5日至12月9日	45
8	2016年科级主要领导干部读书班（第二期）	12月12日至12月16日	51
9	新任副科级领导干部培训班	2016年12月12日至2017年1月9日	30
10	威远县“四类人员”新进领导班子成员专题培训班	12月26日至12月30日	22
合计			585

【科研教研】　年内，县委党校（行政学院）按照“科研进课堂，成果进决策”的要求，建立教学、科研、调研一体化的机制，为党校教学和县委、县政府决策服务。围绕县委、县政府工作中心开展调研。抓住县情研究，注重重点、难点、热点理论和现实问题研究，促进科研落地，发挥思想库作用，确立12个县级重点调研课题，其中《威远县打造农村主题园区发展模式调查》获省委党校调研课题立项并结项，《新形势下提高基层干部意识形态工作能力的调查与思考》获市社科规划课题立项。2016年形成科研成果总数17篇，其中，调研报告12篇、理论文章5篇。4篇文章在全市党校系统纪念中国共产党建党95周年暨“两学一做”专题理论研讨中分别获一等奖、三等奖和优秀奖，多篇文章在《威远宣传》《威远调研》“沱江论坛”等载体发表。加强与部门、乡镇的科研合作。主动承担上级安排和部门交办课题，广泛参与各级各类科研活动，加强纵向沟通和横向联系，建立起灵活、开放的大科研格局。先后完成县委组织部、县委宣传部、关工委交办调研报告3篇。加强教师培养，组织开展教学方法研讨、微型课堂、专题学习等教研活动。组织课题小组深入县级部门、镇、企业开展专题调研，使科研工作更接地气。加大年轻教师锻炼培养力度，多次组织年轻教师到市委党校培训学习，充实教学科研力量。同时，按照“四个一”（即每学期抓好一项科研课题、每学期组织一次课题评审会、每年组织参加一次全市党校系统科研工作总结会、每年汇编优秀科研成果一本）落实科研工作。

（周光俊）

威远县人民代表大会

综　述

【概况】　2016年，县人大常委会举行常委会会议9次，召开主任会议20次，听取和审议专项工作报告16个、财政预算决算和审计报告6个，对7部法律法规实施情况进行检查，作出决议决定22项、审议意见17件，任免国家机关工作人员101人次，向市人大报送规范性备案审查文件8件。"一府两院"回复审议意见的落实情况报告10个。

【监督工作】　年内，县人大常委会依法行使监督权，加强对"一府两院"的工作监督和法律监督。

加强对经济工作的监督。听取2015上半年国民经济和社会发展计划执行情况报告、关于金融工作情况的报告，分别提出相关意见交县政府研究处理。听取审议县政府，关于推进农业转变发展方式情况的报告、关于落实《中华人民共和国政府采购法》及推进公共资源交易情况的报告，对以上报告分别作出审议意见并进行满意度测评。集体视察威远河综合整治、二环路西北段改造、威远大道及婆城公园、建业欧景城、城市综合体、连界船石湖小镇、川威钒钛基地建设等项目，有针对性地提出建议意见。

加强对民生工作的监督。始终从老百姓最关心最直接最现实的利益问题出发，听取审议县政府通村公路建管和农村公共交通发展情况的报告，关于规范发展民营医疗机构及加强医保资金管理使用情况的报告，关于通村公路建管和农村公共交通发展情况的报告，关于依法行政和"六五"普法工作情况的报告，关于广播影视、新闻出版和新媒体工作情况的报告，对以上报告分别作出审议意见并进行满意度测评。主任会议听取县政府公共文化服务体系建设情况报告，提出相关意见交县政府研究处理。

加强预决算的审查监督。听取和审查县政府2015年部门预算执行和2016年部门预算编制情况报告，作出决定依法提请县十五届人大六次会议审查批准。听取县政府2015年财政决算和2016年1～6月预算执行情况报告、威远县人民政府关于2015年财政预算执行和其他财政收支审计查出问题整改情况的报告、威远县人民政府关于2016年财政预算调整方案的报告加强对公正司法的监督。听取和审议县人民检察院关于侦查监督工作情况的报告，县人民法院关于司法公开工作情况报告、关于立案及审判工作情况的报告，对以上报告分别作出审议意见并进行满意度测评。

加强对法规执行的监督。对《中华人民共和国政府采购法》《中华人民共和国档案法》《中华人民共和国种子法》《中华人民共和国消费者权益保护法》《中华人民共和国电力法》《中华人民共和国城乡规划法》《中华人民共和国税收征收管理法》《中华人民共和国社会保险法》《中华人民共和国大气污染防治法》在威远县的实施情况进行检查；对"一府两院"和镇人大规范性文件"有备必审、有错必纠"，共接收审查县政府规范性文件10件、各镇人大规范性文件80件。

【决定重大事项】　2016年，县人大常委会依法行使重大事项决定权，审议县政府提请的关于棚户区改造项目委托代建资金、应急贷款项目还款差额补足资金列入财政预算等12个融资方面的议案，并对提请事项及时作出决定。

【人事任免】　县人大常委会坚持党管干部与人大依法任免有机统一的原则，依照法规和县人大常委会《人事任免办法》，坚持任前法律基本知识考试、任命时报告任职打算等制度，规范行使人事任免权。全年任免国家机关工作人员101人次，任命人民陪审员15人。

任命：

陈坤为威远县人民检察院检察员；

金月月为威远县人民检察院检察员；

王俊豪为威远县人民检察院检察员。

李自强为威远县人民法院民事审判一庭庭长；

肖自军为威远县人民法院立案庭庭长；

詹敏为威远县人民法院未成年人案件审判庭庭长；

刘艳为威远县人民法院交通事故审判庭庭长；

李文英为威远县人民法院未成年人案件审判庭副庭长；

蒋玉梅为威远县人民法院立案庭副庭长；

黄雪莹为威远县人民法院严陵人民法庭副庭长；

袁壹为威远县人民法院刑事审判庭副庭长；

李俊英为威远县人民法院新店人民法庭副庭长；

付毅为威远县人民法院龙会人民法庭副庭长；

郭建伟为威远县人民法院黄荆沟人民法庭副庭长；

尹华荣为威远县人民法院民事审判二庭副庭长；

代钦华为威远县人民法院人民陪审员；

李明翔为威远县人民法院人民陪审员；

李群英为威远县人民法院人民陪审员；

李永红为威远县人民法院人民陪审员；

倪纯为威远县人民法院人民陪审员；

彭东华为威远县人民法院人民陪审员；

邱擎为威远县人民法院人民陪审员；

唐丽为威远县人民法院人民陪审员；

王晓春为威远县人民法院人民陪审员；

吴建英为威远县人民法院人民陪审员；

易建军为威远县人民法院人民陪审员；

尤洪斌为威远县人民法院人民陪审员；

袁成莲为威远县人民法院人民陪审员；

曾思继为威远县人民法院人民陪审员；

张正太为威远县人民法院人民陪审员。

马炬为威远县人民政府副县长；

蔡虎城为威远县人民政府副县长。

李自强为威远县人民法院审判委员会委员。

袁成援为威远县人大常委会办公室主任；

李宇时为威远县人大常委会人事代表工作委员会主任；

魏显德为威远县人大常委会教科文卫工作委员会主任；

林传冲为威远县人大常委会城乡建设环境资源工作委员会主任。

王革屏为威远县人民政府副县长；

段培燕为威远县卫生和计划生育局局长；

李谷为威远县科学技术和知识产权局局长。

郭永权为威远县人大常委会办公室副主任。

付晓丹为威远县人民政府办公室主任；

杨普尚为威远县发展和改革局局长；

郭秀英为威远县教育局局长；

胡小虎为威远县公安局局长；

倪永秋为威远县监察局局长；

倪毅中为威远县民政局局长；

魏 键为威远县司法局局长；

樊元全为威远县财政局局长；

赖贵先为威远县人力资源和社会保障局局长；

罗 辉为威远县环境保护局局长；

张立学为威远县交通运输局局长；

张焕明为威远县水务局局长；

李永辉为威远县农林局局长；

唐鸿刚为威远县工商行政管理局局长；

邱剑波为威远县质量技术监督局局长；

陈丽为威远县文化广电体育新闻出版局局长；

段培燕为威远县卫生和计划生育局局长；

胡子林为威远县食品药品监督管理局局长；

欧东林为威远县审计局局长；

李革非为威远县安全生产监督管理局局长；

滕学礼为威远县统计局局长。

钟政为威远县人大常委会信访办公室主任；

周清泉为威远县人大常委会教科文卫工作委员会副主任。

陈吉云为威远县人民法院审判委员会委员。

周正超为威远县人民检察院检察委员会委员；

周测琦为威远县人民检察院检察委员会委员；

欧定均为威远县人民检察院检察员。

免去：

沈廷辉的威远县人民检察院检察员职务。

李自强的威远县人民法院交通事故审判庭庭长职务；

肖自军的威远县人民法院少年审判庭庭长职务；

詹敏的威远县人民法院立案庭庭长职务；

刘艳的威远县人民法院刑事审判庭副庭长职务；

李文英的威远县人民法院少年审判庭副庭长职务；

蒋玉梅的威远县人民法院严陵人民法庭副庭长职务；

黄雪莹的威远县人民法院新店人民法庭副庭长职务；

袁壹的威远县人民法院镇西人民法庭副庭长职务；

李俊英的威远县人民法院龙会人民法庭副庭长职务；

付毅的威远县人民法院黄荆沟人民法庭副庭长职务；

易家全的威远县人民法院审判员职务；

段昭明的威远县人民法院审判员职务。

杨萍的威远县人大常委会信访办公室主任职务；

余付香的威远县人大常委会办公室副主任职务；

周作书的威远县人大常委会人事代表工作委员会主任职务；

丁立超的威远县人大常委会教科文卫工作委员会主任职务。

林生国的威远县人民法院审判员职务；

龚袁晓的威远县人民法院审判员职务。

李宇时的威远县人大常委会办公室主任职务；

魏显德的威远县人大常委会城乡建设环境资源工作委员会主任职务。

周清泉的威远县人大常委会法制工作委员会副主任职务；

姜荣平的威远县人大常委会教科文卫工作委员会副主任职务；

刘志明的威远县人大常委会农业经济工作委员会副主任职务。

李晓路的威远县人民法院龙会法庭庭长职务；

张永辉的威远县人民法院审判员职务；

彭晏新的威远县人民法院人民陪审员职务。

林水明的威远县人民检察院检察委员会委员职务；

刘伯珊（曾用名刘白珊）的威远县人民检察院检察委员会委员、检察员职务；

郭顺清的威远县人民检察院检察员职务。

接受罗平辞去威远县人民政府县长职务。

代表工作

【概况】 2016年，县人大常委会在督促人大代表建议办理工作中，以代表和群众的满意度作为办理工作的唯一标准，全程跟踪代表建议办理，十五届人大四次会议期间代表们提出的80件建议、批评和意见，承办单位在法定期限内全部答复，代表对办理情况表示满意或基本满意。创造代表活动条件，人代会闭会期间，委托镇人大主席团联系所在镇的县人大代表，并适时组织县人大代表视察、调研、参加有关活动。每次常委会会议，都邀请2~3名县人大代表、2~3名镇人大主席列席；会前，就提请审议的“一府两院”专项工作，通过短信、电话等征询部分代表的意见建议；常委会的视察、调研、座谈、执法检查等，邀请部分县人大代表参加。服务代表履职行权，常委会连续4年给每位县人大代表订赠《人民权力报》，函请有关单位订阅《中国人大》《民主与法制》。开通代表专线电话、专用邮箱，试通代表微博、微信，方便代表传递民情、监督纳言、交流互动。

表7　2016年威远县十五届人大六次会议代表重点建议督办情况一览表

序号	建议人	标　题	督办领导	督办委室	承办领导	承办单位	备注
1	兰发奎	制定促进中小微企业的优惠政策，加大中小微企业发展	刘志华	财经工委	谭　斌	县经信局	5月集体视察
2	刘　斌	希望充分发挥基层自治组织在城市管理中的作用	龚建华	法工委	韩双林	县民政局	
3	谭长平	进一步加大食品卫生安全的检查处理力度的建议	龚建华	教科文卫委	谭　斌	县食药监局	5月执法检查
4	唐　明	加大扶贫工作	唐克友	农经工委	韩双林	县扶贫办	12月审议议题
5	姜　胜　蒋　英 杨佩雪　肖建强 李群华　唐明友	农村公路的维护和管理	刘志华	财经工委	谭　斌	县交通局	10月审议议题
6	倪进东	关于完善威远城区交通基础设施的建议	刘志华	建环工委	胡小虎	县住建局	

【人大代表】 2016年，威远县有第十五届人民代表大会代表251名、十六届人民代表大会代表252名，四川省第十二届人民代表大会代表3名（刘晋阆、袁勇、倪习才），第十二届全国人民代表大会代表1名（王劲）。

表8 2016年威远县县级以上人大代表名单

序号	代表类别	人数	代表名单	备注
1	全国人大代表	1	王　劲	
2	省人大代表	3	倪习才　袁　勇　刘晋阆	
3	市人大代表	43	王立平　王志文　朱　彬　司晓英　刘元生　刘明亮　刘树明　苏小平　李　伟（卫生）　李　伟（企业）　李　阳　李六君　李永辉　李崇德　连　云　吴金容　张　琳　张焕明　陈　莉　范洪洋　林卫萍　林传冲　易建国　罗　平　罗　刚　罗　牧　罗智铨　周国庆　赵　理　胡子林　钟玉钦　姚　英　袁　勇　倪　清　倪习才　唐　洪　唐克友　龚建华　韩双林　曾　茜　曾玉萍　雷自立　滕学礼	
4	县人大代表（第十五届）	57	曾云忠　罗　平　倪习才　刘浑源　周功会　林双全　韩双林　李玉文　刘维帝　李　磊　王昭夏　李　杜　罗智铨　龚建华　谭　斌　张正兴　刘明亮　杨普尚　王　燕　司晓英　李　竞　丁立超　刘树明　官　华　官　群　余　泳　张革英　杨　萍　段培燕　周作书　温建德　詹　勇　杨荣科　夏年方　龙民桦　刘　超　刘淑华　卓　驰　李　明　李朝远　杨学文　杨菊春　罗　英　罗　牧　罗祥华　周　莉　范洪洋　金耀元　倪进东　彭廷军　廖桂芳　李政频　黎良富　夏年志　王德春　刘　捷　钟国莉	第一代表团
		44	刘志华　唐克友　钟玉钦　李宇时　胡子林　张　梅　易建国　倪　清　赖贵先　叶祖新　杨智霞　陈　丽　陈　智　金　毅　林传冲　陶玉华　樊元金　李建兵　刘佐玲　张立学　郭永权　林卫萍　周继仁　成　城　方永芬　李志明　林　洪　兰发奎　唐　雨　彭　燕　曹利加　李　谷　曾宏志　刘　永　刘静涛　邹家能　谢　萍　谭长平　倪雪梅　宋　娟　陈海光　夏毕光　彭春林　翁有铭	第二代表团
		40	唐　洪　胡林仁　李建华　陈历达　周　刚　倪　凌　张焕明　倪艳梅　刘　莉　申宏伟　周国庆　梁平春　龙荣洲　陈开兴　兰树明　李秋菊　宋星材　张云杰　钟　英　黄谦云　陈　春　罗　明　曾凤玉　周　兵　李正中　李　良　王润明　刘润良　吴仲英　余小霞　余　泉　罗开淼　黄昔明　释演凡　杨　林　阴代林　陈淑芬　倪　伟　夏茂仙　黄龙成	第三代表团
		30	王志文　黄永高　刘宗成　刘阳德　陈光友　罗　刚　郭　刚　彭　玲　金　华　吴培元　缪红军　付四贵　李祥俊　吴惠超　周玉鸣　周正洪　邹书明　王俊英　童敏芝　邱吉高　李惠明　樊　玲　杨光红　李革非　倪昔武　曾云松　李　燕　郑巨新　陈　良　王　勇	第四代表团
		22	欧东林　刘　斌　刘明鑫　周自新　崔敏阳　李建明　刘期文　袁　超　张小英　蔺银仙　贺晓勇　伍昌明　唐　明　李明红　游洁琼　倪永秋　朱能军　桂　雄　刘君秀　闵　彪　崔　扬　崔君玉	第五代表团
		32	汪世秀　郭顺文　童杰华　罗伦建　林　誉　雷　艳　朱　娟　卓　燕　左　丽　李　辉　陈　强　余　华　陈万葫　闵永宏　刘　勇　唐红英　罗雪丹　陶金玉　蔡群英　唐维明　王跃辉　刘芝秀　王成元　刘　碧　刘　艳　刘本权　刘丽娟　胡恒铭　唐　俊　陈　程　雷友能　黎　容	第六代表团
		26	李　伟　余付香　赵　理　滕学礼　杨宗辉　罗　兴　许　琳　曾成刚　唐建明　蒋　英　康淑群　贺十祥　倪毅中　钟明亮　胡子华　杨佩雪　石华文　胡德才　宋加元　李群华　王学斌　王良都　倪先进　肖建强　胡晓燕　姜　胜	第七代表团

续表

序号	代表类别	人数	代表名单	备注
5	县人大代表（第十六届）	54	王玲 王娟 王燕 叶庆沁 付祥超 毕胜 刘永 刘捷 刘志明 刘应江 刘明亮 刘树明 刘浑源 刘维帝 李磊 李泽朝 李朝远 杨光洪 杨菊春 吴永洪 余泳 余群 宋学庆 张琳 张克东 张建云 张革英 陈玉坤 陈兰 陈南山 范洪洋 林文杰 林传冲 罗平 罗牧 周功会 周俊丽 周新权 官华 赵理 胡林仁 胡跃辉 钟钢 袁开武 夏年志 倪习才 倪轮 黄建付 龚建华 章可 彭廷军 曾顺才 赖咏飞 谭斌	第一代表团
		40	王文渊 兰发奎 刘代群 刘红 刘均 刘志华 刘艳 刘期文 刘静涛 李谷 李革非 杨勇 杨炳华 杨智霞 吴少春 吴培元 余家林 宋小军 宋光明 张立学 张树林 陈红 陈远奎 林仁怀 罗辉 金毅 周继仁 郑华丽 胡子林 钟玉钦 段培燕 袁春桥 倪清 倪雪梅 唐克友 黄剑 彭双华 彭春林 赖贵先 樊元金	第二代表团
		45	马炬 王润明 申宏伟 付晓丹 兰树明 朱学容 刘平 刘勇 刘莉 刘润良 阴代林 李新明 邱剑波 邱勇 何林 余小霞 余立强 张焕明 陈开兴 陈丽 陈春 欧东林 罗明 罗响远 胡雪丽 柳大军 钟英 袁美 夏茂仙 倪伟 倪秀川 倪凌 翁有铭 郭秀英 唐刚 涂美华 黄龙成 黄楷 梁平春 蒋东安 鲁静芳 曾瀚 谭长平 谭宏军 魏显德	第三代表团
		32	王兴安 王梅 王章龙 邓阳春 邓超 邓德才 付四贵 兰彬 刘强 刘增莘 许凤 李永辉 李宇时 李佳栖 李祥俊 杨光红 陈光友 罗小琳 周正洪 郑巨新 钟政 袁成援 倪昔武 徐小洪 黄永高 黄莉萍 龚文英 彭玲 童杰华 曾云松 缪红军 樊玲	第四代表团
		24	王勇 叶秀萍 刘矾 刘胜 刘斌 许小英 杨建生 杨洁 宋剑 陈良 林平芳 金耀元 周基武 姜荣平 袁超 桂雄 唐功树 唐明 崔扬 蒋琼 曾金花 曾建涵 蔡虎城 蔺银仙	第五代表团
		33	王成元 王跃辉 朱娟 刘阳德 刘丽娟 刘忠明 刘勇 刘艳 刘晓惠 李晓霞 杨普尚 余长春 余向红 余秀芳 闵永宏 宋建英 陈威宇 卓燕 罗伦建 倪永秋 倪鹏志 唐建明 唐俊 唐鸿刚 唐维明 黄雨谭 崔山 蒋建刚 曾燕辉 雷艳 雷友能 黎容 黎安俊	第六代表团
		24	王学斌 龙红真 许琳 李伟 李良 李国军 杨岗 杨国辉 杨明贵 肖建强 何茂林 何晓松 余华祥 宋世聪 宋加元 张光忠 罗兴 胡晓燕 钟明亮 晏新容 翁长玲 黄宇 黄林 黎凤英	第七代表团

重要会议

【县第十五届人民代表大会第六次会议】 2016年3月29日至31日，威远县第十五届人民代表大会第六次会议在威远县城举行。大会应到代表251人，第一次、第二次、第三次全体会议实到代表分别为238人、230人、238人，符合法定人数。大会听取和审查威远县人民政府工作报告；审查和批准威远县国民经济和社会发展第十三个五年规划纲要；审查和批准威远县2015年国民经济和社会发展计划执行情况及2016年计划草案的报告；审查威远县2015年财政预算执行情况和2016年财政预算草案的报告，批准2015年县级财政预算执行情况和2016年县级财政预算；听取和审查威远县人民代表大会常务委员会工作报告、威远县人民法院工作报告、威远县人民检察院工作报告。大会闭幕时，市政府副市长、县委书记曾云忠讲话。

【县第十六届人民代表大会第一次会议】 2016年8月4日至8日，威远县第十六届人民代表大会第一次会议在威远县城举行。大会应到代表254人，第一次、第二次、第三次全体会

2016 年 8 月 8 日，新一届县人大常委会组成人员向国徽宣誓　（余远文摄）

议实到代表分别为 249 人、248 人、251 人，符合法定人数。大会听取和审查威远县人民政府工作报告；听取威远县 2011 年以来国民经济和社会发展计划执行情况的报告，威远县 2011 年以来财政预算执行情况的报告；听取和审查威远县人民代表大会常务委员会工作报告，威远县人民法院工作报告，威远县人民检察院工作报告；选举威远县第十六届人民代表大会常务委员会组成人员，威远县人民政府县长、副县长，威远县人民法院院长，威远县人民检察院检察长。大会闭幕时，县委书记罗平讲话。

【县第十六届人民代表大会第二次会议】 2016 年 9 月 19 日至 21 日，威远县第十六届人民代表大会第二次会议在威远县城举行。大会应到代表 253 人，第一次、第二次全体会议实到代表分别为 247 人、230 人，符合法定人数。大会选出内江市第七届人民代表大会代表 74 名。大会闭幕时，县委副书记马炬讲话。

【县人大常委会会议】 2016 年，县人大常委会共举行常委会会议 9 次。

2 月 23 日，举行威远县十五届人大常委会第三十四次会议。会议听取和审议县人民检察院关于侦查监督工作情况的报告，表决通过《威远县十五届人大常委会第三十四次会议对县人民检察院〈关于侦查监督工作情况的报告〉的审议意见》。会议听取县人民政府关于落实《威远县十五届人大常委会第三十次会议对〈关于生态绿化和林权改革及其成果运用情况的报告〉的审议意见》情况的报告（书面）。会议审议县人大常委会主任会议《关于提请审议〈威远县人民代表大会常务委员会关于召开威远县第十五届人民代表大会第六次会议的决定（草案）〉的议案》，表决通过《威远县人大常委会关于召开威远县第十五届人民代表大会第六次会议的决定》。会议审议决定人事任免事项，新任职人员进行“宪法宣誓”。下午，会议听取县人大常委会任命的地方国家机关工作人员 2015 年度履职情况报告并进行测评，县人大常委会主任倪习才讲话。

3 月 22 日，举行威远县十五届人大常委会第三十五次会议。会议听取和审查县人民政府关于 2015 年预算执行情况和 2016 年财政预算（草案）的报告，并作出提请县十五届人大六次会议审查批准 2016 年县级预算（草案）的决议；听取县十五届人大常委会代表资格审查委员会关于威远县第十五届人民代表大会代表变动情况的报告；审议威远县第十五届人民代表大会第六次会议有关事项；审议《威远县人民代表大会常务委员会工作报告（稿）》，并确定报告人。

4 月 25 日，举行威远县十五届人大常委会第三十六次会议。会议听取和审议县人民政府关于规范发展民营医疗机构及加强医保资金管理使用情况的报告、关于推进农业转变发展方式情况的报告、关于落实《中华人民共和国政府采购法》及推进公共资源交易情况的报告；表决通过会议《对县人民政府〈关于规范发展民营医疗机构及加强医保资金管理使用情况的报告〉的审议意见》《对县人民政府〈关于推进农业转变发展方式情况的报告〉的审议意见》《对县人民政府〈关于落实《中华人民共和国政府采购法》及推进公共资源交易情况的报告〉的审议意见》。会议审议通过县人大常委会关于交办县十五届人大六次会议代表所提议案的决定。根据主任会议议案提请，会议审议通过县人大常委会《关于县镇人民代表大会换届时间的决定》《关于设立威远县选举委员会的决定》《关于县镇两级新一届人民代表大会代表名额的决定》。会议听取县人民政府关于落实《威远县十五届人大常委会第三十一次会议对〈关于县城及各镇规划和建设情况的报告〉的审议意见》的情况报告（书面）、县人民政府关于落实《威远县十五届人大常委会第三十一次会议对〈关于依法行政和“六五”普法工作情况的报告〉的审议意见》的情况报告（书面）、县人民法院关于落实《威远县十五届人大常委会第三十一次会议对〈关于立案及审判工作情况的报告〉的审议意见》的情况报告（书面）。会议决定人事任免事项。

5月9日，举行威远县十五届人大常委会第三十七次会议。会议审议县人大常委会关于设立各镇选举委员会及任命其组成人员的决定（草案）。

7月15日，举行威远县十五届人大常委会第三十八次会议。会议听取县十五届人大常委会代表资格审查委员会关于威远县第十六届人民代表大会代表资格的初步审查情况。根据主任会议议案提请，会议审议通过《威远县人民代表大会常务委员会关于召开威远县第十六届人民代表大会第一次会议的决定》。会议听取关于威远县第十六届人民代表大会第一次会议筹备工作的情况报告，审议通过威远县第十六届人民代表大会第一次会议建议议程、日程等有关事项，按相关规定程序办理。会议决定人事任免事项。根据主任会议议案提请，会议决定，接受罗平辞去威远县人民政府县长职务。报县十六届人大一次会议备案。根据主任会议议案提请，会议决定，马炬为威远县人民政府代理县长。

8月1日，举行威远县十五届人大常委会第三十九次会议。会议听取县十五届人大常委会代表资格审查委员会关于威远县第十六届人民代表大会代表的代表资格审查报告。会议决定人事任免事项。

9月18日，举行威远县十六届人大常委会第一次会议。会议听取和审议县人民政府关于威远县2016年1—6月国民经济和社会发展计划执行情况的报告、县人民政府关于威远县2015年财政决算和2016年1—6月财政预算执行情况的报告、县人民政府关于威远县2015年县级预算执行和其他财政

2016年11月17日，威远县十六届人大常委会集体视察重点项目建设情况（县委宣传部供图）

收支的审计情况报告；听取威远县第十六届人民代表大会第二次会议筹备情况、县人民检察院关于落实《威远县十五届人大常委会第三十四次会议对县人民检察院〈关于加强侦查监督工作情况的报告〉的审议意见》情况的报告（书面）；审议《威远县人大常委会关于召开威远县第十六届人民代表大会第二次会议的决定（草案）》、威远县第十六届人民代表大会第二次会议议程、日程和有关名单、《威远县人大常委会关于设立威远县第十六届人民代表大会常务委员会代表资格审查委员会的决定（草案）》；表决通过《威远县人大常委会关于召开威远县第十六届人民代表大会第二次会议的决定》《威远县人民代表大会常务委员会关于批准2015年县级财政决算的决定》《威远县人大常委会关于设立威远县第十六届人民代表大会常务委员会代表资格审查委员会的决定》。会议决定人事任免事项。

10月28日，举行威远县十六届人大常委会第二次会议。会议听取和审议县人民法院关于司法公开工作情况报告、县人民政府关于通村公路建管和农村公共交通发展情况的报告、县人民政府关于广播影视、新闻出版和新媒体工作情况的报告；听取县人大常委会执法检查组关于《中华人民共和国档案法》实施情况执法检查报告、县人民政府关于县十五届人大六次会议代表意见建议办理情况的报告、县人民政府关于落实《威远县十五届人大常委会第三十六次会议对县人民政府〈关于规范发展民营医疗机构及加强医保资金管理使用情况报告〉的审议意见》情况的报告（书面）、县人民政府关于落实《威远县十五届人大常委会第三十六次会对县人民政府〈关于推进农业转变发展方式情况报告〉审议意见》情况的报告（书面）、县人民政府关于落实《威远县十五届人大常委会第三十六次会议对县人民政府关于落实〈中华人民共和国采购法〉及推进公共资源交易情况报告的审议意见》情况的报告（书面）；对县人民政府关于通村公路建管和农村公交运营情况的报告、县人民政府关于广播影视、新闻出版和新媒体工作情况的报告、县人民政府关于对县十五届人大六次会议代表意见建议办理情况的报告、县人民法院关于司法公开工作情况的报告进行满意度测评；表决通

2016年11月11日，县人大常委会主任周功会调研县城棚户区改造项目（县委宣传部供图）

过《威远县人大常委会关于交办威远县第十六届人民代表大会第一次会议代表所提议案的决定》。

12月27日，举行威远县十六届人大常委会第三次会议。会议听取和审议威远县人民政府关于精准扶贫工作情况的报告，听取威远县十六届人大常委会代表资格审查委员会关于县第十六届人民代表大会代表变动情况的报告、威远县人民政府关于2015年财政预算执行和其他财政收支审计查出问题整改情况的报告、威远县人民政府关于2016年财政预算调整方案的报告；表决通过《威远县人民代表大会常务委员会关于批准威远县2016年县级财政预算调整方案的决议》《威远县人大常委会关于补选县第十六届人民代表大会代表的决定》；审议通过《威远县第十六届人大常委会2017年监督工作计划》，并报县委批转。会议决定人事任免事项。

【主任会议】 2016年召开县人大常委会主任会议5次。

1月14日，召开威远县十五届人大常委会第八十六次主任会议。会议研究补选市人大代表事宜；研究县政府“关于提请审议将中江国际信托集合资金信托计划还款资金列入同期年度财政预算的议案”。

1月21日，召开威远县十五届人大常委会第八十七次主任会议。会议听取县人民政府关于实行“三证合一”情况的报告、县人民政府关于《中华人民共和国特种设备安全法》实施情况的报告、县人民政府关于金融支持中小微企业发展情况的报告。

2月17日，召开威远县十五届人大常委会第八十九次主任会议。会议听取和审议“县人民检察院关于加强侦查监督工作情况的报告”的准备情况；听取“县人民政府关于落实威远县十五届人大常委会第三十次会议审议意见的报告”议题的准备情况、“县人大常委会任命的国家机关工作人员2015年度履职情况报告并进行评测”议题的有关准备情况；议定县十五届人大常委会第三十四次会议的有关事项。

3月21日，召开威远县十五届人大常委会第九十一次主任会议。会议听取县人民政府关于《中华人民共和国村民委员会组织法》《中华人民共和国城市居民委员会组织法》实施情况的报告，关于经信、卫计、农林和不动产登记局等新机构设立以来工作情况的报告，县人大关于听取2015年规范性文件备案审查工作情况的报告；议定县十五届人大常委会第三十五次会议及县十五届人大六次会议筹备工作的有关事项。

9月17日，召开威远县十六届人大常委会第二次主任会议。会议听取和审议县人民政府关于2016年1~6月国民经济和社会发展计划执行情况报告议题的准备情况，关于2015年财政决算和2016年1~6月预算执行情况报告议题的准备情况，关于2016年县级预算执行情况和其他财政收支的审计情况报告议题的准备情况，县人民检察院关于落实情况报告议题的准备情况，关于审议《威远县人大常委会关于设立威远县第十六届人民代表大会常务委员会代表资格审查会员会的决定（草案）》议题的准备情况，讨论《威远县人大常委会关于召开威远县人民代表大会第二次会议的决定（草案）》，会议筹备情况及有关草案，十六届人大常委会第一次会议有关事项。

“脱贫攻坚——人大代表再行动”活动

【概况】 2016年，县人大常委会重视“脱贫攻坚——人大代表再行动”活动的开展。换届前，县十五届人大常委会组织代表按照县人大常委会办公室《关于开展“扶贫攻坚——人大代表再行动”活动的通知》（威人办发〔2015〕8号）开展有关工作。换届后，县十六届人大常委会及时召开党组会、主任会研究活动有关事宜，并召开县人大常委会有关委室、县级有关部门负责人和各镇人大主席、人大工作人员参加的专题会议，安排部署落“再行动”工作。县人大常委会办公室印发《关于进一步做好“脱贫攻坚——人大代表再行动”活动有关工作的通知》（威人办发〔2016〕10号）。在2016年的“脱贫攻坚——人大代表再行动”活动中，1520余名县、镇人大代表参与结对帮扶，提出脱贫攻坚意见建议210余条，为贫困群众提供致富信息180余条，提供或协调提供就业岗位47个，协调募集社会扶贫资金170余万元（主要用于道路和农田水利设施建设）。人大代表中的企业人士致富不忘社会，或带动产业发展，或提供就业岗位，或捐资修路砌田，以此帮扶贫困村和贫困户。

县人大常委会机关参与“脱贫攻坚——人大代表再行动”活动，结对帮扶东联镇佛尔岩村，机关22名干部结对帮扶24户贫困户。县人大常委会领导多次到佛尔岩村调研、指导脱贫攻坚工作，机关派出的第一书记坚持驻村帮扶，帮扶干部经常联系、走访帮扶对象，了解家庭情况、共同商讨脱贫措施、赠送脱贫款物，及时协调解决贫困户的实际困难。县人大常委会机关为佛尔岩村协调解决部分通组入户道路及农田水利设施建设费用20万元，协调广电部门宣传佛尔岩村的旅游资源，协调农林部门解决村民稻田养鱼的鱼苗5000尾。帮扶干部为24户贫困户赠送款物9000余元。2016年，经省市县验收，佛尔岩村及其所有的贫困户顺利脱贫。

2016年11月30日，县十六届人大常委会部署“脱贫攻坚——人大代表再行动”（县委宣传部供图）

【“人大代表联系帮扶再行动”】 2016年8月换届后新任的县、镇人大代表约占60%，各镇人大主席团与县级有关部门密切配合，按照县人大常委会要求，与县、镇人大代表及时取得联系，采取多种形式，进一步调整落实每名县、镇人大代表联系帮扶1~2户贫困户的工作，实现县、镇人大代表“全覆盖”。截至2016年12月底，全县252名县人大代表按要求与347户贫困户、1273名镇人大代表与1524户贫困户建立结对帮扶关系。其中，县人大常委会1名主任、4名副主任各联系帮扶2~4户贫困户、20个镇人大主席均联系帮扶1~2户贫困户。县人大常委会1名主任、4名副主任均联系2个贫困村，有贫困村的16个镇人大主席均联系帮扶1~2个贫困村。

【“人大代表送温暖再行动”】 县人大代表联络小组、各镇人大主席团组织代表开展向联系帮扶贫困户及其他困难群众送温暖活动。截至2016年12月底，县、镇人大代表参与送温暖达900余人次，个人捐款捐物8万余元。

（袁成援　胡　伟　古翊宏　李宇时）

威远县人民政府

综　述

【概况】　2016年，全县实现地区生产总值317.4亿元，增长7.7%；地方一般公共预算收入7亿元，下降6.9%；社会消费品零售总额85亿元，增长12.7%；城镇居民人均可支配收入28867元，增长8.8%；农村居民人均可支配收入12932元，增长9.1%。

【县地区生产总值首次突破300亿元】

2016年，全县地区生产总值首次突破300亿元，排名全省县（区）第28位。现代农业、服务业稳步发展，特别是工业经济企稳回升。工业用电量达18.35亿千瓦时，增长9.0%；钢铁、陶质砖、玻纤等主要工业产品产量稳定增长，三大工业园区实现销售收入659亿元；规模工业利润总额实现扭亏为盈，工业入库税金达3.7亿元，增长62%；规模工业增加值增长9.8%，排名全市第一。企业经营日益复苏，帮助威玻等16户企业应急转贷1.2亿元，帮助金镭铸业争取到国家专项建设基金6000万元，协调落实直购电、直供气优惠政策帮助川威等企业节约成本6300万元。大企业发展稳中向好，川威集团帮扶及风险化解工作有序推进，建业集团生产经营逐步恢复正常。中小企业蓬勃发展，新增私营企业139户。开展“项目年”活动，全年实施项目483个，完成投资182.3亿元，增长7.4%。首个PPP项目——连界镇生活污水处理厂开工建设。对接国家和省重点投资方向，争取到中央及省预算内资金9558万元、国家专项建设基金1.4亿元，发行额度12亿元的穹窿旅游（一期）项目收益债获国家发改委批准。实施返乡创业“回家工程”，吸引农民工及农民企业家返乡创办企业125户。参加各类投资促进活动，新签约项目52个，到位市外资金119.6亿元。

【转型升级加快】　年内，威远县实施老工业基地调整改造，利弘陶瓷、白塔二期加快推进，陶瓷传统产业得到巩固提升。发展新兴产业，页岩气累计投产84口井，年产能达14亿立

2016年，城西新貌　（冷国文摄）

2016 年，凤凰高新公司　（向义镇供图）

方米，实现税收 1.5 亿元。金镭铸业、法拉特等企业迈向高端制造，玻纤新材料产销两旺，新型装配式建筑取得突破，战略性新兴产业、高新技术产业产值占比分别提高 3.9 个百分点、1.8 个百分点。现代农业稳步发展，特色产业规模持续扩大，发展林业产业基地 2666.67 公顷，建成特色农业标准化基地 1600 公顷、标准化养殖场 11 个。举办首届中国无花果产业大会产销对接会，无花果公园创建为省级示范农业主题公园。无花果酵素、能量棒生产线建成投产，全产业链基本形成。培育新型农业经营主体，新发展规模以上农业龙头企业 2 个、农民合作社 41 个、家庭农场 51 个。现代服务业加快发展。编制完成威远全域旅游发展规划，船石湖旅游小镇木兰苑安置房竣工，花田路商业步行街顺利推进；石板河景区完成总体规划和核心区修建性详细规划编制，在加紧封闭打造。电子商务中心入驻企业达 60 户，建成电商村级服务网点 86 个，正威公司被评为“农村淘宝农资上行全国十佳企业”，全县电商销售额达 6 亿元，增长 50%。新增限额以上商贸企业 9 户，汽车 4S 销售集群区入驻企业 2 户，服务业增加值增长 8.3%。推进供给侧结构性改革，化解钢铁产能 120 万吨、核减煤炭产能 18 万吨。农村土地承包经营权确权登记工作通过省级验收，获得优秀等次。加大创业扶持力度，发放创业担保贷款 2947 万元、创业补贴 286 万元，支持 1220 人自主创业。创建国家高新技术企业 4 户，新增产学研合作项目 17 个，申请国家专利 177 件，培育省著名商标 1 件、省名牌产品 12 件。

【统筹城乡发展】　2016 年，全县城镇化率提高 1.5 个百分点，达到 47.7%。县城新增建成区 1.5 平方千米，总面积达 20.9 平方千米，常住人口达 20 万人。吴荣路快速通道一期一标段、二环路西段如期竣工，清溪湿地公园基本建成，城西新区呈现崭新面貌。连界新镇、镇西新区加快建设，改造老旧院落 17 个、农房 610 户，建成幸福美丽新村 66 个，创建省级“四好村”8 个、市级“四好村”36 个。基础设施不断提升。S308 快速通道、成宜高速等项目前期工作进展顺利，连汪燕铁路（威远段）开工建设，威双路改造（一期）基本完成。新（改）建农村公路 280.8 千米，新增 40 个村通客车。团鱼凼东线、南线供水工程正式供水，惠及沿线 14.7 万人。整治病害水库 4 座，实施农田水利工程 681 处，建成农建综合示范片 1 个、全域灌溉示范小区 2 个。生态环境持续优化。深入实施大气、水、土壤污染治理，威远河出境断面水质持续改善，城区可吸入颗粒物（PM10）平均浓度为 88 毫克/立方米，同比下降 3.3%，全年空气质量优良天数达 257 天。整改完成 12 个突出环境问题，通过环保部西南督查中心后督察。开展省级卫生县城创建、大规模绿化威远、“一增一减一治”行动，城乡环境进一步提升。

【民生实事】　年内，全县严格执行“五个一”（是指每个贫困村有一名县级联系领导、一个帮扶单位、一个驻村工作组、一名“第一书记”、一名农技员）帮扶机制，全面落实教育、医疗、低保等扶贫政策，建立医疗扶贫救助、特殊困难群体帮扶、扶贫小额信贷分险、教育救助 4 个基金。投入财政专项扶贫资金 3490 万元，推进 16 个专项扶贫计划，贫困村基础设施、产业规模等明显提升。完成16个贫困村退出、4677名贫困群众脱贫的任务，通过省、市检查验收。社会保障日益健全。全力保障民生支出，75项民生工程和15件民生大事全面完成。狠抓化解过剩产能中转岗人员、高校毕业生等重点人群的就业，新增城镇就业人员11730人。建成县综合养老服务中心，新建区域性养老服务中心2个，新增养老床位650张。建成花塘片区安置房和威达煤业棚改项目，竣工公租房378套。开展“走基层、送温暖”活动，发送棉被8002套、棉衣14926件。各项事业协调发展。通过义务教育均衡发展国家督导评估，开工建设凤翔中学和4所公办幼儿园，生源地助学贷款连续七年名列全省县级前茅。县级医院取消药品加成实现全覆盖，新改扩建镇卫生院2个、村卫生站50个。石坪山歌传承人蒋茂萍被认定为四川省第六批省级非物质文化遗产代表性传承人。新店中学等3所学校被命名为全国青少年校园足球特色学校，《梦幻羌寨》夺得全省第二届广场舞大赛冠军。社会大局和谐稳定。狠抓煤矿、非煤矿山、道路交通、消防等重点领域的安全监管，整改销案重大火灾隐患5起，煤矿行业连续三年实现零死亡。创建省级食品安全示范县、省级农产品质量安全监管示范县，群众食品安全满意度达92%。完成村（居）民委员会换届选举工作。加强舆情监测引导，化解信访问题和不稳定因素，确保社会稳定。完善社会治安防控体系，开展“雪亮”工程试点，依法严厉打击违法犯罪行为，人民群众安全感和满意度进一步提升。

【政府自身建设】 年内，县人民政府组织开展“两学一做”学习教育，严格落实中央八项规定精神和省市县相关规定，长效推进作风建设，强化政府系统党员干部教育管理，查处违反中央八项规定精神问题8件17人。严格依法行政。自觉接受县人大及其常委会的工作监督、法律监督和县政协的民主监督，办理人大代表议案2件、建议231件，办理政协委员提案114件。坚持政府常务会会前学法，严格执行重大行政决策合法性审查，完成政府性投资项目合同审查125件、备案219件。优化政务服务。实施“三张清单”制度，公开行政机关责任清单6007项、权力清单6111项、行权事项5.9万件。实施企业简易登记改革试点，审批时间缩短到3个工作日。强力推进“放管服”，网上公开行政许可事项办理指南，优化公共服务事项办理流程，按时办结率、现场办结率和群众满意率达100%。坚持反腐倡廉，全面落实党风廉政建设责任制，积极发挥监察、财政、审计部门职能作用。开展脱贫攻坚、滥发奖金工资补贴等专项督查，查处一批群众反映强烈的突出问题，政纪处分42人。

【文会办理】 2016年，县政府办严格执行《党政机关公文处理工作条例》和《党政机关公文格式（GB/T 9704-2012）》，坚持规范高效办文。严格执行行政决策合法性审查规定，对提交县政府常务会的议题和印发的重要文件进行合法性审查，按要求做好行政规范性文件报备工作。全年接收处理各类文件4973件，其中处理上级来文1436件、请示（报告）857件，县政府及县政府办共印发各类文件846件、《威远政务》26期。完成850余次会议的承办任务，其中，县政府全体会1次、县政府常务会议18次、全县性会议71次、电视电话会议34次。

（王文玉）

县政府重要会议

【县政府常务会议】 2016年，县政府召开18次政府常务会议。

1月14日，召开县第十五届人民政府第70次常务会议。会上学习《中华人民共和国传染病防治法》，传达省委经济暨城市工作会议精神，重点学习省委王东明书记重要讲话，学习贯彻全省脱贫攻坚大会精神，审议并通过威远县县城区建立居民用气阶梯价格制度和居民用气销售价格联动机制等议题。

1月30日，召开县第十五届人民政府第71次常务会议。会议安排年终相关工作。

3月7日，召开县第十五届人民政府第72次常务会议。会上学习《中华人民共和国政府信息公开条例》，审定威远县环境保护综合督查整改工作实施方案，修订威远县突发公共事件总体应急预案，审议通过威远县境内客运线路延续经营许可等议题。

3月23日，主持召开县第十五届人民政府第73次常务会议。会上学习《中华人民共和国突发事件应对法》，审议并通过《威远县人民政府关于加强环境保护监管工作的通知》和提高特困人员供养标准有关问题、威远县2015年科学技术进步奖名单、关于加快发展体育产业促进体育消费的实施意见等议题。

5月3日，召开县第十五届人民政府第74次常务会议。会上学习《四川省政务服务条例》，传达市委《关于印发市委常委会2016年工作要点的通知》精神，听取关于煤炭行业化解过剩产能有关工作情况的报告，审议并通过2015年全县武装工作先进单位和个人名单、《威远县民办非学历教育培训机构管理办法（试行）》《威远县民办幼儿园管理办法（修订稿）》《威远县突发地质灾害应急预案（修订稿）》《政府工作报告》重点工作任务分工方案、威远县产业攻坚三年行动计划和威远县城乡基础设施攻坚三年行动计划、关于建立企业安全生产“黑名单”制度的实施意见、人事任免等议题。

5月6日，召开县第十五届人民政府第75次常务会会议。会议专题审议并通过给予余华、郑铸沅、谢鹏跃政纪立案的问题。

5月11日，召开县第十五届人民政府第76次常务会议。会议学习《中华人民共和国价格法》，传达中央办公厅、国务院办公厅《健全落实社会治安综合治理领导责任制规定》，审议并通过2015年度全县建议提案办理工作先进单位和先进个人名单、《威远县卫生服务体系规划（2015—2020年）》、2015年度全县维护社会稳定和社会治安综合治理工作先进单位名单等议题。

6月1日，召开县第十五届人民政府第77次常务会议。会议学习《中华人民共和国统计法》，审议并通过“提高全县城乡低保补助标准的问题”、全县推进农村生活垃圾治理实施方案、威远县绩效目标考核暂行办法、启动威远县凤翔中学建设工程、人事任免等议题。

6月16日，召开县第十五届人民政府第78次常务会议。会议专题审议并通过《威远县中小企业应急转贷资金管理暂行办法》。

6月27日，召开县第十五届人民政府第79次常务会议。会议学习《中华人民共和国食品安全法》，审议并通过了威远县简政放权放管结合优化服务2016年工作要点、县城区居民用水价格适度调整和建立供水价格联动调整办法、关于化解库存促进房地产业健康发展的实施意见、四川任源牧业有限公司实施养殖污染治理、威远县生活必需品市场供应应急预案、人事任免等议题。

6月29日，召开县第十五届人民政府第80次常务会议。会议专题审议并通过威远县公务用车制度改革实施方案。

7月14日，召开县第十五届人民政府第81次常务会议。会议专题审议并通过马炬、罗平、蔡虎城3人的职务任免。

7月22日，召开县第十五届人民政府第82次常务会议。会上学习《中华人民共和国特种设备安全法》，审议并通过换届《政府工作报告》和2011年换届以来国民经济和社会发展计划执行情况报告、2011年换届以来财政工作情况报告、《关于深化政府购买公共服务的实施意见》《威远县“十三五”科技创新规划（2016—2020）》《威远县推进“三大攻坚战”督查问责办法》和人事任免等议题。

9月8日，召开县第十六届人民政府第1次常务会议。会上学习《中华人民共和国科技进步法》，传达中国共产党内江市第七次代表大会精神、省委王东明有关脱贫攻坚指示精神和马波、任晓春在全市开展脱贫攻坚蹲点督导工作动员会议上的讲话精神等，审议并通过威远县乡村教师支持计划实施细则、威远县小型农田水利设施管护暂行办法、威远县2016年道路交通安全综合治理长效机制建设年行动实施方案、人事任免等议题。

10月19日，召开县第十六届人民政府第2次常务会议。会上学习《四川省绿化条例》，传达贯彻省长尹力在大规模绿化全川电视电话会议上的讲话精神和内江市第七次党代会与市“两会”精神，审议并通过《威远县食品“三小”备案管理工作实施方案》《威远县交通运输“十三五”发展规划（2016—2020）》《威远县科技服务业发展规划（2016—2020）》及人事任免等议题。

11月18日，召开县第十六届人民政府第3次常务会议。会上学习《中华人民共和国环境影响评价法》，传达贯彻市扶贫移民局《关于转发〈四川省脱贫攻坚领导小组关于认真学习贯彻省委常委会第201次会议精神高质量完成年度脱贫摘帽目标任务的通知〉的通知》和市委马波书记批示精神，审议并通过威远县创建省级卫生县城实施方案、威远县人民政府工作规则、威远县水土保持规划（2015—2030）等议题。

12月2日，召开县第十六届人民政府第4次常务会议。会上学习《危险化学品安全管理条例》，传达学习市委七届二次全会精神和全国安全生产电视电话会议精神，审议并通过《大规模绿化威远行动方案》、威远县创建“四好村”活动实施方案、人事任免等议题。

12月16日，召开县第十六届人民政府第5次常务会议。会上学习《四川省重大行政决策程序规定》《四川省重大行政决策责任追究暂行办法》，传达学习副省长王铭晖、副主席陈文华莅威调研指示精神，审议并通过《威远县全民健身实施计划（2016—2020）》《威远县镇西镇祥和广场划拨供地方案》、威远县公共租赁住房和廉租住房并轨运行实施细则等议题。

（刘成平）

人大、政协联络工作

【人大代表议案办理】 2016年，县

2016 年 3 月 19 日，县组团参加中国国际酒业博览会川南经济区投资贸易推介会　（县投促局供图）

人大代表提出联名议案 2 件，分别是县十五届人大六次会议 1 号议案《关于尽快修建威远县凤翔中学 缓解城区学校大班额及解决学位不足的建议》和县十六届人大一次会议 1 号议案《关于加大力度促进穹窿旅游开发建设的议案》。2 件议案均事关全县经济社会发展大局和人民群众的切身利益，县政府高度重视办理工作，分管副县长协调各个办理单位办理，对答复代表的答复件进行审阅把关。2 件议案均在法定期限内办理完毕并由县人民政府向代表作书面答复，办复率、反馈率及代表满意率均为 100%。

【人大代表建议办理】 2016 年，县十五届人大六次会议代表提出建议 93 件，十六届人大一次会议代表提出建议 138 件。县人大常委会、县政府、县政协两次联合召开威远县 2016 年度建议交办会，按照“分级负责、归口办理”的原则，对代表建议进行交办。县委常委、县政府常务副县长毕胜对办理工作做具体的安排部署，并提出明确的办理要求。所有建议均在法定期限内办理完毕，各承办单位均通过政府信息公开系统公开建议办理结果，办复率、反馈率和满意率均为 100%。

【政协委员提案办理】 2016 年，县政协九届六次全会收到委员提案 79 件、县政协十届一次全会收到委员提案 35 件。在交办会上县委常委、县政府常务副县长毕胜对办理工作做具体的安排部署，并提出明确的办理要求。各提案办理单位所有建议提案均在法定期限内办理完毕，办复率、反馈率 100%，满意率 99%。特别重视抓好重点提案的落实，通过县政府及各承办单位对重点提案的办理，推动全县重点工作的落实。各承办单位均通过政府信息公开系统公开提案办理结果。

（雷自立）

招商引资

【概况】 2016 年，全县到位市外资金 119.56 亿元，占市下达目标任务的 102.18%，其中：到位市外资金形成固定资产投资 78.08 亿元，制造业到位资金 70.73 亿元（高新技术产业和战略性新兴产业到位资金 41.52 亿元，占制造业到位资金 58.7%），到位省外资金 108.44 亿元，占市下达目标任务的 127.57%。引进高新技术产业和战略性新兴产业项目 15 个，引进知名企业投资项目 5 个，引进总投资额 5 亿元以上产业项目 12 个；返乡创业回家工程中引进返乡创业项目 12 个。

强化项目包装　依托县内优势资源及骨干企业的上下游产业链，重点突出产业链延伸和转型升级，在新能源、新材料、新制造、新商贸、新旅游、新食品产业上下功夫，精心包装推出能与本地产业形成配套、市场前景较好、创税能力较强的产业项目。2016 年包装项目 109 个，涉及投资总额 107.85 亿元。其中，工业项目 62 个，投资总额 64.2 亿元；服务业项目 14 个，投资总额 23.2 亿元；农业项目 18 个，投资总额 10.85 亿元；基础设施项目 9 个，投资总额 9.6 亿元，另有闲置资产处置项目 6 个。

健全政策体系　建立健全招商引资项目联席会议机制。由县政府发文制定威远县招商项目联席会议制度，对重大招商引资项目由县领导牵头，相关部门参与，定期研究推进，切实解决问题。结合全县相关行业标准和要求，从全局性、战略性高度出发，完善招商引资项目入驻审批机制，从制度上严把项目引进关。

落实量化考核　按照 2016 年市下达的投资促进工作目标任务，科学合理分解，修改完善投资促进的考核指标体系和考核办法。做到量化目标任务、主体责任、推进进度，并强化考核、督查力度，努力形成投资促进工作的整体合力。及时协调解决项目在建设、生产经营中的各类问题，推进已签约项目尽快开工、已开工项目尽快投产、已投产项目尽快达产。

【招商“三大”行动】 “走出去”招商　年内，由县委、县政府主要领导带队，先后赴广东、重庆、成都、泸州、自贡等地开展 10 余次小分队招商活动。分别与中广核风电有限公司对接风电开发项目、与山东中世听影视文化传媒有限公司对接中国穹窿神话传说文化旅游产业园项目、与自贡荣鑫建筑工程有限公司对接慈菇塘森林公园休闲度假旅游区项目，以及与北京亿高高科信息技术有限公司对接威远县域电商平台建设项目等。

坚持“请进来”招商　年内，威远县围绕重点产业和重点项目宣传推介，多形式对接目标企业，邀请一大批知名企业到威远考察。中建材集团、中节能集团、中广核风电公司、深圳德福基金、广东温氏集团、广州香雪制药、北京仟亿达（集团）等企业先后到威远考察洽谈项目。威远县与中广核风电公司投资的风电资源开发项目签订初步协议，项目投资总额约9亿元（人民币），正在开展前期测风工作。其他知名企业也与威远达成多个意向性投资项目，正在加紧对接洽谈。

利用重大活动招商　年内，威远县借助省、市重大投资促进活动平台，切实打好“三大攻坚战”。通过多种渠道联系国内外知名企业、各大商协会，邀请客商参加2016全球川商返乡发展大会、2016中外知名企业四川行、内江市“话乡情，谋发展”返乡创业恳谈会、2016内江电子商务暨现代物流招商推介会等活动。组团参加“第十六届中国西部国际博览会”活动，成功签约页岩气钻井平台扩建项目、智能化精密铸造生产线技术升级改造等10个项目，项目投资总额达55.4亿元。

【返乡创业“回家工程”】　2016年，威远县坚持把返乡创业“回家工程”作为招商引资工作重点。建立以县领导为组长、相关部门负责人为成员的返乡创业“回家工程”工作小组，落实专人负责工作推进。重点围绕现代农业、现代旅游业、商贸服务业等产业，有针对性地为返乡创业人员精心包装推出一批产业配套强、市场前景好的投资项目。组织邀请威远籍在外成功人士参加省、市、县举办的各类专题招商活动，利用各类活动平台推介家乡优势并力争成功签约一批项目。制发《威远县返乡创业十条重点措施》，在享受招商优惠、落实创业用地、简化登记方式、拓宽融资渠道等十个方面给予返乡创业项目优惠，将返乡创业人员作为招商引资服务对象，与外地客商享受同等优惠政策。

（熊一繁）

行政审批服务管理

【概况】　2016年，县人民政府政务服务中心受理各类行政审批、许可及公共服务项目94555件，办结94554件，其中即办件28409件，承诺件66146件。提前办结率、按时办结率、群众满意率和现场办结率均为100%。无一件群众投诉。全年完成交易项目187个，其中工程建设项目45个，预算金额50272.95万元，成交金额47688.45万元，节约资金2584.5万元；政府采购项目138个，预算资金431809.53万元，成交金额430725.97万元，节约资金1083.56万元。资金节约率8.7%（除政府购买棚户区改造项目外），资金节约率同比提高2%。采购成功率达到91%。土地交易项目2个，成交价款1579.2万元。国有产权交易2宗，成交价款56.7万元。无一宗有效质疑，零投诉。县政务服务中心荣获内江市2016年度政务服务工作综合考评一等奖、政务服务信息工作一等奖。

【“放管服”工作】　按照四川省人民政府2014年年底公布的县级行政审批项目目录和国务院历次公布出台取消的行政审批事项要求，对威远县原保留的行政许可事项，应取消的全部予以取消，并在四川省行政审批通用软件系统中予以调整，对外公开。2016年，威远县行政许可事项取消2项，部分取消1项，调整整合2项，保留179项。其中147项按“两集中两到位”要求进驻政务服务中心窗口受理并办理，32项因场地限制等原因，经县政府常务会审议暂未入驻中心。

2016年，连界镇政务服务中心　（连界镇供图）

按照四川省人民政府办公厅《关于印发四川省简化优化公共服务流程方便基层群众办事创业工作方案的通知》（川办函〔2016〕11号）要求，拟定《威远县人民政府办公室关于印发威远县简化优化公共服务流程方便基层群众办事创业工作实施方案的通知》（威府办发〔2016〕36号），成立工作领导小组，明确具体工作任务、措施和要求，并落实具体工作推进时间节点。县政务服务中心出台《威远县人民政府政务服务中心关于清理核对县级公共服务事项的通知》（威府中心发〔2016〕15号），各相关单位对应省级初步确定的896项县级公共服务事项，进行清理、核对、完善，由县政务服务中心报省政管办进行统一复核。

【镇便民服务中心工作】 2016年，全县20个镇便民服务中心场地面积达100平方米以上的有18个，场地标准化建设达标率为90%。全县370个村（社区）代办点按“九个一”要求进行规范化建设，并明确专人负责代办工作，全面实行进一个门办成一件事的“一站式”服务，确保小事不出村、大事不出镇。2016年，各镇共受理各类事项778422件，办结778022件，并全部录入通用软件系统。各村（社区）代办点共受理各类服务202394件，办结202199件。

【三级联审】 年内，县政务服务中心按照《四川省人民政府办公厅关于印发〈取消、调整和保留的省市县联审项目目录〉和〈取消、保留许可限额的省市县行政许可项目目录〉的通知》（川办发〔2016〕23号）要求，对取消的市县初审的13项省级联审事项和省政府确定保留的49项省市县三级联审事项、8项市县两级联审事项实行动态管理，并安排专人完善基础资料录入，确保窗口工作人员能受理并初审上报。

【互联网+政务服务】 2016年，威远县完成网上政务服务大厅与县电子政务大厅（网上办事）的升级改造，规范行政许可项目和公共服务项目分类建设，实现电子政务大厅（网上办事）与行政权力依法规范公开运行平台的深度融合。编制行政许可项目服务指南，对县级保留的179项行政许可项目进行统一规范，并通过四川省行政审批通用软件系统予以公开，办事群众可登录威远县电子政务大厅查询、了解和下载。加强网上政务服务工作，强化窗口工作人员在线值守，并纳入窗口工作考评体系，实行倒扣分制。规范使用便民服务业务通用软件系统，确保20个镇便民服务中心的业务准确录入便民服务业务通用软件系统。

【公共资源交易监管】 年内，威远县全面完成交易平台整合。按照国家、省、市《关于印发整合建立统一的公共资源交易平台工作方案的通知》和《关于进一步完善体制机制加强公共资源交易管理的意见》等文件精神，设置“一委一办一中心”。全面整合原有的招投标中心、土地交易中心、政府采购中心的职能和人员，2016年7月内江市公共资源交易服务中心威远县分中心正式挂牌运行。

健全公共资源交易体系。全面清理规范服务收费，取消政府性采购的收费项目，如：报名、开标、评标服务费等；取消工程建设的评标场地服务费，降低企业市场推广、企业打假、进出口等交易成本。先后建立国有资产处置中介机构库、国有资产评估中介机构库和财政评审中介机构库，其中：国有资产处置中介机构库成功处置威远县工商局国有资产2宗；国有资产评估中介机构库成功评估国有资产3宗，降低行政成本达50%；财政评审中介机构库抽取中介机构13次。

合理优化交易工作流程。健全规章制度，出台《关于进一步完善体制机制加强公共资源交易管理的实施意见》《威远县人民政府向社会力量购买服务指导目录》和《威远县政府购买服务流程》等23个交易制度。强化流程监管，把整个交易的内部流程划分为受理、制作标书、开标三段，中心内部按照领导分工实行分段管理，相互制约、相互配合、相互督促，进一步规范交易流程。优化信息公开，开通“威远县公共资源交易网”，所有进场交易项目信息、交易流程和交易监管等方面内容均在网站上发布公告。

（李　虎）

外事侨务

【外事工作】 2016年，县外事侨务旅游局做好因公出访和境外非政府组织管理工作，严格执行相关审查制度。贯彻执行中央《关于进一步加强因公出国（境）管理的若干规定》及省委办公厅、省政府办公厅印发的《四川省党政干部因公出国（境）管理规则》文件要求，开展治理公款出国（境）旅游专项工作，严格执行各单位因公出国（境）计划申报制度，做到有计划、有目的地安排因公出国（境）。全年无一例违规因公出国（境）发生。3月9日至11日，参加首届中国无花果产业大会外国专家7人；9月29日至10月2日，美国Andy（马安帝）一行14人考察穹窿地区康养项目；10月28日至29日，拳王争霸赛聘请外国选手 4 名，未发生任何意外情况。

【侨务工作】 年内，县外事侨务旅游局组织学习《中华人民共和国归侨侨眷权益保护法》，并结合县域实际开展宣传活动。开展侨情调查摸底工作。全县华侨、外籍华人、归侨、侨眷等共 310 人。做好海外侨胞和归侨侨眷来电、来信的回复以及来访的接待工作。开展节假日送温暖活动，慰问困难侨胞侨眷 20 户，发放慰问金 6000 元。对成都同源丝绸文化有限公司与川威集团货款纠纷进行调解。

【威远县基本侨情摸底调查工作完成】

2016 年 3 月，威远县基本侨情摸底调查工作完成。该项工作从 2015 年 12 月开始，历时 4 月。调查以户为单位，调查对象为长期居住在威远县的华侨、外籍华人、留学回国人员、回国创业人士和本辖区内归侨、侨眷、侨资企业以及海外留学人员。各镇根据文件时间要求，采取入户调查的方式进行。按照调查对象和重点，逐个摸底登记，健全和完善辖区侨情信息库，掌握辖区内侨情底数和侨情动态。经过调查，威远县辖区内有 172 名侨眷，126 名海外亲属，12 名在国内居住的华侨、外籍华人和留学生。

（苟　丹）

扶贫工作

【概况】 2001 年成立威远县扶贫开发办公室，为县政府直属正科级事业单位。2016 年新增参公事业编制 3 个，考录 1 人，年末实有在职人员 8 人。内设综合股、项目管理股、社会扶贫股 3 个股室，领导职数为 1 正 2 副。2016 年，经县委、县政府和县委编委研究同意，市委编委批准，成立威远县扶贫工作服务中心，为县扶贫办二级副科级单位，事业编制数为 8 人，其中管理人员 5 人、专业技术人员 3 人，领导职数为 1 正 1 副（其中主任为副科级，副主任为股级），考录 3 人，实有在职人员 4 人。

2016 年 8 月 17 日，县委副书记、县长马炬（中）到严陵镇三胜村督查脱贫攻坚工作　（余远文摄）

2016 年，省财政厅、省扶贫和移民局、市财政局下达全县财政专项扶贫资金 2835 万元，其中，省级 2035 万元、市级 540 万元、县级 260 万元。

【财政专项扶贫资金项目】 2016 年 1 月 29 日，县政府批复 2016 年财政专项扶贫资金项目实施方案。全县财政专项扶贫资金项目在黄荆沟镇红丰村、埞河村、白香村、砚台村，新场镇龙奉村、联丰村、卡房村、民胜村，高石镇禾丰村，东联镇佛尔岩村，龙会镇五皇村，观英滩镇民政村、竹塘村，严陵镇建立村，越溪镇金堂村、八一村、发展村、俩母山村，连界镇荣胜村、杉树村、中岭村实施。覆盖黄荆沟镇 9 个非贫困村、新场镇 17 个非贫困村、龙会镇 18 个非贫困村、高石镇 10 个非贫困村、东联镇 8 个非贫困村的贫困人口。以村道、水利设施、生产便道和扶贫产业四大项目为主。项目投入省级财政扶贫资金 852 万元，市级财政资金 90 万元，县级财政资金 260 万元。

【财政专项扶贫资金（第二批）】 8 月 30 日，县政府批复 2016 年第二批财政专项扶贫资金项目实施方案。2016 年第二批财政专项扶贫资金项目在威远县黄荆沟镇红丰村、埞河村、白香村、砚台村，新场镇龙奉村、联丰村、卡房村、民胜村，高石镇禾丰村，东联镇佛尔岩村，龙会镇五皇村，观英滩镇青山村、竹塘村，严陵镇三胜村，连界镇中岭村、荣胜村、杉树村，镇西镇五星村、秧田村、铜锣村等 20 个贫困村实施。覆盖黄荆沟镇 9 个非贫困村、新场镇 17 个非贫困村、龙会镇 18 个非贫困村、高石镇 10 个非贫困村、东联镇 8 个非贫困村的贫困人口。以水利设施、生产便道和扶贫产业为主，帮助贫困户发展生产。项目投入省级财政扶贫资金 743 万元，县级财政资金 150 万元。

【市级财政专项扶贫资金项目】 2016年，市级财政专项扶贫资金用于创新投资收益扶贫新模式，以财政扶贫资金形成资产收益量化的方式，赋予建档立卡农村贫困户的资产收益分配，促进该村产业发展，增加项目区群众致富渠道，特别是拓宽缺劳力、缺技术和丧失劳动能力的农村贫困户持续稳定的增收渠道。

该项目投入财政扶贫资金280万元，其中市级资金200万元，县级配套资金80万元。分别在严陵镇建立村、新场镇民胜村、高石镇禾丰村、黄荆沟镇红丰村实施，资金平均分配到4个村。

【市级财政专项扶贫资金（第二批）】 2016年，市级财政专项扶贫资金（第二批）旨在扩大投资收益扶贫新模式试点范围，投入财政扶贫资金280万元，其中市级资金200万元，县级配套资金80万元。分别在连界镇荣胜村、黄荆沟镇砚台村、镇西镇黄坭村、龙会镇五皇村实施，资金平均分配到4个村。

【产业扶持基金项目】 2016年，全县54个贫困村，按照每个村30万元的标准设立产业扶持基金，其中：省级补助每个村20万元，县级配套每个村10万元。产业扶持基金用于向建档立卡贫困村贫困户发展种植业、养殖业、农旅结合等产业业态提供启动、周转用无息借款的专项资金，也可以用于发展壮大贫困村集体经济，带动无经营能力的贫困户脱贫增收。

【脱贫攻坚】 2016年年初，全县有贫困人口13501人，贫困村54个。2016年终，经省、市、县验收，全县贫困人口脱贫4677人，贫困村退出16个。市人民政府以内府发〔2016〕31号文件批准同意2016年63个贫困村退出（脱贫），分别是：黄荆沟镇红丰村、坭河村、砚台村，新场镇卡房村、龙奉村，东联镇佛尔岩村，高石镇禾丰村，严陵镇三胜村、建立村，镇西镇永和村、黄泥村，观英滩镇一碗水村、民政村，连界镇荣胜村、杉树村，龙会镇五皇村。县人民政府以威府发〔2016〕26号文件批准2016年黄荆沟镇砚台村马吉良等贫困户脱贫。

【“栋梁工程”】 “栋梁工程”是由省扶贫基金会发起的一项扶贫帮困活动，旨在帮助品学兼优而家庭贫困的大学新生顺利进入大学。每年，省、市扶贫基金会都会多方筹资，全部用于帮助贫困大学新生入学。2016年6月至9月在全县开展的“栋梁工程”活动，为贫困家庭子女上大学提供一次性资助。全县共资助贫困大学新生20名，资助金额6万元。

（胡勇强　黄　承）

应急管理

【概况】 2016年，威远县人民政府应急管理办公室按照县委、县政府的总体要求和部署，着力加强应急体系建设，全面推进应急管理工作，有效防范和处置各类突发公共事件，最大限度地减轻和消除突发公共事件造成的社会危害和影响，为全县经济社会发展创造良好环境。年内修编总体应急预案1个，修编县级专项应急预案8个。全县共有各类县级专项预案28个、各类部门预案80个、各类镇级预案169个。

【应急演练】 2016年，威远县根据年初制订的预案演练计划和方案，针对常发突发公共事件，分别在学校、企事业单位、地质灾害点等场所开展应急演练145次。其中：4月15日，举行“地质灾害疏散应急演练”；4月28日，举行“危化品泄漏处置应急演练”；5月25日，举行“反恐防暴应急演练”；9月29日，举行“地震综合实战应急演练”。

【应急队伍建设】 年内，县级有关部门按照职责分工分别组建、充实和完善专业应急救援队伍；各镇分别组建30人~50人的基层应急救援突击队伍。县级部门以各专业应急救援队伍为基本力量，组建公安、消防、卫生、燃气、通信、气象、民兵、应急信息员等应急队伍83支1889人；各镇组建基层应急队伍20支1233人。依托共青团组织、红十字会、基层社区，建立形式多样的应急志愿者队伍，重点加强青年志愿者队伍建设，全县有志愿者800余人。

【应急保障】 年内，县人民政府继续维护好滨河广场、威远中学足球场、威远第一初级中学操场、严陵中学操场、城市花园广场、滕家坝广场等6个避难场所，各应急避难场所功能正常运行。

【宣教培训】 年内，全县组织21名分管或从事应急管理工作的领导干部参加四川省国家公务员培训中心组织的应急管理培训，强化县干部应急管理知识水平，增强应急处突能力。聘请省市红十字会的专家对20个镇和县级部门的45名干部进行培训。与县气象局、民政局等部门在滨河广场组织开展“防灾减灾日”主题宣传活动，活动主题是“减少灾害风险、建设安全城市”。通过发放宣传资料、播放科普教育片、现场答疑等方式，向市民介绍家庭、学校、社区防灾减灾科普知识和应急避险相关常识。

【应急处置】 自然灾害 2016年，威远县发生强降温降雪、暴雨洪涝等自然灾害。强降温降雪发生在1月下旬，暴雨洪涝主要集中发生在5月至8月，造成部分群众生产生活受到严重影响。因强降温降雪、暴雨洪涝等导致受灾人口13.91万人，农作物受灾2797.64公顷，倒塌房屋61间，损坏房屋115间；粮食损失130吨。全县因自然灾害造成直接经济损失2530.65万元。县政府应急办及时发布预警信息，统计自然灾情，协同相关镇、县级部门组织群众撤离避险，确保群众生命安全。

2016年，县应急避难场所——威远县第一初级中学广场 （赖富贵摄）

意外事件处置 2016年7月4日7：30，高石镇兰田村村民发现该村10组村民阿加大尔木（彝族）、曾煜涵等2人在该村4组绿荫苗圃蓄水池内溺水死亡。威远县及时按规定上报信息。县委、县政府高度重视该事件的处置，多次召开专题会议研究部署处置工作，按照上级指示精神，客观、公正地处置事件，确保了社会稳定。

（李勇军 胡子德）

政协威远县委员会

综 述

【概况】 2016年8月4日至7日，政协威远县第十届委员会第一次会议召开，选举产生新一届县政协领导班子，选举政协常务委员会组成人员41名，政协委员249名。县政协全年召开常委会议5次、主席会议12次。年内，将县政协工作分为政治协商、参政议政、民主监督、协商民主、机关建设5个方面，分别由1名政协主席（党组）会成员分工落实，并确定具体承办委室。实现政协党组会、主席会成员分工合作、协商有序的模式。建立“县政协主席会成员联系常委、常委联系委员、委员联系群众”的联络联谊机制。

2016年11月25日，驻内江市省政协委员到威远视察　（县政协办供图）

【政治协商】 年内，政协常委会议围绕县级党群部门、政府工作机关和镇党委、镇政府的正职人事安排召开专题人事协商会议3次，协商任职干部20名。全年主席会协商12次，形成集体意见建议33条。建立和完善各专委会与党政部门对口联系和协商制度，相互邀请参加工作会议，交换资料信息，共同参与调查、视察、考察，着力开展多层次多领域的协商活动，协商的针对性和有效性得以增强。

【参政议政】 年内，县政协围绕事关全局的重大课题，适度超前，提早谋划，做细做实调研准备，先后开展“九年义务教育教师状况”“农业与旅游结合发展情况”“精准扶贫工作情况”、战略性新兴产业发展情况、农业专合组织情况等5个课题调研活动，形成《政协调研》9期，提出意见建议40余条，为党政决策提供重要参考。先后到各镇敬老院、城区二期污水处理厂、清溪水务凉风水厂、港华燃气公司、电商中心以及连界、镇西、向义、界牌等重点乡镇，考察民生项目落实、农村自来水与天然气使用、农村电商发展等情况，形成《视察报告》4期，意见建议28条，助推全县社会事业的健康发展。紧扣“两不愁、三保障”和“四个好”目标，发挥政协帮扶作用，投身精准扶贫，在全县3个镇5个村联系帮扶贫困群众50户，全部通过各级脱贫退出评估验收。

【民主监督】 年内，县政协坚持采用“横纵向对比法”，围绕部门“三定”职责履职情况、班子及队伍建设情况、党风廉政建设情况等方面，横向走访市内县区相关部门进行比较，纵向征求市级主管部门和管理服务对象意见，全面衡量被评单位工作业绩、亮点和不足，形成评议意见6份，提出意见建议28条，促进政府有关方面工作的改进。选派46名政协委员到国土、农林、安监等7个政府重点窗口部门进行政风行风民主监督，形成集体监督意见建议26条，引起各部门的高度重视，多项群众反映强烈的问题得到有效解决。

【提案办理】 县政协九届六次会议以来，提案委共收到委员提案124件，经审查立案118件，其中，九届六次会议的83件、十届一次会议35件。经济建设方面22件，占18.6%；城建、城管、交通方面50件，占42.4%；教育、文化、卫生等方面36件，占30.5%；社会管理及其他方面10件，占8.5%。委员提案中有4件内容基本一致的交办时进行合并处理，实际交办114件。县政府两次召开专门会议对委员提案进行交办，各承办单位均在法定期限内办理完毕，并向委员作了书面回复。其中九届六次会议交办的79件提案，所涉及的问题已经解决或基本解决的39件，占49.4%；有待落实或列入规划解决的37件，占46.8%；确因政策和客观条件所限，暂不能解决的3件，占3.8%。对于办理结果，委员满意的73件，占92.4%；基本满意的4件，占5.1%；有2件提案委员对办理结果不满意，占2.5%，正在重新办理。十届一次会议交办的35件提案，所涉及的问题已经解决或基本解决的9件，占25.7%；有待落实或列入规划解决的24件，占68.6%；确因政策和客观条件所限，暂不能解决的2件，占5.7%。委员对办理结果满意率100%。

2016年11月22日，县政协常委集体视察农村电商发展情况 （县政协办供图）

表9 2016年政协威远县九届六次全会重点提案领办督办情况一览表

序号	提案人	标题	主办单位	县政府领办领导	县政协督办领导	联系委室
1	饶学庆	加强教师队伍建设的提案	县教育局	谭　斌	刘浑源	政协办 环资委
2	刘建平 倪小宇	关于加快罗家坝整体改造速度的建议	县住建局	胡小虎	王志远	教文委
3	倪秀川 陈　剑 郭小林	尽快启动内威快速通道建设	县交通运输局	谭　斌	罗伦建	经科委
4	魏　嘉 曾　瀚 陈　剑	关于驾校教练车不应在资威路行驶的提案	县交通运输局	谭　斌	常　胜	提案委
5	甘建国	关于加宽村级公路的建议	县交通运输局	谭　斌	胡林仁	学文委
6	黄　梅 杨春梅	加快威远县美丽乡村旅游产业打造	县外事侨务旅游局	王志文	汪世秀	联络委 社法委

【社情民意】 政协威远县九届六次全会后，县政协办公室从大会讨论发言中整理出委员关注广泛的10条重要建议书面报告县委。及时将委员提交的“提高养殖者信心”“加强民间志愿者引导，排查小区安全隐患”等社

2016年9月29日，县政协组织视察全县农村自来水与天然气使用情况（县政协办供图）

情民意信息转县政府工作参考。坚持把信访工作作为了解和反映社情民意的重要渠道，及时妥善处理来信、来访。

【委员活动】　下半年，县政协分7个委员联组，以学习贯彻党的十八届六中全会精神为主题，开展委员活动。各小组相互交流履职经验和体会，畅谈下一年工作打算。活动邀请所在片区镇党委书记、镇长参加。全体委员分批次参加4期《政协讲堂》，参加调研九年义务教育教师状况、农业与旅游结合发展情况、精准扶贫工作情况、战略性新兴产业发展情况、农业专合组织情况等调研视察9次，反映社情民意信息120条。结对帮扶贫困户，带头捐款、捐物，引导社会各界人士出资750余万元，协调落实各类项目资金8000余万元。

【文史活动】　年内，县政协开展《山乡记忆——威远县知识青年上山下乡始末》的文史资料收集、书籍编撰等工作。该书真实、客观地反映威远知青上山下乡的历程。共收入知青回忆文章15篇，知青人物介绍10篇，重要档案文献45幅，珍贵历史照片200余幅，全书共40余万字，是一本集史料价值、文献价值、图文并茂的文史精品图书，并向全县各级各部门、全体县政协委员、在威的市政协委员赠阅。

【联系联络】　年内，县政协发挥政协联系广泛的优势，多渠道多形式开展联谊活动。学习考察成都威远商会、北京同乡联谊会，进一步了解威远县在外企业家生产经营情况，促进异地商会建设。前往甘孜藏族自治州康定市、泸州市纳溪区、南京市溧水区、广东省荔湾区、巴中市平昌县等地，学习交流战略性新兴产业、农旅结合等创新及特色工作。接待安徽省广德县、泸州市合江县、遂宁市船山区等地政协到威远学习考察10余次，就推进协商民主、委员服务及管理、特色农业发展等深入交流探讨。协助省、市政协到威远调研成渝高铁对内江经济发展影响、县域义务教育学校均衡发展、培育发展内江健康养老业、天然气工业遗址保护情况等20余次。

【政协委员】　2016年年末，威远县有政协委员249人。

表10　　2016年政协威远县第十届委员会委员界别划分及召集人名单一览表

序号	代表界别	人数	召集人	代表名单
1	中共界	36	殷学良	刘浑源　刘维帝　倪　轮　罗伦建　胡林仁　汪世秀　余典谕　刘建均　熊安禄　李革英　黄革委　倪毅中　唐　勇　刘成海　刘国友　谢元寿　冷国文　张何军　邹　伟　张　生　周华斌　李凌宇　龚　勋　张　波　高　恒　潘安童　曹康林　吴　铭　漆彦岭　陈　洁　段希聪　喻　丹　曾红梅　王　毅　梁宏杰
2	无党派界	13	雷自立	罗　刚　夏　虹　刘明鑫　郭　波　郭章宏　叶　朗　邓文涛　陈　翔　周自新　向　楷　罗　端　龚建钧
3	工会界	8	陈　剑	缪永利　范义良　古　鹏　胡洋潮　郑翔丹金　涛　许　可
4	共青团界	9	魏　嘉	王　策　倪碧皎　陈　耀　曾少平　吴林聪　黄　丽　吴　军　夏圣凯

序号	代表界别	人数	召集人	代表名单
5	妇联界	15	付　洁	陈付君　周长辉　许晓旭　熊　莺　袁雯宇　邓超军　谢红梅　罗红美 刘丽娟　廖　桀　陈文玲　陈学英　刘建平　和　虹
6	工商联界	16	潘华富	倪　成　张真能　李学明　李正戈　黄永春　宋德明　刘黎明　潘　杰 陈　相　明文正　唐远志　范才勇　王成建　曾德章　刘　华
7	科技界	12	肖永康	王志远　周宝华　杨滟灵　詹建华　李　慧杜　超　李　进　冯文忠 李三明　吴培琪　粟志洪
8	经济界	32	李响铃	常　胜　周英秀　魏　斌　郭小林　阳建良　冯光辉　胡　宁　吴　斌 李　磊　许华忠　李　伟　王剑波　缪　彬　陈　彤　王晓东　游　春 陈　伟　李　良　李燕秋　周国民　林　立　余　泉　付双祥　王国友 丁　亮　廖　伟　张光成　黄　谨　廖建辉　王福荣　罗　刚
9	农业界	14	王立平	蒋远辉　周　兵　倪艳梅　张　霄　赵世明王　刚　夏　云　尹新远 聂小平　叶　伟　幸云友　李建英　魏志明
10	教育界	28	周　建	郭　刚　张卿明　幸长春　曾祥芝　韩利萍　刘俊华　赖　燕　官利群 杨晓梅　徐　平　罗　杰　巫秀英　胡莉苹　詹　纯　黄利萍　余贞建 苏云洲　周志英　刘蜀威　倪　红　陈泽萍　刘　珍　戴　勇　李碧仙 游海燕　景向锋　王小平
11	医卫计生界	19	张　春	肖华辉　刘元生　宋红英　傅佳智　倪海燕　姚玲锋　王远宗　罗　洪 刘淑辉　缪　科　龙胜军　林玉兰　李　红　陈群英　杨　梅　赵　华 缪远达　廖　谨
12	文化体育新闻出版界	8	袁昌建	钟珍友　廖　玲　孙　斌　张泽恩　徐　超　李家祥　李　刚
13	侨联界	8	吴正军	夏年方　李政频　刘　锟　姚　荣　徐志英　陈国宝　罗相全
14	民族宗教界	7	韦　军	钟翰宇　释净明　田仁春　释演凡　林　敏　释圣法
15	法律界	14	付　军	魏　键　袁国琪　袁朝荣　赖　平　肖明忠　周　沁　陈　双　曹开威 李成勇　华　岚　杨　丹　陈兴华　雷友洪
16	特邀界	10	李正中	杨照华　石华文　陈海辉　阳伯初　周山淞　唐　璜　颜　俊　蒋超惠 李　群

政协重要会议

【县政协九届六次全体会议】 2016年3月28日至30日，县政协九届六次全体会议在县城举行。全县共有委员256名，出席会议委员245名。会议听取并审议县政协第九届委员会主席刘泽沥代表常务委员会所作的工作报告和副主席常胜代表常务委员会所作的提案工作情况报告，听取并审议县人民法院工作报告、县人民检察院工作报告；列席县第十五届第六次会议，听取县人民政府县长罗平所作的政府工作报告，协商讨论县政府工作报告、国民经济和社会发展计划报告、财政预决算报告。会议期间，全体政协委员以饱满的政治热情，高度的政治责任感，积极参政议政，紧紧围绕“总体向好、稳中有进”发展目标议政建言，完成各项议程。会议号召，全体政协委员、政协各参加单位和社会各界人士，要高举中国特色社会主义伟大旗帜，在中共威远县委的领导下，同心同德，开拓奋进，主动作为，砥砺前行，矢志不渝为威远经济社会发展助力，为全面建成小康社会而努力奋斗！县委书记曾云忠、县长罗平等领导出席开幕会和闭幕会，并分别参加小组讨论，倾听委员建议意见，与委员共商改革发展大计。曾云忠在闭幕会议上作重要讲话。会议审议通

2016年3月9日，政协威远县委员会九届二十七次常委会　（县政协办供图）

过《政协威远县第九届委员会第六次会议决议》《政协威远县第九届委员会第六次会议提案委员会关于九届六次会议提案审查情况的报告》。

【县政协十届一次全体会议】　2016年8月4日至7日，召开县政协十届一次全会，选举产生新一届县政协领导班子，刘浑源当选为政协威远县第十届委员会主席，王志远、罗伦建、常胜、罗刚当选为政协威远县第十届委员会副主席，汪世秀当选为政协威远县第十届委员会秘书长，韦军等35人当选为政协威远县第十届委员会常委会委员。共有委员249名出席会议。会议听取并审议县政协第九届委员会主席刘浑源代表常务委员会所作的工作报告和副主席常胜代表常务委员会所作的提案工作情况报告，听取并审议县人民法院工作报告、县人民检察院工作报告；列席县第十六届第一次会议，听取县人民政府县长马炬所作的政府工作报告，协商讨论县政府工作报告、国民经济和社会发展计划报告、财政预决算报告，选举政协威远县第十届委员会常务委员会组成人员，听取中共威远县委书记罗平讲话，审议通过《政协威远县第十届委员会第一次会议决议》《政协威远县第十届委员会第一次会议提案委员会关于十届一次会议提案审查情况的报告》。会议期间，全体政协委员以饱满的政治热情，高度的政治责任感，积极参政议政，紧紧围绕"加速转型升级，决胜全面小康，建设幸福美丽威远"发展目标积极建言献策，圆满完成各项议程。会议号召全体政协委员、政协各参加单位，要更加紧密地团结在以习近平为总书记的中共中央周围，牢固树立并增强政治意识、大局意识、核心意识、看齐意识，在中共威远县委的领导下，同舟共济，携手前行，为"加快转型升级，决胜全面小康，建设幸福美丽威远"而努力奋斗。

【县政协常委会议】　2016年，县政协召开常委会议5次。

3月9日，县政协召开九届二十七次常委会。会议听取县政协九届六次全会筹备工作情况的说明，协商讨论县政府工作报告（征求意见稿）；审议通过全会日程（草案）、全会讨论小组划分和特邀、列席人员建议方案、县政协2016年工作要点等事项；审议通过县政协常委会工作情况报告，确定报告人为刘浑源主席；审议通过县政协提案工作报告，确定报告人为常胜副主席；协商同意邓秉和、孙存铸、温弱愚不再担任政协威远县第九届委员会委员的申请。

3月29日，县政协召开九届二十八次常委会。会议审议通过提案审查情况报告和大会《决议》（草案）。

4月25日，县政协召开九届二十九次常委会议。会议听取县委党校工作情况通报；听取和评议县总工会、县地税一年以来工作的情况汇报；审议通过县总工会、县地税工作的评议意见（草案）；审议通过"九年义务教育教师状况"的调研报告、"养老机构建设管理工作情况"的视察报告。

7月22日，县政协召开九届三十次常委会议。会议听取县政府财政工作的情况通报；听取和评议县政府交通运政、县政府政务中心一年以来工作的情况通报；审议通过农业与旅游业结合发展情况的调研报告、战略性新兴产业发展情况的调研报告、城区污水处理厂运行及建设情况的视察报告；审议通过常委会工作报告（草案）、提案工作报告（草案）、县政协第十届委员会第一次会议的决定（草案）、县政协第九届委员会常务委员会决议（草案）、县政府交通运政及政务中心工作评议意见（草案）；书面审议县总工会、县地税局对九届二十九次常委会评议意见的整改落实情况报告。

10月27日，县政协召开十届一次常委会。会议传达市政协七届一次全会精神；审议通过县政协十届一次常委会议程（草案）；听取县政府提案工作情况通报，评议县政府扶贫、就业工作的情况通报；审议通过精准扶贫工作开展情况、农业专合组织运行情况的调研报告和农村自来水与天然气使用情况的视察报告；书面审议县政府交通（运政）、政务中心对政协九届三十次常委会评议意见的整改落实情况报告。

【主席会议】 2016年，县政协召开主席会议12次，分别为：

1月11日，县政协召开九届四十九次主席会议、党组会议，学习传达贯彻1月6日市委政协会议精神，协商讨论2015年工作总结（送审稿），审议2015年政协机关人员年度考核情况。

3月2日，县政协召开九届五十次主席（扩大）会议、党组会议，协商讨论县政协2016年工作要点（送审稿），协商在政协第九届委员会第六次会议上的常务委员会工作报告（送审稿）及报告人建议名单，协商在政协第九届委员会第六次会议上的提案工作报告（送审稿）及报告人建议名单，听取县政协九届六次全会筹备工作情况，审议通过2016年民主评议、视察调研等工作，进行人事协商。

3月29日，县政协召开九届五十一次主席会议，听取九届六次全体会议分组讨论情况。

4月19日，县政协召开九届五十二次主席（扩大）会议、党组会议，审议九届二十九次常委会会议事项，听取一季度政协讲堂的安排，听取九届六次全会工作总结。

5月16日，县政协召开九届五十三次主席（扩大）会议、党组会议，传达省委第五巡视组巡视威远工作动员会和县委常委会议精神，研究“两学一做”活动方案及工作安排，审议县政协九届三十次常委会及交办会相关工作安排，换届委员提名情况，政协讲堂安排情况。

6月7日，县政协召开九届五十四次主席（扩大）会议、党组会议，审议第十届政协委员名单，传达近期县委常委会会议精神。

7月12日，县政协召开九届五十五次主席（扩大）会议、党组会议，协商讨论十届一次全会日程、议程等相关事项（其中包括常委会组成人员建议名单、委员分组名单等），协商讨论九届政协常委会工作报告和提案工作报告，审议九届30次常委会会议事项，传达县委常委会议精神，安排“两学一做”有关事宜。

8月7日，县政协召开十届一次主席会议、党组会议，讨论决定十届一次主席会成员分工意见。

9月6日，县政协召开十届二次主席（扩大）会议、党组会议，传达市第七次党代会、县委常委会、县委政协工作专题会等会议精神，研究深入推进“两学一做”学习教育活动的相关工作，审议县政协十届一次常委会、交办会相关工作，初定政协讲坛内容及时间。

10月21日，县政协召开十届三次主席（扩大）会议、党组会议，传达市政协七届一次会议及县委常委会议精神，安排近期“两学一做”相关事宜，审议十届一次常委会会议相关事项。

11月21日，县政协召开十届四次主席（扩大）会议、党组会议，传达省政协会议及县委会议精神，研究讨论十届政协各项规则制度，安排“两学一做”有关事宜。

12月19日，县政协召开十届五次主席（扩大）会议、党组会议，传达省委十届九次、市委七届二次会议，县委常委会议等精神，各委室述职，协商讨论县政协2017年工作计划，审议视察农村电商发展的报告，安排“两学一做”相关情况，研究扶贫攻坚工作。

（陈明刚）

纪检监察

综　述

【概况】　2016 年，中共威远县纪律检查委员会（简称县纪委）、威远县监察局围绕县委十三届十次全会、县第十四次党代会的安排部署以及市、县下达的重点工作目标任务，继续推进纪检监察工作转职能、转作风、转方式；按照严明纪律、严抓作风、严惩腐败、严密制度、严固基础、严格自律的“六个严”要求，开展监督执纪问责工作。紧盯元旦、春节、中秋、国庆等重要时间节点，深入各级机关单位和餐饮购物点、休闲娱乐场所等，对各镇各部门贯彻落实中央八项规定和省市县十项规定精神情况开展督查 81 次，查办违反有关规定案件 8 件 17 人，通报曝光典型案件 3 件 11 人。围绕干部作风、脱贫攻坚、民生民利等方面的突出问题，开展违规收送礼金问题专项治理、侵害群众利益的不正之风和腐败问题专项整治，立案查处有关问题 41 个，给予党政纪处分 106 人（其中涉及脱贫攻坚领域 62 人）。开展党风廉政建设群众满意度社会评价工作，开展督查 40 余次，发出工作督办函 60 份，督促整改群众反馈问题 204 个。全年召开纪委全会 2 次。

2016 年 3 月 7 日，中共威远县第十三届纪律检查委员会第八次全体会议（县纪委供图）

推进县纪委内设机构调整，规范镇和派驻机构纪检干部提名考察程序，严格执行基层纪检监察干部资格准入制度。配合县委做好镇纪委换届工作，全县 20 个镇实现纪委书记专职；19 个镇纪委委员增配至 5 名。全面清理并明确各级纪检组织负责人职能职责，确保回归主责主业。举办纪检监察干部综合业务培训班，选派新任干部参与信访处置、案件查办、执纪审理等工作，抽调 70 余名纪检干部协助省市纪委办案。承办全市纪检监察机关第一期“审理讲坛”，推行镇纪委副书记审理业务轮训办法，全面提高纪检干部纪律审查综合业务水平。注重培塑先进典型，县纪委殷涛被省纪委推荐为全国纪检监察系统先进工作者候选人。

【党风廉政建设】　年内，县纪委协助县委、县政府制发 2016 年度党风廉政建设和反腐败工作意见，将工作任务细化为六大项 48 小项，落实牵头县级领导和责任单位，层层分解任务；对 20 个镇和 93 个单位 2015 年落实党风廉政建设责任制情况进行集中检查考核，对排名靠后的单位进行通报批评，对其主要负责人进行约谈。制定党风廉政建设主体责任清单管理办法，推行履责纪实，加强日常监管，推动责任落实。协助县委常委会带头学习党风廉政建设有关制度文件 15 次、研究重点工作 39 项、开展警示教育 14 次。县委书记、县纪委书记专题约谈镇和部门党组织、纪检组织负责人及县纪委委员157人次；县纪委分片督导镇和县级部门84次，组织各镇各部门党政负责人向县委常委会和县纪委全委会述责述廉，对95名新提拔科级领导干部进行廉政谈话。牵头对各镇各部门党风廉政建设责任制落实情况进行检查和考核，对工作落实不力的15个单位党组织和纪检组织负责人进行提醒谈话。坚持“一案双查”，问责落实责任不力的科级领导干部4名。

【纪律建设】 年内，县纪委协助县委采取中心组学习会、专题民主生活会、主题宣讲活动等方式，组织开展党章、“两准则四条例”等党规党纪学习27次，教育引导各级党员干部切实增强‘四个意识”。强化对产业发展、脱贫攻坚等县委重大决策部署执行情况的监督检查，确保“六大纪律”执行到位。突出抓好换届纪律监督，县纪委书记开展专题谈心谈话100余人次；组建8个换届纪律巡察工作组，全程监督县党代会、人代会、政协会会风会纪，全程指导各镇专题民主生活会，会同组织部门专项督导32个重点难点村党组织换届风气；严把党风廉政意见回复关，提出意见建议198条；开展村级组织换届受处分人员提名问题专题调研，调研信息经中央纪委专题呈报中共中央办公厅供决策参考。

【源头治理】 年内，县纪委坚持正反结合抓教育，组织185名基层党组织书记到罗世文烈士史料陈列馆接受廉洁教育，组织138名党员领导干部到市级法纪教育基地接受警示教育；拍摄2部警示教育片《斩断伸向社保资金的“黑手”》《向“微腐败”开刀》在“廉洁四川”网站、四川电视台播放，以案明纪，警醒各级党员干部自觉筑牢拒腐防变思想防线。坚持预防在先抓源头，督促发改、民政等重点部门完善廉政风险防控机制；组织录播《阳光政务》政风行风电视专栏节目19期，解决群众反映问题174个；全面推进行政权力网上运行、实时监督，函询县级部门3件次，约谈行权部门主要负责人15人次。在靖和镇试点探索“微纠治”模式，建立“三收集两运用一报告”村级廉情预警机制，有效破解村级监管瓶颈。发挥镇审计站作用，遏制村干部在财务管理中的不廉洁行为等做法，得到省纪委的充分肯定。

2016年5月3日，威远县人民法院组织干警到锦江监狱接受廉政警示教育 （县人民法院供图）

【违纪案件查处】 2016年，县委坚持“无禁区、全覆盖、零容忍”，持续释放严格执纪、严惩贪腐的强烈信号。建立来信、来访、来电、网络、信息员“五位一体”的问题线索收集网络，畅通信访举报渠道。探索推行谈话前承诺、“一带二”办案、案件“主办人”等制度，切实提升纪律审查工作质效。创新实行脱贫攻坚专项巡查“五步工作法”，将纪律审查工作向中心任务聚焦、向基层期盼靠拢，不断提升群众获得感。2016年，全县各级纪检监察组织共处置问题线索231件，立案187件187人、结案187件，给予党政纪处分186人。完成省委巡视组交办件33件。开展纪律处分决定执行情况专项检查，纠正5人年度考核等次；对521名党的十八大以来受处分人员开展回访教育。

【威远县纪委承办内江市纪检监察机关第一期“审理讲坛”】 2016年11月23日，由内江市纪委主办、威远县纪委承办的内江市纪检监察机关第一期“审理讲坛”活动在威远县人民检察院六楼会议室举行。活动学习并解读《中国共产党纪律处分条例》有关内容。各县（区）纪委审理室结合自身工作实际，对党的十八大以来执纪审查工作取得的新进展新经验进行交流，并就新形势下如何改进审理工作、推进纪律审查工作转型进行研究探讨。市纪委、各县（区）案件审理工作分管领导和审理室同志参加会议。

重要会议

【中国共产党威远县第十三届纪律检查委员会第八次全体会议】 2016年3月7日，中国共产党威远县第十三届纪律检查委员会第八次全体会议在县银桦半岛酒店召开。出席会议的县纪委委员22人，列席206人。会议贯彻中共十八届中央纪委第六次全会、省纪委十届五次全会和市纪委六届七次全会精神，回顾总结2015年全县党风廉政建设和反腐败工作，安排部署2016年工作任务；书面传达中共十八届中央纪委第六次全会、省纪委十届五次全会和市纪委六届七次全会精神，与会人员观看题为《挺纪在前正风反腐》的反腐倡廉警示教育片。会议通报2015年度镇、县级部门落实党风廉政建设责任制情况考核结果，审议通过县纪委常委会工作报告（《从严治党，严格执纪，把党风廉政建设和反腐败斗争引向深入》）、《中国共产党威远县第十三届纪律检查委员会第八次全体会议决议》。副市长、县委书记曾云忠出席会议并作讲话。

【县2016年上半年党风廉政建设社会评价工作动员会议】 2016年5月5日，全县2016年上半年党风廉政建设社会评价工作动员会议在银桦酒店宴会二厅会议室召开。会议通报全县2015年度党风廉政建设社会评价测评情况、安排部署2016年上半年党风廉政建设社会评价工作。会议由威远县委办公室主办，县委书记、县长罗平出席会议并讲话，县委副书记周功会主持会议，各镇、县级相关部门负责人等200余人参加会议。

2016年7月28日，中共威远县第十四届纪律检查委员会第一次全体会议（县纪委供图）

【中国共产党威远县第十四届纪律检查委员会第一次全体会议】 2016年7月28日，县纪委十四届一次全会在县政府206会议室召开。会议选举产生县第十四届纪律检查委员会常委7名，刘均当选为县纪委书记，倪永秋、黄革委当选为县纪委副书记。会议由县纪委办公室主办，县纪委十四届全体委员27人参加会议。

【县2016年下半年党风廉政建设社会评价工作推进会议】 2016年11月1日，全县2016年下半年党风廉政建设社会评价工作推进会议在银桦酒店宴会二厅会议室召开。会议通报威远县2016年上半年党风廉政建设社会评价测评情况、安排部署2016年下半年党风廉政建设社会评价工作。会议由威远县委办公室主办，县委副书记、县长马炬出席会议并讲话。县四大班子领导，各镇党委书记、镇长、纪委书记，县级各部门主要负责人和纪检组织负责人等220余人参加会议。

【省纪检监察学会在威远召开全面从严治党座谈会】 2016年11月23日，省纪检监察学会组织高校专家学者到威远调研。全县20个镇参加调研座谈会，内容涉及地方党组织及党员关于建立“不敢腐、不能腐、不想腐”的长效机制面临的问题及建议以及地方党组织推进全面从严治党面临的困难和挑战、原因分析及对策建议。调研及座谈会由威远县纪委承担，县纪委相关领导和全县20个镇纪委书记参加座谈会议。

（周　伟）

社会团体

威远县工商业联合会

【概况】 2016年，威远县工商业联合会（总商会）建有机砖、日用副食、农产品加工、餐饮、汽车行业等5个行业商会，建立1个异地商会成都市工商联威远商会，重庆、昆明2个异地商会和多个行业商会在筹建之中。县总商会、行业商会、异地商会会员总计1100余名。5月27日，举办税法知识讨论，70余名非公经济人士听讲。8月中旬，与团县委联合举办青年企业家学习交流会，60余名非公经济人士参会。9月29日，根据县委提名，县工商联（总商会）在县政协二楼会议室召开第十一届四次执委会，选举倪成担任县十一届工商联主席、总商会会长。组织开展民营企业调研，摸清会员企业家底，了解企业经营状况，了解企业和谐劳动关系、诚信体系建设等情况，推动全县信用体系建设工作，引导企业将守法诚信贯穿于生产经营的全过程。截至年末，全县私营企业2912户，同比增长6.16%；解决企业用工16261人。企业家们从传统产业中走出来，向休闲旅游、健康养老、商贸物流、能源配套等方面发展。以日用副食品商会为主导的零售业，2016年实现销售额61.1亿元，以餐饮商会主导的餐饮业实现销售收入21.4亿元，成为县域经济的重要补充。配合县科技局、严陵工业园区等开展科技企业孵化器建设工作，动员47户会员企业入园注册。县工商联联合威远县经信局、威远县农商银行等部门，共同举办银企座谈会，实现需求与服务对接，县农商行继续加大对商会会员的支持。

2016年9月29日，县工商联召开第十一届四次执委（扩大）会议（县工商联供图）

【服务区域经济社会及助力脱贫攻坚】 2016年，县工商联主动参与重点项目的对接服务工作，联系汽车商贸城建设、金镭铸业高精度铸造等项目，积极协调部门关系，项目进展顺利。协助举办成都威远商会、北京威远同乡会联谊会，宣传推荐威远的招商项目，推动回乡创业和招商引资工作。帮助黄老五食品公司在威远和内江电商博览会上举办移动互联网识途论坛，推动分享经济发展模式的应用推广。

引导协调白塔集团、威宝公司、高山云雾、西藏圣核威远分公司、港华燃气、成都威远商会、汽车商会、机砖商会等企业参与"万企帮万村"精准扶贫行动。威宝公司在镇西镇永和村发展有机蔬菜种植面积8公顷；高山云雾茶叶公司带动小河镇响水村发展茶叶种植面积1.2公顷；西藏圣核威远分公司在5个贫困村发展核桃种植面积140公顷，每年土地流转金84万元，吸纳贫困户参与管护，年管护费52.5万元。港华燃气投入400万元，为严陵镇三胜村、兴家村、黄荆沟镇红丰村铺设天然气管道10余千米，并为1户贫困户捐资捐物3000余元。企业家黄永春的公司免费为54个贫困村培训电子商务人才合计110人，同时垫资800万元为结对扶贫村镇西镇铜锣村建设农村公路，无偿帮助3个需要改建危房的贫困户开挖屋基。白塔集团捐资2万元帮助两河镇永富村修建通组公路；汽车商会捐资5000元帮助黄荆沟镇坭河村改善贫困户住宅，并招收贫困户中的适龄人员，开展汽车维修美容等培训。成都威远商会捐资14300元作为成立"成都威远商会帮助卡房村脱贫基金会"的启动资金，捐赠名贵树苗金丝楠木200株、台灯180盏、床上用品若干套等。商会各成员现场购买40余只土鸡、鸭和350千克芋头，帮助联系销售2.5万千克芋头。县工商联机关会同县委统战部为定点帮护联系村维修养护公路10千米，新建便民入户路4千米，铺设应急供水管网5千米，正在实施硬化村级公路2千米。开展党员精准扶贫"三百示范"项目，建设年出栏3万头的家庭养殖农场1个。新申请低保2人，落实各类民政救济金4万元，实现贫困户"新农合"全覆盖，帮助4名学生减免学费。

【会员服务工作】 年内，县工商联推进企业的持续创新，鼓励现代服务业发展。开展私营企业建立现代企业制度试点工作，推荐会员企业参与试点，配合专家团对试点企业进行发展战略、企业文化、创新、治理机制、流程管理等进行诊断咨询，提出诊断咨询建议。配合实施创新型企业家培养计划，推荐10名企业创新人才作为培养对象，强化学习培训，加大扶持力度，建立县青年企业家协会。开展企业工资集体协商等级评定工作，参加劳动关系三方（四家）联席会议，全年召开企业家恳谈会4次，组织开展2次有170余家非公企业参加的关于《中华人民共和国工会法》《中华人民共和国劳动合同法》等专题培训讲座，会同人力资源社会保障部门、工会组织和其他有关企业方代表一道考核评定工资集体协商等级企业。

【参政议政】 2016年，县工商联推荐非公经济人士进入市工商联领导班子，其中7人当选执委，4人当选常委，徐小洪当选为副主席；推荐非公经济人士担任新一届县人大代表、县政协委员，26人当选县人大代表，35人当选县政协委员。年内，县工商联组织4次共计80人次工商联界别人大代表、政协委员参与各类调研，提出有价值提案15件。

（吴真奎）

表11　2016年政协威远县九届六次工商联界别委员提案一览表

序号	提案号	提案标题	提案人
1	2	关于加快罗家坝整体改造速度的建议	刘建平、倪小宇
2	7	关于加快新能源汽车推广应用的建议	罗　刚
3	9	关于改善农村人居环境的建议	潘华富
4	11	打造“天下穹隆，魅力威远”，增加旅游区的文化内涵、科技含量	罗　洪
5	18	以旅游为引领推进威远经济社会转型升级发展	刘阳德
6	19	加快推进我县新型城镇化建设进程的建议	杨　勇
7	21	整治电鱼炸鱼和河道倾倒垃圾的现象	胡智敏
8	30	加快推进新型城镇化的建议	付双祥、王兴安
9	38	聚全县之力，加快建成县城后花园	王兴安、林玉兰、付双祥
10	49	建议修改新农合医疗保险个人账户门诊费用年终清零的规定	廖咏康
11	50	关于修改退休职工住院医疗费用报销流程的建议	廖咏康
12	59	关注留守儿童、孤寡老人，让民间志愿团队发挥更大作用	罗　洪、倪秀川
13	67	关注女性健康生活，快乐工作	蒋超慧
14	73	建议推行70岁老人无忧出行工程	廖咏康
15	74	关于适当降低劳动密集型制造业社保缴费率的提案	刘建平、倪小宇、宋德明

威远县总工会

2016 年 3 月 22 日，四川省总工会副主席李茂林（右一）为获得“四川省五一巾帼标兵岗”荣誉称号的井得毛织制衣有限公司缝合班组现场授牌（县总工会供图）

【概况】 2016 年，威远县下属基层工会 1358 个，职工人数 93278 人，会员人数 91535 人。其中机关事业单位 430 个、职工人数 17398 人、会员人数 17090 人。县总工会设办公室、财务股、组织保障股 3 个股（室）和县职工服务中心。年初，召开 2016 年元旦春节困难职工群众“送温暖”工作会议，贯彻落实党的十八届五中全会和省委十届六次、七次全会精神，落实好中央和省委、省政府系列民生政策，动员和引领全社会共同做好困难职工帮扶救助工作，维护职工（农民工）合法权益，保障其基本生活。组织 103 名下岗职工参加“2016 年全国工会就业创业援助月活动暨推动长江经济带绿色发展大型招聘会”内江分会场活动，45 名下岗职工达成意向性协议；与县就业局联合开展“春风行动”“就业援助月”等专项就业服务活动；利用微信平台提供就业信息、就业岗位服务活动。实施“金秋助学”行动，资助困难农民工家庭大学生、中小学生 100 名以上；实施“困难农民工帮扶”行动，全年帮扶 100 户因本人或家庭成员患重大疾病、遭遇自然灾害或重大事故等因素造成家庭生活特别困难的农民工家庭，资金 5 万元。在县城城市花园广场开展“呵护花季 远离性侵”法治宣传活动，发放《中华人民共和国未成年人保护法》资料 200 余份。

2016 年，县总工会荣获四川省“安康杯”竞赛 优秀组织单位、内江市总工会县（区）工会工作竞赛、信息工作、工会工作获创新一等奖，县“四好”班子、先进基层党组织等荣誉。内江市井得毛织制衣有限公司缝合班组获“四川省五一巾帼标兵岗”称号，威远县勤达公共交通有限责任公司公交 1 路城北线行车班组获“四川省工人先锋号”称号，威远县高石镇工会联合会获“四川省示范乡镇（街道）工会”称号，县总工会职工黄敏获“四川省农民工入会集中行动工作先进个人”称号。

【劳动竞赛活动】 2016 年，县总工会在全县重点区域、重点产业、重点工程开展劳动竞赛活动，在 3 个工业园区开展“五比一创”（指“比技术创新、比科学管理、比经济效益、比安全生产、比团队和谐”和创“工人先锋号”）劳动竞赛，在白塔集团、威玻集团、勤达公司、井得毛织制衣分别举办筛砖、络纱、汽车维修、毛织制衣等劳动竞赛。全县规模企业参与面 91%，参赛职工 33983 人。举办以“大培训、大比武、大提升”行动为主题的知识竞赛职业培训、技能比武等活动，企业参与面 91%。选派威玻集团 2 名技工参加内江市代表队“川南四市焊工技能大赛”；联合县卫计局组织基层卫生岗位练兵和技能竞赛，22 家医院 56 名选手通过理论知识笔试、知识竞答、技能操作等考核脱颖而出，6 名选手参加市级竞赛；联合县人社局开展“婆城十大工匠”评选活动，推荐四川白塔新联兴陶瓷有限公司和四川威玻新材料集团有限公司参加市“十大甜城工匠”评选，其中白塔集团易能获得“十大甜城工匠”称号。组织卫生、交通、教育等行业开展安全知识竞赛活动 7 次，组织利弘陶瓷、天地源陶瓷、东工水电等基层工会开展技术技能大比武 20 场。

围绕企业转型升级，开展提合理化建议、技术攻关和科技成果转化、技术创新“三个一”活动，企业参与面 91%；围绕企业提质增效，在全县企业中开展“比创新、比技能、比管理、提质增效”为主要内容的竞赛活动，企业参与面达 85%；对每个企业都建立节能减排义务监督员。参加“五一巾帼”评选活动，井得毛织制衣有限公司缝合班组获“四川省五一巾帼标兵岗”称号。在威远勤达公交公司、井得毛织制衣有限公司、白塔集团等企业开展女工驾驶操作、女工织毛衣等专业竞赛活动8次，参与职工人数800人次。举办女职工风采大讲堂，在井得毛织制衣有限公司开展玫瑰书香女职工读书年活动、毛衣纺织培训。

推进创建“工人先锋号”活动向纵深发展，开展创建活动的规模以上企业达91%，威远勤达公交公司公交1路城北线行车班组获“四川省工人先锋号”称号。发挥劳模职工技能人才的带头作用，在利弘陶瓷有限公司、黄老五食品有限公司、周萝卜食品公司建立技能人才（劳模）创新工作室。

【就业帮扶】 2016年，威远县全面完成省政府民生工程下达的困难职工救助、就业困难人员再就业等各项目标任务。帮助450名城镇失业人员再就业，占任务300人的150%。帮扶救助生活、医疗困难职工（农民工）1810人，占任务640人的282.8%。资助困难职工子女上学462人，占任务120人的385%。开展精准扶贫工作，结对帮扶观英滩镇民政村13户贫困户，并全部实现脱贫目标。对全县建档的贫困户因本人或家庭成员患重大疾病、遭遇自然灾害或重大事故等因素造成家庭生活特别困难的农民工家庭，给予一次性生活救助每户500元。2016年为符合条件的困难职工（农民工）提供生活和医疗救助1810人（建档困难职工3450人），发放救助资金81.9万元，实现20%以上建档困难职工目标任务。实施“千户送温暖工程”，全县600余名副科级及以上领导干部，联系帮扶困难职工1200余名，送慰问金40万元。

开展就业援助活动，组织全县农民工、下岗失业人员、企业分流职工等失业人员103名到市参加“2016年全国工会就业创业援助月活动暨推动长江经济带绿色发展大型招聘会”，各位求职人员针对自身特长、技能、需求与招聘单位达成意向性人员45名。牵头组织在就业局举办“就业援助月”专场招聘会4期，共有199家单位参加，提供就业工种数281个，提供岗位数302个，覆盖人数达2970人，现场达成就业意向643人。联合就业局开展小额贷款工作，全年办理2947人。组织开展适合贫困农民工特点和市场需求的职业技能培训班，组织有条件且有意愿的贫困农民工参加“电商技能培训”二期，培训人员100名。各级工会在“夏送清凉”活动期间，共筹集慰问资金225万元。其中，政府拨款50万元、工会经费投入15万元、社会筹集资金160万元。共走访企业（基层）15家，开展监督检查活动25次；走访慰问职工2600人次；发放防暑降温用品价值10万元。

2016年8月16日，市总工会领导到威远县开展“夏送清凉”活动　（县总工会供图）

【劳动者风采宣传】 2016年，全县各级工会组织大力弘扬在县内各条经济战线中涌现出的先进典型和劳模精神，激励广大职工努力学习新知识、掌握新本领、创造新业绩、作出新贡献，构建和谐文化，推进社会文明建设，采取多种形式开展“中国梦·劳动美·我为圆梦建功业”教育实践活动。按规定申报评选倪雪梅、张进、刘晋全3名为四川省劳动模范，恒进威为内江市劳模。开展劳模风采“五一”宣传月活动，同县文化体育广播影视和新闻出版局联合制作4期全国劳动模范和先进工作者的先进典型事迹宣传片，在县电视台《劳动者之歌》栏目作连续专题报道。全年为45名全国、省、市劳模开展健康体检。春节期间慰问省劳模58人、市劳模54人，发放慰问金20.59万元。“五一”期间，对市劳模李寿良、龚连贵和威玻职工邓贤朝的先进事迹在威远县广播电视台进行滚动播放。

【“金秋助学”活动】 2016年，威远县申报四川省困难职工帮扶基金会“雪中送炭·困难职工生活救助项目”资金3.4万元，救助困难职工（农民工）子女85名，申报四川省困难职工帮扶基金会圆梦金秋·关爱大学生系列项目“金秋大学梦”资金10万元，救助困难职工（农民工）大学新生 50 名，共资助大学新生 120 名，高中生（含中职生）20 名，中小学生 322 名，资助人数 462 人，资助资金 43.25 万元。开展留守儿童助学慰问活动，对困难的留守儿童帮扶 199 名，帮扶资金 9.95 万元。帮扶救助生活、医疗困难职工（农民工）1810 人。

【工会组织建设】 2016 年，全县各级工会组织按照“巩固、发展、提高”的要求，建立会员发展常态化工作机制，突出会员主体地位，切实提高职工入会率。全县职工 93278 人，会员 91535 人，建会企业职工入会率达到 98.13%；组织农民工入会 24601 人，新入会农民工 5000 余人。按照“依法建会、全面覆盖、科学管理”的思路，全县非公企业共有 732 家，涉及职工人数 91535 人。单独建立非公工会 198 个，区域性、行业性工会 131 个，覆盖企业 530 家。深化乡镇创“六好”，社区工会创“五优”工作，打造一批示范典型，继续深化基层工会组织“三分类三升级”和“双亮双推”活动，开展“小三级”工会联建联创活动，建会企业“双亮”和规范化建设面达 90%，“六有”建设面达到 70%。新增高石镇工会联合会为省级示范工会。全县建立 20 个镇工会联合会、3 个园区、49 个社区、25 人以上的企业 198 个，25 人以上的企业建立劳动争议调解组织和工会劳动法律监督组织 198 个，覆盖率达到 95%，镇工会联合会、社区规范化建设率达 100%，25 人以上的企业劳动争议调解组织和工会法律监督组织规范化建设率达到 91.1%。企业建立工会代表大会制度达 100%，委员会制度达 100%，企业召开职工代表大会的 99%，建立重大事项报告会制度，完善代表和委员履职述职制度和直接联系职工、接受职工评议制度、会务公开制度，主动接受职工和社会监督。做好女职工特殊权益维护工作，在镇西镇井得毛织制衣有限公司建设“妈咪宝贝屋”1 个，建心理驿站 1 个，聘请专业心理指导师 1 名，接受心理咨询 30 人次、心理援助 16 人次。

2016 年 9 月 8 日，县总工会在高石镇举办困难职工（农民工）电商技能培训　（县总工会供图）

【工资集体协商】 2016 年，威远县各级工会组织坚持依法建会、依法管会、依法履职、依法维权，推动工资集体协商工作。主动搭建协商对话平台，健全以职工代表大会为基本形式的企事业单位民主管理制度，深化厂务公开民主管理示范单位创建活动，推进厂务公开民主管理制度化、规范化。建立白塔集团、井得毛织制衣有限公司、黄老五食品有限公司、四川三帝新材料有限公司 4 个示范点。推动建立区域（行业）职工代表大会制度，发挥企业职代会作用，围绕企业裁员、降薪和人员安置等重大事项依法开展集体协商。已建会公有制企业厂务公开和非公企业厂务公开、职代会制度建制率分别达到 100%、99.7%，威远勤达公交公司被评为“四川省和谐劳动关系企业”。继续推进工资集体协商和工资集体协商等级评价工作，评定出工资集体协商工作 A 级企业 131 户、B 级企业 50 户、C 级企业 17 户。

【职工文化体育活动】 2016 年，威远县加强职工书屋和农民工文化驿站建设，分别在严陵镇东风路社区、东街社区、铺子湾镇铺子湾街社区、高石镇场镇社区、龙会镇龙会场社区、靖和镇华乐社区建立县级职工书屋 6 个，在严陵镇建业社区和接官亭社区、镇西镇民主街社区、铺子湾镇街道社区、山王镇山王场社区、新店镇新店场社区建立县级农民工文化驿站。依托全县 8 个市级、6 个县级“职工书屋”示范点和 8 个“户外劳动者之家”开展“创建书香企业，倡导全民阅读”活动。采取微信、微博、QQ 等多种形式，号召广大职工参与诵读大赛，参与率达 90%。组织职工参加全省职工摄影、微电影比赛。9 月 13 日，围绕全国科普日“创新放飞梦想，科技引领未来”“创新创造创业，创享美好生活，建设绿色文明和谐美丽威远”主题，在县城区开展2016年全国科普日活动科普益民进社区宣传活动。县总工会现场为广大职工群众发放职业病防治法，劳动法、工会法律知识等宣传资料1200份、“工会礼包”200份。

（唐群英　潘利群　唐华仙）

共青团威远县委员会

【概况】 2016年，威远县共有镇团委20个，县直属学校团委11个，机关团支部28个，两新团组织15个。成立威远县青年企业家协会。组织开展“城乡儿童心连心”志愿义卖募捐活动、“最萌小小志愿者”评选；“回家路上做志愿”春运志愿者活动、“威远青年在行动”主题服务月活动、“我为创业青年点赞”活动、“精准扶贫·青年在行动”帮扶活动、开展“迎国庆暨圆贫困学生留守儿童艺术梦”文艺演出活动等20余项。携手成都市高新区芳草义工总队、威远县义工2支爱心团队到观英滩镇青山小学举行“爱心书屋”捐赠活动；与县教育局、县作家协会、金四方果业联合举办“金四方杯”中国无花果之乡全国征文大赛；举办“爱在七夕节”威远县第三届相亲会，威远县中小学生交通安全系列作品比赛。参加内江市首届青年志愿服务项目大赛获金奖；参加第三届中国青年志愿服务大赛四川省赛，《阳光助残——为你阅读世界》项目荣获省、市级金奖，并入围全国总决赛；威远县成为“大学生志愿服务西部计划”项目县。

2016年9月2日，全市成立首个县级青年企业家协会，吸纳优秀青年企业家300名，构建“导师交流学习+创业青年实践学习+商业联盟”三位一体的双创模式　（团县委供图）

【新媒体思想舆论引导】 2016年，团县委注重思想引导，及时掌握舆论动态，用青年喜闻乐见的方式推送信息，在全市首推“威爱公益”志愿众筹项目，通过微信传播为患骨肉瘤的威中学生募捐到9万余元。威远共青团官方微信公众号在全市政务类微信公众号排位中名列前茅，跻身全省县区团系统前五名；官方微博总阅读量超600万居全省县区团系统第六名；推广运用手机APP“青年之声”，打造威远青年新根据地，建立感知青年脉搏的心之桥。共青团威远县委新媒体工作获得共青团内江市委高度评价，荣获2016年共青团新媒体工作先进集体特等奖的殊荣。

【SYE项目】 2016年，团县委将SYE工作与脱贫攻坚工作相结合，从宣传创业贷款政策、收集和筛选优质项目、指导撰写商业计划书、组织创业导师实地面试、组织导师定期结对创业辅导等方面着手。累计收到SYE项目情况咨询200余人次，收到创业基金申请资料40份，其中20个项目通过预审，预审通过率50%。组织威远县SYE导师开展实地面试18次，18个项目通过实地面试，12个项目通过最终复审，复审通过率67%；帮助12名创业青年获得贷款共计105万元。解决全县创业青年在创业过程中的资金瓶颈问题，帮助和支持他们创业致富。全市SYE工作总共贷款200万元，威远县占50%以上，SYE工作获得全市特等奖。

【青少年关爱行动】 2016年，团县委在全市首推“威爱公益”，打造威远“青字号”品牌，以项目化运作，针对威远县遭遇重大疾病、重大灾难的青少年开展精准帮扶。“威爱公益”第一期为患骨肉瘤的威中学生刘碟募捐到9万余元；开展“盛夏传情、爱满婆城——关爱空巢老人”志愿服务众筹活动，为全县空巢老人社会募捐物资2万余元；开展“情系留守·爱暖童心”关爱行动12场次，受益学生1万余人；开展婆城公园文明劝导活动44次，号召广大群众爱护公园环境、保护公园设施、维护公园秩序，遵守文明市民公约，说文明话，办文明事，做文明人。

【青少年思想道德建设】 2016年，威远县以旗帜鲜明的红领巾为主题，开展青少年喜闻乐见的队日活动，如“环保微炬会”“红领巾祭英烈”“向上向善好队员”“关注少代会，当好小主人”等等，全县102个少先队大队，2万余名少先队员参与主题队会活动，活动参与率高达98%以上。开展保护母亲河专题演讲比赛，开展以交通安全和无花果为主题的少儿作品（童谣、儿歌、绘画）征集等，进一步激发广大青少年争当道德素质过硬的、向上向善好青年的热情。

【青少年违法犯罪预防】 2016年，威远县预防青少年违法犯罪工作领导小组设在共青团威远县委。领导小组贯彻“两法一例”，全面落实科学发展，坚持“打防结合，预防为主”的方针，深入开展预防青少年违法犯罪工作。全年未成年罪犯人数为28人，批捕的未成年人犯罪嫌疑人数为12人，起诉的未成年人被告人人数为22人，比2015年进一步下降。利用广播电视、网络、报刊等大众传媒，普及法律法规，营造预防青少年违法犯罪的法治宣传氛围。

【威远县青年企业家协会成立】 2016年7月29日，威远县青年企业家协会成立，系在全省范围内率先成立的县级青年企业家协会。成员由威远县境内的企业、个体户、电商经营者以及在外从事企业经营、个体户、电商经营的威远籍人士组成，吸纳威远青年企业家300名。协会秉承“德行天下、博爱领众”精神，打造爱心互助平台、学习交流平台、快乐健康平台；服务会员企业及创业青年，服务青年企业家成长发展，服务地方经济发展和社会建设，引导青年企业家为加速全面转型、决胜全面小康、建设幸福美丽威远做出应有贡献。

【“阳光助残——为你阅读世界”获中国青年志愿服务项目大赛铜奖】 2016年12月1日，第三届中国青年志愿服务项目大赛暨志愿服务交流会在宁波开展，共青团威远县委员会选送参赛项目“阳光助残——为你阅读世界”获大赛铜奖。该届赛会由共青团中央、中央文明办、民政部、水利部、中国残疾人联合会、中国志愿服务联合会联合中共浙江省委、浙江省人民政府、中共宁波市委、宁波市人民政府共同主办。旨在通过打造志愿服务项目展示、资源配置、组织交流、文化引领于一体的全国性志愿服务综合平台，推进志愿服务项目化运作、社会化动员、常态化发展，提升志愿服务在促进社会治理大局中的服务成效和水平。全国38个省级赛会单位共申报项目4049个，其中1000个项目进入全国赛，504个优秀项目入围全国决赛角逐金银奖。

【“城乡儿童心连心”志愿义卖募捐活动】 2016年1月16日，由共青团威远县委员会主办，威远民间志愿者团队和威远县修竹幼儿园协办的“城乡儿童心连心”志愿义卖募捐活动在县城市花园举行。活动现场孩子们以班级为单位当上“店铺掌柜”。店铺内有种类丰富的书籍，有妙趣横生的玩具，有姿态百千的绿植，有光鲜亮丽的衣服，还有创意无限的手工作品。孩子们张贴好精心制作的价格标签，营造出一个轻松而富有童趣的爱心义卖会。义卖活动募集到款项11255.80元，全部用于威远民间志愿者团队开展关爱困难青少年群体活动。

（肖　霖）

威远县妇女联合会

【概况】 2016年，威远县有县级妇联1个、镇妇联20个、村（社区）妇联374个、县直属妇委会35个，共有专兼职妇女干部416人。年内，继续深化“幸福内江．甜城甜女”品牌工作，与威远县社区学院联合建立“甜女学堂”，开展以“争当优秀母亲、展现甜女魅力”“家庭教育”“威远史志”等为主题的分享课4期。召开县妇联第十届执委会第八次会议，选举法产生县妇联第十届执委会常委、主席。期。举办“幸福使者·母亲课堂”“最美家庭”故事分享会，市妇联纪检组长、各区县妇联干部代表等出席，威远县20个镇妇联主席、县直属机关妇委会主任及妇女代表共80余人参加会议。开展养殖、种植、家政、毛衣缝制等技术技能培训5次；与县就业局等部门联合组织专场招聘活动3次。开展妇女居家灵活就业培训5期。接受市妇儿工委对威远县2011—2020年“两纲”中期实施情况的督导检查，并通过。落实贫困妇女关爱活动，对50余名贫困妇女开展救助和慰问，发放救助金和慰问物资共计3.7万元。招募200名巾帼志愿者，开展各类主题活动20余次。

【威远县妇联召开第十届执委会第八次会议】 2016年6月15日，县妇联第十届执委会第八次会议在县委小礼堂召开，县妇联第十届执行委员会委员参加会议，县委常委、县总工会主席李磊出席会议。会议由县委组织部干部监督股同志宣读任命文件；通过大会选举办法（草案）和监票人、计票人建议名单；听取、酝酿、通过第十届执委会替补常委和拟任主席名单；通过无记名投票方式选举产生县妇联第十届执委会常委、主席。刘莉当选为县妇联第十届执委会主席。

【基层组织建设】 2016年，召开妇联十届七、八次执委会，选举产生威远县妇联第十届执行委员会替补执委、常委和主席，完善妇联班子和执委。将女性人才培训工作纳入干部培训总体规划，通过组织参加上级培训和举办培训班等形式，组织妇联干部10余人参加市级以上的各类培训12期；县妇联举办培训班2期共100余人参加。巩固和拓展城乡基层妇联组织网络，全面完成村（社区）妇代会改建妇联工作任务，改建率100%。做好新形势下机关事业单位妇女工作，增加县直属妇委会至35个。开展内江市妇联“三网”建设“联系网”试点工作，结合村（社区）妇代会改建妇联工作抓好专职、兼职、挂职妇联干部问题，发展壮大妇联干部队伍。向组织部门推荐科级女领导干部人选，2016年有5名妇联专职副主席提拔走上科级领导干部岗位。全县公务员中共有女领导115名，达18%；县级领导班子中有1位副县级女性领导干部，20个镇党政班子妇女干部配备率达100%；县级人大女代表70名，占代表总数的27.8%；政协女委员77名，占委员总数的30.6%；女党员7553名，占总数的24.8%。建立健全“妇女儿童之家”，做到机构完善、管理规范，组建率100%；开展“妇女儿童之家”活动典型案例征集，挖掘基层成功做法总结提炼加以推广宣传，发挥妇联“家”的功效。

【妇女创业就业服务】 2016年，县妇联根据妇女需求，服务女性创业就业。依托县就业局培训中心和各级“妇女之家”分层次、分类型抓好培训，针对200余名农村妇女开展养殖、种植、家政、毛衣缝制等技术技能培训5次；与县就业局等部门联合组织专场招聘活动3次，发放宣传资料9879份，介绍女性就业354人次。以妇女之家和手工编织业、龙头加工企业、种养殖业、家政服务业为依托，通过妇联引导、企业带动、品牌影响的方式，引导和帮助广大妇女居家就业。各级妇联共开展妇女居家灵活就业培训5期400人，新打造威远宏扬苗木种植农民专业合作社、四川久润泰科技有限公司、生姜协会等居家灵活就业示范基地3个。借助内江井得毛织制衣有限公司、爱君家政公司等示范基地送“岗位”，提供女性岗位384个。抓好“巾帼文明岗”创建示范活动。县地税局纳税服务科推荐上报为国家级“巾帼文明岗”。

2016年3月31日，县妇联举办妇女居家灵活就业技能培训 （县妇联供图）

【维护妇女儿童合法权益】 年内，威远县妇联不断完善信访渠道，坚持妇联信访工作制度。全县各镇、村（社区）共建立婚姻家庭矛盾调解中心21个、妇女信访代理室188个。实施以源头维权、实事化维权、个案维权、社会化维权为主要内容的“维权行动计划”，县妇联2名人民陪审员参与各类案件陪审6件次。组织开展宣传咨询活动，开展以“反家庭暴力法”“立体维权三部曲（维权导向、维权参与、维权跟踪）”“脱贫攻坚·妇联在行动”为主题的法治宣传咨询活动5次。持续推进“关爱女性保障计划”工作，2016年有承保妇女13473人。做好精准扶贫帮扶工作，为新场民胜村8户精准扶贫联系户脱贫致富出谋划策，其中7户已经脱贫。

【开展贫困救助】 2016年，威远县妇联以“母亲节”“六一”等节假日为契机，采取集中与分散的形式，通过贫困母亲救助、“留守儿童关爱行动”等活动，走访慰问200余户贫困家庭和贫困儿童，发放慰问资金3万余元。年内为全县16名贫困“两癌”患者每人给予1万元的贫困救助，共计16万元。结合“冬之暖”活动，为全县35名贫困母亲送去价值共计7000元的慰问物资。继续深化“爱心接力妈妈”巾帼志愿行动，采取集中与分散的方式，开展以“关爱、陪伴、陪护、看护”为主题的“爱心接力妈妈”巾帼志愿活动20余次。落实市委书记在《关于慰问威远县贫困妇女黎玉仙的情况报告》上做出的批示，用心用情关怀帮扶贫困妇女。

【和谐创建活动】 2016年，威远县妇联与县委宣传部、县纪委等部门联合开展寻找“最美家庭”活动，逐级评选出国家级、省级、市级、县级“最美家庭”43户，选送的余向红家庭获得“全国最美家庭”称号，刘晋阗、李莉等6户家庭为“市级最美家庭”，对余向红、刘晋阗等家庭拍摄专题片在四川省电视台进行宣传。依托“妇女儿童之家”，开展“四好村”创建之养成好习惯暨“好婆婆、好媳妇”评选表彰活动。开展“幸福家庭”创建行动。依托“母亲课堂”“甜女学堂”，开展“最美家庭”故事分享、“妇联通”微博故事分享；举办婚姻与家庭教育讲座10期，参与群众1000余人。精心打造巾帼志愿服务品牌。发展壮大巾帼志愿者队伍，新招募200名巾帼志愿者，开展“践行十爱·德耀甜城”——威远妇联在行动、城乡环境综合整治“进家庭”“爱心接力妈妈”巾帼志愿行动等主题活动20余次。

【“两纲”实施工作】 2016年，全县建立政府主导、部门合作、全社会参与的工作格局，调整充实县妇儿工委成员单位，明确职责分工，健全完善妇女儿童工作业务培训常态化、监测评估全面化、责任分工具体化等工作机制。开展2016年妇女儿童发展纲要监测评估工作，对指标进行分析评估，通过市妇儿工委办的督导检查。强化舆论宣传，开展知识宣讲咨询培训会10余次，印发“两纲”宣传资料1万余份。

（杨　莉）

威远县科学技术协会

【概况】 2016年，全县有镇级科协20个、企业科协6个、事业单位科协2个、青少年科技辅导员协会1个；年内新增科普志愿者36名，全县科普志愿者总数342名；新成立社区科协1个（威远县严陵镇东风路社区科协），社区科协总数达15个；新发展农村专业技术协会3个（威远县养蜂产业协会、威远县严陵镇大棚蔬菜协会、威远县葛根种植协会），年内新增民政登记农技协3个（威远县养蜂产业协会、威远县绿化苗木产业协会，威远县严陵镇大棚蔬菜协会）全县农技协总数达108个（其中，民政登记农技协16个）。基层科普行动科普惠民益民取得新成效，获国家表彰奖补项目1个、省级表彰奖补项目3个，争取省级科普专项经费项目1个。科技与人才工作、学术交流取得新进展。科技思想库建设服务党委政府决策稳步推进，编印完成科技思想库论文集收录专家论文13篇；全县推荐的有关军民融合的4篇论文全部入选四川省绵阳市举办的第八届博士专家论坛，李雪涛、刘英启、胡伟、邹国宇4人获得博士专家论坛优秀论文奖；组织专家参与2016年内江市第四届自然科学优秀论文奖征集评选活动，向市选送推荐专家论文16篇；组织推荐优秀乡土人才参加市科协举办的内江市首届“乡土人才创新创业大赛”，获得一等奖1名、三等奖2名。银会合作进一步推进，银会合作客户数据库逐步建立完善，全年完成信贷放款75笔、2677万元，政策贴息支持13.7万元。

年内，县科协被市科协表彰为2016度科普工作、信息工作、统计工作先进集体和全市青少年科技创新大赛优秀组织奖单位；全县科协系统中：2个镇科协、2个社区科协、2个企业科协、4个农技协、3个农村科普示范基地和5名个人荣获市科协表彰的全市科协系统先进集体、先进个人；威远县茶叶协会被中国科协、财政部表彰为“全国科普惠农兴村先进单位”，被四川省科协通报表扬为2015年度全省科普惠农优秀农技协；威远县观英

2016年3月26日，市、县科协在高石镇中心校开展“科普大篷车进校园”活动　（县科协供图）

滩镇街道社区被四川省科协命名为“四川省科普示范社区”；县科协主席曾顺才获得四川省科普工作先进个人通报表扬并被推荐为全国科协系统先进工作者表彰人选，县科普活动中心主任余祥贵获得四川省精神文明办“弘扬雷锋精神 践行核心价值观”知识竞赛优秀奖；威远县向义镇无花果产业协会理事长游勇获得中国农技协通报表彰，荣登全国优秀乡土人才榜；四川白塔新联兴陶瓷集团有限责任公司被四川省人社厅、省科协、省科技厅等七部门表彰为四川省“讲理想、比贡献”活动先进集体。

2016 年 8 月 9 日，威远县老科技工作者协会成立　（县科协供图）

【科普宣传】　2016 年 3 月 30 日，市科协、县科协联合组织在高石镇中心校开展“科普大篷车进校园”活动，展出科教展品 20 余种，赠发科普挂图 40 套、科普宣传资料 2000 余册。5 月 18 日，威远县科协联合县卫计局、严陵镇党委、镇政府在严陵镇接官亭社区举办“2016 年科技活动周创新管理安全健康进社区”讲座义诊活动，50 余名社区干部、居民群众参加活动，发放健康生活手册等科普资料 1000 余份。9 月 13 日，县科协联合严陵镇党委、镇政府，严陵镇接官亭社区和西街社区，组织相关县级部门及城镇社区在县城区滨河广场举办威远县 2016 年全国科普日科普益民进社区宣传行动暨科普文艺会演活动，共展出各类科普展板 8 块，发放各类资料 2.3 万份，接待群众咨询服务 1200 余人次，开展群众义诊 300 余人次，科普文艺会演节目 14 个，城区居民群众 4000 余人在活动中受益。

【科普培训】　2016 年 5 月 20 日，县科协联合县科技局牵头组织邀请县农林局、县无花果研究所专家及威远县向义镇无花果产业协会技术专家到向义镇四方村无花果种植科普示范基地开展 2016 年科技活动周送科技下乡产业技术培训活动，协会和基地的会员、技术骨干共 50 余人参加培训。9 月 19 日，县科协牵头联合内江市科协、县农林局、县气象局组织农科、水产、气象专家在新店镇永强村葛根种植科普示范基地开展农村科普惠民实用人才技术培训暨气象为农服务培训活动，参训农村基层干部、计生“三结合”户、葛根种植户等 80 余人，发放科普资料 200 余份。9 月 21 日，县科协牵头联合县老干局、县妇联组织县农林局、县气象局专家在新场镇举办 2016 年全国科普日农村科普惠民暨产业科技扶贫培训活动，参训农村基层干部、种植养殖大户、扶贫帮扶对象 120 余人，发放各类科普宣传资料 1000 余份。年内，县科协所属团体、农技协、基层科协组织等举办各类实用技术培训班 328 期次，培训农村党员基层干部 2500 余人次，农技协骨干 480 人次，农民群众 24820 人次。

【科普惠农】　2016 年，威远县成功申报“基层科普行动计划”项目 4 个（国家级 1 个、省级 3 个），威远县茶叶协会被中国科协、财政部表彰为“全国科普惠农兴村先进单位”，获得奖补资金 20 万元，威远县严陵镇西街社区居委会获得省级“社区科普益民计划”项目表彰奖补，获得奖补资金 10 万元；威远县越溪镇林木种植协会、威远县特种水产协会余儒华荣获省级“科普惠农兴村计划”项目奖补表彰，分别获得省级项目奖补资金 10 万元、2 万元；威远县科协争取到省级科普专项项目资金 10 万元，用于支持事业单位科协及基层农技协加强科普基础条件建设。

【威远县老科技工作者协会成立】
2016 年 8 月 9 日，召开威远县老科技工作者协会成立大会，选举产生协会领导班子成员，在全市率先开启县（区）老科协工作。县老科协成立大会由副县长王学斌主持，县委常委、县总工会主席李磊出席会议并讲话、县人大领导胡林仁参加会议，市老科协会长张渊到会指导、祝贺。陈廷德当选县老科协第一届理事会会长，王奇、龙荣洲、李世全、汪忠友、肖永康、林用平当选为副会长，江平当选为秘书长；聘任县老领导郭征为县老科协顾问、名誉会长。县老科协首批入会会员有 66 名，设立县老科协办公室及工业和农业、城建和交通、教育和卫生3个专委会，配备办公室及专委会主任、副主任。10月13日，召开县老科协第一届一次理事会议，传达贯彻市老科协有关文件及会议精神，完善县老科协相关会议、活动、经费、调研等一系列制度措施，安排部署协会工作。

【威远县科协五届十次全委会】 2016年2月23日，县科协第五届十次全委会在县委小礼堂召开，县委常委、县总工会主席李磊出席会议并讲话。会议听取和审议县科协五届常委会工作报告，任免、调整增补全委会委员、常委，选举龙荣洲为县科协专职副主席，增选杨启稳、倪萍、张春、游勇、徐晓洪为县科协兼职副主席；审议通过县科协2015年度工作总结和2016年工作思路安排。任免、调整增补后，县科协第五届全委会成员共29名，其中，主席1名、专职副主席1名、兼职副主席7名、常委10名（含秘书长1名）、委员10名。

【县第31届青少年科技创新大赛】 2016年，县科协配合县教育局开展县第31届青少年科技创新大赛，大赛共征集科学实践、科技论文、小发明小制作、科幻画等各类学生作品540件（其中，远送市级参赛作品180件），获得市级一等奖36件、二等奖47件、三等奖71件；获得市级优秀组织奖单位10个、市级优秀科技教师10名；学生作品获得县级一等奖115件、二等奖88件、三等奖73件。

【威远县2016年全国科普日科普益民进社区宣传活动】 2016年9月13日，威远县2016年全国科普日科普益民进社区宣传行动暨科普文艺会演活动在县城区滨河广场举行。该次活动由县科协、严陵镇党委、镇政府主办，严陵镇接官亭社区、西街社区居委会承办，县科协、县科技局、县总工会、县妇联、团县委、县残联、县卫计局（县疾控中心、县人民医院、县中医医院、县第二人民医院）、县文广体新局、县农林局、县食药监局、县气象局、县环境保护局、县水务局、港华燃气公司，以及严陵镇政府相关部门和严陵镇河东街社区、东风路社区、中心街社区、建业路社区等共180余名科技人员、干部、社区志愿者参加集中宣传活动。活动围绕“创新放飞梦想、科技引领未来”和“创新创造创业、创享美好生活，建设绿色文明美丽威远”主题，普及宣传“创新、协调、绿色、开放、共享”发展新理念，共展出各类科普展板8块，发放各类科技科普宣传资料1.8万份，法律法规资料0.5万份，接待群众咨询服务1200余人次，开展群众义诊300余人次，科普文艺会演节目14个，城区居民群众4000余人在活动中受益。

（余祥贵）

威远县归国华侨联合会

【概况】 2016年，威远县有侨联委员11人、归侨侨眷2941人。全年接待海外来宾5批、54人次，为有意到威投资的华侨提供服务和咨询。走访慰问重点、困难归侨、侨眷35人次，发放慰问金10500元。组织侨属代表15人参加县委、县政府召开的各界人士迎春、中秋茶话会，为县域经济发展献计献策。县侨联将《中华人民共和国归侨侨眷权益保护法》和经过第九次全国归侨侨眷代表大会审议通过的《中华人民共和国归国华侨联合会章程（修正案）》及印制的《涉侨法规政策选编》（2000—2015年）1400份宣传资料，通过召开侨界代表学习座谈会、全委扩大会、走访侨户、上街设点宣传等方式，送发到归侨侨眷、港澳眷属及人民群众手中，使广大归侨侨眷知法、懂法、用法，善于依法维护自己的合法权益。县侨联被市侨联表彰为第十七届世界华人学生作文大赛优秀组织单位。

（罗玉婷）

【县侨联四届十次全委会议】 2016年5月17日，县侨联四届十次全委会议在县政协二楼会议室召开。会议传达市侨联三届十五次全委会精神；总结2015年县侨联工作，安排部署2016年工作；选举吴正军为县侨联主席。县委常委、县总工会主席李磊，县政协党组副书记、县委统战部部长胡林仁，县委统战部副部长、县工商联党组书记潘华富应邀出席会议。县政协副主席、县侨联主席王志远主持会议。

（秦建国）

威远县文学艺术界联合会

【概况】 2016年，威远县有8个文艺团体会员，分别是县作家协会、县摄影家协会、县美术家协会、县书法协会、县诗词学会、县川剧爱好协会、镇西文学艺术协会、县老年书画研究会，各协会有国家级会员1人，省级会员37人，市级会员41人，县级会员661人。去冬今春以来，各文艺家协会在县文联的指导下，根据各自章程的规定，分别进行换届或改选，加强和充实各协会领导班子。年内，县文联组织6名文艺工作者参加省、市文艺骨干的培训。1月30日、31日，与市文联组织市县40余名文艺工作者、12个文艺节目到贫困村严陵镇的兴家村、高石镇的石牛村进行文艺演出。2月5日，组织27名市县级书法到镇西镇免费为群众送春联活动，书写送出春联1047副；2月6日，组织市县级摄影家31名到龙会镇贫困村高湾为群众免费照全家福活动，为贫困群众照全家福235幅。11月15日，组织10名县摄影家协会会员参与市文联组织开展的“美丽乡村行”威远站摄影采风活动。12月18日，在城市花园举办“有情有义，让爱传递”威远县书画作品义卖活动，60幅美术、书法作品被县青年企业协会的45名企业家和15名社会人士购买，获得义卖款2万余元用于扶贫。9月，在张大千纪念馆组织开展“向人民汇报——威远县首届美术作品展”活动；组织20幅书法作品参与内江市纪念红军长征胜利80周年主题展活动。春节前夕，配合市文联到黄荆沟村红丰村举办迎新春送戏剧“关爱行动”惠民演出活动。春节期间，组织开展迎春书画、摄影展等活动，丰富广大人民群众的精神文化生活。

【文艺创作】 2016年，全县文艺工作者和文艺家协会坚持以人民为中心的创作导向，以提高文化产品质量，为人民群众提供更多更好的精神食粮为己任，深入生活，努力创作，在全国、省、市级报刊及展览中均有不俗表现。全县作家在《小说选刊》《千红文学报》《教育导报》《内江日报》等各级报刊发表（出版）文学作品100余篇（部）。陈良、罗秀松、石建希3人获“首届内江文学贡献奖”。刘瑜的《奥特曼》荣获四川省第二届农民工“非常梦想”原创文艺作品大赛儿童文学类二等奖、冷文英的《打工的小屋》荣获散文类二等奖。县美术家协会组织画家深入穹窿山区写生采风，同时邀请省市知名画家到威远作专题讲座和绘画指导。举办2017迎春画展；在张大千美术馆举办威远县首届美术作品展；3幅美术作品入选川南艺术节，并在宜宾美术馆展出。黄渝文作品（《天下悬鱼》）分获全国第三届廉政文化遗产漫画大赛优秀奖和省十二届漫画展二等奖。县书法协会坚持开展书画培训，开展庆“六一”少儿书画习作展，书法学员宋欣冀、陈彦余分获市“大千故里·文化内江”万名青少年书画艺术培训美术、书法组一等奖。3人书法作品入展省市级展览。县摄影家协会举办春节橱窗影展和春节摄影作品展，共展出摄影作品100余幅。举办摄影作品交流会5次。夏向前的《云上天路》获四川省第二届全民摄影大展一等奖，余远文的《爱的传递》获中国成人教育协会光影与梦想全民摄影大展二等奖。13名会员的26幅作品在“光影与梦想——四川省首届全民摄影大展”影赛比赛中，分获得二、三等奖和优秀奖。熊国炳、冷国文在市农工委、市文联主办的“魅力三农·幸福内江”主题摄影大赛中分获二、三等奖。县诗词学会组织会员挖掘整理穹窿山水民间传说、诗词楹联，会员作品在市级以上文学刊物上发表。县老年书画研究协会组织60余名会员参加纪念红军长征胜利80周年创作和展出。县川剧爱好者协会坚持每月在城区举行2场川剧座唱。镇西文学艺术学会举办闹元宵文艺焰火晚会和精准扶贫文化惠民文艺演出3场次，创作文学、摄影、书画作品220余篇（幅）。

【威远县2016年文联工作会召开】 2016年3月25日，威远县2016年文联工作会议在青少年活动中心召开。会议总结2015年文联工作，表彰县美术家协会、县摄影家协会、县作家协会、县诗词学会、县书法协会、威远县镇西文学艺术协会等6个先进协会和古朝驰、黎灵、李勇、郭光政、戴超吾、胡卫东、罗英、冯文章等8名优秀文艺工作者，安排部署2016年工作。县委常委、宣传部部长刘维帝出席会议并讲话，要求县文学艺术界联合会围绕全县工作大局，立足威远特色找准着力点和工作思路，组织带领各协会进行文艺作品创作，发挥各自优势，力争多出精品力作，推动威远文艺大繁荣大发展，让“天下穹窿、

2016年3月26日，县委宣传部、县文联表彰先进文艺团体 （胡卫东摄）

魅力威远”“中国无花果之乡”“国家级页岩气示范区”“中国民间艺术之乡”“工业威远”等名片更响更亮。县级有关部门负责人、部分镇分管领导、县文联全体人员、各协会会长（主席）和秘书长以及部分文艺工作者代表等共计60余人参加会议。

【威远县首届美术作品展在大千美术馆举行】 2016年9月6日，由威远县委宣传部、威远县文学艺术界联合会、威远县文广体新局、威远县美术家协会联合承办的“向人民汇报——威远县首届美术作品展”在张大千美术馆开幕。开幕式上，威远县美术家协会向张大千美术馆捐赠5幅精美作品。活动筹备组同期印制1000份同名画册《向人民汇报》，现场发放给观展来宾和相关部门。该次美术作品展共展出99幅作品，除7幅为知名作家作品外，其余都出自威远本土画家。作品类型包括国画、油画、漫画3种，主要反映基层生活、描绘穹窿山水、倡导社会新风。威远著名的非遗项目牛灯舞、著名景点俩母山等均入展。

（唐　勇　陈　权）

威远县红十字会

【概况】 2016年，威远县健全红十字会组织机构网络，20个镇全部成立红十字会，设分管领导1名，配备2名兼职红十字工作人员；建立村（社区）和学校红十字会24个；红十字服务站9个。县红十字会对红十字会经费和捐款进行全面公示，自觉接受捐赠人、上级红十字会、政府和社会“四重”监督，确保救助物资发放到群众手中。结合博爱家园项目的实施以及“5·8”世界红十字日暨博爱周活动，将红十字会知识，应急避险，

2016年9月13日，县红十字会在连界镇云连小学举办急救知识讲座（县红十字会供图）

救灾防灾和应急救护知识进行宣传；组织全县中小学生和村民，开展红十字运动的基本知识和应急救护知识、防灾减灾知识的宣传培训；落实县红十字会的新闻发言人制度，改版红十字会网站，建立红十字会微博。4月11日，与威远县安监局联合举办2016年应急救护师资培训班开班；26日，内江市红十字会、威远县人民政府、威远县红十字会签订三方协议，香港红十字会“博爱家园——社区为本减灾项目”正式落户到威远县连界镇李子坝村和中峰村。6月，新增1例造血干细胞志愿者，全县已有2例造血干细胞志愿者成功捐献造血干细胞。10月27日，在威远县红十字会的牵线搭桥下，爱德慈善基金会、成都心血管病医院共10余人到新场镇中心学校为全校学生开展“先天性心脏病”筛查，无一例先心病患儿。

【备灾救灾】 在2016年“世界急救日”前夕，县红十字会与县教育局联合开展“学校安全体验活动”“亲子讲座”“应急演练”等活动，参加各种演练和培训人数2500人，活动宣传受益人数为4000人。现场宣传防灾避险知识，增强中小学生的防灾备灾意识和应对灾害的应急反应能力以及自救互救的能力。跟进完善应急预案，畅通灾害信息收集报送渠道，及时查灾报灾5次。

【应急救护培训】 2016年，威远县发挥红十字会在公众参与的应急救护培训中的主体作用，推进应急救护培训进农村、进社区、进学校、进企业、进机关“五进”活动。在“5·8”世界红十字日暨博爱周之际，在严陵镇建业社区开展“2016年应急救护知识进社区”活动，讲解心肺复苏、触电、戳伤、毒蛇咬伤、烫伤、溺水、食物中毒、鼻出血等意外事故及家庭急救的基本知识，建业社区居民共计50余人参加。4月，县红十字会与县安全生产监督管理局联合举办为期一周的2016年应急救护师资培训班，邀请四川省红十字会培训中心的专家进行授课，教授救护概论与教学法、心肺复苏与创伤救护、常见急症与避险逃生、常见疾病处置技术方法等应急救护知识。20个乡镇的38名学员通过考核

和考试获得师资证书。选派骨干师资参加四川省红十字会举办的提高班培训，开展教研活动，提高培训质量。

【人道救助】 年内，县红十字会开展2016“红十字博爱关万家”活动、天使阳光行动和博爱助困等志愿服务活动。在春节期间，县“红十字博爱送万家”计10户，送去慰问金3000元和价值人民币2000元的物资；获得市红十字会支持，为黄荆沟镇68户贫困户送去价值2万余元的米、油等物资。携手双安驾校到镇西镇敬老院开展2016年“红十字博爱送万家”活动，为90余名五保老人送去棉被、暖水袋等价值3.2万余元的过冬物资。携手香港·雲上装饰内江分公司到连界镇中新小学校开展助学捐赠活动，捐赠1万元现金及价值7335元的书包、笔袋、桌椅。联合爱德慈善基金会、成都心血管病医院到新场镇、两河镇各小学校开展“先天性心脏病”筛查活动，对1000余名学生进行筛查，无一例先心病患儿。向上级红十字会上报5名白血病、2名先心病患儿申请救助资料。开展精准扶贫工作，与县史志办筹集扶贫基金，帮助群众脱贫致富。所做工作得到上级和群众的认可，在《内江市脱贫攻坚“四好村”创建帮扶干部工作手册》上威远县红十字会的帮扶工作作为亮点推出。做好镇域经济联系村帮扶工作，计生“三结合”帮扶送去资金6000元。

【“三献”工作】 截至2016年年末，全县遗体组织捐献登记累计15人。造血干细胞捐献者年内增加1例。6月，黄荆沟人民政府工作人员李兰涛在四川大学华西医院成功捐献造血干细胞，系全县第2例成功捐献造血干细胞志愿者，内江市第10例造血干细胞捐赠者。

【项目建设工作】 2016年，县红十字会根据项目村群众的需求，稳妥推进项目工作。东联镇李家坪村红十字博爱家园项目生计基金运作顺利，帮助村民发展经济，减灾工程建设基本结束。船石村的项目全面实施，发展基层红十字会员，招募红十字志愿者，开展基线调查和易受损性及能力评估，分别对灾害管理委员会成员和志愿者进行培训，硬件工程正在实施中。2月，香港红十字会“博爱家园—社区为本减灾项目”落户威远县连界镇李子坝村和中峰村。该项目实施周期从2016年2月15日到2017年8月14日，由香港红十字会无偿捐助上限人民币739200元支持李子坝村和中峰村减灾工程建设、社区教育培训、项目执行和行政费用。该项目减灾工程建设预计在李子坝村新建山平塘3口、维修扩建山平塘3口，中峰村维修加固山坪塘6口。除实施减灾工程建设外，还将通过软件建设对村民进行种养殖、卫生健康、防灾减灾、志愿者管理、卫生救护等知识能力的培训，开展红十字知识的宣传，提升村民的整体素质与致富能力。2016年已在2个村成立社区减灾小组，开展基线调查，减灾工程建设完成规划设计，进入立项阶段。抓好项目建设志愿者的招募和培训工作，使其在项目实施和人道救助工作中长期发挥作用。

（袁成碧）

威远县残疾人联合会

【概况】 威远县残疾人联合会（简称县残联）下设残疾人专门协会5个，镇残联20个、村（社区）残协370个，实现组织机构“三级网络”全覆盖。截至2016年年底，全县有持证残疾人21256人，其中肢体残疾11761人，听力残疾1035人，言语残疾136人，视力残疾3384人，智力残疾1316人，精神残疾2169人，多重残疾1455人。全年为25292名残疾人提供“量体裁衣”式个性化服务（简称“量服”），实施残疾人八大民生工程，安置和扶持城乡残疾人居家灵活就业7578人，为1136名农村贫困残疾人发展生产、增加收入，为600名贫困残疾人购买适配亟须的基本辅助器具，为667名残疾人扶贫对象发放生活费补贴，为贫困家庭脑瘫儿童提供手术治疗3人、矫形器22人、康复训练45人，为15名贫困家庭重度听力残疾儿童提供免费配戴助听器，其中2名进行免费人工耳蜗植入，为5144名重度残疾人发放护理费用补贴，为107户残疾人家庭进行无障碍改造。

【0—6岁残疾儿童筛查】 2016年，为逐步建立残疾报告制度，推动卫生计生部门与残联信息共享，建立0—6岁儿童残疾早期筛查、治疗和康复的工作机制，县卫生计生局、县残联和县妇幼保健医院相关人员先期接受市级培训。3月15日，召开由全县医疗卫生系统、残联系统相关人员参加的县级培训会，参会人员100余人。全县各医疗卫生单位与残联系统密切配合，通过广泛宣传与出生缺陷登记相结合，全面摸清残疾儿童底数，掌握残疾儿童基本信息和康复需求，全县共初筛出疑似各类残疾儿童84名。3月29日，县人民医院、县中医院、县妇幼保健院相关专家针对所涉及的各类初筛残疾儿童进行集中复筛，对每位残疾儿童做出精准诊断和康复建议，对不能明确诊断者及时转介到上级医疗机构进一步检查。根据《四川省0—6岁残疾儿童康复救助项目实施方案》，确诊的残疾儿童将统筹纳入国家、省、市、县残疾儿童康复救助项

目，采取“零距离、个性化、全免费”服务模式，通过“手术治疗、机构康复、辅具适配、社区康复、家庭康复”等多种途径，实施“量体裁衣”式精准康复服务。

【残疾人精准扶贫】 年内，县残联结合“量体裁衣”式服务模式，开展残疾人精准扶贫工作。以村（社区）为单位，把每个贫困残疾人情况掌握精准，并录入到“量体裁衣”服务平台，实现“两表”+村（社区）入户+扶贫对象确认+互联网，制定并组织实施“一人一策”的发展方案和帮扶方案。

对有劳动能力的残疾人，创造条件让他们融入社会，通过劳动实现脱贫。和县扶贫办联合发文，把全县54个扶贫村中残疾人扶贫对象信息摸准，在政策上给予倾斜；开展残疾人种养殖及就业能力的职业培训，全年培训残疾人800人次；居家灵活就业直补674人；助残日及春节期间，发动社会各界慰问帮扶残疾人，2016年有1500余名残疾人接受帮扶，助残资金达40余万元。

对无劳动能力的残疾人，坚持社会保障兜底的原则，满足其基本生活需求。社会大保障方面：全年落实残疾人城镇最低生活保障1090人，农村最低生活保障4053人，临时救济2549人；残疾人城乡居民社会养老保险18878人，残疾职工社会养老保险929人；残疾人新型农村合作医疗保险20943人，城镇居民基本医疗保险4154人。残疾人特色保障方面：全年为667名残疾人扶贫对象发放生活费补贴；为5144名重度残疾人发放护理费用补贴；资助各类残疾人就学412人；残疾人机动车燃油补贴60人；“阳光家园计划”居家托养679人。

【假肢装配筛查】 2016年7月6日，市假肢装配技术人员一行5人到威远县开展假肢装配筛查工作。经筛查，确定筛选对象中应安装大腿假肢8具、小腿假肢11具、截瘫支具1套。该批残疾人将纳入省民生工程免费假肢装配项目，安排到成都进行免费装配假肢及进行行走训练，可为残疾人节约费用20余万元。

【组团参加省市残疾人文化艺术节】 2016年5月18日至22日，县残联组织威远县特殊教育学校的学生参加在大千园举行的内江市第二届残疾人文化艺术节。学生们的手工、摄影作品和舞蹈等节目广受好评，多个优秀作品和节目被选中，代表内江市参加11月10日至14日在西昌市举办的省第二届残疾人文化艺术节。省第二届残疾人文化艺术节以“自强·圆梦”为主题，各市（州）的代表团成员共计1200人参加，威远县残疾学生演绎的《牛灯情》和《托举梦想》获得一等奖。

（罗铮铮）

威远县社会科学界联合会

【概况】 威远县社会科学界联合会（简称县社科联）指导和协调所属学会、协会、研究会，理顺社科联工作体系。设社科联主席1人。2016年，威远县社科联被评为全省先进县社科联。

年内，县社科联组织人员参与各类社会调研活动，围绕县委、县政府的中心工作，围绕全县经济和社会发展中亟待解决的重大问题，规划12个重点理论社科课题，形成一批高质量的理论调研报告，为县委、县政府提供决策依据和理论支撑。

【社科成果】 2016年，威远县申报获立市级规划课题项目7个，结题获得市二等奖1个、三等奖4个。

表12 2016年威远县获市级社科规划立项研究成果奖名单一览表

序号	立项研究成果	获奖奖次	课题组成员
1	《威远穹窿古寨的历史与价值研究》	二等奖	威远县史志办公室　冷国文
2	《旅游消费重心全面转移背景下威远经济突破发展的思考》	三等奖	威远县外事侨务旅游局　夏年方　杨国康
3	《威远县推进干部驻村帮扶工作的思考》	三等奖	威远县直机关工作委员会　熊　燕　胡小川
4	《新形势下提高基层干部意识形态工作能力的调查与思考——以威远县为例》	三等奖	威远县委党校课题组
5	《关于把威远打造成为川南交通枢纽的思考和建议》	三等奖	威远县交通运输局　张立学　李晓东

（苏小华）

威远县关心下一代工作委员会

【概况】 2016年5月，中共威远县委办公室、威远县人民政府办公室印发《关于进一步加强和改进新时期关心下一代工作的意见》（委办发〔2016〕66号），就进一步加强和改进威远县关心下一代工作提出指导意见。5月，正式成立内江市关心下一代基金会威远工作站，初始资金为110万元，其中县委、县政府划拨100万元，县教育基金会捐赠10万元。10月，县委常委、组织部部长倪轮任县关工委主任，人大常委会原副主任刘志华、龚建华任县关工委常务副主任，老干局副局长王婕兼任办公室主任。11月30日，县关工委召开2016年全县关心下一代工作会暨社区工作现场会。

2016年，县关工委组织机构进行换届，各成员单位关工委也调整充实关工委队伍，保障关心下一代工作有阵地、有牌子、有办事人员、有经费、有活动。年末，全县53个规模企业、64个机关、53个社区、313个村全部建立、健全关心下一代工作组织，实现纵到边、横到底的组织建设网络全覆盖，组建率达100%。全县从事关工委工作的老同志有9000余人，在2015年的基础上递增9%。

全县有70个单位通过验收，创建为“六好”基层关工委；40个社区、32所学校创建成“三无”学校、社区。各关工委定期或不定期开展各种活动，促进青少年健康成长。农村关工委协调公共汽车公司调度解决边远学生无车坐的困难；越溪镇关工委、向义镇大冲村关工委对不通车地方，落实专人护送。科技卫生服务团组织副主任以上退休医师深入农村学校为学生开展卫生防疫知识讲座，开展免费体检，受益人数达3万余人；组织农口系统科技老专家到镇、村做现场宣讲和技术指导，累计发放资料1万余份，1万余人次的农村青年受益。组织安全用电、用气、乘车等方面的安全知识讲座10余场次。教育调研团组织老同志和党校讲师为中小学生、青年职工、共青团干部举办专题讲座6次，1万余名青少年受到教育。严陵镇关工委利用暑期组织退休教师和社会教育工作者，对4个社区、3个村的300余名贫困留守学生进行为期一个月的书法、美术、音乐、安全等8门课程的义务辅导。县关工委依托全县各家长学校，举办留守学生监护人培训班，帮助留守学生监护人更新家教观念，掌握家教知识和方法。全年各家长学校共培训监护人1万余人，培训辅导教师200余人，培训爱心志愿者100名。县关工委法制宣教团利用综治宣传月、“6·26”禁毒日、“12·4”法制宣传日等机会，开展“万名学生法制宣传教育”工程，送法制到学校、到社区、到街头，对上万名学生进行法制教育。到学校开展普法教育、禁毒宣传4次，发放资料1万余份，受教育学生上万人次。5月30日，县综治办在威远县城市花园广场举行“呵护花季·远离性侵”集中宣传活动。

2016年，严陵镇社区关工委开展暑期活动　（县关工委供图）

【保障机制落实】 2016年年初，县关工委工作经费预算15万元。各镇关工委工作经费均保证不少于1万元，村（社区）关工委工作经费均保证不少于1200元，机关、学校、企事业单位均保证不少于5000元，并随着同级财政增长幅度逐步增加。对担任县关工委领导职务、县关工委各委（团）领导职务和各基层关工委常务职务并切实履行职责的离退休老同志解决一定的交通、通信、差旅费用。

【主题教育实践活动】 年内，全县各级关工委通过开展各种主题教育实践活动，对青少年进行思想政治、形势传统、法制宣传、卫生科普、文化艺术等教育，受教育人数达数万人次。

1月，县关工委组织500名校外教育辅导站的青少年开展“威远县2016年青少年社会实践教育活动”；3月，县关工委教育调研团到威远县第一初级中学举行贫困学生帮扶发放仪式，为30名贫困优秀学生每人发放500元助学金，总计15000元；4月，组织新店镇中心学校全体师生到烈士陵园扫墓；7月，县关工委校外辅导团在县实验小学举行威远千名青少年书画培训暨“大千故里·文化内江”书画竞赛颁奖仪式，县关工委校外辅导团邀请县内2名著名书画家到场为学生免费传授书画技艺。10月，县关工委组织11名留守儿童参加市关工委组织的“‘大千故里·文化内江’万名青少年书画艺术培训暨竞赛活动留守儿童金秋友谊书画笔会”；11月，组织全县中小学生“爱学习·爱劳动·爱祖国”主题教育活动，唱“三爱”歌曲，弘扬传统文化，参与网络舆论引导，引导广大青少年践行社会主义核心价值观。

【“五个一千”“学雷锋”实践活动】 2016年，县关工委校外辅导团在全县中小学生中继续开展“五个一千”(即组织一千名教职工参与关工委工作；联系一千名留守儿童或孤儿进行思想关爱；落实一千名贫困学生经济资助；落实一千名后进青少年给予精神鼓励；关爱一千名家庭教育缺失的孩子）工程、“六个像雷锋那样”（即像雷锋那样爱党爱国、像雷锋那样刻苦学习、像雷锋那样乐于助人、像雷锋那样艰苦朴素、像雷锋那样热心公益、像雷锋那样遵纪守法）主题教育实践活动，对1800余名留守儿童、2000余名学困生、1300余名贫困学生进行帮助，评选出“小雷锋”100名、“学雷锋标兵”100名。

【调研工作】 年内，全县各级关工委开展调研3次。6月，县关工委教育调研团组织县妇联、县残联、县总工会、团县委、党校等单位深入到村组、社区、乡镇、机关、学校、家庭，通过调查、访谈、看资料、典型案例分析等形式形成调研文章《关于做好“五失”青少年帮扶工作的调查与思考》。8月，县关工委由执行主任带队去县人民银行开展调研，以座谈会的形式研究金融系统关心下一代工作现状，要求各银行在今后加强关心下一代工作，落实经费、人员，多形式开展关爱活动。11月，县关工委法制宣教团牵头，县关工委执行主任、常务副主任等参加，到新场镇进行失足青少年调研。并以座谈的形式，对新场镇个别失足青少年进行面对面帮教，从精神和物质双方面进行关爱。

【青少年维权岗活动】 年内，县人民检察院关工委发挥青少年维权基地作用，结合侦查监督科、公诉科、职务犯罪预防科、未检科、控告申诉科的职能，对未成年犯罪嫌疑人和被害人给予高度关注和关爱，一方面保障未成年犯罪嫌疑人的合法权益，另一方面结合案件，帮教失足青少年，帮助他们在思想、学习、生活的各个方面，克服困难，健康成长，使失足青少年真正感受到社会主义大家庭的温暖，能够回归社会。

【助学助残助困活动】 2016年，县关工委加强与社会各方面的协调联系，动员社会各界力量参与捐资助学助残助困。累计通过各学校关工委资助和教育基金会资助两个渠道，共资助贫困生2570人，共发资助金207万元，贫困生个人所得300元~10000元。全县50个社区“六一”儿童节期间，共慰问留守贫困家庭儿童500余名，发放慰问物品价值32100元。

【“五失”青少年关爱】 2016年，县关工委及各基层关工委对全县“五失”青少年进行摸底造册，针对个体情况，进行一对一的关爱帮扶教育。2016年年底，县关工委执行主任带队对全县各镇特别困难、品学兼优的44名“五失”青少年给予每人400元的补助，共计金额17600元。

（罗 玲）

法　治

政法委及综治

2016年5月5日，县委召开政法工作会议　（县委宣传部供图）

【概况】　2016年，威远县全面推进法治威远、平安威远建设，开展专项“打击整治”，壮大群防群治队伍、完善天网视频监控系统、推进网格化服务管理、深化大调解工作，全县社会大局保持稳定。市挂牌督办的下岗转业志愿兵问题得到化解；全面完成对威远穹窿旅游开发、威达棚改房A、B区工程市级重点工程项目和中石化西南分公司威远23#井平台建设等56个重点项目和大型活动的风险评估工作，从源头上减少和避免社会矛盾的产生。全年信访总量1947件、2534人次，同比批次、人次分别减少5.2%、52.6%。县委政法委按规定配备新闻发言人，年初按时向县委宣传部提出单位新闻发布计划。全年在省、市党报党刊和党政网、“今日威远”网站、四川新闻网、内江长安网等各级各类新闻单位报送稿件100余篇。借助各种宣传媒体，以街面摆点、集中宣传、专项宣传、邀请记者实地采风等方式，在全县范围内进行多场次的平安建设、法治建设、送法到基层等宣传活动。通过四川长安网、四川新闻网、《四川法制日报》《内江日报》等媒体对全县政法工作进行报道纪实。选派人员参加全市政法宣传与舆情引导培训，确保政法宣传和舆论引导工作适应新媒体时代的形势任务，加快培养和造就一支素养优良，能够担当的政法队伍。

县公安局全年立案1817起，破案990件，移送起诉459人。县人民检察院全年受理公安机关提请审查批准逮捕案件169件233人，批准逮捕119件157人。受理移送审查起诉案件335件464人，提起公诉244件316人，移送其他检察院5件9人。县人民法院全年受理各类案件4116件，审执结3983件，结案率为96.77%，审限内结案率为100%。县司法局共调解各类纠纷1738件，调解成功1732件；提供法律援助3215人次，受理法律援助案件181件。县人民法院获全省法院“三型法庭”建设、信息化工作先进集体等集体表彰25项。涌现出全省法院庭审标兵、内江市法治建设先进人物等先进个人27名。县人民检察院获市级以上集体表彰奖励13项，被省人民检察院表彰为2013—2015年度全省检察机关先进集体，9名干警获市级以上个人表彰奖励。县公安局“威远警方”微信公众号综合考评指数排名全市政法新媒体第一，其中，“威远县公安局‘十佳破案能手’投票活动”微信被引为典型案例。县司法局法制宣传获得新突破，司法部网站、中国普法网、中国法律援助网以及四川电视台都分别采用或报道威远县的司法行政工作。

【法治威远建设】　2016年，威远县稳步推进司法体制改革，起草《威远县深化司法体制改革实施方案》和《威远县进一步深化司法体制和社会体制改革实施方案》，经县委全面深化改革领导小组审议通过后分别于1月和10月印发，并于10月向县委深改办书面报告《威远县深化司法体制改革实施方案》贯彻落实情况。县人民法院全面推进司法公开三大平台建设，网上公开裁判文书2428份，达应公开文书的100%，被四川省人民法院表彰为裁判文书上网工作先进法院。邀请人民陪审员参与审理案件568件，陪审率达98%。运用微博等方式向社会公开庭审36件，举办“法院开放日”等活动6次，邀请代表、委员等400余人次旁听案件庭审，拍摄法治节目16期，发表宣传稿件263篇，充分保障群众知情权和监督权。县人民检察院开展送法下乡活动11次，开展校园法制宣传6次，组织人大代表、政协委员等参与庭审以案说法100余人次；保障辩护人、诉讼代理人合法权益，全年接待辩护人申请阅卷63次，复制电子卷宗203册。县公安局加强正面舆论引导，开展舆情引导9200条次，通过威远公安微博发警情通报8期。县司法局成立由律师、司法助理员、法律服务工作者等组成的乡村法律服务小分队20支，通过赶法治大集、开展法治讲座、赠送法律书籍、发放法律服务联系卡等形式对村干部、党员、村民开展法律知识轮训260次，接受法治宣传教育的群众18000余人次，发放宣传资料25000余份。

【平安威远建设】 2016年，威远县通过平安创建、严打违法犯罪、整治社会治安突出问题、加强治安巡逻、壮大群防群治队伍等各项有力措施，不断提升平安建设水平。全县公安机关共破获各类案件990起，移送起诉459人；其中移送起诉“黑恶”犯罪嫌疑人56人；抓获历年逃犯5人；破命案8件。创新建立“城区流动警务平台”勤务模式，在城区城市花园、南大街、婆城公园分别设立“移动警务岗亭”，共计散发防范宣传单1万余份，接受群众咨询230余次，受理群众求助110次。新增监控371处，其中枪机245个、球机111个、治安卡口15个，乡镇“天网”实现全覆盖。同时，结合“幸福美丽新村”建设规划，开展“雪亮”工程及“平安智慧小区”建设，完成55个村点位的规划，完成向义镇四方村试点工程建设。全县开展平安镇、平安村（社区）、平安单位（机关、校园、工地等行业）平安创建活动，确保创建率100%，达标率90%以上。

针对危爆物品、寄递物流清理整顿工作，威远县专门成立“危爆物品、寄递物流”工作领导小组，制定工作方案，全面掌握辖区内45个涉爆从业单位、9个危险化学品生产企业、22个民爆物品煤矿企业、26个非煤矿山企业等涉及危爆物品企业的人员构成、物流运输、生产经营等各方面的整体情况，清理统计快递、运输行业网点96个。由县综治办组织县交通局、公安局、安监局、工商局等部门，每月至少开展一次对寄递物流行业的检查，对排查发现的问题隐患，逐级压实责任，及时整顿落实，严防引发重大安全问题。“三个100%”在威远县寄递物流行业的推行取得一定效果，大部分企业均能自觉贯彻“三个100%”相关要求，严格执行收寄验视制度、全面执行实名寄递。

开展社会治安重点地区排查整治，保持高压态势，着力使枪暴恐、黑恶势力、严重暴力、两抢一盗、黄赌毒、拐卖妇女儿童、危害食品药品安全和生产安全、非法集资、传销、电信网络诈骗、制假售假等严重危害群众生命财产的犯罪得到依法惩治和有效遏制。发挥公安巡警、群防群治人员、“红袖标”参与社会治安巡逻，开展社会治安重点地区排查整治，着力打击黑恶势力、暴力犯罪、侵财性犯罪、黄赌毒等违法犯罪、“扫黄打非”工作。在县城区主要区域、地段周边，县公安局开展屯警步巡及盘查工作，巡区针对以上街道每天不低于巡逻8次，盘查人或车20次，特情中队每天针对以上街道加强便衣巡逻扑现工作，达到预防与减少街面发案。针对盗窃发案的特点，调整巡防重点，启动夜间巡防模式，采取定点巡逻和流动巡逻、便衣巡逻与着装巡逻相结合的方式，对重点区域集中巡逻，实现发案地全覆盖。镇村地区采用“民警+群防群治”模式，发挥公安巡警、群防群治人员、“红袖标”参与社会治安巡逻。社区采用每个队伍至少一名正式民警带队，群防群治人员参与的形式，每天对广场、车站等人员密集场所开展巡逻防控；农村则组建摩托车巡逻队，由村两委干部，采用摩托车骑巡、广播等方式开展社会治安防控工作，及时发现和处置引发治安案件的苗头性问题，预防和减少重特大案（事）件特别是命案的发生。

【涉法涉诉信访工作】 2016年，威远县推动涉法涉诉信访改革，参照省、市改革实施方案，印发《威远县进一步深化司法体制和社会体制改革实施方案》（威委办发〔2016〕24号），继续健全涉法涉诉信访制度。加强学习，做好释法明理工作。除常见的法律法规外，针对信访接待中的高频法律问题，加强对改革文件、司法解释、行政规章的学习。做好省委第五巡视组巡视威远期间涉法涉诉信访工作。2016年5月9日至5月22日，省委第五巡视组莅威开展巡视工作，县委政法委按照“件件有着落、事事有回音”的要求对巡视期间分流的涉法涉诉信访事项进行督办，交办的信访事项全部按期办结。做好包案调处及信访交办工作，落实“四定四包”（定领导，定人员、定措施、定期限，包复查、包息诉、包善后事宜、包稳定）制度，着力推进“事要解决”，最大限度地减少信访“存量”，努力做到案结事了、息诉罢访。畅通渠道，加强与政法各部门、信访部门及有关部门和镇的协作配合。开展政法领域侵害群众利益的不正之风和腐败问题专项整治。9月26日，内江市整治政法领域侵害群众利益的不正之风和腐败问题督查组莅临威远进行专项督查，督查组对威远县政法部门整治政法领域侵害群众利益的不正之风和腐败问题的做法及取得的成效给予充分肯定。探索律师参与化解和代理涉法涉诉信访案件工作。先行先试，探索启动律师参与化解和代理涉法涉诉信访案件工作。积极实施国家司法救助，做到救助急难、化解矛盾，收到良好的社会效果。启用涉法涉诉信访信息平台，严格按照工作模块要求及时对本单位信访案件进行登记录入。在日常的信访接待和登记中，严格按照涉法涉诉信访信息平台要素要求收集和登记信访信息，并及时录入到平台中，为上级决策部署提供底层数据支持。

【大调解工作】 截至2016年年末，威远县共建成4个县级调解中心、20个乡镇人民调解委员会、374个村（社区）人民调解站，完成5个调解文化大院、30个中心户调解室建设，共有专兼职调解员1500余名，涵盖全县各级基层组织。按照县每月，乡镇每半月，村（社区）每周落实矛盾纠纷分析研判制度，并形成会议记录和报告，逐级上报。同时，对于县、镇和村换届选举等特殊时期，开展专项的摸排研判，做好矛盾纠纷的预警。全年收集乡镇报送的矛盾纠纷分析研判报告100余份，会同县维稳办组织召开研判会6次。共排查矛盾纠纷5775件，同比增长40.14%。“诉非衔接”机制由县人民法院牵头，在内威法发〔2013〕25号（《关于印发〈贯彻落实2013年深化“大调解”体系工作责任分工方案的意见〉的通知》）基础上进行深化，已基本建立。2016年1月1日至12月8日，威远县人民法院审结、执结各类案件3596件，可调案件2288件，调解、撤诉、和解结案1275件，调撤率为56%；共确认调解协议1件，确认率100%；委托调解124件，成功率100%；邀请调解371件，成功率100%；委派调解23件，成功率100%，指导调解案件189件。

【网格化服务管理】 年内，威远县整合职能部门服务管理资源，落实网格员、网格管理员。网格员自觉参与公安“一标三实”工作，协助公安机关户籍人口信息清理登记，删除重户人员152人，纠正错误户口142人，清理未成年人单独立户128人，采集16周岁以上人员照片2684人；清理登记实有人口信息225931人；维护更新“一标三实”实有人口A类1403人次，B类11436人次，实有单位A类1439家，B类3123家，实有房屋A类3070套，B类13508套。同时，紧抓三项重点工作不放松，网格员坚持一日双巡，对辖区内流动人口、社区矫正人员、刑满释放人员、吸毒人员等特殊人群进行走访，并将信息推送至相关部门签收。2016年，威远县将落实网格化“四级平台”体系提上议程，经县政府十六届3次常务会、县委十四届13次常委会审议通过，为县网格化服务管理监管中心配备事业编制8名，暂按股级单位运行，由县委编办、县综治办牵头，按正科级事业单位规格向市编委报批；落实网格化服务管理经费保障，对兼职网格员按照社区管理站站长300元/人/月、网格员100元/人/月标准落实经费补助。

【铁路护路】 年内，县综治办加强铁路安全隐患的排查整治工作，发动联防队员、联户代表，开展多种形式的排查整治行动。通过加强宣传教育，签订责任书等工作，提高联户代表的护路积极性。被省综治委评为“2016年度省级平安铁道线（车站）”“2016年度‘九无’平安铁路示范村（社区）”等殊荣。

【挂牌督办】 2016年，威远县先后印发《关于对突出涉稳问题进行挂牌督办的通知》（威委稳发〔2016〕3号）和《关于调整我县挂牌督办突出涉稳问题包案领导和责任分工的通知》（威委稳发〔2016〕4号），对6个市挂牌督办和8个县自排的涉稳突出问题，明确包案领导和调处任务，落实调处责任单位和稳控责任单位。通过上下各级各部门的协助配合，市挂牌督办的下岗转业志愿兵问题得到基本化解，其余成自泸、内威荣、建业、川威、鹏润以及县级自排的突出涉稳问题因政策因素或其他客观原因短期内难以全面化解的，均做到措施到位，责任到人。全年未发生与以上问题相关的群体性事件和有影响的到省进京上访事件。

【维稳处突工作】 2016年，威远县委维稳办全面落实维稳领导责任制，开展不稳定因素和突出信访问题大排查、涉稳突出问题大化解行动，不断加强应急处置机制建设，推进社会稳定风险评估，坚持稳定形势分析研判，多次牵头和配合县公安局、县委群工局等部门完成安保维稳任务。健全覆盖县、镇的应急处置预案和党委负总责、有关方面负责人参加的处置重大突发事件联合指挥机制，制定突发事件应急预案，补充完善由民兵小分队、预备役部队、政法干警、行政执法人员及城镇居民组成的应急队伍。健全跨区域的应急联动机制和专业处突队伍，确保发生突发事件能够快速调配增援力量参与处置，有效掌控局势，防止事态蔓延升级。分析研判社会稳定形势，印发安保维稳工作预案，督促、指导涉事单位落实工作措施等途径，多次牵头或配合县公安局、县委群工局等部门完成中央、省、市领导莅威视察调研、各种活动和现场会议的安保维稳任务。

组织各镇、各部门对社会稳定风险评估、群体性事件应急处置机制、创新社会管理、维护社会稳定等方面开展专题调研活动。共收到各镇各部门上报调研文章42篇，上报内江市委维稳办8篇，省委维稳办采用1篇。对全县102个被考核单位进行年终目标考核验收和年度评查。考核内容主要包括不稳定因素化解稳控、维稳信息平台建设、社会稳定风险评估、社会稳定形势分析研判、信息调研、应急处置机制建设等方面。全县无一单位因维稳问题被一票否决。

【威远县法学会正式成立】 2016年12月29日，威远县法学会正式成立并召开第一次会员代表大会，选举产生77名县法学会第一届理事会理事、18名常务理事和会长、1名常务副会长、7名副会长、1名秘书长，谭斌当选为会长。县委政法委主管县法学会，会长、常务副会长、副会长、常务理事、秘书长、副秘书长、理事均为兼职不兼薪不兼酬。成立县法学会，是威远县委、政府深入贯彻落实中央政法委、中国法学会和四川省委政法委、内江市委政法委关于加强市县法学会建设要求的具体体现，也是繁荣法学研究，推动法治威远建设的重要举措。

（李 莹 郑 涛 刘 娟）

法治政府建设

【概况】 2016年，政府法治工作深入贯彻落实党的十八大、十八届四中、五中、六中全会精神，根据《四川省依法治省纲要》《四川省人民政府严格依法行政的规定》和《四川省人民政府2016年度法治政府建设工作安排的通知》（川办发〔2016〕36号）和省、市政府相关要求，积极履行政府职能，不断提高政府治理能力，加快推进法治政府和服务型政府建设。

加强对党中央、国务院《法治政府建设实施纲要（2015—2020年）》的学习培训，制定《威远县法治政府建设实施方案》。健全领导干部学法制度，印发《2016年县政府常务会议学法计划》（威府办发〔2016〕26号），全年组织县政府常务会议会前学法18次，专题学法4次。各镇、各部门建立健全领导干部带头学法制度，党委（党组）中心组每年至少进行1次法治专题集中学习，中心组成员每年底结合年终述职专题汇报1次学法用法守法情况。开展“法律七进”（指法律进机关、进乡村、进社区、进学校、进企业、进单位、进寺院）活动，编制并深入机关、学校和乡村等单位发放与群众生产生活直接相关的通俗法律宣传资料。开展建设法治政府示范创建活动，培育建设法治政府先进典型，高石镇止马村“法治进村”和县政府法制办行政复议规范化工作得到上级肯定。

【行政执法管理和程序】 2016年，威远县全面落实行政执法主体资格审查及公示制度。严格实行行政执法人员持证上岗、岗位培训和资格管理制度，组织新办理行政执法证件人员参加通用法律知识考试，参考人员450人；开展执法全过程记录制度，强化对立案、调查、决定、执行等执法活动全过程的跟踪。实施重大执法决定法制审核制度。推行行政执法公示制度。行政执法机关落实行政处罚信息公开，行政执法机关在做出行政处罚决定之日起20个工作日内，在县政府或者部门网站依法公开案件信息。

【行政规范性文件的制定和审查】 年内，县政府法制办严格执行《四川省行政决策合法性审查规定》，提交县政府常务会议审定的行政决策事项，除《规定》第十六条所列事项外，均严格进行合法性审查。完善行政规范性文件起草机制，对专业性较强、利益关系调整比较复杂的规范性文件，加大意见征求的范围，听取社会各界的意见和建议。做好行政规范性文件备案审查工作，全年制定并发布10个规范性文件，全部在规定时间内报送市政府法制办和县人大常委会备案，有效强化规范性文件事后监督。

【行政执法监督检查】 2016年6月30日，县政府办印发《转发市政府办〈关于进一步规范执法行为的通知〉的通知》（威府办发〔2016〕77号），全面落实行政执法责任制。加强行政执法监督队伍建设，强化行政权力内部流程控制；畅通行政执法举报投诉渠道，设立并公布行政执法监督举报投诉电话，督促行政执法机关全面履行法定职责；发挥监督工作合力，落实行政执法案卷评查、行政执法统计分析、重大行政行为备案审查制度。全年对县政府所属工作部门和下级政府行政执法情况进行定期、驻点监督检查12次，案卷评查100件。

【行政复议】　2016年，县政府法制办收到行政复议申请书13件，受理13件，审结12件，维持10件。2016年，涉及县政府的应诉案件9件，应诉案件涉及的管理部门以国土、农林等为主。2016年4月28日，县政府法制办与县人民法院共同举办行政执法与行政诉讼实务研讨和新修订的《行政诉讼法》培训讲座活动，县级39个行政执法单位共100余人参加培训；组织执法部门的一线执法人员参加法院庭审，通过旁听增强法治意识，并促使大家在执法过程中始终牢记“依法行政”，以进一步保障公民的合法权益。

【行政调解】　2016年，威远县坚持每半年召开一次行政调解联席会议制度，定期听取全县行政调解工作情况汇报。加强对全县行政调解工作的组织指导和督查考核领导，行政调解指导中心健全行政调解工作网络，行政调解联席会议成员单位均成立调解委员会，建立“矛盾纠纷调解室”并开展行政调解室标准化建设，确定专兼职行政调解人员负责本行政机关矛盾纠纷的排查调解、建立业务台账和信息上报等工作。建立互动机制，加强衔接配合，分期召开行政调解与人民调解、司法调解联席会议，优化、整合调解资源，实现“三大调解”的优势互补。2016年，县行政调解指导中心主持调解并调解成功行政案件8件，参与部门行政调解20件。

2016年12月26日至28日，县公安局举行内务建设暨警务技能实战比武（县公安局供图）

【行政权力清理】　2016年1月13日，县人民政府印发《关于取消34项中央指定地方实施行政审批事项的决定》（威府发〔2016〕3号），取消34项中央指定地方实施行政审批事项，对保留的行政审批项目，纳入政务服务中心窗口集中受理并办理，优化审批流程和审批方式，实行并联审批，提高审批效率。7月27日，县政府办印发《威远县权责清单动态调整管理办法》（威府办发〔2016〕92号），进一步加强政府权力清单和责任清单动态管理，强化政府权力运行监督，推进简政放权、放管结合、优化服务。

【行政权力运行】　2016年7月19日，县政府办印发《威远县行政权力依法规范公开运行电子监督实施细则》（威府办发〔2016〕89号），明确管理部门和牵头部门各自的职能职责。召开全县行权平台运行工作推进会，对行权平台运行工作做出专门安排部署。1月28日，县政府办印发《威远县行权平台运行情况通报制度》（威府办发〔2016〕16号），实行每月通报制度，将县级部门行权平台录入完成情况纳入全县依法行政目标考核。召开行权平台运行工作业务培训，邀请市电子政务办专家对县级部门操作人员进行专门讲解。按照要求，受理的行政权力事项已经基本进入行权平台公开运行，按照设定流程进行办理。2016年，威远县录入行权平台案件6万件，并及时处理预警预报件。

（黄　强　曹文平　黄文东）

公　安

【概况】　威远县公安局（简称县公安局）内设8个综合管理部门、10个专业大队，辖看守所、拘留所（含强制隔离戒毒所）和22个派出所。

2016年，县公安局坚持以提升人民群众安全感和满意度为根本目标，坚持深化警务改革，加强公安工作和队伍建设，完成各项公安工作任务。全年搜集编发上报维稳信息126条。成立“威远县反恐怖工作协调小组”，开展2次反恐防暴实战演练，完成敏感时期和重要节点安保任务40余批次。开展舆情引导9200条次。“110”

接警中心受理报警1.2万起，同比持平；通过“110”快速反应，为群众提供救助服务1154人次，提供咨询2116人次。组织开展打击“盗抢骗”犯罪专项行动、打击合成毒品违法犯罪“狂飙”专项行动，始终保持高压态势和凌厉攻势。全年立案1817起，破案990件，移送起诉459人。抓获历年逃犯5人，破命案8件。破毒品刑事案件57件，缴获毒品23千克，抓获涉毒犯罪嫌疑人80人。受理经济犯罪案件34起，立案24起，破案22起。县看守所完成全年拘押任务，未发生一起监管事故。

【治安管理】 年内，县公安局开展打击“黄赌”“缉枪治爆”、打击“食药环”（食品、药品与环境）犯罪、户籍人口信息清理等专项行动，查处治安行政案件779起，行政拘留违法人员553人。接收环保、国土等职能部门移送案件3件，安装散装汽油实名制购销系统51家。查处各类交通违法行为158420起，整改火灾隐患209处，下发责令整改通知书204份、行政处罚决定书93份，责令“三停”20家，完成整改销案6起重大火灾隐患。建成重点单位微型消防站200家，社区微型消防站25家。

【户籍管理】 2016年，全县有人口728422人。登记流动人口3万人、出租房屋2.9万套；解决4248名无户人员户口问题；删除重户人员152人。开展户籍人口清理整治工作，查明、清理登记人口22万人；户籍人口新增城镇人口7638人，城镇化率提高4.02%。

【出入境管理】 年内，县公安局审核、办理出国（境）申请18143人次。开展清理整治“三非”工作，查处容留、藏匿非法入境案件7宗，查获“非法居留”外国人7人，对3名柬埔寨人作出行政处罚并限期出境。

【公安法治】 2016年6月28日，县公安局设立案管中心，落实案件出口、归口制度，健全警情、案件回访制度，全面实行网上办案“单轨制”，每月抽取20册案卷进行执法评查通报，完善行政执法与刑事司法衔接机制，推进执法场所建设和录音录像制度。全年审核各类案件3000件。

（倪相霖）

【消防】 2016年，威远县公安消防大队接警144起，其中火警74起；抢险救援53次，出动消防车223辆次，参战官兵1342人次，抢救被困人员22人，疏散被困人员22人。开展“除火患保平安”“平安四川”清剿火患、消防安全大排查大整治和今冬明春第二次“清剿火患”战役等专项整治火灾隐患活动，共检查社会单位和场所1241家次，督促整改火灾隐患656处，临时查封10家，责令“三停”12家。举办消防安全知识培训班12期，组织培训5000余人；举办大型消防宣传咨询活动2次，发放消防宣传资料3万余份。继续推进“网格化”“户籍化”管理，全县按镇、村、组三级划分为“大、中、小”三级网格，落实社会网格化消防安全管理。

（许 滨）

【巡逻防范】 年内，县公安局巡逻盘查人员2.5万人次，盘查车辆车6605次，抓获各类违法人员119人。落实“点、线、面、圈”立体防控工作，设立“移动警务岗亭”3处。新增“天网”监控371处。

【深化公安改革】 年内，县公安局推进“亚健康”民警教育管理长效机制建设。开展全局警务辅助人员理论考试、面试、体检等工作，建立健全警务辅助人员监督管理机制。在18个农村派出所探索实践“要时集中，闲时分散”工作模式，在全省农村派出所警务机制改革座谈会上作交流发言。

【“群众的110，你我的30年”主题集中宣传活动】 2016年1月10日上午9时30分，县公安局组织指挥中心、巡警大队、出入境管理大队等部门警种30余人，在县城街心花园通过面对面与群众交流、摆放宣传咨询台、悬挂宣传横幅、发放宣传资料等方式向广大群众讲解110报警电话的功能、110警情的范围、法律责任和后果以及110受理求助范围等。活动发放宣传材料1200余份。

【县忠诚服务奖章授予仪式】 2016年9月13日上午，威远县在县公安局五楼会议室举行忠诚服务奖章授予仪式，为陈一龙等11人颁发荣誉奖章。

2014年1月，省公安厅制定下发《四川公安民警服务成就荣誉奖章授予办法（试行）》等系列公安荣誉制度规范性文件。其中规定，忠诚服务荣誉奖章授予工作满15年以上，品行端正，为公安事业作出积极贡献的公安民警。威远县为表扬和褒奖投身公安事业并作出积极贡献的公安民警，增强公安民警职业荣誉感、自豪感，特根据四川公安荣誉制度有关规定，为陈一龙等11人颁发服务成就奖章。

（倪相霖）

检 察

【概况】 威远县人民检察院在职干警85人，其中检察官52人（11月首批入额检察官 28 人)，助理检察官 4 人，书记员 10 人，法警 8 人、工勤人员 7 人，其他 4 人。领导职数为 9 人。内设机构 18 个。

2016 年，县人民检察院围绕平安威远、法治威远建设，突出履职重点，坚决打击严重暴力犯罪、黑恶势力犯罪及抢劫、抢夺、盗窃等严重影响群众安全的多发性犯罪，继续保持对严重刑事犯罪打击的高压态势，保障人民群众生命财产安全。全年受理公安机关提请审查批准逮捕案件 169 件 233 人，批准逮捕 119 件 157 人。受理移送审查起诉案件 335 件 464 人，提起公诉 244 件 316 人，移送其他检察院 5 件 9 人。批捕、起诉案件准确率均为 100%。批捕故意杀人、故意伤害、强奸等侵犯公民人身权利案件 15 件 20 人，起诉 28 件 35 人；批捕聚众斗殴、贩卖毒品等妨害社会管理秩序案件 45 件 61 人，起诉 76 件 108 人；批捕抢劫、盗窃等侵犯财产案件 53 件 70 人，起诉 73 件 99 人。成功将潜逃 19 年归案的罗某以抢劫罪提起公诉。办理具有重大社会影响的李某某等人跨国运输毒品案，王某、陈某等人绑架勒索财物案。在全市检察系统绩效目标考核中，17 项单项工作进入先进行列，其中 11 项名列全市第一；获省、市集体表彰奖励 13 项，被省人民检察院表彰为 2013—2015 年度全省检察机关先进集体，“5·22”案件侦查办案组被省人民检察院荣记二等功，4 个科室、5 名干警被市人民检察院荣记三等功。

【反贪污贿赂】 2016 年，县人民检察院立案侦查贪污受贿案件 8 件 12 人。立案查办市检察院交办的内江市交通运输管理局原局长曹某受贿大要案、内江市公路局内江养路段原段长钟某某受贿大案、内江鸿达路桥实业有限公司原总经理黄某某受贿大案。查办县人防办原主任吴某某贪污、受贿案；镇西镇护民村村干部贪污国家专项资金案。

【反渎职侵权检察】 2016 年，县人民检察院立案侦查渎职犯罪案件 2 件 5 人。立案查办威远县新场镇原党委书记陈某、县国土资源局副局长李某、县建设工程质量安全监督站（简称质安站）质量安全监督员欧某某渎职案。

【职务犯罪预防】 2016 年，县人民检察院开展预防调查 6 次，进行职务犯罪案例剖析 15 次，预防告诫 11 次，为政府性工程建设等项目出具查询告知函 104 份，监督签订廉政施工协议 48 份，参与重点项目跟踪预防 17 次，深入国税等部门和乡镇开展职务犯罪预防专题讲座 8 场次，受教育人数 700 余人。同时，聚焦脱贫攻坚工作，联合县扶贫办组成“精准扶贫”宣讲团，深入乡镇开展精准扶贫专题讲座 5 次，开展预防宣传 7 次，发放扶贫宣传资料 1600 余份。探索打造的扶贫领域“菜单式”预防宣教模式，得到最高人民检察院的充分肯定并被《检察日报》宣传报道。

【刑事检察】 2016 年，县人民检察院批准逮捕 119 件 157 人，决定不批准逮捕 53 件 81 人；受理移送审查起诉案件 335 件 464 人，提起公诉 244 件 316 人，不起诉 4 件 6 人，附条件不起诉 1 件 1 人。

【刑事诉讼监督】 年内，县人民检察院监督公安机关应当立案而不立案 7 件，监督公安机关不应当立案而立案 7 件（均已撤案），纠正漏捕 4 件 7 人，纠正遗漏同案犯 8 件 9 人。书面纠正侦查活动违法 29 件次；书面纠正刑事审判活动违法 4 件次，依法提出抗诉 1 件，提请市院抗诉 2 件。进一步强化行政机关向司法机关移送刑事案件的力度，深入推进“两法衔接”（行政执法与刑事司法衔接）工作，配合县人大对县环境保护局、县公安局、县地方税务局等 8 家行政执法单位开展“两法衔接”调研检查工作。全年监督行政执法机关移送涉嫌犯罪案件 7 件 7 人，公安机关立案 7 件 7 人。

【控告申诉检察】 2016 年，县人民检察院受理人民群众来信来访 316 件次，检察长接待来访 50 件次，受理控告、举报、申诉案件 11 件，办理司法救助案件 5 件，提供救助金 2.5 万元。

【民事行政检察】 2016 年，县人民检察院办理生效裁判结果监督案件 11 件，再审检察建议案件 4 件；办理行政审判活动违法情形监督案件 4 件；办理民事行政执行活动违法情形监督 4 件；办理行政违法行为监督案件 4 件，支持起诉案件 3 件；办理虚假诉讼监督案件 4 件。

【刑事执行检察】 2016 年，县人民检察院办理刑罚执行和监管活动违法情形监督案件 4 件，办理羁押必要性审查案件 10 件。开展集中清理专项活动，对 243 件案件进行全面清理核查。规范监外执行监督工作，向监外执行单位发出纠正违法通知书 27 份。监督公安机关立案 7 件，纠正不当立案 7 件，追捕 4 件 7 人，追诉 3 件 5 人，纠正侦查活动违法 15 件。依法履行刑事审判监督职责，抗诉 3 件。监督行政执法机关移送涉嫌犯罪案件 7 件 7 人。

【未成年人刑事检察】 2016 年，县人民检察院受理批准逮捕未成年人犯罪案件7件15人，批准逮捕7件8人，不批准逮捕7人；受理审查起诉未成年人犯罪案件16件28人，提起公诉15件29人，附条件不起诉1件1人；开展社会调查43人次，犯罪记录封存30人次，法律援助18人次，通知法定代理人、合适成年人到场共计43人次。

【检务保障】 2016年，县人民检察院强化侦查监督、审查起诉、刑罚执行等环节的技术性证据材料审查工作，完成技术性证据审查案件43件，其中向市人民检察院移送文件检验3件，完成同步录音录像17件109.22小时。司法警察参与反贪和反渎线索初查10件，累计出警429人次。组织撰写各类报告、信息、调研、检察宣传等材料300余篇28万余字。规范检察统计、档案、保密、车辆、文印、财务等工作。

【检察体制改革创新】 2016年，县人民检察院稳步推进检察体制改革。选拔出员额检察官28名，已宣誓就职。持续深化案件集中管理机制，制定《执法办案责任清单》，明确122项工作流程、485项具体责任内容和801项落实措施。稳步推进刑事庭审实质化工作，积极适应以审判为中心的诉讼制度改革，引导侦查取证61次，召开庭前会议12次，听取律师意见48次。探索刑事诉讼认罪认罚从宽制度，依法从快从宽处理轻微刑事案件76件82人。探索试点运行6项创新工作机制，3项获省检察院肯定，3项获市检察院认可。探索建立的《规范公安派出所刑事侦查活动监督的实施细则》获省检察院肯定。《打击涉林犯罪与生态资源修复“两结合”工作机制》，得到省委、市委的肯定并予以刊发，取得良好的法律效果和社会效果。

【检务公开】 2016年，县人民检察院专题向人大、政协和社会各界通报检察工作8次，走访人大代表、政协委员60余人次，邀请省、市、县代表、委员视察工作6次，邀请人民监督员参与各类检察活动11次，举办“检察开放日”活动3次。开通门户网站、官方微博、微信，公开程序性案件信息483条，重要案件信息24条，法律文书278份，重要案件信息点击数5000余次，法律文书点击数900余次。

【首批入额检察官选定】 2016年8月29日，威远县人民检察院成立司法体制改革领导机构，明确了职责分工。2016年9月7日，向内江市人民检察院呈送《威远县人民检察院首轮检察官入额遴选工作实施方案》和《威远县人民检察院首轮检察官入额遴选考试工作实施方案》。9月18日，成立《威远县人民检察院首批检察官入额遴选考核组》。10月，对候选检察官情况进行汇总统计，制作候选检察官情况表。按照公开、平等、竞争、择优的原则精心制定入额遴选方案，严格按照遴选标准和程序，除检察长和3名副检察长考核遴选外，其他人员均实行“考试+考核”遴选方式，通过组织报名、业绩公示、考试考核等程序，按照1：1.1比例上报31名入额候选检察官，最终选拔出入额检察官28名。

【“检察开放日”活动】 2016年12月14日，威远县人民检察院举办以“加强侦查监督、维护司法公正”为主题的“检察开放日”活动，活动邀请该县区域内部分省、市、县人大代表、政协委员、人民监督员、特约检察员、社区群众共20余人参加活动。座谈会上，县人民检察院从五个方面向与会人员全面介绍该院2013年以来侦查监督工作开展情况，依法全面履职，坚决维护社会的和谐稳定；强化三项监督、努力提升司法公平公正；严格规范执法，不断提升执法办案水平；狠抓特色亮点，深入推进侦监工作创新；坚持与时俱进，着力锻造一

2016年12月14日，县人民检察院举行“检察开放日”活动 （县人民检察院供图）

流侦监队伍。同时，就参会人员关心的问题向代表委员们作解答，并征求意见建议。与会代表就该院工作提出两点建议：全面发挥检察职能，创新工作思路，更好地为民服务；把好案件质量关口，提升办案质量，有效服务威远经济社会发展。县人民检察院还组织代表委员、人民监督员、特约检察员、群众代表观看《侦查监督——剑指何方》视频宣传片，参观侦查监督工作专题展板、案件管理大厅和控申接待大厅。

【发挥检察职能服务和保障县域经济社会发展实施意见】 2016年9月28日，制发《威远县人民检察院关于充分发挥检察职能服务和保障县域经济社会发展的实施意见》，细化“21条”具体服务措施，切实增强落实重大决策部署的自觉性，主动适应新常态下县域经济社会发展对检察工作提出的新要求。主要内容包括：强化“三种”意识（大局意识、责任意识、廉洁意识），夯实服务发展基础。落脚“三项”服务（服务社会稳定、服务廉洁政务、服务社会公平），保障县域稳定大局。聚焦“三个”重点（聚焦重点项目、聚焦扶贫攻坚、聚焦生态建设），服务群众保障民生。该项意见获得威远县主要领导的肯定性指示。

（周测琦）

法　院

【概况】 2016年，威远县人民法院有内设机构18个，派驻基层人民法庭7个。全院有工作人员109人，其中员额法官34人、法官助理46人、书记员6人、法警7人、司法行政人员10人、工勤6人。研究生学历3人，

2016年5月27日，县人民法院未成年人审判庭送法进校园 （县人民法院供图）

大学本科学历87人，大专及以下学历19人。县人民法院全年受理各类案件4116件，审执结3983件，结案率为96.77%，审限内结案率为100%。

审结各类刑事案件281件，判处罪犯375人。审结交通肇事、危险驾驶及非法制造、持有枪支等危害公共安全犯罪案件57件58人，维护公共安全。审结故意伤害、“两抢一盗”等犯罪案件124件170人。审结寻衅滋事、聚众斗殴、“黄、赌、毒”等案件81件107人。审结贪污、贿赂案件及渎职案件12件25人，及时回应人民群众关注。依法对情节轻微犯罪免予刑事处罚5人，对较轻犯罪适用非监禁刑91人，为被告人指定辩护人24人，召开庭前会议排除非法证据12件次，充分保障被告人的诉讼权利。

审结各类民事案件2551件。依法妥善审结涉农纠纷、劳动争议、医疗纠纷、侵权责任纠纷、交通损害赔偿等与民生密切相关的案件362件；审结婚姻家庭、抚养继承等案件653件。审结各类合同纠纷案件1196件；重视防范和化解金融风险，依法稳妥审理金融借款合同、民间借贷纠纷案件596件。先后审结拆迁安置补偿、土地承包经营权流转及房地产开发引发的群体性纠纷案件80余件。

审结行政诉讼案件34件，审查非诉行政执行案件31件。坚持合法性审查标准，加大司法监督力度，判决撤销行政行为或确认行政行为违法11件。依法判决驳回原告诉讼请求6件、裁定驳回起诉8件，审查24件环保非诉行政执行案件并裁定准予执行，收取到位排污费247万元，支持行政机关依法履行管理职责。落实行政机关负责人出庭应诉要求，行政机关负责人出庭应诉13件13人。协调化解矛盾，6件案件经协调撤回起诉，诉外参与处理行政争议23件次。向行政机关发送司法建议书22份，发布《2015年度行政审判司法审查报告》，加强与行政机关互动。

全年执结各类案件1081件，执行到位1.5亿元。召开全县执行工作联席会议，加强与银行、房管、车管等部门合作，深化“点对点”网络查控功能，全年发送查询请求6700余件次，查询到可供执行财产1.2亿元。依法采取查封、冻结、扣押、司法拘留等强制措施，移送2名有能力拒不执行生效裁判的“老赖”追究刑事责

2016年10月27日，县人民法院巡回法庭深入基层审理案件 （县人民法院供图）

任，有效执结案件1081件，郭某某暴力抗拒执行，被依法裁定司法拘留15天。将840例失信被执行人信息纳入全国联网的数据库，借助法院微信公众号、门户网站、县电视台等平台将“老赖”身份信息予以曝光。开展“司法大拜年”“寒冬送温暖”“春雷行动”等专项活动，为304名困难弱势群体兑现案款。建成执行指挥中心，在实现网络一键查询的基础上，建设网络查封、冻结等控制措施平台，实现查询、控制信息的实时反馈。

【司法便民利民】 年内，县人民法院深化诉讼服务中心建设，包括派驻法庭在内的立案窗口全部配置POS刷卡机，开通集案件咨询、信访等基本功能的“12368”诉讼服务热线，加快推进网上立案、电话立案、预约立案等便捷服务。依托信息技术平台，完善网上司法竞拍便捷服务，通过“淘宝网”组织司法拍卖22次，成交额164万元，为当事人减少佣金8.2万元。12月，县人民法院被省人民法院表彰为“2016年度全省法院网络司法拍卖工作成绩突出的集体”。健全简易程序和小额速裁机制，有效减轻当事人诉累。坚持开展巡回审判，上门立案、上门审判等便民诉讼服务共1237件次。加大对弱势群体的司法救助力度，依法缓、减、免收诉讼费150余万元。引入第三方银行入驻诉讼服务大厅，由银行专业人员长期固定在诉讼服务中心工作，收取诉讼费、保全费、案款费用，完善诉讼服务功能。坚持开展的“法律七进”活动，推动法治宣传工作和依法治县工作。

【审判管理】 2016年，县人民法院建立健全审判管理体系，全面推行审判质量和效率的精细化管理。出台案件流程管理办法，健全案件节点管理机制和长期未结案件、低效案件督办防控机制，有效推进审判质效的均衡化管理。落实“两会一评查”制度，定期研判通报审执态势，解答审判难题，确保质效提升。县人民法院全年质检案件2626件，发布质效考核通报16期，抽查庭审74个、裁判文书2428份，召开重要质效分析会12次，形成上下齐抓、全程监管的局面。

【司法公开】 2016年，县人民法院运用和完善审判流程公开、裁判文书公开、执行信息公开三大平台的功能，不断推进审务、立案、庭审、执行等公开，维护人民群众的知情权。全年运用微博直播平台直播庭审6件次，举办新闻发布会3期，组织“法院开放日”、庭审观摩等活动6次，邀请人大代表、政协委员、行政执法人员等400余人次旁听案件庭审。完成人民陪审员倍增计划，做好人民陪审员选任、培训和管理工作，共新选任陪审员15名，数量增至95名，超过现有员额法官人数的179%，一审普通程序陪审率达98%。年内，向县人大常委会做司法公开工作专项报告，获全票通过。5月25日，经人民网舆情监测，县人民法院荣登“阳光法院新媒体榜”全国第三名。

【县人民法院淘宝网司法拍卖首次网拍】 2016年1月20日，威远县人民法院受理执行申请人中国邮政储蓄银行股份有限公司威远县支行申请被执行人金某某、林某某位于威远县连界镇云钢街314、316号营业房（权号0043963#，土地权号威国用2012第3421#）、云钢路278号3层附6号房产（权证号连界镇字第201006064#，土地权号威国用2010第9638#）执行案件。2016年10月18日，威远县人民法院淘宝网司法拍卖首次网拍的标的物成功拍卖，成交价为131.95万元。此次网络竞价周期为24小时，共有1848人次围观，3人报名，经4次出价，最终以总价为131.95万元成交。

【首批环保行政非诉审查案件】 2016年3月14日，威远县人民法院迅速审查、裁定准予执行4件环保行政非诉审查案件，并作出准予执行的裁定。2015年6月，威远县环境保护局对某集团公司作出环境保护行政处罚决定，处罚金额达36万元。在法定期限内，该企业拒不履行。2016年3月7日，威远县环境保护局提起行政非诉审查，当天便对4起案件进行立案。县人民法院行政审判庭组成合议庭立即对该行政处罚决定的合法性进行全面审查，期间，行政审判庭法官2次深入厂区了解情况，听取企业负责人和环境保护局工作人员的意见。

【“院领导办案月”活动启动】 2016年5月10日，威远县人民法院正式启动“院领导办案月”活动，9名院领导回归审判一线带头办理大要案。同时，通过新浪直播平台对案件进行全程直播。5月25日，经人民网舆情监测，威远县人民法院荣登“阳光法院新媒体榜”全国第三名。其中，县人民法院院长刘应江审理的被告人李某熹故意伤害案，被新浪法院频道选为第126期“院长开庭”专题案件进行直播，点击量上1万人次。

【全省首例代替考试罪案件】 2016年7月11日，县人民检察院以被告人左某犯代替考试罪，向威远县人民法院提起公诉。2016年7月22日，威远县人民法院公开开庭审理，认为被告人代替他人参加机动车驾驶人考试，应当认定为代替考试罪，公诉机关指控的罪名成立。同时，考虑被告人系初犯，具有坦白情节，遂当庭作出如下判决：被告人左某犯代替考试罪，判处拘役二个月，并处罚金一千元。

【县人民法院执行指挥中心建成】 2016年12月26日，威远县人民法院执行指挥中心正式建成并投入使用。该院执行指挥中心于2016年10月经公开项目招标，由重庆捷旭科技有限公司于2016年11月中旬开工建设。新置6台200万红外线半球摄像机、9台49寸超高像素拼接屏、16套多功能平板电脑，以及1台高性能31+1路同声传译数字会议系统主机等硬件设备，总耗资50余万元。指挥中心系统集成执行指挥系统、办公办案系统、监控系统及连通互联网为一体，实现观看执行指挥、审判庭庭审过程、观看院机关及派出法庭监控、门户网站及微信平台互联网接入、接入法院办公软件等多种功能。在法院配置执行终端情况下，指挥中心应可实现远程时时观看执法过程等功能，做到与内江市中级人民法院、四川省高级人民法院和最高人民法院的执行指挥系统互连互通。

（钟文君　胡　秀）

司法行政

【概况】 威远县司法局（简称县司法局）为县政府工作部门。县司法局设7个内设机构，即办公室（行政审批股）、法制宣传教育股、基层工作股（县刑释解教人员帮教安置工作领导小组办公室）、社区矫正股（社区矫正执法大队）、律师公证工作股、司法鉴定管理股、政工科；另设20个基层司法所，即严陵司法所、铺子湾司法所、新店司法所、向义司法所、界牌司法所、龙会司法所、高石司法所、东联司法所、靖和司法所、镇西司法所、庆卫司法所、山王司法所、黄荆沟司法所、观英滩司法所、新场司法所、连界司法所、越溪司法所、小河司法所、两河司法所、碗厂司法所。下设3个事业单位，即威远县法律援助中心、四川省威远县公证处、四川知行律师事务所。

2016年，县司法局调解各类纠纷1738件，调解成功1732件。开展“法律七进”工作，将政法部门科级以上领导干部40余人纳入普法讲师团，全县副科级以上领导干部400余人带头在机关及联系镇、村（社区）、企业、寺院讲授法制课200余场，参与人数1万余人次。成立由律师、司法助理员、法律服务工作者等组成的乡村法律服务小分队20支，通过赶法制大集、开展法制讲座、赠送法律书籍、发放法律服务联系卡等形式对村干部、党员、村民开展法律知识轮训260次，接受法治宣传教育的群众共1.8万人次，发放宣传资料2.5万份。

2016年4月1日，县司法局干部职工集体收看中央政法委政法干部学习讲座　（县司法局供图）

全县设置社区法制宣传栏49个，建立社区法律图书室（角）49个，开展社区法律咨询264场次，建立社区法制宣传教育志愿队伍10支，设立法制辅导点49个、法律援助工作点49个，放映法制电影150场次。推进法治产品建设。制发法律知识宣传扇5000把、围腰、购物袋4000条、扑克2000副、折页2万幅，发放《公务员常用法律知识问答》《青少年常用法律知识问答》《农村居民常用法律知识问答》口袋读本6000余册，受到群众普遍欢迎。创新普法载体，制作法治动漫、公益普法广告，开展法治电影巡演和“四下乡”活动，增强普法的吸引力、凝聚力。县司法局制作的法治动漫《对家庭暴力说不》被市依法治市办、市司法局评为一等奖。加强媒体联系扩大对外宣传。全年省级以上媒体采用普法宣传信息50余条，其中司法部网站采用3条。四川电视台对威远县的法治宣传工作进行报道。

【基层司法工作】 2016年，全县20个司法所人员巩固，每个司法所有1~2名专职司法助理员，岗位目标责任制落实。为6个司法所新换电脑，11个司法所更换打印机，为全面开展基层司法行政业务提供有力保障。对全县2551名人民调解员进行业务培训，提高业务素质。注册法律服务机构8个，基层法律服务工作者25人。继续开展社会管理创新活动，推进网格化管理，密切干群关系，推进全县司法行政工作的开展。

【人民调解】 2016年，全县共建立健全各类调委会501个，其中企业调委会85个，医疗事故纠纷调委会等专业化调解组织4个，各级调解组织共有调解人员2653人。全年调解各类纠纷1738件，调解成功1732件，其中疑难复杂案件138件，防止民间纠纷转化为刑事案件5件5人，防止群体性械斗3件56人，防止群体性上访12件215人。

【帮教安置及社区矫正】 截至2016年年底，威远县在册社区服刑人员共计360人，其中管制11人，缓刑327人，假释15人，暂予监外执行7人。从2007年开始此项工作以来，累计接收社区矫正人员1794人。开展帮教安置工作，全县共回归刑释解教人员508名，帮教率98%。依法开展对违反《社区矫正实施办法》的社区服刑人员的警告及撤销社区服刑建议工作。截至12月底，开展审前社会调查评估174件，提出社区矫正警告处分39人次，向人民法院提起撤销社区服刑7人。加强对社区服刑人员的管理教育。成立社区矫正执法大队，建立起一支专业化、规范化的社区矫正执法队伍。通过集中教育、社区服务、思想汇报、电话沟通、微信等方式开展社区服刑人员的思想教育工作，成效明显。今年组织开展集中教育200余次，组织开展社区服务20余次。

【法律援助】 截至2016年12月底，县法律援助中心受理法律援助案件233件（民事法律援助案件172件、刑事辩护案件59件、行政2件），接待群众法律咨询3243人次。新建铺子湾法律援助工作站1个。成立法律援助律师团，全年提供法律援助3215人次，受理法律援助案件181件。

【律师工作】 2016年，全县有律师事务所3个，注册律师25人，其中四川知行律师事务所7人，四川普佑律师事务所15人，四川听天律师事务所3人。全体律师以诚信为本，践行“务实、优质、高效”的服务宗旨，恪守职业道德和执业纪律，及时为公民、法人提供优质服务。全县律师为93家部门（单位、企业）、55个村（社区）担任法律顾问。截至12月底，代理各类诉讼案件410起，其中刑事案件98起、民事诉讼案件305起、行政诉诉讼案件7起；非诉讼案件33起；法律援助71件。

【公证服务】 2016年，威远县公证处有公证员2人。建立开通公证微信公众平台，创新“互联网+”法律服务举措；畅通绿色通道，为70岁以上或行动困难的群众上门办理公证、鉴定，为困难群众提供法律援助，减免公证费和鉴定费。全年办理各类公证1498件，其中上门服务21件24人次，减免公证费13000元。

【司法鉴定】 四川谨诚司法鉴定所有注册鉴定员10人，其中法医临床、法医病理鉴定员8人，保险纠纷鉴定员2人。2016年，县司法局加强对谨诚司法鉴定所的内部管理和对外宣传，对鉴定质量进行专项检查，并按照《司法鉴定程序通则》规定，协助鉴定机构对资质等级、鉴定质量、鉴定人诚信等级进行自查初步评估。2016年办理各类鉴定业务1039件，其中快速受理办结656件，减免鉴定费12650元。无错鉴、无违规违纪、无当事人投诉，鉴定意见均被有关单位和司法机关采信。

【威远开展首个全民国家安全教育日学习宣传活动】 2016年4月15日是首个全民国家安全教育日。威远县组织开展《中华人民共和国国家安全法》宣传教育活动。县司法局制发《关于在“法律七进”中深入开展〈国家安全法〉宣传教育活动的通知》，明确了活动主旨和宣传重点。

各镇、各部门通过会前学法、普法讲座、收看专题片等形式开展对《中华人民共和国国家安全法》的学习宣传活动，了解国家安全形势，增强危机忧患意识，树立国家安全观念，维护国家安全。各部门（单位）组织会前学法140场次，组织各类普法宣讲活动110场次，国家安全法律法规学习教育活动180场次，播放专题片、专题节目、公益广告120余条，刊发专栏30余个，印发各类宣传资料2.8万余份。

【法治动漫《对家庭暴力说不》获内江市影视作品大赛一等奖】 2016年9月，威远县司法局主创的《家庭暴力不是家务事》法治动漫在内江市依法治市办、市司法局组织开展的“法律七进·法治内江”影视作品大赛中获一等奖。该法治动漫结合2016年3月1日起施行的《中华人民共和国反家庭暴力法》，以生动形象的动漫人物展现了日常生活中家庭成员间存在的谩骂、人身威胁、殴打、限制人身自由等家庭暴力情形，并为遭遇家庭暴力的人们提供依法解决措施，受害人可以立即报警，公安机关可以出具告诫书，受害人还可向人民法院申请人身安全保护令等。反对家庭暴力有法可依，鼓励人们敢于对家庭暴力说“不”。

【四川听天律师事务所成立】 2016年5月10日，四川听天律师事务所经四川省司法厅批准成立。律师事务所属普通合伙性质，位于四川省威远县严陵镇锦城路206号，有注册律师3人。主要职能：接受自然人、法人或者其他组织的委托，担任法律顾问；接受民事案件、行政案件当事人的委托，担任代理人，参加诉讼；接受刑事案件犯罪嫌疑人、被告人的委托或者依法接受法律援助机构的指派，担任辩护人，接受自诉案件自诉人、公诉案件被害人或者其近亲属的委托，担任代理人，参加诉讼；接受委托，代理各类诉讼案件的申诉；接受委托，参加调解、仲裁活动；接受委托，提供非诉讼法律服务；解答有关法律的询问、代写诉讼文书和有关法律事务的其他文书。截至2016年年底，代理各类诉讼案件26起，其中刑事案件1起、民事诉讼案件21起、行政诉讼案件1起；法律援助3件。

（兰劲松）

军 事

人民武装部

【概况】 2016年，县人民武装部按照“聚焦主业主责，抓根本固军魂、抓战备谋打仗、抓改革促发展、抓安全保稳定”的工作思路，抓班子聚合力、抓队伍谋打赢、抓制度强职责、抓创新求发展、抓作风促落实，团结带领干部职工，在新的起点上推动人武部建设科学发展。

县人民武装部把学习贯彻党的十八届六中全会精神和习主席系列重要讲话精神作为政治任务贯穿全年。推进主题教育，开展“两个大讨论”，组织党委中心组带机关理论学习24次。坚决维护和贯彻军委主席负责制，不断强化全体干部职工的政治意识、大局意识、核心意识、看齐意识。全面彻底肃清“郭徐”流毒影响，开展重大是非问题讨论辨析，召开党委专题民主生活会，组织领导干部填写“五个讲清楚”自查报告，推动肃清工作持续深入。广泛开展全民国防教育，结合纪念中国共产党建党95周年暨红军长征胜利80周年，利用民兵整组、集训时机，开展国防教育集中宣传。

【战备和维稳工作】 2016年，县人民武装部严格落实节日战备形势教育和平时的值班、执勤，进一步健全规章制度，完善修订战备方案，投入10万余元购置补充战备物资，做好军事信息保密和军事设施保护，促进战备工作经常化、制度化、正规化。重视敌社情的研究和搜集，加强民兵情报信息网建设，及时调整选好基层信息员，确保情报信息及时、准确。及时修订处突预案，落实处突措施，并结合预案组织抗洪救灾和处突演练。

2016年8月19日，县人民武装部组织应征青年到野战部队驻训地参观见学 （县人民武装部供图）

【民兵整组和国防潜力调查】 2016年，县人民武装部狠抓民兵整组工作，打破传统编兵模式，在人员相对稳定集中的县应急通信大队、白塔集团、清溪水务等企事业单位重新组建县民兵应急分队，在县人民医院、气象局、水务局、天然气等企事业单位建立对口专业技术分队，在20个镇抽调精干力量组建民兵情报信息分队，着力打造一批“高、精、尖、新”特色民兵队伍。抓实兵役登记统计。4月底前完成全县地专人员预备役统计工作，更新人员数据库。重点抓预征对象工作，掌握适龄青年的数质量及去向，做好宣传教育和管理工作，做到人员清、数据详、分类准，为征兵工作打好基础。抓好国防潜力数据调查。抽调专业技术人员，建立国防潜力调查室，进行国防动员潜力数据调查。利用2个月时间对数据进行翔实采集，初步摸清全县动员潜力。对全县国防

2016 年 9 月 10 日，县人民武装部交接新兵仪式　（县人民武装部供图）

潜力数据实施分类统计，录入各类数据信息 3 万余条，为国家实施国防动员提供第一手资料。

【军事训练】 2016 年，县人民武装部围绕自身职能和后备力量建设实际，组织首长机关开展训练，重点研究城市防空、应急动员、抢险救援等课题，突出练指挥、练谋略、练技能，加大军事技能及每天 1 小时的体能训练。完成大纲规定的轻武器实弹射击、战术标图、军事理论、3 千米越野、战术作业等课目的学习训练。组织民兵三支队伍和专武干部训练，采取“统一组织和分类指导，集中培训和以工代训、请进来和走出去”等方式，完成民兵应急分队、步兵分队、专业技术分队和对口专业技术分队的训练任务。

【征兵工作】 2016 年，威远县按照“一季征兵、四季准备”部署要求，针对夏秋季征兵新特点、征集兵员新政策、驻地经济发展新形势，调整改进征兵工作的思路办法。加强和改进征兵工作，组织业务培训，加强政策宣传，狠抓廉洁征兵，完成上级赋予征集任务，其中大学生征兵比例达到省征办规定要求，征兵工作排名打分在全市五个区县中名列第二。完成 2510 名高中学生军训任务。

【参建参治】 2016 年，县人民武装部积极参与地方经济建设，依托民兵组织开展 1 期科技和致富技术培训。出动民兵 170 人次，完成内江大千龙舟节安保执勤任务。拓宽双拥工作和军地交流渠道，协调 6 名军人子女办理优待入学，处理化解涉军维权 5 起，接待信访人员 65 人次。组织干部群众积极参加党风廉政建设社会评价、创建省级卫生文明城市等活动，开展扶贫攻坚工作，先后投入资金 8.1 万元，为村民修建蓄水池、堰塘、整修危房，购买牛、羊和家禽。资助贫困学生 7 名，帮助 6 户 16 人脱贫，惠及群众 183 人。

【规范化建设】 2016 年，县人民武装部推进全面停止有偿服务专项清理整治，成立领导小组，明确责任人、签订军令状、定出时间表。租赁项目按规定进行关停，完成率 87.5%。对办公楼及民兵武器仓库进行维修整治，营院进一步规范美化。购买警棍、盾牌等民兵应急装备器材，确保战备训练和担负任务所需。

【安全工作】 2016 年，县人民武装部牢固树立依法治军从严治军理念，以条令条例为依据，以“六个管好”为重点，稳步推进正规化建设。开展“条令学习月”“百日安全无事故”“武器弹药专项整治”“三无”竞赛等活动；狠抓两个经常性工作落实，严格“一日生活制度”，加强“两个以外”和“重点人”跟踪管理，防止人员失管失控。5 次召开部党委会，专题分析安全形势，先后 4 次迎接省军区、人口军分区安全检查，受到充分肯定。2016 年被四川省军区评为“安全稳定工作先进单位”。

（李　明）

县武警中队

【概况】 2016 年，威远县武警中队遵循“精心抓队伍强能力，精细抓规范提标准，精湛抓训练求突破，精准抓安全守底线”的工作思路，以党的十八届六中全会和习主席系列重要讲话精神为指导，较好地完成以执勤和处突为中心、反恐维稳为重点的各项任务。县武警中队被武警四川省总队表彰为“基层建设先进中队”。

【思想政治教育】 2016 年，县武警中队坚持把思想政治建设摆在各项工作的首位，重点抓好党的十八届六中全会精神学习，持续搞好深化改革教育，开展“改革强军”主题教育活动、“两学一做”学习教育、马克思主义学习教育活动和党史军史、形势任务、道德法纪、职能使命、执勤、安全等基础教育。开展以“读红色书

2016 年 2 月 23 日，防化三营八连官兵组织野营拉练　（市防化三营供图）

籍、讲红色故事、唱红色歌曲、看红色影片、做红军传人”为内容的“五红”活动，通过一系列举措，进一步打牢官兵思想根基。

【执勤处突】　县武警中队主要担负威远县看守所外围武装警戒、武装押解和县域内反恐、处突任务。2016 年，县武警中队完成重大临时勤务 13 次，累计出动兵力 50 余人次，完成重大节日、特殊敏感期战备、武装设卡及武装押解等任务。

【部队管理】　年内，县武警中队开展“群众性创安活动”，以“百日安全竞赛”“条令法规学习日”等载体为抓手，进一步增强官兵的条令法规意识。坚持精细化管理、内涵式发展理念，在正规秩序、落实制度、持久养成上下功夫，着力形成中队官兵“八大好习惯”，部队管理正规，安全稳定。

【后勤保障】　年内，县武警中队在后勤队伍选人上严格把关，将思想素质好、专业技术精的同志安排到军械员、卫生员、通信员、炊事员等后勤专业岗位，并加强专业训练和评比竞赛，较好地保持了后勤人员良好的精神状态和服务意识。

（周山淞）

预备役

【概况】　2016 年，威远县防化三营着眼强军目标，练就过硬本领，着眼新时期军事斗争准备，提高应急处突能力，着眼改革强军，优化兵员结构，先后完成野营拉练、年度组织整顿、入队训练、保障四川省核生化救援骨干集训、第七届大千龙舟经贸文化节安保任务、威远县 2016 年突发危化品泄漏事故应急救援实战演练、威远县 2016 年地震综合实战应急演练、防化骨干集训、内江市东兴初中学生军训等任务。九连被内江军分区表彰为“践行强军目标先进基层单位”，营被团表彰为“践行强军目标先进营级单位”，八连被团表彰为“践行强军目标先进连级单位”，4 名预备役军官和 16 名预备役士兵被团通报表彰。

【思想政治建设】　2016 年，县防化三营始终坚持以新形势下强军目标为根本指导，着眼履行新使命，加强预备役营连思想政治建设，深化党的创新理论武装，确保预备役营（连）建设的正确方向。深入学习贯彻中共十八届六中全会及全军政治工作会议精神，坚持用习主席国防和军队建设重要思想武装头脑。针对预备役官兵队伍的新特点，积极探索新形势下预备役官兵政治教育新路子，采取灵活多样的教育方式，开展好“坚定改革强军意志、投身改革强军实践”主题教育和在党员中开展“两学一做”学习教育，开展“改革怎么看、我该怎么办?”大讨论活动。

【战备训练】　2016 年，县防化三营党委围绕“听党指挥、能打胜仗、作风优良”强军目标，不断提高营队战斗力水平。2 月 22 日至 2 月 23 日，县防化三营出动预备役官兵参加内江军分区组织的连界地区野营拉练。2016 年组织整顿从 3 月中旬开始到 4 月中旬结束，全营出队人数与入队人数相同。经过新的编组，大专以上文化程度人员，党员人数比例均较调整前有提高。3 月至 4 月，利用整组时机，修订完善营、连战备及其配套方（预）案，进一步修订完善抗洪抢险和维稳处突预案。4 月下旬，组织全营新入队官兵在威远县滕家坝广场进行为期一周的入队训练。5 月，选派业务精、素质强的预备役官兵保障四川省核生化防护骨干集训，出色地完成训练和保障任务。10 月，在团组织的防化兵军事技能比武中获得单项 4 个第一名、2 个第二名和团体第二名的好成绩。

【正规化管理】　2016 年，县防化三营严格落实《军队基层建设纲要》，坚持依法从严治军，不断提高全营正规化建设水平。按照条例条令要求，健全营党委、连党支部、连团支部、连军人委员会、班排党小组建设，做到组织健全，功能明显。在参加入队训练、龙舟安保、洛带驻训等大型军事活动中，严格落实干部带车、安全检查、请销假、查铺查哨、干部住班等制度。营部和各连队在2014年正规化达标的基础上，进一步补齐各类物资器材，完善配套软件，专人负责，科学管理，通过2016年军分区正规化达标建设“回头看”检查，受到内江军分区司令员的肯定。

【参建参治】 2016年6月，选派人员参加内江市第七届大千文化经贸节龙舟赛水上安保执勤任务。4月下旬和9月下旬营先后出动官兵44人，专业车辆7辆，各类防化装备65件（套），配合威远县政府完成“威远县2016年突发危化品泄漏事故应急救援实战演练”和“威远县2016年地震综合实战应急演练”。8月29日至9月3日，在团统一组织下，威远县防化三营派出20名现役和预备役官兵参加东兴初中2000人的军训任务，得到学校师生和上级党委的一致好评。2016年营帮扶慰问贫困预备役士兵3人，共计发放慰问金3000元。

（毛小兵）

人民防空

【概况】 2016年9月18日，县人民防空办公室在城区及部分镇鸣放防空警报，鸣响率达100%。同时，通过县新闻中心连续一周在县广播电视台开展宣传活动，并发送1万余条宣传短消息，不断增强广大市民的国防观念和人防意识。结合“5·12”防灾减灾日活动发放宣传资料2万余份，宣传人防有关法律法规和政策、部门的职责和义务，取得人民群众对人防工作的支持、协助和配合，赢得他们对人防工作的理解和参与。配合市人民防空办公室到威远开展人防组训暨法律进街道（社区）宣传活动，组织社区干部和居民到现场参与活动，观看人防宣传电影、展板，共发放宣传漫画和资料2000余份。

【人防警报建设】 年内，县人民防空办公室加强已建警报预知系统的维护保养，落实专人进行管理，并举行警报管理人员培训会，确保防空警报器完好率达到100%。全县安装新型电声警报器14台，移动电声警报器1台，中央控制器1套；制订《威远县“9·18”防空警报试鸣方案》，严密地组织一年一度的警报试鸣工作，鸣响率和音响覆盖率均达到100%。

【人防行政审批】 年内，威远县贯彻落实《中华人民共和国人民防空法》《四川省〈中华人民共和国人民防空法〉实施办法》以及省、市、县有关文件规定，按照“一个告知、三个前置、一个同步”行政审批程序，行政执法进一步规范，按规定收取防空地下室易地建设费，做到应收尽收。2016年，全县共收取易地建设费600余万元。

（郝嘉裔）

综合经济管理

发展规划与经济体制改革

【概况】 2016年是“十三五”规划开局之年。全县上下团结一心，迎难而上，综合施策，主动作为，始终坚持“稳中求进”的工作总基调，着力稳增长、调结构、促改革、惠民生、防风险，经济运行呈现“缓中趋稳、稳中向好”的运行态势。全县地区生产总值（GDP）实现317.4亿元，增长7.7%，其中：第一产业实现42.6亿元，增长3.8%；第二产业实现213.6亿元，增长8.2%；第三产业实现61.2亿元，增长8.3%，产业比由2015年的13.3∶68.3∶18.4调整到2016年的13.4∶67.3∶19.3。完成全社会固定资产投资182.3亿元，增长7.4%。地方一般公共预算收入7.0亿元，下降6.9%；规模工业增加值增长9.8%；社会消费品零售总额实现85.0亿元，增长12.7%；城镇居民人均可支配收入达28867元，增长8.8%；农村居民人均可支配收入12932元，增长9.1%；城镇登记失业率3.62%，人口自然增长率5.19‰，符合政策生育率（纯当年）99.43%。

从计划执行情况看，县第十五届人民代表大会第六次会议确定的主要经济指标中，除地方一般公共预算收入、第三产业增加值和农村居民人均可支配收入3项指标与预期目标有一定差距外，其余各项指标均完成或超额完成年度目标。在看到成绩的同时，清醒地认识到，威远县经济发展已很难保持“十二五”时期的高速增长模式，存在着产业带动不强、投资增长压力加大、工业创新动力不足、农业产业化层次较低，现代服务业发展滞后，城镇基础设施薄弱、财政增长乏力、要素保障不足等一系列矛盾和问题。

【项目管理与固定资产投资】 2016年，威远县固定资产计划投资任务182亿元，实际完成投资182.25亿元，同比增长7.4%，完成进度100.1%。年内实施省级重点项目1个——“穹窿旅游一期”，计划投资1亿元，实际完成投资1.1亿元，占全年目标任务的110%；实施市级重点项目32个（其中市考核县重点项目21个），计划投资17.9亿元，实际完成投资21.43亿元，占全年目标任务的119.7%，进度位居全市三县三区第二名。

表13 2016年威远县市级重点项目投资及进度统计表

单位：万元

序号	项目名称	总投资	2016年计划		2016年完成情况	
			计划投资	项目进度	投资	年度计划完成率
1	威远县无花果系列产品加工	10500	4000	完成无花果产品研究室建设，完成无花果酶生产线设备购置，完成二期生产厂房建设，完成配套基础设施建设	5280	132.00%
2	威远县新建年产3万吨专用铸锻件及精密加工生产线	25000	6000	完成剩余2万平方米厂房建设，设备安装完成90%	6200	103.33%
3	内江市页岩气勘探和综合利用	450000	100000	12个平台37口井开钻	124000	124.00%

续表

序号	项目名称	总投资	2016 年计划		2016 年完成情况	
			计划投资	项目进度	投资	年度计划完成率
4	威远县威双路改造	14690	3200	全面完成 17.2 千米沥青混凝土路面改造	3400	106.25%
5	吴荣路快速通道威远城区段一期一标段	25000	6000	1. 商贸城 4 条道路。桂花北路、桂花南路、魏家东路完工验收交付使用。魏家路完成 300 米道路沥青混凝土铺筑，剩余 130 米完成水稳层铺筑。2. 吴荣路快速通道城区 1 千米段。完成土路基填筑及水稳层铺筑。人行地下通道涵混凝土浇筑完成。雨污水管安装完成。3. 电缆隧道及浅沟。35 千伏及以上电缆隧道，完成沟槽开挖和约 750 米箱涵混凝土浇筑。10 千伏电缆浅沟正在施工图预算	6200	103.33%
6	威远县二环路西北段扩建工程	28570	5070	已完工	5500	108.48%
7	威远县 2014 年棚户区改造 B 区	29206	8000	1#楼进入 15 层施工中；2#楼进入 12 层施工；3#楼进入 11 层施工，主体工程完成 7 万平方米	11500	143.75%
8	威远县 2014 年棚户区改造 A 区	5120	3000	项目主体工程 2.46 万平方米完工，小区道路等配套工程完成 90%，正在协调水电气安装工作	5000	166.67%
9	威远县福康花园小区	26678	12000	完成建筑面积 11.01 万平方米，占主体工程建设的 89%；2 幢完工；17 幢进行室内外装饰；11 幢主体封顶；1 幢修建至 4 层，3 幢修建至 3 层，2 幢修建至 1 层；1 幢基础施工	14023	116.86%
10	威远县公共租赁住房二期	7622	4500	完成建筑面积 2.37 万平方米，378 套主体工程建设，室内外装修完成 60%	4705	104.56%
11	威达煤业棚户区改造	45412	5412	完成竣工验收	5412	100.00%
12	威远县乐雅居棚户区改造	18020	4640	完成竣工验收	4640	100.00%
13	威远县城北花塘片区安置房	14300	2200	工程已完工，档案资料已验收	2250	102.27%
14	威远穹窿旅游一期	181100	10000	石灵路完工，威双路全面完成 17.2 千米沥青混凝土路面改造。船高路路基平整完成，主路、支路水稳层完工，主路、支路路缘石铺筑完成，附属工程挡墙、涵洞全部完工，准备铺筑沥青混凝土。石板河景区游客中心、停车场、水上游乐项目、步游道土石方开挖	11000	110.00%

续表

序号	项目名称	总投资	2016年计划		2016年完成情况	
			计划投资	项目进度	投资	年度计划完成率
15	威远河（清溪河）综合治理一期工程	30000	5000	完成河道清淤、截污干管、拦河坝、防洪堤、滨河道路（含景观步道和自行车道）、商业建筑、景观广场、湿地公园、人行景观桥、滨河绿地及亮化、环卫设施等工程量的90%；正在进行新增游船码头基础施工	5200	104.00%
16	威远县温家坝五云东路（含温家坝桥梁工程）及滨河景观工程	4000		完成道路及桥梁主体工程建设；绿化、铺装等全部完成		
17	天域路和锦园东街工程	2000		完成竣工验收		
18	连界至乐山铁路线（内江段）项目	51000		清理土地面积20公顷，清理房屋2000余平方米，拆除400余平方米，签订3个村民小组征地协议，交付1.6公顷土地进行控制性节点工程建设，翻车机系统正式运行，搅拌站正在建设中，河坝子大桥施工便道已经完工		
19	永兴路（S207省道连接线）建设	4000		完成土路基1.8千米，雨污管沟基本完成		
20	威远县综合养老服务中心	5000		公寓楼、综合楼主题已封顶，外装完成，进行二装		
21	威远县第二污水处理厂及配套管网工程	18000		第二污水处理厂可研报告已经发改局批复，排污口设置论证已通过内江市水务局审批。县国土局已经出具用地预审初步意见。初步设计招标流标，力争在2017年1月3日前进行二次开标，PPP咨询服务机构已经完成物有所值、财政承受能力论证和BOT初步建设方案编制。环评经市环境保护局初审后，编制单位正抓紧修改		
22	威远县城乡建设用地增减挂钩项目	23500		施工进场，土石方完成80%，正在落实施工临时用电		
23	威远县威玻八期年产8万吨高性能玻璃纤维池窑拉丝生产线	99000		正在编制可研		
24	威远县内荣路改建工程	11453		进行施工图修改		
25	威远县连威路改建工程	16435		铺子湾出口至凉风坳段已完成设计移交投控集团。铺子湾出口至穿山洞段已完成设计初稿，正在审查；安评、环评已确定专业评估单位，进入评估编制阶段		
26	威远县船风路新建公路工程	29000		中介机构已出图纸评审意见，设计单位进行修改		

续表

序号	项目名称	总投资	2016 年计划		2016 年完成情况	
			计划投资	项目进度	投资	年度计划完成率
27	威远县城乡供水一体化工程	50000		正在编制可研报告		
28	威远县连界镇旧城道路改造	10000		完成施工图设计、财政预算及专家评审		
29	威远县白塔新桥及配套市政道路建设	16000		立项完成，开展政府购买服务的相关工作		
30	威远县东风片区安置还房	17600		正在进行编制可研报告工作		
31	威远县凤翔中学	15700		完成前期相关工作，正在实施土石方工程，平整场地。由于电力迁改，高低压线路正在申请拆迁工作，等待批复		
32	威远县文化体育中心	45700		编制可研		

【规划编制及经济运行分析】 2016 年，威远县按照“五位一体”总体布局和“四个全面”战略布局，紧紧围绕县委十四届四次全体（扩大）会议的决策部署，自觉适应把握引领经济发展新常态，坚持“稳中求进、稳中求快、稳中求好”工作总基调，以提高发展质量和效益为中心，以推进供给侧结构性改革为主线，围绕“加速转型升级、决胜全面小康、建设幸福美丽威远”战略目标，保持科学发展、加快发展、转型发展战略定力，全面做好稳增长、促改革、调结构、惠民生、防风险各项工作，推动全县经济社会持续健康发展。基本完成县第十五届人民代表大会第六次会议确定的各项目标任务。编写《2015 年全县国民经济和社会发展计划执行情况及 2016 年计划报告》，发挥经济宏观管理职能，按季度检查计划的执行情况，分析全县经济运行态势、特点，查找问题，并针对经济运行的基本特点和面临的新情况、新问题，起草《2016 年上半年国民经济和社会发展计划执行情况报告》，从全局的角度把握经济发展方向，综合指导全县经济工作，为县领导的科学决策提供依据。结合“十二五”以来取得的成绩和经验，着眼全局和长远发展，组织编制《威远县“十三五”规划纲要》，提出引领新常态的思路和举措，使规划纲要既符合实践的需要，又经得起历史的检验，行之有效、利于长远，成为全面建成小康社会的纲领性文件。

【国债资金争取】 2016 年，威远县争取到中央及省预算内投资项目 11 个，到位资金 9558 万元，争取资金总量居全市三县第一 。

表 14　　2016 年县发改局争取项目及资金统计表

单位：万元

序号	项目名称	建设性质	建设规模	总投资	2016 年到位资金	责任单位
1	威远县监管中心	新建	建筑面积 10594 平方米	2225	700	县公安局
2	威远县监管中心	新建	建筑面积 10594 平方米	2225	150（省预算内资金）	县公安局
3	越溪河流域综合治理及生态保护规划研究	新建	完成越溪河河道疏浚、堤防修复、沿岸污染源治理等建设内容的研究论证、规划编制等前期工作	120	50	县发改局
4	卫生计生领域 2016 年第一批中央预算内投资	改建	小河镇卫生院业务用房 3155 平方米及附属设施	313	250	县卫计局
5	钒系列产品深加工生产线项目	新建	年产 5000 吨五氧化二钒、5000 吨高钒钛、2000 吨钒氮合金	74603	2500	县经信局

续表

序号	项目名称	建设性质	建设规模	总投资	2016年到位资金	责任单位
6	全国新增1000亿斤粮食生产能力威远县2016年田间工程建设项目	新建	建设高产稳产粮田面积666.67公顷。平整土地，建设灌排沟渠、小型蓄水提灌设施、机耕路等	1500	1200	县农林局
7	威远县连界独立工矿区改造搬迁连界镇道路改造工程	改建	改造道路11060.06米，其中船高路主路4830米、延伸段566.57米、支路103.33米，路面宽度5.5米、7米；威连路2800米，路面宽度16米、30米；连兴璐665.78米、路面宽度30米，三十米大街改造1047.19米，路面宽度24米；包括沥青罩面雨污水管等	19636	2000	连界镇
8	高效清污机械产业化项目	新建	购置数控火焰切割机、落地式镗铣床、自动埋弧焊等50余台（套），采用自主研发专利技术（10余项），新建一条高效清污机械产业化生产线及其配套设施。项目达产后形成年产智能、高效清污机械200余台套的生产能力	6820	682	县经信局
9	威远县连界独立工矿区威远县威双路路面改造工程	新建	改造县道XK13线连界镇至石牛隧道段、县道X135及087线威远穿山洞至小河镇段、越溪镇场段、碗厂场镇段、小河场镇段，全线总长度53.46千米，路基宽12、7、14、20米，主要为路面改造和整治等。新建超限检测站1座，建筑面积269.22平方米	17213	1446	连界镇
10	农网改造升级工程	新建		2602	378	县发改局
11	小型水利及乡村公路	新建	新建村级水泥路10.18千米（镇西镇村级公路5.01千米、小河镇村级公路5.17千米）	202	202	镇西镇 小河镇

【农村产权制度改革】 威远县始终坚持农民自主、自愿、自治，党委、政府加强引导的“三自一引”原则，实行“统一指挥、县镇联动、以镇为主”，强力推进农村产权制度改革工作。除2012年完成1个村的试点外，2013年启动4个镇，涉及65个村1005个组；2014年实施8个镇，涉及147个村（含1个涉农社区）2219个组；2015年实施8个镇，涉及110个村民1664个组。截至2016年年底，完成全县20个镇的确权登记颁证相关基础工作。房屋所有权，土地承包经营权、集体土地所有权和集体建设用地使用权（含宅基

2016年，向义镇四方村农村产权交易服务中心　（余远文摄）

地）、林权均通过省、市主管部门验收。

【产权交易流转服务体系】 2016年，威远县建立完善县、镇、村农村产权交易流转服务体系，实现市、县、镇三级联网运行。全县20个镇依托农业综合服务中心组建完成农村产权流转服务站，并落实分管领导和专（兼）职人员，同时在便民服务中心增设农村产权流转服务窗口，各村设立流转信息员。健全信息收集及上报制度，在县公共资源交易中心落实办公场地和专职工作人员，引导农村产权进入公开市场流转。全县土地承包经营权流转总面积达6886.13公顷，总金额5150.05万元，其中在农村产权公开交易市场挂牌流转土地面积超过373.34公顷，总金额1684.236万元；2016年在公开交易市场挂牌流转土地面积105.67公顷，总金额285.9万元。

【农村金融制度改革】 随着威远县农村产权制度改革的不断深入，农村产权交易日渐活跃，流转大户及专合社在扩大生产、发展规模农业的过程中，一直面临缺少抵押物难贷款，所拥有的承包地经营权等资产却又普遍闲置的问题，财产权、收益权得不到有效体现。2014年6月，由威远县向家岭无花果种植农民专业合作社率先在全市以面积26.67公顷土地的承包经营权为抵押物向农村信用联社向义信用社贷款300万元，成为威远县农村金融制度改革的“破冰”之举，迈出全县农村产权从“本本”变“本钱”的第一步。截至2016年，威远县农村产权抵押融资贷款笔数累计7笔，贷款发放达1120万元，其中2016年度贷款1笔，贷款发放60万元。

（夏愉快）

物价管理

【价格管理】 2016年，威远县按照国家价格改革的总体要求，将原属政府定价、政府指导价的会计师事务所、资产评估所、水电气安装等经营服务性价格放开，实行市场调节价；配合供给侧结构性改革，对县农林、质检等部门的18个行政事业性收费项目免征的政策进行贯彻，降低企业生产经营成本。县城区及各乡镇居民用气分别于2016年1月、7月起实行阶梯价格，同步建立供气价格联动机制。推进水价改革，疏导近年来资源水价、工程水价等供水成本，2016年7月起对县城区居民用水价格进行适度调整，居民生活用水价格由2.30元/立方米调整为2.60元/立方米，调整幅度为13%，同步建立供水价格联动机制。搞好农村饮水安全工程价格管理工作，出台农饮工程涉及各镇供水价格，并同步建立供水价格联动机制。

【价格认证】 2016年，县物价局努力促进司法和行政执法公正。严格贯彻《四川省涉案财物价格鉴证管理条例》，全面完成有关司法机关和行政执法机关委托的各类涉案财物价格鉴证工作。全年办理县城区行道树被滥伐、故意毁损公共财物等涉案财物价格鉴证案件共80件，出具涉案财物价格认定结论书80份，认定金额116.33万元，无一例复议或错案发生。

【价格监督检查】 县物价局在元旦、春节、国庆期间对超市、药店等经营者共计56家进行检查，发放资料200余份，及时纠正和查处价格违法行为，节日期间市场商品价格保持基本稳定。围绕减轻企业负担，创造宽松发展环境的要求，重点开展涉企收费检查，将国家的各项收费免征等政策落到实处。查处个别商家在天猫、淘宝等网站上的价格欺诈案件7件，责令其将多收价款清退。通过“12358”价格举报平台，受理群众举报、咨询问题30余件，经查实后责令相关超市、物业公司等清退多收价款，处罚金额3万余元。

【招投标管理】 2016年，县招标投标管理办公室严格执行国家《中华人民共和国招标投标法》和县政府关于政府性投资项目监管、招投标管理工作的相关规定，强化对重要环节的现场监管，严格项目责任追究，从源头上杜绝各类违法违纪行为。全年实施招投标项目51个，最高控制价为67241.34万元，中标价为60576.84万元，节资6664.50万元，节资率为9.9%。其中公开招标22个，最高控制价为63863.42万元，中标价为57442.64万元，节资6420.78万元，节资率为10.05%；比选29个，最高控制价为3377.92万元，中标价为3134.2万元，节资243.72万元，节资率为7.2%。

（夏愉快）

国土资源管理

【概况】 2016年，威远县国土资源系统依法按程序优先保障国家和省重大基础设施、重点产业项目、民生项目和保障性安居工程用地。全年领回上年度报批征地批文4个批次，面积70.72公顷；千方百计筹集社保预存资金6700万元，上报征地10个批次，下达指标面积57.44公顷。依法实施土地征收，加强征地批后监管，严格依法足额计算被征地村民小组的补偿费用。全年落实征地拆迁补偿安置资金1.77亿元，保障吴荣路等项目的征地拆迁。严格执行经营性用地和商品住宅用地“两个百分之百”出让规定，全面推进工业用地的招标拍卖挂牌出让。2016年供应土地25宗，面积44.76公顷，完成土地出让收入3.81亿元。实施规划调整完善，启动威远县土地利用总体规划中期评估和调整完善工作，完成威远县中心城区和威远县连界镇土地利用总体规划局部调整工作，调整面积48.09公顷。开展工矿废弃地复垦利用试点，完成《威远县工矿废弃地复垦利用实施规划（2015—2017年）》编制，并经内江市人民政府批复，确定威远县工矿废弃地共143个地块，复垦规模262.74公顷。完成7个试点项目实施方案的编制，并由县政府批复同意立项。推进城乡建设用地增减挂钩。继续实施向义镇古井村、水口村、土桥村城乡建设用地增减挂钩试点项目；上报立项威远县连界镇反帝村（石板河社区）、土河沟村、五堡墩村和威远县连界镇船石村2个城乡建设用地增减挂钩试点项目，并已通过省国土资源厅的厅务会审查。

2016年4月15日，县国土局在碗厂镇中心校开展地质灾害应急疏散演练（县国土局供图）

【土地资源保护】 2016年，威远县坚守耕地保护红线，逐级签订《耕地保护目标责任书》，层层分解落实耕地保护责任，将耕地保护的各项指标任务层层分解落实到镇、村、组、户。截至年底，全县耕地保有量4.98万公顷以上，基本农田保护面积4.11万公顷以上，保护率达到100%。加强基本农田保护，开展威远县重点地区重点部位以及全域永久基本农田划定工作。实施完成2012年度和2013年度高标准基本农田建设项目，建成高标准基本农田面积893.34公顷，新增耕地面积100公顷。实施土地整理。严格落实耕地占补平衡制度，实施完成省级投资界牌、靖和镇土地整理项目，建设规模1186.67公顷，总投资1750万元；上报批准立项县级投资新店、向义镇等3个土地整理项目，建设规模1786.67公顷，预算总投资3282.67万元，并启动项目实施相关工作；编制完成连界、严陵、山王、高石镇等8个省级投资土地整理项目，并经市国土资源局下达项目入库通知。加大执法监察力度，建立完善国土资源执法监管共同责任机制，预防及依法查处违法行为。全年开展国土资源执法巡查256次，下发《威远县国土资源局责令停止违法行为通知书》41份，立案查处违法案件12件，罚款29.83万元，取缔非法开采11件，其中1件涉嫌犯罪，已移送公安机关。抓好卫片检查，威远县2015年度土地变更调查下发遥感监测图斑226个，面积182.07公顷，其中耕地面积120.65公顷，覆盖全县各镇。通过逐宗核查，图斑核查情况上报市国土资源局、省国土资源厅审核通过，没有被国土资源部、省约谈或责任追究。

【地质灾害防治】 2016年，威远县国土资源局严格落实地质灾害群测群防专职监测制度，坚持地质灾害隐患“动态排查、动态核实、动态监测、动态管理”。年内新增地质灾害隐患点6处，销号158处，仍有地质灾害隐患点472处。组织对隐患点监测人、镇村社干部等进行地质灾害防治基础知识培训。全年培训15场，培训人数1005人次，发放宣传资料1413份。指导各镇组织辖区内已有或新增地质灾害隐患点进行应急疏散演练共467场、参演人数6465人。做好监测预警。建立汛期地质灾害雨情预警联合发布平台，强化信息传送的准确性和时效性。全年县国土资源局发布气象预警和雨情信息72条，县气象局发布24条，联合发布13条。严格执行汛期专人值班，领导带班工作制度，每天抽查地质灾害隐患点监测人到岗到位及了解隐患点变化情况。全年接到各镇报告后开展应急调查23次。组织开展两河镇喜坪坡危岩1处重大地质灾害治理工程；完成冰冻岩等10处地质灾害应急排危除险；完成150户分散农户地质灾害避险搬迁安置，全面完成省市下达的目标任务，连续4年实现地质灾害防治“三零”目标。

【矿政管理】 2016年，县国土资源局全面完成全县89个矿山企业2015年度固体矿产资源统计基础表、矿产资源储量年报、矿产资源开发利用年度报告和采矿许可证年检工作。严格执行收费政策，2016年征收采矿权价款587.20万元、矿产资源补偿费24.56万元、采矿权使用费10.50万元，收取矿山地质环境恢复治理保证金5226.19万元。坚持市场取向，建立和完善矿业权有形市场，制定《威远县矿业权交易管理暂行办法》（威府办〔2016〕1号），矿业权交易转让鉴证全部进入市国土资源局交易矿产中心平台。2016年采矿权转让1件，无违法和越权出让采矿权行为。启动第三轮矿产资源总体规划编制，通过竞争性谈判选定第三轮矿产资源规划编制单位，并完成初稿编制。各镇新设采矿权方案、已设采矿权需要整合或利用原有生产系统扩大勘查开采范围的毗邻区域的相关申请，初步纳入该规划。会同县安监局和镇政府对相关矿山边界密闭进行逐一核实，对矿山储量年报评审和抽检发现的超层越界问题进行调查处置，对开采矿山进行全面巡查、排查和检查共计65次，并制定强力措施全面开展整治行动，依法规范矿业开采秩序。

【脱贫攻坚】 2016年，省、市下达威远县避险搬迁安置目标任务142户，总投资568万元，涉及142户173人，其中：贫困户11户、低保户8户、精准扶贫户1户。经过不懈努力，贫困、低保、精准扶贫户20户56人通过新建、买房、租房和投亲靠友方式全部搬迁安置到安全区。开展农村土地整治。完成威远县农村土地整治专项扶贫2016年规划下达的8个省级土地整理项目纳入市级项目储备库和实施省级投资界牌镇柏杨、四合、夏家村土地整理项目的目标任务。加强与帮扶贫困村高石镇童家村的联系，通过深入扶贫村进行访谈调研、结对帮扶贫困户、开展脱贫攻坚蹲点调研督导等有力措施，致力于贫困村脱贫攻坚。全年落实慰问资金6000余元，组织党员干部职工在元旦、春节期间到童家村困难群众家中进行走访慰问；投入5万余元完成高石镇大湾村、童家村、禾丰村省级投资土地整理项目的编制方案，预算总投资1021.11万元，争取省市国土资源主管部门批准立项；落实帮扶资金5.26万元，帮助童家村整治山平塘2口，机耕道2000米。

【不动产登记】 2016年，组建威远县不动产登记局和威远县不动产登记中心。8月25日，县不动产登记中心挂牌成立。落实临时办公场所，到位工作人员52名。加快窗口建设，落实8个不动产登记登记接件窗口。开展不动产登记资料移交整合入库工作，新增不动产权籍档案资料1236宗；通过公开招标选取中测新图遥感技术有限公司承担威远县剩余17个镇规划建成区地籍测绘30平方千米及不动产登记数据整合建库工作。补录开发企业楼盘22个、宗地23宗，补录预告登记、零星业务件等8879户，补录查封单位信息114件，查阅土地房产档案143件，完成不动产测绘226件。按照省市要求完成不动产登记系统与国土资源部主干网的对接，实现互联共享，隔绝内外网，保证登记业务的安全。完善登记颁证流程，明确登记类型，优化登记流程，统一登记标准。自2016年8月25日停旧颁新以来，共受理不动产统一登记业务4510件，办结3241件（证书业务1675件、登记证明1566件）。

（官　勇）

工商行政管理

【概况】 2016年，全县新登记企业609户，新登记个体工商户2549户，农民专业合作社39户，家庭农场45户。截至2016年年底，全县拥有各类市场34个；全县实有企业3703户，同比增长18.57%；个体工商户18300户，同比增长15.58%；农民专业合作社348户，同比增长12.62%；家庭农场192户，同比增长30.61%。截至年末，全县共有驰名商标3件，著名商标14件（年内新增“金利弘”商标1件），知名商标36件，有效注册商标676件。

2016年威远县知名商标、著名商标、驰名商标企业一览表

表15　（截至2016年年底）

序号	企业名称	商标名称	级别	备注
1	四川省川威集团有限公司	川威（6类）	2011年认定驰名商标	连界
2	四川威远白塔新联兴陶瓷集团有限公司	瓷砖（白塔）（19类）	2010年认定驰名商标	严陵
3	四川内江威宝食品有限公司	威宝（29类）	2015年认定驰名商标	镇西
4	四川内江威宝食品有限公司	周萝卜	2013年认定著名商标	镇西

续表

序号	企业名称	商标名称	级别	备注
5	四川内江威宝食品有限公司	图形	2012 年认定市知名商标	镇西
6	四川省威远金凤凰陶瓷有限公司	凤凰图形（19 类）	2011 年认定省著名商标	严陵
7	四川威玻新材料集团有限公司	威玻（图形）21 类	2012 年认定省著名商标	严陵
8	四川石牛化工（集团）有限公司	石牛（饲料）31 类	2011 年认定省著名商标	严陵
9	威远县高山云雾茶叶有限公司	（图形）茶（30 类）	2010 年认定省著名商标	连界
10	四川省复立茶业有限公司	茶（沐春）30 类	2008 年认定省著名商标	严陵
11	广东佛山（威远）麦氏陶瓷有限公司	麦氏（文字图形组合商标）19 类	2010 年认定省著名商标	严陵
12	内江市川老妈食品有限公司	川老妈 29 类	2013 年认定省著名商标	镇西
13	威远县黄老五土特产食品有限公司	黄老五（花生糖、米花糖、酥糖等）30 类	2013 年认定省著名商标	镇西
14	四川百胜药业有限公司	百胜（5 类）	2014 认定省著名商标	龙会
15	四川任远食品有限公司	任远（图形、文字组合商标 29 类	2010 年认定市知名商标	严陵
16	四川省红村絮棉有限公司	红村（24 类）	2010 年认定市知名商标	连界
17	四川省威远县银星实业有限公司	银星（7 类）	2009 年认定市知名商标	新店
18	四川正威实业有限公司	川蕾 1 类	2010 年认定市知名商标	城郊
19	威远县金四方果业有限公司	向家岭（31 类）	2009 年认定市知名商标	镇西
20	威远县西南工业炉有限责任公司	西炉（11 类）	2008 年认定市知名商标	龙会
21	四川威远泉威食品有限公司	泉威（泡菜、腌制蔬菜、大头菜笋干蔬菜罐头等）29 类	2010 市认定知名商标	龙会
22	威远县建业鑫茂瓷业有限公司	和润、（19 类）	2011 年认定市知名商标	严陵
23	威远县建业鑫茂瓷业有限公司	奥迪澜（19 类）	2011 市认定知名商标	严陵
24	四川省复立茶业有限公司	复立（茶叶）30 类	2009 年认定市知名商标	严陵
25	四川国友果业有限公司	沃奇 33 类（果酒）	2012 年度认定市知名商标	镇西
26	威远县金四方果业有限责任公司	金四方（柠檬、樱桃）31 类	2012 年度认定市知名商标	镇西
27	四川白塔新联兴陶瓷集团有限责任公司	芭玛贝珂（地砖）19 类	2012 年度认定市知名商标	严陵
28	同上	五星图形（同上）	2012 年度认定市知名商标	严陵
29	威远县皇邑休闲保健城城	皇邑（44 类按摩、美容）	2012 年度认定市知名商标	严陵
30	四川利弘陶瓷有限公司	金利弘及图形 19 类	2013 年认定市知名商标	新店
31	四川省威远高山云雾茶业有限公司	曾老七（30 类）	2013 年认定市知名商标	连界
32	四川海山宇光机械设备制造有限公司	海山（7 类）	2014 年认定市知名商标	新店
33	四川利弘陶瓷有限公司	科帝（19 类）	2014 年认定市知名商标	新店
34	四川依兰丝家纺有限公司	依兰丝（24 类）棉絮	2014 年认定市知名商标	严陵
35	威远凤凰高新材料有限公司	斯杰普 17 类绝缘材料	2015 年认定市知名商标	新店
36	威远县嘉乐植物油厂	穹窿花 29 类食用油	2015 年认定市知名商标	城郊

2016年9月26日，副县长王革屏向威远庆川电影放映有限公司颁发全县首张企业“五证合一、一照一码”营业执照　（县工商局供图）

【“五证合一”改革】　年内，县工商局加强与县人社、统计部门的工作衔接，于9月25日起正式启动“五证合一”登记改革。在“三证合一”的基础上整合社会保险登记证和统计登记证，实行“一套材料、一表登记、一窗受理”工作模式。改革后，由原5部门的近30个工作日缩短至一个部门3个工作日内完成所有审批。共发放加载统一社会信用代码的“五证合一”营业执照638户。

【“三证整合”改革】　年内，威远县工商局贯彻落实省工商局等七部门《关于实施个体工商户营业执照、税务登记证和社会保险登记证“三证整合”的意见》，通过加强舆论宣传，强化工商、税务、人社等部门协作，于12月1日起在全县实施个体工商户营业执照、税务登记证、保险登记证“三证整合”，共发放营业执照530张。

【“归雁”经济发展】　2016年2月26日，县工商局出台《关于大力支持返乡创业的实施意见》，全力服务返乡创业，从降低准入门槛、优化办事流程、深化配套服务三个方面出台促进返乡创业发展的13条具体举措，着力营造良好创业环境。全年新登记返乡创业企业及个体360户，从业人员1912人。

【电子商务发展服务】　2016年，威远县降低网络交易市场准入门槛，营造宽松的市场准入环境。县工商局加强对涉网企业的行政指导和扶持，督促电商企业落实网店实名制和亮照亮标工作，落实“七日无理由退货”，履行法律责任和社会责任；建立电商企业知识产权保护机制，完善商标保护台账；健全网络消费投诉机制。全年新发展电商9户，妥善处理电商企业的网络投诉举报6件。

【“个转企”工程推进】　2016年，威远县贯彻市政府《关于促进个体工商户转型升级为企业的实施意见》，建立“个转企”梯度培育台账，开通绿色通道，加强部门分工协作，全面推动有关优惠政策落实到位，建立健全定期回访制度，协调解决困难和问题，促进转后企业健康发展。全年办理“个转企”登记33户，完成目标任务的165%。8月25日，《中国工商报》专题报道威远县“个转企”动态。

【商标兴县战略实施】　2016年，威远县工商局引导培育34户品牌商标企业入驻内江商标品牌网，成功培育“金利弘”商标创建省著名商标，新培育发展商标40件。5月19日，省工商局局长万鹏龙到严陵工业园区调研商标指导站建设，并给予充分肯定。截至2016年12月底，全县共有驰名商标3件，著名商标14件，知名商标36件，有效注册商标676件。

【小微企业发展扶持】　2016年，威远县优化小微企业服务机制，完善和运用小微企业名录，对小微企业发展进行跟踪分析，指导落实扶持政策，搭建服务平台，开展就业服务。全年开展大中专、下岗职工、退役士兵就业培训1260人次，帮助解决下岗再就业320人。着力帮助企业解决经济新常态下融资难题，全年办理动产抵押登记91件，融资11.16亿元；办理股权出质登记26件，融资16.46亿元。

【企业定点帮扶】　2016年，县工商系统开展“千名干部进千企”活动，主动当好“宣传员、信息员、协调员、监督员”，采取“送法进企”“送策进企”“上门服务”等措施，从登记、创牌、融资、合同、维权等方面开展帮扶活动，为企业献策支招，排忧解难，维护好的企业周边环境。全年走访企业213户次，帮助企业解决实际困难和问题83件。

【非公党建工作】　2016年，威远县抓好在非公企业中的“小个专”领域党建工作，扩大党组织的覆盖面。全县共建立非公企业党委5个，建立党支部98个，联合建立党支部316个。创新载体形式，丰富活动内容，提升非公企业党建组织的凝聚力和影响力，开展党员“示范岗、示范店、示范支部”等活动，打造示范支部1个。

【信用监管有力推进】 威远县2015年度企业、个体、农专年报率分别达到99.35%、99.69%、99.68%，三项年报工作均获全省通报表扬。全面推行“双随机、一公开”制度，抽查检查企业及个体工商户562户，提高对各类市场主体监管的公平性和规范性。全年公示各类行政处罚信息160条，共将4户企业列入经营异常名录。

【“红盾春雷行动2016”】 2015年12月15日至2016年3月31日，威远县紧扣“治虚假、强维权”主题，开展为期100天的“红盾春雷行动2016”。行动期间，县工商局立案176件（含市工商局立案1件），移送公安5件，案值308.67万元。受理和处理消费者申诉和举报83件，为消费者挽回经济损失13.7万元。唐鸿刚被四川省工商局表彰为全省工商系统“红盾春雷行动2016”先进个人。

【网络市场监管】 2016年，县工商局落实网站实名74户，发放电子链接标志69枚。开展红盾网剑行动，共查处网络违法案件28件，约谈网店经营者4人；办结涉网投诉14件，维护了网络市场经营秩序。建立公安、商务、网信、通信运营商等相关部门的协作机制，推动部门间监管资源、案件线索和信息的沟通与共享，共同维护网络市场经营秩序。

【专项执法】 2016年，县工商系统开展公平交易执法工作，查处不正当竞争违法行为案件3件。着力整治虚假广告，查处广告违法行为案件17件。严厉打击商标违法，查处假冒注册商标商品案件34起，涉案金额14.42万元。推进打击传销和规范直销工作，遣散传销人员21人，发出警示、提示1次。加强合同监督执法，完成拍卖活动备案2件，合同纠纷调解1件。

2016年3月15日，县工商局开展“3·15消费者权益日”咨询服务（县工商局供图）

【流通领域商品质量监管】 2016年，县工商局开展“红盾质量维权行动”，用优质商品和服务促进释放消费潜力。对19个品种78个批次的服装、农资、电线电缆等实施商品抽查检验，并对抽检中35个批次不合格商品的商家，予以立案查处，共立案20件，案值29.71万元。

【赔偿先行制度建设试点】 年内，威远县开展消费环节经营者首问和赔偿先行制度建设试点，建立经营者先行赔付消费维权服务站2户，共受理投诉（咨询）39件，协商解决投诉27件，赔偿先付16件，金额1267.4元。2016年11月，内江市大调解办公室对威远县经营者首问和赔偿先行制度进行省级创新项目初评验收。

【消费维权工作】 2016年，县工商局开展行政约谈经营者4次，办理“诉转案”10件，移交举报案件2件。全年受理消费纠纷129件，解决率为100%，挽回经济损失21.05万元。其中，“12315”平台受理消费者投诉、举报44件，解决率为100%，为消费者挽回经济损失5.55万元。

（林银鹏）

质量技术监督管理

【质量监督管理】 2016年，县质量技术监督管理局撰写2篇质量分析报告，为政府质量决策提供参考。加强品牌培育，共培育8家企业增创第十二届四川名牌产品，其中4家已进入省政府评价阶段；培育7家企业增创内江市政府质量奖，其中2家企业正在公示中。开展重点工业产品的日常巡查工作，全年出动车辆53台次、出动人员86人次，巡查企业45户。

【标准化管理】　年内，县质监局做好服务标准化工作，对在四川复立茶叶有限公司承担的精品农业标准化示范区等进行检查、帮扶、指导。完善修订《地理保护产品“威远无花果”生产技术规程》和《地理保护产品“新店七星椒”生产技术规范》两个威远县地方标准的修订工作。开展生产企业在用标准的监督检查工作，全年检查21家生产企业的73个标准，全部符合国家相关规定。完成对四川白塔新联兴陶瓷集团有限公司、四川省威远朝阳陶瓷有限责任公司2家公司的采标资料的上报工作。

【计量监督管理】　年内，县质监局加强以商品量为重点的计量监督，开展对超市的计量器具和定量包装进行监督抽查，共检查计量器具48台，受检率100%，合格率100%。定量包装17批次，合格率98%。对威远县城主要集贸市场的在用计量器具的免费检测工作，在用计量器具969台（件），受检率95%，合格率96%。开展国家强制计量器具的检查工作。对全县加油站、各医疗单位、生产企业、眼镜店、超市等的在用计量器具进行检查，共检查上述单位93家，在用计量器具1300余台。开展“计量惠民、诚信促和谐”活动，与加油站、医院、超市等6家单位签订计量诚信承诺书，规范公用计量单位科学计量、诚信计量。

【特种设备安全监察】　2016年2月至4月，威远县集中开展“打非治违”（打击非法违法生产经营活动行为的简称）专项行动，县质监局共检查特种设备生产、使用单位68家，检查在用特种设备1000余台（只），发现安全隐患13处，发出安全监察指令书1份，提出安全整改措施13条。开展特种设备安全隐患排查治理工作，全年排查安全隐患50余处，发出安全监察指令书8份，提出安全整改措施50余条。开展特种设备安全生产大检查工作，共检查特种设备生产单位3家、使用单位121家，设备台数共1411台（只），现场检查发现安全隐患25处，提出安全整改措施25条，发出安全检查指令书3份。加强特种设备使用单位的安全宣传培训工作，全年培训特种设备安全管理人员80余人次，操作人员200余人次。

【行政执法监督管理】　年内，县质监局加强执法队伍建设，开展新进人员、骨干人员、领导干部的法制及业务培训，人员素质和执法作风显著增强，全局18名执法人员均经过培训考试取得执法资格。健全执法应急反应系统，建立健全“质监热线”、建立涉及产品质量、计量、特种设备安全、标准等方面的突发事件快速反应处理机制。加强质量技术监督法律法规宣传，利用“3·15”消费者权益保护日，“5·20”世界计量日及质量月等进行质量技术监督法律法规的宣传，制作宣传展板8块，发放宣传资料2000余份，接受群众咨询100余次。集中开展农资、建材、危化品等专项整治行动，严厉打击制售假冒伪劣产品行为。全年立案查处1起，接受群众投诉案件4起，无一起行政复议和行政诉讼案件。

（廖华勇）

安全生产监督管理

【概况】　2016年，全县安全生产形势稳定好转，共发生生产经营性交通安全事故11起，死亡9人，煤矿（非煤矿山）、危险化学品及烟花爆竹、建筑施工、消防、特种设备等重点行业领域未发生生产安全事故，生产安全事故起数和死亡人数呈逐年下降趋势，危险化学品连续5年、煤矿连续3年、非煤矿山连续2年实现“零死亡”目标。

威远县将安全生产工作纳入县委、

2016年9月28日，县领导在威远汽车客运站开展节前安全检查工作（县委宣传部供图）

县政府重要议事日程，进一步加强党委、政府对安全生产工作的领导，明确县级领导、职能部门安全生产工作责任，对安委会成员单位进行调整；以县委办、县政府办名义制定下发《关于调整威远县县领导及部门挂包煤矿（非煤煤系矿山）制度、职责及名单的通知》，进一步加强县委、政府领导及部门对安全的组织领导。全年组织召开安委会（扩大）会议4次，县委政府主要领导3次听取安全生产工作汇报，2次对重大安全事项进行专题研究部署；16次采取定期不定期方式，组织召开煤矿（非煤矿山）、危险化学品及烟花爆竹工作会；并结合行业特点，在重要时段重大节假日由县领导带队进行安全检查。

【安全社区创建】 2016年，威远县把安全社区建设作为创新社会管理的重要内容，纳入“民生工程”考核，实行“一票否决”。县委、县政府持续将安全社区创建作为安全生产基层基础建设的重要抓手，逐步推动安全生产向公共安全延伸和拓展。截至2016年年底，全县共建成全国安全社区1个、省级安全社区7个；2016年8月，新店镇启动全国安全社区建设，并迎接省级安全社区复评验收，小河镇、碗厂镇准备省级安全社区验收。

【安全隐患排查】 2016年，威远县按照安全隐患排查整治“三级管理”原则，以“治理隐患、防范事故”为重点，构建风险分级管控和隐患排查治理预防控制体系建设，将安全生产工作由事后处理向事前预防转变、由事故管理向隐患管理转变，加大隐患排查治理力度。全县上传隐患排查治理制度的企业543家，上报率99.08%；编制隐患排查清单企业507家，上报率92.5%；1—12月累计上报隐患8037条，整改8022条，整改率达99.8%。对确定的11项县级重大安全隐患实施挂牌督办，落实隐患整治资金2000余万元，确保整治到位。

【打非治违工作】 2016年2月至4月，威远县以煤矿、非煤矿山、危险化学品等行业领域“打非治违”为重点，明确监管执法目标、范围和重点事项。全年检查生产经营单位86户次，查处各类隐患385条，制作检查笔录及执法文书86份，立案调查2件，行政处罚2.8万元。

【矿山安全管理】 2016年年底，全县保留煤矿21个、非煤矿山54个，其中，非煤井工企业14个（非煤煤系矿山10个）、露天矿山40个。全县复工复产煤矿14个，恢复非煤井工企业9个（7个煤系矿山、2个井工企业），地面矿山13个（其中有3个为整改）。

威远县按照省安办《规范和完善煤矿安全生产挂包责任制度指导意见》要求，落实29名县级领导和77个县级部门对全县矿山企业实行挂包制度，县安监局采取分片包矿、驻矿监管等形式，对矿山企业进行定期或不定期安全检查。不断强化瓦斯水患治理，加强安全风险分级管控，对保留企业受关闭煤矿（非煤矿山）水患威胁情况进行调查论证，严格督促企业按照划定的禁采线、警戒线、积水线、探水线进行采掘部署；开展瓦斯监控系统专项整治，严厉打击瓦斯监控系统弄虚作假行为，严格落实瓦斯超限立即停产撤人等规定，对瓦斯超限仍然作业的，一律按照事故进行查处。化解煤炭过剩产能，稳妥推进煤矿整顿关闭，完成沙湾煤业有限公司向家寨二井整合关闭，威远县小河同乐煤矿关闭，化解过剩产能18万吨，按照276个工作日核减煤炭产能31万吨/年。

全年开展煤矿检查310余矿次，排查各类安全隐患2268条，整改2256条，落实整改资金600余万元；检查非煤矿山企业181次，聘请专家79人次，共排查安全隐患1638条，已整改1568条，整改率达96%。

【矿山安全标准化建设】 2016年，威远县聘请专家对金属与非金属矿山安全状况、存在隐患进行“会诊排查”，对企业实行分级监管。全县27户非煤矿山开展专家会诊和安全风险分级监管，4户达安全风险B级，23户达安全风险C级。推进非煤矿山标准化复审工作，2户企业通过省局的现场复审，并已公告形式确定为二级安全生产标准化企业；市局对15户非煤露天矿山进行安全生产标准化现场复审，均达安全生产三级标准化。抓好攻坚克难工作，对照目标任务、重点工作，严把新改扩建数量，加强矿山开采机械化和监管信息化建设，推行安全生产挂牌公告等制度。

【危险化学品及烟花爆竹监管】 2016年，县境内有危险化学品生产企业8家，运输企业1家，经营113家；烟花爆竹批发企业1家，经营零售户216家。

年内，全县召开危险化学品安全生产工作系列会议，制定下发危险化学品监管系列文件，分解落实安全监管责任，强化企业主体责任，严格危化品建设项目“新改扩建”项目审查，加强对“两重点一重大”涉危企业自动化控制系统改造。开展危险化学安全生产企业会诊检查，对5户重大危险源企业进行风险辨识分析。2016年6月，县应急办联合县公安、县消防、县卫计局等部门开展全县突发危化品泄漏事故应急救援实战演练。

2016年6月20日，县安监局领导到川威集团开展送安全知识到操作手活动 （县安监局供图）

开展以危险化学品和易燃易爆物品为重点的专项整治，加大油气输送管道隐患整改和烟花爆竹的安全监管。全县共检查油气输送管道、危险化学品和易燃易爆企业290户次，排查出安全隐患242处，责令企业立即整改242处。

【职业健康安全管理】 2016年，威远县存在职业病危害的用人单位417户，已申报414户，从业人员4.6万人，接害员工2.6万人，存在主要危害较大的行业有非煤矿山、化工、有色金属、冶金、建材、机械等。其主要危害因素有粉尘、噪声、高温、有毒有害气体等。全县职业健康检查、职业病诊断机构3家（县疾控中心、现代医院和第三人民医院），职业卫生服务机构1个。

年内，全县完成414家企业职业危害申报工作，对210家企业进行作业场所职业病危害检测，开展8家作业场所职业危害“三同时”审查。制定下发《陶瓷生产和耐火材料制造企业粉尘危害专项治理实施方案》，确保治理工作达5个100%；通过国家安监总局对威远县职业危害评估工作的验收。严格职业卫生监督执法，全年开展职业卫生专项检查90余次，督查102个用人单位，查处隐患及问题450个，下达整改指令书25份。

【安全教育培训】 2016年，威远县以《中华人民共和国安全生产法》宣传教育为主线，组织开展“安全生产月”“安全生产宣传咨询日”“送安全知识到操作手”“安全生产法知识竞赛”等活动。6月16日，在县城市花园广场举行“安全生产宣传咨询日”大型活动。其间，共组织30余个部门和企业参与活动，设置宣传展板100余块，悬挂宣传标语30余幅，发放安全宣传资料1万余份，现场咨询群众1500余人。开辟安全生产专题栏目，设置安全生产专刊，利用报纸、报刊、短信、QQ群、微信公众号、LED显示屏等形式开展安全生产知识宣传教育。全年投入安全生产宣传经费30余万元，发送短信2000余条，订阅《安全生产报》和安全生产杂志200余份，报送各类安全信息稿件1000余件，国家、省、市安监网站和新闻媒体采用100余篇。组织开展法律进机关、进学校、进乡村、进社区、进家庭、进企业、进寺庙教堂的“法律七进”宣讲活动，不断强化安全生产法律法规宣传培训。全年组织开展《中华人民共和国安全生产法》《中华人民共和国职业病防治法》等法律法规宣传培训30余次，培训干部职工、企业负责人、安全管理人员、班（组）长、特种作业人员等5000余人。开展安全文化进机关（单位）18个次、进企业（班组）380个次、进学校120个次、进村（社区）160个次、进家庭430个次。加强“三项岗位人员”（煤矿主要负责人、安全生产管理人员和特种作业人员）和以班组长、农民工为重点的从业人员安全培训，依托威远鸿威安全培训中心进行安全培训，全年煤矿进行全员培训14矿、1100余人，非煤矿山开展全员培训7矿、440余人，开展班组长培训5期、260余人。

（张　宇）

食品药品监督管理

【概况】 威远县食品药品监督管理局系县政府的行政执法部门，位于严陵镇北街11号，内设办公室（人事股、规划财务股）、综合协调股（食品药品产业发展股）、政策法规股（行政审批股）、食品生产监管股、食品流通监管股、餐饮服务监管股、药品化妆品监管股、医疗器械监管股、应急管理股（投诉举报中心）9个内设股室，下辖威远县食品药品检验监测站（挂威远县药品医疗器械不良反应监测中心牌子）、威远县食品药品监督稽查大队2个直属事业单位，在20个镇分别派驻食品药品监督管所和食品药品监督稽查中队。2016年在职人员98人，其中，在编92人、临聘3人、西部志愿者3人。

全县成立以县长、镇党委书记镇长分别担任主任的县镇食品药品安全管理委员会。县食药安委办挂牌县食品药品监管局，局长兼任主任；镇党政分管领导兼任镇食药安委办主任。20个镇设立食品药品监督管理所、稽查中队，动态保持每个所2名以上监管人员。每个村（社区）建立食品药品安全协管员信息员，协管员372人，信息员5274人，配合镇所开展监管工作，推进食品安全网格化管理。推进监管所“四有”。配备标准化快检室，监管所标准化建设合格率100%。不断完善基层食品药品监管“威远模式”，《中国食品报》《中国食品安全报》《四川日报》、四川电视台等媒体专题报道。

【宣传培训】　年内，威远县参加国省市县食品药品安全培训460人次，培训监管员、信息员6800人次。牵头组织“12331”、食品安全宣传周、安全用药宣传月、党员义工日等宣传活动，参与“3·15”消费者权益保护日、“5·15”防治碘缺乏病日、“6·5”世界环境日、全国科普日、安全生产咨询日、艾滋病防治等街头宣传活动。携手县委宣传部推进系统监管文化建设。委托县书法家协会、县美术家协会征集优秀作品，用于全县食品药品监管系统机关文化建设。与县摄影家协会联合举办以“崇高使命·美丽瞬间”为主题的威远首届食品药品安全摄影大赛。在省市党报党刊和“今日威远”网站等新闻媒体用稿358篇，党政网用稿16篇，威远电子政务网用稿34篇，内江市食品药品监督管理局用稿40篇，四川法制网用稿90篇，四川食品新闻网用稿60篇，中国食品网用稿19篇，《中国食品安全报》采用7篇，中国基层党建网采用15篇，《内江日报》用稿26篇，“国际在线”采用10篇。全面依法公开政务信息，群众关注度高，网站点击率一直名列前茅。胡子林被四川省精神文明办公室、省食品药品监督管理局评选为首届四川“最美食品药品安全卫士”。

2016年11月12日，省食品安全示范县验收专家组到星麻哥食品有限责任公司现场检查　（县食药局供图）

【依法行政】　2016年，县食药监局聘请法律顾问，集体审议50件重大一般程序行政处罚案件，复核2起行政处罚案件当事人陈述申辩，无行政复议和行政诉讼。根据《威远县食品药品安全管理委员会办公室关于下放食品经营许可权限的通知》，出台《关于规范食品经营许可工作的通知》，开展食品经营许可工作，下放个体工商户食品经营许可权限至20个镇食药监所。全年办理行政许可审批件752件、第二类医疗器械经营备案29件。县政府印发食品小作坊、食品小经营和食品小摊贩（简称食品“三小”）备案管理工作实施方案，食品“三小”备案33件。2016年，县食药监局获得依法行政工作考核一等奖；8月行权平台录入工作受到市政府通报表彰。

【食品药品专项整治】　年内，县食药监局开展食用植物油塑化剂专项监督检查、农村食品安全“扫雷”专项行动、保健食品生产经营专项整治、节令食品专项检查、药品流通领域专项整治行动等专项行动30余次，责令整改检查发现的违规行为，严肃查处违法行为。确定对食品生产经营户的日常巡查频次，日常监管面达100%；对37家食品生产企业共巡查500余次，对获证企业年检现场核查8家，企业许可审查不合格率达100%；获证企业签订质量承诺书37家，督促指导规模以上食品生产企业建立健全内部质量管理体系。推进“明厨亮灶”工作，学校幼托机构、敬养老院、医院、单位职工食堂划入明厨亮灶重点。按照《餐饮服务环节量化分级管理》标准，评定A级单位12户、B级38户、C级707户，评定率100%（有234户为新办证或责令整改餐饮服务单位）。对3家药品生产企业（含药包材、医院制剂室）检查20次；4家药品批发企业现场检查 20 次；检查使用特殊药品单位 40 家，检查二类精神药品、蛋白同化制剂药品批发企业 4 家。累计检查医疗器械经营企业 38 家次、备案管理经营企业 76 家次、使用单位 971 家次，检查覆盖面均达到 100%。

【风险监测检验】 2016 年，全县食品药品抽检 2275 批次（小作坊抽检 63 批次），不合格 49 批次（不含小作坊），食品药品总体合格率 97.78%（不含小作坊），高于全市平均水平。大幅度加大食品抽检监测力度，县食药监局实际组织抽检食品 1940 批次（含快检 310 批次、小作坊 63 批次），达到人口比例 2.66‰抽检批次；配合市食药监局做好国省市抽样工作。药品市抽任务 118 批次（实际完成 127 批次），自抽任务 45 批次（实际完成 50 批次），化妆品 4 批次，医疗器械 5 批次，覆盖 20 个镇。

【应急管理】 2016 年，县食药监局受理群众电话或现场咨询 782 人次，受理投诉举报 145 件，全部处理回复（含省食品药品投诉举报网络平台交办投诉件 34 件）。及时回复食药监局网站举报咨询信件 15 件，投诉举报办结率 100%。

【案件查处】 2016 年，县食药监局每月抽调执法人员集中稽查；结合检验不合格后处置、投诉举报等，共立案 522 件（含简易程序 309 件），增长 70%。案件覆盖食品生产、流通、餐饮以及药品、化妆品、医疗器械。结案 505 件，结案率 96.7%；罚没款 151.2 万元，增长 47.2%。强化案件信息公开，192 个案件在局网站、行权平台总队网站公开。案件文书制作规范，案件档案管理严格，符合存放标准。

【四川省食品安全示范县通过评估验收】 2016 年 11 月 12 日至 13 日，四川省食品安全示范县第三方验收评估专家组对威远县食品安全示范县创建工作进行验收评估。专家组听取创建工作汇报，随机现场查看基层监管所、检验检测机构、食品生产企业、餐饮企业、集中农贸市场、学校食堂等单位，认为威远县对食品安全监管工作和示范县创建工作高度重视，监管体制机制完善，责任体系比较健全，支撑条件充分保障，监管工作落实到位，监管成效明显，公众满意度较高，整体创建工作卓有成效，同意通过评估验收。

自 2015 年四川省食品安全示范县建设工作启动以来，威远县委、县政府印发《威远县创建四川省食品安全示范县工作实施方案》，成立威远县食品药品安全管理委员会办公室，县长担任威远县食品药品安全管理委员会主任暨创建四川省食品安全示范县领导小组组长。制发 20 个食品药品监督管理所全部标准化验收过关。将食品安全纳入县委、县政府对镇党委、镇政府、镇党委、镇政府对村（社区）的综合目标考核。率先将食品安全纳入县委、县政府对县食品药品安全管理委员会成员单位（县级部门）的综合目标考核内容。采取会议、电视、标语、LED、“12331”等宣传措施，提高群众对食品安全示范县工作知晓率。通过第三方调查统计，全县群众对食品安全示范创建工作知晓率为 92.2%，食品安全满意度 92%。

（王　琴）

2016 年 7 月 29 日，市统计局到威远县督查第三次农业普查工作　（县统计局供图）

统计管理

【概况】 2016 年，县统计局编发《威远县 2015 年国民经济和社会发展统计公报》，编印《威远统计年鉴（2015）》，发布反映全县国民经济和社会发展情况的统计数据。不断强化对全县经济运行的监测预警和分析，累计向县委、县政府领导及相关部门提供统计内参 2 篇；发送《威远统计信息》1210 册、《各县区主要经济指标累计完成情况表》220 张、刊发经济信息 10 期；撰写统计监测报告 12

篇、统计预警分析9篇；发布统计公告经济数据330条；向社会各界提供统计数据100余次。年内，受主管部门委托，先后开展全社会安全感调查、省级食品安全示范县知晓率和县域内食品安全满意度调查、党风政风行风满意度调查，累计处理问卷3600份，数据点13.5万余个，形成调查分析报告3篇。

年内，通过以会代训等方式，提升全县统计从业人员综合素质。1月至2月，召开农业统计、贸经统计、劳动工资统计、综合核算、工业统计、投资统计等年报会和业务培训会8次，参会人数320人。上半年5名新进统计人员参加并通过四川省行政执法证考试和省统计局执法资格培训及考试；对全县535名一线统计人员进行法治培训。5月，10人参加在浙江大学内江市统计能力提升专题培训班的学习；9月，32名乡镇统计人员参加在四川大学继续教育学院举办的内江市统计系统乡镇统计人员培训班的学习；10月，推荐1名新进统计人员参加在江西省工商行政管理干部学校举办的第54期全国统计系统专业知识基础培训班的学习。统计局局长参加全省县级统计局局长培训班的学习。组织统计专业技术资格考试报名。全县有49名统计人员参加初级统计师考试，16名统计人员参加中级统计师考试，共65名报名参考。

【依法统计】 2016年，威远县以提升统计数据质量为中心，全面推进县(镇)两级统计规范化建设。以制度建设为抓手，以强化数据审核为重心，从统计保障、统计组织、统计服务、统计信息化建设、统计法制建设、统计管理六个方面继续加强统计基础工作。不断深化联网直报工作，全年实现全部“四上”企业联网直报率100%。6月至10月，开展关于坚决制止和严肃查处编造统计数据等弄虚作假行为统计大检查，对全县所有规模以上工业企业，资质以上房地产、建筑企业，限额以上批发零售住宿餐饮业展开统计专项执法检查，“四上”企业自查面达100%，现场抽查达20%，符合统计规范化建设标准率为92%。查处统计违法案件8件，限期整改8件，整改完成8件。

【重大国情国力普查和重点统计局调查】 2016年3月，县人民政府发出《关于做好第三次全国农业普查工作的通知》，成立以县政府常务副县长为组长、分管农业的副县长为副组长，政府办、统计局、发改局、财政局、农林局等19个部门为成员的领导小组及以县统计局为主体的县人民政府农业普查办公室，切实强化全县农业普查组织、协调和日常工作推进。强化业务培训，累计开展综合试点、部门资料整顿、普查区地图绘制，清查摸底、PDA操作等培训会16次，累计培训人员872人；深入各普查区指导40余次，累计指导20个镇120余个村(社区)600余名普查员。强化前期筹备，将全县划分为370个普查区2420个普查小区并全部绘制主要普查对象分布图；普查区锁定后先后进行部门资料比对、综合业务试点和清查摸底试点，基本掌握全县187000余户农村住户，1300余农业规模经营户及700余农业经营单位2016年农业生产经营情况。强化宣传动员，传统手段和现代信息技术相结合，累计发出《致普查对象的一封信》22万封、省市人民政府公告7000份、宣传画2万张、宣传手提袋2000个、宣传雨伞1000把、制作宣传横幅200幅；开通宣传彩铃12处，发送普查短信10万条，在《内江日报》统计微博和内外网发布信息120余条。强化督查指导，县政府与各镇各成员单位签订《普查目标责任书》，建立成员单位和农普办成员联系镇工作机制和部门联合评估数据机制，先后组织开展督查督导4次，加权汇总后对各镇农普工作进行打分排序；受县纪委委托，10月开展威远县党风廉政建设社会满意度评价暨“千企万人”测评机关专项调查工作。

【基本单位名录库规范化建设】 2016年，威远县在推进基本单位名录库规范化建设省级专项试点成果基础上，全面部署基本单位名录库日常核查工作。成立以分管副县长为组长、相关部门一把手为成员的领导小组，领导小组设在统计局办公室，具体负责协调各项工作。多次召开全县基本单位名录库规范化建设省级试点工作会议，会议上强调名录库建设工作要按照“争取支持、加强基础、推进成果”要求建设管理。健全名录库管理组织机构，明确名录库维护职责分工，镇和社区成立相应机构，全部实行挂牌办公。所辖20个乡镇均有兼职名录维护人员，其中单位总量占60%的严陵镇所有社区均有兼职名录维护人员。全县20个镇都有统计专线，2个试点社区建立VPN用户，各级名录维护人员均有电脑、扫描仪、打印机等办公设备。出台规范化工作标准，统一制作《基本单位名录库维护更新五个原则》《镇级基本单位名录库管理机构主要职责任务》《村(社区)级基本单位名录库管理机构主要职责任务》《基本单位名录库维护更新保密发布规定》等制度，实行统计制度上墙，依法统计。自制维护工作手册，名录维护台账统一印制并下发。开展规范化管理维护，按照“部门合作、分级管理、一库在线”的方式维护名录库。严格调查单位申报流程。建立现场核查追究制。“定量”督促工作落实，提高名录维护工作质量。

（彭　欢）

【2016 年全县主要经济指标运行情况】　2016 年，威远县地区生产总值完成 317.4 亿元，增长 7.7%；第一产业增加值 42.6 亿元，增长 3.8%；规模工业增加值增长 9.8%；第三产业增加值 61.1 亿元，增长 8.3%；地方公共一般预算收入 7.0 亿元，增长 -6.9%；全社会固定资产投资 182.3 亿元，增长 7.4%；社会消费品零售总额 85.0 亿元，增长 12.7%；全部工业入库税金 3.7 亿元，增长 62.0%；城镇居民人均可支配收入 28867 元，增长 8.8%；农村居民人均可支配收入 12932 元，增长 9.1%。

表 16　　2016 年威远县经济社会发展主要指标统计表

序号	项目	单位	实绩	比 2015 年增长（%）
1	地区生产总值	亿元	317.4	7.7
2	第一产业增加值	亿元	42.7	3.8
3	第二产业增加值	亿元	213.6	8.2
4	第三产业增加值	亿元	61.1	8.3
5	民营经济增加值	亿元	192.5	8.2
6	粮食总产量	万吨	31.4	1.0
7	肉类总产量	万吨	5.15	-2.3
8	社会消费品零售总额	亿元	85.0	12.7
9	全社会固定资产完成投资	亿元	182.3	7.4
10	地方公共财政收入	亿元	7.0	-6.9
11	地方公共财政支出	亿元	31.0	4.0
12	年末金融机构存款余额	亿元	210.9	11.3
13	年末金融机构贷款余额	亿元	151.9	3.0
14	保费收入	亿元	2.1	6.9
15	城镇居民人均可支配收入	元	28867	8.8
16	农民人均纯收入	元	12932	9.1
17	城市污水处理率	%	75.53	-4.2
18	中小学在校生数	人	66651	-1.2
19	电视综合覆盖率	%	98.3	-0.4
20	新农合参合率	%	90.1	-3.0

（马　骏）

金融管理

【概况】　2016 年，威远县有金融机构 9 家：中国人民银行威远县支行、中国工商银行股份有限公司威远支行、中国农业银行股份有限公司威远县支行、中国银行股份有限公司威远支行、中国建设银行股份有限公司威远支行、中国邮政储蓄银行股份有限公司威远县支行、中国农业发展银行威远县支行、威远农商银行、内江兴隆村镇银行股份有限公司威远支行；保险公司 2 家：中国人寿保险股份有限公司威远县支公司、中国人民财产保险股份有限公司威远县支公司；小额贷款公司 2 家：威远县融通小额贷款有限公司、威远县德福小额贷款有限公司；融资性担保公司 2 家：威远县中小企业融资担保有限责任公司、威远县硕丰农业担保有限责任公司。银行业金融类机构营业网点达 84 个，从业人员 760 余人，是内江市营业网点覆盖最

2016 年 6 月 22 日，中国人民银行成都分行领导调研威远农村支付服务环境建设　（县人民银行供图）

广、从业人员最多的县。全县金融机构各项存款稳步增长，达 210.94 亿元，增长 11.28%；贷款余额 151.9 亿元，增长 2.96%；存贷比达 72.01%，高于全市平均水平。

【金融环境优化】　2016 年，县金融办加大呆坏账核销力度，指导银行业机构制定不良贷款化解方案，细化清收处置措施，持续开展催收工作。截至 2016 年年底，辖内银行业机构处置不良资产 4.66 亿元，不良贷款率比年初下降 2.63 个百分点。建立金融风险监测、分析和预警机制，对银行不良贷款成因及走势进行深入分析和掌握，根据金融稳定风险监测系统的预警对威远农商银行进行风险预警提示两次；对川威集团生产经营及债务重组进展情况进行持续的监测，对威玻集团的发展密切关注，开展实地调研，为上级金融机构及时了解掌握重点监测企业情况提供基础资料。开展互联网金融风险整治工作，初步完成全县 124 家企业的分类排查工作。

【支持企业发展】　年内，威远县通过召开监管协调会议方式和其他银行帮扶工作机制，政银企共同努力，有效缓释川威集团、威玻集团、煤焦化集团等重点困难企业的信贷违约风险。支持中小微企业发展，制定《威远县应急转贷资金管理办法》，帮助小微企业在转贷期间缓解资金压力。全县小微企业贷款余额 31.8 亿元，同比增加 3.7 亿元，增长 13.17%，占各项贷款余额的 21.16%。多部门联动，形成监管合力，加强对威远德福小额贷款有限责任公司的监管。2016 年，威远德福该公司累计发放贷款 112 笔，贷款总额达 1.80 亿元，累计回收贷款 1.75 亿元，贷款余额 1.15 亿元，未发生一笔不良贷款及呆账、死账。

【金融创新步伐加快】　2016 年，威远县推进新三板企业上市和多渠道融资工作。成功助推东工水电和至诚复材在新三板挂牌上市，企业拓宽融资渠道，缓解融资困难，优化公司治理结构，促进企业规范发展，提高企业知名度和美誉度，增强市场竞争力。

（王　佳）

【货币政策落实】　2016 年，县人民银行通过召开支农惠农金融服务推介会等方式，涉农金融机构纷纷就支农惠农的具体举措和创新产品作说明和推介，现场与农业产业化龙头企业、种养殖大户进行交流对接。12 月末，涉农贷款余额 103.09 亿元。以“万亿千家”诚信小微企业培育为抓手，拓展抵质押范围，力推创业担保贷款和小额信用贷款。12 月末，中小微企业贷款余额 61.67 亿元，比年初增加 13.22 亿元，增长 27.29%。主动跟进县委、县政府“工业强县、产业兴县”的战略部署，对接重点领域、重大项目、重点产业融资需求。对县重点企业金镭铸业新增贷款 3793 万元。推动金融改革创新。推动土地流转收益保证贷款、林权抵押贷款等农村金融产品和服务方式创新。加强对金融民生工程的推动，为贫困群体提供信贷支持。截至 12 月，发放农户小额信用贷款 34462.88 万元、下岗失业人员再就业贷款 611 万元。根据上半年全辖银行贷款不升反降的实际，支行于 5 月、8 月 2 次组织召开辖内金融机构信贷推进会，要求各行在完成上级存款增长总量目标任务的前提下，明确新增存款用于当地贷款投放的比例，以实际行动支持地方经济发展。在扩大信贷投放总量中调整信贷结构，坚持区别对待、有扶有控，明确用于支持小微企业和“三农”经济发展的比例，避免信贷投放脱实向虚。重点加强对地方法人金融机构信贷投放的引导，保持其信贷总量合理均衡增长。推动应收账款融资平台应用，加大对中小微企业的宣传力度，让中小微企业认知、认可中征系统应收账款融资平台，强化对金融机构运用融资平台的引导。2016 年辖内各金融机构运用平台办理贷款 41 笔，金额 3.85 亿元。指导推动威远县农发行利用该平台融资授信 2 亿元，已发放应收账款质押贷款 3 笔，金额 1.7 亿元，支持地方安居工程建设。

【金融改革】 年初，建立全县统一的信贷违约台账，根据银行机构按月报送的信贷违约企业台账，对新增信贷违约情况及时调研分析，动态更新跟踪调查信贷违约企业情况，研析风险动向，提出风险提示。按季分析金融风险，召开分析会2次，对银行不良贷款成因及走势进行深入分析和掌握。根据金融稳定风险监测系统的预警，对威远农商银行进行风险预警提示3次。密切关注全县钢铁、煤炭行业去产能进展情况，对川威集团生产经营及债务重组进展情况进行持续的监测。对在经济下行压力下仍在正常生产经营的威玻集团给予密切关注，在威玻集团向威远县委正式提出金融帮扶的申请后，支行第一时间组织辖内与威玻集团有信贷业务的6家银行机构召开紧急会议，商讨金融帮扶对策，配合地方政府协调沟通多方关系，促进金融帮扶方案尽早落地，先后与有关部门会审威玻集团应急转贷资金申请14笔共1.36亿元。重点做好县域其他困难企业帮扶。通过协调会方式和银行帮扶工作机制，政银企共同努力，有效缓释煤焦化集团等重点困难企业信贷违约风险。引导辖内银行机构采用转贷和展期等方式帮扶困难企业。成立互联网金融风险专项整治工作领导小组，完善组织框架，制定实施方案，明确职责分工，推进互联网金融风险专项整治工作。完成全县124家企业的分类排查工作。

【金融监管与服务】 年内，县人民银行落实反洗钱监管责任制，全面贯彻落实风险为本的监管理念，按照“监管与服务并重”的反洗钱工作要求，对光大证券内江威远南大街营业部、工行威远县支行、邮政银行威远支行、兴隆村镇银行威远支行进行现场走访，核实、了解金融机构反洗钱组织机构建设、内控制度建设、客户身份识别等法律规章执行情况，有针对性地对金融机构开展业务辅导，提高其反洗钱意识和技能。对中国银行、邮储银行、村镇银行开展征信执行检查或业务检查，对工商银行和建设银行进行国库业务专项执法检查。通过严密的程序，严格的检查，各金融机构对人民银行管理职能有更深的认识，对人民银行的管理日益理解和支持，能更主动对接和汇报工作，促进支行对全辖金融工作动态能序时全面掌控。

【金融精准扶贫】 2016年，县人民银行建立完善精准扶贫金融服务工作机制，加强政策互动、工作联动和信息共享，努力提高金融扶贫的广度、深度和精准度，更好地起到金融助推脱贫攻坚主体作用。准确把握中央扶贫攻坚战略意图，充分发挥窗口指导，运用支农再贷款，促进扶贫小额信贷政策落地，有力支持产业扶贫。开展扶贫再贷款精准扶持示范村、示范基地、旅游扶贫示范村等创建，对金融机构定点联系帮扶村给予配套货币信贷政策支持。对“四川久润泰科技”“威远县金四方果业”“周萝卜蔬菜种植专业合作社”涉农企业发放890万元贷款发展无花果、萝卜、桑葚深加工，带动134户贫困户脱贫；解决90户贫困户房屋建设和生产经营需求。做好建档立卡贫困户评级授信工作，为开展金融精准脱贫工作打好基础。截至12月末，指导作为主力军的威远农商银行，依据国家贫困户标准逐户开展建档、评级授信工作，完成建档贫困户7949户，建档面达100%；向符合扶贫小额贷款的3435户进行授信，授信金额9518万元，发放扶贫小额信用贷款1162户，累计发放扶贫小额信用贷款2926万元，余额998.51万元，对已授信建档立卡贫困户的合理信贷需求做到100%的全部满足。推动科技金融+产业扶贫。指导威远农商行在重点扶持贫困户土地流转、新型农业经营主体的基础上，探索“政府+银行+企业+贫困农户”的公司带动农户脱贫的产业扶贫新模式，通过金融助推，公司引领，充分将生产加工销售连接起来，延长产业链，发展第六产业（一产业+二产业+三产业），促进农民“自给型”农业向商品化农业转变，推动传统农业向现代农业转化，抓住农村剩余劳动力转化的关键，拓展农民增收渠道，带动贫困户走上小康。全县形成无花果、大头菜、香芋、白萝卜、七星椒、茶叶等多个万亩产业基地。截至12月末，支持龙头企业、专业合作社等新型农业经营主体1344户，投放68530万元贷款，带动农户6936户，带动贫困户2618户。力促金融机构采用增加贷款额度、优惠贷款利率等方式，推动企业解决贫困户就业，解决农民工、贫困户共计350人就业。

【普惠金融服务体系建设】 年内，县人民银行继续加大金融基础设施建设的投入，优化助农取款服务点布局，拓展银行卡助农取款服务在农村特别是贫困村的覆盖面。以助农取款服务点为基础，逐步加载小额存取款、转账汇款、代理缴费、财政扶贫基金汇划等基础金融服务功能，打造惠农支持综合服务平台。拓展非现金支付工具在村镇的使用，推广金融IC卡、移动支付、手机银行、微信银行等移动金融服务。通过持续开展支付惠农示范工程创建工作，改进和提高助农取款服务点的使用率。为农村提供更加丰富的支付服务和支付产品。截至12月末，金融机构布放“助农取款”服务点532个，ATM机具267台，特约商户1346户，转账POS2168台；发放借记卡186.39万张，人均持卡2.56张，信用卡7.57万张。助农取款交易笔数201731笔，金额6623.32万元，同比分别增长3.7倍和3.85倍，代理缴费187208笔，金额1233.88万元，转账269000笔，金额7453.85万元，现金汇款1993笔，金额27.88万元。建设“社区银行”3个，2016年农村社区银行业务自助存取款22473笔，金额4996.84万元，转账22199笔，金额1062.93万元，查询11745笔。“助农取款”惠及农村人口56.8万人。

【金融知识普及工作】 县人民银行在2016年“3·15”之际，以“权利、责任、风险”为主题开展金融消费者权益保护宣传，发送消费者权益保护、防范电信诈骗等内容的宣传知识1.2万条，发放各类宣传资料4.6万份；集中宣传现场发放宣传手册3000余份，现场接受群众咨询400余人次。9月9日，组织县内各金融机构联合公安、工商部门开展“普及金融知识、提升金融素养、共建和谐金融”为主题的集中宣传活动。开展“送金融知识进基层”活动，把防范电信诈骗、识别假币及存贷款等金融知识送进社区、市场、校园、投资场所、农村等，进行具有特色的宣传教育。

【打击假币犯罪】 年内，县人民银行落实《银行业金融机构反假货币工作指引》，配合公安机关打击假币犯罪活动加大反假工作力度。开展反假货币宣传，结合群众最为关注和关心的反假知识需求，进行“面对面”讲法规、举案例，加强案件警示，震慑假币违法犯罪分子。加强现金从业人员学习与技能培训，增强柜面堵截假币能力。截至12月末，收缴假币3082张24.03万元，同比下降4.79%。

【“全面经理国库”建设】 年内，县人民银行以国库资金安全和国库系统运行安全为底线，加强制度建设，强化监督管理，开展分析研究，规范办理预算收支。截至2016年12月末，共办理国库业务145007笔，金额793760万元。其中：办理预算收入业务115852笔，金额165235万元；办理支出业务13969笔，金额576319万元；办理预算收入退付业务406笔，金额12578万元；办理更正调库业务180笔，金额22487万元。无上报差错和责任事故发生。以税务“金税三期”上线为契机，引入竞争机制，拓展联网业务类型，加强与相关部门沟通协调，全面推广车购税POS刷卡业务。全年电子缴税增长迅猛，共办理电子缴税111043笔，业务量占比达到97%，比上年末提高17个百分点。加强国库监督制衡，发挥国库会计核算管理对财政预算执行环节的事中监督职能，对不合规的拨款和退库坚决拒绝办理，确保国库资金安全；注重预算科目的正确使用，准确核算预算收入、退库分成比例，及时反映和核查各类异常情况，确保国库会计核算质量。全年堵住不合规业务60笔，金额314万元。

（周建伟）

2016年9月9日，中国农业发展银行威远县支行开展“金融普及月”宣传活动 （县农发行供图）

财 政

【概况】 2016年，全县地方一般公共预算收入完成70163万元，完成调整预算的100.09%，同比下降6.85%。财政总支出实现330197万元，同比下降7.32%。其中：一般公共预算支出实现309893万元，完成调整预算的100.07%，增长4%；政府性基金支出实现20304万元，同比下降65.19%。

2016 年威远县一般预算收支统计表

表 17　　　　单位：万元

序号	预算科目	收入决算数	序号	预算科目	支出预算数
1	一、税收收入	46425	1	一、一般公共服务支出	18982
2	增值税	13764	2	二、外交支出	0
3	营业税	6789	3	三、国防支出	157
4	企业所得税	1561	4	四、公共安全支出	12536
5	企业所得税退税	0	5	五、教育支出	61913
6	个人所得税	1141	6	六、科学技术支出	533
7	资源税	5200	7	七、文化体育与传媒支出	2480
8	城市维护建设税	2579	8	八、社会保障和就业支出	50912
9	房产税	1044	9	九、医疗卫生与计划生育支出	39883
10	印花税	827	10	十、节能环保支出	13834
11	城镇土地使用税	933	11	十一、城乡社区支出	9015
12	土地增值税	6257	12	十二、农林水支出	44774
13	车船税	916	13	十三、交通运输支出	11656
14	耕地占用税	1028	14	十四、资源勘探信息等支出	16775
15	契税	4386	15	十五、商业服务业等支出	721
16	烟叶税	0	16	十六、金融支出	50
17	其他税收收入	0	17	十七、援助其他地区支出	0
18	二、非税收入	23738	18	十八、国土海洋气象等支出	2775
19	专项收入	6491	19	十九、住房保障支出	14335
20	行政事业性收费收入	10228	20	二十、粮油物资储备支出	1834
21	罚没收入	3664	21	二十一、预备费	
22	国有资本经营收入	133	22	二十二、其他支出	1987
23	国有资源（资产）有偿使用收入	2954	23	二十三、债务付息支出	4565
24	其他收入	268	24	二十四、债务发行费用支出	176
25	收入合计	70163	25	一般公共预算支出合计	309893

【财政管理】 年内，威远财政注重管理，树立节约绩效意识。继续严格一般公务费预算执行，将部门公务费按人均标准纳入预算保障，特别控制“三公”经费、培训费和会议费开支，努力降低行政运行成本，全年“三公”经费支出数同比略降。严格按法规要求进行预算编制、调整及执行，注重对预算调整的控制，部门预算调整提交县人大审议通过。继续加强财政支出绩效评价工作，扩展评价广度深度，首次引入第三方机构参与绩效评价，并邀请人大参与监督。全年对55个项目支出开展绩效评价，涉及资金11729万元；各部门对部门支出绩效进行自评，财政部门开展抽查复评，提升部门预算管理和财务管理质量。加大财政存量资金清理盘活力度，2016年收回存量资金7832万元。强化对政府性投资项目的投资管理、精细管理、效益管理和审计监督，健全政府购买服务和财政投资评审制度，把有限财力用在刀刃上，最大限度地发挥资金使用效益。全年财政评审投资项目209个，资金总计66000万元，审定金额56700万元，审减金额9300万元，审减率14.09%。扩大财政预（决）算公开范围，坚持“公开是常态，不公开是例外”。除涉密单位外，全县135个预算部门（含乡镇）的预决算信息、“三公”经费预决算信息，均按规定在政府门户网站上公开。

2016年11月23日，县财政局领导调研镇西镇永和村村级组织活动场所建设情况 （县财政局供图）

【政府性债务管控】 2016年，威远县继续规范政府债务管理，将政府债务分门别类纳入全口径预算管理（其中一般债务收支纳入一般公共预算管理，专项债务收支纳入政府性基金预算管理），逐步化解存量政府债务，积极争取省财政厅债务置换额度，出台应急处理预案和债务风险化解规划，债务风险控制卓有成效。年内，省财政厅下达威远县地方政府债务置换额度215700万元，分四批对12个债务单位共计59笔债务进行有序置换。全年安排新增债券6800万元，用于支持教育局凤翔中学建设、威双路路面改造工程和三河片区棚户区安置房改造3个项目建设。 （刘 莞）

国家税务

【概况】 2016年，威远县国家税务局（简称县国税局）面对经济下行、政策减收、改革叠加等困难压力，坚持组织收入原则，突出主观努力，共同攻坚克难，完成市、县两级下达的目标任务。全年组织税收收入53255万元，完成地方级收入22215万元，完成地方公共财政收入14013万元，是继2014年税收收入触底以来，税收收入反弹回升的突破性一年。总体呈现“收入总量明显增长、收入进度明显加快、收入质量明显优化、收入结构明显趋好”四个特点。

2016年，县国税局“示范窗口”收到来自社会各界的表扬信27封，纳税服务窗口获得“文明窗口”，纳税服务科获得“省级青年文明号”等荣誉称号。

【依法行政】 年内，县国税局始终将依法行政贯穿于税收工作的各个方面和全部过程，注重以法治思维和法治方式抓实依法治税工作，启动创建省级依法行政示范单位和法治税务示范基地。以创建“学法用法示范单位”“法律七进”示范点为抓手，营造“法治、公平、文明、高效”的税收环境。成功申报县级学法用法示范单位、“法律七进”示范点；被县司法局推荐为2011—2015年全市法治宣传教育先进候选单位。不折不扣落实小微企业所得税减免政策、安置残疾人就业及资源综合利用增值税即征即退、西部大开发税收优惠等政策。办理出口退税639.85万元，免抵调库340.56万元。全县共有8188户纳税人享受小微企业增值税免征优惠，减免收入10.86亿元，免征增值税3258.35万元。为11户安置残疾人就业纳税人办理增值税退税1437.79万元，为12户资源综合利用企业办理增值税退税1281.56万元。162户小微企业享受优

2016年7月17日，县国税局领导到川威集团调研 （县国税局供图）

惠，减免企业所得税59.98万元，政策受惠面均达到100%。

【税收征管】 年内，县国税局以管控风险防止流失为目标，抓好风险统筹、专项风险应对，全局风险应对共入库税款1246万元。县国税局“以风险管理为核心的税源管理优化”项目代表市局参加全省“十大税收风险管理项目”评选，得到国家税务总局、省国税局和市国税局的肯定。稽查检查和辅导自查各类企业39户，查补税额925.70万元并全部入库，同比增加118.41万元，增长14.66%。市局分管领导在威远国税专报上批示：“威远国税稽查工作主动、打击精准、震慑有力、成效明显，值得肯定！”

【税务稽查】 2016年，县国税局检查和辅导自查各类企业39户，查补总额925.70万元并全部入库，同比增加118.41万元，增长14.66%。其中：税款883.41万元，罚款1.04万元，滞纳金41.25万元。完成年初稽查收入任务570万元的162.40%，完成调整后稽查收入任务910万元的101.72%。选案准确率、查补税款入库率均为100%。对电力、物流、钢材经销、商品混凝土、建筑陶瓷制品等行业开展税收专项整治，检查26户，查补入库总收入604.76万元，其中查补税款347.88万元，辅导企业自查补税217.76万元，罚款1.04万元，加收滞纳金38.08万元。调减亏损企业申报亏损额198.33万元。在市国税局的统一组织指挥下，利用升级版的发票数据和三方信息，开展打击虚开增值税专用发票和骗税专项行动。县国税局查处发票违规企业12户，查处违法发票113份，查补税款165万元，超额完成市局下达的5户发票违章企业查处任务。开展“黄金票”涉案企业检查工作，检查企业8户，检查增值税专用发票92份，查补总额138.73万元。加强与县地税稽查局、县公安局经侦大队的执法协作，探索国地税、税警联合办案机制，发挥打击税收违法犯罪的联动优势。与县地方税务局稽查局组成联合检查组，对4户企业进行检查，做到对企业同一涉税问题同定性、同处罚幅度。向威远县公安局经济犯罪侦查大队移送案件2件，查获犯罪嫌疑人2人，对企业虚开专票发挥震慑作用。发出委托协查1起，收到受托协查47起，涉及企业26户，涉及发票996份，金额9558万元，税额1625万元，按期回复率100%。

（张士杰）

地方税务

【概况】 2016年，全县地税系统累计组织总收入52107万元，完成年度任务的104.8%，同比减少18339万元，下降26%。其中：税收收入入库48695万元，完成年计划的104.7%，同比减少17741万元，下降26.7%；基金附加收入入库3412万元，完成年计划的106.6%，同比减少598万元，下降14.9%。从分级收入情况看，中央级收入完成5712万元，完成年计划的119.0%；省级税收入库10179万元，完成年计划的101.8%；地方级税收入库43083万元，完成年计划的104.0%；县镇级地方公共财政收入实现36003.2万元，完成年计划的100.0%。

建安税收 在营改增后，地税失去以票管税的有效手段，地税干部想方法，添措施，实行“正常管户+项目+片区”的管理模式，采取责任到人的方式将项目落实到专管员头上，确保每个片区有人管，每个项目无遗漏。完善重点税源监控体系，对重点工程项目实行专人管理，按期巡查，确保税源真实性。2016年，建安税收管理所累计入库地税收入10326万元。

房地产税收 县地税局提高行业精细化管理水平，强化税收管理员巡查制度，分企业、项目、幢号，对项目前、中、后期进行连续性跟踪管理。加强营业用房销售收入的监控，确保涉税事项真实性。做好三方信息比对工作，实现税源动态监控管理，挖掘潜在税源。2016年，房地产税收管理所累计入库地税收入18886万元。

页岩气税收 县地税局及基层主管税务机关将页岩气税收工作作为全年重点工作之一，成立专门督导小组，多次实地调研，与纳税人沟通协调相关纳税事宜。及时将相关政策送达纳税人，主动上门辅导，提供税款计算、申报表填列、网报网扣协助处置等业务的培训服务，及时传达最新的税收政策，保障岩气税收的及时足额入库。2016年入库资源税8001万元，同比增加4324万元，威远县页岩气资源税增量明显。

【税收征管】 年内，全县地税系统全面落实《全国税收征管规范》和《国家税务局 地方税务局合作工作规范》，做好业务梳理、流程改造，深化国地税联合办税，强化税收规范管理和国地税业务无缝对接。抓好重点税源管理，加大对页岩气税收、房地产行业和重点项目的监控力度，破解房屋租赁、农村集镇建设、一次性税收管理等多个热点难点问题。加强对金融等高收入群体个人所得税的管理，完成对全县410户企事业单位的所得税汇算清缴工作，汇算清缴面达100%。加强税收专项整治，对房产税和城镇土地使用税开展税源调查和专项清理，对“营改增”重点企业、

2016年12月16日，县地方税务局为定点帮扶的高石镇石牛村脱贫户送去家具 （县地方税务局供图）

“营改增”高风险企业和国地税共管户开展营业税清结算和专项检查，强化土地增值税清算审核、大企业税收管理和外出经营企业管理。推进信息管税，做好风险任务分级分类应对工作，有效控制风险源，排除风险点。将“金税三期”上线作为推进征管改革的关键任务，全体动员，全员参与，全面覆盖，“金税三期”运行平稳。

【税收检查】 2016年，县地方税务局稽查局强化税收检查和专项整治，针对依法征收、税收政策执行等重点领域开展税收执法监。落实好“营改增”和资源税改革新政，围绕扶持小微企业、支持就业创业等涉税优惠政策执行情况进行跟踪督查，全县共计减免地方税费3862.9万元。继续发挥稽查“尖刀”作用，深化税警合作，稽查局查处案例在2016年全省地税稽查大要案集中检查经验交流会上被作为优秀案例交流。

【依法治税】 年内，县地方税务局全面推进依法行政，建立税收执法体系。成立领导小组，明确岗位职责，实行执法过错追究办法，强化完善税收执法岗位责任制体系建设。落实法治建设纲要，开展普法治理工作。建立重大行政决策合法性审查制度，强化决策监督力度和责任追究力度，对超越法定权限、违反决策程序做出的决策进行坚决制止和纠正。建立健全领导干部学法制度，年集中学习不少于12次。“推行公职律师制度”和法规人才库考试，全局继续聘请1名公职律师，1名同志通过考试进入市局“市局政策法规类人才库”。开展重大税务案件审理工作，抓好对税务行政处理和税务行政处罚的重大税务案件审理关。组织开展法治宣传和“千名干部送法进民企”活动。4月，全局9个税源管理所，向全县42户民营企业开展送法活动。9月底，县地方税务局创作法治影视作品微电影《出击》获得内江市“法律七进、法治内江”影视作品大赛优秀奖。开展税收执法督察，重点清理收“过头税”行为。继续做好行政权力依法规范公开运行工作，强化行政权力事项网上运行，确保税务行政权力事项应录尽录、适时录入。开展税务执法案卷评查工作，推进税收执法监督检查，提高税收执法工作质效。

【税法宣传和纳税服务】 2016年9月6日，县地方税务局将二手房交易税收征收窗口整体迁移到县政务中心。推行涉税业务“全城通办”服务，方便纳税人到就近的办税服务厅办理业务。贯彻落实《全国税务机关纳税服务规范（3.0版）》，各项涉税业务有序推进。开展“便民办税春风行动”，最大限度便利纳税人。加强宣传服务，对内发放税务人员宣传册，累计发放“营改增”宣传资料3000余份、全市通办业务和自助办税终端系统操作手册等资料1万余份。对外强化网络宣传，通过政务公开平台、LED显示屏、微信公众平台等媒介，加强“金税三期”上线、营改增、资源税改革等重大税收政策宣传。全年举办3期纳税人学堂讲座，培训纳税人290余户次，发放资料300余份。与县国家税务局建立定期联系制度，在税收宣传、税款核定、大企业专项风险核查、纳税信用评价、税务稽查等方面协同推进，把国地税合作纵深推进。继续推行“五证合一”，安排专人开展系统内办理设立登记业务等工作，做好台账。严格执行营业税起征点调整政策，落实西部大开发、高新技术、资源综合利用、农业产业化、促进就业、小微企业等税收优惠，指导纳税人依法申报税收减免。2016年，享受减免税收优惠4530万元。加强网上申报管理，推进网上申报、网上缴税，全局单位纳税人网上申报率达到84.36%，通过财税库银联网缴税比例达到68.27%。

（毛德理　罗绍相　刘　刚）

审计管理

【概况】 2016年，威远县审计局完

成审计计划项目52个，完成领导临时交办项60个，共112个，占计划的215%；查处违规金额248万元，管理不规范金额128491万元，上缴财政230万元，固定资产投资审减14342万元，向纪检监察和相关部门移交违规违纪线索20件（含基层审计站），处分党员干部41人。全年提交审计信息98篇，被各级媒体采用126篇次。通过审计工作中发现的问题，积极向县委、县政府建言献策，促进县委、县政府出台规范性文件4个，被县领导肯定性批示3件。2016年度获市审计局审计业务先进集体、县党风廉政建设优秀单位、县先进基层党组织等10余项。

2016年7月1日，县审计局举行“做合格审计人”演讲比赛　（县审计局供图）

【财政预、决算审计】 年内，县审计局在预算执行审计中，围绕县委、县政府中心工作，树立审计工作服务地方经济大局观念，对县财政局（含县本级）、县地税局（含机关经费）、县民政局、县残联、县公安局、县粮食局、县投促局、县房管局、县看守所、县园林所、县竞力学校、越溪镇中心校12个单位2015年度财政预算执行情况和铺子湾镇、连界镇、庆卫镇2015年度财政决算情况及威远县妇幼保健院2015年度财务收支情况进行审计。通过审计，共查出违规违纪金额53万元，管理不规范金额111011万元，上缴财政53万元。

【经济责任审计】 2016年，县审计局注重对领导干部履行经济工作职责和经济工作决策的合法性、科学性、效益性以及个人遵纪守法、廉洁自律等“五个重点”方面的情况予以审计，各部门通力合作，资源共享，促进经济责任审计工作的全面推进。对县民政局、县公安局、县粮食局、县投促局、县残联、县房管局、县园林所、县看守所、县竞力学校、县妇幼保健院、越溪镇中心校、铺子湾镇人民政府、连界镇人民政府等13个单位的15名主要领导干部进行经济责任审计。通过审计，共查处违规金额150万元，管理不规范金额15748万元，上缴财政133万元。

【固定资产投资审计】 年内，县审计局对龙会工商所业务用房工程、连界镇卫生院新建业务用房工程、向义镇办公大楼新建工程、越溪镇中心敬老院扩建及装修工程、县林场危房改造工程、靖和镇中心校教学楼加固维修工程等6个项目和县政府临时交办的38个工程项目的竣工决算进行审计，审减金额13693万元。在投资审计中，县审计局围绕全县的重点工程项目开展跟踪审计，重点审计项目投资的真实、合法和效益性，揭示建设项目过程中决策不当、管理不严造成的损失浪费问题；审查财务核算管理是否规范，有无截留、挤占、挪用建设项目资金；有无虚列建设成本，以多报投资完成额等手段转移建设资金；项目建设管理（勘察设计、施工、监理、设备材料采购）是否规范等问题。

【专项资金审计】 2016年，县审计局对界牌镇中坝村2014年美丽乡村建设项目工程、连界镇船石村新农村综合体风貌改造一期工程、威远县2013年新农村示范片大环线公路改建工程、威远县2014年省级新农村建设成片推进示范县项目、威远县1000公顷无花果种植基地等38个专项资金项目进行审计，审减投资649万元，对项目结束后的结余资金44万元收缴回县财政。对审计发现的问题及时督促相关项目单位进行整改和纠正，促使各项专项资金规范管理、有效运行，最大限度发挥资金的经济效益和社会效益。

（杨汉伟　李　珍）

国有资产投资管理

【概况】 截至2016年12月，投控集团（合并）资产79.06亿元，负债34.68亿元，所有者权益44.38亿元，主营业务收入33.73万元，营业外收入1275.75万元，净利润1021.72万元。国资公司资产30.97亿元，负债5.45亿元，所有者权益25.52亿元，主营业务收入2321万元，营业外收入49.5万元，净利润1195.53万元。

【工程建设】 2016年，威远县二环路西北段改扩建工程项目（一期）完工，通过初验工作，节约投资5000万元。西北段改扩建工程项目（一期）支线工程，已实施原路面结构层挖除完成98%，软基换填95%，水稳底层基础铺筑90%，沥砼底层铺筑60%，路缘石浇筑70%水沟浇筑30%。合力金融写字楼工程，完成工程立项、环评、施工图设计、招投标等前期工作，施工单位已12月10日开工。7个委托代建项目配合实施业主有序推进。

【投资转型】 2016年，县投控集团启动穹窿全域旅游项目，开展与德富基金的合作。启动环境保护与治理产业项目，开展与中节能的合作。形成《战略合作框架协议》初稿，《清溪河河道净化技术方案概要》《威远页岩气钻井废弃物治理项目建议书》等成果。土地整理项目完成前期工作，选定施工单位、监理单位。2016年5月8日，成立丰硕公司，至年末受理担保业务16笔，办理4笔担保业务，担保贷款900万元，收到企业担保保证金57.5万元，收取担保费及评审费17.3万元。2016年7月6日，国资全资子公司威远盛达汽车服务有限公司成立，主要是承接公车服务，建立平台服务机构。2016年6月，资产管理公司挂牌成立。至年末为法拉特、威玻、白塔、内江东工等企业开展应急转贷服务，共受理应急转贷业务26笔。其中，开展14笔，发放应急转贷资金11140万元，收取利息55.36万元。

（聂奇敏）

2016年8月2日，国家统计局威远调查队在新场裕河开展粮食对地调查（威远调查队供图）

城乡经济调查

【网点分布】 2016年，国家统计局威远调查队与全省44个县（市、区）调查机构形成一个完整的调查网络，县境内样本网点覆盖面广，其中住户收支与生活状况调查150户，分省样本100户，分市县样本量50户，分布在9个镇15个小区；农作物类调查以省为总体的样本量9个，分布在7个镇9个小区，以县为总体的样本量20个，分布在15个镇20个小区；三农普农作物面积遥感测量样本量20个，分布在14个镇20个普查区；畜禽监测类调查样本量20个，分布在13个镇20个小区；规模养殖户和生产单位59个；消费流通价格指数类调查涉及164个采价点，上千个规格品。

【信息搜集整理】 2016年，国家统计局威远调查队有住户收支与生活状况调查、以省和县为总体的粮食产量调查、畜禽暨生猪调出大县监测调查、居民消费价格调查、农户固定资产投资调查、农产品生产价格调查、农民工监测调查、服务企业监测调查、农产品中间消耗调查、月度劳动力调查、限下批发零售住宿餐饮、工业生产者价格指数调查等16个专业。完成2016年度各专业定报、年报工作。完成三农普遥感测量、住户收支调查；计算机实现内外网物理隔离；生猪监测实行“野外大暴走”，对新增规模户实行100%的实地面访；省级和县级粮食调查沿用纸质到田间开展测量调查方式；居民消费价格调查注重掌握价格情况和变化原因，及时处理特殊情况。

年内，威远调查队先后开展快递下乡、生猪产业利润分配情况、农业保险三合一等约稿调查。自2015年11月至2016年10月共撰写工作信息30篇，被省调查总队办公室采用9篇，专业处室采用12篇。撰写经济信息和调查报告11篇，被省调查总队采用6篇。其中《生猪调出大县监测工作顺口溜》被国家统计局采用。

（伍乔良）

农 业

综 述

【农业生产】 2016年，威远县农业总产值73.4亿元，增长3.7%（增速为可比价）。实现农业增加值42.6亿元，增长3.9%；农村居民人均可支配收入12932元，增长9.13%。全县粮食播种面积63391公顷，粮食总产量31.41万吨，粮食单位产量4955千克/公顷。其中：小春粮食播种面积19931公顷，总产量5.71万吨；大春粮食播种面积43460公顷，总产量25.70万吨。油菜播种面积7420公顷，总产量1.61万吨，油菜籽单位产量2168千克/公顷。优质粮油播种面积18526公顷，其中：优质稻播种面积10153公顷，优质玉米播种面积8373公顷。蔬菜播种面积20826公顷（其中大棚等设施蔬菜种植面积1613公顷），蔬菜总产量75.86万吨。水果面积6593公顷，总产量8.11万吨。新发展优质蚕桑基地面积68.33公顷，养蚕15060张。

主要粮油作物播种和收获期水稻：浅丘区3月上旬至4月上旬播种，低山区3月中旬至4月中旬播种，8月中旬至9月下旬收获。玉米：浅丘区3月中旬至4月上旬播种，低山区3月下旬至4月上旬播种，7月中旬至8月下旬收获。小麦：浅丘区10月下旬至11月中旬播种，低山区10月下旬至11月上旬播种，次年4月下旬至5月中旬收获。红苕：浅丘区3月上旬、低山区3月中旬育种，正季红苕5月下旬至6月中旬栽插，秋红苕8月上旬至下旬栽插。油菜：9月中旬至下旬播种育苗，10月上旬至下旬移栽，次年4月中旬至5月上旬收获。

表18　　2016年威远县主要农作物面积产量统计表

序号	作物名称	面积（公顷）	单位产量（千克/公顷）	总产量（吨）
1	一、粮食作物	63391	4955	314082
2	水稻	15798	7734	122187
3	玉米	14720	5748	84606
4	小麦	14933	2896	43247
5	红苕	6306	4756	29997
6	豌胡豆	1749	1455	4727
7	洋芋	3248	2818	9154
8	黄豆	3979	3384	13465
9	杂粮	81	—	386
10	二、油料作物	9677	—	20702
11	其中：油菜	7420	2168	16089
12	花生	2257	2044	4613
13	三、蔬菜	20829	—	701910

续表

序号	作物名称	面积（公顷）	单位产量（千克/公顷）	总产量（吨）
14	设施蔬菜	1613	—	82280
15	四、水果	6593	—	81055
16	柑橘	2942	—	47055
17	梨	216	—	3250
18	李	—	—	—
19	桃	387	—	7285
20	樱桃	375	—	5345

（付　涛）

【农业结构调整】 2016年，威远县推进农业“接二连三”融合发展，着力调整优化产业结构，加快发展现代农业。在稳定粮食种植面积的基础上，持续扩大特色产业规模，粮油、蔬菜、水果、生猪等主要产业均纳入国家和省重点发展基地县。建成设施蔬菜、柠檬（3个）、大头菜、香葱、白萝卜、无花果、辣椒等9个现代农业产业万亩示范区，依托无花果基地发展林下种植面积500公顷，新增林业产业基地面积2660余公顷。发展“种养结合、自流灌溉”循环经济的畜牧发展新模式。建成11个标准化养殖场、1个畜禽重点村，投入运行无害化收集点3个，建成“猪—沼—果（蔬、林）”种养结合的循环经济养殖场58个，发展生猪“寄养”模式10户。推进农产品精深加工。支持金四方、久润泰、美源润3个无花果加工企业通过引进先进设备和标准化生产线延长农业产业链条，无花果年加工能力3万吨，新增无花果膳食纤维、酵素、固体饮料等中高端产品。支持镇西食品工业园区提质增效，威宝公司泡菜及大头菜产品技改项目和星麻哥公司年产1000吨调味油生产项目建成投入使用。推荐3家企业新增、递补为省级重点龙头企业，成功推荐4家企业申报为市级重点龙头企业。累计发展有一定规模和影响的休闲农业经营主体（含农家乐、乡村酒店、农业园区、乡村景点等）共40个。“威远县无花果公园”被省农业厅认定为首批四川省省级示范农业主题公园。举办首届中国无花果产业大会，来自国内外专家、产业合作伙伴200余人参会，产销对接上威远本土无花果生产厂商与沃尔玛、家乐福、伊藤洋华堂等达成合作意向。参加第四届农博会，参展单位11个、产品200余种，现场签约农产品贸易、千村千企对接合同3个；与投促局、旅游局、经信局等有关部门衔接，包装农业招商引资项目15个。

2016年，万亩无花果产业示范园　（杨俊德摄）

【万亩无花果产业示范片】 2016年，全县无花果万亩产业示范片完成提质扩面490.67公顷，完成大环线区域内830余公顷的补植补造。基本完成万亩无花果园区基础设施建设，建成无花果广场和研究所。威远县2015年现代农业千亿示范工程和威远县历年财政结转结余资金（威远县无花果林业园区）建设项目完成主体建设。引进推广无花果新品种50个，成功优选出108B和121E等4个适合威远本地栽植的新品种。金四方果业与德国捷克纳食品集团公司合作的"营养能量制品和医药中间体"精深加工项目一期工程、美润源公司"无花果固体饮料"生产线项目、久润泰公司"无花果酶和酵素类"生产线项目相继建成投产。坚持市场导向的基础上，以省级示范农业主题公园"威远无花果公园"为中心，逐步打造形成凤翔"十里荷塘"、大冲桑葚紫薇采摘园、白石桂圆采摘园、四方新村及新农村综合体、南强无花果第二采摘区、中坝古村落、帽塘葡萄采摘园等为支撑的无花果产业带农村休闲旅游节点，实现"产区变景区、田园变公园、产品变商品"。

【幸福美丽新村建设】 2016年，威远县把"五大发展理念"贯穿"三农"工作始终，全面实施"六大行动"，建设"业兴、家富、人和、村美"的幸福美丽新村。在充分尊重农户意愿的前提下，全面推行民办公助方式，实行先建后补、以奖代补，加大涉农资金的整合力度，将年度脱贫计划村全部纳入幸福美丽新村建设范围。2016年投资23324万元（其中财政专项资金1660万元），建成幸福美丽新村66个。采取"新建、改造、保护"相结合的方式，对古村落、老院落等进行改造提升。突出乡愁符号，展现时代记忆，打造各美其美、各具特色的村庄聚落景观。对22个贫困村实施扶贫新村建设，实施基础设施建设、公共服务和环境整治，配套实施"三建四改"（建庭院、建入户路、建沼气池和改水、改厨、改厕、改圈）工程。在贫困村的荒山（坡）、半山地、庭院等区域发展经济林果发展，帮助指导贫困户选择能融入全村发展的主导产业，力争每个村形成1~2个优势特色产业。

【农业产业重点片建设】 2016年，威远县建成中药材基地面积130余公顷，香樟基地面积200余公顷，栀子花基地面积33.33公顷，核桃种植面积66.67公顷；青山水厂1个；农业电商村级服务站4个；花朝门、贺氏农庄等特色农业休闲庄园2个；林下养殖遍地开花。结合当地的民俗习惯，建成的农业休闲旅游节点充分融入乡愁元素。知青之家、崔氏文化等乡村历史符号被继承和发扬，农村电商等新型产业优势明显。重点片区全面提升基础设施建设，着力解决群众最迫切的"行路难""生产难""吃水难"等矛盾，打捆涉农项目资金达5028万元，建成村道36千米、便民路60千米、供水站2个、渠系5千米、砖砌田埂8千米、堰塘14口、垃圾池2个，解决安全饮水2980户。各村要道及人员密集地、公共区域等地方，均建有垃圾池或放有垃圾箱（桶），集中收集处理生活垃圾。并聘有专门保洁员负责村内公路、便民路，主干道、集贸市场、公厕、公共区域等范围内的卫生保洁。白色垃圾，杂草清理，村办公场所、集贸市场均建有公厕。各农户院内户外，由各社社长监督卫生保洁。确保村内、户外、环境舒适，卫生整洁。农户饮水安全，农户自来水入户率达95%，部分农户用上天然气。

【"四好村"创建】 2016年，全县组织实施以确保农民群众"住上好房子、过上好日子、养成好习惯、形成好风气"为主要内容的"四好村"创建活动。通过"山水田林路"综合治理、城乡环境综合提升、发展壮大农业产业、创新机制、强化保障及创办农民夜校等工作举措，全年成功创建省级"四好村"8个、市级"四好村"37个、县级"四好村"76个。

【村落环境整治】 2016年，威远县组织实施内威荣高速公路沿线环境综合治理工作。按照婆城民居、仿古民居、红房民居等3种风格对内威荣高速公路沿线农房进行改造提升、保护性建设，共涉及农户1255户，对相对集中的35个院落实施旧村改造行动。

【扶贫新村建设工程】 年内，制订《威远县2016年新村建设扶贫工作计划》。按照年初方案，围绕改善农村贫困对象基本生产生活条件，推进贫困村基础设施建设和建档立卡贫困户危房改造。对22个贫困村实施扶贫新村基础设施建设、公共服务和环境整治，优先实施"三建四改"配套工程和"1+N"村级公共服务中心建设。该工程共涉及11个镇，资金总额2063.75万元。

（何树国）

【政策性农业保险】 2016年，全县水稻、玉米、油菜、马铃薯农业政策性保险承保面积28384公顷，总保费1846165.9元。其中：水稻承保面积13004.49公顷，收取保费877802.9元；玉米承保面积12277.34公顷，收取保费828720.3元；油菜承保面积2176.97公顷，收取保费83269.15元，马铃薯承保面积925.20公顷，收取保费56373.63元。

【农业技术推广】 2016年，县农林局编著水稻、油菜全程机械化规程，在全县推广水稻强化栽培示范、再生稻示范、旱育秧、集中育秧、玉米地膜覆盖、三季彩糯玉米、秋洋芋免耕栽培、冬洋芋高产栽培、油菜高产栽培等技术。

【农业产业化经营】 2016年，全县沿207省道建设设施蔬菜、枇杷、无花果优势特色产业带；沿内威线建设优质粮油和柠檬产业带；沿成自泸高速公路线建设茶叶、香葱、特色水果等产业带；威远县新农村建设示范片为中心环线建设以大棚设施蔬菜、无花果、大头菜、特色鲜食玉米、锅炉循环水生姜等特色农产品产业片。县域内主要有鲜食菜玉米、威远冬豆、七星椒、早春大棚黄瓜、苦瓜、越夏反季芹菜、早子姜、大头菜、秋冬季白萝卜、香葱、柠檬、无花果、茶叶等特色农产品。

【休闲农业】 2016年7月，威远县无花果公园被成功认定为省级示范农业主题公园。全县以普祥生态园、银杏山庄、银花山庄为主的休闲农业经营主体共有54家，共投资36780万元用于一、三产业融合发展，并建成特色产业基地573公顷。各休闲农业经营主体纷纷举办各具特色的农业节庆活动，主要有向义镇无花果采摘节、高石镇枇杷采摘节、庆卫镇樱桃采摘节、新店镇巨峰葡萄采摘节、山王镇蓝莓采摘节等8次农业节庆活动。

【高标准农田建设】 年内，全县完成高标准农田建设2266.67公顷。主要实施“全国新增1000亿斤粮食生产能力”建设、现代农业生产发展水稻项目、高标准农田建设等农田建设项目。

【农村电商】 2016年，全县建成村级服务网点276个，其中：农村淘宝村级服务站60个，淘帮手39个；中国邮政建成“村邮乐购+快递超市”服务站157个。通过引进电商平台和本土电商平台培育，县内已有“农村淘宝”“京东帮”“苏宁易购”“易田网购”“威远零距离”“唛糖”“邮乐购”“美团”“同城爱购”“买买提”等10余个电商服务平台入驻威远。电商中心和科技孵化中心共入驻电商企业20余家，回引返乡青年创业，注册威淘、绿丰源等电商企业35家，农村淘宝快递总量突破30万件，同比增长50%，其中“双十一”活动收件就达5万件。农村淘宝平台网上交易额6913万元，网上销售额4000万元。全县农业龙头企业网上销售额达8000余万元，农村电商创业网店农产品网上交易额1600万元。市级以上农业经营主体36个，上网数36个，上网率达100%；实现网上交易数28个，应用率78%；全年农村电商网上销售本地产品达1.2亿元。

（付　涛）

2016年4月22日，县农林局在新店镇高山村1组召开水稻机械插秧观摩现场会　（余远文摄）

种植业

【概况】 2016年，威远县围绕“农业稳县”的发展思路，着力确保粮食安全，提高粮油等主要农产品生产能力。全年粮食播种面积63391公顷，比上年增加125公顷，增长0.2%。全年粮食总产量31.41万吨，增长1.0%。全县发放耕地地力保护补贴补贴面积26551.03公顷，补贴标准2211.45元/公顷，补贴资金5871.63万元。全县21户享受国家种粮大户补贴，享受补贴面积85.79公顷，补贴金额48847元。推广测土配方施肥面积71866.66公顷。在镇西、界牌、新店、新场、高石镇，支持粮油种植合作社试点“土地托管”模式10余公顷，将促进合作社从传统的“流转耕种”向新型的“服务群众”转型升级。

实施粮油作物良种推广，水稻以川优6203、内5优39、德优4923、旌优127、Q6优28、龙优8号、宜香优2115、内5优317、宜香4245、川香优907等品种为主，玉米以康农玉007、同玉11、正红211、华试919、仲玉998、资玉8号、高玉171、中单808、同玉18、天玉168等品种为主。

开展粮油作物高产创建，先后建立水稻、玉米、小麦、油菜、洋芋高产示范区，取得较好的示范效果。示范区域内马铃薯平均单产25804.50千克/公顷，其中高石镇泡桐村1组罗仕件高产攻关田块鲜薯平均单产达到

33843千克/公顷（满土），突破威远县马铃薯产量历史纪录。

【无花果种植】 2016年，全县无花果种植面积2073公顷，总产量1.5万吨，分布在新店、向义、界牌、靖和、高石、龙会等镇，以加工品种布兰瑞克为主，其他还有鲜食品种波姬红、玛斯义陶芬等。年内采取项目支撑无偿供苗、农户自发种植模式，新增面积133.33公顷，总产量200吨。

【大头菜种植】 2016年，全县大头菜种植面积1660余公顷，盐渍大头菜25万吨，以向义镇大冲村、塘角村，新店镇凤翔村、石坪村，镇西镇新屋村、新华村等为中心，辐射带动向义镇静宁村、白石村、四方村，新店镇高山村、骑龙村、十字村、金莲村，界牌镇花荷村、白杨村、南墙村等。

【设施蔬菜种植】 2016年，全县设施蔬菜种植面积1613公顷，主要以大棚设施为主，分布在新店、向义、界牌、严陵等镇，充分利用塑料大棚、喷灌滴灌管道系统、循环水升温等设施，推行“四新”技术、“六良”配套进行标准化生产，在早春季种植大棚黄瓜，间套作丝瓜、苦瓜；越夏季轮作种植香葱葱苗、芹菜；夏秋季种植秋延后苦瓜、丝瓜，茄子、芹菜等反季蔬菜。

【茶叶种植】 2016年，全县茶园面积1073公顷，鲜叶年总产量达1万吨，主要分布在小河、两河、越溪、碗厂等镇，其中小河镇800公顷，种植品种有福选9号、福鼎大白茶、川茶等品种。

【白萝卜种植】 2016年，全县白萝卜种植面积1000公顷，以镇西镇花祠、炉丰、核丰、正荣、杨家嘴、肖兵、护民龙王坝村和庆卫镇石河、跳石河、黄石等村为中心，辐射带动镇西镇、庆卫镇、严陵镇、界牌镇、荣县高山镇等。

2016年11月22日，无人机喷洒农药 （余远文摄）

【植物保护】 2016年，威远县主要农作物病虫草鼠害发生中等，虫害重于病害，发生面积16.14万公顷次，防治面积23.17万公顷次，病虫害实际损失率0.96%。县内未发现各类检疫性有害生物发生。水稻病害主要是纹枯病，稻曲病和稻瘟病零星发生；水稻主要虫害是二化螟、大螟，三化螟、稻纵卷叶螟、稻飞虱、稻蝗等虫害少量发生。玉米病害以玉米纹枯病为主，玉米大、小斑病少量发生；玉米虫害以地下虫害为主，其次是玉米螟等虫害。小麦主要病害是小麦条锈病和小麦白粉病，其次是赤霉病和纹枯病；小麦虫害主要是麦蚜和麦蜘蛛。油菜病害主要是油菜菌核病和霜霉病，虫害主要是蚜虫。

【种子及农资经营】 2016年，全县种子销售总代理15个，进入县内销售种子的种业公司71个，种子销售网点285个。备案水稻品种127个、玉米品种156个、油菜品种65个。全县未发生重大种子质量事故。全县农药经营公司（单位）5个，经营农药、肥料、农膜网点262个。

农村经营管理

【农村财务管理】 2016年，县域内村财务实行“双代管”，即村的账务和资金全部由镇农村会计服务中心代管，全县20个镇均成立镇农村会计集中核算服务中心。

【农村合作经济组织建设】 2016年，全县农民专业合作社共347个，其中种植业111个、林业91个、畜牧业93个、渔业50个、服务业1个、其他7个，国家级农民专业合作社3个、省级农民专业合作社12个、市级农民专业合作社22个、县级农民专业合作社43个。全县家庭农场共188个，其中种植业94个、畜牧业38个、渔业25个，种养结合10个、其他21个，省级家庭农场3个。

（付　涛）

农产品质量安全

【农产品质量安全监管】 2016年，全县未发生重大农产品质量安全事件，并于12月成功创建为省级农产品质量安全监管示范县。全年完成省级例行抽检和蔬菜生产县抽检共抽取蔬菜样品90个、水果30个、食用菌11个；市级抽检蔬菜样品65个、水果4个、食用菌4个；市级定点抽检蔬菜、玉米各30个；县级蔬菜抽样320个样品，合格率达到99%。

【无公害农产品生产】 2016年，县域内经农业部认定的粮油、蔬菜、水果等无公害农产品生产基地达25186.67公顷，多分布于内（江）—威（远）、资（中）—威（远）、自（贡）—威（远）公路和成自泸高速公路沿线的主产区。威宝牌周萝卜等5个产品完成绿色食品换证，新店兴荣生姜取得绿色食品认证，新店七星椒、镇西白萝卜、复立茶叶和威远无花果取得国家地理标志产品认证，实施农产品地理标志核心区建设1家，新申报无公害农产品认证2个产品。

农业机械化

【农机化建设】 2016年，县域内电力提灌站有476座，装机20522.5千瓦，全年提水量5605万立方米，提灌面积13266.67公顷，更新改造提灌机械1100台次、11240千瓦。全县农业机械总动力42.22万千瓦，耕种收机械化水平53.68%。有耕整机械6230台、23051千瓦，机动脱粒机7475台、16060千瓦，农用水泵4276台，节水灌溉类机械6318台套，农用拖拉机417台、4602千瓦。

2016年，威远县天然林保护工程 （夏向前摄）

【农机购置补贴】 2016年，全县农机购置补贴资金65.65万元，补贴农机具716台套，其中：微耕机594台、田园管理机92台、饲料粉碎机6台、联合收割机17台、碾米机6台、茶叶杀青机1台。

【农机安全】 2016年，全县未发生重大农机安全事故。全县在册发牌发证的各类大中型拖拉机865台，拖拉机驾驶员825人。全年新培训拖拉机驾驶员93人，驾驶员体检备案435人；检验拖拉机773台。

（付 涛）

林 业

【概况】 2016年，威远县20个镇中有12个林区镇，全县林业用地面积41800公顷，有林地面积40086.67公顷，森林覆盖率40.2%，活立木蓄积407万立方米。全县实施森林管护面积41600公顷，巩固退耕还林面积4400公顷，新造林总面积2666.67公顷，义务植树50万株，森林采伐38490立方米未超限额，未发生重特大森林火灾和人员伤亡事故。全县实现林业产值14.2亿元，农民人均林业年收入1709元。

【天然林保护工程】 2016年，全县实施天然林保护工程森林管护41600公顷，国有林管护面积41600公顷。集体公益林管护面积5600公顷，补偿5600公顷，补偿金额124万元。利用手机短信、广播、电视、报刊、发放护林防火宣传资料、书写岩标、墙标、出动宣传车辆等方式广泛宣传，提高全民生态意识，与各镇、林业站签订“天然林管护责任书（卡）”，全面落实森林管护。狠抓火源管理和森林防火检查督促，继续推行“两项制度”（重点林区村推进村民巡山护林制度、村民轮流挂牌值班制度）和“三进六有”（指森林防火要进社区、进学校、进景区，森林防火重点林区乡镇要有队伍、有经费、有制度、有预案、有装备、有措施）基础工作、护林防火管理责任户轮流挂牌制度试点工作，加强专业扑火队伍建设，对专业扑火队伍进行扑火机具调试指导、扑火基本知识培训，切实做到山有人管、林有人护、火有人报、虫有人查。

【退耕还林工程及成果专项建设】 2016年，全县巩固退耕还林面积4400公顷，实施2015年新一轮退耕还林造林420公顷。1月至2月对退耕还林、巩固退耕还林成果专项建设进行自查清理和整改；3月至4月及时调运美国红枫、银杏、佛手、巨桉、湿地松、香樟、红椿等树苗对造林工程进行补栽补植。做到早安排、早抓早行动，特别是因工程占用置换部分，及时抓住有利时机，进行补植补造，确保工程建设质量。年底将全部兑现完退耕还林补助资金。

【植树造林】 2016年，全县完成营造林面积2666.67公顷，其中成片造林面积866.67公顷、中幼林抚育面积1800公顷。开展全民义务植树活动，全县参加人数达10万人次，共植树50万株。

【林业科技推广】 2016年，县镇两级采取送技术下乡、开现场会等形式，开展核桃、无花果、樱桃、桂圆、柠檬、柑橘、巨桉等的栽培管理技术培训和森林抚育技术培训，共培训科技骨干次400人，培训林农5000人次，发放技术资料3万余份。

【林业有害生物防控】 2016年，县农林局组织开展林业有害生物的越冬代复查，松材线虫病普查，马尾松毛虫、蜀柏毒蛾、松叶峰、松树病害定期调查，及时进行预测预报和信息发布，重点抓好松墨天牛的诱捕。组织开展林业植物产地检疫和检疫执法，全年未发生林业有害生物成灾事件。

【林地管理】 从2016年9月15日起，威远县开展严厉打击非法占用林地等涉林违法犯罪专项行动，清理出5宗违法占地林地行为，处理2件，震慑了违法使用林地人员，增强企业、群众保护林地意识。全年办理2起永久占用林地，面积6.41公顷，其中无林地0.02公顷，有林地6.39公顷。

【野生动植物保护管理】 2016年4月，县农林局组织开展“爱鸟周”宣传教育活动，全县33所中小学校上万名师生参与“依法保护鸟类，建设美丽内江”宣传活动；在县城滨河广场设立宣传活动点，向社会各界人士发放《中华人民共和国野生动植物进出口管理条例》《濒危野生动植物国际贸易公约中的有关规定》等法律法规，共印发宣传资料3600余份。年内，县农林局联合工商部门开展野生动物保护执法检查35人次，出动车辆8车次；检查农贸市场3个，酒店餐馆62家；依法没收野生动物286只，现场整改非法经营野味广告牌、菜谱30处，查处3例贩卖青蛙的行为。全年新发展野鸡养殖户1户，豪猪养殖户1户。新店镇永强村5组挂牌保护的黄葛树进行除藤蔓清理，并做好后期养护工作。全县设105个秋季候鸟等野生动物疫源疫病监测点，确保禽流感等野生动物疫情第一时间发现、报告和处置。

【木材经营加工管理】 2016年，威远县严格木（竹）材经营加工管理，全面开展到期“木竹材经营加工许可证”换证工作，对全县159户木材经营加工企业进行清理整顿，逐户登记造册。

【森林防火】 2016年，威远县全面落实森林管护责任，全县共签订《护林防火责任书》580余份。强化宣传，先后投入1万余元，印发《致全县林区农户的公开信》4.8万份、更换森林防火宣传牌10幅及购置铁扫把等扑火工具，在林区的中小学开展森林防火知识教育活动；组织宣传车在重要时段深入林区进行流动宣传，并与气象、通信部门按照森林火灾预警标准要求，在火险天气达到3级以上时，对全县各级相关领导和有关人员发出短信预警提示，县电视台在《天气预报》中发布语言或字幕预警提示，全年发送短信2万余条次。强化火源管

2016年4月，小河镇茶山风貌　（冷国文摄）

理，加大林区、林缘野外火源的管理，重点防火区域派出人员实时监控，重点地段加大巡查密度，力求不留死角和隐患；实行24小时值班制度。继续加强森林专业扑火队建设，对专业扑火队伍实行集中食宿、统一训练的半军事化管理，防火期内24小时处于集结待命状态，并对扑火机具、器材的维护实行专人负责。

【森林公安】　2016年，县森林公安局开展“林区缉枪治爆”“森林火灾专项查处”“立案突出问题专项行动”“利剑行动”“林地专项行动”等专项行动，依法受理涉林案件35件，查处35件。其中：滥伐17件16人，违法运输3件3人，森林火灾6件6人，改变林地用途6件5人1单位，经营、收购木材类案件1件，处罚1单位，没收木材变价款3750元，罚款7500元；其他案件2件，处罚2人，收缴木材12.63立方米。

【集体林权制度改革】　2016年，威远县开展完善和深化集体林权制度改革“回头看”，重新登记、变更登记、遗失补办、漏登、纠错等林权证颁证41本，发证面积25.76公顷；调解林权纠纷1起。全县林权流转面积3879.60公顷，林权抵押贷款面积147.99公顷，贷款金额1930万元。林权交易平台建设，采购电脑1台、打印机1台；涉林农民专业合作社51个，面积6666.67公顷，带动农户2.5万户。

（付　涛）

畜禽养殖

【概况】　2016年，全县畜牧业总产值达到27.5亿元，畜牧业产值占农业总产值的比重达37.5%以上，农民人均畜牧现金收入1245.56元。全县出栏生猪54.2万头，同比增长1.19%；出栏牛5364头，同比增长2.09%；出栏羊20.57万只，同比增长2.01%；小家禽出栏432.11万只，同比增长2.83%；兔出栏405.2万只，同比增长2.93%；肉类总产量达到5.38万吨，同比增长1.91%；生猪三元杂交面达到88.2%，同比增长5.2%；家禽良种面达到98%。

【畜禽养殖规模化、标准化发展】　2016年，全县年出栏50头以上的生猪规模户有2963户，规模养殖比重达70.31%；小家禽畜出栏万只以上的规模户45户。完成严陵镇建立村养殖重点村的建设，新改扩建畜禽标准化养殖小区（场）11个，创建及成功复核标准化示范场2个。

【畜牧示范园区建设】　2016年，威远县完成新店大环线现代畜牧示范园区建设，取得较好的示范效果。园区建设于2014年1月正式启动，涉及新店、向义、界牌3个镇21个村，累计投入资金7485万元，现畜禽存栏25341头，建成畜禽标准化圈舍面积26446平方米、堆粪场面积6483平方米、沼气池容积19421立方米、氧化池容积32368立方米。

【良种补贴与品种改良工作】　2016年，全县建成原种猪场1个，二杂母猪扩繁场20个；标准化猪人工授精站1个，服务网点21个，生猪三元杂交面达到88.2%。实施良种母猪引种补贴300头、测定值公猪引种补贴50头，补贴资金34万元；发放生猪良种补贴资金81.25万元。

【禽养殖管理及污染治理工作】　2016年，全县循环经济养殖场58个，建成3万余米自流灌溉管道和15000立方米的储粪池（曝氧池和沼气池），能有效消纳3万头生猪的粪污，达到粪污零排放，解决660余公顷无花果产业用肥问题。对畜禽养殖领域的A类排污企业每周开展不少于1次巡查，对B类排污企业每月开展不少于2次巡查，对其他排污企业每半年开展不少于1次巡查；对3家养殖场环境保护综合督查通报问题进行整改，整改投入资金15.5万元。

2016年5月28日，黄荆沟镇长沙村村民放羊回家　（余远文摄）

【畜禽养殖技术培训及畜牧科技推广工作】 2016年，全县生猪规模养殖比重达到70.31%，家禽良种及改良面、家禽规模养殖比重分别达到98%、56.4%；对1个养殖场进行创建标准化示范场建设，组织20余次畜牧兽医科技培训，培训畜牧兽医科技骨干1500人次。

【动物疫病防控】 2016年，全县对严重危害养殖业生产和人体健康的猪瘟、口蹄疫、高致病性猪蓝耳病、高致病性禽流感、鸡新城疫等重大动物疫病应免率达100%，全年猪瘟免疫96.25万头次；猪口蹄疫免疫96.25万头次；高致病性猪蓝耳病免疫87.04万头次；牛口蹄疫免疫3.61万头次、羊口蹄疫免疫35.31万头次；高致病性禽流感免疫894.25万羽次；鸡新城疫免疫335.07万羽次；狂犬病免疫4.82万只次；小反刍兽疫免疫33.28万头次。精心组织开展春夏秋冬四季防疫工作，春、秋防工作通过市农业局检查验收。加强重大动物疫情应急管理，完善健全应急预案，建立全县动物防疫应急队伍，强化疫情监测预警及举报核查制度，全年妥善处理群众举报的突发疫情5件；发放消毒药12896千克，消毒面积446万平方米；发放耳标37万套。举办各类法律法规及动物防疫技术培训班1期，培训人员60人次。规范兽医实验室建设，强化动物疫病监测诊断，兽医实验室参加全省兽医实验室检测能力比对实验，准确率100%；动物疫病监测血清样品共计3562份、送检360份。加强鲜奶收购站管理，对生鲜牛奶收购的个个环节每日巡查，每月定期开展一次黄曲霉毒素M1和三聚氰胺检测，共计抽样12批次60个样，检测结果全部为阴性。组织全县执业兽医的考试考务和日常监管工作，全年报考全国执业兽医师资格考试3人，其中获得执业兽医师资格2人。

【饲料质量监督管理】 年内，威远县完成4个饲料生产企业的检查监管备案工作，对20个镇28个市场183户饲料经营户进行检查，收缴过期产品560千克。对饲料生产企业每季度进行一次监督检查，每月一次安全生产检查；对饲料经营户每半年一次全覆盖检查，各镇每季度进行一次全覆盖检查，共出动执法人员620人次。

（付　涛）

水产渔政

【概况】 2016年，全县水产品总产量25880吨（其中名特优水产品9220吨），全社会渔业经济总产值5.63亿元，工程水面养殖面积达1946公顷。申报注册水产品商标2个，创建农业部健康养殖示范场3个，有无公害水产品产地5个、水产专业合作社19个、家庭农场26家。

【禁渔期渔政检查】 “春禁”期间，县水产渔政局开展现场检查34次，共出动车辆10次，渔政执法检查70人次，发放宣传资料200份，张贴春季禁渔通告100份，悬挂横幅5幅，安装固定宣传牌1幅。

【龙会镇特种水产养殖示范村】 龙会现代渔业园区位于威远县东部龙会镇境内水库村，核心区养殖面积26.67公顷，建设总投资300万元，以斑点叉尾鮰养殖为主体，集泥鳅、白乌鱼和四大家鱼等水产品养殖和休闲垂钓于一体。建有设施齐全的繁育场地2公顷，主要开展四大家鱼、白乌鱼、武昌鱼等品种的繁育。年生产斑点叉尾鮰20吨、泥鳅10吨、白乌鱼10吨、四大家鱼50吨、各类鱼水花8000万尾、鱼苗1000万尾，年产值200余万元。

【高石镇甲鱼养殖示范村】 高石镇甲鱼生态养殖基地位于高石镇禾丰村、止马村，核心区养殖面积17.33公顷，已建成标准化示范区10公顷，建设投资327万元，主要养殖甲鱼和四大家鱼等品种，取得了无公害水产品产地认证和农业部健康养殖示范场称号。年生产生态甲鱼200吨、四大家鱼70吨，年产值4000多万元。

【向义镇休闲渔业示范村】 向义镇休闲渔业示范基地位于向义镇四方村，核心区养殖面积23.33公顷，建设总投资270万元，主要养殖裸鲤、黄颡鱼、鲈鱼和四大家鱼等品种，取得了无公害水产品产地认证和农业部健康养殖示范场称号。年生产裸鲤150吨、黄颡鱼50吨、四大家鱼75吨，年产值350万元

【威远县昌琪特种水产渔场】 威远县昌琪特种水产渔场位于铺子湾镇红星村，是县内重要的特种水产苗种生产基地，建有标准化亲鱼培育池和苗种培育池2.67公顷，水产苗种繁育设施齐全，主要开展南方大口鲶、鲈鱼、武昌鱼、泥鳅、建鲤、鲫鱼、鲢鱼、鳙鱼、草鱼等鱼类繁育，取得无公害水产品产地认证。年生产各类鱼水花1亿尾，培育鱼苗3000万尾，年产值200万元。

【甲鱼深加工产业】 以内江市享寿水产品有限责任公司为示范，大力发展甲鱼精深加工业，延伸产业链条，形成以甲鱼精深加工为主的甲鱼产业园，不断提高全县水产品综合利用率

和产品附加值。全年企业销售额突破500万元，利润达162万元。

【全国水产品质量安全示范县创建】 2016年，威远县以保障水产品质量安全、维护公众健康、促进现代渔业发展为目标，以发展“三品一标”农业品牌为抓手，开展“全国水产品质量安全监管示范县”创建工作，努力构建“工作体系健全、监管责任到位、机制制度完善、监管措施有力”的监管模式，实现水产品“从生产到市场”的全程监管。全国仅有4个市县开展此项工作，四川省仅有威远县开展此项工作。

年内，按照创建要求，成立全国水产品质量安全示范县创建工作领导小组，明确县、镇渔业主管部门的监管责任和生产经营者的主体责任，建立水产品质量追溯体系，推进水产品标准化生产。

（付 涛）

水 利

【概况】 2016年，全县完成农田水利基本建设投资15659万元，完成各类水利工程项目681处，整治病险水库4座，新建整治山平塘125座，修复水毁工程423处，新建维修蓄水池108口，维护泵站23处，新建加固堤防1千米，清淤沟渠720千米，疏浚河道0.87千米，实现新增恢复灌面1266.67公顷，改善灌面2793公顷；新增节水灌面420公顷，新增蓄水能力200万方。治理水土流失面积43平方千米，解决0.8万人农村饮水安全问题。

农建综合示范区整合各部门涉农项目1.18亿元，打造完成市郊—响锣农建示范区1个，面积达1533公顷。

2016年7月，威远河河堤治理工程 （杨俊德摄）

示范区内山、水、田、林、路综合配套，道路“进组、入院、到田、联网”，农田水系设施完善，田成方、土成块，塘、池、堰、渠互连互通，旱能灌、涝能排，村容村貌焕然一新。

全域灌溉示范小区通过2015年农业综合开发高标准农田建设、扶贫专项资金、水土保持工程、美丽乡村等项目实施，打造连界—杉树和界牌—中坝2个全域灌溉示范小区，实现新增节水灌面54.67公顷，新增蓄水能力232万立方米。

水利扶贫和支持幸福美丽新村建设完成投资1036.7万元，新建整治渠道16.98千米，整治提灌站2座，新建山平塘5口，整治山平塘68口，新建蓄水池18口，整治病险水库1座。新增和恢复蓄引提水能力48.61万立方米，新增有效灌溉面积54.73公顷，发展节水灌溉面积36.87公顷。

【防汛抗旱】 2016年1月至10月10日，全县总降雨量882.7毫米，比上年同期812.7毫米偏多70毫米，其中汛期5月至10月10日总降雨量为734.1毫米。汛期内全县出现大雨7次，区域性暴雨1次，单点暴雨6次。日降雨量最大出现在黄荆沟镇为91.2毫米，最大过程降雨量出现在7月13日至14日的越溪镇，雨量为117.5毫米。2016年汛期为5月1日至10月10日，洪涝灾害造成全县受灾人口6531人，转移人口55人，房屋倒塌42间；农作物受灾面积653.60公顷，其中成灾面积269.53公顷，绝收面积108.73公顷；水产养殖业损失43吨、受灾面积9.73公顷；公路损毁7条次，供电设施中断1条次；塘坝损毁101座，灌溉设施损坏35处。全县直接经济总损失1016.52万元，其中水利设施直接经济损失685.12万元、农林牧渔业170.25万元、工业交通运输业73万元。

成立6个检查工作组，对各镇、水库开展检查工作。通过排查，发现各类隐患点34处，其中排查出有防洪风险的水库12座、江河堤防2处、山洪灾害隐患点16处、城市易涝低洼区3处。对排查出的隐患实行动态管理，做到新增一处、登记一处，整治一处、销号一处。已销号8处，其余26处暂时不能完全整改到位。防汛应急值守：自5月1日起，县防汛办全面实行24小时防汛值班制度及领导带班制度，落实58名干部职工无缝值守。全年汛期发送预警预报短信计137次4.89万条，涉及相关人员345人。

【防洪治理工程】 年内，新场河防洪治理工程完成完工验收和县级验收、审计工作。由于还有80万元的中央资金未下达，待下达后，完成财务决算上报省市进行竣工验收。越溪河防洪治理工程，完成1735米新建河堤工程，有180米未开工。威远河城区段防洪治理工程（左、右岸），左岸完工110米，新建施工便道600米，右岸完成200米，新建施工便道800米，完成基础换填500米。

【抗旱应急水源工程】 2014年度抗旱应急水源工程 项目实施地点位于高石、黄荆沟、两河、越溪、东联、靖和，主要建设内容为引调提工程2处。即：兴建胜利渠应急工程和深沟水库引水工程。兴建胜利渠应急工程由胜利渠（菜籽沟水库）引水至迎丰水库（自流式引水工程，新建整治引水渠道17750米）；深沟水库引水工程经深沟水库提水至两河镇（建输水主管长7466米，建支管长度24431米）；建抗旱备用井5口。工程投资900万元，项目建设全面完工。

2015年度抗旱应急水源工程 项目实施地点位于镇西、庆卫、新场、铺子湾，其建设内容为引调提水工程共2处。即：兴建河口水库引水工程1处，整治渠道40.77千米；葫芦口水库至团鱼凼水库连通工程1处，整治渠道21.91千米。工程投资790万元，已全面完工，送审计局进行结算审计。

2016年度抗旱应急水源工程 项目实施地点分布在高石、龙会、碗厂，主要建设内容为引调提水工程2处。即：兴建韦家沟水库引提水工程（整治提灌站14座，整治输水渠7727米）；菜子沟水库引提水工程（整治胜利渠6522.6米，整治提灌站2座，整治胜利渠末级渠12959米）。工程计划投资997万元。

【山洪灾害防治项目】 2016年山洪灾害防治项目，完成2014年县级非工程措施项目，含防灾知识培训、应急抢险演练、危险区调查评价、山洪灾害预警系统、群测群防体系及宣传等内容，完成投资370.89万元。分别于4月29日、8月26日开展防汛值班业务培训会和防汛责任人培训，共培训150余人。5月27日，由威远县防汛抗旱指挥部主办，在两河镇开展山洪灾害防御应急演练。宣传：制作并发放防汛救灾知识小手册1500本。

【水土流失治理】 2016年，全县完成综合治理水土流失43平方千米。规划、实施完成综合治理水土流失43.3平方千米。

2015年度威远县国家农业综合开发水土保持项目 于2016年5月全面完工，完成总投资300万元、完成综合治理水土流失面积6.67平方千米，该项目已通过审计。项目实施后，提高水资源涵蓄量21.74万立方米，控制水土流失面积6.67平方千米，减少土壤侵蚀量1.14万吨，降低土壤侵蚀模数0.17万吨/年·平方千米，提高植被覆盖率11.06%，新增粮食生产能力15.63万千克，新增经济林产品生产能力31.09万千克，新增总产值85.38万元，农民人均增收48元。

2016年度威远县国家农业综合开发水土保持项目 于2016年11月开工，计划完成总投资283.5万元、计划完成综合治理水土流失面积6.27平方千米，该项目正在施工中。

【水土保持预防监督】 2016年，县水务局对“内江兴威矿业集团威远县荣华煤矿水土保持方案报告书”“威远23#平台钻采工程水土保持方案报告书”等开发建设类工程的水土保持方案进行评审。全年生产建设单位和个人共提出水土保持方案申请13个，占应申报的95%；水保工作人员经踏勘现场和专家组分析审查后，完成审批9个，正在审批中4个；征收到位水土保持补偿费128.2万元。

【小型水利工程确权颁证】 截至12月底，完成8个镇的调查摸底、测绘、上图等任务，颁发“两证”4260本，有12个镇正在稳步有序地推进。

【春灌用水】 2016年春灌从4月14日起至5月16日历时33天，向灌区输水757.58万立方米，其中联合渠输水505.33万立方米，团结渠输水252.25万立方米，实现灌区水稻栽插面积7366.67公顷。

【水利工程蓄水】 2016年，全县共有各类蓄水工程8049处。应蓄水量18941万立方米，汛末计划蓄水量16469万立方米，有效水量12615万立方米，现蓄占计划93%，多年同期蓄水量15172万立方米，上年同期蓄水量13334万立方米。其中：中型水库2座，现蓄水量8173万立方米，多年同期蓄水量9164万立方米，上年同期蓄水量8061万立方米；小（一）型水库12座，现蓄水量2809万立方米，多年同期蓄水量2935万立方米，上年同期蓄水量2699万立方米；小（二）型水库47座，现蓄水量781万立方米，多年同期蓄水量554万立方米，上年同期蓄水量442万立方米；山平塘7759处，现蓄水量2100万立方米，多年同期蓄水量1719万立方米，上年同期蓄水量1486万立方米；石河堰229处，现蓄水量1342万立方米，多年同期蓄水量800万立方米，上年同期蓄水量646万立方米。

【新增蓄引提水能力】 2015年省级美丽新村工程——船石水体石河堰4500立方米（2016年4月县级验收）；庆卫镇磨盘石石河堰8万立方米（已验收）；威远县2015年示范县美丽乡村、新村基础设施建设项目（连界镇船石村）工程——新建山平塘5口，蓄水量15000立方米；2015年国家农业综合开发水土保持项目——新建山平塘1口，蓄水量4000立方米，新建蓄水池11口，蓄水量1100立方米（2016年6月县级验收）。总计新增蓄水量104600立方米。

【农村饮水安全项目】 年内，威远县启动农村饮水安全巩固提升工程，完成《威远县农村饮水安全项目巩固提升“十三五”规划》编制，实施团鱼凼水厂改造及南线管网延伸工程、连界供水工程、团鱼凼水厂东线管网延伸工程、青宁供水工程等。通过新建、配套、改造、升级、联网等方式，发展规模化集中供水和城市管网向农村延伸，实现2016年新增供水受益人口1.08万人。

团鱼凼水厂改造及南线管网延伸工程 计划解决4.39万农村人口饮水安全问题，项目计划总投资2194.35万元，其中中央补助资金1755.48万元、省级资金274万元、地方配套资金164.87万元。项目于2015年4月动工，2015年11月完工，2016年6月进行县级验收，将资料送交审计部门审计。

连界供水工程 计划解决3.1万农村人口饮水安全问题，项目计划总投资1547.5万元，其中中央补助资金1238万元、地方配套资金309.50万元。项目于2015年4月动工，2016年2月完工，2016年5月进行县级验收，2016年12月完成审计。

团鱼凼水厂东线管网延伸工程 计划解决10万农村人口饮水安全问题，项目计划总投资5050万元，其中中央补助资金4000万元，省级资金444万元，地方配套资金606万元。项目于2015年5月动工，一、二、三标段于2016年5月完工，于2016年6月进行县级验收，四标段在11月底完工，12月进行县级验收，已将资料送交审计部门审计。

青宁供水工程 计划解决1.1701万农村人口饮水安全问题，项目计划总投资588万元，其中中央补助资金468万元、省级资金60万元、地方配套资金60万元。项目于2015年5月动工，2016年5月完工，2016年6月进行县级验收，已将资料送交审计部门审计。

【水资源管理】 2016年，威远县制发《实行最严格水资源管理制度的实施意见》等系列制度性文件，基本建立“三条红线”控制指标。严格水资源论证和加大水行政执法，年内完成严陵工业园区、页岩气等项目水资源规划论证的审查批复，依法查处河道违法案件6起。以威远河等6条重点河流、23个饮用水源保护区为重点，完成开展水库禁泳专项整治行动，开展12座饮用水源水库、农村供水工程、饮水自备井的水质检测。完成龙会河、镇西河、达木河、新场河等县级水功能区现场划定，划分报告由市水文局正抓紧编制。严格执行水资源费征收标准，坚持按月征收、应收尽收。完成县级征收水资源费13万元、水土保持补偿费117万元。

【水生态文明建设】 年内，威远县全面完成2015年度水土保持项目建设，治理界牌镇水土流失面积6.67平方千米，完成投资300万元；启动实施2016年水土保持项目，投入283.5万元治理向义小流域水土流失面积6.27平方千米，年底前完成主体工程建设。全县治理水土流失面积43.3平方千米，完成率为101%。配合县旅游局等部门开展船石湖旅游、石板河旅游景区建设，按照工作要求开展景区配套水利工程项目的资料收集、规划审查等工作。抓威远河生态补水，完成长葫水库—威远河水资源调度工作方案，协调配合省长葫局调水1000万立方米解决威远河中下游枯水季节的基本生态流量，改善威远河断面水质。开展水系绿化行动，按照《内江市人民政府大规模绿化内江行动方案》，结合威远县实际，推进界牌小流域水系绿化5千米、水库绿化1处。

【水政执法】 2016年，县水务局以“世界环境日”“世界水日”和“中国水周”为契机，启动宣传车10车次，悬挂宣传标语14幅，发放宣传资料1万余份，编发治理简报12期，在县城区及各镇中心校利用LED显示屏滚动播放宣传口号一周，着力营造人水和谐氛围。坚持河道月巡查监督制度，依法查处河道内违法案件6起。

（罗　琳）

长葫管理

【概况】 长葫灌区位于四川盆地中部，包括内江市威远县和自贡市部分地区。其主体工程由长沙坝、葫芦口两座中型水库（以下简称长葫水库）及团结干渠、联合干渠和工业、生活供水管道组成。两水库位于长江三级

2016 年 12 月 18 日，新大田口渡槽拱肋浇筑现场　（长葫管理局供图）

支流威远河上游，梯级开发、联合调度，总库容 1.21 亿立方米，年平均供水量 7000 万立方米。灌区面积 550 平方千米，设计灌面 21633 公顷，农干渠 2 条总长 100.59 千米，支渠 17 条总长 165.73 千米，斗渠 46 条总长 202.01 千米；工业、生活用水管道长 31.4 千米，承担着自贡市、内江市威远县 400 余家企业、100 余万城镇人口和 21633 公顷农田灌溉的供水任务。长葫灌区是四川省大型灌区之一。

【供水服务】 2016 年向灌区提供有效水量 8021 万立方米，其中完成城市工业及生活供水 5668 万立方米，向威远县提供生态用水 1091 万立方米，渠道应急供水 179 万立方米；全年向灌区提供农业灌溉用水 1083 万立方米，灌溉农田 20666 公顷。

【防汛管理】 2016 年汛期，省长葫局加强防洪值班检查和工程的安全巡查；及时下达防洪经费，落实防洪抢险器材，严格执行度汛方案；组织开展汛前、汛中、汛末三大安全检查，严查整改薄弱环节，在主汛期前及时召开防洪联席会，成立联合防洪抢险队伍。在确保长葫水库实现平安度汛的前提下，至 2016 年汛末，长葫水库蓄水情况不理想，长葫局与威远县防汛办、气象部门协商，实施人工降雨，增加来水 2000 万立方米，保证灌区来年用水。

【工程管养维护】 2016 年，省长葫局完成省财政下达省长葫局日常维修养护资金 268 万元，完成管养工程 7 个大项，包括长沙坝水库、葫芦口水库维修养护、团结干渠（一期）管养工程维护、长葫灌区自动控制设施维护等，长葫水库、团结干渠工程及附属设施均安全运行，提高水利保障能力。全面开展团结渠大田口渡槽病害工程整治建设，工程进展顺利。

【水政水资源保护与管理】 2016 年，省长葫局坚持依法行政，切实保护水资源及水利工程。加强水法宣传、坚持定期水质监测，配合威远县面向社会群众执行“关于禁止在长葫水库游泳的通告”，切实保护城市生活饮用水水源，推进水生态文明建设。依法办理和处理涉水事件，全年依法办理有关单位和个人施工穿越渠道及团结干渠管护范围的事件 12 件，按规定办理有关准许手续。与威远地方政府配合，加强水政执法，由威远县牵头，处理和持续处理拆除个人私自在葫芦口水库库区违法兴建围堰、隔埂的事件 2 起。

【团结渠大田口渡槽整治工程】 2016 年 3 月，团结渠大田口渡槽整治建设工程开工，6 月开始撤除重建，7 月旧渡槽实施整体爆破拆除。截至 2016 年 12 月底，基础、拱肋及排架浇筑完工。

团结渠大田口渡槽是长葫灌区农业灌溉输水的咽喉工程，建于 1986 年，控制灌区农田灌溉面积为 12773 公顷，占长葫灌区总灌面 21633 公顷的 60.43%。该渡槽老化严重，存在槽身多处裂缝、漏水、钢筋锈蚀、砼剥落及简支跨槽身错位等问题存在严重安全隐患。2014 年 12 月，大田口渡槽整治工程可行性研究报告获省发展与改革委员会批复（川发改农经〔2014〕1146 号），工程总投资 1595.75 万元，其中建安投资 1110.90 万元。大田口渡槽整治工程总长 247 米，其中渡槽重建段 141 米，槽身采用 C30 钢筋混凝土 U 形薄壳结构，宽 2.2 米，槽壁厚 0.14 米，直段高 0.9 米，槽底弧段加厚水平宽度 0.6 米，厚 0.3 米。明渠改建段长 106.0 米，拆除重建节制闸、泄水闸各 1 座，重建泄水道总长 85.85 米。工程项目法人为四川省长葫灌区管理局；设计单位为四川君信工程项目管理咨询有限公司、四川省水利电力工程建设监理中心；施工单位为四川信德建设有限公司；监理单位为四川省隆德科技咨询有限公司。

（李万淑）

工 业

综 述

【概况】 2016年，威远县坚定不移推进“工业强县、产业兴县”战略，牢牢把握传统产业与新兴产业“双轮驱动”的要求，以创新推动转型升级，以增量带动结构优化。加强经济运行监控、调度力度，细化分解工业经济发展目标；继续清理核实规模工业企业，摸清底数，强化统计衔接。全县88户规模工业企业实现总产值549.2亿元，同比增长10.3%；销售收入545.35亿元；利润8060万元；利税7.63亿元。全县规模工业企业从业人员年平均人数44575人；规模工业企业资产总计413.75亿元。

【技改投入】 2016年，威远县积极应对经济下行对企业发展带来的不利影响，采取“一企一策”的办法，帮助企业渡难关。特别是川威成渝钒钛公司生产经营陷入困境以来，通过省、市、县和企业的共同努力，在较短时间内帮助企业恢复生产，去掉120万吨粗钢产能。继续引导企业加大工业投入，金镭铸业、海山机械等项目快速推进。2016年，全县实施技改项目110个，完成工业企业技术改造投资77亿元，同比增加13%。

【产业结构】 2016年，全县着力推动钒钛合金、建材新材料、精细化工、绿色食品、电子机械等产业发展，逐步以页岩气、信息安全、节能环保三大高端成长型产业为发展重点，推进信息安全等高端成长型产业加快发展。加大落后工艺和生产线实施淘汰关闭力度，把发展新材料和电子机械作为威远工业调整产业结构、转变经济发展方式的重要支撑。通过技改转型升级，促进全县产业结构优化调整。

按照“一园一主业、园区有特色”的思路，推进工业园区建设，优化园区产业布局，完善道路、水、电、气等配套功能。严陵、连界、镇西三大工业园区承载面积13.9平方千米，实现总产值656.3亿元。严陵园区被列入全省特色产业园区，镇西园区被评为全省中小企业创业示范基地省级支农再贷款示范基地。

年内，钒资源综合利用、白塔一期、威玻七期等重大产业项目相继投产达效，初步形成以钒钛合金为主导、新型建材和精细化工为两翼、绿色食品和机械加工为补充的新型工业体系。重点培育以川威、威玻为代表的新材料产业、以煤焦化集团、白塔为代表的节能环保产业、以百胜、康而好为代表的生物产业等三大产业为主的战略性新兴产业，战略性新兴产业产值占比达到19%，成为推动产业转型的重要力量。2016年年底页岩气勘探开发取得重大进展，开钻89口井，完钻79口井。

2016年1—12月全县规模工业企业各项经济指标完成情况统计表

表19　　　　单位：万元

序号	单位名称	主营业务收入			利税总额			其中：利润总额			工业总产值		
		本年数	同期数	增长%	本年数	同期数	增长%	本年数	同期数	增长%	本年数	同期数	增长%
1	总计	5453562	4964601	9.8	76338	51526	48.1	8060	-15139	0.0	5492045	4978314	10.3
2	市属企业	3428718	3103994	10.5	-90176	-109854	-17.9	-92204	-111031	-17.0	3481752	3130453	11.2
3	四川省川威集团有限公司	3422160	3098751	10.4	-89787	-109178	-17.8	-90669	-109585	-17.3	3475131	3124691	11.2

续表

序号	单位名称	主营业务收入			利税总额			其中：利润总额			工业总产值		
		本年数	同期数	增长%	本年数	同期数	增长%	本年数	同期数	增长%	本年数	同期数	增长%
4	内江市沙湾煤业有限公司	6558	5243	25.1	-389	-676	-42.4	-1536	-1445	6.3	6621	5762	14.9
5	县属企业	836823	749060	11.7	46329	43545	6.4	23871	22489	6.2	834621	729693	14.4
6	四川威玻新材料集团有限公司	681941	606652	12.4	36864	34818	5.9	17004	16068	5.8	676719	584344	15.8
7	威远白塔新联兴陶瓷有限责任公司	142615	129994	9.7	6925	6112	13.3	4687	4168	12.5	145237	132648	9.5
8	威远县港华燃气有限公司	9735	9964	-2.3	2500	2571	-2.8	2223	2291	-3.0	10027	10263	-2.3
9	威远县清溪水务有限公司	2533	2450	3.4	41	43	-6.2	-44	-38	15.3	2638	2439	8.2
10	严陵镇	370951	354269	4.7	44228	43436	1.8	23683	23204	2.1	355222	354017	0.3
11	四川省威远县建业（集团）公司	253612	242705	4.5	36072	35012	3.0	17035	16780	1.5	239315	242543	-1.3
12	威远县晨南食品有限责任公司	3917	3426	14.3	202	144	40.9	200	142	40.5	3916	3293	18.9
13	四川弘威钢结构工程有限公司	5553	5713	-2.8	379	391	-3.1	367	373	-1.7	5587	5692	-1.8
14	威远县荣林古酒厂	11162	10371	7.6	1226	1140	7.5	630	587	7.4	11224	10301	9.0
15	威远县上峰塑料厂	20304	17078	18.9	1567	1686	-7.0	1107	1070	3.5	18269	17073	7.0
16	四川三华食品公司	6607	5793	14.1	295	258	14.3	295	258	14.3	6681	5769	15.8
17	威远红卫橡胶有限公司	5762	5530	4.2	442	414	6.7	364	357	1.9	5718	5516	3.7
18	威远县新米兰陶瓷有限公司	15182	14270	6.4	870	824	5.6	699	651	7.4	15290	14251	7.3
19	威远县建业鑫茂瓷业有限公司	9740	7488	30.1	591	461	28.1	591	460	28.5	9795	7471	31.1
20	威远县宏远白塔动物产品加工经营部	5463	5240	4.3	268	252	6.2	268	252	6.2	5554	5213	6.5
21	四川伊兰丝家纺有限公司	4485	10874	-58.8	393	1107	-64.5	276	627	-56.0	4494	11200	-59.9
22	威远县华鑫选煤设备有限公司	4916	4465	10.1	385	359	7.4	376	348	8.2	4960	4457	11.3
23	四川三帝陶瓷有限公司	16762	14213	17.9	1158	1020	13.5	1121	964	16.3	16930	14134	19.8
24	威远通盛混凝土有限公司	7489	7103	5.4	381	370	3.0	356	337	5.7	7489	7103	5.4
25	铺子湾镇	115966	123117	-5.8	10398	10591	-1.8	9083	8731	4.0	118259	128757	-8.2
26	威远县东方型钢厂	18775	19246	-2.5	1502	1080	39.1	1297	829	56.3	19414	20909	-7.2

续表

序号	单位名称	主营业务收入			利税总额			其中：利润总额			工业总产值		
		本年数	同期数	增长%	本年数	同期数	增长%	本年数	同期数	增长%	本年数	同期数	增长%
27	威远能达选煤成套设备有限公司	130	14029	-99.1	4	1371	-99.7	0	1263	0.0	0	18247	0.0
28	威远鑫南化工有限公司	7992	5462	46.3	512	656	-22.0	512	469	9.2	8533	6834	24.9
29	威远天地源陶瓷有限责任公司	25941	19771	31.2	2386	1475	61.8	2099	1181	77.8	26549	20076	32.3
30	威远县民富密封件有限公司	4667	4628	0.8	567	398	42.6	450	327	37.7	4790	4722	1.4
31	四川威远西南水泥有限公司	58461	59982	-2.5	5427	5612	-3.3	4725	4662	1.4	58973	57970	1.7
32	新店镇	78535	67606	16.2	3519	3221	9.3	3233	2751	17.5	81200	68433	18.7
33	威远县科星金属制造有限公司	5475	5772	-5.2	310	494	-37.3	185	193	-4.2	5700	6028	-5.4
34	四川省威远银星实业有限公司	24630	23834	3.3	1076	1004	7.2	992	914	8.5	25337	24152	4.9
35	四川利弘陶瓷有限公司	40456	31895	26.8	1841	1483	24.2	1766	1406	25.6	41991	31895	31.7
36	内江市康龙饲料有限公司	7974	6105	30.6	292	240	21.7	290	238	21.8	8172	6358	28.5
37	向义镇	107398	89389	20.2	5421	4289	26.4	3793	2880	31.7	108618	89604	21.2
38	威远凤凰高新材料有限责任公司	48099	50335	-4.4	1548	2010	-23.0	974	1399	-30.4	50284	50237	0.1
39	内江东工水电设备制造有限公司	43910	28839	52.3	2721	1418	92.0	1843	919	100.6	44128	27432	60.9
40	法拉特精密铸钢公司	15389	10216	50.7	1152	861	33.8	976	562	73.7	14206	11936	19.0
41	界牌镇	10941	10156	7.7	930	1072	-13.2	731	901	-18.9	11108	10219	8.7
42	四川海山宇光机械设备制造有限公司	8052	7430	8.4	576	686	-16.0	455	591	-23.1	8210	7492	9.6
43	威远创奇煤矸机砖厂	2890	2726	6.0	354	386	-8.3	276	310	-10.9	2898	2726	6.3
44	龙会镇	45745	42258	8.3	2011	2095	-4.0	897	845	6.2	45772	42014	8.9
45	威远县兴旺塑业有限公司	36021	34541	4.3	1204	1378	-12.6	356	336	6.0	36048	34604	4.2
46	威远县西南工业炉有限责任公司	5228	3852	35.7	231	204	13.3	110	120	-8.3	5228	3852	35.7
47	四川省威远泉威食品有限责任公司	4496	3865	16.3	576	514	12.2	430	388	10.8	4496	3557	26.4
48	高石镇	16493	20543	-19.7	1088	2031	-46.4	718	1166	-38.4	16171	20304	-20.4
49	威远县远达耐材有限公司	0	3524	0.0	0	430	0.0	0	187	0.0	0	3548	0.0

续表

序号	单位名称	主营业务收入			利税总额			其中：利润总额			工业总产值		
		本年数	同期数	增长%	本年数	同期数	增长%	本年数	同期数	增长%	本年数	同期数	增长%
50	威远县鑫御物资有限公司	2042	3510	-41.8	151	361	-58.1	71	187	-62.0	2092	3545	-41.0
51	威远县中顺煤业有限公司	4028	4026	0.0	282	607	-53.5	223	304	-26.6	4028	3977	1.3
52	威远县佳润建材有限责任公司	0	0	0.0	0	0	0.0	0	0	0.0	0	0	0.0
53	威远县平康机砖有限公司	3011	2709	11.2	354	380	-7.0	123	235	-47.6	2551	2096	21.7
54	四川正威实业有限公司	7412	6774	9.4	301	253	19.0	301	253	19.0	7500	7138	5.1
55	东联镇	47204	39253	20.3	5346	4660	14.7	4330	3754	15.3	46383	38491	20.5
56	内江市康尔好动物药业有限公司	20865	16315	27.9	2245	1989	12.9	1673	1460	14.6	20820	16312	27.6
57	四川百胜药业有限公司	26340	22938	14.8	3102	2671	16.1	2657	2294	15.8	25562	22180	15.3
58	靖和镇	24169	19017	27.1	2171	1695	28.1	1199	1059	13.2	24169	19018	27.1
59	威远县恒丰纸业有限公司	24169	15187	59.1	2171	1447	50.1	1199	877	36.7	24169	15188	59.1
60	威远县宏发包装有限公司	0	3830	0.0	0	249	0.0	0	182	0.0	0	3830	0.0
61	镇西镇	61042	46226	32.1	6061	4589	32.1	4748	3654	30.0	61491	45969	33.8
62	威宝食品有限公司	16867	13395	25.9	1220	979	24.6	1113	895	24.3	17199	13553	26.9
63	威远县镇西镇黄老五特产有限公司	18821	14232	32.2	2354	1968	19.6	1539	1380	11.5	18923	13817	37.0
64	内江市川老妈食品有限公司	6015	5203	15.6	549	379	44.8	545	379	43.7	6015	5203	15.6
65	威远县广维建材有限公司	6269	4289	46.2	710	195	264.0	585	130	348.2	6269	4289	46.2
66	内江市井得毛织制衣有限公司	3066	2540	20.7	119	224	-47.1	78	132	-40.8	3081	2540	21.3
67	威远县金四方果业有限责任公司	5513	4070	35.4	514	484	6.3	514	483	6.4	5513	4070	35.4
68	四川缔铂酒业有限公司	4492	2498	79.8	595	360	65.2	376	254	48.0	4492	2497	79.9
69	庆卫镇	11031	10894	1.3	912	1222	-25.3	492	765	-35.7	11092	9529	16.4
70	威远县共华水泥厂	6750	8013	-15.8	524	823	-36.3	222	476	-53.4	6758	6666	1.4
71	威远县庆和煤业有限责任公司	4281	2881	48.6	388	399	-2.6	270	289	-6.6	4334	2863	51.4
72	山王镇	4519	4304	5.0	596	661	-9.9	527	589	-10.4	3762	3439	9.4
73	裕华精洗煤厂	4519	4304	5.0	596	661	-9.9	527	589	-10.4	3762	3439	9.4

续表

序号	单位名称	主营业务收入			利税总额			其中：利润总额			工业总产值		
		本年数	同期数	增长%	本年数	同期数	增长%	本年数	同期数	增长%	本年数	同期数	增长%
74	黄荆沟镇	0	0	0.0	0	0	0.0	0	0	0.0	0	0	0.0
75	观英滩镇	0	7528	0.0	0	675	0.0	0	187	0.0	0	7558	0.0
76	四川省明氏矿业有限公司	0	7528	0.0	0	675	0.0	0	187	0.0	0	7558	0.0
77	新场镇	30222	28644	5.5	1479	1724	-14.2	1150	1246	-7.7	30227	28621	5.6
78	四川省金镭铸业有限公司	9689	8725	11.1	341	417	-18.4	243	204	19.4	9694	8703	11.4
79	威远县泽宏矿物有限公司	12210	12908	-5.4	775	1041	-25.5	672	836	-19.6	12210	12908	-5.4
80	威远县泰斗建材有限公司	6179	4957	24.7	182	92	97.6	119	82	46.5	6179	4957	24.7
81	四川省威远县红村絮棉有限公司	2143	2054	4.3	181	174	4.5	116	125	-7.1	2143	2054	4.3
82	连界镇	157179	142703	10.1	18912	18162	4.1	12198	11675	4.5	153572	139777	9.9
83	四川省威远特种耐火材料有限公司	12873	10035	28.3	1070	849	25.9	680	522	30.3	10270	10035	2.3
84	威远县红炉井煤矿	10317	10063	2.5	2263	2328	-2.8	1011	986	2.5	10317	10063	2.5
85	威远县连界镇荣威矿业	80016	53668	49.1	8141	5514	47.6	5753	3859	49.1	80016	53668	49.1
86	威远县工农煤矿	11030	12231	-9.8	2245	2529	-11.2	1092	1211	-9.8	11030	12231	-9.8
87	威远县连界镇煤矿有限公司	0	7081	0.0	0	1226	0.0	0	673	0.0	0	7081	0.0
88	威远县杉树煤矿	0	4919	0.0	-15	848	0.0	-15	467	0.0	0	4919	0.0
89	威远县精荣印业有限责任公司	6628	6452	2.7	428	414	3.4	331	323	2.8	6628	6452	2.7
90	内江盈德气体有限公司	20018	20439	-2.1	3752	3295	13.9	2684	2880	-6.8	19014	17459	8.9
91	威远金通灵气体有限公司	6822	8339	-18.2	498	629	-20.9	409	503	-18.8	6822	8399	-18.8
92	内江铭威能源有限责任公司	9476	9476	0.0	530	530	0.0	253	253	0.0	9476	9470	0.1
93	越溪镇	8932	7699	16.0	863	823	4.9	829	759	9.2	8863	7699	15.1
94	威远县奉龙煤矿	4630	2350	97.0	454	279	62.7	441	251	75.7	4599	2350	95.7
95	四川宏远化工有限公司	4302	5349	-19.6	410	545	-24.7	388	508	-23.6	4264	5349	-20.3
96	两河镇	32135	42411	-24.2	5827	9280	-37.2	3124	4877	-35.9	34117	51279	-33.5
97	威远县沙湾大白碳煤矿	11150	16198	-31.2	1880	3665	-48.7	1096	1619	-32.3	11150	15450	-27.8
98	威远县太和能源有限责任公司	10909	10920	-0.1	1846	2203	-16.2	959	1035	-7.4	10909	10940	-0.3

续表

序号	单位名称	主营业务收入			利税总额			其中：利润总额			工业总产值		
		本年数	同期数	增长%	本年数	同期数	增长%	本年数	同期数	增长%	本年数	同期数	增长%
99	威远县盛世洗煤厂	0	3234	0.0	0	933	0.0	0	762	0.0	0	6366	0.0
100	威远县两河镇凉山精洗煤厂	0	3210	0.0	0	700	0.0	0	591	0.0	0	6311	0.0
101	威远县东风煤业有限公司	10076	8849	13.9	2101	1780	18.0	1069	871	22.8	12058	12213	-1.3
102	碗厂镇	10757	10050	7.0	2008	1631	23.1	1158	994	16.5	10847	10050	7.9
103	威远县兴鹏煤矿	6681	6100	9.5	1234	989	24.8	734	602	21.8	6578	6100	7.8
104	碗厂镇荣华煤矿	4076	3950	3.2	774	642	20.6	424	392	8.3	4269	3950	8.1
105	小河镇	54802	45479	20.5	8414	5978	40.8	4500	3366	33.7	54802	43390	26.3
106	威远县侨生能源有限公司	11458	8433	35.9	2434	1296	87.8	832	453	83.4	11458	8215	39.5
107	威远县茶叶公司	7162	7010	2.2	936	1574	-40.5	792	1157	-31.5	7162	7010	2.2
108	县小河镇三强煤矿	10800	8083	33.6	1676	940	78.4	662	362	83.1	10800	7771	39.0
109	威远县高山云雾茶业有限公司	7591	6135	23.7	631	427	47.9	607	392	54.9	7591	6135	23.7
110	威远县油房湾炭质泥岩厂	7871	1512	420.6	1607	387	315.7	882	124	613.9	7871	1512	420.6
111	威远县德胜耐材公司	5282	6465	-18.3	748	889	-15.9	387	459	-15.6	5282	6465	-18.3
112	威远县小河矸子厂	0	0	0.0	0	0	0.0	0	0	0.0	0	0	0.0
113	四川省玉兴耐材有限公司	4638	7842	-40.9	381	465	-18.0	338	419	-19.4	4638	6282	-26.2

钒钛合金产业

【概况】 威远县钒钛合金产业仅川威集团1家。年内，川威集团加快钒资源综合利用项目建设，大力开发钒钛制品、高端合金焊丝钢、抗震高强度钢筋等产品，推进钒钛合金产业集群发展，实现总产值347.51亿元。

2016年5月23日，川威集团公司成立十八周年升旗仪式　（川威集团公司供图）

【川威集团】 系中国企业500强，中国重要的钒钛深加工基地，四川省着力培育的大企业大集团。川威集团的前身是始建于民国18年（1929年）的威远钢铁厂，是四川冶金工业的鼻祖。1997年以来，经过三十余年的发展，川威集团已从单一的钢铁企业发展成为集矿产资源开发及矿产资源加工、钒钛钢铁、水泥、钢结构、物流、贸易等领域均有建树和特色、产业互动和优势互补的大型企业集团。2010年10月8日，国家工商行政管理总局商标局认定四川省川威集团有限公司第184776号“川威及图”商标为中国驰名商标。2010年6月川威钒资源综合利用项目征地拆迁安置补偿工作启动。川威钒资源综合利用项目主体工程投资53.8亿元、占地260余公顷，是威远县有史以来实施的最大技改工程，被列为省、市重大项目。项目建成后，将形成年产钒渣20万吨、五氧化二钒2万吨、含钒新钢品种600万吨以上的综合生产能力。被列为国家首批资源综合利用“双百工程”骨干企业，钒资源综合利用项目成功点火并投入试生产，“钢铁川威”正跨入低碳环保的“钒钛时代”。2016年，川威集团工业总产值347.51亿元，销售收入342.21亿元，利润-9.06亿元。

精细化工产业

【概况】　威远精细化工产业包含有机化工、无机化工、磷化工、塑化工业和煤化工等，有限上企业7户，以四川煤焦化集团、建业天科等为龙头，推进煤化工生产线改造升级，向煤化工精深加工及副产品综合利用转变。2016年，7户化工企业实现产值29.14亿元、销售收入28.58亿元、利润2.16亿元、利税1156万元。

【建业集团】　是集煤炭开采、洗选、机焦、煤焦油、粗苯精制、纯苯、甲苯、二甲苯、环己酮于一体的煤化工企业，总资产13亿元。是全省首批循环经济试点企业，四川省高新科技企业，四川省工业企业100强。拥有30万吨原煤、30万吨洗精煤、100万吨焦炭，5万吨焦油、1.3万吨粗苯、2万吨环已酮、3万吨粗苯精制、7万吨甲醇的年生产能力。形成了原煤—捣固焦—煤焦油—粗苯—精苯—环己酮的产业链。2016年实现产值23.93亿元、销售收入24.25亿元、利润1.7亿元。

2016年，威玻七期池窑拉丝线车间　（冷国文摄）

建材新材料产业

【概况】　2016年，县建材新材料产业以威玻集团、白塔集团为龙头，白塔一期、威玻七期等重大产业项目为支撑，与西南水泥公司、博瑞陶瓷、新米兰陶瓷、远达耐材、特种耐材、共华水泥等企业配套发展。各企业致力开发玻纤纱制品、高档瓷砖等新材料产品，推进新型建材产业集群发展。威玻集团、白塔集团、西南水泥公司3户重点建材新材料企业共实现工业产值88.09亿元、销售收入88.29亿元、利润2.63亿元。

【四川威玻新材料集团有限公司】　中国第四大玻纤企业、国家级高新技术企业。集团总部位于四川威远县城，现拥有总资产30亿元，员工3000余人。威玻集团坚持科技创新和产业升级，大力发展池窑拉丝及高性能树脂基和工程塑料增强复合材料，形成“高性能玻纤—玻纤织物—玻纤复合材料”一条龙深加工体系，企业年生产无碱玻纤纱17万吨，玻纤织物4万吨，玻纤复合材料2万吨，高硅氧玻璃球及纤维1万吨，改性工程塑料5000吨。产品通过ISO 9001：2008质量体系及劳氏质量认证（LR），远销北美、欧洲、东南亚、中东等20余个国家和地区。2013年10月，投资4.5亿元的第七条年产5万吨无碱玻纤池窑生产线建成投产，采用单元窑池窑技术，构建通路系统、DCS控制系统、纯氧燃烧系统、电助熔系统、原料均化系统等装置。每年可新增销售收入47300万元，实现利润7000万元，税金3700万元，出口创汇2000万美元。2016年实现产值67.67亿元、销售收入68.19亿元、利润1.7亿元。

【四川白塔新联兴陶瓷集团公司】始建于1979年，是一家集瓷砖设计、生产、销售于一体的大型企业，占地面积66.67公顷，拥有总资产6亿元，产销值均突破10亿元。该公司作为西部地区最大规模的建陶企业，多次荣获“中国建材企业500强、中国陶瓷行业最具影响力发展企业、中国建筑陶瓷制品制造企业50强、中国建陶行业AAA级诚信企业、四川省质量管理先进企业、四川省质量信誉等级AAA级企业、四川工业企业100强”等荣誉称号，被誉为中国建陶行业的“西南王”。主要生产建筑陶瓷三砖（即地砖、内墙砖、外墙砖）及琉璃瓦，产品有全颗粒超级花岗石、锦绣中华镭射缎面砖、瓷质梦幻砖、水晶釉面砖等18大系列，大小规格100余款，花色品种1000余个，年产能力5000万平方米。白塔集团首期生产线搬迁项目，总投资10亿元，总占地面积66.67公顷，首期建设用地16公顷，投资3.4亿元，同时进行三条节能陶瓷生产线建设，年产抛光砖、内墙砖、外墙砖1400万平方米，2013年3月建成投产。2016年实现产值14.52亿元、销售收入14.26亿元、利润0.46亿元。

【四川威远西南水泥有限公司】2012年1月18日，在四川投资大厦正式签署《企业联合重组协议》，西南水泥和远威水泥共同出资组建四川威远西南水泥有限公司，注册资本1.5亿元，其中西南水泥持有股份70%，远威水泥持有股份30%。四川威远西南水泥有限公司（简称“威远西南”）是西南水泥有限公司实施“大水泥”区域化战略背景下，投资5.05亿元于2012年4月17日注册成立的一个大型专业化水泥公司，拥有员工291名，其中高级中程师2名、中级工程师职称人员26名、各类工程技术人员80余名。总占地面积30余公顷，注册资本金1.5亿元，年水泥产能规模为150万吨，享受三废利用税收优惠政策。是四川省西南部规模最大、科技含量最高的现代化大型水泥企业之一。拥有先进大型的现代化旋转窑和高效粉磨系统，采用国内先进的DCS中央控制系统，机械化、自动化程度高，生产工艺先进，装备具有现代化、大型化、规模化的生产能力，有高精度检测仪，检测手段先进科学，检验数据真实可靠。严格按照“国际标准”制订了自原材料进厂到水泥出厂一整套严格的产品质量管理体系，通过ISO 9001：2000质量管理体系认证和产品认证。主要生产产品有复合硅酸盐水泥32.5、32.5R，普通硅酸盐水泥42.5、42.5R、52.5；道路硅酸盐水泥；火山灰质硅酸盐水泥等。2016年实现产值5.9亿元、销售收入5.84亿元、利润0.47亿元。

绿色食品产业

【概况】　食品产业作为威远支柱产业之一，威远县始终坚持“做大基地、做响品牌、做活营销、做强龙头、做优特色”的思路，奋力推进农业产业化经营，推进食品产业发展。2016年威远绿色食品产业企业有30余户，其中省级龙头企业4户、市级龙头企业13户；有从业人员5000余人。全年绿色食品产业企业实现销售收入10.09亿元。

绿色食品产业主要集中在肉类食品加工、酿造食品生产、农副产品加工三大板块。肉类食品加工方面以宏远白塔动物产品加工经营部等企业为龙头，发展了冷冻肉、分割肉、禽肉和直接食用的各类熟肉精制品。酒类酿造方面以三维酒业为龙头，洋龙酒业、国友果业和荣林古酒厂为龙身，生产白酒、食用酒精、工业酒精，以及各类果蔬酒、保健酒和高品质食用酒。果蔬粮加工方面以威宝食品、复立茶叶、黄老五花生糖、高山云雾茶业、泉威食品、川老妈、金四方、久润泰等企业为龙头，发挥新店七星椒、向义大头菜、无花果、镇西萝卜干优势，开发各类果蔬粮深加工产品。其中，“威宝”“沐春雪芽”“高山云雾茶图形”“川老妈”“黄老五”获四川省著名商标或省名牌产品；新店七星椒获中国“原产地地理保护标志”；“飘香雪芽”获蒙顶山杯茶博会金奖；金四方无花果、金川玉龙须大头菜、宏源辣椒精等食品畅销省内外，“周萝卜”“黄老五”成功打入航空食品，供20余个航班使用。威宝公司成为康师傅的主要供应商。

【威远县黄老五土特产食品有限公司】位于四川省内江市威远县镇西镇（原南泰食品厂），始建于2008年，是一家以生产“花生酥”“花生米花酥”“核桃酥”等系列糖果制品为主的农产品加工企业。注册资金1111.11万元，占地面积7.07公顷，有职工300余人。拥有标准化基地种植面积2300余公顷，直接带动农户15000户，户均年增收4200元，解决200人的就业问题。在镇西镇食品工业园区投资7700万元，新建厂房和办公大楼。项目扩建19条年产量为6650吨的酥糖系列产品生产线，引进国内外先进设备，改进生产技术，项目全部完工投入生产。产品进入世界零售巨头沃尔玛、家乐福、伊藤洋华堂、红旗连锁等众多大型超市，在全国20余个省市成功运行。2016年公司实现产值18923万元，销售收入达到18821万元，利润1539万元，税金816万元。

黄老五系列产品荣获“内江市名优特新食品”“内江市消费者喜爱食品”“首批四川特产食品”“四川省消费者喜爱食品”“中国糖酒食品业畅销品牌”等荣誉。黄老五公司先后被评为市重合同守信用企业、农村信用社“A”级信用企业、四川重点龙头企业；获得四川省“小巨人”企业称号。其商标获得四川省著名商标。公司生产技术获得国家发明专利，取得ISO 9001：2008国际质量管理体系认证；生产技艺已被列入内江市非物质文化遗产名录，公司董事长黄崇友被认定为非物质文化遗产代表性传承人。

【四川省复立茶业有限公司】 创建于1983年，是以茶叶研发、种植、加工、销售为一体，年产名优绿茶、花茶、出口绿茶2000吨的四川省农业产业化重点龙头企业、四川省小巨人企业、四川省新农村建设示范企业、四川省重合同守信用企业，四川省茶叶优秀企业，拥有进出口经营权。2016年职工平均人数135人。公司沐春复立茶具有香高、味醇、鲜爽、耐泡的独特品质，被国家农业部认定为“无公害农产品”，并荣获国际博览会金奖、四川农产品名牌、峨眉杯优质名优茶一等奖；2009年被四川省人民政府授予四川名牌称号。1300余公顷的茶园基地被农业部认定为国家无公害农产品基地、全国第六批农业标准示范区；“沐春”商标评为四川省著名商标。2016年实现产值7162万元、销售收入7162万元、利润792万元。

【四川久润泰科技有限公司】 成立于2014年，是以无花果种植、精加工为一体的农业产业化规模企业。在四川省威远县界牌镇4个村建成无花果种植基地260余公顷，带动10个农民专业合作社从事无花果种植。整体规划13公顷为久润泰无花果产业园核心区。久润泰公司以无花果开发为主，部分经济作物（如香芋、其他水果等）为辅的农产品综合开发，产品以酵素为核心，以现代健康理念，选用药食同源的无花果、洛神花、生姜及香芋（碱性食品）作为原料，开发系列绿色零添加健康饮品。投资1.1亿元在威远县界牌镇建成无花果酵素系列产品生产基地，一期工程建成于2016年11月进行试生产，达产后可年消耗无花果8000~20000吨、香芋1500~5000吨、大宗蔬菜5000吨。久润泰公司以中国食品产业专家和中科院生物学博士为核心的技术研发团队，通过与广西科学院、四川理工学院相关专家进行校企合作，拥有无花果酵素、洛神花酵素、姜汁酵素、无花果乳酸菌饮料、香芋多糖、环保酵素等系列产品的核心生产技术，为公司零添加产品和品牌创建提供技术保障。无花果酵素及酵素乳酸菌饮料已经申报国家专利。

电子机械产业

【概况】 2016年，威远机械企业有40余户，其中规模企业8户。机械产业主要集中在机械制造、机械铸造、汽车及摩托车零配件生产。全年实现产值12.56亿元、销售收入11.97亿元、利润5865万元、利税1174万元。全县机械产业既有初中级加工产品、又有高端及精深加工产品。机械制造以东工水电、银星实业、能达选煤为龙头，东工水电生产开发水利工程专用机械，银星实业、能达选煤开发制造成套洗选煤设备。机械铸造以金镭、法拉特等企业为龙头，金镭铸业主要加工制造各种规格型号的高中低档阀门铸钢件，法拉特生产砂型铸造、水玻璃及硅溶胶精密铸造、各型阀门。金镭专用铸件、法拉特不锈钢精密阀件、银星公司全程自动化洗煤机等企业精加工产品已经跻身高端产品行列。汽摩零配件以五环汽配为龙头，主要加工制造汽车、摩托车零部件，为重庆长安企业配套；鑫达动力以摩托车零部件为主，为重庆宗申等企业配套。洗选煤设备制造企业是威远机械产业的佼佼者，其市场份额占据西南地区半壁江山，部分产品远销中东、非洲等国际市场。

【四川省金镭铸业有限公司】 成立于2004年7月，注册资金5600万元。公司依靠科学技术力量，敢于承接和开发高要求、高难度的产品，已成为生产电站配套阀门铸钢件及汽轮机铸钢件产品的民营铸钢企业，产品出口至德国、英国、加拿大、法国、美国、俄罗斯等国家和地区。通过中国方圆认证中心ISO 9000：2000质量管理体系认证、国家压力管道元件制造单位资格许可鉴定评审（TS）生产许可证、AD2000W0德国压力容器材料认证及PED欧盟压力容器材料认证，获得国家高新技术企业 、四川省企业技术中心、四川省成长型中小企业、四川省“专精特新”中小企业、四川名牌、四川省企业质量信用“AAA”证书等殊荣。公司致力于企业技术进步和产品的转型升级，在威远严陵工业园区新增用地17.67公顷，新建“年产3.5万吨高端精密铸锻零部件建设项目”。该项目分两期工程建设，计划总投资为4.35亿元，其中固定资产投资为4亿元，铺底流动资金3500万元。新建造型、熔炼、浇注、落砂、清理、旧砂回用、热处理、机械加工、铸造及锻造等国内先进生产线，并成立材料技术研发中心，专业生产用于燃机、核电、军工、轨道交通、海洋

2016 年，金镭铸业公司生产线　（冷国文摄）

工程、能源化工、节能环保等高新领域所需核心零部件。项目主要生产设备选用具有国际先进水平的 LF 精炼炉和被国际广泛采用的精炼技术 VOD、VC 真空精炼炉；树脂砂造型生产线引进日本太阳技术；检测设备（物理、化学以及机械性能检测）均选用国际知名品牌，并采用德国、美国、日本等先进生产技术。项目一期工程投入资金 2.15 亿元，完成已建设，进入设备调试和试运行阶段。

其他产业

【概况】　全县除钒钛合金、建材新材料、精细化工、绿色食品、电子机械等支柱产业和特色优势产业、重点扶持产业外，还有电力能源、轻纺、造纸、医药、包装、印刷等产业。

【内江市沙湾煤业有限公司】　位于威远县城西北 55 千米的两河镇，前身是内江市沙湾煤矿，始建于民国 24 年（1935 年），1956 年收归国有，1959 年升格为市属煤矿。1992 年建成下元煤层井，更名为内江市向家寨煤矿，2001 年 6 月经市体改委批准，改制更名为内江市沙湾煤业有限公司，简称“沙湾煤业”。在职职工 2000 余人。为内江市现有储量较大的优质煤生产加工基地，一井年设计生产能力 18 万吨，二井年设计生产能力 12 万吨。主产 1/3 低硫优质炼焦精煤，5000 大卡/千克~7000 大卡/千克工业精煤，7000 大卡/千克精块煤，5000 大卡/千克大白炭等 20 种高、中、低热质煤，机制矸砖 400 万匹，免烧砖 400 万匹及瓦斯发电 700 万千瓦时/年。2016 年实现产值 0.66 亿元、销售收入 0.65 亿元。

【四川百胜药业有限公司】　2016 年，百胜药业总资产 5904 万元，有员工 125 名。以制药业为主体，经营范围包括药品生产、药品批发、药品零售、中药材种植等。具备年产 4071 吨中药饮片，2180 吨药用曲类的生产能力，在广东省广州市、河北省安国市、陕西省西安市等地设有省级总代理，并与全国 203 个制药企业建立供应关系。全年实现产值 2.55 亿元、销售收入 2.63 亿元、利润 0.26 亿元。

（刘成新　赵会亮　李静平　钟　威）

严陵工业园区

【概况】　严陵工业园区位于威远县城南部，2008 年 8 月 26 日批准成立，批准面积 10 平方千米。近期规划建设面积 10.75 平方千米，其中建成区面积 7.94 平方千米（工业用地 6.4 平方千米）。有焦化及其下游产业、建材及新材料和机械电子等主导产业。截至 2016 年年底，园区有入驻企业 81 户，其中工业企业 61 户（规模工业企业 46 户）。全年实现销售收入 201.2 亿元；完成项目投资 18.6 亿元；全部工业入库税金 1.33 亿元；产业集中度达 29.5%。新增承载面积 0.3 平方千米。招商引资新签约并开工 0.5 亿元~1 亿元项目 2 个，1 亿元以上项目 2 个；产业聚焦度 45%。

主导产业（骨干企业）情况有白塔新联兴陶瓷集团有限责任公司和威玻新材料集团有限公司。白塔新联兴陶瓷集团有限责任公司于 2011 年 5 月入驻园区，是中国西部规模最大的建筑陶瓷生产企业。2014 年“白塔牌”获“中国 500 最具价值品牌”，品牌价值达 42.78 亿元。主要生产各种地砖、内墙砖、外墙砖，产品主要销往西北地区、西南地区等。白塔集团有资产 6.8 亿元，2015 年实现销售收入 12.9 亿元，2016 年实现销售收入 14.26 亿元。威玻新材料集团有限公司于 2009 年 3 月入驻园区，是中国第四大玻纤企业、国家级高新技术企业、四川省出口创汇优秀企业。发展特色池窑拉丝及其深加工产品，着力打造中国西部的玻纤制造及深加工产业集群，产品远销北美、欧洲、东南亚、中东等 20 余个国家和地区。威玻集团 2016 年实现销售收入 67.67 亿元。

2016 年，园区始终以经济建设为

2016 年，严陵工业园区一角　（冷国文摄）

中心，直面经济下行压力，加快转变经济发展方式，大力实施创新驱动战略。加大对骨干企业的扶持力度，帮助建业、白塔等困难企业脱困转型，鼓励培育金镭铸业、天地源陶瓷、利弘陶瓷、宏威钢构、新米兰陶瓷等一大批成长快、创新能力强、发展前景好的中小企业，发挥中小企业创业创新、升级转型的重要作用。招商引资到位市外资金 7.56 亿元，完成目标任务的 126%。其中：形成固定资产占比 84.1%，制造业资金占比 88.5%，省外资金占比 93.1%。新签约并开工 0.5 亿元~1 亿元（不含 1 亿元）项目 2 个、1 亿元以上项目 3 个，其中高新战略类项目 2 个。

在全国经济下行和行业不景气的宏观经济形势下，园区加大服务力度，助推经济发展，针对建业、威玻、白塔等龙头企业面临的特殊困难，着力增添服务措施，帮助企业解决实际困难。为企业争取省、市市场开拓扶持奖励资金，争取省市资金 800 万元，为企业在生产要素方面减负 155 万元，协调融资 6000 万元。召开园企联席会议，定期或不定期举行专题会议，协调解决各企业在土地、电、气等生产要素方面面临的困难和问题。召开银企对接会，引入农商银行、工行、中国银行等银行与企业开展项目对接会，搭建企业融资的快速通道。

【园区重点项目建设】　2016 年，严陵工业园区锁定市、县下达的重点项目，全力推进项目建设，完成目标进度。金镭铸业年产 3 万吨专用铸锻件及精密加工生产线总投资 2.5 亿元。截至 2016 年年底，完成总投资约 2.5 亿元；完成 4 万平方米厂房建设，设备安装完成 90%，完成投资 7200 万元。永兴路（S207 省道连接线）总投资 4000 万元，其中建设工程投资 3100 万元。截至 2016 年年底，完成土路基 1800 米，完成投资 1850 万元。利弘陶瓷年产 1200 万平方米陶瓷砖生产线项目总投资 7500 万元。截至 2016 年年底，完成场平，建成厂房 3 万平方米，机器设备已部分进场安装，完成投资 6000 万元。

【园区科技企业孵化器建设】　2016 年，严陵工业园区宣传创业孵化政策，营造创新创业氛围，组织创业企业和创业项目入驻孵化器，累计入孵企业 49 户，其中，农业技术研发与推广 10 户、电子商务 9 户、机械制造 8 户、建材 7 户、食品 5 户、其他类 10 户；，博士后创新实践基地 1 个，省级企业技术中心 1 个，院士（专家）工作站 1 个，大学生创业园 1 个，农民工返乡创业园 1 个。2016 年平台公共服务 200 人次以上，咨询服务 100 人次以上，在孵企业累计共开发高科技产品 70 余项，获各类项目资助 290 万元，知识产权申请 36 件，拥有有效知识产权数 50 件，其中发明专利 20 件。

【安全与环境保护】　2016 年，严陵工业园区按照党中央、国务院关于安全生产和环境保护的系列要求，牢固树立“红线”意识和底线思维，以改善环境质量和安全生产条件为目标，以安全隐患管理和污染治理为核心，强化安全环保责任落实，加强执法监管力度，与相关单位共同做好常态化监管工作，防止和遏制各类生产安全事故和环境污染事故发生。全年未发生因工重伤、死亡、重大火灾及生产事故、环保事故，完成年度安全生产和环保控制目标。

规模企业全面完成国家、省和市级政府下达的节能减排目标任务。园区单位产值能耗 1.2 吨标准煤/万元，单位工业增加值用水量 31.58 立方米/

万元，污水集中处理率 100%，工业“三废”排放达标率 100%，工业固体废物综合利用率 95%，全部达到国家和行业标准。园区污染物类型主要有工业固体废弃物、清洗废水和污水、少量含 SO_2、NO_2 废气等。排放量情况：工业固体废弃物 330 万吨，利用率 95%；清洗废水和污水 130 万吨，污水集中处理率 100%；少量含 SO_2、NO_2 废气达标排放。

（聂辽川）

连界工业园区

【概况】 2016 年，连界工业园区实现销售收入 448 亿元；完成项目投资额 25.3 亿元；完成全部工业入库税金 1.45 亿元；新增承载面积 0.37 平方千米；招商引资到位资金 4.99 亿元，其中域外到位资金 4.99 亿元，新签并开工项目 4 个，其中引进总投资额 1 亿元以上产业项目 3 个，到位资金省外占比为 100%。

【帮扶企业】 年内，连界工业园区严格落实省、市、县三级党委政府联手帮扶各项政策，强化煤、电、油、气、运要素保障，协调金融支持，争取各类帮扶项目和资金。省财政厅下达 2016 年中央财政工业企业结构调整专项奖补资金 10305.46 万元，市政府安排 1200 万元资金、县政府安排 1100 万元资金支持川威集团去产能工作。企业生产经营总体稳定，保持正现金流，在维持 2 座大型高炉生产的基础上恢复 1 座中型高炉生产，实现 3 座高炉满负荷生产，钢产量稳定在每天 1 万吨，余热发电每天 1200 万千瓦。引导企业加强与客户的沟通解释，与多数客户达成“老款挂账、新款不欠、继续合作”的共识，合作关系全

2016 年 9 月 27 日，《四川日报》头版报道川威集团公司去产能成效（川威集团公司供图）

面恢复、正常稳定。引导企业员工与企业同舟共济、共渡难关，全体员工对企业脱困振兴充满信心。落实供给侧结构性改革，鼓励企业按照“围绕中心、分块突破，寻找增量、激活存量，调整结构、转型发展”脱困发展思路，深化改革、锐意进取，集中打造“钒钛钢铁、新型建材、能源环保”三大业务板块，全力打造同等规模条件下“指标最优、成本最低、劳动生产率最高”的全国一流企业。

【项目建设】 年内，石板河景区管委会作为园区内设机构挂牌；投资 7000 万元的活性炭一体化烟气净化工程建成年产 3 万吨副产品制备系统及配套设施；投资 8000 万元的高炉膨化干渣生产线项目完成建设；投资 9000 万元的自保温一体外墙砌块及城市透水砖生产线项目完成建设；投资 2000 万元的连界污水处理厂及配套管网工程正在建设；投资 8000 万元的新型节能灰渣混凝土空心隔墙板生产线建成生产。

【自主创新】 年内，连界工业园区推进供给侧结构性改革，川威集团全面完成化解钢铁过剩产能 120 万吨任务，《四川日报》头版进行报道，省政府督查组给予“领导有力、措施到位、成效明显”的肯定。加强环境保护，成渝钒钛科技有限公司投入 6000 万元开展烧结脱硫、球团脱硫、烟气除尘整治，通过环保部西南督查中心检查。传承工匠精神，杨宗波钒钛冶金技能大师工作室成为内江市首批技能大师工作室，钒钛深加工技术研究团队入选内江市人才发展“三百计划”，成渝钒钛公司职工在甜城工匠技能比赛中获得二等奖 1 个、三等奖 3

个，成渝钒钛公司职工罗刚获得“优秀甜城工匠”称号。川威集团获得第三届内江市质量奖、威远县2015年度科学技术进步奖。紧扣提质增效主线，延伸钒钛产业链，围绕“钒钛+钢”支持企业加大技术创新、产品创新和工艺创新，发展短流程生产工艺，开发重大装备、轨道交通及机械基础件用高合金钢、纯净钢等新材料，推进高速铁路、核电、汽车、船舶与海洋工程等领域重大技术装备所需高端钢材品种的研发和推广应用，提升钒钛抗震钢、汽车用钢、家电用钢、轨道交通钢等产品档次，增强市场竞争力。重点推进钒电池电解液、钒氮合金、钒铁、海绵钛等项目。树立质量标杆，升级产品标准，加强品牌建设。全面启动精品建材、工业用优特钢、钒钛深加工、钢结构装配式建筑等转型升级项目。实施企业触网工程，推动“互联网+钢铁”的电商平台，降低交易成本，优化物流运作。

【依法治园】 年内，连界工业园区管理委员会坚持依法治园，开展矛盾隐患排查，建立健全矛盾纠纷调处机制，妥善协调群众关注强烈的问题，依法处置一批急难险重矛盾，园区企业的生产经营秩序正常。指导川威集团编制职工安置实施办法，通过内部退养、解除劳动合同、转岗分流、办理退休等方式妥善安置3061名职工。始终坚持“安全第一、预防为主”的方针，落实“党政同责、一岗双责”责任制，开展安全生产隐患排查整治和环保治理、职业病防治等活动。督促企业落实安全和环保主体责任，强化企业负责人安全责任意识，迎接环保部西南督查中心后督查和国务院安全巡查。加强春节、五一等节假日前后的安全生产大检查工作，全年未发生重大安全生产事故。

（党 伟）

镇西食品工业园区

【概况】 威远县镇西食品工业园区位于镇西场镇东南方向，沿荣威公路南侧向威远县城布局，距成自泸高速公路4.5千米、内威荣高速公路3.5千米，规划面积1.8平方千米，计划总投资20亿元，拟建成集收购、储存、加工、销售及食品物流集散为一体的特色食品工业园区和川南绿色食品加工示范基地。园区一期工程2010年下半年启动建设，2013年6月底入驻企业全部投产，有黄老五、威宝、金四方、缔铂酒业、川老妈、洋龙酒业等企业入驻，其中省级龙头企业5个。2012年，园区被评为四川省农产品加工示范基地；2013年，园区申报为四川省中小企业创业示范基地；2015年园区被评为国家级农业产业化示范基地。2016年，镇西食品工业园区实施产企对接、采取“公司+专业合作社+基地+农户”发展模式，推进镇西食品工业园区建设。实现销售收入5.2亿元、全部工业入库税金1040万元，完成招商引资项目1个，项目投资1.09亿元。

【产企对接】 年内，镇西食品工业园区以入园企业为龙头，采取“公司+专业合作社+基地+农户”发展模式，实施产业对接、农企互动，在镇西镇建有4个万亩基地（即：1万亩白萝卜基地、1万亩大头菜基地、1万亩青菜基地、1万亩花生基地）和133.33公顷无花果、桑葚、枇杷基地的基础上，实施无花果、樱桃、柠檬、核桃、七星椒、桑葚、大头菜、食用菌等现代农业基地建设，为园区企业提供丰富优质的生产原料。打破利益联结壁垒，培育生产、加工、销售、服务等产业融合发展主体，支持发展农村新产业新业态。根据园区食品企业季节性生产特点，探索建立订单合同、服务协作、流转聘用等利益联结模式，以园区龙头食品企业为支撑，大力形成农民专业合作社、家庭农场、种养大户风险共担的利益共同体。

【产业融合】 年内，镇西食品工业园区管理委员会以创新绿色发展为方向，以市场需求变化为导向，以现代农业产业示范基地为基础，按照因地制宜、缺啥补啥、整体推荐的原则，把镇西食品工业园区建设成为生产水平高、种养结合紧密、景区化设施完善、产地加工能力强、社会化服务程度高、互联网+应用广、产品销售有品牌、利益联结机制完善、社会资本参与度高、金融支持有力，引领农村一、二、三产业融合发展的现代农业产业融合示范园区。规划实施期间，可辐射带动周边村民就业务工，可为当地村民提供就业岗位3500个；带动周边交通运输、商品贸易、民宿和农家乐发展，增加农民收益，帮助贫困村社改变生产生活条件、贫困村民脱贫致富，实现农民人均增收2万元。

【品牌建设】 2016年，镇西食品工业园区加强产学研平台建设，与中国农业大学、四川农业大学、西南农业大学、四川理工学院、山东省林业科学研究院等大专院校、科研院所合作，背靠大专院校的科研资源，推进院校企联姻，不断提升产品质量和开发新产品投放市场。注重品牌建设与运营，做大做亮品牌建设，突出发展农产品精深加工。加强企业技术创新、加大科技研发投入，研究开发出无花果膳食纤维能量棒等农产品精深加工生产技术及新产品，其中由金四方果业和

2016 年，镇西食品工业园区俯瞰　（余远文摄）

四川省食品发酵工业研究设计院联合完成的“无花果的盐渍与低排放预处理集成技术及应用示范”鉴定为四川省科技成果。园区有“威宝牌”1 个“中国驰名商标”和“黄老五”“川老妈”“周萝卜”“金四方”4 个“四川省著名商标”，年内开展黄老五中国驰名商标申报工作。加大宣传力度，融入糖酒会、世博会等推介平台，在企业自筹资金参与基础上，在政策范围内给予企业一定补助，争取融入上海进出口食品展、德国科隆国际食品展等世界级糖酒会。

【电子商务】 2016 年，镇西食品工业园区以争创电子商务示范园区为目标，大力发展农产品电子商务，以点带面，建设一批电子商务示范企业。开展农特产品电子商务上线工程，引导黄老五食品有限公司、四川内江威宝食品有限公司等重点农业产业化龙头企业与淘宝、京东等第三方平台合作，通过企业自建平台或利用第三方平台等方式，主动融入“双十一”“双十二”等电商节活动，加快线上销售步伐，培育经济发展新动力。园区企业全年实现网上销售收入 8500 万元，黄老五食品股份有限公司线上销售金额达 7000 万元。

（宋维丽）

商贸与服务业

商贸服务业发展

【概况】 2016年，威远县围绕“建设工业强县、提升基础设施、打造生态威远”目标，强化统计基础工作，培育限上企业，做大做强传统产业，着力提升服务质量，努力扩大外贸出口，狠抓大型项目建设，全力推进服务业发展。全年实现服务业增加值增速8.3%，实现服务业增加值61.1亿元，占GDP的比重达19.3%，社会消费品零售总额85亿元，增速12.7%，实现服务业税收7.3亿元，占全县总税收比重达49%。2016年新进规上商贸企业9户。

（欧阳红 闵忠玉）

【重点项目建设】 2016年，汽车销售集群区（第一期）完成项目内2个品牌4S店的正式开业运行；完成第3个4S店的建设。汽车销售集群区（第二期）完成项目用地范围内的征地拆迁、土地摘牌、项目详细性规划过会等前期入场的准备工作。全县54个贫困村共有商业网点189个。荣威万象城项目建设范围内的征地拆迁基本完成，所涉29.33公顷土地企业分期全部摘牌；商贸城内的3条道路基本完成建设施工，实现全面通车。项目投资企业（荣威矿业集团有限责任公司）对该项目的详细性规划编制、立项等前期工作在进行中。

（宋智红 詹 威）

【对外经贸】 2016年，威远县采取抓服务、保增长，重培育、扩总量等措施，促进外贸形势逐步回暖。帮助四川威玻新材料集团有限公司、威远黄老五食品有限公司、威远金四方果业有限公司等企业申报中小企业国际市场开拓资金、外贸发展促进资金以及区域协调发展等资金。动员有条件的企业获得外贸出口经营权，新增获权企业5户。

威远县全年完成进出口总额3852万美元，同比增长9.6%，完成市上下达目标任务3740万美元的102.96%。其中，进口总额795万美元，同比增长47.87%；出口总额3056万美元，同比增长2.7%。

年内，威远县组织“万企出国门”活动组织企业参展25户次（威远黄老五、威远金四方、久润泰、复立茶叶、威宝食品等）；组织企业参加中国西部（四川）国际投资大会投资促进会、第三届泸州博览会、第八届中小企业交易会、第十届食品博览会、第十七届渝洽会等，为企业搭建发展平台。黄老五、威宝、川老妈等产品被评为老百姓最喜欢的产品。

（陈 丹 黄 兰）

电子商务

【概况】 2016年，威远县建立县、镇两级电子商务发展领导小组并下设办公室，实行党政“一把手”层层挂帅责任机制，部门和镇两级联动的电子商务发展工作推进机制，并于8月成立县电子商务促进中心，落实编制4人，已配备3人。具体承担全县电

2016年，农村淘宝威远服务中心 （余远文摄）

子商务的联络、策划、宣传、招募、培训、管理等日常工作；落实相关部门联系服务电商企业、电商项目，及时跟踪掌握全县电子商务发展项目建设基本情况，创新服务内容、服务方式和服务手段，为电商企业、电商人才的发展和电商项目落地提供优质服务。制定和完善威远电子商务发展扶持政策，出台《威远县电子商务发展规划》《威远县电子商务扶持资金管理办法》等政策文件。全县安排500万元专项资金重点支持电子商务中心建设、公共服务平台建设、知名电子商务企业引进和产业培育。对电子商务物流基地在土地、供电、用水等要素保障上给予优先；对电子商务产业基地建设达到标准的给予一定的补助；对电子商务平台建设达到标准的给予一定的补助；对电子商务企业入驻电子商务中心，网上交易、实现税收、从业人员等上规模、上台阶给予一定的奖励扶持。为电商示范企业争取省、市扶持资金70万元。全年电子商务交易总量不断攀升，电子商务交易额超过6亿元，同比增长50%；农村淘宝平台网上交易额7500万元，网上销售额5500万元。全县农业龙头企业网上销售额9000余万元，农村电商创业网店农产品网上交易额2000万元。市级以上农业经营主体达36个，上网数36个，上网率达100%；实现网上交易数28个；应用率78%。农村电商网上销售本地产品销售额达1.2亿元。

【电子商务实体规模壮大】 2016年，全县建成村级服务网点276个，其中，农村淘宝村级服务站60个、淘帮手39个；中国邮政建成“村邮乐购+快递超市”服务站157个，全部投入运营，“五大体系”（产品生产体系、人才培养体系、网络支撑体系、物流配送体系、缴费支付体系）不断健全。全县有网站150余家（其中企业店铺7家），10户食品企业产品全部实现网上销售；县内有“农村淘宝”“京东帮”“苏宁易购”“易田网购”“威远零距离”“唛糖”“邮乐购”“美团”“同城爱购”“买买提”等10余个电商服务平台。中国电信试行的“翼支付”和“益农社”计划，着力覆盖全县各镇网点和超市，提供公共服务缴费支付服务。电商中心和科技孵化中心共入驻电商企业20余家，回引返乡青年创业，注册威淘、绿丰源等电商企业35家，农村淘宝快递总量突破30万件，同比增长50%，其中“双十一”活动收件达5万件。

【农产品上行销售量扩增】 2016年2月25日，四川正威实业有限公司与农村淘宝建立网上销售渠道，至4月25日，线上下单量达1800吨，占公司销售量的50%，比传统渠道销售成本每吨下降300元。正威复合肥全年网上销售额突破1500万元，农资销售额位居全省第一、全国第二，荣获阿里巴巴集团“农资上行十佳销售企业”称号。全县形成茶业、樱桃、枇杷、香芋等主导农副产业，通过电商平台宣传推广，实现网上订单8万余单，销售额突破200余万元。推动樱桃销售转型发展，实现网上成交总额50余万元，樱桃网络销售占全部樱桃销量的近一半。新场镇万祥村“邮乐购”加盟商为货源提供方，在邮乐网、邮掌柜、微店进行皮球桃销售，实现网上销售1500千克，销售金额2万余元，网上价格比当地市场价格翻2倍，群众收益增加。在农村淘宝开通本地企业招商入口10个，全县大部分企业可在农村淘宝上免流量费销售产品。

【电商带动产业基地建设】 2016年，全县通过网络、有线电视、新农村商网、农村淘宝等媒介公布无花果、樱桃、荷花观赏等信息，设置线上线下结合的农事体验、农村美化绿化、农家乐综合接待等服务项目，促进乡村休闲旅游的发展。集聚无花果基地、樱桃基地等山水人文优势，推进农业电商+特色农产品基地建设。四方村无花果基地、桃李村樱桃基地、万祥村皮球桃基地、凤翔村十里荷塘景区、桑葚基地、柠檬基地、蓝莓基地、草莓基地等不断增多。

【电子商务培训】 2016年，威远县与阿里巴巴农村淘宝商学院、内江职业技术学院等高校合作，定期组织大学生毕业创业、村干部创业等培训。组织阿里讲师到20个镇巡回培训电商业务知识，招募合伙人及“淘帮手”，鼓励农村优秀青年申请为创业合伙人和淘帮手。赴绵阳青川、眉山仁寿等农村电商成功地区考察学习。全年结合电商精准扶贫，培育农村电商人员5000人次以上。

【电子商务基础设施建设】 2016年，全县3G、4G移动通信覆盖率达96%以上，98%以上的行政村已通宽带；全县313个行政村全部实现通水泥路；农村淘宝、邮乐购村级服务站建到哪里，物流配送就跟进到哪里，解决了农村物流“最后一公里”的问题。

（蒲　梅　宋伟玉　张雪莲　陈星佑）

农资供销

【概况】 截至2016年年底，全县供销系统有在册职工580人；县级联社1个（内设办公室、生产科技股、财务统计股，人员21人），有限公司4个，基层供销股份合作社12个，加盟企业4个；各类农村专业合作经济组织122

个；连锁经营网点1172个，其中，农资经营网点470个、农副产品经营网点156个、烟花爆竹网点266个、再生资源网点280个。

2016年，全县供销社系统实现商品购进总额53297万元，完成年计划的108.77%；销售总额58765万元，完成年计划的103.1%；商品交易市场交易额5001万元，完成年计划的100.02%；农资料供应额6519万元，完成年计划的100.29%；农副产品购进总额34983万元，完成年计划的112.85%；连锁销售额8219万元，完成年计划的102.74%；再生资源回收额8203万元，完成年计划的100.04%；行业利润总额3174.62万元，完成目标任务的113.38%；基层社利润271.3万元，完成年计划的100.5%；基层社销售收入14142万元，完成年计划的100.3%；社会贡献总额5622万元，完成年计划的108.9%。新发展入社农民专业合作社5家；新组建农民专业合作社联合社1家。

【农资供应】 2016年，供销系统承储企业筹资共储备大春化肥碳酸氢铵2500吨、尿素1000吨、复合肥3500吨、农药100吨。超额完成上级安排的化肥储备任务，保质保量供应大春农资市场，调节市场供需矛盾，平抑市场价格。

【庄稼医院】 2016年，县供销社按《农村庄稼医院建设实施方案》和《威远县庄稼医院建设及升级改造项目》的要求，聘请县级相关部门专业人员，在县城及各镇举办各类农技推广、咨询服务活动5场，培训庄稼医院医生60余人。

【项目建设】 2016年，县供销社狠抓项目储备、规划、实施、包装、申报工作，发挥项目储备库作用，向上争取政策资金支持。完成威远县向义农村资金互助合作社申报工作；恢复重建庆卫供销有限公司，龙东供销有限公司、兴农供销有限公司3个基层社；持续推进向义农产品公共集配中心建设，由新店供销社与威远大棚蔬菜农民专合社共同出资，在向义镇四方村新建占地0.67公顷的农产品公共集配中心，已进入初验阶段；引导川老妈食品有限公司联合威远县瑜林蔬菜种植农民专业合作社、威远县古井川老妈食用菌种植农民专业合作社申报2017年产业融合项目；探索以“县供销社直属企业+龙头企业+专合社+农户”的发展模式，吸收四川穹窿生物科技有限公司入社。

2016年2月6日，县粮食局到严陵镇建立村4组慰问贫困户余祯同（县粮食局供图）

【农民专业合作社】 2016年，县供销社参与和推动农业产业化经营，提高农民进入市场的组织化程度。通过抓典型、抓规范、抓宣传、抓培训，推进农民专业合作社规范化发展。年内，新发展御砚种植农民专业合作社、成发种植农民专业合作社、山羊花椒种植农民专业合作社等37家农民专业合作社，其中申请加入供销社成为社员社的5家；指导农民专业合作社内部管理制度建设和财务制度建设，规范农民专业合作社生产、管理、经营行为。

【再生资源管理】 年内，制定《威远县供销社持续推进城乡环境综合治理工作方案》《威远县城区再生资源经营者占道经营综合整治工作方案》，集中开展再生资源回收网点环境治理工作；响应县委、县政府号召，高度重视，开展优美乡村整治工作。出动车次10车次，人员36人次，投入12000元，印发宣传资料600份，制作再生资源管理宣传栏7个、制度牌20个。

（黄小俊）

粮食流通

【概况】 威远县粮食局为县政府直属事业单位，下设1个事业单位威远县粮油食品质量监督站，管理2家国有粮食购销企业四川威远严陵省粮食储备库和威远县粮油收储有限公司。局机关内设办公室、业务股、财务股、监督检查股，2016年年底，县粮食局及其所属事业单位实有在编事业人员19名（其中县粮食局机关14名）。年内，县粮食局落实国家粮食最低收购价保护政策，粮食收购均价明显高于上年，完成全年购销任务100%。

2016年，全县拥有放心粮油配送中心1个，放心粮油示范店3个（四方村粮油经营店、钟源食用油门市部、李双明粮油店），放心粮油乡村示范店18个，放心粮油技改企业2个（威远县钟源粮油有限公司、威远县晓晓米厂）。7月6日，四川威远严陵省粮食储备库龙会库区18米跨散装平房仓开工建设，由四川三和恒生建筑工程有限公司承建，预计2017年建成投用。

2016年威远县“放心粮油”乡村示范店一览表

表20　　单位：吨、平方米

序号	企业（户）名	地址	面积	法人（联系人）	主营品种	零售	月销售量
1	威远县人民超市	威远县严陵镇东街1-9号	400	朱明权	米、面	√	12
2	威远县摩尔阳光超市	威远县严陵镇中心街148号	500	巨　彬	米、面、油	√	34
3	威远县家和平价超市	威远县严陵镇桂花街11号	400	钟　涛	米、面、油	√	10
4	威远县洋龙超市	威远县严陵镇30米大街2号	200	王　勇	米、面、油	√	20
5	德贵粮油经营部	威远县新店镇粮食市场	30	曾德贵	米、面、油	√	10
6	曾家油厂	威远县向义镇新街	40	曾　贤	米、油	√	2
7	威远县付强粮油店	威远县界牌镇政府街27号	110	付　强	米、油	√	15
8	龙会镇天天好超市	威远县龙会镇兴龙街415号	50	罗敏俊	米、面、油	√	12
9	高石跃进超市	威远县高石镇正街82号	60	曾跃进	米、面、油	√	2
10	威远县家家乐超市	威远县镇西镇中心街128号	120	王志伟	米、面、油	√	10
11	威远县钟源粮油有限公司	威远县严陵镇凉丰路154号	84	钟礼军	油	√	120
12	威远县韦亮超市	威远县山王镇正街32号	100	韦　亮	米、面	√	8
13	威远县自强超市	威远县黄荆沟镇半边街8号	110	蔡述辉	米、面、油	√	3
14	黄荆沟镇惠民超市	威远县黄荆沟镇半边街	120	谢　静	米、面、油	√	2.5
15	威远县龚六仙副食店	威远县东联镇李家坪南街80号	40	罗伦付	米、面、油	√	2
16	连界镇富贵超市	威远县连界镇劳动街钢城商品2号楼	50	杨　结	米、面、油	√	3
17	威远县书琴粮油食品店	威远县连界镇云钢街5号	40	朱书琴	米、面、油	√	8
18	向义镇四方村超市	威远县向义镇四方村新街	110	王　勇	米、面、油	√	12

【储备粮管理】　年内，按照《2016年内江市粮食仓储管理工作考核办法》的通知要求，威远县以“强基础、保安全、求突破”的工作思想，以生产安全和储粮安全为重点，组织全体保防人员更新观念，创新思想，开展安全有效的科学储粮活动。通过建立的9个粮油价格监测点，每周上报市局粮油价格数据，制作12期《粮油价格信息》简报，均被县委、县府、人大以及县财政局等有关部门作为工作参考资料使用。

【市场监管】　2016年，县粮食局新办粮食收购许可证5户、换证7户、变更1户、注销12户。截至年末，全县粮食收购许可证持有者滚存累计为70户，其中，国有企业2户、民营企业5户、个体收购户63户。开展大小春粮食收购专项执法检查。大小春收购期间共检查粮食经营户32户，形成现场检查记录32份；共发现违规经营户6户，开出期限整改通知书6份（其中给予警告处理1户）。开展粮食最低最高库存量检查，对核定有最低最高库存量的3户经营者实施检查，情况良好，各经营企业和个体工商户均能严格执行政策，履行必要的义务，其库存数量都在核定的标准之内，没有囤积居奇或抢购抢收的现象。在《四川省粮食流通管理条例》颁布12周年之际，县粮食局在严陵镇粮食市场开展现场宣传，发送宣传资料1000余份。

（杨力川）

2016年3月15日，县烟草专卖局开展“普法宣传活动”（县烟草专卖局供图）

烟草专卖

【概况】 2016年，威远县烟草专卖局（分公司）负责县内20个乡镇313个自然村的卷烟市场管理，负责对1600户卷烟零售户的营销服务工作。2016年销售卷烟1.68万箱（5万支/箱，下同），上缴税金2712万元，上缴税收居全县商业企业前列。被内江市人民政府评为纳税1000万元以上“纳税大户”。

【营销管理】 2016年，县烟草专卖局（分公司）不断调整市场状态，适应新形势，抓基础，营销网建工作持续推进。开展“消费者在哪里，我们就到哪里”主题营销活动，完成“走基层、访终端、进农村”市场调研，以及“向不规范营销行为说不”自查自纠活动和客户库存调查等规定动作，并自主开展重点场镇客户培训会、川烟品吸活动、不定期召开川烟和新品客户座谈会等自选动作。通过搭建沟通平台，强化服务意识，培育川烟品牌，拓展农村市场。深入学习内管工作要求，卷烟销售规范运行。

【法规宣传】 2016年，县烟草专卖局丰富载体，创新形式，推进烟草法治文化建设。加强宣传平台建设，运用内部QQ、展板、书籍、手机短信、电视媒体等传播法治文化，精心制作普法宣传单和真假烟鉴别知识等法律法规手册。先后组织领导班子集中学法12次，社区宣传1次，学校宣传1次；开展法治讲座4次，召开法律法规专项宣传活动27次，开展主题宣传活动9次，出动车辆35台次，展出展板152块，设立真假烟识别展示点35个，发放宣传资料6240份，零售户宣传教育1380人次，接待前来咨询的群众4010人次。

【烟草市场专项整治行动】 年内，县烟草专卖局（分公司）联合县公安、工商等部门在全县范围内集中组织开展4次专项整治行动，与三级联管部门定期召开联席会，就联合打假打私、涉烟案件处理、暴力抗法达成共识，形成合力。全年查获涉烟案件171起，涉案卷烟158.57万支，案值78.99万元，其中假冒卷烟案件45起，卷烟11.94万支，案值9.58万元，万元以上案件24起，5万元以上案件2起，上缴罚没款22.33万元，市场净化率保持月均97.5%以上。

（缪　勇）

食盐专卖

【概况】 四川省盐业总公司威远支公司（威远盐政市场稽查所）下辖盐业批发商50余户，全年销售盐产品5500余吨，其中食用碘盐1500余吨，行业生产用盐4000余吨，全面完成分公司下达的各项经济指标任务。

【盐政执法】 2016年第三季度、第四季度，威远盐政市场稽查所按市稽查处要求开展学校食堂用盐专项检查专项检查和农贸市场食盐销售专项检查行动，共检查各类学校食堂61个，检查农贸市场35个，食盐零售店80家，其中大中专院校食堂19个。加强与县上相关部门的联系，配合地方物价部门和县食品药品监督管理局进行定期或不定期的盐业市场整治工作。2016年下半年，在盐改方案颁布后，全县食盐市场环境变得日趋复杂。威远县抽调稽查人员配合市稽查处的统一稽查行动，同时加大对威远辖区市场的监管，对农贸市场及周边停车场、货物集散地、货运仓储等地采取全天候集中检查，不定时巡查，蹲点以及制作、发布举报电话等方式，重拳打击各类违反盐业法律法规的行为，保障食盐的正常流通秩序。

【盐政宣传】 2016年，威远盐业公司、盐政市场稽查所牢牢把握进货渠道，严厉打击各类假冒伪劣盐、跨区盐。在不间断的检查中，稽查人员耐心向商家宣传、讲解盐业法规，以及盐改期间盐政工作的重要性。当商家面临省内甚至全国众多食盐生产厂家销售人员为抢占市场恶意的鼓吹以及分化，四川省盐业总公司威远支公司（威远盐政市场稽查所）及时打消商家疑惑，并将情况汇报给稽查处。对违反《四川省盐业管理条例》的商户，严格按制度办理，发现一起，查处一起，整改一起。

【2016年夏季食盐安全整治行动】 2016年6月中旬至8月底，由县经信部门协调，县食品药品监督管理局与威远盐政市场稽查所依据《中华人民共和国食品安全法》和《四川省盐业管理条例》组成联合检查组，开展2016年夏季食盐安全整治行动，重点检查食盐市场，查处食盐违法行为。出动执法车辆60余台次，联合出动执法人员180人次，共同对全县50余家大型超市、60余家酒楼餐饮店、37家腌卤作坊、4家食品加工用户、260余家个体经营户进行检查。查获不按规定渠道进货的违法行为10起、违法盐产品0.47吨；查获假冒碘盐违法行为12起、违法盐产品0.35吨。

（李雪梅）

旅游业

【概况】 2016年，全县接待游客418万人次，同比增长22.4%；旅游收入26.55亿元，同比增长27.6%。银花山庄、船石湖小镇、石板河景区旅游项目投资2.5亿元。贯彻实施内江市旅游发展“138”战略计划，挖掘和利用穹窿旅游优势资源发展旅游业，推进威远传统产业转型升级，提出全域旅游“1336”战略，即：塑造一个世界级旅游品牌（国际知名的穹窿休闲度假旅游目的地），构建三大特色产品（山水游乐、山地运动、休闲康养），打造三大拳头景区（石板河景区、俩母山穹窿古寨群景区、慈菇塘森林公园景区），发展六个旅游培育区（长葫峡谷旅游培育区、无花果国家农业公园旅游培育区、中华感恩园乡村旅游培育区、工业旅游培育区、凤凰寨旅游培育区、韦家沟旅游培育区）。

按照“统一规划、分块布局、组团开发、分期推进”的工作方针，在秉承深生态开发理念的基础上，委托北京大地风景国际咨询集团针对穹窿旅游区域编制《威远穹窿旅游综合体创意策划暨项目深度设计》，对威远穹窿旅游资源保护与开发进行科学定位和规划。拟以穹窿地貌观光体验和精品度假产业为核心，完善休闲、游乐、运动、养生、文化体验等配套功能，打造集自然观光、精品度假、山地运动、养生避暑、文化体验、科普科考于一体，兼具旅游休闲与生态涵养双功能的威远深生态穹窿地貌旅游综合体。结合“山、水、林”的自然空间格局，重点打造“一心一环五区”，建设七大引擎项目。

【船石湖旅游小镇建设】 项目按照“以山为骨、以水为脉”的思路，有机结合绿色生态与城市发展，以船石湖优美的自然风光及周边穹窿地貌资源为基础，打造钢铁文化、穹窿古寨、船石湖度假、体育休闲、农家风情“五位一体”的新兴旅游目的地，完成钒钛大道、船石湖大道、白牛路等小镇道路体系和木兰苑安置房主体工程及电器配套工程建设，正在加快推进游客接待中心、温泉酒店等项目。2016年完成投资20076万元。

【石板河旅游景区建设】 2016年，石板河旅游景区建设投资6000万元，完成总体规划和核心区修建性详细规划编制、建筑和景观设计、立项等工

2016年，船石湖旅游小镇建设 （连界镇供图）

作，4月创建为AA级景区；正在进行土地流转、建设用地征转、审批环评等相关工作，启动该区域土地双挂钩工作。争取到巨洋集团在威远注册石板河旅游文化发展公司等4家公司。通过标语、网络、报纸、微信等平台，发布石板河景区封闭施工通告，并采取河道截流等方式劝阻游客止步，确保施工安全。

【银花山庄乡村旅游提升示范项目】 2016年，银花山庄投资360余万元，种植油茶籽126.67公顷、蜀葵6.67公顷、玄参6.67公顷、荷花6.67公顷，基本完成示范基地建设。步游道、路灯安装工程、环湖景观提升工程进入扫尾阶段。旅游厕所地基平整完毕，即将启动修建。

【旅游项目包装宣传】 2016年，威远县加大宣传和推介威远穹窿旅游资源力度，加强项目包装策划，主动联系旅游开发企业，推动旅游资源向旅游产品发展。在8月举行的第二届中国（四川）国际旅游投资大会上，威远县包装的“长葫峡谷旅游区项目”和“俩母山古寨群项目”分别被列入全省30个重点项目和100个精品旅游项目。同时，自贡荣鑫建筑工程有限公司、山东泰商置业有限公司、山东中视听影视文化传媒有限公司多家投资企业到威远进行实地考察和洽谈，就投资威远穹窿旅游开发达成初步意向。北京万山河旅游开发公司、深圳德禧基金、祥丰国际集团（香港）有限公司表达投资穹窿旅游开发的意愿。2015年9月初包装申报的威远穹窿旅游一期项目收益债于2016年3月正式获得国家发改委批准，发行额度12亿元，开创全国“债券+基金”组合先河。

2016年8月22日，银花山庄首届荷花采摘互动节　（冷国文摄）

【旅游宣传】 2016年，威远县通过各大网络平台进行不间断的宣传，在省、市各大报刊上刊登大量宣传文章，坚持举办“发现威远美景”征文和摄影活动，建立自己的旅游网络平台。启动穹窿古寨3D动画制作，并在四川电视台旅游频道进行19集旅游资源宣传连续报道，同时播报旅游形象宣传广告。在重庆、广州等地组织大规模的招商宣传活动。在大力宣传“天下穹窿·魅力威远”旅游形象品牌的同时，创建慈菇塘省级森林公园，申报威远穹窿省级自然遗产，申报船石湖省级水利风景区。

【旅游扶贫】 2016年，威远县按照国家旅游局办公室和四川省旅游发展委员会关于核实乡村旅游扶贫情况的相关要求，对全县54个贫困村的乡村旅游资源进行摸底调查，筛选申报观英滩镇竹塘村、高石镇禾丰村、东联镇佛尔岩村、连界镇荣胜村等4个贫困村为内江市乡村旅游贫困村。其中观英滩镇竹塘村被评为内江市乡村旅游示范村。组织人员赴南充、重庆等地学习先进地区的发展经验。组织威远县3个重点乡镇，4个乡村旅游脱贫村、2个乡村旅游点业主赴四川省旅游学校进行为期一周的乡村旅游暨旅游扶贫培训。

【旅游行业监管】 2016年，威远县以旅游标准化为准则，重点做好星级饭店的复评迎检、星级旅游饭店的评定等工作。全县共有星级饭店1家，旅行（分）社5家，服务网点3家。

以市场治理整顿为重点，启动石板河景区专项整治工作。对全县旅行社旅游合同履行情况开展专项检查，严格旅游投诉案件的处理效率，并实施全员执法工作制度和节假日基层蹲点值班制度。县旅游局在编人员行政执法证持证者3人，2016年开展各类整治活动21次，出动行政执法人员60余人次。以落实安全责任为核心，与威远县5家旅游企业签订2016年度安全生产目标责任书，与三星级饭店鑫宏大酒店签订2016年威远县旅游行业星级饭店创建“平安饭店”目标责任书。通过开展平安饭店、平安企业的创建，召开旅游安全管理工作会议，组织开展旅游行业安全生产联合检查、安全隐患定期排查等形式，不断强化旅游安全监管。

（苟　丹）

银 行

【中国农业发展银行威远县支行】 2016年，全行有在职职工17人、领导班子成员3人。内设办公室、会计结算部和客户业务部。

2016年年末，各项贷款余额40905万元，各项存款余额10932万元，分别较年初增长13146万元和6079万元，增幅47.4%和125.3%；日均存款余额6761万元，同比增长592万元，增幅9.6%；贷存比26.7%，较上年提高9.5个百分点；实现账面利润193万元，完成上级行年初下达的年度利润计划的103.2%。全年无不良贷款发生，无案防安全及廉洁责任事故。做好粮油收储政策性业务，配合粮食部门做好全省粮食清仓查库工作，支持严陵省粮食储备库完成轮换计划省储小麦3037吨、县储稻谷1257吨、委托收购入库稻谷500.22吨，库存值139.42万元。继续支持实体经济发展。4月，将威远刚子食品的440万元贷款全部安全退出，支持威宝、复立、百胜等优质客户续贷2700万元。大力支持地方政府基础设施、农业开发和县域城镇建设。在专项建设基金工作中，2月完成连界污水处理厂农发基金700万元的投放工作，到位率达100%。与县财政部门密切配合，按政府要求，及时将2015年和2016年耕地地力保护补贴资金1122万元和6993万元拨补下划到各乡镇财政所，兑现到农户手中。县支行被内江市农业发展银行评为2016年度金融先进单位。

（付文宇）

【中国工商银行威远支行】 2016年，中国工商银行威远支行在册员工63人，其中：党员31人，具有大专以上文化58人，获得中级职称11人。全辖3部1室：综合管理部、法人业务营销部、个人业务营销部、营业室；2个二级支行：川威支行、顺城支行；2个分理处：兰草街分理处、堰塘角分理处。

2016年4月16日，中国农业银行威远支行乔迁新址 （县农业银行供图）

2016年累计实现利润6333万元。各项存款时点余额174612.95万元，较年初净增17789.47万元；各项存款日均余额178880.01万元，较年初净增22056.52万元，其中储蓄存款日均较年初净增8934.46万元，公司存款日均较年初净增8777.79万元，机构存款日均较年初净增4344.27万元。

各项贷款余额203036.56万元，较年初净增-13.52万元；其中个人贷款余额62537.54万元，较年初净增221.82万元，小企业贷款余额14322.83万元，较年初净增-235.34万元。中间业务收入1553万元，其中个人中收1342万元，法人中收211万元。个人不良贷款128.2万元，超目标1.8万元；个贷剪刀差余额333.4万元，超目标46.6万元；信用卡不良余额为267.56万元，较目标差距为154.56万元；信用卡剪刀差余额为35.24万元，超目标89.76万元。法人不良贷款1100万元，法人剪刀差849万元。全年实现无案件和安全事故。分别被地方党政和省市分行党委评为优秀基层党组织、四川省思想政治工作优秀企业、省级金融先进集体，保持省级文明单位称号。

（邓　威）

【中国农业银行威远县支行】 2016年，中国农业银行威远县支行（以下简称农行威远支行）内设部室4个，即综合管理部、风险管理部、运营财会部、客户部，下辖9个营业网点，城区5个、乡镇4个，分别是支行营业部（北街）、祥龙支行（南大街）、堰塘角支行（中心街）、外北路支行（红旗仓）、花城路分理处（雄飞·水晶国际）、新店支行、镇西支行、连界支行、龙会分理处。4月，农行威远支行办公楼及营业部搬迁至城北新区办公楼，该址位于严陵镇威远大道建业欧景城，地处威远县城北部新区金融中心。截至年末，全行在职员工157名，大专及本科学历141人，占90%，高中、中专学历16人，占

11%；中级职称10人，初级职称147人；党员86人，占55%。为全省“211工程”40个重点发展行和20个农村特色行之一。为省级最佳文明单位、省级爱国卫生先进单位、内江市“工业园区金融服务示范窗口”。

2016年年末，各项存款余额35.39亿元，较年初增加1.27亿元，增幅3.76%。其中：个人存款余额32.71亿元，较年初净增2.19亿元，增幅为7.16%，计划完成率79.65%；对公存款余额2.67亿元，较年初下降9184万元。存款总量占全县金融机构市场存量占比18.91 %，四行占比36.74%，居四大国有银行第一位。2016年年末，各项贷款余额20.18亿元，比年初下降3.68亿元，贷款总量占全县金融机构市场存量占比13.65%，四大国有银行占比26.42%，居四大国有银行第三位。其中法人贷款因打包转让降3.68亿元，票据贴现比年初下降4400万元，个人贷款比年初增加6074万元。不良贷款余额3190万元，比年初下降3.79亿元，控制计划完成率92.23%，系统内居四行第一。全年实现中间业务收入2191万元，全县金融机构占比49%，居第一位，县域四大行占比60%。

发展转型 政府平台合作实现零突破。支行首笔政府购买服务“威远凤翔中学建设项目”于2016年11月22日获省分行批复1.8亿元固定资产贷款。机构业务取得新进展。“威远县人民法院”诉讼及案款专户落户农行威远支行，是全市唯一个法院案款落户农行的账户。零售业务发展取得进步。完成新建自助网点2个；全面完成9个网点二转导入，花城路分理处代表市分行接受总行二次转型验收。

风险控制 不良贷款实现“双降”。年末不良贷款余额3190万元，比年初净下降3.79亿元，不良率1.59%，下降15.62个百分点。不良资产处置成效明显，全年核销、转让、清收不良贷款本金4.08亿元，其中法人4.04亿元、个贷421万元、信用卡66万元。完成财政部委托资产处置计划，风险化解取得实效。全年退出正常和关注形态的风险客户6831万元，其中威玻集团净下降6070万元，其他中小企业净下降761万元；提升潜在风险客户威远中学校1200万元，压降过剩产能行业223万元。

（曾珊珊）

【中国银行威远支行】 中国银行威远支行成立于1991年9月29日，设有行长室、综合管理部、业务发展部、营业部，辖属4个城区营业网点（中心街支行、南塔山支行、人民路支行、顺城街支行）。2016年威远支行被评为内江市分行“中银优秀集体”、威远县2016年度党风政风行风群众满意度社会评价“满意单位”。

截至2016年年末，人民币核心存款时点余额达279524万元，较年初净增43226万元；其中储蓄存款余额达214832万元，较年初净增30730万元；公司存款余额达64692万元，较年初增加12496万元。各外币折美元储蓄存款余额为212.41万美元，较年初净增64.26万美元。核心存款全口径市场份额达13.24%，较年初增加0.78%。四大行市场份额为28.97 %，较年初增加2.33%。本外币各项贷款余额314137万元，较年初净增16392万元。办理信用卡专项分期5785.2万元。各项授信全口径市场份额达20.68%，较年初增加0.5%。四大行市场份额为41.14%，较年初提升4.99%。新增1户国际结算客户；新增公司基础客户151户，单位结算卡57张；新增借记卡20991张，社保卡6183张，信用IC卡3982张，短信签约9604户，网银交易客户12851户，手机银行交易客户10175户，ETC签约安装1122户。信用卡新户新增在县域支行中排名全省第一，专项分期投放总量排名全省第一，网均投放量排名全省第三。办理票据贴现288笔，累计金额27480.46万元；贴现余额4736.16万元，较年初增加3776.16万元。发放蓝色地中海、国际新城、外滩、尚景、凤凰华庭等按揭项目贷款15691万元，零售贷款余额48782万元，较年初增加12164万元。

（张红川）

【中国建设银行股份公司威远支行】 2016年年末，建行威远支行有公司业务部、个金部、财务会计部、综合管理部4个部门，有专柜、顺城街支

2016年，中国银行威远县支行威远大道新址 （县中国银行供图）

2016年8月24日，威远农商银行为龙会镇互助村贫困户送农资　（县农商行供图）

行、高升分理处3个营业网点。有附行式自助银行3个、离行式自助银行4个，全行在岗员工37人。资产质量良好，不良率0.04%；实现利润2542万元。截至2016年12月末，一般性存款时点余额159445万元，较年初新增10270万元，其中企业存款36676万元，较年初新增636万元；储蓄存款122766万元，较年初新增9634万元。搭建“税易贷”平台，推进信用贷、POS贷、善融贷等产品运用，助力小微企业贷款业务发展。截至年末贷款余额44737万元，其中公司类贷款10065万元，个人住房贷款34592万元。新增自助设备，引导客户金融业务办理移动化、智能化、自助化，网点拥有STM（智慧柜员机）、BST（账单查询打印机）、填单机、网银一体机等自助机具共计16台。

（罗瑶茜　陈　闵）

【中国邮政储蓄银行威远县支行】　2016年，中国邮政储蓄银行威远县支行直辖一类网点3个：威远县支行营业部、威远县大桥街支行和威远县东风路支行；信贷营业部2个：威远县个金信贷营业部、威远县公司信贷营业部。在岗职工总数43人（其中A类9人、B类28人、C类6人），具有大学学历41人、大专学历2人。邮储银行设综合管理部、综合业务部2个管理部门，配备管理人员12人。年内完成业务总收入2903.85万元，人均劳动生产率64.53万元。年内个人储蓄存款余额达53921.95万元，净增8304.99万元。各类贷款余额55796.77万元，净增14264.47万元。其中：小额贷款余额6371.51万元；个人商务贷款余额27042.12万元；小企业贷款余额11908.17万元；消费贷款余额10474.97万元。年内对公存款余额21838.44万元。理财有效销量18767.49万元，完成全年计划目标的107.24%，完成率排全市第四。信用卡累计进件2386笔、累计发卡1685张，2016年新增激活1568张，完成全年目标计划的118.30%，完成率排全市第一。

（周　敏）

【内江兴隆村镇银行威远支行】　截至2016年年底，兴隆村镇银行威远支行各项存款余额3.77亿元，日均存款2.58亿元，其中个人储蓄存款占比54.6%，单位存款占比45.4%。特色存款产品“增值宝”余额4195万元，“岁月宝”余额3848万元。支行贷款总户数470户，余额1.65亿元，户均贷款47.6万元，吸收的存款全部用于支持地方经济建设。支行全部支付结算业务均按照人民银行相关管理规定严格管理，2016年实现对公开户逾80户，对私开户近6000户，全行支付密码器推广数200户，推广率96%，达到监管部门案防工作要求。在全国范围内160余家银行共计2万余个网点实现柜面互通，在互通银行柜面上可办理现金存、取款、转账、余额查询等业务，均不收取任何手续费。加入“电子同城”支付网络，推出的“增值宝”和“岁月宝”新型产品，让客户有更多的选择。2016年携手共青团威远县团委组织开展“你的幸福让我们来守护”为主题的公益活动，通过微信朋友圈，一传十，十传百，号召广大微友、群众对患恶性骨瘤的16岁花季少女刘碟施以援助之手。

（曹永丽）

【威远农商银行】　2016年年末，在岗员工348人。有营业网点39个，其中城区网点8个、乡镇网点31个。2016年全行实现总收入72372万元，实现拨备前利润15499万元。年末存贷款规模达143.73亿元，占全县金融市场份额约39.61%，较去年上升1.65个百分点，位居全县金融机构之首。2016年，威远农商银行多项工作受到表彰和奖励，省级文明单位申报成功；产业扶贫工作受到市委、市政府肯定；威远农商银行在2016年全县绩效目标考核中获二等奖，在全县金融机构中排名第一。截至2016年年末，各项存款余额79.47亿元，比上年增加7.35亿元，市场份额37.67%。各项贷款余额64.26亿元，较年初净增8.41亿元，增幅15.06%。存贷比例81%。市场份额从上年的37.85%提升到42.3%。截至2016年年末，累计投放扶贫小额信用贷款1162户，金额2928万元，余额998.51万元。支持建档立卡贫困户扩大生产、就业和巩固脱贫产业等，累计支持114户，金额1256万元，余额1015.19万元。通过降低利率鼓励社会力量共同参与，引导66户个人和45户龙头企业、新型农业经营主体和其他责任企业合作，发放贷款56847万元，余额55131.95万元，带动和惠及5479户贫困户。

（李建钢）

保险与证券

【中国人民财产保险股份有限公司威远支公司】 2016年有员工49人，其中大学本科学历者8人，占比16%；大专学历者35人，占比72%，大专以下6人，占比12%，具有10年以上保险经验的管理人员33人，占比67%。公司下设经理室、综合部、车商部、团体业务部、个人业务部、三农保险事业部、客户服务部、连界营销服务部、碗厂营销服务部、出单分中心和理赔分部，在连界镇、碗厂镇、镇西镇、观英滩镇设有4个营销服务部，在威远县车管所、连界营销部、碗厂营销部、三和明威车业、人民人寿威远支公司、博广诚保险代理设有6个远程出单点，业务范围覆盖全县。2016年财产保险业务保费总收入7840万元，其中机车险保费收入5454万元，非车险保费收入670万元，农业保险保费收入1715万元，全年支付各项赔款3441万元，其中车险赔付2165万元，农业保险赔付1048万元，非车险赔付227万元。上缴各类税金811万元，实现利润980万元。继续全力打造“人保之友客户俱乐部”建设，全年向客户开展投保赠送加油卡及礼品活动，吸收会员4000余名，并分批组织自驾游、钓鱼比赛、摄影比赛、亲子活动等多项专场活动。2016年，人保财险威远支公司优化产品结构、调整保险产品供给关系，把满足老百姓日常所需作为公司业务的拓展点，先后把一些老产品，百姓不喜欢的，收费高，保障低的近10个险种剔除掉，同时推出家庭成员团体意外险和责任险、“家”系列保险产品、农村小额人身保险、食品安全责任险，城乡居民基本医疗保险，诉讼保证保险和工程一切险等系列适应市场和老百姓需求的新险种。2016年为全县农业生产提供风险保障3.25亿元，直接支付赔款1048万元。2016年，公司把发展“三农”保险、建设“三农”保险基层服务体系列为“一号工程”，全面实行农业保险发展“一把手”负责制，在全县各镇建成“三农”保险服务部7个，“三农”保险服务站20个，“三农”保险服务点300余个。2016年年初，威远地区普遍遭受暴雪侵袭，公司承保的森林大面积受灾，公司及时支付雪灾赔款340万元，帮助受灾农户及早恢复生产、稳定生活。

（祁方勇）

2016年8月，中国人民财产保险公司威远分公司24小时待命的查勘车辆和服务人员 （威远财保公司供图）

【中国人寿保险股份有限公司威远县支公司】 2016年，威远人寿保险公司内设6个部门和18个农村营销服务部，有员工443人，其中，劳动合同制员工24人、劳务派遣员工2人、个人代理人385人、客户经理1人、理财规划师31人。公司有代理人、团体业务、银保业务、收展服务四个业务发展主渠道；另有工行、农行、中行、建行、邮储银行、邮政局、信用联社等保险代理渠道。全年人寿保险保费收入13335.5万元；新单保费6610万元，其中，期交保费2178万元、趸交3268万元、短险1164万元；受理理赔案件3706件，支出赔款655万元。2016年个险期交保费1179万元，其他指标考核在全市保持领先。年内，分别在20个镇启动农村小额人身保险、关爱女性生殖健康保险、银龄安康保险的推广工作，三种保险共收保险费

2016年10月15日，光大证券公司威远营业部开展纪念红军长征胜利80周年活动　（光大证券威远营业部供图）

209.4万元，承保77295人，参保率为9.6%；共受理理赔案件725件，赔付金额96.98万元，赔付率为46.31%。全年银保渠道完成趸交保费3268万元，期缴保费325万元。　（杨漫雪）

【光大证券股份有限公司内江威远县南大街证券营业部】　隶属光大证券股份有限公司，经营面积540平方米，位于威远县南大街146号附2号三楼。2016年有正式员工8名、证券经纪人4名，内设财富顾问部和综合运管部2个部门。全年上缴税金34万余元。落实存量客户联系人制度，将客户分类匹配服务员工，建立客户服务群，答疑解惑跟踪交易和资金情况，满足多元化的理财需求；继续开设“阳光讲堂”，融入投资者教育、适当性管理、反洗钱知识、打非知识和创新业务知识普及，进一步弘扬价值投资理；建立客户挽留机制，大额取款机制，多角度了解客户需求，提高客户满意度和忠诚度；利用每个传统佳节之机，对核心客户开展各式亲情慰问。开展革命传统教育。2016年10月15日，光大证券公司威远营业部举行纪念红军长征胜利80周年活动。

（陈燕妮）

环境保护

综　述

【环境质量状况】　2016年，威远县城区可吸入颗粒物（PM10）浓度为88微克每立方米，较2015年同期下降3微克/立方米；县城区全年空气达标天数比例为70.5%；葫芦口水库水质基本维持在Ⅱ类水平，水质类别为优；威远河廖家堰断面2016年7—11月，2个月达到Ⅲ类、3个月达到Ⅳ类水质，全年达Ⅴ类水质标准。全县未发生重特大突发环境污染事件。

【源头控制】　2016年，县环境保护局办件148件，审批新、扩、改建项目148个（办理并联审批项目6个），审批项目总投资166317.28万元，环保投资2899.17万元；出具环评执行标准69个；出具环评审查意见函14个；在县政府信息网站上发布项目公示157个。

开展环保违法违规建设项目全面排查和清理。根据《威远县清理整顿环保违法违规建设项目工作方案的通知》（威府办发〔2015〕134号），共整顿环保违法违规建设项目205个。其中，未批先建项目108个，已补办环评手续项目64个、临时备案项目15个、纳入日常监管项目24个、关停5个；未验先投项目97个，已竣工验收60个、停产11个、正办理验收手续的26个。

2016年3月1日，县环境保护局举行环境行政处罚听证会　（县环境保护局供图）

【突出环境问题整改】　2016年，威远县狠抓西南环保督查中心反馈的12个突出环境问题整改，对标整改方案，倒排工期。实行周调度制度，每月召开环保工作例会，建立健全行政执法和刑事司法联动机制，打击环境违法犯罪行为，全面完成问题整改。环保部挂牌督办的四川省川威集团有限公司下属的成渝钒钛科技有限公司和内江市博威新宇化工有限公司已完成整改，并按程序申请摘牌；四川省煤焦化集团有限公司已按程序申请延期，其筛焦炉粉尘治理和焦化废水深度处理工程已完成。

污染治理

【流域治理】　2016年6月23日，县人民政府印发《水污染防治行动计划威远县实施方案》（威府发〔2016〕19号），2016年3月5日，县政府办印发《2016年度威远河流域水污染综合治理实施方案》（威府办发〔2016〕25号），明确水污染防治工作目标、工作措施、工作职责。启动编制《威远河水体达标方案》。按照省三大战役办的统一部署，由中国环境科学院统筹研究，编制釜溪河（威远河）全流域的水质达标方案。加快环保基础设施建设。启动县第二污水处理厂、连界镇污水处理厂、县垃圾填埋场垃圾渗滤液改扩容等一批水污染治理工程项目。专项整治城区入河排污口。对县城区入河排污口进行全面排查和清理，制定专项整治方案，整治排污口22处。

威远河破滩口断面总磷浓度为0.337毫克/升，较上年同期下降72.3%；威远河廖家堰断面2016年7—11月，2个月达到Ⅲ类、3个月达到Ⅳ类水质，全年达Ⅴ类水质标准。

【主要污染物总量减排】 2016年，威远县实施污染物总量减排项目20个，其中实施水污染物减排项目17个、大气污染物减排项目3个。预计可削减二氧化硫3348.57吨、氮氧化物1026.94吨、化学需氧量620.64吨，氨氮54.25吨。

【大气污染防治】 年内，组织实施《威远县大气污染防治行动计划实施方案2016年度实施计划》。加强严陵工业园区及县城周边企业的大气污染综合整治，实施陶瓷行业、混凝土搅拌站专项环境综合治理。全面完成在用加油站的油气回收治理工作，按照省市安排开展挥发性有机物调查工作。淘汰县城区燃煤小锅炉2台，开展新店镇锅炉姜燃煤锅炉整治。开展强制性清洁生产审核工作，西南水泥有限公司和博威新宇化工有限公司实施完成强制性清洁生产中高费方案，待验收。强化城区建筑工地及建筑扬尘污染防治，严格按照建筑工地标准化规范要求，重点加强对三河明威4S店、棚户区改造A区等项目的施工现场监管，突出整治二环路西北段市政道路工程施工扬尘、连界片区扬尘整治。推进秸秆禁烧工作。明确2016年夏秋

2016年11月24日，连界镇污水处理厂及配套管网工程开工 （县环境保护局供图）

农作物秸秆禁烧工作方案，与责任单位签订秸秆禁烧工作目标责任书，将秸秆禁烧工作纳入县绩效目标考核中。采取增加道路冲刷频次、严控渣土运输车和建筑扬尘、规范夜间露天烧烤、严厉打击露天焚烧、加强重点工业企业监管、实施人工增雨作业等有力措施，积极应对污染天气。

2016年，城区空气质量优良天数为258天，达标率70.5%，可吸入颗粒物（PM10）平均浓度值为88微克/立方米，同比下降3.3%。

【饮用水水源保护】 2016年5月11日，县政府办印发《威远县城市集中式饮用水水源地保护整改工作方案》，加强饮用水水源地保护，改善饮用水水源地环境质量。完成2015年度全县集中式饮用水水源保护区的水质评估。2015年葫芦口断面水质共监测分析32个项目，PH、总磷、五日生化需氧量、石油类、挥发酚、铅、氟化物、汞、铜、锌、硒、砷、六价铬、镉、阴离子表面活性剂、氰化物、硫化物、氨氮18个项目达到地表水Ⅰ类水质的要求；氯化物、硫酸盐、硝酸盐、铁、锰等5个项目达到集中式生活饮用水地表水源地补充项目标准限值；溶解氧、高锰酸盐指数2个项目达到地表水Ⅱ类水质的要求。2015年团鱼凼断面水质共监测分析32个项目，除水温、叶绿素、电导率、透明度、化学需氧量、总氮、粪大肠菌群外的评价指标20项，PH、石油类、挥发酚、铅、氟化物、汞、铜、锌、硒、砷、六价铬、镉、阴离子表面活性剂、氰化物、硫化物等15个项目达到地表水Ⅰ类水质要求；氯化物、硫酸盐、硝酸盐、铁、锰等5个项目达到集中式生活饮用水地表水源地补充项目标准限值；氨氮、溶解氧2个项目达到地表水Ⅱ类水质要求；五日生化需氧量、高锰酸盐指数2个项目达到地表水Ⅲ类水质要求；总磷1个项目超过地表水Ⅲ类水质要求。2016年5月至10月，开展为期5个月的长葫水库禁泳及葫芦口大坝以下至铺子湾境内河段的环境综合整治，完善保护区日常监管，加强团鱼凼水质监测，整治保护区的畜禽养殖场和农业面源污染，基本实现长葫水库全天值守。2016年1—12月，长葫水库城市集中式饮用

水水源地水质达标率100%；乡镇集中式饮用水水源地水质达标率上升到69. 2%。

环境监管

【概况】 2016年，县人民政府相继出台《关于印发威远县网格化环境监管工作实施方案》（威府办发〔2016〕20号）和《关于加强环境保护监管工作的通知》（威府发〔2016〕7号）文件，全县建立起23个三级网格、349个四级网格，覆盖城乡的环境监管网格基本建成，并从2016年6月起，收集汇总三级网格环境监管情况。建立镇（园区）环保站。中共威远县委机构编制委员会办公室《关于明确各镇环境保护站编制使用的通知》（威委编办〔2016〕12号）和《关于重新明确各镇环境保护站职能职责的通知》（威委编办〔2016〕17号），明确环境保护站的人员编制和职能职责。全县20个镇、3个工业园区均挂牌成立环境保护站，统一规范公章，配备环保专（兼）职人员。

【危险废物管理】 年内，县环境保护局组织实施《2016年度危险废物规范化管理工作方案》，每个季度开展重点企业危险废物规范化管理专项检查，并及时整改发现的问题。严格危险废物处置转移审批制度。全年受理四川欣华欣石化有限责任公司等5批次危险废物转移处置行政许可，已转移危险废物1737. 15吨。

【环境监察执法】 年内，县环境保护局坚持对国控重点企业每周2次、省级审批项目每月1次、其他污染源每季度至少1次的现场执法检查，严格落实《国务院办公厅关于加强环境监管执法的通知》，开展全县环境保护大检查专项执法检查活动，全面深入排查环境问题和环境风险隐患，依法查处环境违法行为，整改环境问题，排除环境隐患。始终保持严厉打击环境违法行为的高压态势，加大环境监察执法巡查力度，国、省控等重点企业日常监管频次加密，夜间和节假日暗查实现常态化。初步建立县检察、公安、环保等部门信息共享、案件移送、污染环境案件公安机关提前介入办案等机制，共立案调查环境违法行为33起，处以行政罚款400余万元，共接待群众来信来访79件，来访31件55人次，“12369”来电140件，处理率100%。

2016年6月3日，威远县在县城市花园广场开展“6·5”世界环境日集中宣传活动 （县环境保护局供图）

【环境质量监测】 年内，县环境保护局按要求完成饮用水水源2个城市集中饮用水源地、19个农村集中式饮用水源、跨界以及小河流断面，空气质量、噪声环境质量监测和污染源监督性监测。

2016年，城区空气质量优良天数为258天，达标率70. 5%，可吸入颗粒物（PM10）平均浓度值为88微克/立方米，同比下降3. 3%。威远河廖家堰断面2016年7—11月，2个月达到Ⅲ类、3个月达到Ⅳ类水质，全年达Ⅴ类水质标准。2016年1—12月，长葫水库城市集中式饮用水水源地水质达标率100%；乡镇集中式饮用水水源地水质达标率上升到69. 2%。

【环保宣传】 2016年，威远县建立环境保护联席会议制度，定期召开联席会议，研究部署环保重点工作，解决突出问题。利用“6·5”环境日，开展环保法主题宣传活动，通过街头法律法规咨询、环保知识有奖问答、环境警示教育展、发放宣传册等方式进行宣传；将环保法的学习纳入干部培训课程，分期对重点企业、私营业主及各单位环保工作人员进行专题培训。利用电视、网站、微博等网络媒体宣传《中华人民共和国环境保护法》，并在政府网站公开环境违法案件，主动接受舆论监督。设立“12369”环保举报热线、“12345”市民热线，及时受理环保投诉，虚心接受社会各界意见建议和监督，让广大人民群众主动参与、支持环保工作。

（李　简）

【产地环境动态监控】 年内，全县大力推广测土配方施肥，实施耕地保护与质量提升项目，把化肥使用量增长控制在0.7%以内；大力推广病虫害统防统治和绿色防控，专业化统防统治覆盖率37.8%，主要作物绿色防控覆盖率27.5%，农药使用量增长率控制在1%以内。

【农业面源污染治理】 2016年，威远县多措施开展秸秆禁烧工作，全年开展宣传教育286次，检查督促秸秆禁烧2930人次，印发秸秆禁烧宣传画报2万份、手册6万份，实施秸秆还田17866.7公顷（其中集中示范320公顷），推广秸秆覆盖6400公顷，秸秆资源化利用率达到82.3%。推进养殖场排泄物的资源化利用，新建1个“种养”结合循环农业示范点，完成环保部西南督查中心突出问题治理3个及禁养区畜禽规模养殖场的关闭、搬迁整改工作。推进沼气工程建设，新建大型沼气工程项目1处、农村户用沼气池310口。

（付 涛）

生态绿化

【概况】 威远县城周生态绿化工程自2010年11月开始实施，具体范围包括高石、铺子湾、庆卫、新店、严陵、镇西等6个镇46个行政村。截至2016年年末，共计实施生态绿化面积1360.40公顷，涉及农户20650余户，累计投入资金4369.44万元，其中苗木资金投入2048.56万元，补助资金2320.88万元。年内，调查完成165株古树名木调查，电子资料整理上报国家古树名木系统。2016年12月8日，县政府办印发《威远县今冬明春造林绿化行动实施方案》《大规模绿化威远行动方案》。同日开展大规模绿化全县动员大会，落实各镇各部门目标任务。县政府与各镇、各部门签订《大规模绿化威远行动目标责任书》。

【生态绿化工程】 2016年，县农林局组织生态绿化县级检查验收，抽查比例不低于20%，兑现补助634万余元。实施南部新农村示范片大环线栽植经济林果工程，完成栽植总株数19405株，苗木资金252.9万元。做好新农村综合体建设庭院绿化，实施农田林网、通道、水系绿化。推动山腰特色经济林产业发展，指导生态公益林、风景林和各类商品林的培育。年内验收项目庭院建设工程，栽植经济林果总株数6334株，绿化苗木费和基础实施费共229.36万元，其中绿化苗木资金62.62万元、基础设施166.74万元。实施绿色通道生态绿化工程，在内威荣高速公路沿线栽植经济林果3200株，绿化广场9个。

（伍 俊）

城市建设与管理

住房与城乡规划建设

【概况】 2016年，威远县围绕“加速转型升级、决胜全面小康、建设幸福美丽威远”战略目标，加快推进新型城镇化建设，促进城乡一体化发展，生态与城乡人居环境得到明显改善。城镇化率提高1.5个百分点达47.68%，新增城镇建成区面积1.8平方千米，达到42.8平方千米（县城新增建成区面积1.2平方千米，达到20.9平方千米；建制镇新增建成区面积0.6平方千米，达到21.9平方千米）。新增城市绿化覆盖面积54.13公顷。建筑业总产值27.49亿元，固定资产投资34亿元，招商引资8.11亿元；城市基础设施建设投资7.7亿元，小城镇建设投资1.8亿元。

（史俊耀）

【村镇建设】 2016年，威远县完成全县小城镇建设投资2亿元。其中，年内全面完成473户建档立卡贫困户农村危房改造目标任务。依法受理建设项目，办理施工执照12件，面积1609.81平方米；办理初设方案批复3件，面积79988.54平方米。完成全县17个聚居点的规划选址、规划设计审查工作。按住建部、文化部、国家文物局《关于做好中国传统村落保护项目实施工作的意见》，挖掘申报连界镇土河沟村、新场镇红豆村，观英滩镇永兴村、向义镇白石村、越溪的吉祥村5个传统村落，其中向义镇静宁寺被列入第四批中国传统村落名录。“百镇建设行动”目标考核连界镇获得全市第一。

（李佳洪　文国忠）

【规划编制】 2016年，威远县编制完成县城东、城西15平方千米控制性详细规划，威远县严陵工业园区10平方千米控制性详细规划，县城旧城、白塔片区5.92平方千米控制性详细规划，实现主城区建设用地范围控规全覆盖，并结合已有控规进行动态维护和整合工作。编制完成《威远县船石湖旅游小镇总体规划》《威远县交通运输“十三五”发展规划（2016—2020）》《威远县全域旅游发展规划》《威远县城市天然气专项规划》等4个专项规划。启动《威远县城城市开发边界划定》和《威远县海绵城市规划》，待蓉昆高铁线路及站点正式确定后再进行相关编制工作。完成《威远县主城区及清溪河片区城市设计》。完成《威远河全流域综合治理总体规划》《威远河综合治理一期工程规划》《威远县石板河景区总体规划暨核心区修建性详细规划》等涵盖的绿地规划和《威远红村遗址公园规划》《佛尔岩摩崖造像保护规划》等历史文化保护规划。威远县辖20个镇，除县城总规覆盖的严陵镇、铺子湾镇外，在

2016年，县城北新区一角　（冷国文摄）

2016 年 3 月，杨家坝湿地公园夜景　（崔海斌摄）

全市率先全部完成 18 个镇总规、18 个镇控规、1 个镇（乡）统筹全域规划、完成严陵镇 5 个、铺子湾镇 2 个、新店镇 2 个、连界镇 4 个等 15 个新村聚居点规划编制。

（刘　星）

【规划管理】　2016 年，威远县规委会审议并通过《威远县交通运输“十三五”发展规划（2016—2020）》《威远县全域旅游发展规划修编方案》和《威远县石板河景区总体规划暨核心区修建性详细规划》《威远石油大会战红村旧址修缮项目规划方案》《威远县连界镇船石湖片区控制性详细规划调整方案》《船石湖温泉酒店规划及建筑设计方案》《威远县成渝钒钛工矿棚户区改造项目（一期）方案》《船石湖小镇木兰苑配套商业建筑设计方案》《威远兴远物资公司上汽通用凯迪拉克 4S 专营项目设计方案》《威远县恒丰机动车检测有限公司商住综合楼项目修建性详细规划》《威远县晨南食品公司标准化屠宰场及农副产品冷链物流方案》《锦星未来城商住小区设计方案》《白塔大桥和杨家坝渡改桥设计方案》《二环路北段设计方案》《严陵工业园区控制性详细规划局部（永兴路）调整方案》等 13 个设计方案。

完成锦星未来城、二环路北段改造工程、雄飞国际新城．锦城路桥梁工程等 39 个规划设计审批。办理选址意见书 12 件，用地面积 269771.69 平方米。建设用地规划许可证 60 件，其中，单位 45 件、用地面积 551755.02 平方米，私人 15 件、用地面积 5320.18 平方米。建设工程规划许可证 61 件，其中，单位 48 件、建筑面积 397300.12 平方米，私人 13 件、建筑面积 14107.35 平方米。乡村建设规划许可证 4 件，建筑面积 241.72 平方米。回复政协人大提案共 17 件，回复人民来信 23 件。

（李　念）

市政建设

【市政设施】　截至 2016 年年末，威远县建成街道共 108 条，道路总长 97 千米，道路总面积 220 万平方米。建成桥梁 15 座，城市排水系统全长 175 千米。有路灯电杆 3303 根、路灯灯头 9349 盏，145200 米输电线路。截至 12 月 30 日，严陵镇各社区 2016 年背街小巷新安装马路弯灯 24 盏，严陵镇有马路弯灯共计 1166 盏，安装红绿灯共 13 个路口、49 套。

【市政管理】　2016 年 9 月 25 日，威远县 2014 年棚户区改造项目 B 区配套工程开工建设，完成施工打围、道路硬化，清理表土 3309 立方米，挖路基土石方 3.1 万立方米，路基换填片石挤淤 1.8 万立方米；二环路北段道路改造工程完成立项、初设方案评审等前期工作；9 月 21 日完成威远大桥、东大桥、下桥、北门桥、铁索桥五座桥梁的检测工作，并对桥梁进行技术评定。全城车行道维修 260 平方米，人行道维修共 4500 平方米；处理污水满溢 30 处，二环路边沟清理 1050 立方米；更换检查井盖 80 套，雨箅子 120 套；防洪清淤 2415 个检查井，清淤 5200 立方米。全年县城共维修各型号高钠灯 300 余盏、镇流器 300 余套，其他电器材料 600 余件，处理路灯故障 100 余次，更换被损电缆线 600 余米，智能控制柜 1 台；桂花南、北路新建亮化工程计划安装 111 根/222 盏，已安装 100 根/200 盏；完成东大桥亮化改造工程，商业三街亮化改造工程安装路灯杆 14 根、路灯 21 盏。

【温家坝五云东路（含温家坝桥梁工程）及滨河景观】　道路全长 802 米，宽 14 米。桥梁工程：桥长 89 米，桥宽：20 米（两侧人行道宽各 2.5 米），河道景观面积约 3.3 万平方米。该项目经县发改局立项（威发改投〔2014〕54 号），工程总投资 3961.95 万元。采用招商投资模式建设，投资人为四川创宇房地产开发有限公司。项目业主为县投控股集团公司。项目实施单位为县住建局。勘察单位为威远县建筑勘测设计院和四川内江建筑勘察设计研究院。设计单位为湖南大学设计研究院有限公司和成都市风景园林有限公司。监理单位为四川康立项目管理有限责任公司。桥梁施工单位为四川涵天建筑有限公司、道路施工单位为四川九鼎建筑工程集团有限公司，甲方委托的质量检测单位为四川衡信公路工程试验检测公司和威远县建设工程质量检验检测所。质量监督机构为县建设工程质量安全监督站。合同工期600日历天。工程于2015年4月开工建设，2016年12月竣工。2016年投资2000万元。

【吴荣路快速通道威远城区段一期一标段】 吴荣路快速通道城区段一期一标段工程，位于县城西侧，道路总长3.23千米（其中二环路吴家湾交叉口至一和小学校段1千米；商贸城4条道路魏家路、魏家东路、桂花北路、桂花南路，全长2.23千米），县财政评审中心审定总投资预算控制价1.92亿元，采用BT融资模式建设。该项目县发改局2014年7月7日立项（威发改投〔2014〕84号），项目业主为县住建局，BT融资单位为四川荣威矿业集团有限公司，2014年11月25日签订BT融资合同。设计单位为中机中联工程有限公司（商贸城4条道路）和林同棪国际工程咨询（中国）有限公司（吴荣路快速通道），监理单位为四川元丰建设项目管理有限公司，施工单位为贵州建工集团第六建筑有限公司。项目工期910日历天。工程于2014年11月破土清表，计划于2017年5月竣工。2016年，商贸城4条道路中的桂花北路、桂花南路、魏家东路完工验收并交付使用；魏家路完成300米道路沥青混凝土铺筑，剩余130米完成路基土石方填筑。吴荣路快速通道城区1千米段，土路基填筑及水稳层铺筑、人行地下通道涵混凝土浇筑完成。雨污水管安装完成。35千伏及以上电缆隧道完成沟槽开挖和约750米箱涵混凝土浇筑，10千伏电缆浅沟在施工图预算。全年完成工程投资6000万元。

【威远河（清溪河）综合治理一期工程】 于2013年11月6日经县发改局批准立项（威发改发〔2013〕116号文）。工程起于赵家坝上游安置房山丘，止于罗家坝堰，全长4000米，用地面积33.74公顷，总投资约2亿元（含县规委会2015年第三次方案审查会审查同意新增游船码头、平山村8组安置房及银桦一号段景观工程）。整治内容包括河道清淤、截污干管、拦河坝、防洪堤、滨河道路（含景观步道和自行车道）、商业建筑、人行景观桥、滨河绿化及亮化、环卫设施等，其中景观绿地面积达22万平方米，项目建成后将在罗家坝堰至雷家凼堰间形成60万平方米湖面。该工程中标施工单位为陕西省中业交通建筑工程有限公司，中标金额为人民币15056.56万元。监理单位为成都衡泰工程管理有限责任公司，绝对工期为730日历天。该工程因涉及道路、景观、桥梁、水利、建筑、交通等多个专业，施工难度较大。2016年完成河道清淤、截污干管、拦河坝、防洪堤、滨河道路（景观步道和自行车道），完成商业建筑1700平方米主体框架、公厕主体框架4座以及景观广场、湿地公园、人行景观桥、滨河绿地及亮化、环卫设施等工程；进入公厕室内外装饰装修、游船码头基础施工等。全年完成工程投资5000万元。

（董雪敏　杨　洪　陈仕文）

2016年12月，吴荣路快速通道一期一标段工程已具雏形　（县住建局供图）

园林绿化

【概况】 县城区绿化覆盖面积689公顷，2016年新增54公顷，绿化覆盖率33%，绿地率31.24%。完成花城路、滨河游园、和谐广场、县城区各交通渠化岛等时令花卉栽植和绿地的植物补植工作，完成二环路西北段道路景观绿化工程建设，推进威远河综合治理一期（杨家坝湿地公园）和温家坝湿地公园建设，实施滕家坝广场等绿化改造和达木河裸坎治理等工作，栽植魏家南路、北路香樟行道树。

【景观绿化工程建设】 推进威远河治理一期工程建设。该工程起于赵家坝上游安置房山丘，止于罗家坝堰，全长约4000米。景观绿地面积16万平方米，基本完成A、B、C段，实现投资1.35亿元。完成二环路道路景观绿化建设。该段道路东起城南汽车总站十字口，北止竹角冲交叉口，全长3.6千米。新增道路配套景观绿地1.9万平方米。实施温家坝湿地公园建设，新增景观绿地面积4万平方米。启动花城路涂瓦桥至康大宾馆段道路景观绿化提升改造工程，移植原有黄葛树、小叶榕等树木316株。新栽魏家南、北路香樟行道树356株。推进大气治理工程。开展裸土治理工作，完成达木河天域湾裸坎、乐雅居街头绿地建设，新增绿化面积4300平方米。实施滕家坝广场的绿化改造工作。补植银杏、黄葛树、香樟等大乔木100余株；垂丝海棠、贴梗海棠、紫薇、樱花等小花乔720余株。实施老干部门球场改造工作。由砂石场地改造升级为标准人造草坪球场，完善场内各类设施。蓝色地中海和乐雅居（安置房）住宅小区建成投用，配套建设绿地面积3.5万平方米。

（陈　科　胡必高）

建筑业管理

【建筑勘察设计】 2016年，建筑工程勘察设计院共完成施工图设计项目56个，其中重点完成的勘察设计项目有：威远县合力金融写字楼建设项目、威远县新店镇中心敬老院建设项目、内江市恒恩新材料科技有限公司工业及民用新型复合管道生产项目、威远县恒丰机动车检测有限公司商住综合楼项目、威远县晨南食品有限责任公司标准化屠宰场及农副产品冷链物流宿舍综合楼、办公综合楼、四川宏益置业有限公司北干道12#楼、北干道13#楼、威远县公安局威远县公安局应急处置保障用房及训练场地。施工图面积8万余平方米，全年勘察设计收入275万元，完成税收17万元。

（李　玲）

【建筑施工管理】 2016年，全县有建筑业施工企业28个，其中年产值超亿元的建筑企业14个。企业年平均施工人数12041人。全年新开工工程44个，总面积19.83万平方米。

表21　　2016年威远县建筑企业一览表

序号	企业名称	资质类别（等级）
1	威远县严陵建筑工程有限责任公司	建筑工程施工总承包二级
2	四川省劲诚建筑安装工程有限公司	建筑工程施工总承包二级
3	四川省威远县文教建筑工程有限责任公司	建筑工程施工总承包二级
4	威远县建筑工程有限责任公司	建筑工程施工总承包二级
5	四川省永宏建筑安装工程有限责任公司	建筑工程施工总承包二级
6	四川省盛地建筑工程有限公司	建筑工程施工总承包二级
7	威远县镇西建筑工程有限公司	建筑工程施工总承包二级
8	四川省田源建筑工程有限责任公司	建筑工程施工总承包二级
9	四川威远县嘉兴建筑工程有限责任公司	建筑工程施工总承包二级
10	四川省天星建筑工程有限公司	建筑工程施工总承包二级
11	威远县基建安装有限公司	建筑工程施工总承包二级
12	四川科迪源建筑有限公司	建筑工程施工总承包二级
13	四川铁瑞建筑工程有限公司	建筑工程施工总承包二级
14	四川省威远路桥有限责任公司	公路工程施工总承包二级
15	威远县市政工程建设有限责任公司	市政公用工程施工总承包二级
16	四川东方高新能源工程有限公司	机电工程施工总承包二级
17	威远港华燃气有限公司	市政公用工程施工总承包三级

续表

序号	企业名称	资质类别（等级）
18	内江东工设备制造股份有限公司	水工金属结构制作与安装工程专业承包三级
19	威远杰超建筑工程机械租赁有限责任公司	起重设备安装工程专业承包三级
20	四川弘威钢结构工程有限公司	钢结构工程专业承包三级
21	威远德源环保科技有限公司	环保工程专业承包三级
22	威远建业商砼有限公司	预拌混凝土专业承包不分等级
23	威远通盛混凝土有限公司	预拌混凝土专业承包不分等级
24	威远县广维建材有限责任公司	预拌混凝土专业承包不分等级
25	威远县安泰水电安装工程有限公司	水暖电安装作业劳务分包不分等级
26	威远宏祥劳务有限公司	模板脚手架专业承包不分等级 砌筑作业等劳务分包一级
27	四川利华建筑劳务有限公司	模板脚手架专业承包不分等级 木工作业等劳务分包一级
28	威远县海阔建筑劳务有限责任公司	砌筑作业等劳务分包一级

【建设质量监督】 2016年，威远县质量安全监督站实施监督竣工项目58个，出具质量监督报告58个，建筑面积45.53万平方米。新增报监工程项目46个，建筑面积59.18万平方米，投资10.65亿元。受监竣工工程合格率100%。

表22　2016年威远县建筑业前10强企业业绩一览表

名次	公司名称	资质类别	建筑业总产值（万元）		利润总额（万元）		从业人数（个）
		等级	产值	排名	利润	排名	
1	四川威远县田源建筑工程有限责任公司	总承包二级	35118	1	523	7	1211
2	四川省盛地建筑工程有限公司	总承包二级	34711	2	1112	2	350
3	四川省威远路桥有限责任公司	总承包二级	32075	3	1002	3	872
4	威远县基建安装有限公司	总承包二级	29382	4	805	4	1460
5	威远县镇西建筑工程有限公司	总承包二级	29300	5	60	10	850
6	威远县建筑工程有限责任公司	总承包二级	28891	6	188	9	1445
7	四川省威远县文教建筑工程有限责任公司	总承包二级	27097	7	392	8	907
8	威远县市政工程建设有限责任公司	总承包二级	26983	8	563	6	873
9	四川省天星建筑工程有限公司	专业承包三级	24560	9	798	5	300
10	四川威远县嘉兴建筑工程有限责任公司	总承包二级	23489	10	1211	1	1219
	合计		291606	—	7499	—	9487

【新墙体及散装水泥管理】 2016年，威远县在建筑领域加快节能减排步伐，推广节能建筑和新型墙材。培育并扩大县内3个新墙材企业生产规模，形成年产0.8亿块标砖的能力，基本满足自给需求。在建设领域强制贯彻

《民用住宅建筑节能标准》，全年使用新墙材2.25亿块标砖，占墙材使用量的80%。贯彻落实国家节能减排和推广使用散装水泥的政策文件精神，坚持绿色发展理念，促进散装水泥快速发展，减少粉尘污染和雾霾对空气的影响。全县完成散装水泥供应量130万吨，散装率60%。

（童　万）

【招投标管理】　2016年，全县基础设施和房屋建筑招投标备案13个（其中有2个工程暂未开标），建筑面积65182.44平方米，控制价12383.22万元，中标价11103.36万元；市政工程招投标备案7个（其中1个工程暂未开标），控制价11090.1万元，中标价9912.72万元；招标监督17个。

（肖胜月）

房地产管理

【房地产市场管理】　2016年，县房地产管理局办理商品房预售许可证28件，批准预售面积40.5万平方米；办理商品房买卖合同备案登记5453件，备案面积51.09万平方米；办理物业服务企业“暂定三级资质”转“三级资质”核准2件；完成二手房网签及备案3010余件。按国家发展改革委和住房城乡建设部的要求实行商品房价格公示制度，组织开展2次全县商品房销（预）售专项检查工作，集中检查全县房地产开发企业在预、销售行为的各个环节，全县房地产市场预售规范。

【物业管理】　2016年，全县有物业服务企业17家，其中，一级资质2家、二级资质3家、三级资质12家，从业人员1000余人。物业管理面积300余万平方米，35个小区成立业委会。指导和协助社区居委会新成立小区业主委员会6个，改选业主委员会3个。全年接到物业公司、业主举报案件53起，处理53起；出具房屋安全鉴定报告10份，总面积1.27万平方米。

2016年5月，至诚物业员工风采展示活动　（冷国文摄）

【保障性安居工程建设】　2016年，威远县基本建成公租房二期378套。改造危旧棚户区1962户，其中货币化安置1030套。实施租赁补贴888户，其中新纳入保障60户。

【白蚁防治】　2016年，威远县签订新建房屋白蚁预防合同38份，建筑面积32.32万平方米；新建房屋基础白蚁预防处理67幢，面积20.15万平方米；旧房屋白蚁灭治13户。房屋装饰装修预防1500户。

【房地产权属登记】　2016年，全县办理房屋初始登记87件，房屋转移及分户登记4038件，房屋变更登记334件，产权更正登记30件，房屋所有权、抵押权以及预告注销登记3656件；校正、补录房产电子档案登记157件，查询并出具住房权属登记证明6742户，办理存量房转移登记1767件，房屋抵押权登记3760件，预购商品房所有权预告登记1769件，预购商品房抵押权预告登记1654件。

（李怀彬）

【青龙山公园一期安置房分配】　青龙山公园一期安置房7幢楼，524套房屋，建筑面积共5.1万平方米，2010年12月竣工。截至2016年12月，共组织6次分房，分配484套，入住477户；办理房屋产权证和土地使用证各367户。

（陈　科　胡必高）

城市管理

【概况】　2016年，威远县开展城管执法人员法治业务集中培训2次，对149名城管执法人员进行理论考试。3月21日，城管、交警、公安、严陵镇等部门组成50余人的综合执法队伍，对县城河北街水果车占道经营进行综合整治；县城管局组成140余人的集中整治队伍，在公安的保障下，对县城区 11 个交通路口、2 条入城线、13 条主要街道、5 个公园广场、7 条问题较严重街道的市容秩序、环境卫生开展全面整治，整治工作从 5 月 6 日开始，为期 2 个月。建立完善资金收取和使用的各项管理制度，做到厉行节约，应收尽收。全年完成非税收收入 406 万元，其中：垃圾处理费 381 万元，占道费、罚款 25 万元。

【城管信息化建设】 2016 年 2 月，威远县城管数字化系统监控平台启动建设，4 月投用，实现城管数字化系统与严陵镇“平安威远”天网共享 111 个监控点位，基本覆盖全城主要街道、公园、广场，设置城管监督投诉电话，接受群众投诉城市管理问题 127 件，及时做安排处理，不断提升信息化服务水平。

【市容管理】 2016 年，威远县围绕清洁城市行动、城乡环境综合治理“一增一减一治”（即增树增绿、减排减污、环境治理）、创建省级卫生县城工作目标，实施城市精细化管理，开展县城街道市容环境综合整治。对城区 11 个交通路口、2 条入城线、13 条主要街道、5 个城市广场和 7 条问题严重街道开展占道经营综合整治工作，共发出限期责令整改通知 82 份；纠正坐商不归店 13258 起，取缔游摊占道经营 3350 次，扣押违规占道经营物品 1360 件，清理店招店牌占道摆放 1300 个，拆除支杆搭棚 68 个；清理乱张贴“牛皮癣”5000 余处；拆除违规、破损户外广告 860 幅、乱牵挂横幅 300 余幅，共计 6710 余平方米；处罚教育 1500 余人次。

【扬尘治理】 2016 年，威远县突出对街道路缘石泥沙的冲洗和夜市污点的清洗，确保每条街道干净整洁、道路扬尘降到最低。针对县城外西街、顺城街西外段施工工地进出口道路扬尘突出问题，每天安排扫地车 2 辆、洒水车 2 辆、人行道清洗车 1 辆、环卫工人 10 余人，对产生扬尘街道进行彻底清洗。

【人力客运三轮车退出营运市场】 按照县政府《关于县城区人力客运三轮车退出营运市场的通告》，2016 年 11 月 2 日 18：00，县城区最后一次投放的 50 辆人力客运三轮车退出营运市场，不再投放。11 月 3 日，50 辆人力客运三轮车全部收回，除 1 辆用作民俗博物馆收藏外，其余 49 辆全部作报废处理。

【环卫管理】 2016 年，威远县新增 10 台电瓶三轮保洁车实行移动保洁。将县城城北片区约 70 万平方米街道、绿化带及婆城公园的清扫保洁实行市场化运作，提升清扫保洁质量。成立 1 个夜间清扫保洁队，对主要路段、重点区域保洁至 24：00。环卫检查人员实行错时上班，确保主要街道清洁卫生的监督管理。县城生活垃圾实行定点存放、定时收集，日产日清。对全城 31 座公厕全部免费开放，安排人员 88 人实行 24 小时管理，保证如厕环境。

【生活垃圾处理】 2016 年，县城市生活垃圾处理按照《生活垃圾卫生填埋技术规范》，实行垃圾无害化处理，垃圾入场进行检查和计量，填埋采用单元、分层作业，填埋单元作业分层摊铺、灭蝇除臭，达到规定高度后进行压实、覆盖；严格按照国家环保产业的规定制定行业管理制度和岗位责任制，规范管理，严格操作。日处理垃圾 150 吨（涉及县城区 120 吨和 12 个镇共 30 吨），全年处理垃圾 5.5 万吨，处理渗滤液 2.3 万吨。6 月 20 日，垃圾填埋库区雨污分流工程项目完成。年内，加快推进县垃圾处理厂渗滤液处理站扩容技改工程，截至 2016 年年底，技改工程完成县发改局备案、招标代理机构、可研、环评、招投标等工作。

（唐灵利）

2016 年 2 月，威远县城管数字化系统监控平台建设启动　（县城管局供图）

2016 年 7 月，婺城公园文明劝导志愿者合影　（团县委供图）

城乡环境综合治理

【“农村生活垃圾治理全覆盖”攻坚行动】 2016 年，威远县全面建成“户分类—村收集—镇运输—县处理”的农村生活垃圾处理体系，实现农村生活垃圾处理全域覆盖。完善农村生活垃圾治理“村规民约”320 份，“门前三包”责任书签订 90%以上，村民对农村生活垃圾分类处理的知晓率达 95%以上。全年升级改造 6 个再生资源回收站点，新增农村保洁人员 78 人，新建收集池 130 个，90%以上的行政村生活垃圾得到有效治理。

【“环境质量大改善”攻坚行动】 2016 年，威远县全面落实“降尘、控烟、减排、治本、禁烧”等措施，全县秸秆资源化利用率达到 85%以上，县城区生活污水处理率达到 90%以上，城市生活垃圾无害化处理率达到 90%以上；开展威远河流域综合治理，整治入河排污口 45 处，依法取缔达木河、威远河等河道内非法采洗砂企业 2 户，清理水面漂浮物 2723.7 吨，清理河道污泥 4282.3 吨，清理堤岸垃圾 1090.9 吨，清理河道障碍物 208 处；开展农村人居环境治理，重点推进农村院落整治，清理房前屋后杂物、污水，院内干净卫生。2016 年整治完成的 4 个村庄创建成为县级以上生态村、全县各镇通过贫困村和“四好村”的创建验收工作。

【“设施建设增投入”攻坚行动】 2016 年，威远县完成农村公路建设 280.8 千米，新增机动车专用停车场 25 个，新增停车位 700 个，改造背街小巷 117 条，改造城乡接合部 86676 平方米，新建、改建、扩建垃圾处理场 16 个，新增垃圾中转站 4 个，新增垃圾桶、果屑箱 480 个，新建、改建、扩建污水处理厂（站）2 个，新增污水收集管网 0.5 千米，新建、改建、扩建农贸市场 6 个，新增市场摊位 153 个，新建、改造公厕 12 个，新增环卫车辆 8 辆，改造农贸市场 6 个。

【“城镇品质大提升”攻坚行动】 2016 年，威远县开展占道经营综合整治。针对县城 19 条一类街道和 7 条问题严重街道，由县治理办、城管、公安、交警等部门组成综合执法队伍，采取逐条街步行整治的方式，共计出动城管、公安、交警执法车辆 500 辆次，执法人员 4000 余人次，发出责令整改通知 2000 余份，共查处机动车乱停乱放 69172 起，清理和规范流动商贩及越门占道经营 20416 起，拆除清理违章设置的户外广告 2815 块，规范店招店牌 1929 块，清理和规范流动商贩及越门占道经营 20416 起。

开展户外广告整治。对各类利用户外空间进行设置、悬挂、张贴的各种广告等进行分类、分步整治。拆除城区各类不符合规定、违规设置和破损的钢架、软体、刀旗式广告共 205 幅，拆除墙面张贴广告 108 幅，清除临街软体广告 256 幅，没收移动式店招 356 块。

开展“抛洒滴漏”整治。结合城乡环境综合治理集中整治行动，在二环路、凉风路等重点路段设点，对“抛洒滴漏”进行整治。共出动警力 20 余人次，警车 5 辆次，共查处运渣车“抛洒滴漏”交通违法行为 400 余起，查处抛洒建筑垃圾车辆 280 辆，查处其他违法行为 200 余起，劝阻教育驾驶人 30 余人次。

开展交通秩序整治。加强对城南总站、堰塘角、邮驿宾馆、南街小学、自强中学、河东街小学、三小、一初中、新威中等人流量大、人群集中点等交通拥堵路线的管控。共出动警力 5800 余人次，出动警车 1100 余台次，查处各类违法行为 500 余起，其中乱停乱放违法行为 3 万余起，占道经营 30 余起。

开展噪音污染专项整治行动。共取缔露天娱乐活动 10 处，纠正 KTV 超音量分贝行为 3 起，制止门店利用扩音设备搞宣传活动 5 起。2016 年通过省人大常委会对威远县环境保护“两法一条例”贯彻实施情况（《中华人民共和国环境保护法》《中华人民共和国大气污染防治法》《四川省城乡环境综合治理条例》）的执法检查。

【“示范创建作引领”攻坚行动】 2016 年，威远县根据省、市要求，大力实施省级“环境优美示范城镇乡村”创建工作，改善农村人居环境，做好龙会镇等1个镇和龙会镇龙会村、严陵镇兴家村、新店镇帽塘村、山王镇豹山村等4个村创建省级“环境优美示范城镇乡村”的指导督促工作。全县1个镇和4个村主动抓好“五乱”（垃圾乱丢、摊点乱摆、工地乱象、广告乱贴、车辆乱停）治理、宣传发动、风貌改造、设施建设等工作。

【“文明新风促和谐”攻坚行动】 2016年，县级媒体开设治理工作专题、专栏61个，在公共场所设置治理工作宣传栏、标牌704个，组织群众性主题宣传活动254次，编发《治理工作简报》173期。组建志愿者服务队187支、7694人，开展志愿服务活动924次。成立文明劝导员队伍193支、3230人，组织开展文明劝导行动1251次，劝导“不文明、不卫生”行为28482人次。

（林　丽　唐定坤　蒋洪永）

供　水

【概况】 全县有粮丰、白塔和团鱼凼3座水厂，设计日处理能力8万吨，其中白塔、粮丰水厂为常用水厂，团鱼凼水厂为备用水源水厂。有DN75毫米以上输、配水管道137千米，有用水户8万余户，供水人口17万人，全年有效供水总量988万立方米。

【供水管理】 威远清溪水务有限公司负责威远县城区、近郊及城乡一体化供水东线南线乡镇的供水管理工作。严格按管理制度对设备定期维护保养，对突发性设备故障，以“小修不过夜”的原则保证设备的完好率。对供水中可能发生的问题，制定专门的供水应急预案和“高峰用水操作管理办法”，保证其供水安全性和连续性。在洪期增加滤池反冲洗次数，化验室密切关注水质变化，及时指导水厂生产和药量投放，并增加水质检测监测点。化验室与县疾控中心在供水区域内设立10个管网水采样点。加强学校、医院等公共场所的水质监测，除水质自检以外，还配合县疾控中心、卫生执法大队不定期地监督检查工作。2016年，在国家供水水质监测站突击抽检中，出厂水、管网水共106项检测指标全部合格。开展老城区旧管网改造和水表到期轮换工作。全年完成老旧小区改造1630户，消火栓安装80个，到期水表更换1605只。

指定专人对葫芦口至粮丰水厂引水管在汛期采取每天一次例行巡查和重点检查，发现问题及时汇报并处理。在葫芦口水库泄洪时对河道内管道实时监控。全城输水主管道上安装压力表48只，测漏人员坚持每天巡查、测漏，发现异常及时排查，降低漏失率。维修人员24小时昼夜值班，出现爆管和漏水时及时赶理，保障用户正常用水。

2016年5月，清溪水务公司开始实行双月抄表，并开通网上缴费业务。客户可以通过农行网上银行、农商行柜面、ATM机和网上银行以及支付宝缴费，实现足不出户就可结算费用。

（李　梅）

【供水价格】 2016年，由于水资源成本上升，威远县区域供水价格有所上调，其中，城区居民生活用水到户价上涨0.3元/吨；商业和特种行业水价增长较大，其中商业上调0.9元/吨、特种行业上调0.6元。

表23　2016年威远县城区供水价格一览表

供水区域	供水类别	到户价（元/吨）	其中		
			水利工程水费	水资源费（元/立方米）	污水处理费
城区	居民	2.60	—	地表水0.08 地下水0.18	0.80
	工商业	工业3.10 商业3.50	—	地表水0.10 地下水0.21	工业0.90 商业1.00
	特种行业	4.60	—	地表水0.15 地下水0.25	2.00

（威远县水务局）

供　电

【概况】　威远县供电公司成立于1987年元月，原属国网自贡供电公司管辖，2002年1月，划归国网内江供电公司管辖。主要担负着威远大部分地区和自贡、眉山以及内江市市中区部分地区（严陵镇等14个镇全部，高石镇等3个镇的大部分，新店镇6个村，内江市市中区朝阳镇1个村，自贡市大安区1个村、自贡荣县东兴镇全部和墨林乡1个村，眉山仁寿县汪洋镇1个村）的供电任务。拥有35千伏及以上变电站17座，主变31台，主变容量111.24万千伏安。其中，220千伏变电站2座，容量57万千伏安；110千伏站5座，容量42.15万千伏安；35千伏站10座，容量12.09万千伏安。220千伏线路5条114.84千米，35千伏～110千伏线路32条315.94千米，10千伏线路69条1720.83千伏，低压线路1.3万千米。在10千伏网络中，有城网线路19条77.13千米，配变463台，配变容量195455千伏安；农村线路50条，共计1643.70千米，公用配变2112台，配变容量259078千伏安，用户专变757台，配变容量162130千伏安。

县供电公司直供用电客户24.15万户，供电人口74.65万人。2016年网供电量12.54亿千瓦时，平均负荷13.4万千瓦，最高负荷26.4万千瓦；2016年售电量12.54亿千瓦时，年售电均价为514.02元/千千瓦时，同比下降86.01元/千千瓦时。主要大宗工业客户有川威集团、远威水泥有限责任公司、白塔新联兴集团公司、威远冶金化工股份有限公司、内江市沙湾煤业有限公司等90户，占公司售电量的70.60%（其中川威集团占31.99%）；非普工业用电占3.96%；农业用电占0.54%，非居民生活用电占1.73%；居民生活用电占17.77%；商业用电占5.39%。

全年综合电费（含川威集团）应收79295.86万元，实收79295.86万元，回收率100%。2016年220千伏及以下累计线损率4.88%，同比下降0.96个百分点；10千伏综合线损率7.43%同比下降0.2个百分点（年度指标7.60%）。全年未发生人身死亡、重伤事故，未发生重大、特大设备事故，未发生重大、特大交通事故和火灾事故。截至2016年12月31日，县供电公司实现连续安全生产3788天。

加强农村配网运维工作，建立农村低电压动态监测与常态化整治工作机制。完成68处电力线路跨鱼塘绝缘化改造的目标；完成农网9311.48万元投资建设任务。

【安全工作】　威远县供电公司始终坚持“安全第一、预防为主、综合治理”的方针，严格贯彻执行各项规程制度。制定2016年安全生产目标及重点措施并监督落实。组织完成各班组、部门、供电所年度安全目标责任书签订并监督落实。加强安全隐患排查和闭环治理，坚持安全巡查机制，深化巡（检）查结果应用；严格落实“月计划、周管控、日安排”要求；编制完成2016年威远公司各类事故应急预案、保电预案；监督组织生产、农电各类隐患排查工作；配合营销开展煤矿、化工等重要客户的用电安全隐患排查。完善威远公司应急抢险救援队、防汛抢险队伍，分农电、变电、输配电3个专业队伍，配备足够的抢险应急物资、工器具、抢险器材等，并由专人管理。做好电力设施保护区内的清障工作，与县政府联系，出台树竹砍伐的文件，推进线路区域内树竹清理工作，确保迎峰度夏安全供电。

【经营管理】　年内，县供电公司加快智能表全覆盖、全接入、全采集建设。运行智能电能表26.06万只，智能表覆盖率99.99%；智能表采集接入率100%，采集建档低压日均采集成功率在99%以上。开展营配数据清理和贯通工作，成立以营销、运维为主的基础数据清理工作领导小组，共同办公共同开展清理工作。营销、运维人员合署办公，同步比对完成SG186系统数据和电力PMS、GS系统数据修改和映射工作，总体进度为61.42%。其中公线贯通率为100%；专线贯通率为100%；公变贯通率为99.2%；专变贯通率为100%；户表贯通率为99.68%。落实“五个一”配抢一体化报修服务模式，实现内转外不转的高效模式；按照国网公司“你用电、我用心”的服务理念，履行企业社会责任，不断完善供电服务软硬件设施，提升业扩“直通车”快捷服务品质，及时解决客户现场开卡售电“最后一公里”服务问题。

【解决历史遗留问题】　年内，县供电公司开展“两金”压降（降低应收账款和存贷占用资金）工作，与地方政府相关部门以及内江供电公司各业务部门协调，解决威远供电公司长期应收款的历史遗留问题。收回长期应收款211.2万元，其中，住房维修基金39.48万元、应收价外补贴171.72万元；冲销原计提的坏账准备金171.72万元。

（孔琳卉）

供　气

【概况】　2016年，威远县有燃气企业14家，其中1家（四川省内江市新力燃建有限公司威远分公司）暂未开展供气业务；13家在营燃气企业全年供气量7139万立方米。威远港华燃气有限公司为县域内主要的供气企业，拥有严陵镇、龙会、黄荆沟、高石、庆卫和铺子湾等6个镇的城市燃气特许经营权，为7.4万户居民用户和1269户工商用户提供燃气供应，年供气量3622万立方米，占全县总供气量的50.73%。其余12户在营燃气企业分别拥有自己特定的供气区域，年供气量相对偏少。

表24　2016年威远县燃气企业情况

序号	企业名称	法人代表	供气区域	供气量（万立方米）
1	威远港华燃气有限公司	黄　河	严陵镇、高石镇、龙会镇、庆卫镇、黄荆沟镇、铺子湾镇	3622
2	威远县新场镇天然气有限公司	张建英	新场镇、观英滩镇、连界镇（川威厂区、碧水湾小区、滨湖花园小区除外）	540
3	威远县镇西天然气有限责任公司	罗吉平	镇西镇	270
4	威远县越溪天然气有限公司	余越超	越溪镇、两河镇、小河镇、碗厂镇	450
5	威远县新店燃气有限责任公司	胡淑琴	新店镇	185
6	威远县界牌燃气有限公司	夏华宗	界牌镇	200
7	威远县庚星天然气有限公司	钟　波	山王镇	97
8	威远县旭东天然气有限公司	金旭东	向义镇	144
9	威远县华燃天然气有限责任公司	胡洋潮	靖和镇、东联镇	80
10	内江市川威实业有限公司	林继华	连界镇川威厂区、碧水湾小区、滨湖花园小区	433
11	中石油CNG	官正勇	威远县	300
12	港华CNG	魏　斌	威远县	300
13	威远县圣骑液化气有限公司	谢银成	威远县	518
14	四川省内江市新力燃建有限公司威远分公司（暂未开展业务）	魏晓涵	威远县	—

【威远港华燃气有限公司】 注册资本为人民币3000万元。经营范围：销售管道天然气；批发、零售：天然气配套产品、厨房电器设备；天然气管网的建设、安装和维修。

威远港华燃气有限公司建有1000立方米的调峰储气罐门站1座，新建城南工业园区门站1座，拥有龙会、黄荆沟、高石、庆卫等乡镇门站4座，形成辐射区域广、供应能力强的管网格局。建成天然气管线884.87千米，日供气能力可以达到120万立方米，拥有7.4万户居民用户和1269家工商用户，气化率达98%以上。2016年完成3万余户民用户安检，入户率达到85.63%，一级隐患消除率达100%。威远港华燃气公司全年供气量达到3622万立方米。

【居民生活用气阶梯价格制度实施】 2016年1月1日，威远县城区建立居民生活用气阶梯价格制度。县港华燃气公司及时做好居民生活用气阶梯价格制度的实施和政策宣传工作。居民生活用气阶梯价格制度实行分档气量、分档气价。按照威居民用户以住宅为单位，一个房产证明对应一个居民户；没有房产证明的，以供气企业为居民安装的气表为单位。第一档用气量为0～420立方米/年/户，第二档用气量为421～660立方米/年/户，第三档用气量为661立方米以上/年/户。第一档气价为2元/立方米，各档气量价格按1∶1.2∶1.5确定，实行超额累进加价。低保户中的特困户和“三无”人员执行气价1.55元/立方米。合表居民用户和学校、养老福利机构、城市社区居委会等执行居民气价的非居民用户不实行阶梯气价，按2.2元/立方米执行。阶梯气价以年为周期执行，用气量在周期之间不累计、不结转。

（宋远丽）

交通·邮政·通信

交　通

【概况】　2016年，威远县交通建设完成固定资产投资21亿元，招商引资完成6.3亿元，完成交通基础设施建设4.74亿元，新（改）建成农村公路280.8千米，完成投资4.54亿元；国省干线公路PQI值达到90，建成渡改桥1座，公路桥4座。完成农村通村水泥路面280.8千米，累计完成投资4.54亿元。国省干线公路路面使用性能指数90。县乡道改造完成水泥砼路面153.5千米，累计完成投资3.36亿元。通村硬化路完成水泥砼路面127.5千米，累计完成投资1.18亿元。威双路路面改造一期工程完成主体工程17.2千米，项目建设累计投资7000万元，其中，2016年完成投资3800万元；二期工程启动并完成原路面破碎13.48千米，浇筑路缘石5千米，水稳底基层铺筑4千米、水稳基层铺筑1.5千米；同步完善第三期施工图设计及预算等前期工作。

【交通运输】　2016年，全县有城乡公交公司2家，公交车98辆；出租汽车公司3家，车辆116辆；货运企业56家，车辆2748辆；城乡客运企业7家，车辆395辆。增强客货运输能力，全年完成238辆农村客运班车经营权延续工作；客运周转量69.3亿人千米，客运周转量同比增加15.1%；货运周转量53.8亿吨千米，货运周转量同比增加15%。水运完成客运量25万人次，客运周转量180万人千米；完成货运量10万吨，货运周转量108万吨千米。加快客运网络建设，实施“村村通客车”工程，加快城乡客运一体化改造。完成越溪、小河等12个乡镇实地勘查，制订《关于小河、两河、越溪、碗厂4个镇“村村通客车”具体实施方案》，全年完成21个村通客车任务。总结威远至镇西城乡客运一体化经验，完成对威远—黄石板、铁线沟线路7辆农村客运车辆的城乡客运一体化改造工作。完善客运站场网络，完成县运泰客运站原址改造工程。运泰客运站原址改造工程全面完工，上级部门验收合格。运泰客运站服务设施、设备有很大提高，安保设施更加完善。加强货运市场监管，组织开展专项整治行动、货运车辆改拼装及“双超”治理等行动，检查维修企业235家次，规范经营73户；查处非法营运车辆39辆，货物扬撒9台次。

2016年9月9日，威远县召开连乐铁路建设动员大会　（连界镇供图）

【养护管理】　2016年，威远县投入道路养护资金2600万元，其中小修保养投入1500万元，机养中心投入900万元，花椒坡、新店养护站投入200万元，全县主要道路晴雨畅通。

【路政管理】　2016年，威远县在农村公路建设中，严格项目管理，完善质量保证体系，加强质量控制，确保建设质量。规范程序，将通村公路建设纳入《威远县政府性投资项目监督管理暂行办法》组织实施、管理和监督，严格实行项目法人制、招投标制、工程监理制和合同管理制。严格质量，成立农村公路建设督导组，进行“分片督导，定人定责”，履行行业监管职责。以镇或联镇划片打捆项目选择有资质的监理单位，建立“施工自检、监理抽检、业主抽查、群众监督”的质量保证体系和质量责任追究制度，做到分级管理，层层负责。出台《威远县通村水泥（油）路建设资金使用管理暂行办法》，通村公路建设资金统一纳入财政专户储存，专款专用。推进农村公路纪检监察巡查制度，推行账务公开。加强资金的考核拨付，定期对农村公路进行抽查，抽查结果与资金拨付挂钩。县财政、审计等部门加强建设资金的监督和审计，规范资金运行，杜绝截留、挤占、挪用资金的情况发生。对各镇分管镇长、交管办工作人员、村两委及社员代表等，进行农村公路建设基本程序和施工技术质量监管、公路养护技术指导培训；对通村公路建设的项目经理、技术负责人和监理等进行专题培训。严格执行“六不验收”制度（宽度厚度达不到要求不验收，没设错车道、水沟不通、水系不畅不验收，路面不符合质量标准不验收，未制定管护措施不验收，未完成安保设施不验收，竣工文件未完成不验收）。

2016年4月14日，县地方海事处开展“国家安全教育日”宣传活动（县交通局供图）

【行政管理】 2016年，交通运输系统加大对县城区内客运车辆沿街揽客、乱停乱放的检查力度；开展客运站安全管理的专项整治，严格执行“三不进站”“六不出站”（易燃易爆和易腐蚀等危险品不进站、无关人员不进站、无关车辆不进站；超载客车不出站、安全例检不合格客车不出站、驾驶员资格不符合要求不出站、客车证件不齐全不出站、出站登记表未经审核签字不出站、乘客和驾驶员不系安全带不出站）的管理要求，落实站内“三超”（道路交通中严重超速、超员、超限超载）管理，对存在的问题进行依法整改；严格执行水上交通“六不发航”（证照不齐不发航、超载不发航、船况不良不发航、停航封渡不发航、气候不良不发航、乘客不穿救生衣或不带浮具不发航）制度，依法严厉打击超载、超员和冒险航行行为。三个交通行政执法单位（路政、运管、海事）执法程序正确，各种法律文书规范，未发生行政复议和行政诉讼案件。组织开展专项整治行动、货运车辆改拼装及“双超”治理等行动，检查维修企业235家次，规范经营73户；查处非法营运车辆39辆，货物扬撒9台次。查处各类路政案件163件，案件查处率100%，结案率100%，未发生行政复议和行政诉讼案件；公路巡查率达88%；清除各类安全隐患113处；治超工作有序开展，检查货运车辆检查货运车辆1.3万台次，查处超限车辆470台。全县主要干线公路无“三乱”（在公路上乱设站卡、乱罚款、乱收费的行为）现象，结果得到进一步巩固，安全责任事故及经济损失为零，各项指标均在控制范围内。

【水上交通】 2016年，县地方海事处开展安全培训教育13场次，培训水上从业人员200余人，宣传教育群众1000余人次，展出展板39块次，张贴标语140余张，悬挂宣传标语15幅，播放水上交通安全警示片20部次，安全教育培训课件9场次，发放安全宣传资料2000余份。深刻吸取广元“6·4”沉船事故教训，开展隐患大排查大整治活动，组织检查189次，检查船舶965艘次，渡口码头162个次，查处违法行为200起，发《水上监督检查隐患整治通知》2份、《汛期水上交通安全隐患整治通知》28份、《船舶现场整改通知书》27份，保障人民群众生命财产安全和水上交通安全形势稳定。建立水上交通遇险应急机制和行政管理制度，完成乡（镇）

船舶自救互救机制和海事部门应急救援体系联动机制建设试点；取缔船石湖非法营运游乐船舶12艘，坚决遏制水上交通安全生产事故的发生。

【交通安全】 2016年，威远县交通运输坚持“安全第一、预防为主、综合治理”的方针，落实安全生产企业主体责任和行业安全监管责任，狠抓安全生产日常排查和专项整治，确保道路、水路运输安全运行。全系统开展各种安全生产技术培训班42期，共培训3107人。开展“送安全知识到操作手”活动，向参加活动的每一个操作手免费发放安全生产法律法规资料、安全知识读本、安全宣传用品、职业危害宣传手册等2900份，确保每一个职工受到教育，增强职业安全法律法规意识和群众的安全防护能力，达到四个100%（全行业单位100%受到教育、单位负责人100%受到教育、单位管理人员100%受到教育、单位从业人员100%受到教育）。召开各类安全生产会议18次，参会人员共计1690人。采用发放各种宣传资料和张贴各类标语、悬挂横幅等多种形式进行宣传教育。全年发放各类安全生产宣传资料2.45万份，张贴和悬挂各种安全标语、横幅共计780条。主要利用元旦、春节、春运、“五一”和“十一”黄金旅游周、“安全生产月”“安全生产咨询日”“9·21”水上交通安全宣传日、“11·9”消防宣传日等节假日和专项活动之机开展安全宣传教育活动，提高交通运输职工安全生产理念。

【国防交通战备建设】 2016年，威远县交通战备办公室大力推进国防交通基础设施建设，将国防交通建设纳入计划、规划。威远县“十三五”交通规划中已把井乐高速公路过境段、乐自隆高速公路连接线、成宜高速在威远设出口纳入建设规划。做好内威荣高速公路威远段、资泸路贡威段（G247）路面改造二期、威双路改造等重大交通工程基础设施建设的协调和安全监管工作，新改建县乡公路258.9千米，改善威远县交通路网结构，提升军事运输保障能力。参与威远县道路工程建设项目的监督和验收工作，对专养县道进行安全检查，加强维护管理，保障道路安全、畅通，改善国防交通基础设施条件。完善交通战备值班制度，实行24小时战备值班，保持通信联络通畅，随时做好接受上级应急指令、执行重大应急任务的准备。组织完善公路应急保通、道路及水上交通应急运输、通信线路抢通保障等应急预案，参加县武装部组织的民兵训练及防灾救灾综合应急演练，分别组织一次水上交通和公路抢通保通应急演练。2016年11月，完成神州11号载人飞船应急着陆场的交通战备保障准备工作。贯彻“平战结合、军民结合、寓军于民”军事战略方针，从水陆运输企业、公路养护单位抽调思想觉悟高、专业技术过硬人员，调整完善县应急公路工程抢险大队、县应急汽车运输大队、县应急路政保障大队、县海事保障大队、县通信保障大队、县维修保障大队6支国防交通专业保障队伍，并不定期开展训练。

【国防交通保障】 年内，县交通战备办公室加强交通战备物资储备管理，汛期组织交战办、交通运输局联合检查各支应急抢险队伍，确保通信指挥车辆、道路应急运输车辆、水上应急运输船舶、应急抢险机械以及抢险物资储备保障到位。牵头交通各单位，并联系发改、经信等部门对国防交通组织机构、交通基础设施、国防交通工程设施、民用运力动员潜力、交通专业保障队伍、国防交通物资储备等内容进行完善更新，为全面掌握威远县交通战备基础数据提供有力保证。加大通信线路安全保护力度。每月加强对区域线路进行巡检，发现隐患及时处理。监督县路政大队对涉路施工活动严格审批以保护通信线路。配合做好威远县城二环路西北段道路黑化通信杆线的改造入地、内威荣高速公路建设涉及通信线路的迁改以及乡村道路建设等所涉通信杆线迁改工作。与公安部门联系，加强沟通，加强“三电”保护工作力度，2016年破获盗取广播电视电信线路案件23起，破获“移动基站电缆盗窃系列案”，抓获犯罪嫌疑人4名。交通系统、各通

2016年6月，威远县在城市花园开展交通安全宣传活动 （县交通局供图）

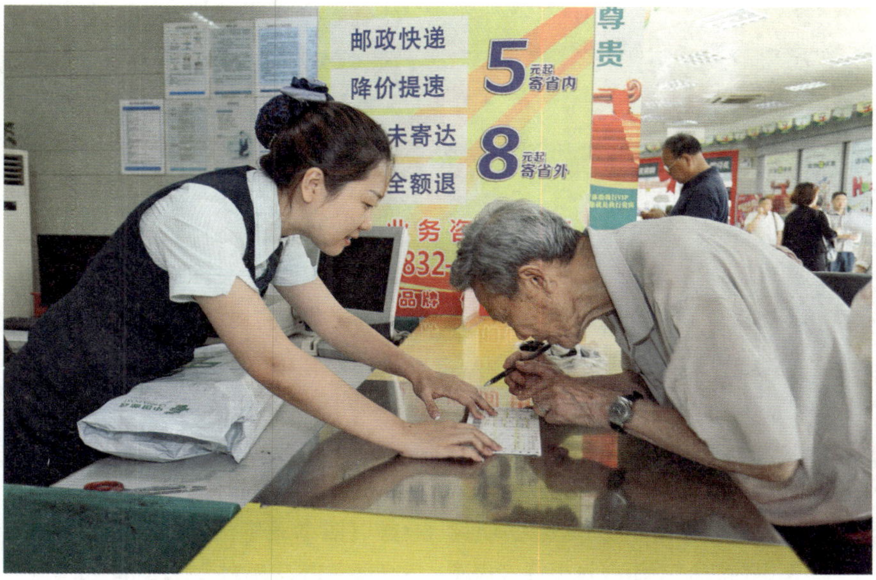

2016年6月，邮政快递服务　（冷国文摄）

信公司将国防教育纳入职工思想政治教育工作，提高干部群众为国防建设尽职尽责的思想观念。开展《中华人民共和国国防法》《国防交通条例》《民用运力国防动员条例》《四川省通讯设施保护规定》的法治宣传。组织县交战办及各通信公司利用"5·17"开展护线宣传月活动。

（陈四英）

邮　政

【概况】　2016年，中国邮政集团公司四川省威远县分公司位于严陵镇杉树坳街中段142号，辖新店、镇西、龙会、观英、高石、新场、连界、越溪、回龙、杉树坳10个邮政支局；向义、界牌、黄荆沟、东联、靖和5个自办邮政所；两河、山王、庆卫、泥河、达木河5个代办所。员工总人数166人，服务面积1289平方千米、服务人口72万余人。全年处理各类进出口邮件193.84万件，投递邮件173.78万件、报刊477.9万份。为内江市最佳文明单位。对新店邮政支局进行标准化改造装修，通过省公司验收合格并投入使用。

【业务发展】　2016年，邮政业务总量完成4074.56万元。业务总收入完成4303.4万元，完成市分公司下达年计划的104.94%，同比增长19.99%，全员劳动生产率完成25.92万元。其中，函件收入完成73万元，完成计划的100%，同比增长190.61%。包裹快递完成166万元，完成计划的164.21%，同比增长96.85%。集邮收入完成144.4万元，完成计划的100.03%，同比增长20.67%。报刊收入完成197万元，完成计划的100.52%，同比增长5.53%。电子商务完成收入492万元，占计划的100.23%，同比增长6.27%。分销完成收入89.02万元，代理速递全口径收入163.38万元。代理金融完成收入3138.34万元，完成计划的106.75%，同比增长17.14%（其中：储蓄收入完成2797.37万元，完成计划的105.83万元，同比增长17.75%；保险收入完成339.11万元，完成计划的102.92%，同比增长12.64%），其他业务收入1.84万元。储蓄余额累计20.75亿元，年内净增3.41亿元；发放IC卡33673张。

【安全管理】　2016年，威远邮政全力以赴做好邮件、储汇资金、票款、车辆、人身、消防安全工作。加大网点安全防范的硬件投入，增加金库、ATM室报警设备，配备UPS电源，网点安全设备24小时不间断布防。在党代会、人代会、政协会召开期间及节日期间均安排专人值班，确保了邮寄物品安全和信访维稳工作。年内与网点负责人签订公务用枪管理责任书5份、安全生产、消防安全、资金票款安全、金融资金安全、规范经营、金融从业人员安全责任书各15份，签约率达到100%。全年邮政通信生产经营无事故、无交通安全事故、无火灾事故、无人身安全事故、无资金票款、邮件、财产等安全事故发生。

【服务地方】　2016年，威远邮政有委代办投递员71人，营业网点20处，邮政服务"三农"加盟店26个，便民服务站175个，报刊亭12个，安装信报箱2300个，安装智能包裹柜15套（658格口）。党报党刊实现当日投递，邮件准时率、处理合格率达到95%以上；邮政服务综合满意率达到85%以上。

（王　杨）

电　信

【概况】　2016年，威远电信分公司有员工75人，党员35人。在城区设立城中、城南、城东、外北4个分局，农村设立高石、龙会、靖和、新店、镇西、连界、新场、小河、观英滩9个支局。电信营业网点遍布城乡，城区有1个主厅、7个电视宽带服务中心、3个专营店，乡镇有61个代理点。主要经营天翼手机、宽带、光纤、固定电话、无线座机、高清影视等业务。威远电信拥有固定电话用户81000户，天翼手机用户101500户，实现营业收入7500万元。

【“宽带中国·光网威远”工程建设】 2016年，威远县全面建成“智慧城市”，并率先在全县范围内实施“宽带中国·光网威远”宽带小区及信息镇建设项目，开展城域网光纤建设。完成FTTH新建39000线，覆盖用户数为14万户，新建5400芯千米、450皮长千米。全县完成313个行政村的宽带网建设，行政村光缆通达率达100%；能新增10万户村民提供服务能力，农村光网宽带带宽达到100M，能满足所有家庭、企业的电子商务、资讯、游戏娱乐、4K影音等网络需求。实现100兆光纤入户，10兆以上宽带家庭渗透率35%以上。4G信号覆盖全县及成自泸、内威荣高速沿线，满足移动互联网时代人民群众的通信需求。

【业务经营】 2016年，威远县推进“智慧城市、光网中国”工程，在全县范围内推进光纤网络升级工作。威远电信向全县人民郑重承诺：电信光纤宽带10兆起步，更有200兆极速光宽带供用户选择，让老百姓享受快速、稳定、多元化的信息新生活，是惠及广大群众的一项重要民生工程。同时结合“智慧城市”和“信息消费试点城市”打造，以及威远县旅游、农业产业实际，威远电信推动以智慧政务、智慧产业、智慧民生为核心的多项应用产品在全县农村地区的延伸。农村群众通过“天虎云商”平台实现农家产品网购网销。根据人民的实际需要，将助农取款、农技宝、亲人天天见、翼校通、天虎云商、党员远教7个信息化应用产品进行重点推广。

2016年，中国电信威远分公司客服团队 （廖勇供图）

紧跟移动互联网时代浪潮，推动全县人民在移动互联网时代信息消费，流量套餐，使全县人民畅快享受移动互联网新生活。通过打造手机终端直供中心平台，建立非营利性质的一站式服务模式，致力于为合作伙伴服务、为人民群众服务。促进移动互联网用户规模发展，推动信息消费持续增长，催生威远新兴经济增长点。

【服务管理】 威远电信以“推进实施‘一去两化新三者’（‘一去’指‘去电信化’，就是适应移动互联网时代的要求，以创新的思维、创新的观念，摈弃不适应发展的东西，更加贴近客户、了解需求，更加关注客户感知。‘两化’指差异化、市场化。‘差异化’就是不断拓展信息化应用，满足各种信息化需求，避免陷入价格战；‘市场化’就是运用市场化的机制和手段，充分调动基层管理者和员工的积极性、主动性和创造性，进一步解放和发展生产力，增强企业发展的活力。‘新三者’就是继续深化战略转型，努力成为智能管道的主导者、综合平台的提供者、内容和应用的参与者）战略，谱写中国梦电信篇章”为主题，推动企业改革发展稳定。

（廖　勇）

移动通信

【概况】 中国移动通信集团四川有限公司威远分公司（以下简称“威远移动”）成立于1999年7月20日，主要负责中国移动在威远县的普遍通信服务、党政机要通信、应急通信等任务。已建成覆盖范围广、通信质量高、业务品种丰富、服务水平一流的移动通信网络，成为地方通信行业领域网络规模最大、服务客户最多的通信运营商。

公司下设2部（综合部、营销部），2中心（政企客户中心、网络支撑中心）和7个支局（城区支局、新店支局、龙会支局、镇西支局、新场支局、连界支局、越溪支局），2016年年末在职员工89人。经营移动通信业务（包括数据、多媒体等）；IP电话及互联网接入服务；从事移动通信、IP电话和互联网等网络设计、投资和建设；移动通信、IP电话和互联网业务相关的体统集成、漫游结算清算、技术开发、技术服务、设备销售等；出售、出租移动电话终端设备、IP电话设备、互联网设备及其配件，并提供售后服务。2016年，移动业务收入较上年同比增幅5.9%；移动用户45.3万户，较上年增长3.9%；移动光宽带用户较上年增长34%。综合客户满意度达到80%，城乡村社建设服务网点达到100%，覆盖率达到100%。

【网络建设】 截至2016年年底，移动通信基站累计1100余个，实现手机网络无缝全覆盖。小区宽带总体建设城区除在建新小区外其他全覆盖，乡镇场镇全覆盖，行政村覆盖率达到87%。

2016年内，威远移动参与汛期通信抢险和应急通信保障，实现安全零事故。为四方村无花果采摘节、青年企业家协会“双创杯”C3中外拳王争霸赛（威远站）等做好应急通信保障，确保地方重要大型会议、庆典及应急抢险的通信畅通。

【服务地方】 威远移动以服务提升锻造全业务竞争格局下的新优势，主动改进客户接触点服务能力水平。通过强化对客户的尊重、关心、理解和爱护，关注客户需求，加强服务人员的服务技能培训，提高客户满意度，为社会创建放心满意的消费环境，为企业发展营造良好的氛围。通过推广优势服务举措，强化客户感知，树立良好服务形象，让移动公司成为展现文明、传播文明的窗口，让客户享受沟通快乐以及接收信息传递的价值。

年内，威远移动参与公众信息化系统项目建设，完成县内药店视频监控项目建设，实现监管部门对药店的实时可视监控，规范和提升县内医保刷卡效能，树立企业“为政府分忧、为社会尽责、为信息化做贡献”的良好形象。完成“平安乡镇”项目建设，实现20个乡镇点位联网监控，有效提升全县的治安环境，为建设“平安威远”提供了支撑和保障。与共青团威远县委携手开展“六一”慰问活动。开发“新爱家”宽带产品服务于家庭市场，提供无线/有线上网、手机看家等智能化业务，为构建“和谐社会”贡献企业责任和力量。

（余　英）

2016年，中国移动威远分公司员工风采　（余英供图）

联合网络通信

【概况】 联通威远分公司于2002年成立，与中国网通威远分公司合并后有员工32人，其中大专以上学历者占90%以上。截至2016年年底，威远联通拥有各类营业厅及代理点75家，乡镇便民点50余家，移动通信物理基站314座，逻辑基站530座，网络覆盖率达99%。

威远联通秉承“合作共赢、并肩发展”的理念，重视与广大供应商的良好合作，推进与供应商之间的有效沟通，大力营造“公开、公平、公正”的市场环境 。年内，联通威远分公司继续加强客户服务管理和设施建设，全年开展网上营业厅交费，上门办卡、办宽带，为集团单位派送月结账单，不断提高服务质量。从县城到镇到村，不断拓宽服务渠道，扩大通信服务的内容和内涵，以品牌服务赢得社会普遍认可。

【网络建设】 2016年，威远联通移动基站新增200余个。截至年末，威远联通2G基站共169个，3G基站共270个，建设4G基站260个，联通手机用户27200户，固话1000户。

（倪婷婷）

教　育

综　述

【概况】　2016年，威远县教育经费总投入78927万元，比2015年减少8683万元，下降9.9%；公共财政教育经费投入61913万元，比上年增长3.04%；公共财政教育经费增长高于财政经常性收入增长3.38%。

办学条件　全县投入资金3044万元加强学校基础设施建设，开工新建、改扩建教学及辅助用房、运动场4.6万平方米。凤翔中学建设于9月进场开工。投入资金708.93万元改善教育装备条件，采购计算机811台、班班通118套、学生课桌椅4110套、高中考听力设备13套。推进“五改一提高”工程，新改扩建食堂9个，改水6个，改厕9个，改垃圾池16个，改公寓1个。完成28个学校明厨亮灶工程。完成8个溯源管理平台。建设标准化食堂2个、标准化学生公寓1个。

队伍建设　加强干部管理，提升管理水平和服务质量。启动“十三五”教育系统干训规划，开办校级、中层培训班各1个，采取“点菜式”培训校级干部50名、办公室主任60名。安排20余人次参加国家、省、市培训。建立县域内义务教育学校校长、教师交流轮岗机制，交流校级干部11名。建立科学规范的校长绩效收入分配机制，充分发挥奖励性绩效工资的激励作用。

加强教师师德建设，制发《关于进一步加强教职工职业道德建设工作的实施意见》《关于进一步治理教育“三乱”的实施意见（试行）》等系列管理文件，完善师德建设长效机制，落实师德量化考核。举行师德报告会6场。组织开展新教师培训、班主任培训、骨干教师培训、紧缺学科教师培训、送教下乡、“点邀”名师“点菜”等各类培训，分类分层实施乡村教师素质能力提升培训，全年培训6077人次。加大教师补充力度，全年引进新教师175名，其中面向社会公开招聘新教师121名，采取考核招聘方式招聘45名音、体、美专业教师补充到乡村义务教育学校，引进“硕师计划”、研究生等高层次人才9名。

教育教学管理　坚持立德树人，把培养和践行社会主义核心价值观融入教书、育人全过程。以“传承中华文明，共筑精神家园”爱国主义读书教育系列活动为载体，加强和改进青少年思想道德建设，新场中学的周治平获得“四川省最美少年”荣誉称号，连界镇初级中学的罗鸿获得“四川省美德少年”荣誉称号。开齐音、体、美课程，开足课时。坚持抓好音体美学科教学水平测评，对全县11个直属学校和20个镇实施体育、音乐、美术学科抽测，并将测试成绩纳入对学校的素质教育评估。落实国家课程标准，组织开展丰富的学校体育大课

2016年3月17日，全县中小学学生田径运动会举行　（县教育局供图）

间活动，确保学生在校锻炼一小时。推进校园足球特色学校建设，新店中学、严陵镇白塔初级中学、镇西镇中心校被命名为“全国青少年校园足球特色学校”。举办2016年威远县首届中小学生足球联赛。推进“体育、艺术2+1”项目工程（通过学校组织的课内外体育、艺术教育的教学和活动，让每个学生至少学习掌握两项体育运动技能和一项艺术特长，为学生的终身发展奠定良好的基础），结合乡村学校少年宫活动强化对学生的体育、艺术兴趣及特长培养，开展课内课外校外艺体活动，新店中学“体育、艺术2+1”项目进课堂已初见成效，学生基本掌握至少两项运动技能和一项艺术技能。抓好石坪山歌和越溪牛灯舞进校园活动，传承传统文化。组织开展2016年威远县校园合唱比赛，师生同歌唱、同欢笑，引导学生向真、向善、向美，勇敢面对困难，全面和谐发展。落实每天10分钟唱歌时间。2016年，全县高考本科硬上线1613人，超市考核目标任务330人，本科上线率名列全市各区县前列。中考尖生率、优生率、及格率综合评估居全市前列。

深入推进基础教育课程改革，实施素质教育，继续实施《四川省义务教育课程设置方案（2015年修订）》和《四川省义务教育地方课程方案（2015年修订）》（威教基发〔2015〕154号），继续实施《威远县中小学教育质量综合评价试点实施方案》。新店中学、新场中心校创市级素质教育示范校。

【教育扶贫】 2016年，县教育局重视教育扶贫工作，狠抓“六落实”（工作责任落实、摸排比对落实、控辍保学落实、学生资助落实、宣传督查落实、驻村帮扶落实）。全年资助学生13.17万人次，资助金额5123.2万元。办理生源地助学贷款3854人，贷款金额2800万元，贷款回收率100%，居全省前列，连续7年获全省助学贷款先进单位。全年免除建档立卡贫困家庭子女幼儿园保教费197人，金额16.36万元；资助建档立卡贫困家庭新入学的全日制本专科学生34人，金额13.6万元；资助建档立卡中助学生72人，资助金额3.6万元。在全市率先建立教育扶贫救助基金，资助1555名建档立卡贫困学生160.18万元。全县无一名学生因家庭贫困而失学。

表25　　2016年威远县各级各类教育事业指标统计表

序号	类别		学校数（所）	班级（个）	毕业生数（人）	招生数（人）	在校学生数（人）	教职工（人）	
								合计	其中：专任教师
1	幼儿园	公办	11	136	2454	2507	4447	147	108
		民办	125	400	3700	4762	12422	1037	536
2	小学		53	859	5546	6017	36436	2413	2351
3	初中		30	323	5452	5376	15184	1759	1727
4	普通高中		3	149	2670	2841	8357	577	541
5	职业高中		1		1717	1448	2477	173	155
6	特殊教育		1	14	155	93	148	42	39
7	民办学校		5	59	1786	1263	4049	241	180

注：职业高中未统计班数

【威远县中小学生学籍管理工作经验在全国交流】 2016年4月25日，全国中小学生学籍管理工作推进会在河北保定举行。教育部基础教育一司、教育部教育信息中心及全国31个省（市、自治区）的110余人参加会议。威远县作为全国唯一的县级代表受邀参加会议。威远县教育局党委书记、局长郭秀英在会上作题为《建立长效机制 提高中小学生学籍管理系统应用水平》的交流发言，介绍威远县在建立长效机制确保中小学生学籍系统运行、应用学籍管理系统服务教育决策、规范学籍管理、提升为民服务水平等方面的工作经验。威远县教育局2015年以来向省教育厅、教育部上报《学籍系统升级建议》《学籍系统漏洞汇报》等建议文章10余篇，及时在省市县学籍群发布学籍系统风险预警信息，确保学籍系统稳定运行。编撰《初一、高一自主招生及小一新生注册流程详解》（接续学前学籍）、《学籍系统登录建议》《学籍数据质量核查学生信息修改操作说明》等原创学籍系统辅助资料，省内共享下载1000余次，同时还被交流到国内其他地区使用。

（王朝晖）

2016 年 12 月 30 日，县第一幼儿园学生制作廉心卡　（冷国文摄）

学前教育

【概况】　2016 年，威远县大力发展学前教育，投资 255 万元开工建设山王镇中心校幼儿园、观英滩镇中心校幼儿园、东联镇小学校幼儿园 3 所公办幼儿园和龙会镇中心校幼儿园运动场。新发展威远县乔登美语幼儿园、镇西镇乐容容幼儿园、镇西镇莲花幼儿园、镇西镇护兴幼儿园、威远县东联镇菜子湾幼儿园、威远县百胜外国语学校附属幼儿园等 6 所民办幼儿园，入园难问题得到有效缓解。学前三年入园率达 88.5%，学前一年入园率达 91%。开展“十三五全县幼儿园园长培训”，提高管理水平。防止和纠正“小学化”现象。各镇开展主题为“幼小协同 科学衔接 ”的学前宣传月活动，组织县第一幼儿园、镇西镇中心园的 2 名骨干教师送教到庆卫镇中心园，提高乡镇幼儿园教育教学水平。加强对民办幼儿园的管理，修订完善《威远县民办幼儿园管理办法》，严格准入制度，新申办民办园由县教育局牵头，住建、消防、食品药品监管等部门配合，对选址、校舍安全、消防安全、食堂等进行实地勘察，严格按程序依法进行审批，对全县具有办学资格的民办园名单在“今日威远”网站、县电视台等媒体上进行公示。年内认定普惠性幼儿园 96 所，落实下发学前教育省级专项奖补资金 28 万元。

（王朝晖）

【威远县第一幼儿园】　位于严陵镇东街 122 号，建筑面积 2234 平方米。2016 年年末有 9 个班，其中小班 3 个、中班 2 个、大班 2 个、大大班 2 个，有幼儿 362 名。园内在册教师 36 名，其中专任教师 22 人，保育员 9 人。

县第一幼儿园以“七彩乐园 ，幸福成长”为文化主题，以“七彩学园，幸福家园办园”为追求，以“追寻幼儿的快乐，创造成长的天地”为办园理念，以“七彩梦想 ，快乐飞翔 ”为育儿目标，注重幼儿的参与性，注重幼儿的个体差异，让孩子在玩中学、学中玩，在游戏中锻炼动手能力、合作技巧、创新能力，注重兴趣培养、个性张扬。开展“三八”妇女节的爱妈妈教育、“六一”儿童节好儿童教育等活动。利用主题活动课、游戏等形式启发和培养幼儿的环保意识，提倡“节约一滴水、一张纸、一粒米、一度电”，使幼儿从小养成良好的环保行为。

落实安全生产责任制，健全安全网络。定期检修大型玩具、规范食堂电线路、及时更换灭火器的药粉、添置安全预警信号。请消防支队干警对全体教师进行消防知识和安全知识培训，不定期组织全园师生进行应急演练。全年安全无事故。

加强师德建设。根据青年教师多、思维活、观念新的特点，注重对青年教师进行社会主义荣辱观和敬业、爱业、乐业的思想熏陶，更新观念，提高政策水平和思想觉悟。定期撰写学习心得、专题研讨与讲座相交替，树立良好的职业道德和正确的价值观、教师观，建立新型的师幼关系。加强教师培训，选派 2 名中青年老师到上海进行区域活动学习，2 名教师到成都参加“蓉城之秋 · 国基大讲堂”学习，1 名教师到广西参加国培学习，1 名教师到成都参加幼儿园课程研究学习，1 名中层干部到重庆参加干部培训。

加强校园文化建设。教学楼走廊内均设立幼儿美术作品和手工制作的展示台。根据班级的不同特点，绘制不同的游戏格式，拓展孩子的游戏空间，开发幼儿的智力。在楼道里设计交通标志、音符、数字、安全标志等；活动室设置娃娃家、小商店、小医院理发店等，融知识性、趣味性一体。推动幼儿园自由区域氛围的形成，根据幼儿年龄的差异，开展玩沙区、钓鱼区、保龄球区、美食活动区等区域教育活动、游戏活动及户外活动，保证每天幼儿区域活动的引导式的自我学习，让孩子们拥有一个健康快乐的身体。

（邬琴欢）

【威远县第二幼儿园】 位于威远县城小东街19号，占地面积1035平方米，建筑面积1969平方米。由于园舍存在安全隐患，于2015年12月暂时借用县第一初级中学教室（严陵镇中心街245号）开展教育教学。设有7个班，幼儿360余名，教师35名。2016年，承办威远县国培计划（2016）“影子跟岗”活动、全县幼教年会活动现场、全县新招考幼儿教师的培训暨研讨活动、威远县国培计划——2016学前教育学科“送教下乡”活动、威远县国培计划2016幼师工作坊第三次线下集中研修活动等。

县第二幼儿园投入资金4万余元加强借用教学场地的基础设施建设，安装铁门、不锈钢防护栏以及浸塑护栏、彩钢围栏等；加强食堂配套设施建设和厨房明厨亮灶工程，新增教师办公电脑、电钢琴及幼儿床上用品、桌椅、室内外玩具等。

定期开展安全检查，通过各种平台向老师、家长及幼儿普及消防安全知识。每季度组织幼儿开展一次安全应急演练。结合“11·9”消防日组织幼儿及家长参与消防常识学习并亲临消防队感受现场。抓好安全卫生工作和季节传染病的预防工作。加强保育工作，尝试新入园幼儿入园前健康体检，幼儿与员工体检率达100%。坚持做好每日的晨、午检工作，照顾好病儿和体弱儿。开展好常规的卫生及消毒工作。保健医生为各年龄班幼儿进行流行病预防的小常识讲座。

制定严格的管理制度和教职工岗位职责，教师、保育员月考核细则及学期绩效考核等。每周开展一次集体业务学习，组织教师学习政治和教育理论。开展“幼儿教师讲故事比赛”、新入职教师展示课、家长开放活动、秋季早操展示活动、迎新年童话剧表演等主题活动。组织教师参加国培，承担教育局国培办影子跟岗活动。继续组织青年教师进行师徒结对，传帮带教，让新教师在观摩中进步，在反思中成长。

2016年9月5日，威远县义务教育均衡发展接受国家督导组评估认定（县教育局供图）

贯彻落实《3—6岁儿童学习与发展指南》和《新规程》，采取分教研组开展集体备课活动。邀请内江市教科所老师进行专题讲座，提高中青年教师对课题立项、申请、材料收集、课题报告的撰写水平，组织实施2个县级课题和1个市级课题。承办威远县2016年学前教育年会，青年教师刘敏、王心圆分别承担语言、艺术——果酱小房子，艺术音乐活动——毛毛虫啃苹果，获得好评。

邀请家长参加秋季幼儿早操展示活动、扫墓暨春游活动、秋游活动、庆“六一”活动、大班幼儿毕业典礼及迎新年童话剧表演。举行家长开放活动2次，做好班级家访工作暨千名教师访万家活动，主动听取家长们的意见和建议。节假日利用校讯通、微信公众号、书面等方式向家长宣传安全教育内容及注意事项，学期结束时通过《给家长一封信》等开展幼儿安全教育。邀请家长委员会参加幼儿园减免保教费幼儿资格审查，做到公开透明。

（林小莉）

义务教育

【概况】 2016年，威远县贯彻落实《四川省人民政府关于推进义务教育均衡发展的实施意见》，完成《四川省实现县域内义务教育基本均衡发展目标进度表》明确的目标任务。小学入学率达100%，初中入学率达98.50%，小学巩固率99.94%、初中巩固率99.39%。全县完小以上学校基本配齐配足功能室，体育艺术器材、设备配齐率达100%，使用率高。大班额问题取得突破性进展，城区小学一年级招生大班额问题得以有效控制，全县小学一年级、初中一年级班额数控制在市定标准班额56人以内。义务教育均衡发展工作于9月通过国家检查验收，被国务院教育督导委员会认定为全国义务教育发展基本均衡县。

【威远县被认定为全国义务教育发展基本均衡县】 2016年9月5日，由国家督学、广东省教育厅副巡视员陈健带队的国家教育督导检查组对威远县义务教育均衡发展情况进行评估认定。检查组通过听取县政府关于威远县义务教育均衡发展工作情况汇报、现场提问、查阅资料和召开人大代表、政协委员、校长代表、教师代表、家长代表座谈会，并实地督导检查县内8所学校、2个教学点等方式，对威远县推进义务教育均衡发展工作进行详细、严谨、科学的评估认定。经报国务院教育督导委员会审核，认定为全国义务教育发展基本均衡县。

（王朝晖）

2016年11月1日，严陵镇河北街小学唱响红色经典 （县委宣传部供图）

【威远县严陵镇中心学校】 学校坐落于严陵镇西街131号，占地面积6045平方米，建筑面积6594平方米，辖粮丰校区占地面积2673平方米，校舍面积1265平方米。2016年年末本部有小学教学班39个，学生2615人，学前教学班3个，幼儿138人，教职工139人；粮丰校区有小学教学班4个，学生169人，学前教学班1个，幼儿33人，教师8人。

学校继续实施“活力教育”特色建设，坚持探讨“活力课堂”，开展“活力活动”，营造“活力环境”；成功举办“书香节”“艺术节”“体育节”、科技节等重大活动；开展“名校联盟”活动，加强教师培训。被内江市科学技术协会、市教育局评为“第三十一届科技创新大赛市级优秀组织奖”，市体育局、教育局评为“2015年度内江市体育传统项目示范学校先进单位”，荣获县“2015至2016学年度全面实施素质教育一等奖”、县“文轩杯”中小学生田径运动会小学组团体第二名。

（黄利萍）

【威远县实验小学】 学校坐落在威远县严陵镇南大街42号，建筑总面积5955平方米。2016年有48个小学教学班、2个幼儿教学班，在校学生2792人（其中南塔山校区400人）。有专任教师133人，专科及以上学历131人，其中高级教师13人、一级教师57人、二级教师60人、三级教师1人，学历达标率100%。

学校以习惯教育为载体，组织开展“我为班级争荣誉”“小手拉大手”“快乐实小，幸福分享”第17届艺术节暨庆“六一”活动、亲子运动会、家校沟通会；“好习惯，好人生”班级唱歌比赛以及卡拉OK比赛；菜园种植实践活动等。学校班级建立QQ、微信群，拓宽家校交流沟通的途径。2016年5月，学校接受内江市“两纲”工作中期督导。

开展第八、九届“白衣天使杯”教学节，以“改变学教方式，打造高效课堂”为主题，着力深化课堂教学改革，注重基础知识学习、基本能力提高、学习习惯养成等方面的实践和研究。建立“1个名师，多个研训员”的1+N式名师工作室。鼓励45岁以下的教师从事校级小课题研究，撰写课题手册，全年申报市级课题2个、县级4个、校级12个。2016年3月市级课题《“5215”教学模式的实践研究》结题。

学校利用教职工会议，对全体教职工进行安全稳定工作培训，通过家长会、LED、早上反思活动、小手拉大手习惯教育实践活动、班级QQ群、微信群、致家长公开信等落实安全教育。坚持对门卫各类登记、一日岗位自查、班主任纪实、学习笔记等资料进行考核。

2016年12月建成学校微信平台，设置“实小印象”“实小风采”和“实小动态”三大板块，并进入试运行。举办第二届教工烹饪大赛、“最美教研组”评选等活动共6次。召开一次教代会，审议并通过《威远县实验小学中层干部竞选方案》，校务公开12次。

学校获威远县2015—2016学年度实施素质教育一等奖、德育工作先进集体、小学智育先进学校、义务教育阶段毕业年级教学质量一等奖、修业年级教学质量一等奖、学校体育工作先进集体、科技（劳动）教育管理先进集体、艺术教育工作先进集体等称号。获得内江市第三十一届青少年科技创新大赛优秀组织奖。

（孙 丽）

【四川省威远县严陵中学】 学校是一所保留高完中建制的县直属学校，位于严陵镇半边街83号。学校占地面积2.4公顷，建筑面积13908平方米，教学及辅助用房面积4279平方米，绿化用地面积1126平方米，运动场7263平方米。2016年有44个教学班级，206名教师，2415名学生。学校有3幢教学大楼，1幢实验楼，1幢图书综合大楼，1幢食堂综合楼，2幢学生公寓。学校拥有3个计算机网络教室，各类书刊6257册，图书总册数为66006册，另有电子图书10万册。

围绕“安全、稳定、素质、发展”的主题，学校坚持“重德立学，和谐发展”的办学理念，发扬“民主、团结、公正、廉洁”的领导作风，秉承“读书立品、格物致知”的校训，弘扬“谦思明礼、尚德求真”的校风、“敬事而信、劝学不怠”的教风和“乐学好问、勤思敏行”的学风，培育“向学、向上、向善、向荣”的班风，打造“高效课堂模式、立体育人模式和校园文化高地”办学特色，努力追求“创最佳质量，建一流名校，当知名教师，做优秀学生”的办学目标。获四川省优秀少先队集体、四川省青少年女子排球（乙组）锦标赛第七名、内江市“十二五”期间群众体育工作先进集体、内江市第六届中小学生运动会初中组田径比赛团体总分第三名、内江市第六届中小学生运动会中学女子组排球比赛第二名、内江市第31届青少年科技创新大赛优秀组织奖、内江市体育传统项目示范学校管理工作先进单位（一等奖）、威远县全面实施素质教育先进集体一等奖、威远县学校教育工作目标考核一等奖等荣誉。

学校坚持德育为首的办学方针，狠抓学生行为习惯养成教育和学生自主管理。以学风建设为抓手，带动班风、校风建设。坚持制度创新，修订完善职称评聘、岗位递补、教学科研等方面规章制度。重视对外宣传工作，超额完成县教育局下达的宣传任务，提高学校的知名度。狠抓教学教研管理，注重细节，中考和期末考试保持市县领先地位。开展“爱我中华艺术节”系列学生活动和教职工活动。

学校重视改善办学条件：2014年动工的男生宿舍楼和食堂综合楼共投资476万元，于2016年12月完成修建并交付使用；2015年开始的后山运动场改建工程，共投资138万元，于2016年年底竣工并交付使用。加强校园文化建设，投入近10万元，完成一期工程下操坝校园文化墙体打造，第二期校园文化建设正按方案逐步实施。

（黄 龙）

【威远县第一初级中学】 学校位于威远县严陵镇中心街245号，占地面积23415平方米，建筑面积16312平方米。2016年年末有48个教学班、218名教职员工、2524名学生。学校坚持“厚德启智、追求卓越”的办学思想，紧紧围绕“全员育人、因材施教、尊重赏识”的办学理念，逐步实现“做幸福教师、育卓越人才、建巴蜀名校”的奋斗目标。荣获内江市中小学生“童心向党”歌咏演出“优秀节目奖”，威远县2015至2016学年度全面实施素质教育一等奖，威远县2015至2016学年度初中德育工作先进集体，威远县2015至2016学年度义务教育阶段毕业年级教学质量一等奖、修业年级教学质量一等奖、初中智育先进学校、特殊教育管理先进集体，威远县2015至2016学年度艺术教育工作先进集体，威远县“阳光园丁”跳绳比赛团体一等奖。市级课题《初中语文教材中语文核心价值的开发与利用研究》荣获内江市第十四届教育科研成果评选一等奖。

开展以“中国梦”为主题的爱国主义教育、社会主义核心价值观教育、安全和法治教育、心理健康教育等系列教育。全面落实“育人为本、育德为基、渗透为要”的德育理念，通过“自信自律自主”“三自”特色主题教育活动，形成“211仁德教育”体系（即广泛开展“两个教育”感恩励志的成仁教育、文明守纪的习惯教育，“一个管理”学生小组的自主管理，“一个评价”学生星级激励的赏识评价）。分层开展文明守纪的习惯教育，坚持“初一抓适应、初二抓养成、初三抓提高”。推进公约规范的自主管理，对48个班级强化每组4～6人的小组建设，实行《弟子规》—班规—小组公约的公约机制，采用操行评定、星级表彰的考核办法进行自主管理。建立赏识激励的评价体系，搭建才艺展示平台、创新探究平台、创设社团活动平台、建设心理咨询平台、推进“N+1”评价模式，运用星级表彰模式，开展赏识教育，达到“仁德教育春风化雨”的以文化人的目的。

学校加强教育科研工作，四川省教育科研课题《初中主要学科作业的科学设计研究》于2016年11月结题。市级课题《初中语文教材中语文核心价值的开发与利用研究》现场结题推广，并获内江市第十四届教育科研成果一等奖。同时，以省市课题为依托，全力打造“315”智慧课堂，使校本教研迈上一个新台阶。

重视教师队伍建设，通过国培、省培计划，采用请进来走出去的办法，建立省级和市级名师工作室3个，强化学科建设、整合国家课程、形成学科特色。加强教学常规管理，确保入学率和巩固率，全面实施素质教育；强化社团活动的开展，充分发挥学生特长。在市县素质教育评估中荣获先进。

（张亿綦）

普通高中教育

【概况】 2016年，落实全省普通高中课程改革各项政策措施，稳步推进高中课程改革，提升高中学校管理水平，全面提高高中办学水平和办学质量，全面完成高考目标任务。深化高中招生改革，探索全年招生、全员招生，建立招、送生工作对接的长效机制，规范招生秩序，强化招生考核和奖惩，严厉打击违规招、送生行为。加强拔尖人才培养基地建设，威远中学在每个高中年级均组建2个拔尖生基地班，学校先后制定《威远中学基地班管理办法》《威远中学校基地班考核方案（试行）》《威远中学校特尖生奖励方案》等管理制度，在人、财、物等多方面向基地班倾斜，威远中学于2016年9月设立拔尖人才培养奖励基金。加快标准化考场的建设。组织高中学业水平考试和高中阶段招生考试，严肃考风考纪，以考风促学风，确保平安顺利。

全县高考上线3592人，其中，大学本科上线1608人，大学专科上线1984人；高等院校录取3282人，其中，大学本科录取1364人，大学专科录取1818人。

（王朝晖）

表26　　2016年威远县普通高校招生考试理工前60名录取情况统计表

名次	姓名	成绩	科类	毕业学校	录取院校	录取专业
1	黄梦婷	662	理工	威远中学校	中山大学	临床医学
2	袁逸帆	656	理工	威远中学校	华中科技大学	计算机科学与技术
3	刘潇爽	649	理工	威远中学校	西南财经大学	会计学（注册会计师专门化方向）
4	巫虹仪	643	理工	威远中学校	华中科技大学	生物科学（国家理科培养基地）
5	刘　浩	640	理工	威远中学校	国防科学技术大学	测控技术与仪器
6	崔芸梅	636	理工	威远中学校	西南财经大学	国际经济与贸易（双语实验班）
6	官修远	636	理工	威远中学校	西安电子科技大学	通信工程
6	唐　奇	636	理工	威远中学校	重庆医科大学	临床医学
9	邓智文	635	理工	竞力学校	四川大学	新能源材料与器件
10	邓涵丹	632	理工	威远中学校	西南财经大学	物流管理
11	蒋　茜	629	理工	威远中学校	西南交通大学	交通运输类
11	王　瑞	629	理工	威远中学校	四川大学	微电子科学与工程
13	廖　敏	628	理工	威远中学校	重庆医科大学	临床医学
14	李亚峰	626	理工	威远中学校	东北大学	工科试验班
14	周　鑫	626	理工	威远中学校	四川大学	机械设计制造及其自动化
14	蒋艺菲	626	理工	威远中学校	西南财经大学	英语（翻译方向）
14	何玉梅	626	理工	龙会中学	西南交通大学	工商管理类
18	朱家伟	625	理工	威远中学校	中国医科大学	临床医学
19	陈　晨	624	理工	威远中学校	上海第二工业大学	环境工程
20	罗靖云	623	理工	威远中学校	重庆大学	机械电子工程
21	郭宇星	621	理工	威远中学校	西南交通大学	车辆工程

续表

名次	姓名	成绩	科类	毕业学校	录取院校	录取专业
22	刘林鑫	619	理工	威远中学校	重庆大学	机械设计制造及其自动化
23	李诗佳	615	理工	威远中学校	北京中医药大学	中医学（卓越中西医）
24	马　杰	614	理工	威远中学校	吉林大学	电子科学与技术
24	王　明	614	理工	威远中学校	西南交通大学	电子信息工程
26	刘珂岐	613	理工	威远中学校	湖南大学	电子科学与技术（包含电子科学与技术、应用物理学）
26	何　叶	613	理工	龙会中学	武汉理工大学	电气工程及其自动化
26	代佳伶	613	理工	竞力学校	北京科技大学	工商管理类
29	叶思娴	612	理工	自强中学校	西南医科大学	口腔医学
30	曹　昀	611	理工	威远中学校	西南医科大学	口腔医学
31	陈　菊	610	理工	威远中学校	武汉理工大学	材料类
31	匡驭骢	610	理工	威远中学校	西南交通大学	机械类
31	李佳洛	610	理工	威远中学校	西南交通大学	测绘类
31	王姝予	610	理工	威远中学校	西南交通大学	工程力学
31	兰信敏	610	理工	威远中学校	西南交通大学	应用物理学
36	杨镇远	609	理工	威远中学校	兰州大学	电子信息类（含基地班、电子信息科学与技术、通信工程）
37	代　坤	609	理工	威远中学校	兰州大学	地质学类［含地质学、地质学（资源勘查工程方向）、地球化学］
38	聂祯彦	608	理工	威远中学校	郑州大学	化学
38	杨跃成	608	理工	威远中学校	西南医科大学	临床医学
38	林彩云	608	理工	威远中学校	西南交通大学	建筑学
41	黄成杰	606	理工	威远中学校	四川师范大学	化学
41	肖　琪	606	理工	威远中学校	西南医科大学	临床医学
41	叶　欣	606	理工	威远中学校	天津财经大学	行政管理
44	曹鑫鹏	605	理工	威远中学校	华北电力大学（保定）	信息管理与信息系统
45	徐　鑫	604	理工	威远中学校	河海大学	测绘工程
45	刘倍廷	604	理工	威远中学校	山东大学威海分校	机械设计制造及其自动化
45	梁碧岚	604	理工	威远中学校	西南大学	教育技术学
45	陈柄蓄	604	理工	威远中学校	合肥工业大学	电气工程及其自动化
45	杨雪嘉	604	理工	威远中学校	中国地质大学（武汉）	地质工程
50	刘　琳	603	理工	威远中学校	哈尔滨医科大学	药学
50	隆宇阳	603	理工	威远中学校	重庆邮电大学	电子信息类（通信信息类）
50	李　军	603	理工	威远中学校	广东工业大学	机械设计制造及其自动化
53	黎洪杨	601	理工	威远中学校	杭州电子科技大学	软件工程

续表

名次	姓名	成绩	科类	毕业学校	录取院校	录取专业
53	董耕生	601	理工	威远中学校	西南石油大学	石油工程
53	廖俊强	601	理工	自强中学校	西南石油大学	海洋油气工程
53	温　静	601	理工	自强中学校	西南大学	药学
57	毛雨新	600	理工	威远中学校	西北农林科技大学	园林
57	朱俊霖	600	理工	威远中学校	大连海事大学	交通运输
57	黄　燚	600	理工	威远中学校	西南医科大学	临床医学
60	汤雅婷	599	理工	威远中学校	西南石油大学	石油工程

表 27　　2016 年威远县普通高校招生考试文史前 30 名录取情况统计表

名次	姓名	成绩	科类	毕业学校	录取院校	录取专业
1	黄漫玉	599	文史	龙会中学	成都中医药大学	中医学
2	龚琳峰	593	文史	威远中学校	西南大学	汉语言文学
3	陈　茜	581	文史	龙会中学	西南交通大学	法学类
4	黄佳丽	578	文史	威远中学校	四川农业大学	人力资源管理
5	袁　玥	577	文史	威远中学校	南昌大学	旅游管理
6	何文俊	576	文史	威远中学校	辽宁大学	旅游管理
7	姚　慧	575	文史	威远中学校	四川师范大学	教育学
8	胡　皓	574	文史	威远中学校	四川农业大学	金融学
8	黄俊丽	574	文史	威远中学校	四川农业大学	经济学
10	鄢天慧	572	文史	竞力学校	延边大学	工商管理类
11	周晓依	568	文史	威远中学校	四川师范大学	审计学
11	李青萍	568	文史	自强中学校	四川师范大学	财务管理
13	王一波	567	文史	龙会中学	四川师范大学	汉语言文学
14	曾宇婷	566	文史	威远中学校	四川师范大学	历史学
15	李晓梅	565	文史	威远中学校	西华大学	会计学
15	熊毓康	565	文史	威远中学校	重庆工商大学	国际商务
17	邹林燕	564	文史	威远中学校	四川农业大学	法学
17	黄嘉敏	564	文史	威远中学校	四川农业大学	人力资源管理
19	郭金凤	563	文史	威远中学校	西南民族大学	会计学
19	何　琴	563	文史	威远中学校	四川师范大学	历史学
19	郭虹伶	563	文史	威远中学校	西南大学（荣昌校区）	信息管理与信息系统
22	王铖发	562	文史	龙会中学	西华大学	会计学
22	唐小雯	560	文史	自强中学校	四川师范大学	心理学
22	闵　鑫	560	文史	竞力学校	西南医科大学	中西医临床医学
25	彭佳琪	559	文史	威远中学校	四川师范大学	法学

续表

名次	姓名	成绩	科类	毕业学校	录取院校	录取专业
25	黎佩雨	559	文史	竞力学校	成都理工大学	经济学
27	刘玉霞	558	文史	威远中学校	西南大学（荣昌校区）	市场营销
28	吴双琳	557	文史	威远中学校	重庆师范大学	学前教育
28	彭惠玲	557	文史	威远中学校	四川师范大学	广告学
28	郭世民	557	文史	龙会中学	山东师范大学	学前教育

【威远中学校】 2016年年末，有教学班级85个，在校学生4900余人，专任教师313人，其中中高级教师253名（四川省学术学科带头人1名、特级教师8名、省级骨干教师15名、市级骨干教师65名、县级骨干教师72名、其他中高级教师92名）。学校占地面积12.20公顷，基础设施建设完善，有教学楼3幢、实验楼1幢、多功能会议楼1幢、学生公寓式寝室楼3幢、学生食堂及信息技术专业教室完备，学校运动场可提供带草坪足球场、塑胶跑道、篮球场、排球场、羽毛球场、乒乓球台等各类健身设施。2016年9月以李阳富为校长的新一届领导班子秉承“立诚通慧、经纬和谐”的办学思想，确立“推行绿色教育、建构生态校园”的办学目标，拓展“文理并重、人文滋养、共同成长”的办学思路，全面完成市级高考目标任务，重点上线率达34%，基地班、实验班重点任务完成率达109%，600分以上特尖生52人。

学校以校风、教风、学风建设为突破口，狠抓落实德育工作，陆续出台“威远中学校德育管理八条禁令”及“威远中学校仪容仪表规范”；坚持在常规管理中落实安全，在课堂教学中渗透安全，在工作重点中突出安全；积极规避安全隐患，定期邀请公安、交警、消防等职能部门领导、专家到学校以安全主题教育、应急疏散演练等活动为载体，对全体师生进行人身、消防、交通、饮食等系列安全教育。

实施新的级部扁平化管理制度，以凝聚、激励、高效为核心，用目标事业成就感召人、人事制度改革鞭策人、分配制度改革激励人；提前推行新高考理念，以毕业班工作为重心，在内江市范围内率先进行“相阳科学备考强化训练”培训班，定期进行励志演讲、高考誓师大会、心理排躁降压专题讲座等活动；2017届学生在全市三模考试中一般本科上线1041人、重点本科上线399人、上线率达66%，四模考试更进一步，其中一般本科上线1040人、重点本科上线404人、本科上线率提升至69%，李晓虹以671分居内江市理科第四名（全市第一名680分），并以全市综合评定第一名的成绩被评为四川省优秀学生。

（周　超）

【威远县龙会中学】 学校占地面积4公顷。2016年有教职工216名，其中高级教师52名、特级教师1名、全国优秀教师1名、省名师1名、省骨干教师8名、市骨干教师51名，其他教职工102名。有学生3069名，54个教学班。

学校拥有实验楼、教学大楼、学生公寓楼、塑胶操场、师生食堂、多媒体微机室、理化生实验室、音体美功能室、图书阅览室、学术报告厅，交互式电子白板实现班级全覆盖。学校将新建学生公寓楼，在全县率先安装空气能热水设备，所有住校生将在每间公寓内得到热水淋浴服务。

学校坚持“育人为本，质量立校，科研兴校”的办学思想，以“推行赏识教育、构建生态校园”为办学目标，秉承“崇德、尚美、强知、健行”的校训精神，以“立志、勤奋、团结、创新”为校风，“严谨、博学、敬业、育人”为教风，“文明、奋进、求是、成才”为学风。高考成绩突出，二本上线239人，超额完成任务；重点上线58人，超任务18人，居全市市重第二名。黄漫玉以599分居全县高考文科第一名。

（郑朝利）

【威远县竞力学校】 2016年年末，有教学班48个，在校学生2346名。其中高中教学班27个1221名学生，初中教学班7个350名学生，小学教学班14个775名学生。有教职工181人，其中专任教师173人（高中部79人、初中部43人、小学部51人）；高级职称31人，中级职称74人，初级职称68人。有省骨干教师4人，市骨干教师16人，县级骨干教师43人。

学校坚持“质量立校、文化强校、特色促校”，积极创新教育理念，深化课程改革，加强队伍建设，改善办学条件，强化内涵建设，立足当前，谋划长远，攻坚克难，各项工作取得长足发展，在区域内起到示范性作用。中高考成绩保持市域同类学校领先地位。高考重本上线29人，本科上线92人，合计上线121人；艺体双上线23

人，合计总体上线144人；本科升学率37.59%。重本升学率、重本完成率、本科升学率、本科任务完成率均居市重第一名。中考上国重A类28人，占20.4%；上国重普高90人，占65.7%；上市重重高75人，占54.7%；上市重普高129人，占94.2%。学校荣获内江市人民政府表彰的教育工作先进集体、内江市高中教育先进集体、内江市高中毕业班工作先进集体、内江市义务教育阶段先进集体、内江市中学生足球联赛体育道德风尚奖；威远县综合目标考核一等奖、威远县德育工作先进集体、威远县普通高中智育先进学校、威远县普通初中智育先进学校、威远县体育工作先进集体、威远县科持（劳动）教育管理先进学校、威远县普、职高送生工作先进集体、威远县全面实施素质教育一等奖。

狠抓科研课题，课题科研成果荣获内江市二等奖和三等奖，学校被内江市教育局评为“内江市教科研先进单位”。加强学生干部队伍建设，完善学生“自主+规范”的德育模式，督促学生良好行为习惯的养成。

学校各部、各年级、各班级、全校师生全方位位互动和管理的校园安全管理体系，工作以积极预防和及时发现、立即整改为主线，全年做到安全工作零事故。

学校通过国家级天字号工程——义务教育均衡发展验收检查，通过威远县食堂“明厨亮灶”工作检查，通过威远县文明校园评估检查，通过内江市扶贫攻坚检查。

落实惠民工程，享受高中免学费218人每生，每期340元，合计74120元；享受普通高中国家助学金339人，每生每期1000元，合计339000元。高中建档立卡学生16人享受高中免学费和高中助学金。（丁永成）

职业教育

【概况】 2016年，威远县严格执行教育部中等职业教育全日制学历教育学制规定，按照四川省中等职业技术学校学籍管理办法，按照六个“严禁”的要求，规范做好新生学籍审核注册以及中职学籍异动等学籍管理工作。探索市级品牌专业、特色专业评选认定工作，促进学校专业规范化、特色化、品牌化发展。落实职业院校管理水平，提升行动，规范和加强中职学校教育教学管理和后勤安全管理，规范校内实训、教学实习、顶岗实习管理。县职业技术学校组队参加2016年全省中职技能大赛数控加工技术（数控车）、焊接技术中项目的比赛和全市2016年技能大赛。推进中高职衔接教育，合理设置专业，注重人才培养方案的制定、课程开发理念与模式、系列教材的结构和内容编写。结合中等职业技能与高等职业技能技术应用，县职业技术与四川财经职业技术学院签订校校合作协议，探索中高职衔接的人才培养方式。完成中职招生1679人，其中全日制721人，非全日制学生958人，完成率为100.35%。

（王朝晖）

【威远县职业技术学校】 2016年年末，学校有在职教职员工173人；53个教学班，在校学生2477人，高考上线51人。组织学生114人次（8个工种）参加职业技能鉴定，一次通过率达100%。推荐就业（顶岗实习）18批次，共413人（其中，藏区“9+3”学生26人），就业率达98%以上。开展新型职业农民培育结业142人（主要培训种植、养殖技术及村级动物防疫）。学校秉承“‘三成’促‘三职’”（实施成人教育，提高职业素养；实施成才教育，增强职业能力；实施成功教育，促进职业发展）的办学理念，牢固树立和贯彻落实创新、协调、绿色、开放、共享的发展理念，以国家、省、市2010—2020年教育改革和发展规划纲要，以及教育部《职业院校管理水平提升行动计划（2015—2018）》为指导，遵循“优先发展、改革创新、提升质量、服务社会”的工作方针，围绕“保平安、强管理、求发展、促联合、抓引领、提质量、塑形象”的工作思路，努力实现“建（成）示范学校（国家中等职业教育示范学校）、创（出）品牌（四川省藏区‘9+3’免费中等职业教育品牌学校）”的奋斗目标，大力建设现代标准化中等职业教育学校。以“负重艰辛保平安，凝心聚力求发展”为总要求，以“突出重点抓安全，突出中心抓质量，突出亮点抓特色”为办学思路，以“健全人格、强化技能、彰显特长、面向高考”为培养目标，以“稳步提升教育教学质量”为核心，以“培养一专多能、适应市场需求的初、中级技能型实用人才”为根本，以服务地方经济建设为宗旨，面向市场需求和地方产业结构调整及社会主义新农村建设办学。着力实现招生与实习就业工作新突破、专业建设与市场接轨新突破、产教结合与“订单”培养模式新突破、办学水平与社会经济效益新突破。大力实施素质教育，促进学校各项工作有序开展，推进学校事业和谐快速地发展。

成功申报四川省基本办学条件建设项目（职业教育产教融合工程规划建设项目），为期两年，总投资2600万元（其中，中央投资2000万元，地方配套200万元，社会资本300万元，学校自筹100万元），建设规模7500平方米（其中，学生公寓4800平方米，实训场地2700平方米），增加在校学生600人。学校被评为威远县文明校园、2016年全县教育工作先进集体、2015—2016学年度素质教育评估实施素质教育先进集体、2016年四川财经职业教育联盟中职会计技能大赛团队二等奖、2016年四川省中等职业学校学生技能大赛内江市数控车床加工项目第一名、机械加工技术项目第二、四名。2016年内江市职业院校学生技能大赛，荣获一等奖1名、二等奖6名、三等奖7名。高考与省、市技能大赛成绩名列全市前茅。

（廖新权）

特殊教育

【概况】 2016年，威远县巩固发展特殊教育。落实《威远县特殊教育提升计划（2014—2016年）实施方案》，做好适龄残疾儿童入学工作。建立涵盖20个镇小学、初中学段的随班就读体系，采取送教上门、专门教育、随班就读等方式，帮助残疾儿童少年入学。5月6日，全县“助残日”系列活动在县特殊教育学校举行。

（王朝晖）

【威远县特殊教育学校】 学校位于威远县城北大门——花椒坡花城路口。学校占地面积0.93公顷，建筑面积5700平方米。2016年年末有教工42人、学生148人、班级14个，包括特教幼儿园、小学、初中、中职班。学校建有教学楼、办公楼、宿舍楼、食堂，设有律动室、图书室、书画室及按摩、美发、缝纫功能室和实训基地。成功申办残疾人中职学校办学点。学校将博爱作为特教精髓，坚持“为残疾孩子终身幸福和发展奠基”的办学思想，推选人文管理，强化内涵发展，合力创品牌、塑形象、传递正能量。被评为四川省先进基层党组织、内江市安全稳定工作先进单位、内江市后勤工作先进单位、威远县特殊教育管理先进集体 、特色学校创建工作先进集体，建成“内江市标准化食堂”“内江市标准化宿舍”。

学校以学习引领为抓手，促进教师德才兼备、德艺双馨。把“理解、尊重、真诚、宽容”作为教师的行为准则，选派教师17人次外出培训，编写传唱校歌《托举梦想》等。教师10余人次被评为省市骨干教师、先进个人。盲人教师林建荣获“全国特教园丁奖”，被评为“四川省优秀教师”，他的原创诗歌朗诵《只为那份荣光》获四川省第二届残疾人艺术节一等奖。高秀华被评为“四川省学雷锋敬业标兵”。以文化课为重点，倡导分层复式教学，鼓励个别化教学。“2+1”活动，立足学校和残儿实际，开设律动、书法、美工、球类等兴趣课，成立兴趣小组，定期开展活动。承办四川省第二届残疾人文化艺术节内江市集训基地，集训舞蹈、声乐、语言类节目6个，5个获奖，其中一、二等奖各1个，获市委书记马波重要批示。以课程改革为推手，促进残儿全面发展、健康成长。按照“文化打基础、艺体重特长、职业为方向”的教学思路，采取上午文化课，下午职业课、兴趣课的全新教学体系，送教上门活动有序开展，做好6名贫困学生的建档立卡工作。市级课题《家庭教育对智障学生自理能力的影响及干预研究》，县级课题《聋哑学生“厌学心理”成因及对策研究》准备结题。学校3名聋哑生考上大学。开展系列主题活动，特别是在“红耀甜城、服务发展”活动中，林建代表学校在市、县各个部门进行宣讲。

学校在国际、国内10余家媒体发表宣传推介学校工作特色、亮点及优秀师生。其中：人民网刊载《让折翼天使重新起飞》、中国搜索教育刊载《执教21年威远盲人教师成学生“精神标杆”》、新华网采用《寒梅飘香绿叶闪光—内江市威远县特殊教育学校五特色》等。内江电视台《共拥蓝天》节目“我听到花开的声音”“盲人教师林健的七彩梦”，四川网络广播电视台“黑色的幕布挡不住七彩的光”，市广播电视台“点亮一盏灯，特教老师林建”等媒体宣传学校和部分优秀教师、学生的先进事迹。

学校开展“开学第一课”“我们的节日——中秋节”“感恩师爱”“推普你我他、共筑中国梦”“我爱你·中国喜迎国庆”主题班队会活动；推普周系列活动“纠错字比赛”和“集体宣誓”；“网络安全”“社会协同治理，安全文明出行”“预防艾滋病”主题班会课、“学雷锋标兵”评选活动。“传承中华文化 共筑精神家园”活动中，盲生杨静参加县上演讲比赛获一等奖。举办首届艺术节暨助残日庆祝活动。

4月，学校建成“内江市标准化食堂”“内江市标准化宿舍”。年内争取回资金100余万元，计划用于建设康复、艺术、职教三大中心。修改完善《学生24小时安全看护一览表》等安全管理制度，在学生看护上坚决做到不留时间和空间的空白。采取开办讲座、分班讲授、发放《致学生家长的一封信》等形式，对师生、家长开展交通、消防、防溺水、防拐骗等教育。每月至少1次对全校进行拉网式排查，对排查出的隐患提出处理意见，限期整改。修订《教工安全责任书》，推行安全工作责任倒查追究制，对失职渎职造成安全责任事故的，扣绩效、不评优。承办2016年全县反恐防暴实战演练。

学校开展“特教兄弟姐妹一家亲”活动、“蒙双眼”“塞双耳”走进盲生、聋生世界亲身体验活动、组织“闪光绿叶 寒梅飘香”为主题的青年教师师德演讲比赛活动。在第二届“阳光园丁”书画赛中叶培林获毛笔书法二等奖、杨虹获钢笔书法优秀奖；“阳光园丁”跳绳比赛中学校获团体二等奖。学校在由威远职中承办的片区（六校）联谊活动中获二等奖。完成县总工会帮扶在县特殊教育学校读书的贫困职工家庭、四川省困难职工帮扶基金对县特殊教育学校学生交通费资助项目和威远县总工会金秋助学对县特殊教育学校贫困家庭学生资助项目相关工作，共资助10万余元，200人次学生受益。（焦 洁）

成人教育

【概况】 2016年，威远县办好各镇农村成人文化技术学校，全面完成农村实用技术的长、短期培训任务，推动全民学习、终身学习型社会的形成。巩固提高全县扫盲工作成果，按照“一堵、二扫、三提高”的工作方针，全面完成扫盲工作目标任务。利用县教师培训中心和电大威远分校开展继续教育。教师培训中心举办“十三五”教育系统干部培训，培训校级干部50名、办公室主任60名。电大威远分校开展学历教育和社区教育，学历教育有20余个班级、学员1084名。开展社区教育活动600余次，参与的社区居民达14万余人次。威远县被教育部确定为社区教育实验区，成功承办全国社区教育研讨会。

（王朝晖）

【内江广播电视大学威远分校】 内江广播电视大学威远分校（简称威远电大）、威远县社区学院性质为全民事业单位，实行两块牌子一套人马，积极开展学历教育和社区教育。2016年年末，在威远电大授权招生的高校有国家开放大学、中国医科大学、东北大学、中国石油大学、福建师范大学、四川农业大学，有专业班20余个，在校学生1084人，专任教师11人，外聘教师2人。

2016年6月16日，威远县广播电视大学举行学员模拟测试 （刘朝晖摄）

年内学历教育招生513人，超额完成上级电大下达的招生任务，创威远电大近十年新高，被省电大评为招生先进集体。在教学教务管理上重服务、保质量，稳步推进，在内江电大系统综合目标考核中获特等奖，在县教育系统综合目标考核中获一等奖。

社区教育教学点增至23个，覆盖县、镇、村，形成三级教育网络，累计开展社区教育活动600余次，参与的社区居民达14万余人次。四方村教学点被中国成人教育协会、教育部社区教育研究培训中心确定为全国农村优秀学习型组织，东街社区等四个社区被评选为县级和谐社区。在三大摄影比赛中，县社区学院均获组织奖，并获个人一等奖1名、二等奖3名、三等奖4名、优秀奖5名。在内江市首次社区教育现场会、四川省教育科学研究所第一届社区教育教学指导委员会成立大会、中国成人教育协会社区教育专业委员会工作年会、全国“大力发展社区教育，推动社会治理创新”研讨会、“国开之旅—走进社区教育”媒体见面会上进行经验交流。县委书记罗平撰写的《广泛开展城乡社区教育，强力推动社会治理创新》在全国的《社区教育》2016第10期发表，县教育局局长郭秀英撰写的《破解中西部农村县镇社区教育发展难题的探索》在《中国社区教育》2016第6期发表。

（缪杨红）

【威远县被教育部确定为全国社区教育实验区】 2016年5月，经教育部批准，确定威远县为第六批全国社区教育实验区。威远县自2012年以来，因地制宜积极开展社区教育试点工作，对社区教育推动社会治理创新进行探索和实践，取得可喜的成绩，其经验在2015年6月长春举行的全国社区教育研讨会上和在2016年9月江苏南通举行的中国成人教育协会社区教育专委会的年会上分别作交流。2016年11

2016年11月9日至13日，全国“大力发展社区教育推动社会治理创新”研讨会在威远召开　（县教育局供图）

月9—13日，由教育部社区教育研究中心主办，中共威远县委、威远县人民政府承办的全国“大力发展社区教育推动社会治理创新”研讨会在四川省威远县召开。来自全国各地社区教育主管部门、高等院校、科研院所、社区学院、开放大学和广播电视大学等机构的专家学者代表200余人参与研讨会。研讨会上，北京社科院于燕燕、威远社区学院刘纬度等8名专家先后专题发言。全体参会人员先后到严陵镇接官亭社区和向义镇四方村进行实地考察。研讨会引起全国及省市主流媒体的关注，《人民日报》、新华社、《中国青年报》《中国农民报》《中国教育报》《中国社会报》、中国网、国家开放大学新闻中心、在线学习网以及《四川日报》《华西都市报》《内江日报》等20余家媒体记者到现场报道。在研讨会期间举行的“国开之旅——走进社区教育”媒体见面会上，威远县委常委、宣传部部长刘源，副县长王学斌及县教育、民政、财政、综治办、县社区学院、严陵镇负责人、社区代表与媒体面对面，回答记者提问。

（王朝晖）

民办教育

【概况】　2016年，威远县贯彻落实民办教育政策，努力营造有利于民办教育发展的环境。强化民办教育制度建设，制定《威远县民办幼儿园管理办法》（威府办发〔2016〕46号）及《威远县民办非学历教育培训机构管理办法（试行）》（威府办发〔2016〕47号）等管理制度，严格新举办民办教育机构的准入。加强民办教育常规管理，通过开学检查、常规工作检查等进一步规范民办学校的办学行为和内部管理，通过年检对学校的办学条件、师资、管理水平等进行评估，促进办学条件和办学质量的提高。强化民办培训机构整治，对全县52家非法民办非学历教育培训机构进行集中清理整顿。

（王朝晖）

【威远县自强中学校】　2016年年末，全校有在职教职工119人，教学班级37个，其中高中班级30个，初中班级7个，在校生2565人，其中高中2093人，初中472人。高考本科上线309人，重点上线55人。学校以办现代化学校为目标，牢记“为国分忧，为民解愁，为教改创新路，决不牟取个人私利”的办学宗旨，发扬“无私奉献，艰苦奋斗，求真务实，锐意创新”的自强精神，推进并落实“以教学为中心，思想工作先行，教书育人并举，身教言教同重，各类素质齐抓”的工作方针，教育教学工作取得较好成绩。

威远县自强中学校的生源质量都不高，却能实现“普高生源，重高质量”的惊人飞跃。威远县自强中学校的办学特色：把差生转变成中等生，把中等生转变成优生，把优生转变成尖子生，绝不戴有色眼镜看学生，绝不放弃任何一个学生。

威远县自强中学校在坚守教育本真的同时，也在探索教育管理的新思维、新理念，总结出一套独具特色的教育管理模式。其中，威远县自强中学校在教育管理方面的一大特色就是以爱国主义、集体主义为核心，以《中学生守则》《中学生日常行为规范》为内容，以服务学生为主导方向，开展“四双”（“双无”“双创”“双入”“双上”）创建活动，形成一种“学校潜心办学，班主任耐心育人，教师静心教书，学生专心学习”的良好氛围。

学校总结出一套富有威远县自强中学校特色的量化考核细则，上至中层干部，下至教师职工，都在考核范围内。打破了过去单一的考核体制，将对全校所有员工纳入考核对象，将考核内容全面化，细致化，人性化。在全校范围内严格落实，对每一位教职工的工作质量以分值量化评比，纳入奖金发放依据中。学校办学更为制度化，与当前先进的名校办学体制逐渐并轨，逐渐实现现代化学校的目标。

学校制定《威远县自强中学校课堂常规》《威远县自强中学校学考试规则》《威远县自强中学校班主任执勤制度》，《威远县自强中学校领导干部巡查制度》，辅以“错时下楼”“领导和教师维持秩序，学生参与执勤”等办法，确保校园安全。长期开展卫生健康和疾病防控宣传教育活动，不时对学校环境卫生进行整改。建立学校主导教育、家庭配合教育、社会协同教育相结合的“三位一体”教育模式，组建一支由政教处、保卫科、班主任、护校队组成的队伍，对校园周边店、网吧、游戏厅等场所进行不定时检查，发现违纪行为严肃处理。真正实现“依法治教，依法治校”的目标，为学生的成长进步营造良好的环境。

（李炳全）

2016 年 12 月 29 日，县自强中学校举办庆祝元旦文艺会演活动

科学技术

综　述

【概况】　2016年，威远科技工作按照创新驱动发展战略的总体部署，牢牢把握“创新驱动、转型升级、支撑引领、全面小康”四个关键，全力推进“创新主体培育、创新平台搭建、创新能力建设、创新活力激发”五条举措，狠抓“高新技术产业发展、产学研合作、创新创业”三大环节，科技创新能力明显增强，为全县经济转型升级发展提供有力的支撑。

全县拥有国家级高新技术企业16户、市级高新技术企业14户；拥有省级工程技术研究中心1个、市级工程技术研究中心9个；拥有省级创新型企业10户、市级创新型示范企业5户；拥有省级知识产权试点园区1个、省级知识产权试点企业3户、省级知识产权优势培育企业1户；拥有省级科技企业孵化器1个。累计培育省级战略性新兴产品6个、市级高新技术产品36个、市级战略性新兴产品20个。成立了威远县科技顾问团、科技特派员、外智人才、科技服务团等4支科技决策、参谋、咨询、服务团队。

局机关下设办公室、科技管理股、知识产权股等两股一室。有职工7人，其中公务员7名。另挂内江市生产力促进中心威远县工作站牌子。荣获四川省生产力促进中心“2015年度生产力促进中心先进集体”、中共威远县委、威远县人民政府“2015年度落实党风廉政建设责任制优秀等次”“社会管理综合治理工作先进单位”“维护社会稳定工作先进单位”；中共威远县委“2015年度‘四好’领导班子”；内江市科学技术和知识产权局“知识产权工作一等奖”“科技工作一等奖”。

【科技创新】　2016年，威远县通过科技创新政策的激励引导以及科技项目的实施，一大批企业生产与科研单位技术成功嫁接，企业创新水平明显提升，企业利用高新技术改造提升传统产业能力明显增强。成渝钒钛科技有限公司、威远凤凰高新材料有限责任公司、威远县兴旺塑业有限公司、四川正威实业有限公司等4户企业新建成国家级高新技术企业，四川正威实业有限公司新建成内江市果树、蔬菜系列套餐肥工程技术研究中心。

坚持把发展高新技术产业与产品培育相结合，不断培育发展高新技术产品和战略性新兴产品。新培育市级高新技术产品3个（保水、固肥、固土缓控释套餐肥料，一种适用于西双版纳香蕉套餐肥料，新型水溶肥料），新培育市级战略性新兴产品3个（过氧化物交联型半导电外屏蔽料、耐紫外光照射硅烷交联聚乙烯灰色架空绝缘料、硅烷交联聚乙烯黑色架空绝缘料）。全年实现高新技术产业总产值

2016年，威远科技孵化器展厅　（余远文摄）

77.98亿元，同比增长26.6个百分点；高新技术产业产值占规模工业总产值比重达到14.2%，占比提高1.8个百分点。

【科技富民】 2016年，威远县按照“优质、高效、安全、环保”的组织模式，推进特色农业、技术创新、转化应用、推广示范对接，培育农业科技示范基地和科技型农业龙头企业，大力推广农村实用技术。建成市级农业示范基地2个（威远县小河镇白茶种植科技示范基地、威远县连界镇中药材种植科技示范基地）；推广新技术新品种8项（水稻内7优39新技术新品种推广、水稻内5优317新品种推广、玉米康龙玉007号新品种推广、小麦内麦364新品种推广、大豆南豆12号推广、威远冬豆种植技术推广、高玉171玉米新品种推广、川优6203水稻新品种推广）。

以科技之春宣传月、知识产权宣传月、科技活动宣传周、科普宣传日等集中宣传活动为契机，开展科普知识宣传。全年累计发放各类科普宣传资料18种、16万余份。发挥科技特派员、科技服务团、涉农部门科技人员在农村科技创新与服务中的专业技术特长，围绕脱贫攻坚，重点开展农技、林业、畜牧、水产等技术人员知识更新培训和新型农民培训、农村实用技术培训等工作。全年举办各类培训班140场次，累计培训1.35万人次。

【科技计划】 2016年，威远县围绕县域支柱产业、高新技术产业和战略性新兴产业，重点组织实施省、市、县级成果激励与研发风险补偿、科技型中小企业创新资金、科技孵化、科技推广、专利实施、创新驱动发展、科技支撑和创新基金等科技计划项目28项，获得上级立项支持700万元。其中，实施省级科技支撑4项、省农业科技成果转化项目1项、省孵化平台建设 项目1项、省级专利实施与促进专项资金4项、市科技孵化和成果转化专项6项。

表28　　2016年威远县获省级科技计划支持项目一览表

序号	项目编号	项目名称	承担单位	项目类别
1	川财农〔2015〕298号	无花果的盐渍保藏及深加工集成技术产业化示范	威远县金四方果业有限责任公司	农业科技成果转化项目
2	2016FZ0034	猕猴桃特色产业链技术创新与示范	四川缔铂酒业有限公司	科技支撑
3	2016GZ0297	LFT-D用长纤维增强热塑性塑料无碱直接纱生产技术研究与开发	内江华原电子材料有限公司	科技支撑
4	2016GZ0212	全自动桥式高效拦污栅清污机制造技术研究与开发	内江东工设备制造股份有限公司	科技支撑
5	2016NZ0018	内江大头菜深加工关键技术集成研究及产业化示范	四川内江威宝食品有限公司	科技支撑
6	川知发〔2016〕49号	无花果多糖的用途专利（ZL200910059034.7）实施项目	四川康而好动物药业有限公司	专利实施类
7	川知发〔2016〕49号	以工业矿渣为原料生产无碱玻璃纤维专利（ZL201110429820.9）实施项目	内江华原电子材料有限公司	专利实施类
8	川知发〔2016〕49号	高钒钛低MgO炉渣的高炉冶炼方法专利（201210539646.8）实施项目	四川省川威集团有限公司	专利实施类
9	川知发〔2016〕49号	低锆莫来石浇钢砖的制备方法专利（专利号：ZL201410098338.5）实施项目	威远县德胜耐材有限公司	专利实施类

续表

序号	项目编号	项目名称	承担单位	项目类别
10	川财建〔2016〕43号	威远县科技型中小企业创新创业孵化服务平台	威远县高新技术创业服务中心	孵化平台建设项目

科技成果与知识产权

【科技成果】 2016年，全县获内江市科技进步奖5项（二等奖2项、三等奖3项）

表29 2016年威远县获市科技进步奖名单一览表

序号	项目名称	完成单位	获奖等级
1	直角水平尺定位仪在颅内血肿微创清除术的临床应用与研究	威远县人民医院	市二等奖
2	夜光陶瓷生产技术	四川白塔新联兴陶瓷集团有限责任公司	市二等奖
3	负氧离子陶瓷砖生产技术	四川白塔新联兴陶瓷集团有限责任公司	市三等奖
4	钒酸铁中钒回收利用技术研究及产业化	内江市川威特殊钢有限公司	市三等奖
5	转炉少渣冶炼技术研究	成渝钒钛科技有限公司	市三等奖

【知识产权】 2016年，威远县实施知识产权培育、发展、普及行动计划，开展国家知识产权强县创建工作。全年专利申请量177件。其中，发明专利89件，占全部专利比重的50.28%；实用新型专利技术专利60件，占全部专利比重的33.90%；外观专利28件，占全部专利比重的15.82%。

组织申报省级专利实施项目7个，川威集团、内江华原、康而好动物药业等4个企业项目获省知识产权局专利实施项目立项支持；全年新增专利转化产值30.89亿元，比上年同期增长24.66%。

表30 2016年威远县专利申请统计表

月度	发明		实用新型		外观		合计		总计
	企业	个人	企业	个人	企业	个人	企业	个人	
1	3		8	4	6	3	17	7	24
2	2						2	0	2
3	1	1	1	1	1	2	3	4	7
4	1			4			1	4	5
5		1		1	1	3	1	5	6
6		1	1	2		1	1	4	5
7	6		7				13	0	13

续表

月度	发明		实用新型		外观		合计		总计
	企业	个人	企业	个人	企业	个人	企业	个人	
8	1	1	3	1		3	4	5	9
9	53	1	6	1		1	59	3	62
10	15	1		1		3	15	5	20
11		1	17				17	1	18
12			1	1	4		5	1	6
合计	82	7	44	16	12	16	138	39	177

表 31　　2016 年威远县专利授权统计表

月度	发明		实用新型		外观		合计		总计
	企业	个人	企业	个人	企业	个人	企业	个人	
1	1		3			1	4	1	5
2							0	0	0
3	1		3			3	4	3	7
4	2	1				1	2	2	4
5	2		4	1		1	6	2	8
6	1		3		1		5	0	5
7	2			3	3	1	5	4	9
8			2	1	4	2	6	3	9
9		1				1	0	2	2
10							0	0	0
11						1	0	1	1
12	1		7	2			8	2	10
合计	10	2	22	7	8	11	40	20	60

（唐国峰）

气象测报

【概况】 威远县气象局位于县城南塔山，北纬 29°31′，东经 104°40′，海拔高度 351.1 米，属国家二级气象站。主要业务地面气象要素观测、气象预测预报、气象服务、人工影响天气、农经网、气象科技服务（防雷、氢气球广告、气象专业有偿服务）。

2016 年，威远县气象防灾减灾中心建设纳入中国气象局项目库立项。全年地面测报质量错情率为 0.0‰，报表预审继续保持无错情；天气预报准确率不断提高，一般降水天气预报质量 85 分，重要天气预报质量 80 分；24 小时乡镇预报和 72 小时城镇精细化预报准确率不断提高。春节、元宵节、“五一”节、高中考等重大节日期间预报准确，气象保障服务及时。在县政府的春耕生产备耕会，县气象局做“威远县 2016 年春播农业气象条件分析”专题发言，在威远县委、县政府组织召开的“2016 年全县防汛抗旱工作会议”对年度汛期的气候趋势进行详细的预测分析，提出对策建议。完成全县中、小学校，易燃易爆场所、煤矿、重点企业等项目的防雷装置安全性能检测；依法开展氢气球的安全管理和施放活动；开展县水务局、供电局、川威集团以及涉农企业的专项气象服务。全年开展人工增雨作业 3

次和人影消污（雾霾）作业5次，发射BL-1型火箭弹36枚，作业效果明显，缓解农作物旱情，增加水库蓄水和保护生态环境。

【公共气象服务】 年内，县气象局开展公共气象服务，推动公共服务平台建设和气象短信平台建设，全县20个乡镇、7个政府部门和3个重点水库均建立公众服务账号并大力推广；专业有偿气象服务用户10家，加强与防汛、应急、国土、林业、农业等部门深度合作，与县应急办联合推进气象灾害应急认证准备工作，与国土局联合对地质灾害监测人员发布地质灾害预警信息；与林业局联合对护林防火人员发布森林火险预报信息；与农业局建立专家联盟，联合发布病虫害监测信息和种养殖大户的直通式农业气象服务信息，仅联合发布的信息和短信共计120余条，接收人次6万余次。全年发布各类重大气象信息专报、重要天气警报9期，发布预警信号57期，各类雨情通报和服务材料98期，向各级政府领导、相关单位领导、服务单位、村镇气象信息员发送手机短信250余条，8.5万余人次。

【气象为农服务】 年内，县气象局深化气象为农服务“两个体系”（农业气象服务体系和农村气象灾害防御体系）建设。把保障国家粮食安全作为气象工作的重中之重，传统农业气象服务有声有色。开展《春耕春播服务专报》《夏收夏种气象服务专报》《秋收秋种气象服务专报》，开展面向本地特色农业、专合组织、种养殖大户的“直通式”气象服务12家，并签订《直通式气象服务协议》。严格按照省局批复的《威远2016年“三农”专项实施方案》组织实施“三农”专项工作，全面完成建设任务。

2016年9月21日，县气象专家到新场镇开展科普惠民咨询服务 （县科协供图）

加强全县30个区域自动站的建设与运行管理，实行24小时监控，故障24小时内维护，全年数据传输到报率达99.5%，在全市排名第一。开展新场、小河等镇的气象灾害应急认证准备工作，同县应急办协作，加强乡镇应急工作指导，年底10个乡镇通过市气象局、市应急办检查验收，超额完成市下达的农业目标任务。

【气象防灾减灾体系建设】 2016年，县政府修订印发《威远县气象灾害应急预案》和《威远县地震应急预案》（威府办发〔2016〕145号）。全县20个镇政府制定气象灾害应急预案，313个村制定气象灾害应急行动计划，在全县气象灾害多发区、危险区设立警示牌，清楚标明气象灾害危害和转移路线；在气象信息服务站或村委会附近，建立室外公告墙、街头报刊气象信息宣传栏，增强公众气象防灾减灾意识和避险自救能力。

2016年年末，全县有10个气温、降水两要素气象自动监测站，4个气温、降水、风向、风速四要素气象自动监测站，16个降水单要素气象自动监测站。每天提供气温、降水的实时资料。

【气象科普宣传】 2016年，威远县气象局把气象科普工作纳入总体规划，制定科普宣传计划。印刷气象科普宣传单5万份，12月底制发8万册《威远县气象科普历书》，内容涵盖2016年威远的气候趋势预测、气象相关法律法规、气象防灾减灾知识、防雷知识，并给出提示性的建议和安排。3月23日，县气象局围绕2016年世界气象日主题“气候知识支持气候行动”开展多种形式的纪念活动。在县城中心街，悬挂条幅、宣传版面、并设立咨询台，发放《中国气象报》《气象科普历书》《雷电常识》等科普宣传资料。2016年5月12日是全国第八个“防灾减灾日”，县气象局参加县政府在县城滨河广场组织的防灾减灾日科普宣传活动。与严陵镇杉树坳社区联合开展“减少灾害风险、建设安全城市”为主题的街头宣传活动；7月21日，在新场镇开展气象防灾减灾培训会；9月27日，在高石镇中心校举办防震减灾科普讲座；分别发放手册1万余册、指南1万余册、挂图1万余张。

【主要天气气候事件】 2016年，威远县主要天气气候事件有暴雨、强降温、寒潮、道路结冰、霜冻、干旱、气温阶段性异常、阴雨寡照、大雾等。

暴雨　2016年汛期（5月至9月）降水的主要特点：威远汛期总降水量727.5毫米，属正常，仅比历年同期少4.6毫米，且降水总体较调匀，局地性暴雨、雷电、大风、冰雹等等灾害性天气发生频次较上年低。大雨开始期于5月9日较常年早，结束于9月19日接近常年；暴雨仅6月30日出现一次；入汛以来全县共发生区域性暴雨1次，局地性暴雨6次。

强降温　受北方冷空气南下影响，全县出现近30年以来最强的一次降雪天气过程。1月22日夜间至23日夜间全县普降瑞雪，积雪深度低山区普遍为8厘米~10厘米（最大积雪深度20厘米~30厘米），丘陵区普遍为3厘米~5厘米，县气象观测数据显示降雪量为7.5毫米。20日平均气温7.5℃，23日降至0.5℃，降幅达7℃。该次降温降雪为一次区域性天气过程，全县各监测站点中最低气温出现在山王，为-3.7℃，威远城区为-0.9℃。

寒潮　受北方冷空气南下影响，全县出现一次强寒潮天气过程，3月8日夜间至10日夜间全县普降小到中雨。7日平均气温20.9℃，9日平均气温降至12.3℃，48小时降幅8.6度，达到寒潮气象标准；10日平均气温9.0℃，过程降温达11.9℃。受北方冷空气南下影响，威远县再次出现一次强寒潮天气过程，11月21日夜间至23日夜间全县普降小雨。20日平均气温17.6℃，23日平均气温降至7.2℃，72小时过程降温达10.4度，达到寒潮气象标准。

道路结冰　1月23日至24日，受降雪天气影响，全县连续2天出现道路结冰。

霜冻　1月23日至25日，受降雪天气影响，全县连续3天出现霜冻天气；2月7日，全县出现霜冻天气。

干旱　2016年，全县干旱从出现种类、范围和影响程度来看均较轻，部分地方仅出现一般性的伏旱。8月中旬以来，全县气温异常偏高，出现晴热高温少雨时段。根据《威远县气候灾害实时监测系统》显示：截至8月29日20时，在全县31个干旱监测点中，除连界、山王、黄荆沟、铺子湾、两河等5个点外，其余26个监测点达到伏旱气象干旱标准。

气温阶段性异常　7月20日日平均气温30.6℃，7月21日日平均气温31.0℃，高温日月内高温日2天。8月内最突出的气候特征为13日至26日出现持续14天日平均气温>30℃或最高气温>35℃的高温天气，最高气温40.3℃。9月极端最低气温居历史同期高位：9月极端最低气温为18.5℃，居历史同期第2高位。10月极端最高气温超历史同期极值：10月极端最高气温为32.2℃，比累年同期极值31.3度高0.9度，超历史极值。

阴雨寡照　4月6日至30日，连续25天威远天气处于多雨模式且多夜雨，全县≥0.1毫米的降雨日数多达16天，较常年偏多4天。无日照天数为10天。9月≥0.1毫米的降雨日数18天，有11天有日照，18天无日照时数。10月≥0.1毫米的降雨日数12天，有9天有日照，22天无日照时数。

大雾　全年出现大雾13天，比2015年多4天。

（陈小能）

文　化

综　述

【概况】　2016年，威远县文化广电体育新闻出版局（简称县文广体新局）贯彻落实科学发展观，在实施文化强县、提升城市软实力的过程中把实现和保障公民基本文化权益作为第一要务，着力完成政府民生实事，组织艺术精品创作，坚持文化惠民工程，推进基层文化建设，规范市场文化秩序，努力搭建文化产业发展平台，开展文化遗产保护工作，深化文化体制改革和队伍建设，推动全县文化事业的繁荣发展，促成文化发展成果共享。全年免费放映农村公益电影3844场次（含54个贫困村648场次）；县图书馆、文化馆、罗世文烈士史料陈列馆、体育馆及20个镇综合文体站全部免费开放，接待群众超过10万人次；完成313个农家书屋及61个社区书屋的图书补充更新及上架工作。新建26个贫困村阅报栏，完成54场贫困村文化惠民演出。开展“庆元旦”读书和播放优秀影片活动，举办迎新“牛灯舞”表演和武术会演，举办“我们的节日·清明节”主题文化系列活动。举办“威远大讲堂”6期，开展关爱农村留守学生（儿童）活动。组织全县各镇120余名农村留守学生（儿童）到县图书馆参与寒假少儿新书推荐活动，放映罗世文烈士事迹展播片。“六一”儿童节，图书馆精选700余册新书上架供小朋友阅读，并向优秀的小读者赠书100册和节日小礼物。参加内江市幸福文化广场·2015年优秀文艺节目展演、内江市《幸福文化广场》街舞拉丁舞展演。组队参加“欢跃四季·舞动天府”四川省第二届百姓广场舞大赛。《梦幻羌寨》荣获一等奖、最佳服装奖，《吉祥藏历年》荣获优秀奖。

2016年4月26日，威远县选送节目《梦幻羌寨》荣获四川省第二届百姓广场舞大赛一等奖　（县委宣传部供图）

【文化市场监管】　年内，县文化执法大队做到日常巡查、检查笔录纸质和电子平台对接，保障行政执法的公开透明。全年办件无拖延，案件办结率达100%。办理的审批事项，没有一件群众投诉的，群众满意率达100%。集中开展校园及周边文化市场集中整治行动2次，出动执法人员105人次，共收缴盗版教辅教材126本，盗版图书38本；加强网吧巡查，累计出动执法人员345人次，检查文化经营场所298家次，处罚违规经营网吧12家，责令整改12家，罚款金额共计1.9万元。加强新闻出版行业监管，累计出动执法人员184人次，检查出版零售商家81家次，立案3家，责令整改3家，累计罚款2000元。加强歌舞娱乐场所、电影放映场所、文物市场等其他场所检查，累计出动执法人员195人次，检查单位110家次。开展“扫黄打非”五大专项行动（“清源”“净网”“护苗”“秋风”“固边”五项专项行动），查缴个人非法销售出版物领域立案1起并处罚款处罚。查缴销售盗版教辅教材领域立案1起。以开展“两会”期间出版物市场专项清查为重点，推进“秋风2016”“净网2016”“护苗2016”“清源2016”和“固边2016”，学校周边200米以内无经营性网吧、电子游戏厅等现象。

（官宇宁）

【威远县图书馆】　威远县图书馆位于青龙山公园路，全年364天免费开放。县图书馆文献资源40万册，纸质图书期刊151种、报纸22种，阅览座位240席。为读者提供报刊阅览、期刊外借、图书外借、地方文献资料查询、课题服务、上网、自习、培训、讲座、展览和读者活动等服务。少儿部有1.9715万册图书及绘本。图书流动车服务的流动图书站点5个。全年办理读者证542个，累积办证5230个，年内接待读者8万人次，文献外借5万册次。面向市民举办免费读者活动28场，威远大讲坛免费公益讲座4场，展览1场，受益群众超20万余人次。地方文献网站点击率12万人次。

（兰云舰）

文化惠民

【公共文化服务体系建设】　年内，威远县新建新店、靖和2个省级文化示范站，按照每个示范站50万元的标准为2个镇配送电脑、图书、健身器材、户外大型LED屏、办公家具、电视、投影仪等设备。在向义镇四方村试点建设威远县首个中心书屋。完成313个村、61个社区宽带网络招投标工作，由四川广电网络公司威远分公司负责安装。完成66个村文化活动室和16个村电子阅览室设备设施的配送、安装、验收工作。全县实现313个村文化活动室全覆盖，村电子阅览室建成30个。

【群众文化活动】　2016年，全县全年举办4场“文化四季风”活动；县川剧团举办15场“月月看大戏”川剧免费演出活动；县文化馆开展12场“送文化下乡”演出活动；县图书馆举办6次“威远大讲堂”公益讲座；镇西镇元宵烟火晚会，新场镇“翔龙节”活动，越溪镇春节“牛灯舞”演出成为全县文化品牌活动；20个镇文化站组织精彩的文艺节目到村、社区、学校、企业演出，全县各类文化惠民活动共开展210场，参与群众达10万人次。

【文化精品工程】　2016年4月，县文化馆编排的舞蹈《梦幻羌寨》获省第二届广场舞大赛冠军并获最佳服装奖，《吉祥藏历年》获优秀奖。《梦幻羌寨》获首届“舞动川南”广场舞邀请赛总决赛一等奖。参加市文广新局、市妇联主办，四川电视台承办的“甜城甜女”舞蹈大赛，《吉祥藏历年》《梦幻羌寨》均荣获一等奖。县作协组织会员参加四川省第二届农民工原创文艺作品大赛，刘瑜的《奥特曼》荣获儿童文学二等奖、冷文英的《打工的小屋》荣获散文类二等奖；胡卫东、伍万华、樊碧贞的作品分别荣获小说、诗歌类优秀奖。散文、儿童文学创作在省级获奖平台上实现突破。

（官宇宁）

文化遗产保护

【非物质遗产保护】　2016年3月18日，蒋茂萍被四川省文化厅认定为“四川省第六批省级非物质文化遗产代表性传承人”。6月3日，石坪山歌传承人蒋茂萍参加中央电视台“美丽中国乡村行”大型专场文艺演出节目录制，登上央视舞台。5月6日，新场镇上游村“翔龙节”被内江市人民政府命名为“内江市第五批非物质文化遗产”。截至2016年年末，威远县共有省市县级非遗项目10项，其中：省级非遗项目3项（越溪“牛灯舞”、观英滩“石坪山歌”、镇西“周萝卜”酱菜工艺），市级非遗项目5项（八卦鸳鸯酒酿造技艺、工笔蝴蝶画技艺、王氏传统中医骨伤科学（正骨）、“黄老五”花生酥制作技艺、新场“翔龙节”，县级非遗项目2项（朝天椒漫画技艺、连界镇“抬工号子”）。

（孙　斌）

【文物保护】　年内，县文管所完成《威远钢铁厂旧址文物保护的建议》；完成红村石油会战指挥部旧址修复方案；协助完成静宁寺申报进入中国传统古村落名录。截至2016年年末，县域内有文物点693处，其中全国重点文物保护单位0处，省级文物保护单位10处，市县级文物保护单位13处，其中年内新增县级文物保护单位1处（威远钢铁厂旧址）。

表 32 截至 2016 年年末威远县县级以上文物保护单位一览表

序号	文物保护单位名称	公布时间	保护范围	时代	地址	类别
1	龙会七七抗战建国纪念碑	1983 年	保护范围：从该纪念碑基边沿向东、南、西、北各 10 米之内。控制地带：从保护范围界边向东、南、西、北各 20 米之内	1944	龙会镇龙会村	近现代重要史迹及代表性建筑
2	镇西抗日阵亡将士纪念碑	1983 年	保护范围：从该纪念碑基边沿向东、南、西、北各 3 米之内；控制地带：从保护范围界边向东、南、西、北各 10 米之内	1940	镇西镇团标村	近现代重要史迹及代表性建筑
3	傅品三墓	1983 年	保护范围：从该墓封丘边沿向东、西各 6 米，南、北各 12 米之内。控制范围：从该保护范围界边向东、南、西、北各 10 米之内	1966	庆卫镇跳石河村	近现代重要史迹及代表性建筑
4	杨绍南墓	1990 年	保护范围：从该墓封丘向东 4 米、向西 2.5 米，南、北各 8 米之内。控制范围：从该保护范围界边向东、南、西、北各 10 米之内	1916	新场镇万祥村	近现代重要史迹及代表性建筑
5	天宝沟牌坊	2010 年	保护范围：以牌坊基座为界外延 5 米为保护地带；控制范围：以保护地带外延 50 米为控制地带	清道光二十七年（1847）	东联镇天宝沟村	古建筑
6	小河贞节牌坊	1990 年	保护范围：从该牌坊柱基向东、南、西、北各 5 米之内。控制地带：从该保护范围界边向东、南、西、北各 20 米之内	清光绪十七年（1891）	小河镇牌坊村	古建筑
7	观英滩牌坊	1990 年	保护范围：从该牌坊柱基向东、西各 10 米，南、北各 5 米之内。控制地带：从该保护范围界边向东、西各 100 米、南、北各 30 米之内	清道光七年（1827）	观英滩镇观英村	古建筑
8	李白渡太平桥	2010 年	保护范围：以桥基为界外延 5 米为保护地带。控制范围：以保护地带外延 50 米为控制地带	不详	两河镇新国村	古建筑
9	魏洪冕墓	1990 年	从该墓封丘边沿向东、西各 13.5 米；南，北各 12.5 米范围为保护范围。从保护范围边沿外东 40 米、南 20 米、西 10 米、北 25 米范围为建设控制地带	明	严陵镇西山村	古墓葬
10	夏彦俊墓	2010 年	保护范围：以墓基为界外延 10 米为保护地带。控制范围：以保护地带外延 50 米为控制地带	清嘉庆十八年（1813）	山王镇象鼻村	古墓葬
11	张涤痴墓	1983 年	保护范围：从该墓封丘边沿向东、南、西、北各 5 米之内。控制范围：从该保护范围界边向东、南、西、北各 15 米之内	1968	新店镇永红村	近现代重要史迹及代表性建筑

续表

序号	文物保护单位名称	公布时间	保护范围	时代	地址	类别
12	威远建城碑	1983 年	包括在威远城墙的保护范围内	清乾隆三十三年（1768）	严陵镇北街	石窟寺及石刻
13	威远钢铁厂旧址	2016 年	保护范围：东部以 1 号高炉东侧公路西边沿为界；南部以宝溪河北岸为界；西部以民国烟囱向西 20 米为界；北部以 1、3 号高炉北侧公路南边沿为界。建设控制地带：以保护范围为基础向东西南北四面外延 7 米为界	1929 年	威远县连界镇	近现代重要史迹及代表性建筑

表 33　　截至 2016 年年末威远县省级文物保护单位一览表

序号	文物保护单位名称	公布时间	保护范围	时代	地址	类别
1	静宁寺建筑群	2007 年	保护范围：静宁寺围墙外 2 米至 7 米以内。控制地带：从保护范围界边向东、南、西、北各 50 米以内	明-清	向义镇静宁村	古建筑
2	佛尔岩摩崖造像	2007 年	保护范围：佛尔岩寺庙围墙外 2 米之内。控制地带：从保护范围界向东、南、西、北各 50 米以内。	唐	东联镇佛尔岩村	石窟寺及石刻
3	胡驭垓烈士墓（烈士胡驭垓殉国处）	2007 年	保护范围：该墓石栏以外东、南、西、北各 2 米以内。控制地带：从保护范围界以东、南、西、北各 30 米以内	1921	严陵镇东风村（严陵镇小东街）	近现代重要史迹及代表性建筑
4	威远白塔	2007 年	保护范围：从该白塔塔基边沿向东 130 米、南 80 米、西 14 米、北 62 米以内。控制地带：从保护范围界向东 25 米、南 120 米、西 60 米、北 25 米以内。	清嘉庆十二年（1807）	严陵镇塔山村	古建筑
5	红村石油会战旧址	2012 年	保护范围：大会堂旧址外延 10 米。电话室、招待所、办公室各外延 10 米。建设控制地带：东至办公室建筑保护范围向外延伸至荣威路西边沿，南至原招待所建筑保护范围南边缘延伸 70 米，西至大会堂旧址保护范围西边缘延伸 70 米，北至大会堂旧址保护范围北边缘延伸 70 米	1964	新场镇红村村	近现代重要史迹及代表性建筑
6	威远煤矿小火车和窄轨铁路	2012 年	保护范围：车站以围墙为保护范围；黄泥段铁轨以轨道为准向两方延伸 5 米。控制地带：车站控制地带以围墙为界外延 10 米为控制地带。铁轨以保护范围为界外延 10 米为控制地带	1961	黄荆沟镇胜利街	近现代重要史迹及代表性建筑
7	罗世文故居	2012 年	保护范围：从该故居墙基向东、南、西、北各 10 米内。建设控制地带：东至办公室建筑保护范围向外延伸至荣威路西边沿，南至原招待所建筑保护范围南边缘延伸 70 米，西至大会堂旧址保护范围西边缘延伸 70 米，北至大会堂旧址保护范围北边缘延伸 70 米	1904	向义镇解放村	近现代重要史迹及代表性建筑

续表

序号	文物保护单位名称	公布时间	保护范围	时代	地址	类别
8	威远穹窿山寨群	2012年	保护范围：以山寨四周山脚底为界外延5米为保护地带。控制范围：以保护地带外延70米为控制地带	清	越溪镇、两河镇勇敢村	古遗址
9	老君山摩崖石刻	2012年	以山脚周边山崖为界，保护范围为南、西、东三方各向外30米，北向外20米。控制地带以保护范围为界，外延70米	清	镇西镇老君村	石窟寺及石刻
10	威远城墙	2012年	保护范围：该城墙的内墙基以外2米。至外墙基以外1.5米。控制地带：从保护范围界以外10米以内	清乾隆三十三年（1768）	严陵镇北街	古建筑

（徐　超）

档案管理与编研

【概况】 2016年，县档案局（馆）形成《威远县精准扶贫档案整理方法》，并向全县推行，建立示范点1个。指导县卫计局、县农林局在机构改革后档案的收集、交接和整理归档工作。机关档案室、科技事业单位、企业档案工作规范化管理工作，重大建设项目档案监督管理持续推进。完成16790卷国家重点档案信息普查，启动民国档案文件级目录数据采集工作。全年接待查档人员6675人次，提供9828卷次，利用8541卷次，复印14852件24818页，出具证明712件。

【行政执法与政策法规宣传】 2016年，县档案局开展行政权力责任清单和非行政许可审批事项清理工作；完善行政权力依法规范公开运行平台建设，录入11条行政事项，保障行政相对人的权益。开展档案执法检查，查处利用者涂改馆藏档案案件1件，并依法作出行政处罚。配合县人大办分别对县教育局、县住建局、新场镇、铺子湾镇、东联镇等5个单位开展《中华人民共和国档案法》实施情况检查工作。以国际档案日为平台，结合档案业务指导工作，开展“档案与你相伴”主题活动，设立展板、咨询台进行馆藏珍品档案、《中华人民共和国档案法》《监察部、人力资源和社会保障部、国家档案局〈档案管理违纪违法行为处分规定〉》等档案法律法规宣传。

【重大建设项目档案】 年内，县档案局从项目建设的立项入手，定点监督指导重大建设项目档案工作，做到档案的收集、整理工作与工程建设同步进行。年内对威远县二环路西北段改扩建工程项目（一期）和威远穹窿旅游（一期）工程2个在建省市重点项目进行档案登记、管理，指导，检查10个项目，对威远大道道路工程（A、B线）、威远县公路安保工程（路侧护栏）项目、省道207线威远至自贡段路面大修二期工程项目、威远县婆城公园及配套道路建设工程、威远县锦园东街及天域路道路工程建设项目等4个重大建设项目进行档案专项验收。

【园区档案管理】 年内，县档案局抓好园区管委会的档案工作，指导连界、严陵工业园区做好档案的收集、整理与日常管理工作，2个园区档案完成立卷归档。指导镇西工业园区建立规范化档案室，做好档案收集工作；加强园区档案监管，园区管委会对入驻企业进行档案的指导与监督，组织入住企业学习《企业文件材料归档范围和档案保管期限规定》，规范入驻企业的档案工作。

【企事业单位档案工作】 年内，县档案局对12个企业、事业单位档案工作进行业务指导，实地察看档案室，了解档案管理、整理情况，对存在的问题及时与单位领导交换意见，落实整改措施。根据各单位的实际情况，制定档案规范化管理的具体方案，确保经济科技档案规范化管理工作顺利开展。对严陵镇中心学校、威远中学、严陵中学、威远县第一初级中学、河北街小学、威远县第一幼儿园等6所学校的档案工作进行业务指导，实现学校档案工作规范化管理；对四川劲力置业有限公司、成渝钒钛科技有限公司、内江市川威特殊钢有限公司、内江市万顺运业有限公司等4个非国有企业，威远投控集团、四川省有线广播电视网络股份有限公司威远分公司等 2 个国有企业的档案工作进行业务指导。

【档案资源体系建设】 年内，县档案局建立健全县档案馆检索体系，加强威远县档案资源网建设，满足政府信息公开要求，强化业务咨询、网上查档（部分民生档案目录可查）、档案文化展示等功能，及时更新网站内容。根据《威远县档案馆档案资料接收范围规定》，做好到期档案的接收进馆工作。全年接收 3 个单位档案 512 卷以及地方特色史料 43 卷（册）进馆。

（曹　卫）

史志编纂

【概况】 2016 年，威远县史志办公室启动《中国共产党威远执政实录》编纂工作，收集资料 65 万字，初编后 50 万字；完成 2015 年和 2016 年上半年的《中共威远县历史大事记》编写工作。上报《内江年鉴》《四川年鉴》资料各 2500 字、图片共 6 幅。报送《内江红色旅游》和《四川革命烈士诗文选析》材料。其中，威远籍烈士罗世文的书信与诗文、沈文林的日记入选中共四川省委党史研究室编著的《四川革命烈士诗文选析》。开展“史志进机关”活动，与威远县文化广电体育新闻出版局联合打造“罗世文烈士史料陈列馆”为党史进机关示范点。“红色记忆・辉煌成就——庆祝中国共产党成立 95 周年”专题橱窗展在婆城公园举办，用 2000 余字、60 余幅图片展示中共威远地方组织组建与活动的重大事件，呈现党领导下的威远县在经济建设、政治建设、文化建设、社会建设、生态建设五个领域

2016 年 8 月 4 日，省委党史研究室副主任江红英（前排中）到威远县调研　（汪明摄）

中取得的显著成绩。征集《张氏族谱》《武城曾氏族谱》等 12 部族谱，征集知识青年上山下乡的相关老照片 189 幅、名人手稿 10 册和资料 20 万字。与威远县纪委联合编印首本廉洁教育读本——《勤廉典范 光照千秋》，联合打造内江市廉洁教育示范基地。与威远县新场中心校联合编写校本教材《美丽新场》《彩龙飞舞》。参与南部乡村大环线旅游开发和文化打造，在界牌镇中坝村建成威远县知青纪念馆。参与婆城公园总体规划修编和石板河 AAAA 级景区建设，为威远旅游开发提出建设性意见，3 条意见被采纳。参与“穹窿古寨”课题调研，撰写调研文章 1 篇，并获全市社科课题二等奖。与政协四川省威远县委员会联合编写《山乡记忆——威远县知识青年上山下乡始末》。

坚持办好威远史志网，定期更新栏目内容，网站点击量逾 39 万人次。每周通过威远史志微信公众号推送 2 条信息，宣传史志工作和威远动态。微信传播指数排名 WCI 在威远党政系统和全国史志系统的微信公众号中名列前茅。推进史志“七进”活动，开展史志“进农村”，结合精准扶贫工作，参与联系帮扶村村文化室建设；打造党史“进校园”示范点，2016 年 4 月在新场镇中心校开设党史和地情课。加大网络信息报送，工作信息和地方志研究文章先后在《中国地方志通讯》《巴蜀史志》《内江日报》《内江史志》等媒体上刊载。

【威远县史志工作座谈会】 2016 年 2 月 25 日，威远县史志工作座谈会在县委小礼堂召开。会议总结 2015 年史志工作的亮点并提出 2016 年工作思路，表彰陈廷德、李宇时、李东等 3 名优秀特聘史志研究员。会议对《威远县史志办公室 2016—2020 年党史地方志事业发展规划（草案）》进行意见征询。县特聘史志研究员从关心和支持史志工作发展的角度积极建言献策。县四套班子分管领导参会，特聘史志研究员、相关单位代表共 30 人参会。县委常委、县总工会主席李磊对史志工作给予充分肯定。

【省委党史研究室领导到威远调研】 2016 年 8 月 4 日，省委党史研究室

副主任江红英率队到威远调研。调研组一行参观罗世文烈士史料陈列馆、威远县民俗馆、无花果文化馆、四方村村史馆，江红英对威远党史工作给予肯定，认为威远在党史成果运用、党史宣传教育等方面走在了全省的前列，值得总结推广。

【《威远年鉴（2015）》出版】 2016年3月，由威远县人民政府主办，威远县史志办公室编纂的《威远年鉴（2015）》出版发行，系总第5卷。采用国际标准大度16开，为889毫米×1194毫米，全彩印刷。保持年鉴框架结构总体稳定，设9个部类、36个类目，拓展年鉴信息资料的广度和深度，设条目1030个，总字数75万字。增加图片数量，录用图片164幅，其中，公益彩页31幅、正文图片124幅、栏目页图片9幅；设表格63张。出版《威远年鉴》电子版。该书由中国文史出版社出版发行。

（樊碧贞）

主要文艺团体

【威远县摄影家协会】 2016年，威远县摄影家协会召开理事会3次。新增会员7人，共有会员99人。其中省摄协会员8人、市摄协会员12人。举办摄影培训1次，开展“威远雪景”“威远夜景”“威远风光”等专题摄影作品交流4次。组织理事会成员到资中、简阳等地开展交流3次。10月，制定《摄影家协会年度创作奖（试行）办法》。12月上旬，组织理事会成员学习习近平总书记在中国文联第十次全国代表大会、中国作协第九次全国代表大会上的重要讲话。

2016年9月23日，《中国国家地理》特约摄影师吕玲珑（中）到威远采风 （徐宏伟摄）

协会全年开展12次采风创作活动。其中：2月20日，组织到镇西拍摄闹元宵活动；2月22日，组织到新场拍摄出龙烧花；3月25日，组织部分会员到金川县拍梨花；4月23日，组织到向义、新店镇的制造生产企业等地开展农行杯摄影采风；5月15日组织到镇西工业园区企业摄影采风；5月20日组织到俩母山银花山庄、牛脑壳、越溪凤凰寨、观英滩云台寺等地采风；6月5日组织会员到自贡参加佳能大篷车摄影讲座、器材展示活动；9月6日，组织部分理事会成员到内江大千美术馆，参加县美协举办的美术作品开幕仪式；9月10日，组织会员到青山村二峨山、俩母山鸡冠石、连界五堡墩采风；9月29日至10月2日，组织部分会员到银花山庄、俩母山、新场镇、慈菇塘、长沙湖、二峨山等地跟随拍摄，由银花山庄主办，由外国医学专家组成的医疗小组为当地村民开展的义诊参观游览活动；10月21—31日，组织部分会员到川西理塘、稻城、巴塘、新都桥等地采风创作；11月15日，组织部分理事会成员到大冲村、四方村、船石村，参加由内江市文联组织开展的美丽乡村行采风创作活动。组织摄协会员参加由内江市委农工委、内江市文联主办的“魅力三农·幸福内江”主题摄影大赛，56人次获奖。利用兰草街、婆城公园的摄影展览橱窗，先后举办威远第二届无花果摄影大赛获奖作品展、威远县“农商银行杯”摄影大赛获奖作品展。正月初三在县城婆城公园开展“威远穹窿风光会员摄影作品展”。

据不完全统计，2016年，县摄影家协会会员参加省级以上大赛获奖（入展）14人次。

表34　2016年威远县摄影作品获省级以上奖项（入展）一览表

序号	摄影作者	获奖作品名	赛事名称	主办单位	奖次
1	余远文	《爱的传递》	“光影与梦想”全民摄影大展	教育部中国成人教育学会	二等奖

续表

序号	摄影作者	获奖作品名	赛事名称	主办单位	奖次
2	夏向前	《耕耘》	首届全国历史沉淀的美丽村落摄影大赛	教育部社区教育研究培训中心	二等奖
3	王金华	《龙的传人》	首届全国历史沉淀的美丽村落摄影大赛	教育部社区教育研究培训中心	三等奖
4	李八中	《黄河之母》	黄河流域九省区第十届“大河上下·家乡情怀”优秀艺术摄影作品展	中国艺术摄影学会 青海、甘肃、四川、宁夏、内蒙古、陕西、山西、河南、山东九省（区）文化厅	入展
5	谢　冰	《闹春》	“光影与梦想”全民摄影大展	教育部中国成人教育学会	优秀奖
6	夏向前	《云上天路》	第二届全民摄影大展	四川省职业教育与成人教育学会	一等奖
7	曾　鸣	《建工风采》	第二届全民摄影大展	四川省职业教育与成人教育学会	三等奖
8	熊国炳	《收获的喜悦》	第二届全民摄影大展	四川省职业教育与成人教育学会	优秀奖
9	冷国文	《亮色》	第二届全民摄影大展	四川省职业教育与成人教育学会	优秀奖
10	冷国文	《万丈高楼从地起》	四川省第十七届摄影大会影展	中国西南摄影联展组委会、四川省摄影家协会、西昌市政府	入展
11	杨宗品	《大美穹窿水墨山乡》	“大美四川——首届党员风采杯”机关摄影大赛	四川省直机关工委	二等奖
12	蒋安达	《心声》	“大美四川——首届党员风采杯”机关摄影大赛	四川省直机关工委	三等奖
13	曹世俊	《白塔晚霞	“大美四川——首届党员风采杯”机关摄影大赛	四川省直机关工委	三等奖
14	虞崇宁	《搏击》	2016金鼎杯全国手机网络摄影大赛	湖南景辉文化传媒公司	优胜奖

（夏向前）

【威远县作家协会】 2016年，威远县作家协会（简称县作协）有会员128名（其中市作协会员20人、省作协会员5人）。5月22日，按照协会章程制定会议议程，召开第七次会员代表大会暨换届选举大会，报告五年工作情况，公开协会财务状况，公布候选人名单，投票选举产生新一届协会领导成员，余向红当选为威远县作家协会主席，完成换届工作。年内，组织开展文学采风活动8次，会员创作稿件90余篇（首）。与县外事侨务旅游局联合举办的“2015年威远县景区景点游记、文化故事”征文比赛评选揭晓，评出一等奖2名、二等奖4名、三等奖8名、优秀奖40名。其中县作协冷国文、徐淑英、崔海斌等17名会员分获二等奖2个、三等奖5个，优秀奖33个。与县教育局、共青团威远县委员会、金四方果业有限公司联合组织“金四方杯中国无花果之乡全国征文大赛”，共收到来自重庆、山东、内蒙古、河北、江苏、浙江等10余个省市的征文作品285篇，评选出“成人组”一、二、三等奖及优秀奖19篇，“学生组”一、二、三等奖及秀奖38篇。其中县作协会员李兰英的诗歌荣获成人组一等奖。巩固“两刊一网一论坛”4个平台，推动威远文学事业的发展。据不完全统计，县作协会员在《小说选刊》《小小说选刊》《百姓故事》《星星诗刊》《教育导报》《蜀南文学》《内江日报》等公开报刊发表作品 100 余件，荣获各级奖项 50 余人次。其中：刘瑜的《奥特曼》荣获儿童文学二等奖、冷文英的《打工的小屋》荣获散文类二等奖；胡卫东的《小球球奇遇记》、伍万华的《在那遥远的小山村》《放飞梦想》、樊碧贞的《民工王小朋》《四合院里的黄丝蚂蚂》分别荣获小说、诗歌类优秀作品奖。胡卫东创作出版方言长篇小说《王二哥歪传》。陈良、罗秀松、石建希荣获首届"内江文学贡献奖"，罗先成、余向红、张道余等 12 人作品入围；樊碧贞的《民工王小朋》被《小说选刊》选载。威远县作家协会被县委宣传部、县文联评为"2015 年度县文联系统先进协会"，胡卫东、杨俊德、樊碧贞被评为"2015 年度威远县优秀文艺工作者"。

2016 年 5 月 22 日，县作协为"逐日文学奖"获奖作者颁奖　崔海斌摄

表 35　　2016 年威远县文学作品发表及获奖情况一览表

序号	作　者	文学作品名	发表刊物及获奖情况
1	陈辉忠	《一袋无花果干》	《内江日报》
		《团山泥》	首届内江文学贡献奖（1998—2015）入围奖
2	陈小丰	《留在时光里》	《内江日报》
3	陈　良	《中国乡官》	首届内江文学贡献奖（1998—2015）
		《绝非偶然》《等一朵花开》《弧形的哨音响起》《微散文六篇》	《内江日报》
4	戴超吾	《咏桂》（两首）	第三届中外诗歌散文邀请赛二等奖
5	樊碧贞	《湖光春色迷人眼》《信使》《石壁上的长歌》	《内江日报》
		《我们陪着你》《一个老兵的签名》《乡村种稻的父亲》	《雪化后是什么》
		《一个老兵的签名》	《初中语文 漫·阅读（爱到永远）》
		《鸟鸣》	《初中语文 漫·阅读（半塘月影）》
		《一个老兵的签名》	《人生没有地图》
		《民工王小朋》	2016 武陵"德孝廉"杯·全国微小说精品集
		《四合院的黄丝蚂蚂》《民工王小朋》	"非常梦想"四川省第二届农民工原创文艺大赛优秀作品奖
		《民工王小朋》	《小小说选刊》2016 年第 6 期
		《民工王小朋》	《小说选刊》2016 年第 9 期
		《一个老兵的签名》	首届内江文学贡献奖（1998—2015）入围奖
		《铜唢呐》	微型小说一千零一夜（第八卷）
		《填上你的名字》	微型小说一千零一夜（第九卷）
		《花逝》	微型小说一千零一夜（第十卷）

续表

序号	作　者	文学作品名	发表刊物及获奖情况
6	更　夫	《鹰唱》	《课堂内外：初中生阅读（D 版）》2016 年 12 期
7	胡卫东	《风雪夜归人》《最后的摆渡人》《买书的往事》《一只小小鸟》	《内江日报》
		《神奇的桃花岛》《我家有个狗“乖乖”》	《内江晚报》
		《小球球奇遇记》	“非常梦想”四川省第二届农民工原创文艺大赛优秀作品奖
8	黄　英	《蕨箕草的山坡》	《内江日报》
9	冷国文	《到 W 城有多远》	首届内江文学贡献奖（1998—2015）入围奖
10	冷文英	《打工的小屋》	“非常梦想”四川省第二届农民工原创文艺作品大赛散文二等奖
11	刘　瑜	《奥特曼》	“非常梦想”四川省第二届农民工原创文艺作品大赛儿童文学二等奖
12	李晓容	《大山深处》	《内江日报》
13	罗秀松	《欺世虎狼》	首届内江文学贡献奖（1998—2015）
14	吉树奎	《黄昏写意》《我是流水养活的人》《农家》《泪水，一直在流》《温度》《一个人的仰望》《星光缝制了一双绣花鞋》《蘸一抹夜色》《窗台上，菊花开了》《雪落纸上》《前世叫雨，今生叫水》	《内江日报》
		《雪落无声》	《千红文学报》
		《一个人的远方》《经过一个苹果》	《星星》诗刊 2016 年第 8 期
15	石建希	《最后一夜》	《微型小说选刊》2016 年第 19 期
		《他心诀》	《微型小说选刊》2016 年第 24 期
		《世相小记》	首届内江文学贡献奖（1998—2015）入围奖
16	杨红英	《冬天的河口水库》《买花趣事》《周末大餐》《到底该怎样活——读格非的〈春尽江南〉》《邂逅那一碗铺盖面》《赶场的快乐》《芍药心》《栀子花语》《伫立在乡间的文字信仰》《地瓜的味道》《背篼里的世界》	《内江日报》
		《冬天的河口水库》	《教育导报》
		《探访杨家寨》	《内江晚报》
		《我是一根白发》	首届内江文学贡献奖（1998—2015）入围奖
17	杨俊德	《从中年吹来的风——吉树奎诗歌赏析》《冬》《五月》《登云台寺》《无花果随想》《致远行的朋友》《九月的阳光》《茶几上的绿掌》《黑凼子的眼眸》	《内江日报》
		《探访临江寺》	首届内江文学贡献奖（1998—2015）入围奖

续表

序号	作　者	文学作品名	发表刊物及获奖情况
18	伍万华	《在那遥远的小山村》(小说) 《放飞梦想》(诗歌)	“非常梦想”四川省第二届农民工原创文艺作品大赛优秀作品奖
19	徐淑英	《话说连界山水》《想起那场打乱计划的雪》	《内江日报》
20	余　宾	《稀罕一碗面》《外公的书柜》	《内江日报》
21	余向红	《团圆的烟花》	首届内江文学贡献奖(1998—2015)入围奖
22	殷崇高	《眼泪的味道》	首届内江文学贡献奖(1998—2015)入围奖
23	张道余	《戒指上的微雕》	首届内江文学贡献奖(1998—2015)入围奖
24	张永康	《心狱解码》	首届内江文学贡献奖(1998—2015)入围奖
25	古　石	《简单的事情》	首届内江文学贡献奖(1998—2015)入围奖
26	罗先成	《拔白发》	首届内江文学贡献奖(1998—2015)入围奖

(樊碧贞)

【威远县书法协会】 2016年，威远县书法协会坚持党的文艺方针，坚持培养书画人才，坚持以书法活动为载体，组织开展庆“六一”儿童书画习作展。县书法协会选送学员作品参加市关工委举办的“大千故里·文化内江”万名青少年书画艺术培训暨竞赛活动2016年留守儿童金秋友谊书画培训活动，宋欣冀获美术组一等奖，陈彦余获书法组一等奖。组织部分会员参加全员性的书法培训及市文联组织的文艺骨干培训，参加内江市纪念红军长征胜利80周年书法展。

(廖　玲)

【威远县诗词学会】 2016年，县诗词学会有会员82人，其中省级会员7人、市级会员24人。年内，学会组织换届选举，选出新一届领导班子。刘劲秋当选为诗词学会会长。

年内，出版《清溪浪花》500册。与接官宁社区联合举行庆祝“三八”国际妇女节“文艺联谊活动”。清明节，组织到罗世文烈士史料陈列馆参观，祭奠革命先烈。“五一”节开展送文化下乡，为山王镇白龙村赠送图书50本，赠送书画25幅，演出文娱节目16个。组织会员到威远风景区老君山、俩母山、芦高山采风。举办诗歌进校园，到小河镇复立学校讲解“怎样写诗歌”。举办诗歌进“威远大讲堂”，袁成援讲格律诗词写作，崔海斌演绎“石坪山歌”。吴炳康的微型诗《蜜蜂之恋》、王良诚的七律《庆祝建党95周年》载《四川老年书画报》。刘劲秋五言律诗《葫芦春景》、词《行香子·白龙新村》，刘清菊七言律诗《颂菊》《忆父》，贺十康七言绝句《石板河》《山溪》，周福祥七言律诗《百卉赞》，胡明才词《行香子·故乡恋》《面乡子·骑龙坳采风》入登《巴蜀诗词》(总第23期)。组织会员参加“金四方杯”中国无花果之乡全国征文大赛，李兰英的《无花果枝头布满金色的阳光》荣获一等奖，曾莲荣获三等奖、崔海斌《无花果礼赞》和杨俊德《无花果的盛宴》荣获优秀奖。戴超吾的《咏桂二首》在第四届“相约北京”全国文学艺术大赛中荣获二等奖。

(刘劲秋)

【威远县镇西文学艺术协会】 2016年，镇西文学艺术协会召开2次理事会，根据人事变动，充实调整理事会成员，增补程建、童敏芝为副会长，调整文学、摄影、书画组长。全年发展新会员10名，会员人数170余人。建成协会网站(http://www.wyxzxwx.com)，为宣传“四个镇西”建设(商贸镇西、生态镇西、宜居镇西、文化镇西)和会员交流学习及发表作品提供平台。组织骨干会员深入基层、企业、农村开展采风，真实地反映社会生活，颂扬时代精神。2016年1月，与内江市文学艺术界联合会在镇西镇大街上联合开展写春联、送“福”活动，共送出1000余副春联；举办2016年“农商银行杯”闹元宵文艺焰火晚会，出演包括舞蹈、独唱、小品、方言等20余个节目；组织文艺舞蹈组的节目参加市、县的各种活动并获奖；到秧田、铜锣、五星村开展扶贫惠民文艺演出共3场；创作文学作品30余篇、摄影作品100余幅、书画作品90余幅在镇内展出，并选送30余幅参加市县的各类征集评选。

(魏文英)

传　媒

【概况】 2016年，威远县文化广电体育新闻出版局拥有摄像机18台，非线性编辑系统9套，硬盘播出系统主备播各1套，广告管理系统1套、应急综合信息发布系统1套、广播调频发射机1台、广播电视发射塔2座。地面无线数字电视信号补点直放站21个。有线电视总前端机房1个，传输模拟电视节目6套，数字电视节目222套，其中本县自办频道有3个，分别是新闻综合频道、音乐·动漫·资讯频道、影视频道。

2016年，县文广体新局成立航拍小组，运用新的拍摄手段，以独特的视角，把全县旅游资源、城乡变化、工业发展、农业产业等新貌呈现给电视观众。开设电视专栏——《威远英才》《婆城先锋》《劳动者之歌》《严陵之星》，把镜头对准各个行业的基层人物代表。开展环境保护暗访、企业排污、损毁婆城公园设施等监督报道，得到县领导的肯定和社会的好评。开设的“威远县广播电视台”公众微信号发挥主流媒体的舆论引领作用，每天推送消息5条，粉丝人数突破4万人。“威远广播电视台新闻网”于6月1日正式运行，威远广播电视台官方微博于7月1日正式开通。坚持做好网络、设备运行维护工作，确保节目信号稳定、传输畅通、质量优良。全年没有出现任何安全事故，实现零停播、零插播的安全播出“双零”的目标。

年初，制订2016年威远县广电脱贫攻坚惠民项目公共服务网点、广播村村响、电视户户通三个建设方案。完成15个镇级公共服务网点建设任务；通过广播电视户户通工程，解决2133户贫困户收看电视的问题，占目标任务的101.6%；建成67个（含今年脱贫摘帽的26个贫困村）村级广播室，占目标任务的167.5%，通过2012—2016年五期建设，全县所有行政村实现广播全覆盖。做好建成运行的344个农村广播村村响工程点和4951个自然村（组）广播电视村村通工程的运行维护工作，确保“村村通”长期通、“村村响”长期响。

【电视栏目】 2016年，威远县广播电视台发挥主流媒体舆论引导作用，主动服务县委、县政府工作大局。针对产业发展、基础设施建设、脱贫攻坚、换届选举、两会等重大新闻题材开展深入报道，营造良好氛围。全年编发《威远新闻》240组，使用新闻稿件1700条，制作电视专题片21部；四川广播电视台播发威远稿件9条，内江广播电视台播发威远稿件80条。创优节目评比超额完成任务，获市级政府奖20个。

（官宇宁）

【威远县党政网】 2016年，威远县党政网管理中心围绕县委、县政府中心工作，利用威远县电子政务内网平台，多角度、全方位展示威远县在经济和社会各项事业发展中取得的成效。全年威远县电子政务内网发布各类信息2650余条，上报各类信息2200余条，其中，内江市电子政务内网采用752条，完成市上下达目标任务的376%。按照“保安全、保畅通”的要求，不断完善网络巡查、信息审核和机房出入登记等相关制度。加强网络维护管理，及时排除网络故障，确保网络运行稳定高效，做到网络安全“零事故”。

（陈　彬）

【威远县电子政务】 2016年，全县主动公开政府信息共20361条，其中概况信息325条、计划总结信息863条、规范性文件10条、工作动态信息10925条、人事信息123条、财政信息462条、行政执法信息856条、其他信息6797条。受理政府信息公开申请8件，各受理单位均按规定进行答复，按期答复率为100%。做好涉及群众切身利益的重点领域信息、重大政策解读等内容的公开，开设2016年重点领域信息公开专栏和公共服务重点服务专栏。

年内，对全县政府网站硬件服务器和系统软件进行维护升级，对政府信息公开目录管理系统进行升级改版，保障政府门户网站及子网站、行政权力依法规范公开运行平台等系统顺利运行。加强信息安全管理，继续完善网络与信息安全制度，加强安全监测，做好重要数据信息的备份，通过技术手段和管理制度双重手段有效防范安全事故的发生。全年未发生泄密事故。

【政府网站群建设】 年内，对县政府门户网站进行局部升级改版，围绕政府重点信息公开领域、互动交流等内容优化栏目设置。发挥政府门户网站载体作用，运用图解方式对县政府出台的重要文件和涉及民生、便民利民的重要内容进行解读，累计发布各类图解66条。指导县级部门加强政府网站栏目建设，抓好网站问题整改落实。县政府门户网站累计访问量达340万人次，日均点击量940余人次。

（周仕文　李　科　魏　巍）

卫生·体育

卫生事业

【概况】 2016年，全县医疗卫生计生机构共有512个（含代管非营利性市级卫生机构1个），其中：县直医疗卫生计生单位7个［县人民医院、县中医医院、县疾控中心、县人口计生服务中心、县妇幼保健院、县卫生和计划生育监督执法大队、县第三人民医院（企业代管）］；镇（中心）卫生院20个；村卫生站323个；社区卫生服务中心1个；民营医院9个；厂矿职工医院4个；综合门诊部、医务室和个体诊所148个。建成国家“二级甲等”医院2个、“二级乙等”医院3个。实际开放病床3556张，其中卫生计生部门2267张。每千人口拥有病床4.88张。万元以上设备总值达15289万元，固定资产总值达27428万元。2016年门急诊288.15万人次，出院11.84万人次。

各级各类卫生计生人员4158人，其中卫生计生技术人员2762人。在卫计人员总数中卫生计生部门在职职工2421人，其中县人民医院822人，县中医医院340人，县疾病预防控制中心72人，县人口计生服务中心23人，县妇幼保健院44人，县卫生和计划生育监督执法大队23人，县三医院159人，镇（中心）卫生院938人；企业、

2016年5月，县人民医院开展技能比赛　（胡卫东摄）

民营医院职工总数687人，个体医生156人，乡村医生894人。全县注册执业（助理）医师总数1257人，注册护士总数1040人。每千人口拥有医护人员3.16人。卫计部门卫生计生技术人员中副高级及以上职称126人，中级职称439人，初级职称728人。

投入313万元，启动小河镇卫生院改建，完成铺子湾镇卫生院、界牌镇卫生院改建和50个村卫生站建设。

【医改工作】 新农合制度　2016年新农合参合485208人，参合率99.82%；政府补助提高到420元；共补偿121.2万人次、补偿金额2.5亿元，住院政策范围内补偿比达77.78%，实际补偿比例达65.68%，全县参合农民受益面达249.8%，基金累计结余19%；继续开展白血病等22种重大疾病保障和大病商业保险，新农合大病商业保险报销1083人次，人均享受二次补偿5017元。在统筹区域内和市内定点医院医疗费用即时结算基础上，实现82家省内定点医院即时结算，方便群众就医结报。

基本药物制度　全县镇（中心）卫生院、社区卫生服务中心和村卫生站继续实施基本药物制度和零差价销售政策，年均惠及群众450余万元。进一步完善基层医疗卫生机构综合补偿、绩效考核分配、奖励基金比例调整等相关政策，巩固基层医疗卫生机构运行新机制。

县级公立医院改革　将县妇幼保健院纳入改革范围，2016年11月1日起取消药品加成，实现县级医院取消

2016 年 10 月 26 日，威远县召开创建全国基层中医药工作先进单位启动会（县卫计局供图）

药品加成全覆盖，年均减轻群众就医药品费用负担 1500 万元以上。巩固完善医疗服务价格调整、财政补偿、医保支付、绩效分配、药械采购等综合改革，初步建立起维护公益性、调动积极性、保障可持续的县级公立医院运行新机制。

分级诊疗制度　巩固实施分级诊疗制度，群众就医逐步向县内回归，县域内住院就诊率达 90%，基层首诊、双向转诊、上下联动、急慢分治的就医新模式逐渐形成。加强乡村医生（社区医生）签约服务管理，强化基层首诊，签约服务率达 77.39%，重点人群签约服务率达 83.59%。加强双向转诊协议管理，规范转诊流程和标准，建立县外转诊和备案制度，完善双向转诊机制。县第三人民医院与内江市第一人民医院建立医疗联合体，部分乡镇卫生院与市影像诊断中心建立远程医疗，让百姓在县域内可以享受三级医院服务。完善不同级别、不同类别医疗机构的医保差别化支付政策，引导群众基层就医。

基本公共卫生服务　基本公共卫生服务经费提高到 45 元，加强绩效考核，规范项目管理。开展基本公共卫生岗位练兵活动，参加市技能竞赛市级全科团队一等奖，代表全市参加省级比赛获得全科团队二等奖。城乡居民规范化电子健康档案累计建档 61 万份，建档率达 99%，高血压患者规范管理率 71.5%、糖尿病患者规范管理率 65.4%、重性精神疾病患者管理率 78.2%。

【卫生计生服务体系建设】　2016 年，威远县投入 313 万元，启动小河镇卫生院改建，完成 2 个乡镇卫生院改扩建和 50 个村卫生站建设。加强人才引进，公开考聘卫生事业人员 41 名，考核聘用农村订单定向医学毕业生 4 名，引进急需短缺人次 9 名；加强继续医学教育管理，开展村卫生室人员技术培训和基层中医适宜技术培训，组织住院医师规范化培训 21 人，实施县级医院对口支援乡镇卫生院工作，下派医疗业务骨干帮助指导乡镇卫生院开展医疗服务。建立县、镇、村三级卫生计生监督执法机构，落实工作职责，开展人员培训，卫生计生监督执法体系基本完善。完成镇计划生育技术服务机构整合，实现计划生育技术服务和妇幼卫生工作的融合。推进县级人口健康信息平台建设，公立医疗机构通过专网与县级服务器完成对接，县人民医院和县中医医院与“健康四川”做好对接并完成居民健康卡应用环境改造，19 个乡镇卫生院启用基层医疗信息管理系统，其中公共卫生服务功能软件使用率 100%，基本医疗服务功能软件使用率 85%。

【妇幼卫生健康服务】　2016 年，全县开展孕前优生健康检查服务，免费检查 3734 人，目标人群覆盖率达 103.2%。规范孕产妇和儿童保健系统管理，孕产妇系统管理率 94.16％，7 岁以下儿童系统管理率 95.56%，婴儿死亡率和 5 岁以下儿童死亡率分别为 3.57‰和 5.46‰。继续实施艾滋病母婴传播阻断 HIV 检测、免费婚检、“两癌”筛查、农村孕产妇住院分娩补助等妇幼卫生服务项目，农村孕产妇住院分娩率达 99.94%，实现孕产妇零死亡。

【医疗服务管理】　2016 年，威远县开展医疗质量控制检查、院感专项督查和抗菌药物使用整治，规范核心制度落实和操作规程，启动县人民医院“三乙”创建，医疗质量管理全面加强。加强重点专科建设和医疗科研工作，县人民医院重症医学科、县中医医院康复科已接受市级重点专科验收，县中医医院骨伤科准备省级重点专科验收；开展医疗科研，获市科学技术进步二等奖 1 项，中标国家级科研课题 1 项。继续实施基层中医药服务能力提升工程，建设中医馆 7 个、中医角 50 个，启动全国基层中医药工作先进单位创建。开展改善医疗服务行动和“建设群众满意的乡镇卫生院”活动，加强医患沟通和纠纷调处，全年

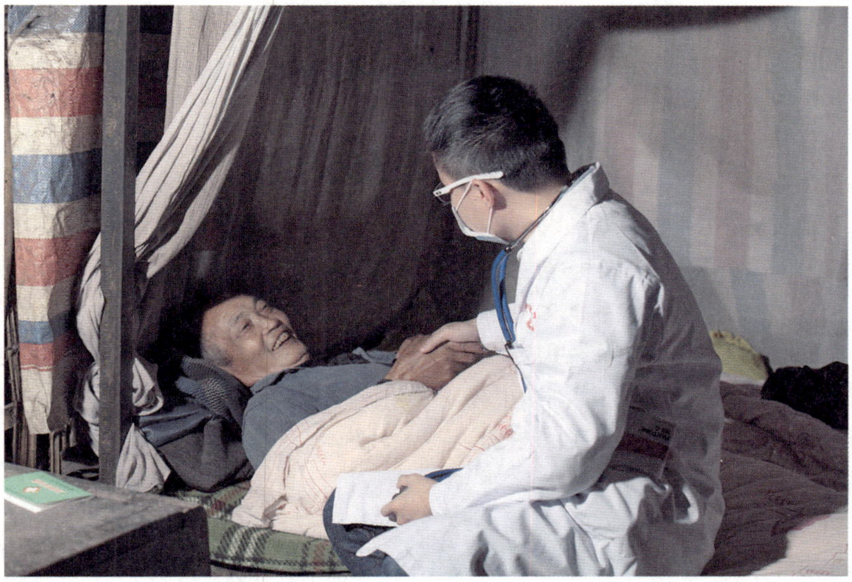

2016年11月19日，新店中心卫生院医生到新和村为贫困户吴松林治病（蒋安达摄）

发生医患纠纷13起，同比下降38.1%。完成无偿献血8102人次，超市政府下达任务2892人次，超计划55.5%。

【爱国卫生】 年内，完成连界镇船石村“健康示范新村”项目，新建粪便无害化处理卫生厕所230户。新创建省级卫生村18个、省级卫生乡镇2个，镇西镇创建国家卫生乡镇通过省市技术评估，启动省级卫生县城创建。开展城乡环境整洁行动，实施居民健康素养监测项目，开展“健康知识进社区”巡回讲座10次。

【医疗卫生扶贫】 年内，全县开展贫困人口家庭医生签约服务和贫困患者“2+1”模式服务，加强贫困人口健康管理。实施“十免四补助”（对贫困人口就诊免收一般诊疗费、院内会诊费，免费开展白内障复明手术项目，免费艾滋病抗病毒药物和抗结核一线药物治疗，免费提供基本公共卫生服务、妇幼健康服务、巡回医疗服务，免费药物治疗包虫病患者，免费提供基本医保个人缴费，免费实施贫困孕产妇住院分娩服务；对手术治疗包虫病患者、符合治疗救助条件的晚期血吸虫病人、重症大骨节病贫困患者以及进行手术、康复训练和辅具适配的0~6岁贫困残疾儿童给予对症治疗补助）“先诊疗后结算”、慢性疾病特殊门诊补偿以及县域内住院“零支付”等医疗扶贫优惠政策，落实贫困人口医疗保障。完成2016年摘帽贫困村卫生室标准化建设，开展乡村医生技术培训，提升贫困村医疗卫生服务能力。设立卫生扶贫救助基金，落实医疗爱心救助项目工作，逐步解决贫困人口县域外住院医疗费用。

（甘良国　郭成铖）

【法定传染病监测】 2016年，威远县无甲类传染病报告，共报告乙类传染病10种1244例，死亡24例，乙类传染病年报告发病率195.91/10万，死亡率3.78/10万，与2015年相比，发病率下降1.43%，死亡率上升9.09%。报告丙类传染病5种355例，无死亡病例，年报告发病率55.91/10万，发病率较上年上升18.73%。发病率居前五位是肺结核、梅毒、乙肝、艾滋病、丙肝，五病占甲、乙类传染病总发病数的91.40%；报告死亡数共24例，其中艾滋病21例、肺结核3例。丙类传染病发病数居前三位的病种依次是手足口病、其他感染性腹泻病和流行性腮腺炎，三病合计占丙类传染病总发病数的97.46%。

表36　2016年威远县甲乙类传染病发病、死亡位次统计表

位次	发病			死亡	
	病种	发病数	构成比%	病种	死亡数
1	肺结核	459	39.52	艾滋病	21
2	梅毒	236	15.79	肺结核	3
3	乙肝	234	15.20	—	—
4	艾滋病	122	10.04	—	—
5	丙肝	86	9.61	—	—

【甲、乙类传染病发病构成】 按不同传播途径划分，甲乙类传染病2016年报告发病数中以血源及性传播疾病所占比例最高，发病691例，主要报告病种为乙肝、梅毒、丙肝、艾滋病，其次是呼吸道传染病，发病460例，主要报告病种为肺结核、猩红热、麻疹、百日咳；第三为肠道传染病，发病90例，主要报告病种为细菌性痢疾、肝炎未分型、甲肝；第四为自然疫源及虫媒传染病，发病3例，主要报告病种为钩体病、布病；无新生儿破伤风发病。与上年同期比较，肠道传染病与呼吸道、自然疫源及虫媒传染病发病下降，而血源及性传播疾病发病略有上升。

【免规工作】 2016年，威远县共评审25个预防接种门诊，其中AAA门诊2个、AA门诊14个、A门诊8个，村级延伸接种点25个，出生医疗单位7个。4月，开展全县预防接种人员资质培训工作，共培训1049人，通过考核合格取得预防接种人员资质证的人员1041人。6月，按照接种率调查方案，抽查严陵、正西、龙会、观英滩、小河5个镇。共抽查1岁组、2岁组、3岁组、4岁组、6岁组儿童各210名，其中基础疫苗接种率中卡介苗接种率100%、脊灰疫苗接种率97.62%、百白破疫苗接种率97.62%、麻风疫苗接种率96.67%、乙肝疫苗接种率95.71%、乙脑疫苗接种率92.38%%、A群疫苗接种率92.86%、甲肝疫苗接种率90.48%；加强免疫接种率中麻腮风疫苗接种率94.28%、百白破疫苗接种率93.81%、乙脑疫苗接种率91.50%、3岁组A+C疫苗接种率92.38%、四岁组脊灰疫苗接种率90.25%、白破疫苗接种率90.00%、6岁组A+C流脑疫苗接种率90.00%。

全县共报告5例AFP病例，其中报告后48小时调查率、14天内双份便采集率、合格便采集率、便标本7天内送达率均达标。开展麻疹监测方案培训4次，培训相关人员200人次。全年报告麻疹监测病例33例，其中实验室诊断病例1例。

开展春、秋季新生入托入学查验预防接种证工作，共查验托幼机构440所，人员12669人，需补证213个，实际补证213个。需补种人数4593人，实补种4288人，全程补种率93.36%。

全县稳步推进儿童预防接种信息化建设工作，实现机打接种证、卡，并开展小豆苗APP安装工作。截至12月底，全县共有20%的适龄儿童安装小豆苗APP，完成上级下达的目标任务。

加强免疫规划相关疾病的监测及AEFI监测，到12月底全县共报告疑似麻疹病例33例，其中实验室确诊麻疹病例1例（外地发病），其他均排除。疑似麻疹病例48小时调查率、7天内报告率、标本6天内送达率均达100%，第二份血清采集率100%。

报告AEFI病例77例，报告接种单位覆盖率100%。在77例中，一般反应69例，占89.61%；异常反应5例，占6.49%，偶合症3例，占3.90%，48小时调查率、报告率为100%。

2016年9月29日，县疾控中心组队参加全县应急演练 （县疾控中心供图）

【结核病防治】 2016年，全县登记可疑肺结核患者1250人，发现活动性肺结核患者435例，其中发现初治涂阳78人，复治涂阳23人，初治涂阴332人（重症涂阴31人），未查痰2例。威远县非结防机构通过疾病监测信息报告管理系统共报告可疑肺结核患者561例，重报43例，出院0例，实际报告可疑肺结核患者518例，其中转诊到位178例，追踪到位326例，追踪未到位12例（拒绝就诊2例，外出6例，死亡3例，其他1例），地址不详未追踪2例，外单位管理1例，总体到位504例，转诊到位率34.7%，追踪到位率95.9%，总体到位率97.3%（504/518），达总体到位率95%指标要求。全年初诊可疑患者1250例，查痰1243例，查痰率99.4%

(1243/1250)，达到规范化建设指标大于95%的要求。全年登记涂阳肺结核患者101例，对涂阳肺结核患者的密切接触者156例进行密切接触者筛查，涂阳患者密切接触者筛查率100%，达到规范化建设95%的指标。上年同期(2015年)新登记治疗涂阳患者77例，治愈71例，新涂阳患者治愈率为92.2%(71/77)，达到规范化建设大于85%的要求。上年(2015年)同期登记治疗肺结核患者488例，治愈71例，完成疗程398例，肺结核死亡4例，非肺结核死亡6例，丢失1例，不良反应中断治疗4例，转入耐多药治疗2例，其他2例，系统管理486例，系统管理率99.6%(486/502)。有完整的病案转归信息502例，病案转归信息完整率100%。全县结核病信息管理系统中录入肺结核患者435例，录入时间减确诊时间大于24小时的1例，病案初次录入及时率99.8%(434/435)。

【地方病防治】 2016年，威远县未发生疟疾病例。开展血检发热病31031人，未发现阳性。复查血片326张，占血检人数的10.5%，符合率100%。11月接受省卫计委专家组对威远县消除疟疾的考核评估，综合得分96.7分，达到消除疟疾国家标准。6月，开展村民家庭食用盐碘盐监测300份。半定量检测合格300份，合格率100.00%，定量检测合格278份，定量检测合格率92.67%。收集整理克山病历年防治资料，10月接受内江市卫计委专家组考核评估，综合得分91分，达到消除克山病国家标准。

【寄生虫病防治】 年内，按照《全国重点食源性寄生虫病和土源性线虫病监测方案(试行)》要求，根据威远县地域方位随机抽取东联镇、界牌镇、越溪镇、黄荆沟镇、铺子湾镇开展土源性线虫病监测1040人，土源性线虫感染36人，总感染率3.46%，其中钩虫感染30人，感染率为2.88%，蛔虫感染5人，感染率0.48%，鞭虫感染1人，感染率0.09%，未发现其他寄生虫感染。肛拭纸检查3岁~12岁儿童54人，蛲虫感染4人，阳性率7.41%。共培养钩蚴标本30个。培养出钩蚴共658条，钩蚴阳性率100%。其中美洲钩蚴603条占钩蚴总数的91.64%，亚洲钩蚴55条，占8.36%。全年土源性线虫病监测结果总感染率为3.46%，与2015年小河镇荣胜村监测结果(6.23%)同期相比下降44.46%。钩虫感染率构成比为83.33%，与往年监测结果基本一致。钩蚴培养结果美洲钩蚴占钩蚴总数的91.64%，亚洲钩占8.36%，与2015年土壤钩蚴污染调查结果基本一致，说明威远县土源性线虫病流行特征没有改变，钩虫仍是全县主要的土源性线虫。

【公共卫生监测】 年内，全县开展职业健康监护工作，对县境内的煤矿、水泥、矿山等企业职工上岗前、在岗期间、离岗后的健康体检1953人；开展食品、环境、药品及生活饮用水生产等从业人员健康体检5142人；针对管辖区内的理发、美容院、宾馆、招待所、娱乐场所、医院候诊室、诊所、游泳场所共计159家单位进行空气质量和水质的监测；按照政府所下达的指标，全年完成集中式供水(管网水、出厂水、水源水)，分散式供水(农村井水、学校饮用水)等水质监测工作，抽检样品1136件。开展消毒监测工作，对各镇医院、民营医院、乡村诊所及计划生育指导站的无菌器械保存液、使用中的消毒剂、手术室环境空气等进行消毒灭菌监测，抽检样品1022件。开展农村水井水质监测工作，全年(枯水期、丰水期)分三批抽检样品960件。

【学校卫生】 2016年，威远县共有学校93所，在校中小学生共66651人，开展体检46001人，体检率为69.01%，查出视力低下等7种疾病共27302人次，总患病率为59.35%。其中：视力低下患病率最高，达36.0%；其次为龋齿、鼻炎，扁桃体炎和沙眼，患病率分别为21.07%和0.84%，1.08和0.33%。小学一年级、初中一年级新生结核菌素实验应检查11456人，实际检查10306人，检查率90%，阳性92人，阳性率0.89%，未发现结核病人。10月至12月组织对全县中小学生开展结核抗体检测共检查学生8140人，阳性122人，阳性率1.49%，未发现结核病人。

【艾滋病防治】 截至2016年12月31日，全县累计报告艾滋病感染者和病人934例，较2015年同期(710例)增长224例；死亡259例，存活675例。主要以性传播为主，869例占存活病例的93.04%(其中异性传播821例，占87.9%；同性传播48例，占5.1%)；注射吸毒传播60例，占6.4%；母婴传播3例，占0.3%。年龄分布20~49岁469例，占50.2%；50岁以上451例，占48.3%。职业分布：主要以农民为主，占65.8%。全县20个乡镇均有病例报告。

2016年1月至12月，威远县新报告感染者和病人共218例，比2015年(201例)同期增加17例，增长23.9%。社区美沙酮维持治疗人数206人(2015年要求200人)，年保持率88.4%。截至11月底，全县累计治疗感染者和病人共633例，死亡51例，转诊1例，有28例病人因不能耐受药

2016 年 12 月 1 日，威远县举行第 29 个世界艾滋病日宣传活动　（县疾控中心供图）

物副反应致依从性困难等原因停药，在治 554 例。

根据全县艾滋病疫情现状及治疗病人增长较快的现状，2016 年在威远县人民医院作为抗病毒治疗定点医院的基础上，新增县第二人民医院、县第三人民医院为艾滋病抗病毒定点治疗的医院。6 月，成立威远县性病艾滋病防治协会，为民间防艾组织提供专业培训和业务指导，并为提高民间防艾组织业务技术水平和机构能力建设提供技术保障。

【省级艾滋病综合防治示范区项目建设】　2016 年，威远县艾滋病防治工作以第二轮省级艾滋病综合防治示范区项目实施为契机，科学研判全县艾滋病防治形势，落实“一地一策”防控策略，制定以“抓中间、促两端、主攻薄弱环节”的防治策略，并根据全县疫情现状将艾滋病传染源头治理、宣传教育、重点和高危人群干预等作为当前工作重点，全面落实艾滋病综合防治示范区各项工作任务。继续打造 9 个艾滋病防治特色示范社区模式，分别有严陵镇中心街社区的“艾滋病综合防治干预”模式示范区、严陵镇河东街社区的“艾滋病知识宣传一条街”社区模式、严陵镇三河街社区的“流动人口艾滋病宣传”社区模式、威达煤业威煤矿区的“棚户区艾滋病宣传”模式、严陵镇联合村“艾滋病知识村中宣传模式”、威远县山王镇“艾滋病病人关怀与救助”模式、两河镇相合村“艾滋病感染者参与”模式和严陵镇大桥街社区“暗娼低档场所干预”模式、观英滩镇竹塘村的“3+1”生态旅游区艾滋病宣传模式。根据东联镇艾滋病疫情增长速度较快（感染率达到 2‰）及流行病学特点分析，在东联镇新增打造“乡村集镇低档场所干预及村中宣传”模式示范区，旨在针对场镇出租屋、茶旅馆等隐蔽暗娼活动场所开展干预，达到消除 FSW 干预盲区，对广大村民普及防艾知识，切断感染者与配偶之间的传播。

（应　涛）

威远县主要医院简况

【县人民医院】　威远县人民医院始建于民国 30 年（1941 年）2 月，是一所集医疗、急救、教学、预防、保健、康复为一体的国家“二级甲等”综合医院，是全县的医疗、急救中心，同时也是国家级爱婴医院，是新农合、城镇职工（居民）基本医疗保险、工伤保险和其他商业保险定点医院。医院长期与华西医院、重庆医科大学附属医院、重庆儿童医院、泸州医学院附属医院等国内知名医院合作。

医院占地总面积 41732.73 平方米，总建筑面积 42457.73 平方米，其中业务用房建筑面积 39526.24 平方米，辅助用房建筑面积 811.79 平方米，生活用房建筑面积 2119.70 平方米。编制床位 730 张，实际开放床位 960 张。拥有 64 排螺旋 CT、DR、电子胃镜、电子肠镜、血液透析机、四维彩超、腹腔镜、全自动生化分析仪、激光治疗机、全自动血凝分析仪、体外震波碎石等万元以上设备 956 台。医院建有住院部、门诊部、城市花园社区卫生服务中心，设有消化内科、心血管内科、呼吸内科、神经内科、普外科、骨科、泌尿外科、神经外科、妇产科、儿科、新生儿室、重症医学科、康复科、中医科等临床专科 25 个，设有办公室、财务科、医务科、人力资源部等 29 个行政后勤职能科室，设有检验科、放射科、病理科、功能科等 6 个医技科室。其中呼吸内科为四川省“县级医院临床重点专科”建设科室，重症医学科为市级重点专科。

医院编制人数 577 人。2016 年实有在编人员 501 人、临聘人员 358 人，共计 859 人，其中卫生技术人员 756

人，占职工总数的88%；高级职称50人，中级职称178人，初级职称528人，研究生学历11人，县级学科带头人1人，院内学科带头人21人。

2016年，医院总收入2.7亿元，门诊诊疗人次408340人次，住院人次32054人次，手术例数为6148例。

（陈碧辉）

【县妇幼保健院】 威远县妇幼保健院始建于1952年12月，是一所以妇幼保健和国家重大妇幼卫生项目工作为主的国家“一级甲等”保健院，是新农合、城镇职工（居民）基本医疗保险、工伤保险和其他商业保险定点医院。

2016年年末，医院总资产1025.19万元，占地面积569.38平方米，建筑面积1786.87平方米，业务用房面积1467.94平方米。编制床位20张，实际开放床位20张。拥有四维彩超、全自动生化分析仪、免疫荧光法检测、蓝光治疗仪、呼吸机等诊疗仪器共计40余台。

医院设有儿科、妇产科、儿童保健科、麻醉科、婚前医学检查科、检验科、B超室等临床科室7个，设有办公室、后勤科、医务科、财务科、护理部、基层保健科、院感科等7个职能科室。

医院编制人数56人。2016年有在编人员44人，临聘人员23人，共计67人，其中卫生技术人员59人，占职工总数的88%，高级职称3人，中级职称21人，初级职称35人。

2016年，医院总收入1226.48万元，门急诊诊疗人次37814人次，比上年同期增长7.43%，住院人次967人次，比上年同期增长7.33%，手术例数为491例，比上年同期增长3.9%。

（李叶林）

【县第二人民医院】 威远县第二人民医院始建于1997年10月，是一所集预防、保健、医疗、康复、健康教育及计划生育为一体的国家“二级乙等”综合医院，2011年获市、县主管部门批准转为公立医院，现在挂牌威远县第二人民医院、严陵中心卫生院、严陵镇妇幼保健计划生育服务站，是县编办核定的镇中心卫生院，差额事业单位。是新农合、城镇职工（居民）基本医疗保险、工伤保险定点医院，是中国人寿保险、财产保险、中华联合保险等保险公司定点医院；是内江市第一、第二人民医院和自贡市第四人民医院协作指导医院；是四川大学华西医院远程会诊、教学定点医院；是市级最佳文明单位、内江市诚信计量示范单位、药品质量信得过单位。

2016年年末，医院总资产2189.54万元，占地面积1300平方米，建筑面积4617平方米，业务用房面积4617平方米。编制床位100张，实际开放床位120张，拥有大型设备原装东芝Astsion/VFl秒螺旋CT扫描机、DR、C臂、进口彩超、全自动血液生化分析仪、日本东芝全自动生化仪等；中小型设备有日本富士能电子胃镜、电子结肠镜、德国原装进口多功能全麻呼吸机、美国史赛克电视腹腔镜、宫腔镜、前列腺气化电切镜、尿道膀胱镜、鼻（鼻窦）内窥镜、手术显微镜、多参数生命监护仪、胎儿监护仪等诊疗仪器共计500余台。

医院建有住院部、萝卜巷门诊、预防保健门诊和外北路社区卫生服务站，设有内科、外科、骨科、儿科、妇科、产科、五官口腔科、急诊科、麻醉科、中医科10个临床专科，设有办公室、政工科、医教信息科、护理部、院感科、财务科、总务科、药械设备科（含中心库房）、公卫科、预防保健科、供应室、新合医保办、保卫科13个职能科室，设有放射科、检验科、特检科3个医技科室。

医院编制人数161人。2016年有在编人员138人，临聘人员88人，共计226人，其中卫生技术人员173人，占职工总数的76.5%，高级职称7人，中级职称40人，初级职称77人。

2016年，医院总收入3000余万元，门急诊诊疗人次74448人次，住院人次4553人次，手术例数1212例。

（李　轶）

【县第三人民医院】 威远县第三人民医院始建于1950年，是一所以西医为主、中西医结合的国家“二级乙等”综合医院，是集医疗、教学、科研、预防、健康管理于一体的综合医院、国际爱婴医院，是新农合、城镇职工（居民）基本医疗保险、工伤保险和其他商业保险定点医院，内江市第一人民医院对口支援医院，交通事故定点医院，连界地区创伤急救中心、威远县药品质量信得过单位。

2016年年末，医院总资产3000万元，占地面积12723平方米，建筑面积8400平方米，业务用房面积8145平方米。编制床位150张，实际开放床位150张。拥有双排螺旋CT、数字化DR、彩超、全自动生化分析仪、GE公司C臂、进口电子胃镜、全自动血球仪、血气分析仪、全自动化学发光免疫分析系统、电子腹腔镜、眼科手术显微镜、数码阴道镜、红外乳腺诊断仪、联网体检系统等诊疗仪器共计100余台（件）。

医院建有住院部、门诊部、川威厂区社区卫生服务站，设有内儿科、外骨科、妇产科、门急诊科、麻醉科、中医科等临床科室6个；设有院办公室、医教科、护理部、财务科、院感科、药械科、医保科、预防保健科等职能科室 7 个；设有功能科、检验科、放射科医技科室 3 个。医院编制人数 120 人。2016 年有在编人员 48 人、临聘人员 98 人，共计 146 人，其中卫生技术人员 122 人，占职工总数的 83%；高级职称 7 人，中级职称 28 人，初级职称 80 人。市级各类医学专委会委员 8 人。

2016 年，医院总收入 2800 万元，门急诊诊疗人次 46500 人次，比上年同期增长 5%，住院人次 3800 人次，比上年同期增长 2%，手术例数为 600 例，比上年同期增长 8 %。

（刘丽娟）

【县中医医院】 威远县中医医院始建于 1953 年 2 月，是一所以中医药为主、中西医结合的国家“二级甲等”中医医院，中医特色突出，技术精湛，服务优良，是集全县医疗、教学、科研、预防于一体的综合性中医医院。是新农合、城镇职工（居民）基本医疗保险、工伤保险和其他商业保险定点医院；全国中医药适宜技术推广视频网络平台医院；华西医院远程教学及会诊医院；成都中医药大学、内江医科学校教学医院；威远县中医药教学示范基地。

2016 年年末，医院总资产 12443.95 万元，占地面积 25353 平方米，建筑面积 27615 平方米，业务用房面积 15781 平方米。编制床位 200 张，实际开放床位 289 张，平均每床建筑面积 78.9 平方米，平均每床净使用面积 8.64 平方米。拥有 16 排螺旋 CT、数字化 DR、彩超、全自动生化分析仪、全自动血液分析仪、腹腔镜、前列腺电切气化镜等先进检查检验、治疗设备及各种具有中医特色的诊疗仪器共计 640 余台（件）。建有住院部、东街门诊部、西街门诊部及西街社区卫生服务站，设有内科、外科、骨伤科、康复科、妇产科、麻醉科、急诊科、肛肠科、耳鼻咽喉科、眼科、儿科、皮肤科、口腔科等临床专科 18 个，设有办公室、政工科、医务科、科研教育科、医疗保险办公室（新型农村合作医疗办公室）、财务科、设备科、总务科（基建办公室）、护理部、信息科、基层指导科、预防保健科（公共卫生科）、健康教育科、质量控制办、感染管理科、审计科、宣传科、保卫科（消防室）18 个职能科室，设有检验科、放射科、CT 室、功能科、供应室、药剂科 6 个医技科室。其中骨伤科为省级重点中医专科建设项目单位；康复科为市级重点中医专科。

医院编制人数 235 人。2016 年年末在编人员 201 人，临聘人员 157 人，共计 358 人，其中卫生技术人员 292 人，占职工总数的 81.56%，高级职称 30 人，中级职称 59 人，初级职称 203 人。县级学科带头人 2 人，院内学科带头人 8 人，市、县名中医 7 人。省骨科专业委员会委员 1 人，省中医心脑血管疾病委员会委员 2 人，市级各类医学专委会委员 10 人。

2016 年，医院总收入 5372.64 万元，门急诊诊疗人次 124018 人次，比上年同期增加 1.44%，住院人次 8161 人次，比上年同期增长 29.2%，手术例数为 1540 例，比上年同期增长 14.33%。2016 年完成中医数字化诊疗平台项目建设。

（李　涛）

体育事业

【竞技体育】 2016 年，威远县承训省十三运会项目（武术套路、拳击、女排乙组、女排丙组）各项工作进展顺利，组队参加四川省武术年度比赛获金牌 3 枚、银牌 6 枚、铜牌 7 枚，拳击获得 38.5 分，女排乙组获得第七名，女排丙组获得第十名。组队参加内江市国家级俱乐部健身操舞比赛获得小学组规定动作第一名。参加第六届中国·内江大千龙舟经贸文化节龙舟比赛获第七名，为本土队员历届参赛成绩最好。承办 C3 中外拳击商业比赛，开启商业比赛新模式；协助老体协举办“周萝卜杯”首届中老年气排球邀请赛，来自云南、重庆等地的 32 支队伍参加角逐。严陵中学承训的女

2016 年，群众在滕家坝广场运动　（夏向前摄）

排项目基本上完成队员的注册工作。县少年儿童业余体校成功创建“四川省县级业余训练重点单位”。

【群众体育】 年内，全县举行“天域翡翠湾杯”篮球比赛、“龙传调杯”中年男子篮球赛、弘威“金刚杯”足球比赛、“红花郎”与郎共舞羽毛球比赛，吸引威远县及周边县区的球类爱好者踊跃参与。举办首届威远县武术比赛，承办内江市“传化杯”广场健身操舞威远赛区比赛作为全民健身日主题活动；开展国民体质监测和健身培训，举办健身气功三级社会体育指导员和足球教练员培训，95人获得三级社会体育指导员资格。

【体育产业】 2016年，全县完成48个农民健身工程点器材安装工作；开展体育精准扶贫工作，为11个贫困村配送健身路径和体育器材。抓好体育产业发展，销售体彩2000万元，与上年基本持平。借助奇迹健身和动岚健身两个专业健身俱乐部，推动全县健身产业发展。加强游泳池管理，全年无安全事故发生。支持跃飞青少年体育俱乐部开展培训、比赛等活动。在国家体育总局下发足球改革方案之后，协调县足协、足球俱乐部、足球培训班的筹建工作，推动全县足球事业以及体育事业的发展。

【体育场地建设】 从2016年1月开始，县文化广电体育新闻出版局利用申请的体彩公益金建设的滕家坝社区多功能公共运动场EPDM球场项目于6月9日完成场地建设任务。经过县纪委、财政局和县文广体新局有关人员组成的验收小组现场验收，于6月16日正式投入使用。县政府投资修建的婆城公园新增2个篮球场、3个羽毛球场、1个网球场和19张乒乓球台以及20条健身路径。9月，四川省足协与川威集团签订在威远连界建设四川省青少年足球训练基地的协议。该基地占地面积30公顷，位于连界镇船石湖景区。计划建成27片足球场地，投资3.5亿元~4亿元。第一期14.66公顷建设规划基本完成。

【县“龙传调杯”中年男子篮球赛】 2016年6月20日至7月7日，威远县“龙传调杯”中年男子篮球赛在县体育馆举行。比赛由县文广体新局、县龙传调火锅联合主办，县篮球协会、县体育中心承办，县残疾人联合会协办。18支队伍参赛，比赛采用单循环赛制。经过激烈角逐，颐品代表队获得冠军，资中代表队获得第二名，云山队获得第三名。

（官宇宁）

人力资源和社会保障

人力资源管理

【公务员管理】 2016 年，威远县贯彻和落实县以下机关实施公务员职务与职级并行制度，严把审批关，审批办理科员晋升副科级职级 606 人，其中享受副科级待遇 314 人，正常晋升副科级职级 292 人。协助市局做好公务员考录工作，共招录公务员 108 名，其中参公人员 31 名。办理公务员登记 131 名，办理县内平行调动 3 人、逆向调动 2 人，调出县外 28 人，县外调入 7 人，批准辞职 2 人。2016 年年末，全县政府系统共有科级及以下公务员 2504 人，其中县级部门公务员及参公管理人员 1926 人、乡镇公务员 578 人。

【职称评聘】 2016 年，威远县办理见习期满转正初聘专业技术 76 人，推荐 200 人取得中级专业技术职务任职资格、102 人取得高级专业技术职务任职资格；组织 1000 余人次参加内江市专业技术人员继续教育公需科目的学习培训。

2016 年，威远县取得高级专业技术任职资格的 102 人中，中学高级教师 78 人、高级农艺师 1 人、高级工程师 1 人、主任记者 1 人、主任播音员 1 人、高级兽医师 1 人、主任医师 2 人、

2016 年 5 月 23 日，县人社局组织干部职工重温入党誓词 （县人社局供图）

主任护师 1 人、副主任医师 11 人、副主任护师 3 人、基层卫生副主任医师 2 人。

中学高级教师（78 人）

威远县中小学教学研究室：王　放

威远中学校：罗金明　刘林群
张贵平　彭义学

威远县严陵中学：袁静如　董　礼
刘历英　吴松梅

威远县职业技术学校：邓红英
温玉兰　淡真丽　王　毅
彭　峙　罗　勇

威远县新店中学：陈朝刚　欧成玉
黄　敏

威远县龙会中学：刘　森　柳　云

威远县镇西中学：聂贞伟　肖红梅

威远县新场中学：李　琰　熊文锋
蒋　容

威远县竞力学校：邱仕春　杨　军

威远县威煤中学：钟盛泰

威远县第一初级中学：王　静
黄莉萍

威远县特殊教育学校：沈泽花
龙顺风
夏建荣

严陵镇中心校：宋健华　曹宏泠
李佑英　付革新
卢　珺　王金华
黄映梅　倪若秋
何淑辉　李　泽

新店镇中心校：钟声智

向义镇中心校：刘　敏　官玉平

界牌镇中心校：林长彬　钟　渠
　　　　　　　张　平
龙会镇中心校：王树章　李　鹏
　　　　　　　刘　斌
东联镇中心校：罗敦龙　兰　俊
高石镇中心校：曾伦仁　谈　勇
　　　　　　　周志英　李定英
靖和镇中心校：苟韵秋
镇西镇中心校：张永红　肖晓莉
庆卫镇中心校：粟志亮
山王镇中心校：李　正　邹琼英
观英滩镇中心校：唐　胜　张　媛
黄荆沟镇中心校：陈　钰
新场镇中心校：刘泽民
连界镇中心校：叶应彬　陈　斌
　　　　　　　贺　燕
越溪镇中心校：易　成　蒋　英
碗厂镇中心校：唐瑞英　黄明德
小河镇中心校：李　彬　梁　毅
两河镇中心校：方玉萍

高级农艺师（1人）

镇西镇农业服务中心：彭　伟

高级工程师（1人）

威远县地质环境监测站：谭孝成

主任记者（1人）

威远县广播电视台：唐　林

主任播音员（1人）

威远县广播电视台：徐志英

高级兽医师（1人）

靖和镇畜牧兽医站：段学培

主任医师（2人）

威远县人民医院：李传贵　唐　高

主任护师（1人）

威远县人民医院：郭民容

副主任医师（11人）

威远县人民医院：郑建刚　钟明锋
　　　　　　　　杨　洪　刘　艳
威远县中医医院：卢春梅　官　洁
　　　　　　　　余　涛　董碧英
威远县第二人民医院：罗　宇
　　　　　　　　　　卓善彬
龙会中心卫生院：龙胜军

2016年7月8日，下岗失业人员在县人力资源市场招聘会现场求职择业（县人社局供图）

副主任护师（3人）

威远县人民医院：童　秀
威远县中医医院：付运丽
新店中心卫生院：杨　红

基层卫生副主任医师（2人）

镇西中心卫生院：魏作贵
庆卫镇卫生院：廖福渊

【招才引智】　2016年，威远县以实施“甜城英才聚集工程”为载体，抓好人才引进工作，引进紧缺高层次人才1人。考核招聘各类人才91人，其中：音乐、体育、美术教师45人，引进“硕师计划”（教育部于2010年开始实施的“农村学校教育硕士师资培养计划”）人员6人，卫生事业人员3人，特岗全科医生5人，农村订单定向免费医学毕业生4人，大学生村干部28人。接收大中专毕业生档案737个，转出档案374个。

【事业单位改革】　威远县严格事业单位人事考聘工作，2016年考试招聘事业单位工作人员194人，其中教育事业单位工作人员121人，卫生事业单工作人员41人，其他事业单位工作人员32人。办理317名事业单位专业技术人员中、高级专业技术职务晋升（其中初级升中级218人、中级升高级99人）。县内平行流动20人，县内逆向流动20人，县外调入9人，调出县外33人，县内借用35人；辞聘34人，解聘2人。

【工资制度改革】　2016年，威远县对机关事业单位工作人员基本工资标准以及离退休人员离退休费进行调整，完成职务、岗位、学历、技术等级、农林水一线浮动与固定工资等变动后的工资审批1388人次，调整397名人民警察警衔津贴标准和1346名遗属补助标准，办理384名调进调出人员工资关系转移，办理新进人员、军队转业安置人员等工资关系435人，对26人申请工龄更改进行审批，为301人办理退休手续。

【军转干部管理】　2016年，威远县严格按照上级有关政策要求，做好企业军转干部解困工作，发放企业军转干部生活困难补助费54.1万元，“春节”“八一”慰问费14.25万元，健康体检费8.65万元，死亡抚恤金3万元。接收安置军队转业干部1名。

就业创业

【概况】 2016年，全县实现城镇新增就业11730人，其中失业人员再就业2525人，就业困难人员再就业835人，城镇登记失业率为3.62%，低于4.1%的控制线。不断夯实公共就业服务基础，拓展完善人力资源市场功能，初步形成以职业介绍服务为主导，集政策咨询、就业援助、创业指导、失业保险、就业110服务等职能一体化的公共就业服务平台。加强用工信息的收集整理和发布，与成都宇辉人力资源市场建立用工信息共享合作机制，并与县内外多家企业达成人力资源推介合作意向，通过合作机制发布用工信息和求职信息2358条，共享岗位2.3万个。组织开展“春风行动”“返乡农民工专场招聘会”等系列公共就业服务活动，举办人力资源招聘会45场，提供就业岗位41648个，入场招聘企业1857户，求职人员25000余人，达成就业意向6860人。

【创业环境优化】 年内，出台《威远县返乡创业“回家工程”实施意见》，建立三大创业园（大学生创业园、农民工返乡创业园、电商创业孵化园）联席会议制度，丰富完善“两园一街一基地一中心”（威远县打造的返乡创业示范平台，内容包括建设返乡创业“回家工程”工业示范园、返乡创业“回家工程”农业示范园，返乡创业“回家工程”商业示范街，返乡创业“回家工程”孵化基地；成立返乡创业“回家工程”服务中心）创新创业平台的内容和功能，形成“创业+园区+指导+培训+项目+资金”六位一体的促进创业服务模式。发挥扶持资金促进创业的积极作用，不断简化审批和办理流程，帮助创客解决资金难题，全年发放创业担保贷款2947万元，大学生创业补贴286万元，带动1000余名城乡劳动者就业。

【职业技能培训】 年内，县就业局建立专业化的多媒体创业培训教室，定期举办SIYB和职业培训教学研讨会，实现创业培训硬件、软件双“升级”。积极探索培训新模式，创新就业培训内容和方式，根据受众需求设立培训项目，结合各镇产业化特点制定培训计划，采取“班级集中授课+小组田间实训+逐户个性指导”的模式，利用已有的培训机构和资源，在种植、养殖为主体的基础上，适当拓展培训内容，满足不同人群的培训需求。全年品牌培训250人，青年劳动者技能培训1263人；开展创业培训班40期，培训人员1189人，培训后实现创业614人，带动就业800余人。

【川威集团职工安置工作】 2016年，县就业局4次参与并指导川威集团编制职工分流安置方案，针对涉及处理分流安置过程中的劳动关系、社会保险及就业扶持等内容提出修改建议，川威集团采纳修改建议并在安置方案中进行完善。11月8日，川威集团正式向县政府报送《四川省川威集团有限公司关于在化解钢铁过剩产能实现脱困发展过程中做好职工安置工作实施方案》；12月6日，川威集团职工代表大会审议通过该方案。12月7日，该方案正式通过国家机关部门的检查验收。

【返乡创业“回家工程”】 年内，制定《威远县返乡创业十条措施》，编印《威远县返乡创业政策汇编》，整合农林、就业、妇联、团委等7个部门45项各类返乡创业资金2000余万元。建立对外联络机制和项目对接机制，依托驻外招商分局，分赴上海、广州、苏州、成都等地招贤纳士，重叙乡情、重温乡俗、相互交流，进一步激发农民工、农民企业家及威远在外知名人士返乡创业的热情。2016年新增返乡创业人员1936名，投资总额23.15亿元，带动4000余人就业。

【农劳开发工作】 2016年，威远县分别在江苏苏州和新疆乌鲁木齐挂牌成立农劳工作服务站，为内江籍务工人员农民工提供法律咨询、援助等200余人次，发布岗位信息12次岗位2000余个，帮助200人成功求职。更新完善农民工综合查询系统，将贫困人员信息准确导入系统，实行动态管理，农民工综合信息数据按季度更新、登记入库准确率92.3%。强化跨区域劳务合作，与成都双流、江苏泰州市海陵区、江苏昆山签订劳务合作协议，建立劳务输出基地。全年农村转移就业劳动力数据入库17.32万人，实现劳务收入27.95亿元。举办“大学生+科技人员”创新创业选拔赛，选拔出16个优秀项目的19名创客代表威远角逐内江市首届“创业内江、创美甜城”创新创业大赛，获一等奖2个、二等奖1个和三等奖3个。2016年5月，内江市川威特殊钢有限公司杨宗波钒钛冶金技能大师工作室，被市委组织部、市人社局确定为首批内江市技能大师工作室。2016年，县就业局贫困劳动力实名制动态管理工作被省就业服务管理局评为成绩突出单位。

劳动关系维护调整

【劳动保障监察】 2016年，威远县

2016年3月30日，县人社局开展“12333—走进社保卡”大型宣传活动（县人社局供图）

加大劳动保障监察执法力度，完善威远县农民工工资支付保障机制联席会议制度，健全维护职工权益10部门联动机制和劳动保障监察行政执法与刑事司法衔接机制，紧紧围绕人力资源和社会保障中心工作和重点任务开展常规检查及拖欠民工工资、清理整顿劳动力市场、社会保险扩面征缴等专项监察，及时排查处理涉及劳动保障方面的各种矛盾和纠纷。2016年开展专项检查行动3次，检查用人单位423户，涉及职工4万余人；受理投诉举报案件11件，为劳动者追回工资762万余元，同比下降64%；向公安机关移交涉嫌拒欠薪犯罪案件3件；参与处理群体性突发事件16起。

【劳动人事争议仲裁调解】 2016年，威远县强化劳动争议案件调解仲裁。严格执行劳动争议办案规程，开展劳动争议案件的申诉接待、审查立案、调解仲裁工作。全年受理劳动人事争议案件151件（劳动争议149件、人事争议2件），结案151件，其中仲裁裁决111件，仲裁调解40件，为当事人挽回经济损失997.5万元。

社会保障

【概况】 截至2016年12月底，全县养老、失业、医疗、工伤、生育等社会保险覆盖人数达670968人次。2016年征收社会保险费107127.14万元，支付社会保险费190754.44万元。

【养老保险】 2016年，全县机关事业养老保险参保人数18081人（离退休职工6730人），征收养老保险费28424万元，支付养老保险待遇30632万元；企业职工养老保险参保人数125838人（离退休人员56288人），征收养老保险费47657万元，支付养老保险待遇120773.67万元；城乡居民养老保险覆盖人数26.52万人，其中缴费人数12.01万人，征收养老保险费3527.34万元，支付养老保险待遇10002.79万元。

【医疗保险】 2016年，全县城镇基本医疗保险参保人数152084人，其中：一档参保人数65975人、二档参保人数86109人；征收城镇基本医疗保险费22812.42万元，其中：一档征收17695.16万元、二档征收5117.26万元；支付城镇基本医疗保险基金19199.03万元，其中：一档支付14732.74万元、二档支付4389.84万元，支付离休干部医疗费用76.45万元。

【失业保险】 2016年，全县失业保险参保人数2.74万人，征收失业保险费958万元，支付失业保险待遇1428.52万元。

【工伤保险】 2016年，全县工伤保险参保人数49438人，征收工伤保险费3381.75万元，支付工伤保险待遇8348.76万元。

【生育保险】 2016年，全县生育保险参保人数32827人，征收生育保险费366.63万元，支付生育保险待遇369.67万元。

【统一社会保险费征收和稽核】 按照省、市安排部署，从5月1日起，威远县将企业职工基本养老保险费、失业保险费、工伤保险费、生育保险费、城镇基本医疗费一档征收工作统一集中到社保局大厅实行“一单式”办理，由县社保局统一制作征收计划，一单式制票，方便广大参保单位和参保人员办理业务。

【养老保险制度改革】 2016年，县人社局做好机关事业养老保险制度改革试点工作，完成全县410个参保单位进入新机保制度的基础信息采集审核工作和参保登记工作。按照“先经办后结算、先发放后补差”的方式，8月将6个试点参保单位的缴费基数在四川省机关事业养老保险信息管理系统中成功申报；9月，完成全县参保单位2016年缴费基数的申报工作，实现所有参保单位的养老保险费征缴及6个试点单位的基本养老保险待遇发放工作；10月，实现所有参保单位养老保险费征收及基本养老保险待遇发放工作。制定机保试点阶段个人账户全部储存额（含利息）的清退计划，与相关部门联合形成《关于妥善解决我县机关事业单位养老保险试点阶段有关问题的处理方案（送审稿）》并经县政府常务会议审议通过。贯彻执行企业养老保险费率调整政策。按照省厅要求，威远县从2016年5月将企业职工基本养老保险单位缴费比例由20%下降为19%，全县参保企业每月减负60余万元，降幅达5%。推进“被征地人员”参保工作，办理县级征地项目2015年9月前到龄、超龄征地“农转非”人员退休手续1289人。畅通城乡居保与城镇职工养老保险之间的转移衔接，为820名城乡居民办理转换手续。做好基本养老保险关系转移接续，实现与省级基本养老保险关系转移信息管理平台无缝连接，共办理省内、省外转移接续手续2147人。

【社会保险待遇调整】 年内，威远县为53410名企业退休人员调整养老金，人均增调127.23元，补发养老金6115.85万元。城镇基本医疗保险补助标准从每人每年380元提高到420元。

【工伤保险工作】 年内，县医保局做好建筑业工伤保险参保工作，实施《威远县推进建筑业工伤保险专项扩面“同舟计划”实施方案》，强化部门协作，与县总工会、安监、住建、交通、水务等部门召开专题协调会，进一步推动建筑业参加工伤保险。对新开工建筑项目，坚持先办理参保缴费后开工的原则，全年办理建筑业新参保项目13个，参保人数3774人。

【基本医疗保险工作】 2016年，威远县完成新农合与城镇基本医疗保险的整合，新农合于12月29日整体搬迁到县医保局合署办公。继续深化付费总额制度下的按病种付费、单元付费的复合式付费方式改革，将全县20家定点医疗机构纳入总控范围。积极拓展异地就医即时结算工作，成功接入全省异地就医即时结算平台，在地市州以上定点医疗机构实现联网的基础上，县人民医院和中医医院联网接入省级平台，实现全省联网结算，方便异地就医参保人员的住院费用报销。全县共2220人次实现异地联网即时结算，支付待遇1627.13万元。进一步规范城镇基本医疗保险医药机构协议管理，取消医药机构资格审查行政审批并纳入协议管理，全年新增定点零售药店44家。加强医疗服务智能监控系统的建设和利用，配合全市智能监控系统试点工作，探索医疗服务数据分析系统建设，加大对定点医疗机构医疗服务行为的分析判断，实现由人工监管向智能监控转变，由抽查向普查转变，由事后审查向事前预防、事中监控、事后追查相结合转变。完善定点零售药店的视频监控系统，防范和打击刷卡套现、以药易物等违规行为。2016年，对9家定点医疗机构21名参保人员当次住院费用不予支付；对14家定点零售药店暂停协议1个月，对37家定点零售药店暂停拨付1个月刷卡费用，终止协议药店3家；收回违规基金39.25万元。对1件涉嫌假发票骗取医保案件移交公安机关调查处理，涉案金额27万元。

【社会保险基金监管】 2016年，威远县加强社会保险基金监管工作，严格专户储存、专款专用，实行“收支两条线”管理。完善社会保险基金内审内控制度，严格执行社保基金支付审批制度和报销制度，从源头和各个环节上堵塞漏洞，防止基金挤占挪用。加强网络运行平台监管，落实网络监管人员，采取定时监控等措施，督促社保经办机构核查、纠正监管软件报警信息4135条。公布社会保险基金监督电话，鼓励社会力量参与监督，严厉打击医保、工伤等领域存在的骗保违法行为，确保基金完整、安全。

（李建伟）

社会生活

人民生活

【城乡居民生活】 2016年，威远县城镇居民人均可支配收入28867元，比上年增长8.8%。城镇居民人均工资性收入18688元，增长8.0%，占可支配收入比重的64.7%；工资性收入仍是城镇居民家庭可支配收入的主体。城镇居民人均经营净收入6644元，城镇居民人均财产净收入1722元，城镇居民人均转移净收入1813元。全县城镇居民人均消费性支出20618元，增长8.1%。城镇每60户居民家庭拥有洗衣机64台、电冰箱63台、电脑42台、空调94台、移动电话151部。消费支出中食品支出4665元，增长3.5%。农村居民人均可支配收入12932元，增长9.1%；农村居民工资性收入6916元，增长11.4%；家庭经营性收入7338元，较上年增长22.7%。农民人均生活消费支出9623元，增长9.2%。农村居民人均消费支出中食品支出3026元，增长1.2%。农村每90户居民家庭拥有洗衣机95台、电冰箱91台、电脑20台、固定电话25部。年末，城乡居民人均住房面积分别为37平方米和43平方米。

【物价走势】 2016年，威远县居民消费价格指数102.0，比2015年上涨2.0%，其中，食品烟酒类上涨4.8%、衣着类上涨1.9%、医疗保健和个人用品类上涨2.5%、交通和通信类持平、居住类持平、娱乐教育文化用品及服务下降0.7%。农资价格上涨3.2%。

（伍桥良）

2016年7月14日，四川省计划生育协会工作推进会暨计生基层群众自治现场会在威远县召开　（县卫计局供图）

人口和计划生育

【概况】 2016年年末，全县总人口为728422人。全年出生人口8855人，人口出生率12.1‰；死亡人口6735人，人口死亡率9.3‰；人口自然增长率2.8‰，全年净减人口988人。年内，利用公开栏、公告、宣传单等形式，加强宣传，实行生育登记管理，群众知晓率达100%。

【计生证件改革】 2016年，威远县要求各真计生办主动开展信息核查，凡是涉及生育证明，不再由群众提供，改为卫计部门核查。全县统一实行便民服务平台办理计生证件，为5126对夫妇提供生育登记服务，办理“独生子女父母光荣证”14040对，特殊情形再生育审批2对。

【流动人口计生服务】 2016年，威远县加强流动人口个案信息报送和动态监测，实行流动育龄妇女婚育证明电子化，婚育证明电子化比例达94.83%。建设流动人口健康屋和健康讲堂示范点2个、流动人口协会4个、流动人口之家20个，加强流动人口健康教育。严陵镇、连界镇开展流动人口基本公共卫生计生服务市级示范点建设。

【计划生育家庭奖励扶助】 2016年，威远县落实计划生育奖励扶助、特别扶助标准调整，全县享受奖励扶助和特别扶助政策对象共10373人，奖特扶资金1323.53万元全部兑现至个人账户。全面落实“6+1”民生工程，2016年起为1007人发放失独家庭养老保险补助金38.35万元；兑现独生子女父母奖励金305.66万元；发放农村计划生育奖励扶助对象和计划生育特别扶助对象新农合筹集金52.71万元。做好独生子女病残儿鉴定和特殊家庭再生育救助工作。

【计生基层群众自治】 2016年，威远县建立“协会+基地”“协会+协会”工作模式，落实“十上门”服务，促进群众自我管理。基层群众自治成为四川唯一全国试点示范县，2016年7月全省计生基层群众自治现场会在威远县召开，威远经验全省推广。

【计生服务站机构整合】 2016年2月25日，中共威远县委机构编制委员会行文（威委编发〔2016〕3号）对镇计划生育技术服务机构与镇卫生院进行整合，将在严陵、新店、向义、界牌、龙会、高石、镇西、黄荆沟、观英滩、新场、连界等11个镇设立的人口与计划生育服务站，对应整合到各镇卫生院，并在全县各镇卫生院加挂“妇幼保健计划生育服务站”牌子。镇妇幼保健计划生育服务站的主要职责是：承担本辖区内围产保健、妇女保健、儿童保健等妇幼保健和妇女儿童常见病防治任务；承担计划生育技术服务相关任务；落实妇幼重大公共卫生服务项目和基本公共卫生服务项目，配合承担孕前优生健康检查项目等任务；负责对村级卫生计生服务人员提供业务培训指导。

全县11个镇人口与计划生育服务站有事业编制49名，按不低于50%的比例，对应划转到各镇卫生院。具体划转编制数为：严陵（镇人口与计划生育服务站，下同）划转3名、新店3名、向义2名、界牌2名、龙会2名、高石2名、镇西3名、黄荆沟2名、观英滩2名、新场2名、连界2名，共计25名。各镇人口与计划生育服务站划转到镇卫生院的事业编制，由全额拨款调整为差额拨款。划转后剩余的事业编制（共24名），对应划入各镇社会事业服务中心。

【全省计生协工作推进会暨计生基层群众自治工作现场会在威远县召开】 2016年7月14日，全省计生协工作推进会暨计生基层群众自治工作现场会在威远县召开。上午，与会人员参观向义镇四方村和新店镇民富村两个群众自治现场观摩点，详细了解两个点在计划生育群众自治工作中的经验做法及主要成效。下午对中国计生协青春健康教育示范基地进行授牌；内江市威远县、遂宁市大英县、巴中市巴州区、攀枝花市东区计生协负责人在会上进行经验交流发言。会议总结全省计生协上半年工作，并安排部署下半年工作任务。省卫生计生委分管领导及相关处室负责人、省计生协机关干部、各市（州）卫生计生委分管领导及计生协秘书长、2014—2016年国家和省级计生基层群众自治项目点计生协负责人，共计110余人参加会议。省卫生计生委党组成员、机关党委书记冉茂琴出席会议并讲话。

（蒋程红　周　武　甘良国）

民政工作

【概况】 2016年，县民政工作坚持“以民为本、为民解困、为民服务”的宗旨，全力保障和改善民生，推进社会管理创新，全县民政事业健康发展。城乡医疗救助政策范围内自负费用救助比例达70%；符合城乡低保条件的困难群众实现动态管理下的应保尽保，城镇低保对象累计月人均补助达275元；农村低保对象累计月人均补助达155元；建成区域性养老服务中心2个；新增公办民办养老床位650张，维修改造公办机构床位250张；建成城乡社区日间照料中心12个；为全县29790名困难家庭失能老人和80岁以上老人提供居家养老服务。对持有威远县第二代残疾人证的低保对象发放困难残疾人生活补贴，补贴标准为每人每月60元，2016年审定困难残疾对象5269人，累计发放补贴资金349.63万元；发放农村低保对象特殊生活补贴，1月至6月审定符合条件的补贴对象8315人，补贴标准为每人每月11.5元，累计发放特殊生活补贴资金57.37万元。7月1日起，农村低保标准调至3120元后，停止发放该项补贴。按省市要求，为2016年脱贫人口中的低保兜底对象补发一次性特殊生活补贴251元/人，共376人，发放9.44万元；80岁以上老人高龄补贴按每人每年150元发放到位。

【救灾减灾】 2016年，威远县遭受暴雨洪涝等自然灾害。灾情发生后，县民政局立即组织全县民政干部深入灾情一线开展灾情调查，迅速摸清灾害情况并及时上报，妥善组织转移安置受灾群众。全年下拨冬春救助款、救灾款 580.2 万元，在“走基层，送温暖”活动中，发放御寒棉被 8002 床，棉衣 14926 件，解决了困难群众缺粮、缺御寒物资、缺生活必需品和需伤病救助等基本生活问题。加强救灾款物使用管理，严格实施《威远县救灾资金救灾物资管理办法（暂行）》，落实户报、村评、镇审、县定程序，全面建立台账。加强救灾资金专项检查，确保资料齐备，使用合规。推进减灾、备灾工作，维护好县应急指挥体系运行，确保互联互通，参与做好地震和燃气泄漏应急演练。完善救灾物资储备管理制度，新购置 12 平方米民政专用帐篷 50 顶、折叠床 100 张、发电机 4 台、手电筒 100 支，制定县级自然灾害救助物资储备五年规划，20 个镇均建立救灾物资储备点。组织创建“综合减灾示范社区”，严陵镇大桥街社区被国家减灾委、民政部评为“全国综合减灾示范社区”。加强灾害信息员培训，组织参加省、市培训，结合各镇召开会议时机组织开展镇村级灾害信息员培训共 87 人。

2016 年 9 月 30 日，县举行烈士纪念日公祭活动　（余远文摄）

【社会救助】　2016 年，威远县社会救助标准进一步提高，城乡低保保障标准分别提高到 420 元/月和 260 元/月。县民政局会同有关部门加强居民家庭经济状况信息核对，完成 700 余户、2600 余人新增低保家庭经济核查；妥善处理 100 余人次的信访事件。全年农村低保新增 423 户、556 人，取消 2282 户、3018 人；城市低保新增 324 户、362 人，清退 523 户、623 人。从 2016 年 6 月 1 日起，对农村低保对象每人每月增加 40 元补助，城市低保对象每人每月增加 30 元补助，城市低保人均补差达到 275 元，农村低保人均补助达到 155.09 元。加强社会救助家庭经济状况信息核查，推进信息平台建设，全县统一建立“一门受理、协调办理”社会救助窗口。全面建立并实施临时生活救助制度，全年对 1691 户困难家庭实施一次性临时生活救助，救助资金 388.19 万元，其中属于建档立卡的贫困户有 150 户，救助资金 27.45 万元。社会专项救助不断加强，坚持从实际出发，量力而行，科学制定救助办法。依托“一站式”平台和“异地就医”住院救助，城乡医疗救助 33973 人 985.07 万元，其中资助参合 17255 人 179.92 万元，门诊救助 6235 人 83.52 万元，住院救助 10483 人 721.63 万元，自付范围内救助比例达 70%。大力提倡农村互助养老模式，2016 年建成城乡社区日间照料中心 13 个和农村幸福院 21 个，解决了农村老人特别是留守、独居老人的养老问题。

【农村五保】　2016 年，威远县坚持政府投资为主、社会参与为辅的投入方式，动员社会各界参与和支持敬老院建设。重点推进县综合养老服务中心。该项目占地 2 公顷，设计床位 300 张，总投资 5000 万元，完成主体和外装工程。加快界牌、庆卫、靖和及向义 4 所农村敬老院附属设施建设和物资采购，界牌、靖和 2 所敬老院已投入使用，新店、东联 2 所敬老院完成立项、征地及设计前期建设工作，年底前开工建设。完成新场、界牌 2 个区域性养老服务中心建设，镇域“五保”供养条件明显改善。

【慈善救助】　2016 年，威远县组织《中华人民共和国慈善法》学习宣传，开展“一张纸献爱心行动”“慈善一日捐”和“送温暖、献爱心”活动。筹集善款资助贫困大学新生 71 名，发放助学金 24.5 万元；资助贫困高中新生 10 名，发放助学金 3 万元；助医 25 人次 5 万元。加强孤儿和艾滋病病毒感染儿童保障工作，及时认定身份并录入上报相关信息，为 51 名孤儿（含 1 名艾滋病患儿）发放基本生活费 41.33 万元。配合销售福利彩票 5149 万元。福利彩票公益金按规定使用，坚持县长审批制度，大部分资金用于养老服务体系建设和弥补医疗救助资金的不足。

【社会福利】 2016年，威远县推进社会福利社会化，完善以居家为基础、社区为依托、机构为补充的社会福利服务体系。全县福利企业13个，安置残疾人500人。全县有养老机构24个，其中政府办22个、社会办2个。县综合养老服务中心建设工程进展顺利。加大公办养老机构投入建设力度，2016年重点推进县综合养老服务中心，该项目占地2公顷，设计床位300张，总投资5000万元。推进居家养老服务，全力推进“12349”信息平台建设，全县29790名服务对象信息已采集录入，将采取购买服务方式为老人提供助餐、助浴、助医、助洁、助急等“五助”服务。坚持实行高龄补贴制度，为22564名80~99岁老人落实每人每年150元的高龄补贴，为61名百岁老人落实每人每年2400元的补贴。

【优抚安置】 2016年，威远县注重军民融合式发展，开展“爱心献功臣”公益活动，为34户优抚对象建房，维修改造住房222间，共补助资金58.5万元；全面落实各项优抚安置政策，各类优抚补助按时按量落实到位。修缮县内各革命烈士纪念设施，组织开展清明祭扫和公祭活动。组织军休干部开展各类活动，军休所建设有力推进。解决在役士兵家庭的实际困难，提高义务兵奖励金标准，支持驻威部队抓建设，双拥工作成效显著。贯彻执行安置政策和有关文件规定。通过中国银行威远分行代发的方式，发放自主就业一次性补偿金536.45万元。6名转业士官公开选择工作岗位。退役士兵接收安置率100%，其中完成符合安排工作条件的退役士兵安置工作率100%。组织开展退役士兵就业技能培训工作，参加职业教育和技能培训的退役士兵223人，其中驾驶培训156人、内江广播电视大学威远分校成人教育12人、就业局培训创业培训55人。全年计划拨职业教育技能培训费66.3万元。

社会事务管理

【婚姻登记管理】 2016年，县民政局全面贯彻落实《婚姻登记条例》，继续巩固全国3A级婚姻登记示范单位建设成果，开通并开展婚姻登记网络预约登记服务，服务环境明显优化，婚姻登记管理进一步规范。推进优质便民服务，实行“朝九晚五”工作制。全县依法办理结婚登记4928对，离婚登记2586对，补领结婚登记3298对，补领离婚登记234对，完成1990年以来婚姻历史数据的补录工作基础上，继续补录中华人民共和国成立以来的婚姻历史数据，婚姻登记合格率达100%。全年办理收养登记2件。

【殡葬和救助管理】 2016年，全县火化遗体819具，公墓安葬142棺。为城乡困难群众62人，免除基本殡葬服务6.14元。进一步加强救助管理，开展街头救助行动和“接送流浪孩子回校园”专项行动，全年救助各类受助人员339人次，其中老年人145人次、未成年人21人次、危重病人2人次、精神病（智障）人员87人次，安置弃婴1人。

【区划地名工作】 2016年，威远县加快推进第二次全国地名普查，普查制度规范，强化普查质量管理和监理，搞好普查宣传和人员培训，落实普查保障措施，加大普查督导力度，推进普查成果转化，按时完成年度40%、总量80%的地名普查任务。严格规范审批程序，做好行政区划调整审核报批工作，优化行政区划设置，促进新型城镇化建设。推进地名标准化建设，清理整治不规范地名，加强地名命名更名审核论证，科学编制地名规划，以农村为重点完善地名标志设置管理机制，完善地名公共服务体系。加强地名文化建设，做好地名文化遗产保护工作。做好边界相关工作，加强边界镇、村沟通联系，牵头完成威资县边界线联检任务平安边界进一步巩固。完善地名公共服务体系建设，加强地名命名更名管理，科学编制地名规划，推进城乡地名标志设置和地名数据库建设管理工作，开展地名信息化服务，加强地名文化建设。认真开展地名规划工作，以城市建设总规为依据，以区域自然和人文特性为基础，加强地名管理，推广标准地名。

【民间组织管理】 2016年，县民政局依法做好社会组织管理工作，支持社会组织发展，引导社会组织参与社会管理和服务。全年新登记社会团体7个，民办非企业单位4个，变更登记社会团体1个，民办非企业单位2个，对47个社会团体和138个民办非企业单位实施了年检。推动政府部门向社会组织转移职能、购买服务。发挥社团、社工在社会管理中的基础性作用，不断创新活动方式，支持社会组织开展各类社会公益活动；推进公益性社会组织培育和社会组织公益性发展，加强社会组织党的建设并强化评估工作，全县社会组织建设日益规范。

老龄事业

【概况】 2016年，威远县辖20个镇、313个村、61个居民委员会。全县总人口72.84人。截至年底，全县

2016年6月7日，新建成的界牌镇敬老院　（冷国文摄）

有60岁以上老年人15.81万人，占全县总人口的21.2%，80周岁以上老年人口2.5万人，占总人口的3.4%；最高年龄达到109岁。

截至年底，全县共建立基层老年人协会391个，其中县1个、乡镇390个，参会人数累计2.6万人；法律援助中心（站）21个；老年活动中心（站、室）61个，老年人参与人数达0.93万人。全年免费为60周岁以上的老年人办理“老年优待证”2877本。按时足额向百岁老人每人发放200元/月的高龄补贴。全面落实22564名80~99岁老年人每年150元/人的高龄补贴。

【养老服务】　2016年，威远县贯彻落实国务院、省、市加快推进养老服务业发展的决策部署，县政府出台《关于推进我县养老服务业发展的实施意见》，落实鼓励扶持政策，公办、民办养老机构建设同步推进。年内新增公办机构床位350张、民办机构床位300张、维修改造公办机构床位250张。完成12个城乡社区日间照料中心建设（其中城市社区9个、农村社区3个）。采取政府购买服务方式，为29790名困难家庭的失能老人和80周岁以上高龄老人提供居家养老“五助”服务。全面完成21个农村幸福院建设任务，落实医养结合政策，全县有3家医疗机构投资养老产业。新建界牌、庆卫、靖和及向义4所敬老院，共3000名五保老人入住敬老院。全县有日间照料中心57个，共3000名老人享受到优质的服务。全县城镇基本医疗保险参保率达到95%，参合率达到99.81%。推广开展老年护理，实施临终关怀服务，进一步提高老年人生活质量。发展以老年人健康管理为重点的社区卫生服务，2016年度各基层卫生机构为辖区内64840名65周岁及以上的老年人建立健康档案并开展健康管理服务，组织老年人定期进行一般体检及相关辅助检查。政府投资10余万元增设老年服务设施建设。

【百岁老人】　2016年，全县有百岁老人61人（比上年增加12人），其中男性25人，比上年增加5人。最高年龄者109岁。

表37　截至2016年年底威远县百岁老人一览表

序号	姓名	性别	民族	出生年月	家庭住址	城镇/农村
1	熊德英	女	汉	1916-01-11	严陵镇中心街3组	城镇
2	许文华	男	汉	1914-11-14	严陵镇建立村12组	农村
3	罗元芳	女	汉	1915-04-06	严陵镇广场路454号	城镇
4	余成杰	女	汉	1916-08-30	严陵镇联合村4组	农村
5	滕泰芳	女	汉	1916-11-01	严陵镇东街	城镇
6	张洪池	男	汉	1916-09-02	严陵镇顺城街	城镇
7	钟瑞华	女	汉	1916-11-21	严陵镇新堂村14组	农村
8	董少清	男	汉	1915-06-02	严陵镇中心街3组	城镇
9	饶有成	男	汉	1916-12-05	铺子湾镇马道村	农村
10	饶李氏	男	汉	1916-02-08	铺子湾镇马道村1组	农村

续表

序号	姓名	性别	民族	出生年月	家庭住址	城镇 农村
11	张树高	男	汉	1910-07-02	新店镇张建村 3 组	农村
12	杨绍钦	男	汉	1911-01-20	新店镇永农村 4 组	农村
13	刘华高	男	汉	1916-01-08	新店镇交通街 8 组	城镇
14	段修成	男	汉	1916-11-23	新店镇十字村 16 组	农村
15	宋玉儒	女	汉	1912-05-13	界牌镇夏家村 2 组	农村
16	翁树章	男	汉	1913-11-15	界牌镇政府街	城镇
17	彭子荣	男	汉	1913-12-22	界牌镇贾山村 9 组	农村
18	张付容	女	汉	1914-10-23	界牌镇花园村 12 组	农村
19	徐德清	女	汉	1915-01-25	界牌镇市郊村 1 组	农村
20	缪树云	男	汉	1915-12-24	界牌镇市郊村 13 组	农村
21	余淑华	女	汉	1916-05-15	界牌镇四合村 13 组	农村
22	李淑清	女	汉	1916-02-16	界牌镇市郊村 4 组	农村
23	叶仲良	男	汉	1915-08-02	庆卫镇桃李村 12 组 5 号	农村
24	曾淑芳	女	汉	1908-11-16	高石镇童家村 1 组	农村
25	罗淑芳	女	汉	1916-05-16	高石镇九里村 1 组	农村
26	熊德英	女	汉	1916-01-11	严陵镇中心街 3 组	城镇
27	刘玉树	女	汉	1915-08-03	高石镇陈家村 1 组	农村
28	陈元和	男	汉	1914-12-26	靖和镇华场村 8 组	农村
29	袁学兰	女	汉	1917-01-11	靖和镇三望村 9 组 27 号	农村
30	张聂群	女	汉	1910-09-23	镇西镇团标村 14 组	农村
31	李刘淑	女	汉	1912-05-27	镇西镇团标村 15 组	农村
32	曹淑华	女	汉	1915-12-28	镇西镇杨家嘴村 17 组	农村
33	陈自芳	女	汉	1914-06-06	镇西镇永和村 14 组 33 号	农村
34	魏义发	男	汉	1914-10-01	镇西镇红林村 4 组	农村
35	官玉安	男	汉	1916-05-17	镇西镇护民村 20 组	农村
36	官大兴	男	汉	1915-11-12	镇西镇新华村 25 组	农村
37	黄才发	男	汉	1915-04-15	镇西镇五星村 9 组	农村
38	倪淑容	女	汉	1907-12-16	黄荆沟镇坭河村 11 组	农村
39	屈锡川	男	汉	1916-10-27	刘家洞煤矿	城镇
40	谢菊仙	女	汉	1913-01-04	黄荆沟镇老明槽社区 6 组	城镇
41	熊李氏	女	汉	1915-09-15	新场镇曹胜村 1 组	农村
42	潘德银	男	汉	1915-08-05	东联镇天宝沟村 9 组	农村
43	苟仕维	女	汉	1915-02-15	东联镇档竹湾村 6 组	农村
44	苟罗氏	女	汉	1916-11-26	东联镇金圣寺村 3 组	农村

续表

序号	姓名	性别	民族	出生年月	家庭住址	城镇
						农村
45	黄淑全	女	汉	1914-01-19	东联镇娃娃山村6组	农村
46	倪绍成	男	汉	1916-01-14	龙会镇五皇村7组	农村
47	袁守端	女	汉	1914-01-20	龙会镇龙会场居委会	城镇
48	李国英	女	汉	1913-10-18	龙会镇龙会村5组	农村
49	刘淑琴	女	汉	1915-12-04	龙会镇互助村16组17号	农村
50	刘跃成	男	汉	1916-10-11	龙会镇高湾村5组30号	农村
51	何淑兰	女	汉	1916-05-06	龙会镇共同村6组44号	农村
52	梁淑琴	女	汉	1914-02-15	龙会镇杨岭村14组37号	农村
53	刘荣香	女	汉	1916-07-18	连界镇庙山村3组	农村
54	叶淑芳	女	汉	1916-01-02	连界镇轧钢桥住宅区5幢	城镇
55	代瑞先	男	汉	1915-09-18	小河镇响水村14组10号	农村
56	杨翠莲	女	汉	1914-02-24	小河镇观英村8组	农村
57	徐书容	女	汉	1915-12-23	两河镇镇江村1组	农村
58	涂树清	女	汉	1916-01	两河镇断桥村8组	农村
59	谢志光	男	汉	1914-05-10	两河镇沙湾煤业公司1组	城镇
60	吴林光	男	汉	1916-07	越溪镇水源村2组21号	城镇
61	严学英	女	汉	1916-03	越溪镇插旗村8组	农村

（兰紫琪）

民族宗教事务

【概况】 2016年，全县有32个少数民族1344人，其中彝族261人、藏族103人、苗族163人、土家族98人、回族50人。从来源看，主要以婚迁为主；人员分散居住在县内20个镇，其中人数分布较多的镇有严陵镇272人、新场镇106人、连界镇86人、观英滩镇69人；少数民族群众居住较集中的村（社区）为严陵镇花城路社区，共50人。

全县有信教群众约10万人，主要信奉佛教、基督教、道教、天主教。经登记颁证的宗教活动场所15个，其中佛教12个、基督教2个、天主教1个。宗教教职人员35人，其中佛教34人、基督教1人；天主教堂教职人员由天主教宜宾教区派员兼任。

2016年，民族宗教工作在县委、县政府的领导下，以贯彻党的民族宗教工作基本方针为主线，积极开展民族工作，依法管理宗教事务，保持民族宗教领域的和谐稳定。

【民族工作】 年内，县民族宗教事务局利用会议、宣传挂图等形式，宣传党的民族政策，提高群众法治意识，宣传新修订的《中国公民民族成分登记管理办法》。尊重民族习俗，贯彻民族法规政策，依法处理涉及少数民族群众的矛盾纠纷，为高石镇处理彝族群众意外死亡事件提供建议意见，协助县城管局为到威远县经商的少数民族群众合理设置摊位。对少数民族贫困户情况进行摸底调查，开展送温暖活动，向20户困难少数民族群众发放慰问金4000元；关心藏区“9+3”（即在9年义务教育基础上，对藏区孩子再提供3年的免费中职教育）困难学生，向困难学生捐款捐物。

【宗教工作】 年内，县民族宗教事务局发挥场所民主管理组织的作用，加强场所的规范管理，促进管理民主化。完成佛教场所登记挂牌工作，所有合法佛教场所均在醒目位置悬挂国家宗教局制作的标牌。指导场所完善管理制度，加强对场所制度执行情况的检查，对佛尔岩弥陀寺、静宁寺等场所的财务、安全制度执行情况进行重点检查，促进管理规范化，保障广大信教群众的合法权益。对天主教堂、佛尔岩弥陀寺、静宁寺、感恩寺等6个场所的财务工作进行检查，发放限期整改通知书4份。开展教职人员备案工作，对3名佛教教职人员、1名基督教副牧师进行备案初审。开展佛教教职人员颁证工作，对42名佛教教职人员的基本情况进行审核，对10名佛教教职人员做出不予颁证的决定。完善教职人员外出请假制度，经常进入宗教活动场所了解教职人员思想、工作情况。狠抓宗教界代表人士教育培养工作，利用会议开展培训活动5次。加强思想引导，发挥他们的示范带头作用，推荐4名教职人员担任县政协委员。

开展法律进寺观教堂工作。完善教职人员学法制度，组织场所负责人开展集中学法活动5次。引导宗教界开展慈善活动，开展敬老、扶贫、助残等活动，动员信教群众捐献募集款物5万余元。依法对俩母山寺、报恩寺等场所执行宗教法规和内部制度情况进行检查监督，受理申请筹备宗教场所1次，做出不予同意筹备宗教场所决定1次。

继续开展燃香治理等工作，禁止使用出售大香高香，在佛尔岩弥陀寺、感恩寺等大场所取得一定的效果。指导佛尔岩弥陀寺、静宁寺等场所对档案资料进行整理。完成宗教场所地名普查工作。

（韦　军）

2016年9月28日，县佛教协会成立　（县委统战部供图）

【威远县佛教协会成立】　2016年9月28日，威远县佛教协会成立。佛教协会将进一步弘扬佛教的优良传统，结合新时期、新形势、新要求，发掘佛教文化内涵，阐释适应时代发展、符合社会需求的佛教教义；协助党委、政府贯彻落实党的宗教政策，发挥好爱国宗教团体的阵地作用；积极参与、广泛动员、协助做好“和谐寺观教堂”创建工作；加强教风建设，参与城市文化品牌建设和社会公益慈善活动，更好地服务社会、造福大众。会议听取县佛教协会筹备工作报告，审议通过协会章程，召开第一次会员代表大会和第一届第一次理事会，选举产生第一届佛协领导班子，释净明当选为首届理事会会长。

（秦建国）

镇域概况

严陵镇

【概况】 严陵镇是县城中心所在地，辖区面积 71 平方千米。全镇辖 24 个村和 22 个社区，527 个村（居）民小组，总人口 16.18 万人，其中城镇人品 11.06 万人、农业人口 5.12 万人。

2016 年，严陵镇实现地区生产总值（GDP）26.45 亿元，增长 8.7%；地方一般公共财政收入 2727 万元；农民人均纯收入 12881 元，增长 11.8%。固定资产投资 13.13 亿元，其中技改投入 7.86 亿元。全年实现社会消费品零售额 84.98 亿元，限上批零业销售额 12.14 亿元，限上住宿餐饮业营业额 2.04 亿元，限上商贸企业零售额 10.95 亿元。新培育限上商贸企业 5 户。

工业经济　全年新增规模工业企业 1 户，规模工业实现总产值 35.52 亿元，增加值 10.55 亿元，销售收入 35.69 亿元，利润 2.37 亿元。万元产值单耗同比下降 1.49%。招商引资到位市外资金 4.56 亿元，其中：形成固定资产 2.09 亿元；制造业资金 2.07 亿元；省外资金 3.07 亿元。新签并开工项目 4 个。新增项目包装 3 个，其中高新战略类项目 1 个、其他产业项目 2 个。

2016 年 12 月 1 日，严陵镇杨家坝社区揭牌　（严陵镇供图）

惠农工作　坚持“一路二水三产业”工作思路，突出抓好脱贫攻坚，加强基础设施建设，发展优质高效生态农业，加快培育形成“一村一品”，探索农业产业发展新路径。推动 2015 年中央财政专项扶贫资金产业发展项目核桃产业发展到户，补助资金 34.47 万元，发放核桃苗 29215 株；鼓励中药材种植，向贫困户发放佛手挂果苗 8765 株；发放产业扶持周转金 20.5 万元。改善农业基础设施，修建农村公路 13.77 千米；整修水毁渠道 58 处 2300 米、改造山平塘 15 口、蓄水池 4 口、石河堰 2 处；新建沼气池 36 口；安装自来水 3392 户、天然气 2204 户。推广先进农业技术，在 100 公顷核桃园内套种植矮秆作物 46.67 公顷；推广水稻旱育秧面积 866.67 公顷、黄金梨套袋示范 25 万个。

城乡环境　投入 16 万元，开展河道及河流沿线环境卫生治理。完善农村生活垃圾“村收集、镇运输、县处理”工作机制，投入 20 余万元落实人员、车辆负责垃圾清运处理。强化老旧院落环境整治，围绕“灯亮、路平、水畅、院净”工作目标，在背街小巷安装路灯 1169 盏，平整路面 13000 平方米，疏通改造下水管道，落实楼栋长管理制度。深化“五乱”及小街小巷卫生治理，配合做好县城区街道占道经营综合整治、夜市整治及城区露天娱乐活动的规范管理。加强小区管理，指导 6 个小区成功选举业委会。抓好环保工作，推进环保部西南督查中心查出的突出环保问题整改工作，

2016 年 7 月 17 日，威远首届摸鱼节在严陵镇新义村举行　（冷国文摄）

开展秸秆和垃圾焚烧的综合巡查整治行动。

民生事业　坚持教育优先发展，推进义务教育均衡发展，投入 432 万元改善办学条件，2016 年素质教育工作和教育综合目标考核均在全县同类学校名列前茅。改善村（社区）运动设施；免费开放乡镇文化站 1 个，放映农村公益电影 290 场，组织各类文艺演出 8 次。犬只免疫率农村 95.2%、社区 96.9%，妥善处置犬伤人突发事件。新农合参合人数 50861 人，参合率达 94.67%，排名全县第一。全镇 750 余名干部群众义务献血 165100 毫升。城镇新增就业 3140 人；企业退休人员年检率达 98%以上；办理城镇居民医疗保险 5.1 万人，城乡居民养老保险 2.3 万人，续保缴费 8201 人。清理低保 1033 户、1455 人，发放城市低保 1604 万元、农村低保 175 万元、五保金 161 万元；严陵镇中心敬老院已入住 142 人。发放优待抚恤 632 万元，对重点优抚对象开展医疗救助计 58 万元；办理城市医疗救助 400 人、临时生活救助 125 人；开展残疾人“量体裁衣”式个性化服务，受益残疾人 3898 人；发放百岁老人定期生活补助 55.95 万元；完成 4 个社区省级日间照料中心创建工作。发放廉租住房补贴 1877 户、3118 人次，共计 56.99 万元。计生工作巩固发展。符合政策生育率 100%，人口出生率 9.04‰，人口自然增长率 4.58‰；办理生育服务证 1158 个，独生子女父母光荣证 3647 个，发放计生家庭特别扶助资金 129.12 万元、奖励扶助资金 68.73 万元，抓好计划生育特殊困难家庭特别是失独家庭的扶助关怀工作。

安全稳定　大力推进依法治理，加强普法宣传教育，成功创建省级村民自治模范镇。健全矛盾纠纷调处机制，严格执行村、社区矛盾纠纷调处月报制度，共收集矛盾纠纷 432 件。深化整体联动建设，进一步完善治安防控体系，联合辖区派出所组织 61 人 300 余批次“4050”治安巡逻和 144 人 50 余批次农村摩托车巡逻。依法依规做好信访工作，全年办结信访件 104 件。全面落实安全生产责任制，突出重点行业和领域，狠抓隐患排查治理，全年未发生重特大安全事故。

项目建设　完成市下达重点项目 2014 年棚户区改造 A 区 2 万平方米主体工程建设，城北花塘片区安置房工程完工，2014 年棚户区改造 B 区主体工程完成 1.8 万平方米。完成吴荣路一期二标段二环路北段拓宽改造工程拆迁大户协议签订和内威荣高速公路聚居点建设验收工作，三河村 1 组安置房工程完工。推进西山村 5 组、杨家坝湿地公园、威远河河堤整治工程等在建项目，抓好商贸城征地、吴荣路一期一标段二环路西北段、内威荣高速路、城南屠宰场征地、青龙山公园征地、长益村 15 组和 16 组征地、塔山村 1 组征地、平山村 8 组安置房等项目扫尾工作。

【严陵镇新设 4 个城市社区】　2016 年 11 月 18 日，经威远县第十六届人民政府第 3 次常务会研究决定，同意严陵镇新设立荷花街、凤凰路、杨家坝和吴荣路 4 个城市社区。12 月 1 日，举行 4 个新建社区的揭牌授牌授章仪式。荷花街社区由原广场街社区划出，辖区面积 1.2 平方千米，10 个居民小组，总户数 4352 户、8296 人。凤凰路社区由原建业社区划出，辖区面积 6 平方千米，8 个居民小组，总户数 3509 户、7590 人。杨家坝社区由原接官亭社区划出，辖区面积 0.6 平方千米，9 个居民小组，总户数 3190 户、9271 人。吴荣路社区以二环路西北段和二环路西南段为界，辖区面积 5 平方千米，8 个居民小组，总户数 2000 户、6000 人。

【大桥街社区被评为全国综合减灾示范社区】　2016 年 11 月，严陵镇大桥街社区被国家减灾委、民政部评为“全国综合减灾示范社区”。自 2014 年以来，为创建全国综合减灾示范社区，大桥街社区成立工作小组，编制各类灾害应急预案和紧急疏散方案，规划社区应急避险场所，组建防灾减灾应急志愿者队伍。每年投入资金 1 万余元，对重点地段、居民小区配备消防灭火设施，设置应急疏散路标、安全隐患标牌、专题宣传栏等，充实各类应急救灾物资。同时，开展防灾减灾日宣传活动，加强对辖区居民防灾减灾知识的宣传教育，弘扬防灾减灾文化，努力营造“防灾减灾从我做起”的良好氛围，全面提升社区防灾减灾能力，确保辖区居民生命财产安全。

【严陵镇跻身全国建制镇综合实力1000强】 11月，第十二届中国中小城市科学发展指数研究成果暨“2016综合实力千强镇”等榜单发布，威远县严陵镇入选全国建制镇综合实力前1000强，名列918位。该榜单由中小城市经济发展委员会、中小城市发展战略研究院、中国中小城市科学发展指数研究课题组等单位通过《人民日报》和《2016中国中小城市发展报告·绿皮书》联合发布。课题组以国家统计局公布的“千强镇”、全国重点镇、各省发展态势较好的镇等为基本评价对象，选取地区生产总值、城乡居民人均可支配收入、公共财政收入三个指标进行综合比较，计算建制镇的综合得分，并排出前1000名。

表38　　2016年严陵镇社区（各村）情况一览表

序号	社区（村）名	党支部书记	主　任	村（居）民小组（个）	人口数（人）	耕地面积（公顷）	农村经济总收入（万元）	人均纯收入（元）
1	南街社区	罗　静	魏丽英	5	4980	—	—	—
2	东街社区	吴　迪	吴　迪	6	5868	—	—	—
3	西街社区	廖芸	游　敏	8	13381	—	—	—
4	外南街社区	刘　勇	郑　庆	8	4681	—	—	—
5	中心街社区	朱建君	李　萍	8	5415	—	—	—
6	外西街社区	伍智强	刘　英	10	7263	—	—	—
7	河北街社区	张　丽	张　敏	7	5461	—	—	—
8	大桥街社区	张玉兰	王猷凯	13	8427	—	—	—
9	河东街社区	周　莉	—	6	4813	—	—	—
10	杉树坳社区	林　萍	林　松	14	8425	—	—	—
11	三河路社区	雷筱萍	谭　旭	9	9348	—	—	—
12	广场街社区	李青坪	张　丽	9	7464	—	—	—
13	花城路社区	刘世华	朱建君	8	3461	—	—	—
14	建业社区	张　进	李永红	9	3300	—	—	—
15	锦城社区	温继敏	叶庆沁	8	2916	—	—	—
16	东风路社区	刘丽萍	刘秀英	9	5004	—	—	—
17	接官亭社区	陈　兰	唐　艳	9	3457	—	—	—
18	滕家坝社区	郑　庆	高　健	6	2334	—	—	—
19	荷花街社区	张　丽	—	9	4265	—	—	—
20	凤凰路社区	林　松	—	9	2000	—	—	—
21	杨家坝社区	唐　艳	—	9	2306	—	—	—
22	吴荣路社区	游　敏	—	5	2000	—	—	—
23	三河村	廖　桀	王永新	3	475	16. 37	2498	12484
24	桂花村	邹泽彬	林文杰	9	1729	48. 45	4451	11296
25	新义村	姚洪良	廖桂芳	14	2150	74. 03	4230	10881
26	桥里村	刘成红	缪玉洪	14	2216	148. 12	4453	10645

续表

序号	社区（村）名	党支部书记	主　任	村（居）民小组（个）	人口数（人）	耕地面积（公顷）	农村经济总收入（万元）	人均纯收入（元）
27	白荷村	董小波	—	13	1711	73.67	4159	11257
28	长益村	王志军	杨学文	11	2096	28.71	5522	11927
29	塔山村	古银贵	刘永仲	15	2286	101.14	4858	10921
30	富谷村	曾勇权	王志宗	18	2743	115.10	5808	11473
31	食丰村	周新权	—	16	1952	129.13	4554	12458
32	建设村	甘自群	宋新明	14	2086	121.12	5112	11143
33	鸭子村	古永付	尤　林	17	2154	110.70	4538	10730
34	联合村	黄建付	张淑芬	23	3183	165.76	6756	12319
35	三胜村	刘泽权	曾　杰	18	2342	9.20	4070	9944
36	建立村	曾新明	李朝远	18	2060	122.85	4511	10963
37	兴家村	王桂兰	陈　纲	19	2380	166.16	4505	10685
38	新堂村	朱怀江	刘　洋	15	1900	106.05	4063	10723
39	平山村	李　明	李木金	16	3282	67.40	7750	10382
40	东风村	刘学安	杨　森	10	1751	53.96	5280	10635
41	先觉村	唐承发	刘淑瑛	19	2328	90.82	4620	10451
42	花塘村	陈锡钦	李　均	5	793	22.85	2618	12371
43	双柏村	郭　建	张长贵	15	2230	63.88	3732	10830
44	粮丰村	黄艳梅	吴　琴	12	2244	65.41	6320	11239
45	宋埝村	陈云华	胡仲元	15	1908	87.85	4064	11342
46	龙埝村	杨光洪	温顺海	14	1962	97.91	4124	11917

（崔译文）

铺子湾镇

【概况】　铺子湾镇位于威远县城西北部，东连高石镇，南接严陵镇，西连庆卫镇，北邻新场镇、山王镇。镇政府驻地两河口距县城约4千米，交通便利，山清水秀，人杰地灵，是城郊型经济重镇。辖区面积33平方千米，辖8个村民委员会、128个村民小组，1个居民委员会，10个居民小组。年末总人口18305人。2016年，全镇地区生产总值达到7.45亿元，同比增长6%，财政总收入达到1027万

2016年10月17日，市安监局向铺子湾镇贫困村双岭村贫困户发放鸡苗（铺子湾镇供图）

元，固定资产投资完成2.89亿元，招商引资总额达1.6亿元，到位域外资金1.6亿元，规模工业总产值实现11.82亿元；农业增加值实现1.4亿元，增长3.5%；农民人均可支配收入达到12117元，增长9.5%。

农村经济　2016年，全镇推广玉米栽培技术和菜豌豆栽培技术；推广3种水稻新品种和3种玉米新品种；粮食生产面积1765.47公顷，产量8692吨；优质粮油面积1026.67公顷，油料种植面积346.53公顷，产量693吨；蔬菜种植面积842公顷，现代特色效益农业标准化基地面积20公顷，修复实验工程26处，水果种植面积387公顷，产量2903吨。巩固退耕还林面积133.33公顷，土地流转面积12公顷。发展畜牧业生产，抓好猪瘟、口蹄疫、链球菌、蓝耳病、禽流感、狂犬病的防治工作。2016年完成扶贫建档立卡163户共计382人。年内为双岭村贫困户送出鸡苗2370只，为马道村贫困户送出3头牛。完成渠道淘淤维修整治6千米，投入6万元，春灌放水57万方，农机补贴24台次，补贴金额达1.77万元。召开农业生产科普培训6场。召开各种专题会议20余场，印发各种资料15000余份，制作各种警示标牌20余块，签订各种目标责任书40余份。

工业经济　2016年，铺子湾镇新引进外资企业3家，新建昊瀚塘瓷釉料生产基地项目、车用热塑弹性体（tpv）密封条生产线项目。全镇实现规模工业总产值11.82亿元，增加值3.6亿元，销售收入11.4亿元，利润9488万元；全社会固定资产投资完成2.89亿元，同比增长283%；技改1.78亿元，同比增长179.7%。

社会事业　全年免费提供教科书1120套，送中职校就读学生30人，“两基”成果得到巩固。坚持对低保户、低收入家庭户、五保户进行无遗漏入户调查，进行2次城乡低保、农村五保清理核查，做到应保尽保、应退尽退。全镇城镇低保38户、44人，发放城镇低保金17.26万元；农村低保户221户、239人，发放农村低保金42.43万元；农村五保161户、164人，发放五保金59.04万元；到位救灾救济款4.46万元。城镇新增就业386人；培训新型农民232人；开展新农合宣传、组织工作，新农合参合率达97%，完成县政府下达的2016年无偿献血任务，向符合政策怀孕夫妇免费提供孕前优生健康检查项目，目标人群覆盖率达100%。

综治维稳　落实“五级五覆盖”“五落实”“五到位”责任制，抓好工业企业、露天矿山、道路交通等重点领域安全隐患排查治理工作。围绕安全生产月、节假日、夏季高温等重点时段组织开展安全检查和宣传活动，组织开展危旧房屋、烟花爆竹、化工企业的各种安全生产专项检查。通过各项检查，对查出的事故隐患提出整改意见，落实整改措施，严格督促整改到位。全年无一起较大及以上安全事故发生。全年接待群众来访273批次416人，未发生一起进京上访、集体上访和越级上访案件。排查出各类矛盾纠纷89起，化解82起，调处率92%。

【重点工程建设】　2016年，铺子湾镇续建通村通畅工程夏虾路、晏达路、倪大路、王林路，老刘路总长13.43千米，总投资1224.36万元。内威荣高速公路涉及全镇7个村30个社全长5.25千米，顺利建成通车，10月20日铺子湾收费站开通收费。改善和加强农村环境卫生基础设施，清理越界摆摊和占道经营40余处，清除“牛皮癣”80余处，清理和规范施工现场材料堆放30余吨等。全镇共有16名专业保洁员，38个垃圾收集池，1个垃圾中转站，改变生活垃圾乱堆、乱放、乱焚烧的现象。铺子湾镇代表威远县接受国家农村生活垃圾治理验收。更换铺河路17盏路灯、3根电线杆，群众生产生活环境得到较大改善。狠抓秸秆禁烧工作，各村社建立乡村和公路沿线环境常态监管制度，划分各村社的环境整治责任区，组织人力随时对责任区内的环境卫生情况进行动态监督，尤其是强化对公路沿线、河道、沟渠等重点区域“五乱”现象的监控和治理。

【镇域规模工业总产值逾11亿元】

2016年，镇域工业巩固以东方型钢为龙头的机械铸造产业群，以天地源陶瓷、西南水泥为龙头的建材生产产业群，以鑫达动力、民富密封件为龙头的配件生产产业群以及以同威贸易、阳光物资、鑫源矿业为龙头的煤业加工产业群。特能运业有限公司东方型钢厂深加工生产线技术改造项目、鑫南化工技改扩能项目改造完成，在市场上逐渐形成品质稳定可靠的产品认知，开辟出更为广阔的市场。全镇规模工业总产值118259万元，其中四川威远鑫南化工有限公司8533万元，威远天地源陶瓷有限责任公司26549万元，威远县特能运业有限公司东方型钢厂19414万元，四川威远西南水泥有限公司58973万元，威远县民富密封件有限公司4790万元。

表 39　　2016 年铺子湾镇社区（村）基本情况一览表

序号	社区（村）名	党支部书记	主　任	村（居）民小组（个）	人口数（人）	耕地面积（公顷）	农村经济总收入（万元）	人均纯收入（元）
1	铺子湾街社区	雷庆彬	杨玉辉	10	1262	—	—	—
2	红星村	曾礼远	杨艳（助理）	18	3019	86. 2	26. 23	12832
3	歧山村	李　波	王西（助理）	15	2169	89. 4	38. 23	12674
4	龙泉村	龚玉和	官钱均	11	1617	76. 4	25. 96	12657
5	护林村	彭晏明	付祥超	10	1250	61. 9	48. 77	12747
6	双岭村	吴　艳	李连忠	22	2104	118. 7	18. 73	10543
7	马道村	罗永清	何长春	18	2446	118. 2	29. 57	10651
8	王家村	王　平	詹德仙	15	1730	96. 9	18. 21	12415
9	长石村	龙　琴	聂东阳	19	2708	136. 2	119. 52	12617

（马传勤　唐育峰）

新店镇

【概况】　新店镇位于县城南，东邻界牌镇，西连镇西镇、贡井区成佳镇，北与严陵镇相连，南接向义镇，辖区面积 70 平方千米。辖 21 个村、322 个村民小组和 1 个社区、7 个居民小组，人口 47959 人。2016 年，全镇非税收收入 66 万元，财政可支配收入 1841 万元。实现地区生产总值 75380 万元，增速 9. 2%；完成规模以上工业总产值 7. 9 亿元，完成规模以上工业销售收入 7. 9 亿元，完成规模工业利润总额 3220 万元；农民人均纯收入 11287 元，同比增长 12. 3%。

2016 年 12 月 8 日，省安全社区复评专家组对新店镇创建省安全社区工作进行复评　（新店镇供图）

农业农村　年内，新店镇粮食生产总面积 5227. 07 公顷，农业增加值增长 5. 6%。农村面貌得到整体改造提升，建设凤翔村、骑龙村、帽塘村等新村聚居点 10 个，省级四好村 1 个，市级幸福美丽新村 9 个；实施通路、通水、通气、新村基础设施建设项目，完成农村房屋风貌改造完成 4789 户，建成村级休闲文化广场 12 个；开展农村清理垃圾采用“户分类、村收集、镇转运、县处理”机制，清运各类垃圾 1800 余吨。各项涉农项目不断落地，农业农村基础设施水平逐渐提高。大力发展畜牧养殖，年出栏量达到 4. 6 万头，建立循环农业养殖基地 7 个，实行“沼液—果—蔬”自流灌溉，生猪规模养殖场 14 户。全年建成水泥公路 24. 07 千米，完成村办路 1. 2 千米、磨子湾路 4. 02 千米、朝转 0. 85 千米、三八路 0. 22 千米等公路建设。田型调整 3 千米、维修整治山平塘 9 口；整治囤水田 8 口；新建机耕道 7600 米；新建 3 米宽生产道路 4700 米；新建 2. 5 米宽生产道路 3600 米。全镇水泥公路通村率达 100%，通社率达 63%。镇内有农村客运线路 6 条，实现村村通客运。

工业经济　镇域新型建材、机械

制造、农副产品加工三大产业格局基本形成。全年完成固定资产投入3.1亿元，占任务的103%，完成技改投资1.74亿元，占任务的116%。完成招商引资项目2个，到位资金2.5亿元，同比增长25%。新签并开工投资总额1亿元以上项目2个（分别是四川利弘陶瓷有限公司二期项目、威远县汇丰农业有限公司十里荷塘农业生态观光园项目）。成功包装威远县十里荷塘农业生态观光园项目、年产3000万平方米高档内墙砖项目和水泥制品加工销售项目等3个。

集镇建设　严格按规划实施建设，全镇新建或街道180米（七星椒街），建成馨逸A区、银鑫小区、世纪佳苑、七星苑、七星椒市场综合楼等6个小区工程及2处棚户区改造，建成面积约11.45万平方米，建成住房1080套、门面2320个。投资1.1万元对场镇场镇的路灯进行修理维护，实现场镇亮化率100%，投资0.4万余元对场镇的花台进行维修，投资0.2万余元对场镇的排水沟盖板进行维护，投资2.6万元对贡威路沿线的22个垃圾池进行维修和重新修建。

重点项目　白塔二期征地工作永农村3、4组房屋收购和安置补偿协议签订完成98%，发放征地拆迁款1899万元，白塔二期基建已完成。金镭铸业、永兴大道、利弘陶瓷征地涉及永华村3、4组，永华村3、4组已签协议的房屋全部拆除，发放到户拆迁款1715万元，金镭铸业、永兴大道、利弘陶瓷二期正在建设中。

社会事业　全镇发放城乡低保金230万元，五保金180万元，医疗救助、优抚对象救助资金48万元，自然灾害、“三难”救助资金21万元，抚恤金20万元，80周岁以上老人高龄补贴23.9万元，清退低保户260户。城乡居民养老保险参保2.1万人，医疗保险参保3320人，办理就业失业登记证39人，城镇新增就业100人，城镇失业人员再就业60人，就业困难人员再就业20人。教育、卫生工作纳入镇党委、镇政府重要工作内容，做到与经济工作同安排、同部署、同考核。支持教育经费13.06万元，组织社会捐资助学2.43万元。小学、初中巩固率分别达到100%、98.1%，15周岁人口初等教育完成率99.63%，17周岁人口初等中等教育完成率89.15%，残疾儿童入学率100%。推进卫生进出设施建设，组织创建国家中医药先进单位，完成张建、民富、凤翔等7个村卫生室建设；新农合参合率达97%，组织无偿献血2次。符合政策生育率100%，人口自然增长率控制在6.36‰以内，超额完成国家免费孕优任务，民富村被称为“全国计划生育协会工作先进单位”。加强对交通、食品药品、供电、危化品、烟花爆竹、学校周边环境等的监管工作，抓好汛期安全生产，全年未发生生产安全死亡事故；成功保持省级安全社区称号，创建国家级安全社区。实行“三结合”的大调解办公模式，加强群众工作长效机制建设，全年接待群众来信来访110件，受理调处矛盾纠纷4件，镇大调解中心共受理调处矛盾纠纷17件，各村（社区）、镇级相关部门调解组织化解各类矛盾纠纷173件，调解成功率达99%。

【民富村计划生育协会被评为“全国计划生育协会村级先进单位”】

2016年5月18日，民富村计划生育协会获中国计划生育协会颁发“全国计划生育协会村级先进单位”荣誉称号。新店镇民富村计生协会开展以生产、生育、生活为内容的“三结合”活动，活动中以联系户牵头帮带户配合新增户响应的链条式活动，以家庭增收为目标，适合自己家庭的产业作保证，创新增优促发展向小康家庭迈进。组织开展产业技术培训6期，受训人员达180人次，并以传、帮、带的形式巩固学员技能；根据各户实际和诚信程度与农业银行、农商银行、邮政银行联系优先提供贷款，确保产业发展。组织开展各类活动，如“好婆婆”“好儿媳”“幸福家庭”等评选活动，开展“计划生育知识”“计划生育现行政策”有奖活动竞猜；组织开展广场舞健身活动、读书活动。投入资金16万余元：建立计划生育中心户3户，设立避孕药、图书等专柜；制作以政策、法规、养生、孝顺典故为题材的文化长廊70米和协会成果、孕优知识等展示平台。常年开展计生关爱、慰问和帮扶活动。

【新店镇实现“村村通客运”】

2016年，新店镇有22个村（社区），水泥公路230余千米，于2014年实现水泥公路“村村通”，2016年年底实现“村村通客运”。拥有客运线路7条（其中公交线路2条、农村客运5条），受益群众4万余人。

年内，镇政府成立以分管领导为组长的客运工作领导小组，主要工作由镇道交办牵头负责落实。设立交通安全劝导点22个，每个劝导点配备劝导员1~2名，开展好交通安全劝导工作，全镇开展交通安全劝导100余次，劝导交通违法行为800余个。按照“社—村—镇”层层上报的原则，开展好公路的管养工作。全镇投入资金20余万元用于公路的除草、保洁、边沟、安全隐患治理工作。

表 40　　2016 年新店镇社区（各村）基本情况一览表

序号	社区（村）名	党支部书记	主　任	村（居）民小组（个）	人口数（人）	耕地面积（公顷）	农村经济总收入（万元）	人均纯收入（元）
1	新店场社区	杨明芳	降付贵	7	5179	—	—	22146
2	永农村	甘作福	曹利嘉	13	2349	117.6	4628	10187
3	永华村	漆中文	曾红杰	16	2994	136.4	5720	12170
4	永结村	方永芬	倪　森	15	2084	127.8	6155	15811
5	永强村	王章彬	周　平	20	2777	182.9	4808	10594
6	永红村	刘　刚	姚　良	15	2092	130.7	4838	11605
7	永政村	甘润华	叶旭东	15	2671	135.5	4774	10980
8	金莲村	邹永鸿	卜水清	17	2344	162.3	5316	12605
9	十字村	宋光明	李鸿森	19	2456	165.5	5315	9259
10	高山村	林　杰	李希良	16	2101	141.7	5368	12159
11	骑龙村	李时林	周述明	18	2462	177.7	5379	11188
12	长塘村	杨晓梅	吴家文	19	2321	150.0	5022	10531
13	新和村	宋玉芳	朱建清	13	2532	91.5	5268	13627
14	民富村	李海彬	倪春云	13	1697	83.5	5629	15425
15	石坪村	兰发奎	李建金	15	1967	117.2	5184	6616
16	文丰村	杜翠琴	董超平	14	2220	89.8	4940	12788
17	张建村	聂志良	江小平	11	1478	64.6	4938	11245
18	长山村	林　利	颜德付	14	1887	88.7	3589	11633
19	朝阳村	涂泽章	王书贵	11	1402	89.2	3242	10937
20	帽塘村	刘文明	刘志金	15	2022	100.8	5418	9398
21	一品村	赵存尧	许　勇	14	1928	92.5	3265	10540
22	凤翔村	陈体刚	邱安全	19	2490	165.6	4530	11064

（王　玲）

向义镇

【概况】 向义镇地处威远县最南端，距县城 17 千米，与自贡市隔河相望，国道 G247 线穿境而过，辖区面积 47 平方千米，辖 17 个行政村，2 个社区，总人口 3.72 万人，耕地面积 1936.40 公顷。全镇设立基层党支部 32 个，党员 1143 名，2012 年被农业部评为全国“一村一品示范村镇”，2016 年分别被内江市委、威远县委评为“先进基层党组织”。2016 年，全镇地区生产总值完成 59423 万元、增长 8.7%；地方一般公共预算收入实现 267 万元、增长 8.7%，农业总产值 36106 万元、增长 3.6%，实现农业增加值 23502 万元、增长 4%，农民人均纯收入 12743 元、增长 11.2%。全年财政公共预算支出实现 1645.42 万元。及时拨付耕地地力保护补贴 401.2 万元，兑现惠农补贴资金 408.21 万元，申报“一事一议”财政奖补项目 5 个，争取财政奖补资金 77 万元。

工业经济　全镇工业集中区 3 家规模以上企业运行良好，镇域企业营业收入稳中求进。2016 年工业总产值实现 108615 万元，增加值 30790 万元，销售收入 107397 万元，利润 3791 万元，税金 826 万元。狠抓项目落实，推进大型水电球阀及特种阀门生产线、大型弧形钢闸门产品生产线升级改造等项目建设。主动作为，推进中石化西南分公司页岩气勘探项目，项目投资增势良好。开展“项目年”活动，实施项目16个，实现技改23744万元，完成固定资产投资31191万元，招商引资14960万元。推进城乡建设用地增减挂钩试点项目，全面结束土石方工程，完成施工便道、天然气管道保护及部分基础验槽，总体工程量完成15%，中心敬老院建设主体工程全面完成，高硐社区环境连片整治工程启动。大力实施返乡创业“回家工程”，吸引农民工及农民企业家返乡创办企业3户。

产业发展　向义镇稳定农业生产基础，全力加快转型升级，不断加快产业发展。全年粮食播种总面积3922.67公顷，油料面积480公顷；蔬菜种植面积3230.67公顷。发放水“稻川香6203”种子3000千克，农药500千克，实现粮食总产量20780吨，农业增加值4%。继续抓好结构调整，巩固退耕还林面积53.04公顷，土地流转面积17.67公顷。大力发展畜牧业生产，全年生猪出栏30625头，山羊4496头，牛73头，小家禽家畜71.36万只。落实17个农普队伍，宣传农业普查的重要意义，开展农业普查摸底工作，精准把握辖区“三农”基本情况。新型农民工技术培训完成682人次，新型农民科技术培训完成145人次。加快农业产业化进程，从品牌建设、食品安全方面入手，重点扶持壮大3个大头菜加工厂。坚持农产品安全“准出入”，发展农民经纪人营销队伍2500余人，销售全镇95%的农产品。全镇的农产品不但占据周边市场，还远销重庆、成都、云南、贵州、湖南、湖北、广州等地。稳步发展现代农业，壮大特色产业规模，规划发展桂圆特色产业面积26.67公顷。组织参加首届中国无花果产业大会产销对接会，支持无花果公园成功创建为省级示范农业主题公园。培育新型农业经营主体，新发展农业企业1个、农民专业合作社2个、家庭农场4个。狠抓基础设施建设，完成渠道淘淤71.1千米，农机补贴86台次，补贴金额7.74万元，完成南线人饮2千米管线建设，村级公共服务运行维护资金投入102万元。累计投资460余万元，维修整治鱼箭滩便民桥和吉新桥，新建水张路、大三路等10条通村、通组道路7.6千米，改善了生产运输条件，促进新增蔬菜种植面积66.67公顷。通过农村土地承包经营权确权登记工作省级验收，并获得优秀等次。加大创业扶持力度，大学生创业贷款办理3人、贷款30万元，支持1人自主创业。发展精品农业，发挥专合组织“火车头”作用，不断壮大村级集体经济，探索实施薄弱村抱团项目。

2016年4月29日，省计生协领导到向义镇四方村调研计生基层群众自治工作　（向义镇供图）

城乡环境建设　向义镇加大城乡管理力度，依法填报农村建房用地报批表22户。2016年纠正违法违章建筑2件，调整村镇建筑纠纷1件，满意率100%。推进农村产权制度改革，完成房屋测绘1.1万户，宅基地完成测绘9870户，全镇17个村的房屋及宅基地全部完成外业测绘及公示工作，进入证件打印阶段。建成幸福美丽新村2个、省级“四好村”3个。开展城乡环境绿化、美化和亮化，着力改善和加强农村基础设施，新建改建垃圾收集池24个、维修1个，新安装背街小巷路灯33盏。推进农民集中居住区污水处理设施建设，加大农村生活垃圾收集点（房、桶）建设与管理，加大“五乱”治理力度，累计整改查处占道经营4处、乱停乱放车辆9辆、乱贴乱画2起、垃圾秸秆焚烧17处。环境质量日益提升。实施大气、水、土壤污染治理，以大气污染防治为主线，农村集中式饮用水源水质达标率为100%，区域空气质量稳定达标，辖区内未发生重大环境事件。协调人员对水葫芦等河流漂浮物进行日常打捞和处理，保持河面清洁，指导相关村社处理因上游涨水带来的大量水面垃圾，保障汛期安全。全年开展19次大气污染排查，重点督查建材化工总厂、瑞丰化工、亮利化工等18家企业，整改完成8个突出环境问题。

社会事业　推进脱贫攻坚，全面落实教育、医疗、低保等扶贫政策，全镇共有贫困生21人，通过“免”

"扶"政策，不让一名贫困生辍学。开展免费体检，免费体检109人，在政策范围内实现贫困人员就医零支付。严格落实政策兜底制度，将50户139人纳入低保。完成贫困户危旧房改造重建4户。全面做好就业工作，办理就业失业登记证16个，录入农村劳动力务农务工人员6000余人，更新外出务工人员信息450条。落实每周五就业局人力资源招聘宣传，精准扶贫对象就业培训49人，贫困户系统录入420余人。落实各项基本保障制度，城乡居民养老保险覆盖率达任务的118.5%，生存认证率达任务的102.1%。抓好社保服务，办理征地失地农民养老保险82人，落实产改农民养老保险补贴379人，发放总资金32万元。完善低保救济和困境救助机制，全力保障低保、五保对象1276户共计1438人的基本生活，累计发放保障金259.3万元，救灾救困支出36.5万元。基础教育均衡协调发展，教育教学设施不断完善，教育水平和质量不断提升。开放镇级文化站1个，免费放映农村公益电影50余场。组织参加各类文娱活动6次，特别是以庆祝中华人民共和国成立67周年为主题的文艺会演，获得市、县较高的评价。开展爱国卫生、狂防、艾滋病预防、无偿献血工作，卫生院改扩建工程有序推进。全面落实二孩政策，推进基本公共卫生服务均等化，符合政策生育率为88.89%。加大对食品药品监督管理力度，开展食品药品专项治理工作。对危化企业、工业企业、烟花爆竹、非煤矿山等企业进行重点监管，进行7次节假日、安全生产月的拉网式检查，累计出动人员190余人次，排查处理2起安全隐患。严格法定程序，完成村（居）民委员会换届选举工作。规划落实15个天网监测点位，在四方村试点建设"雪亮工程"。落实信访"三个一"工作制度，开展不稳定因素排查9次，排查出各类矛盾纠纷116起，成功调处116起，接待群众来信来访129起，息访率为95.3%。全镇各类社会矛盾纠纷在村组调解纠纷111起，占全镇调处纠纷123起的90.2%，基本做到小事不出村、大事不出镇。

【全镇规模工业总产值突破10亿元】 2016年，向义镇坚定不移地走工业强镇之路，始终把经济发展放在全镇各项工作的重中之重来抓，进一步扩大发展规模，优化项目布局，提升经济效益，促进经济大发展。加大对辖区内民营企业的扶持、服务力度，壮大企业经济规模，保持工业经济稳步增长。全力开展"项目年"活动，实施项目16个，实现技改23744万元，完成固投31191万元，招商引资14960万元。

内江东工设备制造有限责任公司高效清污设备生产线投入生产，大型弧形闸门弧面加工关键技术研究与应用项目进入小批量生产阶段，国内国外订单均有很大的提高。四川法拉特不锈钢铸造有限公司与重庆川仪调节阀有限公司合作基本完成自动化砂型（碱酚醛树脂砂）铸件生产线节能技术改造项目，完成投资6800万元，形成年产高性能特殊不锈钢球阀铸件9800吨的生产能力。威远凤凰高新材料公司争取国家政策支持，全年争取省项目补贴到账39万元、专利补助2万元、稳岗补贴3万元，高度重视新产品研发，投入200余万元用于新产品开发实验，成功研发透明母粒、黑色架空绝缘料等产品，并优化阻燃料配方和工艺。全镇规模工业总产值实现108615万元，增加值30790万元，销售收入107397万元，利润3791万元，税金826万元。

【威远县无花果公园被认定为四川省省级示范农业主题公园】 2016年8月，威远县无花果公园被四川省农业厅认定为省级示范农业主题公园。四川省级示范农业主体公园从2015年8月启动以来，按照产业发展、创意农业、文化内涵等27个指标，采取自愿申报、市（州）县审核、省级评审和网上公示等程序，最终认定。

威远县无花果公园位于向义镇。自申报省级示范农业主题公园工作启动以来，向义镇与四川一沙兴蓉建设工程有限公司签订工程承包合同，投资227.5万元进行威远县2015年现代农业千亿示范工程和威远县历年财政结转结余资金（威远县无花果林业园区）建设项目，进行新建机耕道、生产道路、蓄水池、提灌站、库房、园区围栏、管道系统灌溉和保鲜库建设等基础设施工程，成功创建为省级示范农业主题公园。

【省级"四好村"创建】 2016年，向义镇按照县委农工委的要求，着力改善乡村环境，不断提升基础设施建设，加快产业提档升级，引导村民形成自觉守法、办事依法、解决问题用法的良好法治环境。2016年12月，经省委农工委验收通过，认定四方村、大冲村、白石村、静宁村等4个村初步形成"业兴、家富、人和、村美"的良好氛围，达到"住上好房子、过上好日子、养成好习惯、形成好风气"的"四好"标准，提升了村民的满意度和幸福感。

表 41　　2016 年向义镇社区（村）基本情况一览表

序号	社区（村）名	党支部书记	主　任	村（居）民小组（个）	人口数（人）	耕地面积（公顷）	农村经济总收入（万元）	人均纯收入（元）
1	向家岭社区	胡炳荣	曾友良	2	2882	—	—	—
2	高硐社区	张新平	刘树文	3	1913	—	—	—
3	向万村	梁　兴	刘培辉	17	2476	114.93	7932	13308
4	柏林村	殷志和	邹婵娟	19	2317	145.47	4364	11472
5	水口村	王海洋	郑华银	18	2122	133.73	8252	12955
6	石象村	刘发龙	刘发龙	11	1156	97.73	2826	12362
7	大山村	董寨荣	董寨荣	18	2045	149.67	4730	11565
8	石庙村	陈玉明	刘德辉	13	1327	114.80	2245	12607
9	小古村	余建平	邓云平	17	1797	108.80	6573	12693
10	枇杷村	刘淑英	肖　明	15	1913	78.60	43760	11793
11	解放村	古礼权	古礼权	17	2383	191.80	4273	11788
12	土桥村	缪礼萍	余　地	15	1899	67.00	41553	11743
13	高硐村	余　宇	钟利明	16	1984	101.93	4436	12077
14	大冲村	吴金容	李先明	14	1591	124.27	2902	13231
15	塘角村	丁　刚	胡新容	15	1712	140.13	6026	13814
16	静宁村	赖太明	赖太明	14	2017	132.60	2902	13981
17	白石村	丁利锋	李新华	13	1728	119.87	3900	12922
18	四方村	余文祥	邹德文	16	2242	110.87	9304	14848
19	古井村	黄付华	林淑英	11	1648	98.40	6588	13592

（廖　熙　胡红美）

界牌镇

【概况】 界牌镇位于威远县东南部，镇辖区面积 44 平方千米，耕地面积 1892 公顷。辖行政村 15 个、社区 1 个，总人口 29662 人，其中农业人口 27996 人。2016 年，全镇实现地区生产总值 3.5 亿元，同比增长 7.8%，其中第一产业实现 1.25 亿元，同比增长 4.0%，第二产业实现 1.38 亿元，同比增长 10.8%，第三产业实现 9010 万元，同比增长 8.8%。全镇财政补助收入 1334.55 万元，同比减少 32%；一般预算支出 1334.55 万元，同比减少 32%。农民人均纯收入 12612 元，同比增长 11.4%。2016 年，镇农商银行、邮政储蓄储蓄存贷款总和分别达 3.06 亿元、9745 万元。

农业和农村经济　实施高标准基本农田建设项目，加强农技服务保障、优化调整粮食种植结构，完成粮食播种面积 3872.73 公顷，粮食总产量 18988 吨，同比增长 0.28%。全力打造“中国无花果之乡”界牌核心区域。在巩固南强、中坝、漫水村“BOT 模式”成片发展无花果种植基地的基础上，按“农户自愿、政府供苗、农户管养、间种矮秆”原则，引导市郊、响锣、林山、丰胜、桥凼村群众栽植无花果 123.33 公顷，使全镇无花果栽植面积达 466.67 公顷。建设幸福美丽新村 5 个，分别是漫水村、桥凼村、响锣村、林山村、丰胜村。建成现代特色效益农业标准化基地面积 233.33 公顷，林业产业基地面积 166.67 公顷，完成营造林面积 66.67 公顷。麻竹产量 103498.60 吨，产值 37 万余元，柠檬产量 2600 吨，养蚕 608 张。出栏生猪 26210 头、肉牛 128 头、山羊 4460 只，建成山羊标准养殖场 1 户。全年开展对种子、农药、化肥市场等的监督检查和粮食作物、蔬菜等的有害残留物质检查 48 次，实现全镇种植业安全无事故。全镇实施猪瘟、新蓝耳病、牛羊口蹄疫等免疫 35 万头（只），狂犬病疫苗注射 1616 只，

2016 年 7 月 4 日，界牌镇党委、镇政府主要领导走访贫困户　（界牌镇供图）

捕杀犬只 46 只，畜产品质量安全和无重大动物疫病发生。全年补助资金 80 万元，聘请农村公共服务人员 84 名，实施农村基础设施维修维护工程 39 个，让农村公共场所真正实现有人管、管得好、能持久。

工业经济　2016 年，界牌镇到位市外资金 15918 万元，完成四川久润泰无花果（酶）系列加工项目、四川新凯碳素风力发电电机用碳刷生产线建设项目、四川康桥旅游乡村生态旅游项目 3 个招商引资包装项目，新签四川海山宇光建设工程机械设备生产线等 3 个项目，新增凯斯美针织品有限公司等 2 个小微企业。全镇市级重点引资建设项目——四川久润泰科技有限公司，总投资 1.05 亿元的无花果酶、无花果糖等系列产品加工项目于 2016 年 11 月初竣工并正式投入生产。围绕中坝古村落乡村旅游业打造，建成特色红色旅游点“知青之家”1 处，有效带动全镇乡村旅游业发展。

基础设施建设　2016 年，界牌镇完成“两乌路”“界龙路”“界靖路二期”“柏威路”共 14.34 千米道路硬化工程，投入 10 余万元用于辖区内道路、桥梁等基础设施养护及维修整治。加大通农村客运线路的公路养护力度，落实专款，抓春运、汛期期间道路维修，保障客运车辆的行车安全，全年无道路交通安全事故发生。全年开设 10 余次工程质量培训班，对村组干部进行工程质量监督等相关知识的专业培训，镇纪委对交通基础设施在建工程及管养工程进行监督 10 余次。完成高标准农田建设 266.67 公顷，修复灾毁工程 25 处，整治堰塘 2 口，完成农村沼气 35 口，农村廉租房 8 户，新建廊架 1 个，观景平台 3 个，新建文化活动广场 4 个，新建生产便道 8680 米，新建 100 立方米蓄水池 4 口。新建敬老院占地面积 0.5 公顷，建筑面积 2792 平方米，床位 130 张，配齐各类基础设施，于 11 月 25 日入住。在南强村建成村文化活动中心 1 处，配置电脑 6 台，音响、42 寸液晶电视、阅览室桌椅各 1 套。在柏杨村建成村农民运动场 1 个，安排资金 2 万元，完成场地硬化，并配送安装篮球架、乒乓台、健身器材等。完成 15 个村“村村响”广播工程建设。

民生工程　2016 年，界牌镇坚持“边清理、边整顿、边规范”原则对低保办理工作进行规范完善，共清理农村低保停保对象 584 人，城镇低保取消 7 人。全镇有农村低保 327 人、城镇低保 50 人，累计发放低保金 95.9 万元；申报医疗救助 178 户，审批并发放医疗救助金额 22.6 万元；先后临时救助 600 余户受灾群众，发放救灾资金 18.5 万元。向持有第二代残疾人证的低保对象每月发放困难残疾人生活补贴 60 元/人，共发放 128460 元，向年收入低于扶贫标准的农村低保对象发放特殊生活补助 51508 元，做到应补尽补。集中供养五保老人 57 名，累计发放五保金 112 万元。年内城镇新增就业人数 100 人，再就业 30 人，登记失业人数 10 人，登记失业率控制在 4.1%以内。通过创业培训、创业补贴、小额担保贷款补息、创业吸纳就业奖励等措施，引领大学生创新创业，完成创业补贴 1 人，小额担保贷款补息 1 人，集中开展创业培训 2 次。医疗保险参保人数 982 人，续保人数 6108 人，虹膜认证 6001 人。开展“大众创业、万众创新”以及“回家工程”活动，让在外创业成功人士和在外务工人员回乡创业。按照“两不愁、三保障、四个好”（不愁吃不愁穿，义务教育、基本医疗、住房安全有保障和住上好房子、过上好日子、养成好习惯、形成好风气）脱贫攻坚工作思路，明确目标，精准施策，确保实现脱贫攻坚目标任务。对全镇 384 户贫困户 944 人开展家庭信息再摸底，做到“不漏一户、不落一人”。选派 120 余名镇村干部，开展结对帮扶，做到“规划到户、责任到人”，建立并帮扶台账。围绕“一村一品、一户一法”脱贫措施，采取开发式（造血型）帮扶，开展技能培训、专业培训，不断探索增收途径。通过“低保兜底、大病统筹、产业扶持、异地搬迁”等措施，落实贫困户低保兜底165人；异地搬迁82户；教育扶贫80名学生，扶贫金额9.56万元。

社会事业 2016年全面实施二孩政策，全镇人口自然增长率1.58‰；符合政策生育率81.93%。做好奖扶、特扶、独生子女父母奖励金等惠民资金的发放工作，全年新增奖励扶助53人，特别扶助1人，发放奖励扶助385920元、特别扶助126000元，高标准完成计生宣传阵地建设，建成示范村（社区）2个、文化大院56个。镇综合文化站和15个农村、1个社区书屋全部免费开放，每周不低于30个小时。组织小型文体活动12次、大型活动6次，举办训练班12次，展览4次，农村电影放映180场次。开展相关食用农产品抽检工作8次，抽检查出问题产品1批次，立案1件。办理食品经营许可证15户，核查办证经营现场15户，办理“三小”（小作坊、小餐饮、小摊点）食品小经营登记表5户，现场指导“三小”规范经营10户。2016年全镇农村群体性聚餐管理达到备案率100%、现场检查率100%、现场指导率100%。镇卫生院全年接受门诊18333人次，收治住院病人1449人次，新农合报销总额233万元。镇中心校国家级示范高中上线10人，市级示范高中上线23人，普通高中上线51人。供电所完成10千伏线路延伸47.71千米，改造低压线路263.16千米，新增配变45台，改造用户8983户；镇天然气公司投资20万余元，新建管网1万米，安装用户180户；广电网络分公司完成11个村级活动场所宽带和电视安装，改造镇1、2级光纤网络4千米。

【四川久润泰科技有限公司无花果系列产品加工项目建成】 四川久润泰科技有限公司成立于2014年9月24日，是以无花果种植及加工为主的农业产业化规模企业。2015年4月，投资1.1亿元，在威远县界牌镇南强村建设无花果系列产品加工项目，承建单位为威远文平彩钢工程部。威远县无花果系列产品加工项目占地面积1.93公顷，主要建设内容包括新建生产厂房8000平方米、冷藏库1000立方米、职工宿舍、无花果展览厅等，以及完成生产设备购置及安装等。项目建设历时一年多，于2016年年底竣工。久润泰公司拥有无花果种植基地面积346.67公顷；种植核桃66.67公顷；林下种植的品种有土豆133.34公顷、黄秋葵53.34公顷。公司控股10个农民种植专业合作社、无花果加工厂及名优农产品营销公司等。在成都、重庆、昆明、贵阳、深圳、南京等6大省会城市建立“久润泰生态田园名优农产品”营销公司，同时建立“久润泰生态田园名优农产品”网络电商平台。久润泰公司依托威远县无花果片区的优势资源、科研院所的技术力量及职能部门的科技支持，产业化经营迅速走上健康发展的快车道，对促进当地产业结构调整、农民增收及生产放心安全农产品起到重要的推动作用。

【中坝村知青纪念馆建成开放】 2016年10月，威远县知青纪念馆在界牌镇中坝村建成开放。该纪念馆依托中坝村原有的两座土墙房屋改建而成，是结合古村落保护，为提升新农村文化品位而建设的公益性文化设施。2015年10月，由威远县史志办公室负责设计和布展。它以“山乡记忆”为主题，分为“知青岁月”和“知青之家”2个展区。在展厅的外墙上分别有知识青年上山下乡的宣传画和标语。“知青岁月”展区设置有“时代召唤、上山下乡”、知青厨房和知青食堂等5个展厅，“知青之家”展区由知青故事、知青宿舍和知青课堂3个展厅组成，集中展现威远知识青年上山下乡的历程，以及他们在农村的生产、生活和学习情况。纪念馆共展出历史图片105幅、实物300件、文献档案46份。

【界牌镇新敬老院建成投用】 界牌镇新敬老院落地南强村19组，占地面积0.5公顷，建筑面积2792平方米，床位130张，总投资500余万元。2014年1月完成选址，4月完成立项，6月完图纸设计，9月完成财评；10月选定代理公司；12月完成招投标，威远县基建安装有限公司中标，签订施工合同。监理公司为四川省城市建设工程监理有限公司。工程于2014年12月27日动工，2015年10月全面竣工。2016年11月25日敬老院投入使用，至年底入住52人。

表42　2016年界牌镇社区（村）基本情况一览表

序号	社区（村）名	党支部书记	主　任	村（居）民小组（个）	人口数（人）	耕地面积（公顷）	农村经济总收入（万元）	人均纯收入（元）
1	街村社区	游　斌	游　斌	4	1666	—	—	12612
2	花荷村	胡　洪	黄文筠	16	1939	133.26	3019.30	12895

续表

序号	社区（村）名	党支部书记	主　任	村（居）民小组（个）	人口数（人）	耕地面积（公顷）	农村经济总收入（万元）	人均纯收入（元）
3	南强村	林仁怀	孙　莲	20	2378	144.1	3137.65	13648
4	中坝村	兰书明	胡小彬	17	1955	123.21	3206.35	12913
5	漫水村	夏毕光	陈　权	15	1814	108.02	2710.50	13461
6	田坝村	黄润华	钟云良	19	2042	124.68	2897.30	12464
7	市郊村	张树才	周晓霞	14	2243	92.9	3052.74	12301
8	柏杨村	殷　卷	文川远	12	1796	110.76	2823.40	12113
9	响锣村	倪林清	王进泉	15	1845	130.9	3095.60	12791
10	夏家村	倪修林	殷文娟	12	1337	111.14	2523.10	12056
11	林山村	陈小金	黄　科	12	1329	100.22	2639.80	12038
12	丰胜村	游成品	陈化文	13	1575	121.44	2690.69	12367
13	贾山村	龙　泉	王明典	21	2159	169.2	3111.50	12145
14	四合村	王泽仙	梁林权	15	1840	119.6	2554.00	12424
15	桥凼村	缪荣康	杨秀琼	14	2001	132.85	2721.60	13346
16	花园村	梁智权	宋文清	13	1743	106.75	3109.00	12211

（夏　洁）

龙会镇

【概况】 龙会镇属浅丘陵地域，位于威远县东部，距县城12千米，系省级小城镇试点示范镇，全国页岩气开采基地。全镇辖区面积55平方千米，耕地面积2383.96公顷。辖区21个村，305个小组和2个社区、6个居民小组，总计常住人口38173人。其中建档立卡贫困村3个，分别为五皇村、互助村、高湾村（其中五皇村于2016年顺利“摘帽”）。粮食作物以水稻、小麦、玉米、红苕为主，养殖业以猪、羊、鱼、蚕桑、家禽为主。辖区有规模型企业3家，中小规模民营企业7家，敬老院1所，镇中心卫生院1个，村卫生诊所18个，学校5所。

2016年，龙会镇实现地区生产总值4.77亿元，同比增长8%；一般预算收入完成323万元，比上年增收11.35万元，增长3.6%；财政支出实现1776万元，比上年增支1.62%；农民人均纯收入13072元，较上年增长11.41%。农业和农村经济 2016年，实现农业总产值实现36604万元，其中农业增加值为1514万元，同比增长4.3%。累计发放耕地地力保护补贴共计479.31万元，退耕还林政策兑现资金38.8万元。

全镇出栏肉猪3.82万头、出栏肉

2016年4月19日，内江市农林局领导到龙会镇调研农村电灌站建设和管理工作　（龙会镇供图）

牛150头、出栏肉羊5450只、出栏家禽25.9万只、出栏肉兔24.78万只，水产品产量1593吨。粮经作物年产2.75万吨，增长13.16%。农业产业结构调整成效明显，果蔬种植面积1548.67公顷。农业政策性保险宣传到位，购买保险面积27602公顷。发展林下经济40.67公顷。蚕桑经济发展成效明显，新增桑园面积23.33公顷，村民养蚕8250张。

通过“试点先行、总结经验、分步实施、全面铺开”的原则，采取“以点带面、辐射示范”的发展模式，推进农村淘宝服务站的建立，实现特色农产品的“线上线下”转换，促进农民增收。建村级淘宝服站23个（其中示范站1个），建立“淘帮带”20个。淘宝服务站总月收入维持在20万元左右。

工业经济 2016年，全镇规模工业总产值实现4.5亿元，同比增长6.6%；销售收入实现4.56亿元，同比增长6%；入库税金1145万元，同比下降10.4%；实现利润1045万元，同比增长3.7%。工业固定资产投资完成3.52亿元，同比增长63%，其中工业技改完成1.29亿元，同比增长56%。招商引资实现1.77亿元，同比下降19.9%；工业性投入累计9280万元，同比增长54.9%。

全镇拥有规模工业3个，规模商贸3个。页岩气开发工程已建6个平台井，成功钻井36口，日产量达180万立方米，创造当地就业岗位200余个。新引进的感应器生产企业“四川天娇纺织配件有限公司”为龙会镇的经济发展注入新鲜的血液。

社会事业 2016年，全镇投资50余万元，完成对敬老院食堂的改造。狠抓环境保护和城乡环境治理，及时清运垃圾，维护各类环卫设施256次。清理和规范流动商贩及越门占道经营各类摊点600余次，拆除、清理违章设置的户外广告和店招店牌12个。2个社区新装太阳能路灯20盏，新增太阳能路灯6盏，背街小巷巷灯15盏；农村安装太阳能路灯37盏，新增停车位110个，停车指示牌52块。维护农村生活垃圾收集池62个，更换场镇果皮箱22个。加大禁止秸秆焚烧的宣传和巡查力度，杜绝农村大气主要污染源。新建美丽新村5个，农村廉租房10户。全镇安装电子眼镜83个，实现网格化服务全覆盖。设交通劝导点23个，劝导员23名；组建巡逻队23个、警务室5个、治保室23个。办理各类信访案件30件；排查各类矛盾纠纷32件、不稳定因素284件；解决因建房或工程建设发生的各类矛盾纠纷3起；化解内威荣高速公路（龙会段）建设遗留问题10余件。打击非法运营摩托车232辆、长安车3辆。新农合参合率维持在97%以上。改造五皇村文化活动室1个。对低保、农保、计划生育奖特扶、危房改造等事关群众切身利益、社会十分关注的热点问题，尽最大限度实行规范化管理、阳光化运作。全镇初中入学率98.5%、小学入学率100%，初中、小学辍学率为零。加强对留守儿童、“五失”青少年（失学、失业、失亲、失足、失能的青少年）、特殊儿童等群体的关爱，发挥党员干部、“五老”、志愿者等的模范作用，为青少年的成长营造良好的环境。严格落实安全生产“一岗双责”，强化对道路交通、食品安全、建筑、消防等重点行业领域的安全监管，全年安全“零事故”。

脱贫攻坚 2016年，龙会镇聚焦群众需求为目标，紧紧围绕实现全员奔小康的目标，用心用情用劲开展好脱贫攻坚工作。通过省、市、县脱贫攻坚贫困村贫困户退出，共1个贫困村五皇村“摘帽”，296户贫困户、788人实现脱贫。成立脱贫攻坚领导小组、驻村帮扶工作联络小组以及驻村工作组等，落实“五个一”责任，实行“一对一帮扶”制度，确保704户贫困户结对帮扶全覆盖。向704户贫困户发放“就医优惠卡”和“小额保险爱心服务卡”，张贴连心卡，填写《扶贫手册》，通过镇村干部大会、“走基层”等方式宣传和落实贫困户应享有的政策帮扶。全面落实医疗、教育、就业、低保等扶贫优惠政策，确保实现“两不愁、三保障”的目标。发放就医优惠卡704份，享受新农合报销费用10万余元，医疗减免1.95万元，低保兜底375人次。享受教育扶贫政策学生213人，发放助学金18万余元；享受工会帮扶困难农民工165人、困难职工41人，发放慰问金12.35万元。全镇完成贫困户危房改造111户（其中建档立卡贫困户56户，五保户、低保户等45户）。实施低保兜底扶贫政策，全镇新增低保兜底16户23人。狠抓“第一书记”扶贫帮扶工作，高湾村争取基础设施扶贫资金6.5万元；五皇村争取到扶贫资金6.66万元；互助村争取到扶贫资金3000元。互助村桑农通过电商宣传、“桑葚节”，实现收益52余万元。利用产业扶贫专项资金31.61万元发展鸡、羊、猪等传统养殖业。

重点工程 2016年，全镇投资80余万元，完成拱背桥重建工程，解决涉及新花村、瓦店村等村1000余名村民的出行问题。投资250余万元，修复五皇村页岩气借道公路2.82千米；硬化高湾村西新路、五皇村三档路2.24千米；利用金土地工程，硬化敬老院、晓阳村、政权村等道路2千米。投入养护资金39万余元开展农村道路养护工作。做好村村通客运，开通龙高路、大陈路、界龙路的农村客运路线。投资420余万元的尹家村、久安村村落环境治理工程有序推进。全面完成东线工程（龙会段），提高1万余人的饮用水质量；完成总投资3000余万元的农村天然气工程，解决1.8万人的用气问题。投资2000余万元的川康医院全面竣工并投入运营。投入18万余元进行省级优美示范乡镇创建，准备接受验收。

【龙会镇页岩气日产量实现180万立方米】 截至2016年，龙会镇页岩气开发建成包括威204H1、H2、H3、H4、H5、H7等6个平台，1个脱水站，共33口井；尚有威204H39平台在建。为推进页岩气开发，龙会镇成立页岩气协调办，相关村成立协调组，由专人负责页岩气开发过程中的相关协调工作，包括丈量土地及青苗附着物赔偿、噪音污染、水污染、公路损毁、生活生产设施损毁等产生的各种阻工阻路矛盾纠纷，产生的各类赔偿费用及时到位。镇页岩气协调办采用24小时负责制，要求一旦发生矛盾纠纷须第一时间到达现场协调，月平均解决各类矛盾纠纷20余起。镇页岩气协调办与县经信局、页岩气开发公司密切配合，紧密联系，对工作中出现的问题、情况及时沟通。由中石油长城钻探公司、中石油川庆钻探公司负责页岩气开发，合计投入资金30亿元，页岩气日产量实现180万立方米。

【四川天娇纺织配件有限公司投入试生产】 2016年2月25日，四川天娇纺织配件有限公司开业试运行。该公司系专业研制生产纺织工业的各类传感器、切丝器，以及纺织专用设备控制板等生产的科技型企业，2015年选址威远县龙会镇杨岭坳村2组。

四川天娇纺织配件有限公司是农民企业家返乡创业的典型。该公司法人王代宇系威远县新场人，1996年离开家乡外出务工，在陕西西安建立自己的企业，企业发展非常健康。经龙会镇政府主要负责人多次与其沟通，2015年3月，王代宇答应回家乡创业建厂。

四川天娇纺织配件有限公司，依托于西安电子科技大学、中科院西安分院雄厚的科研实力及先进的科研设备，研制生产的西德巴马格FK6系列、法国ICBT、8E3、日本村田33H、英国SDS，意大利RPR等加弹机的断丝传感器、切丝器、日本帝人、西德巴马格前纺POY、FDY断丝传感器及各类控制板，得到国内众多化纤、纺织单位及众多贸易公司的认可。与锦纶集团新会美达、涤纶集团开平春晖股份、中石化乌鲁木齐石化、中石化岳阳巴陵石化等企业合作多年，产品销往山东、江苏、上海、浙江、福建、广东等地区。2016年，四川天娇纺织配件有限公司有一条小型生产线试产，年产值300万元。

（何雨联　陈桃英）

【威远县川康医院建成】 威远县川康医院位于龙会镇龙会村5组，占地面积12563.24平方米、建筑面积8780.62平方米。医院第一期批准设置床位80张，综合用地面积2.14公顷，其中一期医院用地1公顷，其中业务用房7000余平方米，分住院楼、门诊楼、职工宿舍楼3幢。工程于2015年4月动工，总投资5500万元，于2016年10月竣工。承建单位为自贡卫坪建筑有限公司。

（石　磊）

表43　　2016年龙会镇社区（村）基本情况一览表

序号	社区（村）名	党支部书记	主　任	村（居）民小组（个）	人口数（人）	耕地面积（公顷）	农村经济总收入（万元）	人均纯收入（元）
1	龙会场社区	陈开兴	罗俊辉	7	2278	—	—	—
2	李家场社区	卿小红	杨光再	3	548	—	—	—
3	郭林村	胡　勇	罗　毅	19	1848	114.90	7452	13074
4	杨岭村	王家义	詹玉英	16	1684	87.25	6980	13070
5	少里村	夏　青	许友谊	14	1643	122.40	6614	12982
6	坝上村	宋　挺	刘显忠	12	1536	91.70	6938	12910
7	窑湾村	黄国述	倪昔洪	12	1403	123.26	6031	13015
8	高梯村	陈昭金	古小平	12	1028	96.80	5543	12870
9	晓阳村	罗林华	宋星材	16	1646	143.63	6587	13335
10	互助村	李　莎	杨乾坤	17	2119	167.35	7646	13502
11	钢铁村	郭文友	王亚东	10	1429	83.60	6472	13058

续表

序号	社区（村）名	党支部书记	主　任	村（居）民小组（个）	人口数（人）	耕地面积（公顷）	农村经济总收入（万元）	人均纯收入（元）
12	龙会村	陈　波	郭　强	8	1524	70.89	7652	13248
13	政权村	郭俊婷	胡淑群	9	1431	94.65	6266	13298
14	新花村	陈筱丹	罗志刚	14	1546	137.31	6402	13105
15	水库村	王　俊	钟　英	13	1583	115.21	7030	13222
16	梨湾村	黄孝亨	黄和钦	9	1174	67.67	5253	13254
17	共同村	朱　宇	孔　建	18	1941	119.93	6984	12962
18	高湾村	柳大军	曾德军	20	2335	166.55	7114	13058
19	麻柳村	倪先友	罗　勇	19	2432	160.81	6996	13055
20	瓦店村	陈本才	何利国	12	1209	95.27	5241	13160
21	久安村	胡志良	钟家祥	17	1802	116.52	6457	12980
22	五皇村	熊耀全	倪立平	19	2040	153.38	6223	12975
23	尹家村	陈昔江	曾　彬	19	1994	136.09	6288	12472

（何雨联　陈桃英）

高石镇

【概况】　高石镇位于县城北部，与资中县接壤，属威远县穹窿的东南部低山区，海拔高度300米~500米，相对高差30米~80米。辖区面积54平方千米。高石镇属亚热带季风暖湿气候区，温暖湿润、四季分明、冬暖春早、夏热秋凉、无霜期长、日照少、干旱频繁，年平均气温为17.9℃，最高气温为39℃，最低气温为零下2℃，年平均降雨量在1068毫米左右。2016年，全镇耕地面积2298.47公顷，辖20个村民委员会、278个村民小组和2个居民委员会，全镇总户数9063户，总人口35691人，其中农村人口31899人，城镇常住人口达3792人，城镇化率9.48%。镇政府驻地距县城12千米，是内江市首批“工业强镇”之一，工业基础雄厚，交通信息通畅便捷，民风淳朴，政通人和。全镇实现地区生产总值67526万元，增长8%，其中一、二、三产业分别增长4%、9.3%和7.7%；全社会固定资产投入3.53亿元，增长86.7%。财政转移性收入1822.9万元，一般公共预算支出1745.1万元。农民人均纯收入13179元。

工业经济　2016年，全镇工业生产总产值43181万元，增长9.1%。规模工业总产值1.73亿元，增长18.05%，规模以上工业增加值5153万元，增长20.7%。推进供给侧结构性改革，突出抓好技术改造项目14个，累计完成投资39771万元。招商引资到位资金1.19亿元，招商引资项目总投资2.11亿元、增长56.3%。引进四川穹窿花粮油公司年加工3万吨油菜籽生产项目。对4家企业进行分类指导，督促进行标

2016年9月28日，市县领导到高石镇禾丰村督导脱贫攻坚工作　（高石镇供图）

准化建设三级达标。

农业和农村经济　2016年，农业综合生产能力提升，农业增加值实现增长3.52%，农民人均纯收入实现13179元，增长10.1%。完成优质粮油面积2553.33公顷；新增大棚蔬菜种植面积3.33公顷，水果种植面积374.67公顷；建设林业产业基地面积14.67公顷，营造林面积36.67公顷；完成水产品产量2161吨。培育新型农业经营主体，新发展家庭农场1个、农民合作社1个。

社会事业　2016年，全镇民生支出350.39万元，占一般公共预算支出20%以上。新增就业160人，新农保参保人数1.56万人，新型合作医疗农民参合率达97.1%。完成农村水井水质监测40口。投入37万元对镇敬老院进行改扩建，确保集中供养老人的生活安全。在“走基层、送温暖”中送去棉被576床、棉衣980件。义务教育均衡发展，中、小学健康教育开课率达98%以上；卫生事业全面推进，食品药品监管力度不断加大，计划生育政策宣传到位，符合政策生育率为99.32%，人口出生率为12.31‰，人口死亡率为8.78‰，人口自然增长率为3.53‰。新建农村幸福院2个，20个村农家书屋和镇文化站图书室免费向群众开放，免费放映农村公益电影240场次，举办“百姓大舞台”文化惠民扶贫演出4场。深化“平安高石”建设，严格落实安全生产“党政同责、一岗双责、失职追责”制度，加强安全隐患排查和治理，全年未发生一起安全生产事故。坚持“属地化管理”原则，重点加强对刑释、邪教、吸毒、社区矫正和精神病等特殊人群的管理工作，16名社区矫正人员和16名刑释人员管理规范有序。完成村（居）民委员会换届选举工作。努力化解信访问题和不稳定因素，解决3件集中上访事件。

城乡环境综合治理　持续优化生态环境，争取县治理办支持投资80余万元，建成全市首个镇级压缩式垃圾转运站并投入使用。新建垃圾池（库）4个，维修改造垃圾池3口，申请配备环卫车1辆。完成高石场镇污水管网改造立项，力争项目资金120万元。狠抓垃圾、秸秆禁烧工作，通过强化宣传、科学收集、疏堵结合等方式，禁烧工作取得明显成效。

基础设施建设　坚持以镇域规划为引领，突出交通区位优势，着力提升基础设施，推进城乡发展。全年修建公路4.64千米、在建道路建设项目18.53千米，群众期盼的高泡路改造提升顺利实施。投资400余万元实施电网改造升级，新增变压器12个。修复灾毁工程23处，完成农村户用沼气16口，修建机耕道2.06千米，实施水利工程项目4个，新增有效灌溉面积80公顷，维修整治塘坝18处，新增蓄水能力1.8万立方米。争取市水务局抗旱资金18万元，新建砖砌田埂852米、整治水沟1600米。新建止马、禾丰2个村民活动广场，完成幸福美丽新村建设2个，农村廉住房农户10户，建设“四好村”2个，完成村落环境治理13户。投入10万余元，实施场镇亮化工程。投入22万元修建禾丰、童家、和平3个村卫生室，投入46万元完成两个社区装修及改扩建工程。

脱贫攻坚　2016年，全镇230户522名贫困人口达到“一超六有”脱贫标准，禾丰村达到“一低五有”退出标准，通过省、市、县的检查验收。严格执行“五个一”帮扶机制，全面落实医疗、教育、就业、信息等扶贫政策。有序实施危房改造工程，完成建档立卡贫困户D级危房改造30户，C级危房10户。整合2016年省级幸福美丽新村、财政扶贫专项资金、一事一议财政奖补项目资金共计133.12万元，修建活动广场1个、蓄水池2口、整治堰塘4口、便民路4000米、硬化道路800米。利用产业扶贫专项资金35万元，大力发展庭院养殖业，创新实施“生猪代养模式”，壮大个体经济。争取专项扶贫资金70万元，在禾丰村流转土地2.7公顷，建设水产养殖基地，发展高密度渔业养殖产业，创新“企业+村集体+贫困户”财政收入扶贫模式，不断提高村集体和贫困户收入。激发贫困户内生动力，鼓励脱贫积极性，对表现突出的贫困户授予“脱贫光荣户”称号。

【全市首个镇级压缩式垃圾转运站建成】　2016年4月15日，威远县高石镇压缩式垃圾转运站建成投用，系全市首个镇级压缩式垃圾转运站。工程于2015年12月15日开工，建筑面积87.58平方米，总投资63万元。其中，占地补偿款4万元、房屋建设及装修27万元、机械设备30万元、水电户头及安装2万元。建设内容包括垃圾转运站主体工程内外装修，三周挡土墙，院坝硬化，设置花台，动力电、自来水两通，机械设备安装等，设计日处理生活垃圾10吨。由四川沱江路桥建设工程股份有限公司承建。

【高石镇工会联合会获评“四川省示范乡镇（街道）工会”】　2016年12月，高石镇工会联合会被四川省总工会授予“四川省示范乡镇（街道）工会”称号。

高石镇工会联合会贯彻“组织起来，切实维护”的工作方针，围绕“六好”（党委政府支持好、组成网络健全好、履行基本职责好、指导帮助基层好、服务职工群众好、围绕中心开展工作好）推进工会标准化建设。

镇党委、镇政府对工会工作十分重视，形成“党委领导、政府支持、各方配合、工会运作、职工参与”的工会工作格局。配备一支高素质、重实干、有热情、又稳定的工会班子，将工会办公经费列入镇财政预算，建立专门的工会账户。为镇联合工会办公室、场镇社区工会和达木河社区工会购置打印机、档案柜等必备办公设施，社区工会配置图书室。镇党委将工会工作纳入党建目标体系，确保工会工作“有位成事”。组建1个工会联合会、9个企业工会、14个基层工会，共发展吸收会员1060人，入会率达92%，建成全覆盖工会组织网络。引导镇内民营企业与员工签订工资集体合同、职业病防治合同，规范劳动报酬、劳动用工、劳动安全等合同事项。要求民营企业、私营单位、个体户聘用人员建立职工代表大会或者行业代表大会制度和企业事务公开等制度，对涉及职工利益的重大问题提交职代会讨论审议，维护职工的合法权益。镇内企事业单位严格按规定为职工缴纳各种社会保险。开展职工就业培训。工会在元旦节、春节期间，对困难职工进行慰问。镇机关工会、企业工会、社区工会分别组织开展各种趣味文体活动，促进职工以良好的精神状态为发展经济建功立业。

【高石镇获评四川省2016年度水土保持工作先进单位】 2016年12月16日，高石镇被四川省水利厅评为“四川省2016年度水土保持工作先进单位”。

2016年，高石镇学习宣传《中华人民共和国水土保持法》等法律法规政策，发放资料1000份，悬挂横幅2条。举办新水土保持法培训班2期。高石镇党委、镇政府重点抓好33.34公顷柠檬种植、73.34公顷无花果种植。全年完成坡改梯33.34公顷，完成水土保持林261.80公顷，经济林果66.67公顷，维修改造提灌站4个，修建山平塘6口，蓄水池2个，渠道11千米，共完成土石方量3万立方米。全镇减少土流失量30万吨，增加水源涵蓄能力2万立方米，增加经济收入300万元，增加粮食产量10吨，受益人口1.2万人。开展河道、水库清淤治理工作及美化环境，全面落实13个村3条河、2个水库清淤工作。增加水源涵蓄能力10万立方米，增加经济收入10万元，受益人口8000人。建立建后管护长效机制。明晰产权，坚持“谁治理、谁管护、谁受益”的原则，镇水务站与村委会签订管护合同，把责任制落到实处。实行成果确认和移交制，把建好的工程及时移交受益方，明确受益方的管护维修和使用责任。实行工程管护回访制，通过治理前后对比教育说服群众，形成坝有人管、池有人淘、林有人护的管护体系，保证工程长期发挥效益。强化监督，加大水土保持执法力度。始终坚持预防为主、防治结合的方针，把预防监督放在首位，做到监督机构、监督人员、规章制度、监督行为“四落实”。全年开展水土工作巡查12次，落实整改问题3个。

表44 2016年高石镇社区（村）基本情况一览表

序号	社区（村）名	党支部书记	主　任	村（居）民小组（个）	人口数（人）	耕地面积（公顷）	农村经济总收入（万元）	人均纯收入（元）
1	场镇社区	刘敬贵	刘敬贵	3	2296	—	—	—
2	达木河社区	苏玉泉	苏玉泉	4	796	—	—	—
3	陈家村	曹文君	曾智勇	9	1284	40.07	3318.0	13026
4	藕塘村	李忠华	刘　勇	19	2129	128.09	9127.2	12806
5	刘家村	詹先根	魏润华	13	1601	66.91	8872.0	12414
6	石牛村	刘润良	—	13	1502	78.36	5541.9	13589
7	禾丰村	陈　琦	陈仕勇	12	1188	85.75	4888.3	12653
8	九里村	曾忠鸿	王玉明	11	1627	74.35	7360.8	12787
9	童家村	周　庆	—	10	1429	86.62	4383.1	13250
10	大湾村	陈　德	—	16	1685	99.07	5460.2	13570
11	伞岭村	张德树	焦俊文	15	1176	174.27	5441.2	12718
12	小湾村	黄宗安	朱国民	13	1413	141.93	5057.7	12826

续表

序号	社区（村）名	党支部书记	主　任	村（居）民小组（个）	人口数（人）	耕地面积（公顷）	农村经济总收入（万元）	人均纯收入（元）
13	石牌村	罗莉辉	刘祥付	9	1153	88.37	5059.1	12919
14	止马村	罗　飞	魏金华	20	2535	203.33	10025.6	14728
15	升子村	胡　高	蒋忠洋	12	1403	127.12	4749.3	12836
16	泡桐村	王润明	宋四海	11	1618	99.66	5735.6	12902
17	兰田村	王润明	陈俊才	15	1805	101.27	5780.5	13881
18	农建村	黄昔明	涂美华	18	1739	156.41	7886.9	13140
19	群建村	黄昔明	熊群英	18	2070	172.19	10450.4	12941
20	兴旺村	唐淑芝	郑海禄	10	1208	988.86	4465.0	13002
21	和平村	曾革仁	陈德才	19	2066	124.71	9445.3	13219
22	胜丰村	王安贵	焦文钦	15	1968	151.13	6926.9	13260

（钟正敏）

东联镇

【概况】　东联镇位于威远县东部，北纬29°31′东经104°51′。东与东兴区朝阳镇、凌家镇接壤，南与威远县靖和镇相邻，西接威远县龙会镇，北界资中县陈家镇。镇政府驻地李家坪，距威远县城23千米，距内江市城区25千米，全镇辖区面积31平方千米，耕地面积1271公顷。辖13个村民委员会、182个村民小组，1个居民委员会。截至2016年年底，全镇总人口22234人，其中农业人口20528人。2016年实现地区生产总值27397万元，同比增长9.03%；农民人均纯收入12414.8元，增长10.06%；财政上级补助收入1156.54万元，同比增长14.16%。

2016年6月22日，东联镇第七届人民代表大会第一次会议召开　（东联镇供图）

农业和农村经济　2016年，全镇实现农业总产值21681万元，农业增加值10206.7万元，增长4.1%。粮食种植面积3186.73公顷，优质粮油面积1804.53公顷，其中小春粮食面积1064.27公顷，大春种植面积2122.47公顷，粮食总产量15064吨。全年种植油料作物面积546.6公顷，产量1312吨，蔬菜面积838.8公顷（特色蔬菜21.6公顷），水果866.67公顷（特色水果3公顷）；实现麻竹笋产量535吨，水产品产量1528吨，养蚕1205张，新栽桑树面积3.34公顷，新发展中药材面积8公顷；在佛尔岩村9组建立1个中药材种植基地，种植砂仁面积4.67公顷；狠抓袁家嘴、金圣寺、牛皮场三大柠檬示范园区管理，巩固“万亩柠檬基地”，实现柠檬产量5077吨；壮大“千亩柚园”。生猪出栏1.922万头，其中50头以上规模户137户，100头以上18户，300头以上1户；出栏肉牛85头，山羊5616只，小家禽51.95万羽；巩固一村一品特色村7个，新发展金圣寺野鸡养殖专业合作社和金圣寺浩利家庭农场。开展精准扶贫工作，确定贫困户285户900人，建档立卡贫困村2个，投入资金45万元用于产业扶贫，完成D

级危房改造20户、C级危房改造145户，硬化道路6.4千米，实现103户299人顺利脱贫，佛尔岩村成功通过省级脱贫验收。

工业经济　东联镇注重营造重工业、抓工业、强工业的浓厚氛围，增强工业对全镇经济发展的带动和支撑作用。百胜药业荣获国家级高新企业、省级龙头企业称号，承担省级重大创新项目2项，年产值1.7亿元，拥有国药准字号产品6个，中药材种植基地近万亩；启动直接口服饮片生产线建设和第三轮GMP认证准备工作，逐步形成产、加、销一体链条。康而好动物药业荣获“省级创新型企业”和“国家高新技术企业”称号，建有水针、粉针生产线，年产值1.6亿元，在全国有300个销售网点。2016年全镇实现工业总产值61418.3万元；实现工业销售收入61515.9万元（其中规模以下工业实现销售收入25568.34万元）；实现工业增加值22336万元（其中规模以下工业实现增加值5145.9万元）；规模工业利润实现3779万元。实现固定资产投入27110万元。创新招商引资模式，推进以企招商、以商招商，实现工业性招商引资到位资金9100万元。

基础设施建设　新建改造农村公路9.88千米，镇村主干道达255千米（硬化68千米），3个村实现水泥路组组通。人饮工程东线4.77千米全线贯通，受益群众3000余户。新增山平塘7口、蓄水池5口，水道清淤6200米，砖砌田埂15万米，基本解决过去旱片死角靠天吃饭问题。开展农村土坯房改造工程，建成新村聚居点2个；新建及维修垃圾池45个，新增沼气池16口。巩固“五十百千示范村”3个，2个村被评为全省“美丽乡村”。启动东联小学改扩建工程和中心幼儿园新建项目，实施幸福美丽新村和高速公路沿线村落整治工程。新增一条天然气输气主管，建成管网300千米，用户数达1700户。

社会事业　东联镇对义务教育阶段学生实行“两免一补”（对农村义务教育阶段贫困家庭学生“免杂费、免书本费、逐步补助寄宿生生活费”）政策，减免贫困家庭幼儿保教费34人，资助贫困大学新生12名。开展艾滋病防治集中宣传30次，文体活动7次。发放城乡低保47万余元，临时救助12.4万余元，重度残疾人护理补贴9.8万元。全镇新农合参合人数18816人，参合率91%。全面落实安全生产责任制，突出抓好企业生产、道路交通、烟花爆竹、食品药品等重点行业领域安全监管。

精神文明建设　开展“两学一做”学习教育，推进作风效能建设，强化干部管理，办理人大代表建议18件。严格落实便民服务中心各项制度，简化办证手续，公开办事流程，办结事项19838件。全面落实党风廉政建设责任制，依法依规查处一些群众反映强烈的突出问题，处分19人。严厉打击各类违法犯罪行为，加大校园及周边环境综合治理，办理群众来信和“12345”市民热线，办理信访件24件，化解矛盾纠纷177件，调解率100%，调解成功率98%。做好农家书屋文化工作，依托农家书屋，助推农村和谐、繁荣发展。加强未成年人思想道德建设，集中开展“扫黄打非”专项行动，营造未成年人健康成长的良好环境。

【佛尔岩景区旅游收入突破100万元】

2016年，东联镇注重挖掘佛尔岩唐代摩崖造像资源，新培植景点放生池、观光亭等5个景点，形成以大佛像为主景，各景点环绕寺庙的园林系统，拥有“十里荷塘”“垂钓走廊”“绿色长廊”三大景观。除对佛尔岩摩崖造像进行维修外，对饮食、卫生、停车规范、交通指挥等方面进行规范。景区年接待游客20万人次，旅游收入计100万元以上。

表45　　2016年东联镇社区（村）基本情况一览表

序号	社区（村）名	党支部书记	主　任	村（居）民小组（个）	人口数（人）	耕地面积（公顷）	农村经济总收入（万元）	人均纯收入（元）
1	东盛社区	周　巧	罗伦传	2	927	——	——	——
2	李家坪村	周　巧	刘付初	19	2234	93.60	2887.40	12925.00
3	档竹湾村	陈宣泽	赵朝钦	11	1412	125.00	1760.60	12468.80
4	菜子湾村	雷成平	刘为兵	14	1662	95.00	1908.80	11484.70
5	刘家沟村	刘晋平	曾　钢	15	1515	94.10	1908.20	12595.60
6	天宝沟村	高正宽	李群芳	9	1362	70.60	1793.20	13165.90
7	牛皮场村	杨泽彬	钟国怀	19	2164	164.70	2706.10	12504.90

续表

序号	社区（村）名	党支部书记	主　任	村（居）民小组（个）	人口数（人）	耕地面积（公顷）	农村经济总收入（万元）	人均纯收入（元）
8	幺磨坝村	袁　莉	黄树良	17	1872	144.10	2320.80	12397.40
9	金圣寺村	罗华伟	陈　云	15	1576	139.10	1999.90	12689.70
10	凤金山村	段召新	曾登科	17	1647	132.10	2101.20	12757.70
11	娃娃山村	陈良波	罗国刚	9	982	79.50	1111.00	11314.10
12	佛尔岩村	刘　军	苟云文	17	1870	131.00	2440.80	13052.60
13	袁家嘴村	刘明辉	罗　燕	10	1046	57.20	1160.10	11090.90
14	吊脚楼村	陈良华	陈民宗	10	1342	91.10	1580.50	11777.20

（邱　江）

靖和镇

【概况】　靖和镇地处威远县城东南部，与威远县的龙会镇、东联镇、界牌镇、市中区凌家镇、自贡市团结镇、三多寨镇、大山铺镇毗邻，全镇辖区面积35平方千米，辖12个村民委员会、188个村民小组，1个居民委员会，总人口24128人。镇政府驻地距县城22千米。2016年，全镇实现地区生产总值28776万元；固定资产投资28650万元。财政性一般预算收入964万元；农民人均纯收入13648元；

农业和农村经济　主动融入威远“中国无花果之乡”建设，年内新增种植面积53.34公顷，全镇无花果种植面积共120公顷。发展“一村一品”特色产业，华场村莲藕种植，万年村、高坡村水产养殖，三望村桑蚕养殖规模逐渐扩大，水产养殖面积新增13.34公顷，达到100公顷。发展畜牧业，50头以上生猪养殖户新增50户。探索绿色农产品发展渠道，鼓励银杏山庄发展树莓种植和树莓鸡养殖，打造绿色、有机、无公害农产品的新品牌。全镇实现农业总产值15516万元，增加值9777万元，增长5.6%。

2016年9月30日，靖和镇举行“争做合格党员”演讲比赛　（靖和镇供图）

工业经济　镇党委、镇政府加强与企业的联系，协调解决企业经营发展中的突出问题，全镇工业经济保持稳中有进。恒丰纸业设计产值过亿的全自动高强瓦楞原纸生产线顺利运转，2016年实现产值24168万元，税收884万元，成为全镇首个产能过亿元的企业。全镇实现工业总产值157239万元，工业增加值23743万元，其中规模以上企业总产值20789万元；规模以上工业增加值5803万元。

社会事业　2016年，全镇医疗卫生条件不断改善，中心卫生院门诊大楼投入使用，城乡居民参合比例保持在97%以上；三望、高楼、花祠3个村级标准卫生室建成。落实人口计生各项政策，宣传国家全面实施二孩政策的内涵和意义。农村文化生活丰富，投资120万元打造省级示范乡镇综合文化站，各项配备设施全部到位；累计投入129万元，建成农民健身场所5处、农家书屋13个；镇“村村响”广播工程全面实施；开展送文化下乡、文艺会演等共10余场次。落实各类惠农政策，全年发放耕地地力补贴面积1236.2公顷共计300余万元。落实各项种养殖保险、小额人身保险，规避农户生产、生活的风险。落实玉米保险面积 866.67 公顷、水稻保险面积 606.67 公顷、油菜保险面积 340 公顷，交纳小额人身保险 2465 人。加强对农户的生产指导，开展科技培训 20 余次，培训人数达 3000 余人次。

民生工程　2016 年，全镇新农保参保人数 12204 人；发放城市、农村低保金共 100.5 万元，残废抚恤金 19 万元，优抚资金 20 余万元，日间照料中心补助经费 2.5 万元。落实自然灾害救济 308 人次共计 10 余万元；落实农村和城镇医疗救助 735 人次，共计 142550 元。发放 809 名高龄老人生活补贴 12.135 万元。全年发放奖励扶助 361 人 34.65 万元；特别扶助 26 人 13.9 万元、独生子女 1282 户 153840 元。着力抓好"扶贫攻坚"工作，完善全国扶贫开发信息系统和省脱贫攻坚"六有"（户有卡、村有册、乡有簿、县有档、市有卷、省有库）信息管理平台的信息录入，全镇共结成帮扶对子 572 对。完成 C、D 级危房加固维修改造项目，投入 88.85 万元对 107 户危房进行加固、重建。

基础设施建设　年内，投资近 800 万元，建筑面积 3777.3 平方米的新建敬老院竣工，资料送审。镇境内全长约 2500 米的团鱼凼东线管网建设工程完成，与华场—感恩寺、华场—红星堰供水管网延伸工程连通后，覆盖全镇的自来水管网主线将基本形成。投资 275 万元、长 3.25 千米的凉狮路在修建中；投资 50 万元长 1.16 千米的高楼村通组公路（市场至豹子湾）确定施工公司。

城乡环境整治　年内，靖和镇严格场镇规划建设，合理布局场镇发展，不断完善城镇配套基础设施。开展 10 余次城乡环境综合整治，清除主要道路沿线脏点死角、整治乱设摊点，推进垃圾收运体系建设。推广清洁能源利用，推广农村沼气池建设。抓好大气污染、水污染等综合治理，永炉塑料厂再生产线投入 85 万元进行整改，污水处理厂投入 5 万元进行维修整改。加强对秸秆焚烧的管控，强化对企业环保常态化监管，发现问题，及时督促整改，注重从源头上排除环保污染隐患。

【靖和镇新建敬老院项目建成】　靖和镇新建敬老院选址于石岭村 9 组（原石岭村坳口塘中学），属石岭村集体土地，位于龙自路旁。占地面积 0.27 公顷，建筑面积 367 平方米，建筑层数 3 层，床位 160 张。项目于 2014 年 10 月 31 日完成财政评审，财评总价 6878736.67 元；2014 年 10 月 20 日选定代理公司（四川泰利工程项目管理有限公司）；2014 年 11 月 18 日发布招标公告；2014 年 12 月 11 日完成招投标，中标单位为四川富圣建设集团有限公司，中标金额 5542272 元；2014 年 12 月 23 日选定监理公司（四川省子午建设监理有限责任公司）。2014 年 12 月 27 日，施工队伍及机械进场开工建设，2015 年 1 月 15 日签订合同；施工合同签订时间晚于开工时间原因是为确保 2014 年 12 月 30 日前开工。工程于 2015 年 12 月 2 日经设计、监理、施工、质监及建设单位的相关人员共同进行预验收，施工方对预验收中提出的不足之处进行整改，初步认为该工程建设基本符合设计及规范要求。由于设计变更增减工程，最终投资以审计结论为准。2016 年，项目全部竣工，进入审计阶段。

【团鱼凼水厂东线管网延伸工程（靖和段）】　团鱼凼水厂东线管网延伸工程系威远县"十二五"第三批农村饮水安全项目。全长 112 千米，涉及严陵镇、铺子湾镇、高石镇、龙会镇、靖和镇、东联镇 6 个乡镇 10 万人的饮水安全。其中靖和段管线长度 2447 米，涉及 2 个村 10 个社。临时占地面积 8.64 公顷，永久占地面积 0.02 公顷。提供青苗补偿 36312 元，林木补偿 92230 元，地上建筑物补偿 116352 元，永久占地补偿 13513.51 元，总计 258407.51 元。

表 46　　2016 年靖和镇社区（村）基本情况一览表

序号	社区（村）名	党支部书记	主　任	村（居）民小组（个）	人口数（人）	耕地面积（公顷）	农村经济总收入（万元）	人均纯收入（元）
1	华乐社区	曾国信	倪　伟	3	1188	—	—	—
2	华场村	曾国信	李明洋	22	2659	128.15	2561.71	6479
3	高楼村	夏廷辉	陈建明	15	1643	82.99	2219.48	8970
4	花祠村	孙　洁	黄火生	20	2292	166.75	2566.07	7345
5	三望村	刘国才	苟红平	16	1889	144.62	2594.22	8950
6	河湾村	陈化刚	胡小惠	13	1540	73.93	1944.69	8835

续表

序号	社区（村）名	党支部书记	主　任	村（居）民小组（个）	人口数（人）	耕地面积（公顷）	农村经济总收入（万元）	人均纯收入（元）
7	万年村	温付才	古自力	13	1544	71.29	1902.33	8400
8	华家村	游利成	陈　洪	14	1670	106.95	2295.16	9000
9	高坡村	温树明	倪　琳	14	1527	81.09	1974.51	9400
10	石岭村	张　蔓	郭　刚	20	2430	159.43	2528.52	6931
11	木瓜村	应　勇	郭青云	21	2169	105.53	2546.47	8008
12	盐井村	刘茂琼	邓小彬	17	1951	121.40	2063.73	7238
13	马基村	雷永军	汤秀琴	10	1441	105.87	1841.29	8670

（段晓婷）

镇西镇

【概况】　镇西镇位于威远县城西部，东距威远县城11千米，西距荣县县城15千米。辖区面积110平方千米，耕地面积4266.67公顷，辖30个村民委员会、508个村民小组，2个社区居委会、26个居民小组，总人口7.8万。镇西地形兼具深丘和浅丘两种地形，深丘属荣威穹窿地貌。有太上老君炼丹圣地大小老君山、有达到国家一类地表饮用水标准的河口水库、杨家古寨等极具开发价值的旅游景点。2016年地区生产总值完成8.37亿元，增长8.27%。规模工业总产值6亿元，销售收入6亿元；规模工业增加值1.8亿元，利润4300万元；工业技改投入2.64亿元；固定资产投资4.23亿元；招商引资项目完成3个，到位市外资金1.07亿元。财政一般预算支出2743.5万元。农村居民人均可支配收入增长11.4%，农业增加值4.3%。

工业经济　抓住建设成渝经济区绿色优质农产品基地的重大发展机遇，精研政策措施，深挖产业项目。2016年引进项目3个，到位市外资金1.07亿元，其中形成固定资产占比94%，制造业资金占63%，省外资金占比100%。项目包装高新战略类项目2个，其他项目1个。同时引导企业大力发展电子商务，推广农村淘宝。2016年，全镇新增农村淘宝业主2户。协调蜀南气矿页岩气开发项目，在花祠村9组、护民村21组、临江寺村1组、铜锣村1组，建有平台井3个，贮水池3个，输油、气管线约8000米。

基础设施　投资80余万元，完成镇西车站至花祠办公室场镇段道路长400米，宽14米的新建和硬化；投资50余万元，完成180米，宽4.5米镇余路场镇段硬化；投资160万元完成占地面积7700平方米（其中绿化占地面积200平方米）的园区广场建设；完成专职消防队办公及生活用房355平方米，车库150平方米装饰及硬件设施建设，完成食品园区安置房竣工验收审计，完成镇西镇控制性详规4.4平方千米的修编，完成占地5000平方米的祥和广场的立项、规划、设计。工程前期土石开挖及场地平整，完成场镇污水管网7.2千米立项、设计工作，完成县危旧房D级改造任务14户。投资20余万元，完善场镇停车位标志标线的规划。共投入资金1500余万元，全面建设完成2015年下达的农村公路完善工程17.99千米。全面启动预计投入650.33万元、7880米的农村联网公路建设工程，2016年通组入户道路全长17.46千米，预计投入资金698.2万元的项目工程全面启动。

社会事业　2016年，全镇城乡居民社会养老保险覆盖目标3万人，缴费目标人数12500人，参保人数32568人，较上年同期增长0.3%，领取养老保险金13967人，缴费总数11980人，缴费完成率95.84%，比上年同期增长5.08%，综合目标完成率86.49%，全县排名第4名。农村医疗救助78人，城市医疗救助23人，解决残疾军人及优抚对象医疗救助26.76万元，解决城市临时生活困难救助17人，农村临时困难生活救助123人。完成30个行政村和社区免费放映360场公益电影的放映任务，免费为其开通光线宽带和文体设备，实现村村响和户户通的目标。新建成园区广场和安装高清显示屏以及各种体育设施。开展每季度的文化艺术协会的采风和县的文化四季风工作，综合文化站工作稳步开展。举办第23届传统的闹元宵活动。

“三农”工作　推进农业结构调整，发展现代农业，巩固4个万亩基地、退耕还林及无花果产业，发展专业合作社21个，家庭农场10个，规划新一轮退耕还林面积200公顷，新发展樱桃面积20公顷，促进土地流转面积40公顷。2016年，全镇财政投入143万元用于农村公共服务运行机制建设项目84个。化解各类土地矛盾86起，建设幸福美丽新村8个、农村廉租房10户。

脱贫攻坚　在永和、黄泥、铜锣、五星、秧田5个贫困村投资390万元，实施扶贫幸福美丽新村建设，修建通村公路2500米，建设便民路3000米，建设文化广场5个，整治山平塘17口，修建蓄水池7口，修建垃圾池30个。实现25个村、701户、1777个贫困人口脱贫。

【镇西镇食品工业园区广场建成】 2016年1月14日，镇西镇食品工业园区广场竣工。工程占地面积7700平方米，总投资145.15万元。主要建设内容包括健身场地硬化、体育设施安装等。由内江市汇超建筑工程有限公司承建，自2015年10月15日开工建设，历时90天建成。

2016年2月20日，镇西镇举办第23届闹元宵文艺晚会　（镇西镇供图）

【第23届闹元宵活动】 2016年2月20日晚（农历正月十三），由镇西文学艺术协会主办，威远农商银行独家冠名的“农商银行杯”镇西镇2016年闹元宵文艺晚会在镇西镇食品工业园区广场举行。晚会在舞蹈《好日子》中拉开帷幕，汇聚舞蹈、歌舞剧、方言剧、时装表演、串烧、独唱、诗歌朗诵等表演形式，共有《中华情》《欢乐的跳吧》《喜娃娃》《小鸡小鸡》《中国美》《报答》《无花果之歌》等20余个节目，上万名群众观演。活动最终在《难忘今宵》的歌声中暨烟花表演中落下帷幕。镇西镇传统的正月十三闹元宵活动已连续举办23届。

表47　**2016年镇西镇社区（村）基本情况一览表**

序号	社区（村）名	党支部书记	主　任	村（居）民小组（个）	人口数（人）	耕地面积（公顷）	农村经济总收入（万元）	人均纯收入（元）
1	民主街社区	钟群英	罗小华	12	4146	—	—	—
2	胜利街社区	罗　莉	张　南	14	2855	—	—	—
3	肖兵村	王学群	古永平	19	2515	143.40	1031.70	12350
4	杨家嘴村	吴铁勇	林伯超	21	3132	180.40	1673.87	12359
5	正兴村	徐华丰	李仲华	17	2301	157.27	1146.89	12355
6	团标村	刘长久	王俊英	18	2857	129.07	998.72	12345
7	炉丰村	邓德才	沈泽福	21	2535	168.87	1109.67	12345
8	正荣村	简　军	张正国	15	2015	74.07	670.26	12342
9	花祠村	李德生	缪友林	21	2520	139.00	1041.89	12353
10	临江寺村	李　东	李　军	10	1556	93.00	870.99	12338
11	铜锣村	顾孝君	周崇高	19	2243	152.67	1070.07	12287
12	秧田村	袁建兵	付仕贵	16	1683	115.87	819.37	12258
13	五星村	梁永贵	林正茂	12	1361	102.87	739.27	12289

续表

序号	社区（村）名	党支部书记	主　任	村（居）民小组（个）	人口数（人）	耕地面积（公顷）	农村经济总收入（万元）	人均纯收入（元）
14	金竹村	刘永刚	曾树荣	13	1266	103.80	744.80	12359
15	清水村	张　强	廖永胜	17	2976	156.80	981.75	12331
16	红光村	龚连钦	龚小翠	19	2470	196.60	1157.96	12331
17	莲花村	邹建春	邓本金	20	2239	180.40	1131.31	12335
18	川主村	郭根良	缪　静	17	2128	140.40	1006.62	12348
19	护建村	兰　彬	易大华	22	2786	201.60	1326.16	12351
20	红林村	杨春林	王国友	12	1460	99.13	997.95	12356
21	新华村	林敬坤	庞晓平	25	2854	216.80	1471.29	12353
22	新屋村	林正权	段全丰	16	1690	164.13	1109.13	12338
23	核丰村	张荣洲	曹　伟	22	2795	204.13	1470.65	12335
24	护新村	魏志元	高学英	18	2334	142.53	1034.00	12338
25	民建村	黄　波	周昭华	15	2458	139.54	1048.07	12340
26	护民村	黄正良	刘　强	21	3100	169.60	1437.21	12337
27	中心村	丁永明	陈国兴	21	3721	195.73	1549.86	12357
28	永团村	杨友生	邹建国	9	805	47.80	373.15	12322
29	黄泥村	王模金	范　锟	16	1935	132.93	699.67	12332
30	永和村	彭燕鑫	徐泽英	14	1827	127.20	515.26	12330
31	老君村	聂　强	唐亨权	10	1129	73.93	400.64	12314
32	龙王坝村	梁玉英	肖明兴	12	966	52.20	338.69	12305

（倪艺玮）

庆卫镇

【概况】 庆卫镇位于威远县县城西10千米的深浅丘结合部，辖区面积40平方千米，辖9个村民委员会、124个村民小组，1个居民委员会、3个居民小组，总人口1.56万人。镇内有中心校1所、中学1所、卫生院1所、卫生站10个。2016年全镇实现地区生产总值3.98亿元，增长8.5%。

2016年10月18日，庆卫镇党委领导指导脱贫攻坚工作　（庆卫镇供图）

现代农业　年内，庆卫镇按照“做大产业、发展特色、争创品牌”的发展思路，突出抓好樱桃、香葱、香芋等优势产业的推广发展，樱桃增种面积27公顷，香葱增种面积4公顷，香芋增种面积3.34公顷。全年粮食总产量实现8425吨；优质粮油种植面积933.34公顷；出栏生猪14170

头。农民人均纯收入12406元，增长9.5%。投资190.2万元，石漠化、水土保持等项目全面完成。投入38万元对全镇35千米主渠道进行淘淤，对29千米主渠道进行维修整治。投资90.4万元完成坡改梯4公顷。

工业经济　年内，镇党委、镇政府协调解决共华水泥、庆和煤业等企业发展中存在的问题和困难，帮助企业渡过难关。坚决贯彻执行上级安全生产工作会议精神，加大对各类企业的安全检查力度；严格片石厂的安全操作监管，坚决杜绝非法开采、无照经营等安全隐患企业存在。实现工业增加值135万元，增长11.2%；招商引资到位资金0.8亿元，增长12.5%；固定资产投资2.3亿元，增长13.2%。

城乡环境整治　年内，庆卫镇强化污水处理厂运行监管，打捞漂浮物800吨，对排污企业下达整改通知2次，通过省环境保护综合督察组督查。强力推进秸秆禁烧工作，制定《庆卫镇秸秆和垃圾禁烧管理办法》，张贴宣传公告200余张，悬挂宣传标语50余幅。投资60余万元，硬化农村公路540米，新建便民路1350米，新建广场680平方米，新建聚居点垃圾池7个。投入30万元，完成内威荣高速公路沿线村落环境治理15户，规划建设多功能活动广场。巩固退耕还林成果面积145.53公顷，补偿集体公益林面积168.87公顷，及时兑付65.20公顷生态林补偿金。开展道路巡查60余次，排查隐患40余处。转运场镇和农村垃圾430吨。新建场镇垃圾池1个，维修公厕3个。新栽、补栽、修剪场镇行道树60株。桃李村创建为省级“四好村”。

脱贫攻坚　年内，庆卫镇建立镇领导干部联系2户贫困户、其他干部联系1户贫困户工作机制，全面落实教育、医疗、就业、资金等扶贫政策。投入10万元，新建贫困村卫生室2个。每个贫困户配备医疗帮扶者1名，提供医疗救助31人次。开发贫困户公益性就业岗位9个，扶贫就业培训200余人次。下发产业扶持周转金60万元，用于发展贫困村特色产业。投入22.4万元，完成贫困户D级危房改造11户。

社会事业　2016年，庆卫镇发放计生政策性奖补资金38.12万元，完成计生目标任务。全面落实教育“两免一补”政策，镇中心校被评为县级初中管理先进集体。改善办学条件，完成幼儿园综合楼改建工程。新农合参合率达95%，新农保工作进展顺利。开展农村特困群体最低生活保障和救灾救助，清退不符合条件的低保对象387人；为284人次提供医疗救助23.12万元；发放各类临时救助33.6万元，帮助484名困难群众渡过难关。投资555万元，完成敬老院整体搬迁。关注残疾人生活；启动“阳光家园”计划，发放重度残疾人护理补贴120人，居家托养12人，发放帮扶资金9.72万元。接待来访群众180余人次，调解信访矛盾纠纷85件次。

【樱桃产业】　庆卫镇于2010年开始发展樱桃产业，至2016年，樱桃种植面积达666.67公顷。2016年樱桃产量2200余吨，樱桃销售均价10元/千克~12元/千克，同比增长50%；樱桃产业实现产值2700万元，比上年增加700万元，同比增长35%。拉动全镇农民人均纯收入增加1900余元。

【省级“四好村”创建】　2016年9月，庆卫镇桃李村申报省级“四好村”创建。2015年5月，桃李村启动开展以“住上好房子、过上好日子、养成好习惯、形成好风气”为主要内容的“四好村”创建活动。在“住上好房子”方面，村落布局、村庄规划、民居设计科学合理，功能完善，突出地域风貌和婆城民居特色，坚持以“建改保”相结合，注重“小规模、组团式、微田园、生态化”，体现生态美、村容美、庭院美、乡风美、生活美。房屋质量符合所在区域防雷防电、抗震设防标准。村民住房通透，生产生活用房分区合理，布局协调。村内无房户、危房户、住房困难户问题得到全部解决，安全住房保障率达100%；在“过上好日子”方面，实现有劳动能力的农户至少有1人就业，人均可支配收入达到全面小康标准，适龄学生义务教育入学率达100%，新农合参保率达97%，农村医疗和养老保险等与城镇并轨，农村低保、五保、养老保险应保尽保，有硬化路、卫生室、文化室、宽带网、安全饮用水、生活用电、广播电视、“1+6”村级公共服务中心。在“养成好习惯”方面，群众参与文体活动覆盖面达80%以上，有共同制定遵守的村规民约，有村级卫生保洁员，养成文明礼貌、勤俭节约、安全生产、守时守信好习惯。在“形成好风气”方面，群众对村两委的满意率达90%以上。农村文化传承、道德模范评选、文明家庭创建等活动开展；开办农民夜校，形成村民自觉守法、办事依法、遇事找法、解决问题用法、化解矛盾靠法的良好法制环境；村民无酗酒滋事、涉黄涉赌涉毒等恶习，社会治安秩序良好。

表 48　　2016 年庆卫镇社区（各村）基本情况一览表

序号	社区（村）名	党支部书记	主　任	村（居）民小组（个）	人口数（人）	耕地面积（公顷）	农村经济总收入（万元）	人均纯收入（元）
1	黄石板社区	古世强	蒋晓英	3	1520	—	—	—
2	黄石村	肖伯华	官泽容	17	2076	98.35	3837.1	12997
3	庆丰村	吴　兵	刘晓兵	13	1836	108.36	2927.7	12469
4	庆安村	邓全政	吴泽伟	18	2247	124.77	3485.1	10973
5	庆和村	陈六均	罗相洪	19	1938	117.04	3746.6	13578
6	庆团村	杨忠书	叶再权	10	961	55.84	2677.7	11389
7	金龙村	左词元	杨昌友	13	1062	74.07	2773.0	12847
8	桃李村	李朝美	丁华兵	13	1500	98.64	2691.6	13253
9	跳石河村	王　伟	王礼江	12	1618	94.40	2521.6	12565
10	世和村	付　林	朱　娟	9	1145	71.99	2961.6	11183

（郑翔丹）

山王镇

【概况】　山王镇位于县城北 19 千米，辖区面积 48 平方千米，地处穹窿核部的低山区（背斜脊部），地势南北低东西高。境内山峦重叠，一般海拔 500 米~700 米，海拔 896 米的芦高山是全县次高峰。有风垭寺、李家寨、芦高山、翠峰山、美女山、肖家洞、葫芦口库区等生态旅游景点，是休闲避暑的好地方。全镇耕地面积 516.66 公顷，林地 1946 公顷，森林覆盖率 46.67%，是威远县主要林区之一。

2016 年，镇辖 10 个村民委员会、1 个居民委员会、167 个村（居）民小组。全镇总户数 6373 户，总人口为 13882 人，其中农村人口 12734 人。乡镇从业人员 6852 人，其中外来从业人员 320 人，从事第二产业 1726 人，第三产业 2141 人。全镇地区生产总值实现 17195 万元，同比增长 7.3%；农民人均收入达到 12216 元，同比增加 11.8%。

2016 年 6 月 5 日，山王镇华丰村选举县镇人大代表　（山王镇供图）

农业和农村经济　初步形成以李寨、白龙等村为主的核桃蓝莓种植，以长岭、象鼻等村为主的香猪山羊养殖，以葫芦口周边生态旅游为主的农业旅游等三大特色农业发展板块。农业总产值 4607 万元，同比增长 3.9%；2016 年全镇有建档立卡贫困村 3 个，贫困户 271 户、620 人。

工业经济　2016 年，山王镇工业总产值完成 5287 万元，同比增长 2.3%；规模以上工业增加值完成 1146 万元，同比下降 13.6%；销售收入完成 5766 万元，同比增长 9.7%；利润总额完成 577 万元同比下降 2.03%；固定资产投入完成 9017 万元，完成年初任务的 112.7%。

社会事业　年内，山王镇开展“法律七进”活动，推进“七五”普法，完善依法治理各项制度。推行领导干部接访下访制度，对重点人员落实领导包案调处。镇党委班子成员接访 150 人次，下访 50 余次，收集群众意见 70 余条，排查调处各类矛盾纠纷

142件，调解成功率达100%。全年社区服刑矫正人员13人，刑满释放5人，开展法律咨询60多例。对在册吸毒人员31名和邪教人员进行帮助教育。大力打击违法犯罪，2016年起诉6人，批捕1人，治安处罚3人。动态管理城乡低保554户731人和农村五保对象180户180人，其中集中供养28人、分散供养152人，基本实现“应保尽保，应退尽退”。按时足额发放农村五保金54万余元，城乡低保金154万余元。救助各类生活困难的群众285人次，发放救助金20.6万元。60岁以上老人参加意外保险638人，占85.06%。新建村级活动广场3个，免费开放乡镇文化站1个，村级文化室11个。免费放映农村公益电影120场次，参加县四季风文化活动3次，在3个扶贫村百姓大舞台表演节目3场。全镇符合政策生育率99.26%。镇中心医院配备床位50张，达到一级甲等综合性卫生院标准。义务教育入学率、毕业率均达100%，初中升高中36人（重点中学17人），镇中心校连续三年在县综合目标考核和素质教育综合评估中获“一等奖”的好成绩。

基础设施　全年新修农房建筑面积7600平方米。全镇有县道25千米贯穿全境，有镇级公路35千米、村级公路10条，总里程72千米，2016年完成公路硬化9.81千米，全镇硬化公路达40千米。移动网络全覆盖，建有白水站2个，推进“宽带乡村行”，宽带覆盖10个农村79个居民小组。医疗卫生条件良好，有中心卫生院1所，村卫生站11所。新建农村沼气5口、维修蓄水池13口、便民道和生产便道12.05千米，维修整治山平塘12口、提灌站技改工程1处。完成农村通畅公路硬化9.81千米，规划48条于2016至2018年实施的组组通、户户通公路86.65千米。

【镇域劳动力收入突破亿元】　2016年，山王镇创造劳务收入1.1亿元。全镇入网登记农村劳动力5997人，输出劳动力4024人。生态旅游规模初步形成，桃花岛、幸福港湾等农家乐接待能力明显提高。推进“宽带乡村行”，宽带覆盖10个农村49个社，建成豹山、白龙2个“农村淘宝”村级服务站，实现“网货下乡”和“网货进城”的双向流通，解决农村“买难卖难”问题。

【省林业厅领导到山王镇检查护林防火工作】　2016年4月6日，省林业厅副厅长宾军宜一行，到山镇镇检查护林防火工作，市农林局副局长林文，县委常委、副县长韩双林陪同。宾军宜一行实地考察山王镇巡山看护人员记录、各道路要道（入山口）监管人员记录和重要路口树立醒目标志标牌等工作后，认为山王镇的护林防火工作做得扎实。2016年，全镇有巡山人员230人，宣传站点17处37人，扑火队伍11支280人。全年投入护林防火费用2.8万元，没有发生大的山火。

表49　　2016年山王镇社区（村）情况一览表

序号	社区（村）名	党支部书记	主　任	村（居）民小组（个）	人口数（人）	耕地面积（公顷）	农村经济总收入（万元）	人均纯收入（元）
1	山王场社区	甘　军	韩正国	10	1148	—	—	11125.00
2	凤垭村	刘永高	谈　平	13	1051	29.19	2579.56	12167.69
3	李寨村	刘跃能	冯联仲	15	1094	25.57	2733.55	12149.90
4	跃进村	解政金	王利琴	17	1075	39.05	3553.21	12155.60
5	白龙村	刘清安	董召友	13	1094	27.74	2828.72	12158.03
6	长岭村	蔺银仙	余宏鑫	17	1455	80.68	4352.78	12129.14
7	象鼻村	李桂琴	夏忠义	12	1161	57.20	4057.20	12175.00
8	裕华村	丁华柱	董林芝	16	1707	87.49	6180.17	12154.94
9	豹山村	罗永付	官　礼	19	1298	65.20	7120.28	12172.53
10	双塘村	罗庆贵	马顺金	15	1085	62.00	2720.24	12168.59
11	华丰村	颜志冰	陈　刚	20	1714	42.86	3843.62	12197.83

（蔡　梅）

2016 年 9 月 10 日，观英滩镇花朝门游客接待中心　（余远文摄）

观英滩镇

【概况】 观英滩镇地处威远县西北部，距县城 34 千米、成渝高速（渔溪）28 千米，成自泸高速（连界）20 千米，辖区面积 100 平方千米，辖 16 个村民委员会、284 个村民小组，1 个居民委员会、6 个居民小组，年末总人口 26092 人（其中农业人口 24011 人）。全镇有耕地面积 996 公顷（其中田面积 747 公顷、土面积 249 公顷）；林地面积 3959 公顷，森林覆盖率达 47%。矿产资源主要有原煤、黏土和页岩。旅游资源丰富，有石坪（川南）山歌、贞节牌坊、凤凰古寨、长沙湖、“106”战备工程等人文古迹、自然风光数十处。2016 年，全镇地区生产总值 37400 万元；固定资产投资额完成 22394 万元，较上年增长 81.08%；工业技改投入完成 1 亿元；招商引资完成 3460 万元。

基础设施建设　2016 年，全镇在建通村公路 13.44 千米，总投资 1400 万元。观英村雷桥路 6.79 千米完工；飞蛾寺村凉凉路 865 米及金顶村金龟路 3.5 千米，完成路面面层铺筑；北坪村红大路 2.28 千米，完成路面基层铺筑。新建公路 11.30 千米，总投资 500 万元。花茶路加宽改造 1720 米，进入基层铺筑施工；飞蛾寺村大白路 1360 米、民主村四三路 2400 米、四深路 1270 米、坳马路 675 米、四王路 325 米、保民村黑乱路 350 米、叉曾路 963 米、竹塘村马六路 800 米、砖兰路 1438 米，均已进入路基施工。完成年初规划申报的 4 个“一事一议”项目，资金总额 50 万余元，其中财政奖补 36 余万元。完成农村公共服务运行维护项目的规划、申报和实施，资金总额 83 万元，财政补贴 83 万元。完成青山村资金总额 58.9 万元的幸福美丽新村建设的规划、设计、招标工作。完成资金总额 80 万元的民政村农业综合开发建设项目。捆绑农口资金 200 余万元完成黑金路拓宽和雷桥路硬化建设。完成资铁 220 千伏塔基建设的占地协调及赔偿、房屋拆迁及赔偿等工作。完成项目资金总额 100 万元的观英滩自来水站供水工程和兴隆场饮水工程管网延伸，完成资金总额 40 万元龟形村中堰提灌站技改工程及骑龙坳村小型饮水工程。

社会民生　2016 年，完成全镇 519 户贫困户，1412 人和 4 个贫困村建档立卡，扶持生产和就业 218 户 356 人，低保政策兜底 171 户 217 人，医疗救助 272 户 357 人。完成 2014 年竹塘村、民政村的扶贫产业 13.5 万元项目验收；完成 2015 年度全镇精准扶贫户种植业、养殖业县级验收，产业扶贫资金 14.3 万元；完成 2015 年度青山村、一碗水村扶贫工程基础设施建设项目，通过镇级、县级验收，工程投资总额 251 万元；完成 2015 年度一碗水村扶贫工程第二批基础设施项目，资金总额 43 万元；完成民政村 2016 年财政专项扶贫项目，资金总额 18 万元。每月发放低保保障金 107926 元，全年发放各类救灾款 5.71 万元。为困难群众解决临时救助金 3.6 万元，发放救助金 17.4 万元。发放各类优抚款 48 万余元，发放“三难”金 2.43 万元，解决优抚对象医药费 2 万元，发放节日慰问金 2.2 万元。城镇医保覆盖人数 700 余人，续保率 95% 以上，新型城乡居民保险待遇领取人数 4569 人。粮食直补共发放 6985 户、190 余万元。

规范 17 个村（社区）的书屋管

理，实现免费开放。免费开放农村公益性电影200余场，到4个贫困村进行“百姓大舞台”会演4场。

全镇出动30余人次，发出违章建筑停工整顿通知书10份，涉及4个行政村。标记“十三五”改造总任务数2324户，建档立卡贫困户危房改造任务总户数为239户，投入改造补助资金92万元。

环境保护　年内，观英滩镇完成违法违规建设项目的清理，共清理违法违规建设项目16个，督促整改完善环保手续的8个、仍在完善手续的3个、停产3个、自愿关闭1个，正在处理的1个。成立以镇长为组长的大气污染防治行动领导小组，按照大气污染防治行动计划和实施方案，将节能减排工作稳步推进。制定完善《农作物秸秆焚烧工作方案》，建立网格化监管机制，落实网格化监管目标责任制、建立台账；坚持夏秋季每天巡查，共计巡查136次，发现并协调解决处理各种环保违规问题7件。

安全工作　年内，镇对村，村对组，层层签订消防安全责任书。各部门均落实防火责任制。镇消防领导小组对重点领域火灾隐患进行排查整治，重大节日期间深入村组、学校、施工工地及重点单位进行检查指导，发现问题、提出整改意见30余条。排查出加油站等安全隐患8条，下发8份整改指令书，限期整改到位。组织开展2次危爆物品和烟花爆竹安全隐患排查，查出安全隐患3条，由派出所下发整改指令书3份，限期落实隐患整改。

【威远县第一批农村饮水安全项目结余资金观英滩供水工程】　项目选址在观英村6组中堰水库溢洪道外10多米处（小地名犀牛沱），由威远县弘溢水利勘测设计有限责任公司编制设计。新建提水泵站1座，完成1850米DN200PE管道采购及安装，总投资40余万元。工程于2016年7月1日开工建设，于2016年9月底完工。承建单位为威远县永宏建筑安装工程有限公司，监理单位为四川省子午建设监理有限责任公司。项目建成，可解决观英滩场镇周边及兴隆场沿线（含永兴小学、永兴桥村1、2、5组和社区2组）5000余人的用水问题。

表50　2016年观英滩镇社区（村）基本情况一览表

序号	社区（村）名	党支部书记	主　任	村（居）民小组（个）	人口数（人）	耕地面积（公顷）	农村经济总收入（万元）	人均纯收入（元）
1	街道社区	朱盈勇	郭建军	6	2081	—	—	—
2	观英村	曾维元	王　勇	22	2343	221.22	2112	9089
3	永兴桥村	巫君文	曾正兵	21	2189	173.12	1891	8658
4	云台村	陈绍斌	龙细仙	19	1592	206.95	1418	8935
5	牛王村	唐　彬	姜明清	15	1179	186.85	1030	8764
6	龟形村	崔国付	杨祥清	16	1591	151.47	1440	9073
7	金顶村	蒋　凯	王元根	20	935	116.60	890	9568
8	民主村	刘忠贵	王首全	21	1342	141.57	1217	9159
9	骑龙坳村	闵　彪	王一文	19	1183	110.21	1130	9648
10	飞蛾寺村	王庆明	杨万华	21	1980	204.70	1790	9142
11	北坪村	王继超	王树根	10	820	107.17	765	9532
12	青山村	马　胜	雷文才	18	1427	151.21	1294	9668
13	竹塘村	孙传相	崔柳扬	19	1427	128.69	1310	9480
14	保民村	钟方明	陶　勇	18	1874	194.81	1680	8997
15	白云村	刘远国	许达成	8	661	72.56	588	8993
16	一碗水村	曾　洁	杨木华	17	1628	146.54	1430	8987
17	民政村	夏忠辉	夏年明	20	1840	189.00	1679	9727

（罗利勇　夏忠峻）

黄荆沟镇

【概况】　黄荆沟镇位于威远县城北22千米，东临资中县新桥镇，西界山王镇，南连高石镇，北靠观英滩镇，全镇辖区面积56平方千米，全境南北低，东西高，丘陵和山地地貌各一半。镇境内蕴藏着丰富的煤、石灰石、石英砂等矿产资源，碳质页岩厂1个。境内有菜子沟、长沙坝两座水库，库区湖光山色，自然风光优美宜人，东汉真觉寺、凤凰寺等千年古刹亟待开发。镇政府驻地胜利街41号，辖13个行政村，168村民小组，4个社区居民委员会，41个居民小组，全镇总户数11331户，总人口26986人，其中城镇人口12565人；城市化率达46.6%。森林覆盖率43.9%。2016年，黄荆沟镇地区生产总值实现6.8亿元；财政总收入实现166.1万元，公共财政一般预算收入实现1200万元；农民人均纯收入实现11464元，同比增长11.5%。

农村工作　全面推广优质高产作物品种，粮食总产量达7714吨。发展传统种养产业，生猪年出栏1.7万头、山羊1.1万只、小家禽家畜22万只；巩固发展红枫193.33公顷，套种香樟、楠木、樱桃、青脆李等66.67公顷。持续巩固退耕还林和天然林保护成果，植树造林200公顷，森林覆盖率达43.9%。

脱贫攻坚　严格落实“五个一批”（发展生产脱贫一批、易地扶贫搬迁脱贫一批、生态补偿脱贫一批、发展教育脱贫一批、社会保障兜底一批）扶贫政策，镇、村全覆盖结对帮扶贫困户653户1831人。加快通村通组公路建设，投入1000万元，黄沓路

2016年7月1日，俯瞰威远煤矿矿区　（冷国文摄）

开工，凹新路延伸段完工。整合涉农项目1300余万元，新建通组公路17千米、休闲广场2530平方米、便民路11.2千米、山平塘11口。争取扶贫产业到户资金159.6万元，购买果木8.36万株、家禽家畜1.49万只（头）；发放产业发展基金155.13万元、小额信贷基金157.9万元、教育扶持基金17.92万元、减免医疗费用9.7万元。

社会民生　清运场镇和主干道路两侧垃圾130余吨、清理卫生死角350处，打捞河道垃圾60吨，清淤25吨。投入62.75万元，建成幸福庭院4个、日间照料中心5个。完善敬老院设施设备，集中供养五保老人42名，实现“老有所居”。开展农村劳动力技能培训48人，农民实用技术培训50余人次，农村劳动力转移6300余人次，劳务收入实现945万元。

狠抓信访工作，深入排查调处，及时化解矛盾，到镇上访率明显降低，成功化解矛盾纠纷196件，结案率96%。建立健全维稳工作责任制，开展“平安黄镇”、平安村（社区）创建工作，群防群治意识进一步增强。

【黄荆沟镇第六届人民代表大会第六次会议】　2016年3月7日，黄荆沟镇第六届人民代表大会第六次会议在黄荆沟镇5楼会议室举行，会议应到代表55名，1名代表因工作调离行政区域，其代表资格终止，其余54名代表资格全部有效。会议听取和审议黄荆沟镇人民政府工作报告，审议黄荆沟镇人大主席团工作报告，作出相应的决议。听取和审查黄荆沟镇2015年财政预算执行情况和2016年财政预算（草案）的报告（书面），作出关于批准这个报告的决议。镇六届人大第五次会议共收到代表建议、意见9件。在镇人大主席团的协调、监督支持下，镇政府及其职能部门经过分析研究，组织专门力量，全部办理完毕。

【“好婆婆·好媳妇”评选活动启动】　2016年12月2日，黄荆沟镇红丰村率先在全镇范围内开展“好婆婆·好媳妇”评选活动。村两委干部、第一书记、村党员代表、贫困户代表、群众代表共计60人参加评选启动会。当日成立评审委员会，并罗列出“好婆婆”和“好媳妇”十大标准：勤俭持

家，家庭和睦；爱护晚辈，教子有方；生活方式文明健康；亲友邻里团结互助；热心参加公益活动；尊重赡养老人，主动分担家务；细心养育科学教育子女；夫妻互敬互爱，理解支持对方工作；亲友和睦，关怀互助；遵纪守法。

【黄沓路路面改造工程开工】 2016年10月24日，黄荆沟人民政府发出公选施工单位公告，明确建设规模和建设标准。黄沓路路面改造工程黄沓路总长11.95千米，建设为水泥混凝土路面，达农村公路村级道路标准，批准预算1037.46万元。11月14日，举行公开招投标大会，确定四川省威远路桥有限责任公司为中标单位，监理单位为成都市市政建设监理有限责任公司。12月初，路面改造工程开工，至2016年年底完成黄沓路砼9.5千米，完成水稳层铺筑。

表51 2016年黄荆沟镇社区（村）基本情况一览表

序号	社区（村）名	党支部书记	主　任	村（居）民小组（个）	人口数（人）	耕地面积（公顷）	农村经济总收入（万元）	人均纯收入（元）
1	一井社区	李　月	李　月	11	3221	—	—	—
2	老明槽社区	张　强	张　强	12	3280	—	—	—
3	桥湾社区	李　鸿	李　鸿	13	3974	—	—	—
4	胜利街社区	付　英	付　英	7	2061	—	—	—
5	工农村	王大伟	陈文武	18	1260	69.40	5497.96	11464
6	联盟村	邹伦清	罗卫兵	16	887	55.64	4046.99	11455
7	长沙村	杨绪林	刘成学	11	653	17.21	2698.14	11363
8	唐家山村	刘忠付	李忠宝	10	744	30.35	3771.31	11403
9	白香村	童　飚	王友才	12	795	22.68	3806.47	11558
10	土店村	王开平	黄志强	11	686	27.90	3733.95	11333
11	太阳村	邹礼义	杨　勇	12	732	43.49	4415.68	11436
12	太平村	刘晋阗	唐忠平	14	706	28.61	4380.10	11458
13	凤凰寺村	郑胜君	张又元	14	1113	39.98	4774.62	11608
14	秀峰桥村	张仁良	唐元江	12	1272	32.15	4891.89	11343
15	垷河村	万明国	甘国友	13	1529	43.13	5720.63	11424
16	红丰村	丁道华	彭　湃	10	1192	25.91	5357.76	11508
17	砚台村	唐　明	李泉龙	15	1996	52.47	6879.03	12529

（陇　强）

新场镇

【概况】 新场镇辖区面积135平方千米，辖21个村民委员会、365个村民小组，1个居民委员会、6个居民小组，总人口中40321人。2016年，全镇实现规模工业总产值3.02亿元，工业增加值5344万元，工业利润1314万元,；实现招商引资12840万元，固定资产投资额3.28亿元。粮食种植面积3662.40公顷，粮食总产量17978吨。人口出生率为7.11‰，人口自然增长率为2.09‰，农民人均纯收入实现10213元，同比增长9.5%；实现地区生产总值7.83亿元，同比增长6%。

基础设施建设 新建2015年农村通村公路5条、17.75千米，投入资金1544.78万元，吓二路、观中路、川峨路、花大路完成主体工程；启动2016年农村联网公路2条、6.2千米，通组入户路1条、6千米，全部进场施工；拟建通组入户道路2条、5.4千米，即将完成招投标程序。投入30万元，启动中心敬老院食堂改造项目，强化食品卫生安全，优化入住老人就餐环境。投资46万元实施石漠化治理二期项目，在曹胜、白胜等5个村修建圈舍600平方米，植树种草55.34公顷。投资4万余元，完成污水管网检查井维修和清淤工程、川心店小学垃圾库运输道路的维修工程。2016年

2016 年，新场供电所为贫困村进行农网改造　（新场镇供图）

办理农村村民建房用地审批 21 件，用地面积 1859.5 平方米，做到“选址定点，批后画线，中途检查，竣工验收”。完成农村危旧房改造、加固维修、新建 105 户，补助金额 69.7 万元。

安全生产　年内，新场镇以地面矿山、煤矿、危化品烟花爆竹为三条主线，加大安全投入，强化隐患排查和整治；强化道交安全，坚持将路面查纠违法和排查道桥安全隐患作为抓好道安工作的常态，全镇纳入养护的公路里程达 190 余千米，占全镇公路的 85%，养护任务到村责任明确，道路隐患排查处置及时。注重搞好护林防火、防洪抢险、安全用电、地灾避让的预案制定、演练和日常监管，强化疫病防控，食品药品的监督、检查。2016 年，新场镇无一起安全生产死亡事故发生。

环境保护　年内，新场镇继续加大对高速公路沿线企业的规范整治力度，高速公路（新场段）沿线的矿山企业均按照要求停止和限制可视范围内的矿山开采。配合县国土局立案查处私挖滥采 1 起，杜绝违法开采矿产品和私挖乱采行为。落实营造林面积 133.33 公顷，继续抓好废弃矿山和弃土场共 15.51 公顷的补植补造绿化工作，增加增绿措施，进一步完善退耕还林后续工作。加大秸秆禁烧工作力度，开展巡查 50 余次，深入田间地头开展解释、劝导工作，增强群众保护大气环境的意识。

社会事业　年内，新场镇推行证件改革办理，深化基层群众自治工作，全面落实人口计生各项奖励政策。创建基层示范食品药品监督所。开展地方病、传染病、狂犬病等的防控工作，妥善应对公共卫生突发事件。关怀特殊困难群众，建成区域性养老服务中心 1 个，入住城乡特困供养人员 108 人，集中供养率达到 40% 以上。及时足额发放低保、五保、优抚、困难补助等各项政策性资金，做到“应保尽保、动态管理”。2016 年清理农村低保 218 户、235 人，城镇低保 61 户、64 人。开展“走基层、送温暖”慰问活动，为 1300 余名贫困群众送棉被 547 床、棉衣 1410 件。开展党龄 40 年以上农村老党员政治生日慰问。坚持每月播放公益电影，每季度选送优秀文艺节目到县参加“文化四季风”演出，在“七一”、国庆、端午等节假日开展形式多样的文体活动。

依法治理　年内，新场镇建立一把手负总责、分管领导具体抓、班子成员配合抓、“一级抓一级，层层抓落实”的领导责任体系和纵到底、横到边、上下贯通、左右连接、纵横交错的责任网络。建立社区治安联防巡逻队和村（社区）治安巡逻志愿小分队，全镇专兼职和义务治安巡逻人员 435 人，发展壮大“红袖章”队伍 200 余人。2016 年，全镇巡逻布控中发现处理的问题 22 件次。从严整治无照经营、违规经营，坚决查禁“黄、赌、毒”等社会丑恶现象。有序推进“天网”工程和“雪亮”工程，实现对全镇重点区域、部位和场所的视频监控无缝隙、立体化覆盖。建立“月排月报、随排随报、急排急报”的“三排三报”工作制度。全年排查调处矛盾纠纷 342 起，实现零积案。对全镇在册的信访积案实行科级领导干部带头包案。全年累计接收各类信访案件 45 件，其中按规定完成回复 43 件，正在办理 2 件，均未出现非正常上访、恶性上访事件。

脱贫攻坚　年内，新场镇形成由党委政府总揽、驻村组和“第一书记”指导、相关部门全力配合、贫困村落实的自上而下的脱贫工作格局。争取上级资金，加大贫困村基础设施建设力度。整合资金 1400 万元，新建通村公路 8 条、17 千米，便民路 77 千米；建设山平塘 36 口、蓄水池 18 口、水渠 5000 米、人饮设施 24 处。打捆实施威远县 2016 年幸福美丽新村、财政扶贫专项资金、“一事一议”财政奖补资金项目，投入资金 512 万元，在民胜、卡房、联丰各新建休闲广场 1 个，新建公厕、垃圾池、生产便道等；取得供电部门的支持，加大农网改造力度，贫困村新建 10 千伏线路 5 条、2.7 千米，改造低压线路 5.6 千米，配变电器13台，新建通信铁塔4座，龙奉、民胜已通电信光纤，农历年底前实现广电网络全覆盖。完成2016年建档立卡贫困户危旧房改造158户，竣工90%。申报产业发展扶持资金66.2万元，贫困户购买牲畜228头、家禽6390只、种植樱桃、核桃等14.67公顷；对贫困户进行种养殖培训97人，提供30个公益性岗位安置失业贫困群众。开展医疗、教育、文化扶贫。加强阵地建设，投资30万元，完成丰田村、裕河村、联丰村、民胜村、龙奉村村卫生站修建项目，贫困村全部配备文化室。投入3万余元，为贫困村卫生站配备中西药柜、治疗柜、中医适宜技术的设备；免费为贫困群众开展健康体检，对454名慢性病或重大疾病的贫困群众实行“2+1”的健康服务模式，并制定相应的治疗方案。全年贫困群众累计住院157人次，兜底5.6万元，报销比例达92.3%。对建档立卡贫困家庭就学子女进行学习、生活补助，共补助224名，补助金额34.4万元；教育扶贫基金扶助198人、18.86万元。到贫困村开展文化扶贫演出，在县局和上级的支持下为贫困村配送篮球桩、乒乓台等体育健身器具和阅报栏、电脑等设备，完善贫困村文体设施。11月中旬，配合县、市有关部门分别对贫困村、贫困户退出进行检查验收，12月20日代表威远县接受省级部门对卡房村的验收工作。2016年全镇实现2个贫困村“摘帽”和502户贫困户达标脱贫，全面完成上级下达新场镇的脱贫攻坚任务。

【2015年退耕还林工程项目完成133公顷】 2016年1月，新场镇完成2015年退耕还林工程项目133.33公顷，投资300万元。工程于2015年9月开工建设，采用引进业主流转和农户自主实施相结合的方式，在龙奉村、卡房村、联丰村、民胜村、古佛村、新权村6个村进行工程建设，2016年1月竣工。所有退耕还林地进行水保措施和抚育管理，无林粮间种。

【2015年石漠化综合治理工程二期项目】 2016年，新场镇启动实施2015年石漠化综合治理工程二期项目，总投资59.76万元。在曹胜、白胜等5个村修建圈舍600平方米，工程于2016年12月竣工；种植黑麦草10.70公顷，植树造林45公顷（其中红村村30公顷、白胜村15公顷），工程于2016年9月开工，2016年12月竣工。

表52　　2016年新场镇镇社区（村）基本情况一览表

序号	社区（村）名	党支部书记	主　任	村（居）民小组（个）	人口数（人）	耕地面积（公顷）	农村经济总收入（万元）	人均纯收入（元）
1	街道社区	徐明忠	廖定衡	7	4280	—	—	—
2	曹胜村	熊文勇	熊泽良	17	1792	75.17	2662.38	10385
3	古佛村	彭一礼	金学会	19	1458	67.85	978.73	10633
4	白胜村	杨义建	王　兵	16	1253	67.13	1214.84	10902
5	蔡家村	宋学辉	刘建平	13	1038	63.34	1245.82	11581
6	三佛村	周年德	龙玉德	15	1247	64.27	1159.95	10933
7	二峨村	降　英	官俊安	11	940	52.93	892.53	11261
8	联丰村	刘光学	杨　俊	16	1117	63.18	1066.76	10447
9	西沟村	杨　柳	刘洪群	19	2377	119.86	2451.24	11195
10	老场村	晏德文	张志勇	15	2345	83.19	4199.51	11366
11	卡房村	曾玉萍	刘跃刚	18	1360	91.26	2168.13	10563
12	万祥村	唐兆权	刘跃明	10	1334	39.18	1542.00	11952
13	民胜村	余秀兰	祝银才	16	809	54.89	956.11	11020
14	丰田村	张建新	李凤辉	28	3201	148.30	2856.24	10940
15	上游村	王红英	唐维明	12	2746	67.60	2793.80	11190
16	新权村	邓晓梅	李志刚	17	2363	109.83	2614.91	10890
17	胜利村	刘跃权	邓修敏	22	1609	121.77	1779.18	10639

续表

序号	社区（村）名	党支部书记	主　任	村（居）民小组（个）	人口数（人）	耕地面积（公顷）	农村经济总收入（万元）	人均纯收入（元）
18	龙奉村	周光群	姜云健	13	688	52.63	874.56	11260
19	红村村	蒋　舵	周能秀	23	2250	97.62	3133.05	10877
20	麻柳村	吴屈章	张胜付	21	2531	115.35	3330.71	10594
21	裕河村	唐运建	唐国林	21	1804	77.28	1326.33	10634
22	红豆村	刘　洋	曹禄燮	23	1746	77.27	1250.07	10108

（周红艳）

连界镇

2016 年，连界镇船石村新农村综合体风貌　（连界镇供图）

【概况】　连界镇位于威远县西北部，因地处资中、仁寿、威远三县交界而得名。辖区面积 129 平方千米，交通便捷，物流发达。辖 19 个村民委员会、6 个居民委员会、453 个村（居）民小组，总人口 7.9 万人，其中城镇人口 5 万余人，城镇化率达 58%，建成区面积 6.40 平方千米，森林覆盖率达 50%以上，荣获四川省环境优美示范镇称号。2016 年，全镇实现地区生产总值（GDP）完成 121842 万元，地方公共财政支出 2100 万元，其中一般公共服务支出 800 万元。农民人均纯收入 11126 元，增长 11%。

工业经济　年内，连界镇采取措施有力维护川威集团等重点企业正常生产经营，支持企业实施化解债务，创造稳定的企业发展环境。镇域工业经济保持平稳增长，新培育 3 户限额以上企业，规范化建设企业 2 户，新培育企业 3 户。

项目投资　2016 年，连界镇完成固定资产投资 107654 万元；加大招商引资力度，招商引资完成 79524 万元。实施威远穹窿旅游一期、连界至乐山铁路线（内江段）项目等 2 个市级重点项目，完成《石板河景区总体规划暨核心区修建性详细规划》的编制，并提交县规委会审定。石板河景区旅游步道、停车场、河道清理及水上娱乐设施项目于 11 月 1 日开工建设。连乐铁路建设方面，土地清理丈量、房屋拆迁、土地交付等工作基本完成，工程建设方面，翻车机系统扩建工程、桥梁工程（河坝子大桥）施工便道等控制性节点工程完工，进入施工建设阶段。

商业服务业　2016 年，全镇限额以上批发、零售、住宿、餐饮业企业共 17 家，其中企业 13 家、个体户 4 家。按照目标任务的要求，年内新培育 3 户限额以上企业，零售额增速达到 18%，规范化建设 2 家企业，新培育相应企业 3 家。

基础设施建设　年内，连界镇实施电力线路建设，建设资铁茶 220 千伏、茶越 110 千伏电力线路，全镇共建设基塔 47 基。投入资金 300 万元开展环保违法违规项目的清理工作，实施农村连片环境整治项目，主体工程完工。同时，启动船石湖饮用水水源保护工作。启动农村通村联网公路硬化改造 15.4 千米（其中沙象路 2.5 千米、回大路 4.5 千米、道马路 2.4 千米、鸡板路 3.5 千米、四松路 2.5 千米）。启动通组入户道路硬化改造工程 12.5 千米。

加快推进农村饮水巩固提升工程、水源保障体系建设工程、农田水利灌溉工程，2016 年完成日供水能力 1 万吨的千鸡山水厂建设，建设饮水管网 30 千米；由县供电公司在杉树村捐建提灌站1座，利用农业综合开发项目和一事一议财政奖补资金在荣胜、杉树、先锋、庙山等村维修整治山平塘21口，蓄水池20口，砖砌田埂、护坡面积200公顷。

环境整治　年内，连界镇集中清除场镇“牛皮癣”1048条，清理场镇内破损广告和店铺招牌16块。清理疏通场镇排污系统6处、改造排水排污系统1处；投入资金20万元对内环路、连界广场公共厕所进行维修整治；取缔街道占道经营的摊棚6处；加强城镇亮化工程的管理，定期或不定期进行检查路灯照明使用情况，路灯正常照明率达98%以上；加强绿化树木的修枝、施肥、病虫害防治工作。全年清除垃圾堆放物420余吨，清运生活垃圾1.5万吨；新增农村垃圾收集房1个，新建垃圾池2个。

农业和农村经济　年内，连界镇采取农业“BOT”模式引进四川百胜药业有限公司在船石村发展66.67公顷（实际种植面积46.67公顷）枳壳、佛手种植；引导返乡创业人士在荣胜村发展药用栀子66.67公顷，银杏、桂花33.33公顷、风景名树66.67公顷，带动当地农民人均增收3000元/年，使荣胜村95户贫困户集体脱贫；引进湖南业主在新农村发展33.33公顷射干、玉竹等中药材种植，解决了土地撂荒，产业无门的问题。培训新型农民1800余人次，发放农业技术资料12000余份。农业增加值4%。

社会事业　2016年1月1日起全面实施两孩政策，全镇纯当年出生448人，政策外出生6人，符合政策生育率为98.66%。走访慰问计划生育特殊家庭33户，发放慰问金11900元。2016年7月完成服务站与卫生院的整合工作。夯实医疗卫生基础工作，加强医疗保障体系建设；做好狂防工作，完成犬只免疫4000余只。开展镇、村（社区）干部艾防知识培训，做好义务献血工作；加大食品安全案件查处力度，共出动检查人员340人次，检查对象605户次，与经营户签订安全承诺书116份。完善社会保障，城乡居保覆盖人数达14807人，其中参保缴费人数9115人，城乡居保到龄享受待遇人员5692人，均按时按人发放基本养老金。城镇居民医疗保险实现业务下延各社区居委会，完成新参保637人、续保、中断参保7242人，总计完成7879人。对全镇建档贫困户373户915人次信息采集工作，采集建档贫困户劳动力信息112户183人次。组织就业扶贫专场招聘会1场，提供就业岗位800余个，就业扶贫培训班1个33人次；设立贫困村扶贫公益性岗位15人。文化体育事业全面发展，在3个贫困村开展贫困村文化扶贫演出，参加威远县“幸福广场”文艺节目展演活动、威远县“文化四季风迎七一”广场舞展演、县文体局全国健身气功比赛均取得优异成绩。

全年发放临时救灾资金660人次288130元，发放“三难”资金90人次80480元，全镇参合人数25461人，占应参合比例99.55%，新建村卫生室1个；新办残联证75人，落实420名残疾人居家灵活就业。新增农村低保24人、城镇低保8人、新增五保21人；44名优抚对象享受医疗救助，救助资金共113809.49元。10名农村低保、五保、精神病人享受民政医疗救助，救助资金共计9356元；90名城镇低保、五保、精神病人享受民政医疗救助，救助资金共110949元。

安全监管　2016年，连界镇强化重点领域安全监管，出动检查人员98批318人次，排查隐患103条，整治100条，整治率97.1%，其中：汛期出动人员47批162人次，排查隐患50条，整治48条，整治率96%。利用党委会、政府工作会、两干会、村组会、专题培训会、安全宣传月活动、安全“七进”活动等形式开展安全知识宣传培训，参加干部群众5000余人次。开展街头安全咨询活动2次，发放各类安全知识手册、宣传单、宣传画共计1万份；制作、悬挂各类标语53幅，其中布标8幅、LED电子标语3幅、崖标42幅；制作安全宣传短信12个，转发2700余人次。加大食品安全案件查处力度，共出动检查人员340人次，检查对象605户次，与经营户签订安全承诺书116份，发出责令改正通知书330份，向无证生产经营食品行为送达限期办证通知书410份。全年立案94件，结案65件。作出处罚决定金额26万余元，收缴入库金额21万余元。全年未发生安全生产事故和食品药品安全事故。

综治信访　2016年，连界镇全面落实领导“一岗双责”，签订《目标工作责任书》，一把手对本地维稳工作负总责，班子成员对分管领域的维稳工作负全责。全年办理信访件46件，办结42件。其中县级转来信访件68件（含省第五巡视组信访事项1件），办结67件，1件正在办理中；其中镇级接访22件，办结21件，在办1件，网上办理信访件10件。按“一岗双责”落实突出信访问题，实行领导包案，其中县领导批示件关于建设街刘某反映的问题妥善化解，办结汪某武信访积案件1件。村（社区）受理化解矛盾纠纷300件，化解率98%。着重加强老街、钒资源、成自泸高速公路、火车站周边、川威周边等重点区域流动人口和突出治安问题的排查整治，严厉打击违法犯罪活动，群众安全感增强。

依法行政　2016年，镇政务服务中心办理各类行政审批、公共服务事项申请44928件，受理44928件，办结44928件，群众满意度达100%，提供政策及法律法规咨询18000余人次；建成20个村级代办点和5个社区代办点，基层便民服务全覆盖、全落实。

脱贫攻坚　2016年，全镇有建档立卡贫困村3个（荣胜村、中岭村、杉树村），建档立卡贫困户373户，912人，2016年11月开展的贫困户动态调整，减少死亡、迁出贫困人口70人，增加迁入、新生上户贫困人口42人，动态调整后系统内有贫困户367户884人。有贫困户在校生132人，其中幼儿园9人、小学86人、初中24人、大中专13人，全部享受教育优惠政策。2016年10月完成船石村聚居点规划工作，计划为10户集中修建房屋；2016年11月通过市、县级验收贫困村摘帽2个（荣胜村、杉树村），贫困人口退出204人。

【镇村换届】　2016年，连界镇在新一届县镇两级党代表、人大代表及村党组织换届候选人人选的推荐、考察和提名中，始终坚持走群众路线，充分发扬民主，整个选举工作中都没有出现不正常的现象。该次换届选举当选的95名镇党员代表中，大学生村干部5名，占5.3%；年龄在45岁以下的中青年67名，占70.5%。基层一线代表84名，占88.4%；各类专业技术人员14名，占14.7%；各条战线先进模范人物23名，占24.2%；妇女34名，占35.8%。当选的74名人大代表代表中，非共产党员代表30人，占代表总数的41%；妇女代表33人，占代表总数的45%。选举出席威远县第十四次党代会的12名代表中，各级党员领导干部5名，占总数的41.7%；生产和工作一线的党员7名，占总数的58.3%；女党员5名，占总数的41.7%；45岁以下（含45岁）的党员8名，占总数的66.7%。大专以上学历的（含大专）10名，占总数的83.3%；中学学历的（含中专）2名，占总数的16.7%。劳动一线、教育、卫生、企业和其他方面都有一定数量的代表，都是熟悉农村基层情况、具有较强议事能力的代表，具有广泛性、先进性和时代性。新一届镇党委、镇政府、镇纪委班子，班子成员的年龄结构、知识水平、整体素质都得到优化和提高。

【石板河景区建设】　石板河景区规划面积约12.6平方千米，总投资20亿元。主要建设内容包括“一心、一园、一带、四片区”即：游客集散服务中心、巫家坝儿童乐园、倪家堰亲水休闲旅游带、石板河水上游乐区、汪家墩精品度假区、登云寨露营拓展区、五堡墩山地体验区。以创建国家AAAAA级旅游景区、穹窿地质地貌科普教育基地、四川省级生态旅游示范区为目标，打造集山水观光、主题游乐、文化体验、休闲度假、康疗养生、山地运动等功能的“石板河·国际穹窿山水休闲度假景区”。景区自2016年7月开工建设，计划投资6亿元，主要开发入口形象区，建设游客接待中心、石板河游乐项目、围子山运动项目、酒店等，培植生态植被，形成较完备的接待服务条件。度假酒店的客房、餐厅两栋楼的挖孔桩土石方和大厅地下室基础的施工建设有序推进。景区内沿河游步道、原始森林游步道路基等全线贯通。石板河景区土地流转总面积300公顷、征地拆迁总面积17.26公顷。

【连乐铁路开工建设】　2016年11月，连乐铁路（连界—乐山—燕岗建设工程）开工建设。威远境内全长7.05千米，总投资5.1亿元。业主单位为四川连乐铁路有限责任公司；建设单位为四川铁建公司。截至2016年年底，完成土地报建工作，缴纳社会保险预存款2992万元，交付0.14公顷土地用于火车站改扩建工程。全线土地边界放线挖沟工作全面完成，正在组织实施征地拆迁工作，即将交付三岔沟大桥、桥马门大桥、河坝子大桥的用地。交付土地15.27公顷，盘古村全面交地，高屋村土地协议全面签订，房屋全部拆除，桥马门大桥、高屋村大桥、河坝子大桥动工，先锋村签订3个队土地协议，完成投资4500万元。

表53　　2016年连界镇社区（村）基本情况一览表

序号	社区（村）名	党支部书记	主　任	村（居）民小组（个）	人口数（人）	耕地面积（公顷）	农村经济总收入（万元）	人均纯收入（元）
1	建设街社区	郭友华	刘泽明	18	6173	—	—	—
2	劳动街社区	黎　容	余晓燕	30	5481	—	—	—
3	胜利街社区	尹　静	尹　静	8	2000	—	—	—
4	解放街社区	宋淑君	唐　云	30	7237	—	—	—
5	狮子街社区	石雪英	石雪英	13	2198	—	—	
6	连界村	谢　永	冯仲书	5	964	14.29	990.81	12275

续表

序号	社区（村）名	党支部书记	主　任	村（居）民小组（个）	人口数（人）	耕地面积（公顷）	农村经济总收入（万元）	人均纯收入（元）
7	建强村	刘国超	刘肖舒	16	2194	34.42	3644.27	11076
8	新农村	李建芳	唐　俊	23	2333	94.93	2454.43	10532
9	盘古村	蔡兴文	易友财	22	1933	96.86	2588.58	10857
10	中锋村	廖尚才	戴世文	22	1739	97.60	2061.43	10748
11	庙山村	汪　洋	唐运芳	20	1910	111.87	2376.21	10785
12	高屋村	邱　勇	林全中	18	1820	83.65	1949.16	10763
13	先锋村	陈兴文	戴世满	24	2152	61.74	1650.42	10780
14	反帝村	谭英忠	宾　玉	8	1113	13.88	689.62	10941
15	杉树村	刘浑田	刘明清	16	1639	57.45	1609.69	10965
16	四兴村	谭　刚	刘　利	19	1678	77.48	1886.18	10900
17	中岭村	赖成明	王远明	22	2089	118.45	1858.41	10840
18	荣胜村	李发南	王一军	22	2587	118.51	2111.71	10985
19	五堡墩村	阳运林	段正华	21	1331	97.69	1974.37	10854
20	土河沟村	刘玉明	夏忠友	11	1190	25.04	962.70	10762
21	民新村	唐淑容	唐淑芬	20	1540	94.88	3316.46	10929
22	李子坝村	段基元	熊明贵	18	1486	91.64	2378.77	10773
23	国防村	刘期森	代　勇	18	2087	83.25	3286.56	10955
24	船石村	陈　程	雷代文	16	1594	24.11	2529.76	10641
25	双桥村	刘政权	龙莲芳	14	1317	31.03	1299.60	10747

（汪　芹　杨彩苓）

越溪镇

【概况】　越溪镇位于威远县西北部，距县城45千米，东邻新场、连界镇，南连荣县东兴镇，西与碗厂镇接壤，北同两河镇交界，辖区面积78平方千米。辖16个村民委员会、238个村民小组，1个居民委员会、1个农村社区，总人口20902人。有1个党委，1个总支、29个支部，954名党员。全镇林业用地面积2755.2公顷，森林总蓄积7.64万立方米，森林覆盖率达36.3%，全镇基本形成206千米的公路网络，实现村村通公路。2016年，全镇实现地区生产总值（GDP）59019万元；规模工业总产值完成8918万元；招商引资完成1.2亿元；固定资产投入完成3亿元；农业总产值1.2778亿元；农业增加值6255万元，农民人均纯收入达11770元；符合政策生育率达86.28%。

农业和农村经济　2016年，越溪镇粮食面积1500公顷，实现粮食产量7980吨。种植优质粮油面积810公顷、蔬菜面积530公顷、水果面积323.33公顷。大力发展畜牧业，出栏生猪18770头、山羊13577只。牛702头、小家畜禽159875羽，蜂蜜产量9.8吨，禽蛋产量335吨；培育出栏50头以上养猪户171户，培育出栏家禽1万只以上的1户，发展养殖小区1个；麻竹笋产量2650吨，茶叶产量2600吨、水产品产量600吨，培育一村一品1个、新发展农民专业合作社1个，科技培训新型农民150人。转移农村劳动力3280人。2016年实现农业总产值12778万元，比上年增长563万元，增幅达4.6%，农业增加值完成6255万元，比上年增加211万元，增幅达3.5%，农民人均纯收入实现11770元。

工业经济　2016年，越溪镇抓住经济建设这一中心，坚持科学发展，以抓项目建设为突破口，以抓规模企业发展为重点，工业发展成效显著。全镇完成工业总产值16430万元；规

2016 年 12 月 20 日，越溪镇吉祥村牛灯舞表演　（越溪镇供图）

模工业总产值 8918 万元；销售收入 8932 万元；工业利润总额达 1003 万元；工业技改 16900 万元；固定资产投资总额实现 26016 万元。年内，强化对骨干企业的帮扶力度，大力为工业发展创造良好的发展环境。奉龙煤矿、白石粉厂等镇内骨干企业得到巩固发展。坚持以技改促发展、抓技改增效益。按照“企业做市场、政府做环境”的原则，抓好企业生产要素的保障工作。集中精力化解矛盾，为企业发展营造良好发展环境。

社会事业　2016 年，越溪镇以“两线两点”（沿公路线、沿河道线；场镇为重点、旅游景区为重点）为治理重点，着重清除在视野范围内暴露的白色垃圾 3 吨，破旧标语、广告牌 12 个，清理乱堆乱放柴草 360 处、建筑余石余土 10 吨、堆积的煤堆和沙堆 4 处，清理暴雨带来的淤泥垃圾及河床上各类漂浮物 2.5 吨，清理场镇及农村结合部的卫生死角 500 余处、垃圾 80 吨，清理和规范流动商贩及越门占道经营 360 起，拆除、清理违章设置的户外广告 16 块，规范店招牌 40 块，清理“牛皮癣”50 余处，治理机动车违章停放 120 起，治理施工现场扬尘污染 2 处，查处抛洒建筑垃圾车辆 20 辆。新建通村公路 11.43 千米，通社公路 11 千米，维修维护 50 千米。2016 年全镇育龄妇女 5044 人，占总人口的 24.71%；已婚育龄妇女 3984 人，占总人口的 19.51%；符合政策生育 195 人，政策外生育 31 人，符合政策生育率 86.28%。坚持以人为本，大力实施民生工程。关心困难群众，在全体镇村干部中开展结对帮扶活动，对因灾生活困难的群众给予临时生活补助，共发各类救灾救济资金 216 万元；医疗救助 1300 人次，1.4 万元。关心因地质灾害等造成损失的困难群众，发放救灾救济资金 50 余万元。全镇共补助 20 万元资金，完成 10 户 D 级危旧房改造工作。组织城乡居民参加养老保险，60 岁以上老人虹膜采集照相 4171 人，完成 100.34%。全部免除义务教育阶段学生学杂费、教科书费、作业本费，资助贫困学生 11 人。新农合参合率达 95%；城镇居民基本医疗保险参保人数 626 人；农村养老保险参保人数达 10637 人；落实惠农政策，兑现惠农补贴 138.3 万元。

乡村旅游　2016 年，镇党委、镇政府继续把旅游业作为工作重中之重来抓，坚持把发展旅游产业作为优化经济结构的有效途径，整合旅游资源，不断增强发展活力。通过抓旅游业带动第三产业发展。镇成立旅游办，专门负责旅游工作。配合市县做好穹窿地貌综合体开发的规划工作。采取多种措施，加大旅游宣传力度。注重旅游文化的挖掘和民间传说的搜集，丰富旅游文化内涵。全年共实现旅游收入 510 万元。

社会治安综合治理　年内，越溪镇倡导良好的社会风貌，组织开展安全生产宣传教育、目标管理、专项整治、隐患整改、“七五”普法等工作，共发放各类宣传资料 5000 余份，宣传挂图 15 幅。建立领导小组实行“一岗双责”“领导包案”责任制。落实社会治安整体联动防范工程，严格实行行政执法责任制，通过网格化管理等方式加强特殊人群、流动人口、虚拟社会和治安复杂场所的监督管理，完善治安防范体系，严厉打击各类违法犯罪，群众安全感稳步上升。健全“大调解”体系，做到主动维稳和关口前移、中心下移，调处和化解不稳定隐患。开展“七五”普法，加大矛盾纠纷排查力度，排查矛盾纠纷 162 件，调处重大疑难纠纷 2 件，信访件 32 起。全国“两会”、纪念红军长征胜利 80 周年及中共十八届六中全会期间，全镇无一起进京到省上访。

【越溪镇第七次党员代表大会闭幕】

2016 年 6 月 1 日，中国共产党威远县越溪镇第七次代表大会完成大会各项议程，胜利闭幕。

大会以无记名投票和差额选举办法选举产生中国共产党威远县越溪镇第七届委员会委员 9 名、中国共产党威远县越溪镇纪律检查委员会委员 5 名和出席县第十四次党代会代表 7 名。会议确定到 2020 年的奋斗目标，号召全镇各级党组织和全体共产党员，以邓小平理论、“三个代表”重要思想和科学发展观为指导，不断探索和总结成功经验，更加紧密地团结在以习近平为总书记的党中央周围，同全镇人民一道，同心同德，与时俱进，开拓创新，锐意进取，为越溪推进经济社会发展的各项事业而努力奋斗。

【市委政法委领导到越溪调研】 2016年5月5日，内江市委常委、政法委书记康俊一行到威远县越溪镇调研平安创建及“依法治镇”“依法治社区”建设工作。在场镇社区，康俊听取越溪镇和场镇社区支部书记对“依法治镇”“依法治社区”相关工作的情况汇报并详细询问开展情况，对越溪镇和社区开展工作表示肯定，勉励在场的县、镇、社区干部要充分认识“依法治镇”“依法治社区”的重要意义，一定要把工作干好干扎实。威远县委常委、政法委书记李玉文陪同调研。

【市委宣传部领导到越溪镇调研旅游工作】 2016年9月28日，市委常委、宣传部部长潘梅一行调研越溪旅游产业发展情况。县委常委、统战部部长刘维帝，县委常委、宣传部部长刘源及相关部门负责人陪同调研。

潘梅一行深入越溪镇俩母山，现场听取越溪镇旅游景区的开发、保护、规划建设情况，了解越溪镇转变发展方式，以及生态旅游业发展带动相关产业的发展情况，潘梅肯定越溪镇旅游产业发展取得的成效。要求越溪镇党委、镇政府要高度重视旅游产业的发展，进一步加快穹窿旅游项目建设，创新机制、培育业态、打造特色，推动旅游产业健康发展。同时，要树立保护与开发并重的意识，在保护好、利用好现有自然和文化资源的基础上做大做强穹窿旅游产业，促进镇域经济绿色发展，可持续发展。

表54　　2016年越溪镇社区（村）基本情况一览表

序号	社区（村）名	党支部书记	主　任	村（居）民小组（个）	人口数（人）	耕地面积（公顷）	农村经济总收入（万元）	人均纯收入（元）
1	场镇社区	郭典军	廖建辉	3	1459	—	8285	13800
2	龙洞村社区	刘德文	何从成	13	1069	33.5	1741	13349
3	平安村	李　科	曾成刚	10	866	14.4	1361	13054
4	新桥村	李华中	杨仁文	8	983	40.7	2522	13221
5	发展村	梁英才	黄开元	21	1990	89.3	3626	12456
6	前进村	幸成军	刘建元	17	1203	55.7	1946	13056
7	金堂村	陈　春	幸　奎	16	1601	55.3	1957	13283
8	八一村	杨华超	徐康文	17	1364	50.5	1749	12857
9	俩母山村	李　友	吴永祥	15	1031	8.4	2199	13010
10	二河村	吴国章	黄正军	15	898	46.8	3194	12486
11	黄桷村	殷永联	周建明	11	1041	49.1	1515	12551
12	水源村	李文强	曹顺文	12	862	27.6	1254	12362
13	吉祥村	李奇红	赖盛景	20	1577	75.3	1960	12406
14	楠木村	唐昌刚	唐克云	18	1295	42.7	1951	12844
15	瑞林村	史占武	陈　胜	15	1167	25.3	3128	12784
16	海潮村	潘顺文	殷德文	10	929	36.3	2537	13029
17	互相村	雷现宏	雷　达	8	381	13.3	705	12829
18	插旗村	唐国辉	唐国辉	12	698	29.5	1203	13043

（袁　杨）

两河镇

【概况】 两河镇地处威远西北，距离县城50千米，与连界镇、越溪镇、碗厂镇、仁寿县汪洋镇、天峨乡接壤，辖区面积40平方千米，辖9个村民委员会、124个村民小组，1个居民委员会，耕地面积176公顷，森林覆盖率达70%。2016年，全镇围绕“十三五”规划工作思路开展工作，实现地区生产总值5.72亿元、固定资产投入3.22亿元、镇级财政非税收入79.34万元。

农业和农村经济 2016年，两河镇以远恒种养殖和万隆鑫油茶种植为龙头，促进天诚林下养殖等7个农民专业合作社发展，新建立卧龙养殖等3个家庭农场。全镇粮食播种面积452.38公顷，粮食总产量2108吨，优质粮油播种面积233.34公顷，水果种植面积108.47公顷，万窿鑫油茶种植基地巩固油茶种植126.87公顷。2016年，全镇出栏肉猪1.84万头，出栏肉牛328头，出栏山羊1.27万只，出栏小家禽16.25万只，出栏肉兔14.96万只，水产品916吨。全镇投保粮食作物面积282.93公顷，为农户理赔6.5万元；育肥猪投保2000头，母猪投保400头。全年完成植树造林面积146.67公顷，新增退耕还林面积73.33公顷。修复灾毁工程16处，整治塘堰35口。投资270余万元，全面完成9个村94个组273公顷退耕还林成果基本口粮田项目建设。全年粮食作物投保面积282.94公顷，为农户理赔6.5万元；育肥猪投保2000头，母猪投保400头。

2016年8月22日，两河镇勇敢村举行莲蓬采摘比赛　（冷国文摄）

安全生产管理 2016年，两河镇建立健全安全生产协调、监管、会议、培训等制度。落实企业安全生产、道路交通、食品药品、公共场所、建筑施工等各行业安全责任制，制定相关工作措施，推进安全生产工作。开展“安全生产月”活动，开展“打非治违”专项整治活动以及安全大检查、机关干部走村入户访企等活动。帮助4个煤矿和3个非煤煤系矿山企业复工复产。严格落实领导干部安全生产“一岗双责”，强化服务，做好驻矿职守。完善服务职能，做好镇干部巡矿、驻矿职守。全面完成县委、县政府、县安委会布置的各项安全生产工作任务，年内无死亡事故发生。

基础设施建设 2016年，全镇投入580余万元用于35千伏两河供电站站内设备维修、低电压、农网和井井通改造，惠及3个贫困村（镇江村、黄林村、永富村），6个村1个社区（广阳村、相合村、勇敢村、凉山村、断桥村、新国村、双河口社区）和沙湾煤业等企事业单位。投入55万元建设6000米的供水管网，基本实现饮水管网覆盖到全镇各村。镇政府对3个贫困村的基础设施建设进行重点打造，在资金项目上进行倾斜。投入70余万元在永付村和黄林村修建水泥路3.5千米，规划镇江村3千米80万元村道建设项目，投资147万元硬化广阳村双关路1.44千米。结合退耕还林基本农田口粮工程，3个村共修建蓄水池3口，山平塘4口，砖砌田坎261米，便民入户路8356米。投入5.3万元维修场镇生活污水收集管网和污水处理厂，投入3.6万元收集城乡居民生活垃圾和清理河道。做好秸秆禁烧、农业面源污染处理等工作。落实企业“三废”排放监管工作，督促企业实现达标排放。抓好农村脏乱差的治理工作，改善人民群众环境卫生，从源头上抓好水污染治理。加强水资源的保护工作，抓好安全饮水工程建设。

社会事业 2016年，镇政府成立以镇长为组长、分管副镇长为副组长、相关办所负责人为成员的卫计领导小组，镇与村签订卫生计生工作目标责任书。投入4150元，发放宣传资料3000余份，制作10余幅全面二孩政策宣传横幅，提高群众政策知晓率。全镇符合政策生育率为98.55%；人口自然增长率为2.60‰。通过与卫生院、派出所协调并利用村级E通功能完成人口“四变动”及流动人口在PIP数据的每月更新。

推进素质教育，义务教育均衡发

展，排查整改安全隐患36起。各校办学条件和教育教学环境不断改善，师资力量的优化明显提高，教学质量稳步提高。全镇9人考上威远中学，30人考上普通高中，被评为全县教育工作一等奖。

镇卫生院、畜牧站、镇爱卫办、食药站等部门密切配合，加强疫病监控、妇幼保健和食品药品安全监管，完成传染病防预、“狂防双打”“灭鼠”等公共卫生服务工作。2016年，新建卫生院业务用房552平方米，并投入120万元购置医疗设备。组织义务献血2场，187人参加，献血量达37400升。开展新农合宣传、组织工作，新农合参合率97%。

推进城乡养老保险、就业和法律援助工作，城乡居民养老保险参保5039人，城镇新增就业200人，城乡残疾人居家灵活就业130人，青年劳动者技能培训50人次。解决因自然灾害造成生活困难的对象340人次，救助金额144650元。落实城乡医疗救助32人次，共计救助金额39458元。为62名重度残疾人落实重度残疾人护理补贴。

落实3户重点优抚对象建房（维修）审批工作，发放资金3万元。修复灾毁工程16处，整治塘堰35口。

“平安两河”建设　2016年，两河镇以平安建设为目标，落实维稳、信访、综治等各项制度，坚持矛盾纠纷定期排查化解和特殊时期随时排查化解制度，把经常性排查与集中排查相结合，随时了解、发现、掌握各种矛盾纠纷和苗头隐患，在重大活动和敏感时期开展集中排查。全年处理信访案件46起，结案率达100%；排查矛盾纠纷69件，调解纠纷总数69件，化解68件。构建“一小时法律援助服务圈”，自办案件3件，受援助对象获赔63.8万元，接待弱势群体法律援助咨询123次。坚持每月1次的特殊人群走访，做好流动人口申报及治安群防群治工作。全面推行“以村为主”矛盾化解机制，进一步规范实用网络建设。全镇共设人民调解委员会11个，将矛盾纠纷化解在基层，处理在萌芽状态，基本做到“小事不出村，大事不出镇”。完善网格化服务管理体系。全镇配备1个镇网格管理员和3个村（社区）网格员，组织参加县组织的网格员业务培训，落实网格化服务管理三项重点工作。

扶贫攻坚　年内，两河镇在永富、黄林、镇江3个贫困村建立驻村工作组，做到有脱贫攻坚工作方案、有联系县领导、有联系部门、有驻村工作组、有第一书记、有驻村农技员、有结对帮扶人。2016年，帮助贫困户申请贷款资金29.7万元，其中申请贴息贷款5万元；为39人申报教育扶贫基金，开展学费减免惠及贫困户134人及免费医疗体检281人；努力争取上级资金，为建档立卡C、D级危房贫困户36户改善居住环境。在永富村发展畜牧业，出栏鸡12485只，出栏羊152只。在黄林村发展泥鳅养殖，规划发展1.67公顷，支持当地企业尽快投入生产多提供就业岗位。在镇江村依托远恒种植和当地种植大户，带动贫困户发展生产。

【银花山庄AAAA级乡村酒店提档升级】　威远县银花山庄AAAA级乡村酒店提档升级建设于2015年12月开始动工，2016年11月底完工。项目投入600万元，其中发展中药材种植投入100万元，培植荷花景观投入100万元，道路工程及标志标牌、亮化工程投入100万元，环卫基础设施建设投入90万元，加工体验坊建设投入150万元，其他活动和员工培训投入60万元。

银花山庄立足乡村，打造乡野休闲体验游乐品牌，按照AAA级旅游景区标准进行总体规划，分步分期进行建设，力争用10年时间，投入5000万元，把山庄建成川南一流的乡村旅游点，把农家收藏馆、中药养生、农事体验做到极致，形成山庄独特的品牌，成为川内乡村旅游的一张名片。

【山洪地质灾害应急防御演练】

2016年5月27日，威远县山洪地质灾害应急防御演练在两河镇广场进行。两河镇人民政府、县水务局、镇内村民共计100余人参加。镇政府及时成立山洪地质灾害应急防御演练现场指挥部，制定演练方案，设监测预警组、应急转移组、抢险处置组、医疗救护组、治安巡逻组、后勤保障组、现场工作组、群众组织组8个工作组，配备有对讲机、无线广播、手摇报警器、铜锣、医疗器具、矿泉水、帐篷、指示牌等应急演练物资300余件。

演练按照灾情发生及上报、启动预案、紧急避险、应急救援和灾民安置等步骤有序开展，模拟突发山洪地质灾害应急处置和抢险救援过程。是一次规模较大的综合实战演练，是各部门、各单位对突发性地质灾害综合指挥、协同作战和现场处置能力的一次考验；也是对应急预案有针对性、有效性、可操作性的一次检验。

表 55　　2016 年两河镇社区（村）基本情况一览表

序号	社区（村）名	党支部书记	主　任	村（居）民小组（个）	人口数（人）	耕地面积（公顷）	农村经济总收入（万元）	人均纯收入（元）
1	双河口社区	贺进建	周　英	4	725	—	—	—
2	广阳村	朱章明	林大文	13	917	19.0	2549.77	13495
3	相合村	阳禄军	林　建	20	1889	13.3	1759.59	13088
4	勇敢村	余建英	贺十全	13	1344	9.6	1289.11	13097
5	永富村	朱章付	王学超	19	984	32.8	1159.79	14021
6	黄林村	夏保国	代钦华	11	827	12.1	1080.21	14196
7	镇江村	王良郁	黄世刚	12	761	43.5	1901.78	13452
8	新国村	王光辉	雷建英	10	1414	11.0	1303.27	13631
9	凉山村	张志明	刘德军	15	956	28.1	1381.81	13532
10	断桥村	蓝洪水	刘首兵	11	1021	5.2	1072.68	13421

（吴　旭　　毛　静）

碗厂镇

【概况】　碗厂镇位于威远县城西北部 57 千米处，东连越溪镇，西与仁寿县汪洋镇接壤，北与两河镇仅一山之隔，辖区面积 32 平方千米，西北低。一般海拔 500 米～600 米，森林覆盖率 52%，平均气温 16.8℃，年降雨量 860 毫米，无霜期达 295 天，日照较短，干旱稍轻，越溪河从镇正东面穿镇而过，最大流量 187 立方米/秒，最小流量 1 立方米/秒，常年主要风向为东北风，粮食主产水稻、小麦、玉米、红苕等，产量稳定在 6000 吨左右，经济作物有茶叶、油菜、水果等。辖 9 个村民委员会、1 个居民委员会、117 个村（居）民小组；总户数 4287 户，总人口 11475 人，其中农业人口 10648 人。2016 年，全镇地区生产总值 3.21 亿元；镇级一般预算收入 195.94 万元；农民人均纯收入 12510 元。

工业经济　2016 年，全镇固定资金投入完成 1.42 亿元；招商引资 1.96 亿元。规模工业总产值达到 1.67 亿元，规模工业增加值实现 0.64 亿元；利润总额 1670 万元。支持和引导骨干企业投入资金进行准化建设。同时，鼓励耐材企业对技改的投入，使其达到环保要求，在不断技术改造升级、提升产品档次、增强市场竞争力方面下功夫，促进企业做大做强。

2016 年 7 月 18 日，碗厂镇党委领导在韦家沟水库查看险情　（碗厂镇供图）

农业和农村经济　2016 年，全镇农业总产值实现 7674.94 万元，农业增加值增长 3.6%。生猪出栏 0.91 万头，山羊出栏 1.13 万只，小家禽出栏 15.46 万羽，核桃种植面积 106.67 公顷。兑现耕地地力保护补贴 16.85 万元、退耕还林补贴 16.8 万元、公益林补贴 2.2 万元、生态绿化补贴 17.2 万元。

社会事业　2016 年，碗厂镇基础教育均衡协调发展通过省教育厅验收。严格执行国家提高的低保补助标准，全年发放五保、低保金 3270 人共计 68 万元。救灾款发放 16 万元；新农合参合率达 98%；2000 名老人领取基础养老金。全面落实计划生育家庭奖扶、特扶政策，搞好优质服务，符合政策生育率70%。申报3个村级文化活动室。

【安全社区创建】 2016年，碗厂镇投入40万元开展安全社区创建，开展各类安全宣传活动，组织安全知识咨询6次，悬挂各种安全横幅50幅，书写安全宣传标语240幅，散发各种安全知识宣传单共6000份，增强全民安全意识和提高安全防范技能，普及安全文化，为安全社区创建工作创造良好氛围。建立起会议制度、风险源诊断制度、宣传教育培训、隐患排查等制度共64个；定期召开会议研究解决社区内安全生产重大问题，排查治理各类安全隐患10次。坚持“以人为本”的原则，开展涉及《中华人民共和国安全生产法》等各项安全教育培训共6次，参培人员800人次。开展摸底调查工作，全面排查登记消防设备、消防管网、交通设施的安全隐患等共6次。

【铁大路建成投用】 2016年5月31日，碗厂镇铁大路竣工投用。铁大路起于铁马桥，终于大沙坝，系全县2015年农村公路联网工程建设项目之一。2015年10月12日，镇人民政府在内江市威远县政府信息公开网上发布选择施工单位公告，明确工程规模与技术标准，铁大路全长1745米，建设为水泥混凝土路面。采用农村公路村级道路标准建设。承建单位为四川沱江路桥建设工程股份有限公司。项目于2015年12月1日开工建设，历时6个月建成，投入资金322.8万元。

【天宫自来水厂建成投运】 天宫自来水厂改造工程是碗厂镇党委、镇政府为民办实事项目。该工程位于碗厂镇天宫村5组，占地面积2600平方米，设计供水规模为2000立方米/天，改造内容包括穿孔旋流、斜管沉淀及无阀滤池过滤的制水工艺等3项，总投资543.84万元，由四川省锦信建筑工程有限公司承建，于2015年5月26日开工建设，2016年7月28竣工。工程的实施实现供水水质的提高，解决17918人的饮水难题。

表56 2016年碗厂镇社区（村）基本情况一览表

序号	社区（村）名	党支部书记	主　任	村（居）民小组（个）	人口数（人）	耕地面积（公顷）	农村经济总收入（万元）	人均纯收入（元）
1	新街社区	梁元武	唐金顺	3	827	—	—	—
2	古堰村	李介成	王　辉	11	1509	59.47	1669	11067
3	涌溪村	罗玉康	王明仲	16	1562	46.57	1757	11250
4	碧凤村	周仲文	杨宗文	13	1206	56.98	1401	11627
5	双石村	王文光	袁加建	10	768	26.16	834	10877
6	青龙村	黎登贵	陈　林	13	1551	37.66	1733	11176
7	义和村	黎兴贵	杨仁勤	12	1023	44.37	1122	10973
8	青宁村	黄建军	郭正文	12	922	44.00	1001	10864
9	光荣村	陈　文	肖志友	15	835	43.79	902	10802
10	天宫村	黎德元	黎儒君	12	1270	39.49	1384	10897

（常　城）

小河镇

【概况】 小河镇位于威远县西北部，毗邻仁寿、井研和荣县，辖区面积82平方千米，辖16个村民委员会、2个居民委员会，总人口2.4万人。镇政府驻回龙场，距县城70千米。小河地处龙泉山脉末端的浅丘地带，自然资源丰富，探明煤炭储量600万吨、瓷矸1000万吨左右。全镇有煤矿2个、矸子厂2个、建材企业20余个。1300余公顷茶园通过省农业厅无公害鉴定，年产优质无公害茶叶1.5万担，创产值近亿元。2016年，全镇实现地区生产总值9.18亿元；实现财政总收入1155.6万元，财政一般预算收入456.1万元，其中非税收入116.32万元。全镇符合政策生育率83.27%。

农业和农村经济　2016年，小河镇实现农业增加值5884万元，同比增长3.7%；农民人均纯收入12987元，比上年增长11.4%，增加1350元。全年农作物播种面积2266.60公顷，其中粮食作物种植面积1508.20公顷，粮食总产量8210吨；优质粮油面积

836.68公顷；油菜种植面积357.33公顷，产量756吨。年内新规划茶叶种植面积20公顷，巩固良种茶叶基地面积533.33公顷。继续坚持走“公司+基地+农户”种植发展模式，茶叶年产量3800吨，年产值实现4000余万元。退耕还林进一步巩固，麻竹笋产量达2000吨。全部兑现2014年度退耕还林基本口粮田建设工程专项资金439.13万元；实施2015年度退耕还林基本口粮田119.53公顷建设配套工程建设，实施改土培肥46.67公顷，投入专项资金6.3万元；规划修建山平塘4口、蓄水池5口、便民道7844米等，投入项目专项资金128.17万元。加强林政监管，严格用材砍伐审批；加强护林防火宣传，有效杜绝森林火灾的发生。加强威远县宏森农民专业合作社建设与管理，持续推进林业产业发展，林业经济收入450余万元。全镇植树造林总面积达1500公顷，森林覆盖率达46%以上。生猪年出栏18410头，农户自宰3000头；母猪年末存栏881头，生猪年末存栏12395头。肉兔出栏149610只。结合扶贫产业开发新发展绿壳蛋鸡、绿花鸡、贵妃鸡等特色养殖户20户，其中新增年出栏家禽1万只以上养鸡规模户1户，全镇年出栏鸡74419只，出栏鸭80339只，出栏鹅7790只，家禽出栏共计162548只。巩固发展肉牛养殖户3户，新引进优良肉牛180头，总养殖规模达520头，完成出栏肉牛469头。全镇年出栏山羊12491只。抓好季节性疫情免疫工作，全年无重大疫情发生。结合“一事一议”财政奖补政策，申请财政奖补资金80万元，重点规划葡萄村、牌坊村、平乐村和新同村公路项目引水工程项目。完成全镇5个饮用水监测点水质定期抽样送检工作，各饮用水监测点水质均达标。

2016年1月8日，小河镇政府督查重点项目推进情况　（小河镇供图）

工业经济　2016年，全镇实现地区生产总值9.18亿元，同比增长7.8%；实现招商引资2.4亿元，占全年任务的200%；实现固定资产投入3.1亿元，占全年任务的100%；实现规模工业总产值5.48亿元，实现规模工业增加值1.6亿元，实现规模工业利润0.45亿元。

社会事业　2016年，全镇符合政策生育率83.27%，人口自然增长率5.18‰，人口出生率11.22‰，“九上门”优质服务率达100%。强化流动人口监测，反馈率和及时率均达100%。启动4个村农民健身场所建设，举办为期3天的镇第五届象棋争霸赛。全年发放城镇低保金16.80万元、农村低保金49.58万元、因灾困难救济384户，共发放救灾金11.52万元。收集、上报大病医疗、生活困难救助68人次，共争取救助金额13.5万元。救助重残145人，发放补贴11.30万元；发放残疾人辅助器械10件。完成农村廉租户10户，实施危房改造38户，完成土坯房改造150户。做好农村实用技术扶贫培训与劳动力转移工作。完成贫困户精准扶贫信息核实清理工作，年内新增贫困户1户，全镇有贫困户475户、贫困人口1297人。

年内，场镇生活污水处理厂投入试运行；小河镇供水及基础设施建设项目投入运行。投入28万元进行场镇垃圾清扫清运，垃圾处理厂全面改造，供水及基础设施建设和交通街工程有序推进。

乡村路网建设　2016年，小河镇完成碾子村道路3.04千米、开元村道路5.17千米、五牌路1.69千米、双登路4.1千米共计14千米通村公路建设。完成小河镇干八路、桥高路监理单位选择，于2016年12月30日在威远县公共资源交易服务中心选择施工单位，计划2017年6月完成2条公路的建设。完成沙石坡桥、羊角沟桥的建设。龙江桥建设工程完成施工单位的选择。完成污水处理厂和供水设施建设任务，进入试运行。

安全生产整治　年内，镇安委会召开安全工作专题会10次，厂矿企业召开安全工作会400余次。开展各类安全检查550余次，下井检查230人次，查出并整改安全隐患720余处，查处违章20人。发放安全知识答卷6000份，宣传资料8000份。严格落实安全生产“党政同责”“一岗双责”“失职追责”制度，安全生产四项指标全面下降，明确镇村社安全职责，深入开展道路交通、矿山、食品药品、危化品、消防等安全隐患专项整治。

完成镇域内耐材企业烟尘达标排放和石材加工企业污水、泥浆排放治理，严格监管督查，并要求企业需通过县环境保护局综合验收方能生产，同时鼓励企业加大环保设施投入和法律法规宣传。

【小河镇供水及基础设施建设项目建成投运】 小河镇供水及基础设施建设项目位于小河镇牌坊村12社，占地面积4680平方米，扩建新供水厂1座，新增供水管网3800米，总投资1050万元，由广安建新建设有限公司承建，于2014年9月开工建设，2016年10月竣工投运，日供水量3000立方米，服务人口1万人。

【小河镇生活污水处理厂试运行】 2016年3月，小河镇生活污水处理厂建成并投入试运行。该工程于2015年6月开工建设，新建污水处理厂1座，污水管网1420米，日处理污水量800立方米，总投资580万元。主体工艺采用高效厌氧杀菌技术，出水指标达到2，服务人口达1.1万人。

表57 2016年小河镇社区（村）基本情况一览表

序号	社区（村）名	党支部书记	主　任	村（居）民小组（个）	人口数（人）	耕地面积（公顷）	农村经济总收入（万元）	人均纯收入（元）
1	回龙场社区	尹建忠	余建中	3	1403	—	—	—
2	复立场社区	刘　荣	郑连明	1	216	—	—	—
3	小河村	尹建忠	姜德才	14	3301	77.62	3516.94	12681
4	开元村	彭绍富	张辉祥	16	1807	77.51	1994.00	12774
5	牌坊村	张朝阳	肖　筑	14	2500	85.66	1659.00	12964
6	三羊村	宋正华	黄自维	16	1148	94.24	1556.86	13355
7	民治村	黄建军	黄自德	14	1172	66.99	1794.18	13357
8	响水村	胡万平	黄兴友	14	1517	45.89	2064.00	12999
9	平乐村	夏汝洪	刘长代	13	1383	60.39	1522.00	12950
10	新同村	刘尚勇	刘应千	15	1313	59.77	1682.90	12795
11	新古村	曾本来	唐　军	16	1320	56.99	1679.60	12873
12	碾子村	胡文彪	徐琴玲	13	1010	32.01	1408.20	13265
13	大岩村	雷祥军	肖建忠	23	1441	51.92	1606.70	13004
14	三合村	梁德元	连　云	10	651	26.05	950.80	13207
15	葡萄村	刘　荣	廖　勇	14	1363	15.59	2091.40	13020
16	铁厂村	许述华	荣明修	14	716	25.97	1116.40	13380
17	玉麦村	严健康	姜方云	10	472	29.11	712.74	13350
18	青兰村	黄付庆	邹文彬	12	716	23.83	1494.50	13030

（蒋翠丽）

人　物

中共威远县第十四届委员会书记、副书记、常委

【罗平】　男，汉族，1969年8月生，四川隆昌人。1992年7月参加工作，1994年7月加入中国共产党，西南师范大学教育管理本科毕业，四川省委党校行政管理专业，研究生学历。历任隆昌一中教师，隆昌县人民法院双凤法庭书记员，隆昌县人民法院助理审判员、办公室秘书、政研室副主任，中共隆昌县委办公室秘书、副科级秘书，中共内江市委办公室秘书处副处长、处长，内江市人民政府办公室秘书四处处长，内江市人民政府副秘书长，资中县人民政府副县长，中共威远县委常委、政法委书记，内江市人民政府副秘书长、市政府办党组成员，中共内江市委农办主任，中共威远县委副书记、代理县长、县长。2016年4月，任中共威远县委书记。

【马炬】　（详见第十六届威远县人民政府领导）

【李怀兵】　男，汉族，1970年2月生，四川苍溪人。1990年7月参加工作，1995年5月加入中国共产党，陕西煤炭工业学校煤层地下开采专业专科毕业，西安科技大学继续教育学院采矿工程专业，大学本科学历。历任广旺矿务局旺苍煤矿采煤一队、采煤三队、生产技术科技术员、副科长，生产技术科、劳资社保科科长，四川煤矿安全监察局川北监察分局（原广元办事处）副科长，四川煤矿安全监察局川西监察分局（达州）副调研员（其间：2006年4月至2006年7月在中央党校国家机关分校安监总局第41期干部进修班学习），四川煤矿安全监察局川北监察分局副局长，四川煤矿安全监察局川南监察分局正处级监察专员，四川煤矿安全监察局攀西监察分局正处级监察专员（主持行政工作）、局长（2014年省级优秀年轻干部人才递进培养第二期经济金融班学员）。2016年9月，任中共威远县委副书记（挂职锻炼）。

【刘学兵】　男，汉族，1968年5月生，内江市中区人，四川省委党校经济管理专业在职大学毕业，1991年7月参加工作，1999年3月加入中国共产党。内江师范学院政史专业专科毕业，四川省委党校经济管理专业，大学本科学历。历任内江市人大常委会法制工作委员会科员、人事代表工作委员会副主任科员、办公室副主任，内江市人大常委会办公室秘书科副科长、科长，内江市人大常委会财政经济工作委员会副主任，中共隆昌县委常委、组织部部长。2016年7月，任中共威远县委副书记。

【毕胜】　（详见第十六届威远县人民政府领导）

【刘均】　男，汉族，1967年3月生，四川资中人，1985年11月参加工作，1989年2月加入中国共产党，四川干部函授管理学院行政管理专业毕业，省委党校经济学专业，在职研究生学历。历任资中县公民区陈家乡政府财政所工作员、陈家乡副乡长；资中县委信访办公室工作员（其间：1992年9月至1995年7四川干部函授管理学院行政

管理专业在职大专学习）；资中县陈家乡副乡长；中共资中县银山镇委员会副书记（其间：1995年8月至1997年12月省委党校法律专业本科学习）、书记；内江市粮食局副局长（其间：2000年9月至2003年6月省委党校经济学专业研究生班学习）；隆昌县人民政府副县长，中共隆昌县委常委，中共隆昌县委常委、宣传部部长；中共内江市东兴区委常委、纪委书记。2016年7月，任中共内江市威远县委常委、纪委书记。

【刘维帝】 男，汉族，1963年2月生，四川威远人，1982年10月参加工作，1985年6月加入中国共产党，四川省委党校区域经济学专业毕业，研究生学历。历任威远县越溪区复立乡广播站、越溪乡财政所、越溪区财政所、县财政局工作员，严陵镇财政所所长，党委委员、副镇长，党委副书记、副镇长，连界镇党委副书记，镇长，县委委员、向义镇党委书记、连界镇党委书记，连界经济园区管委会主任，连界镇党委书记，连界镇党委书记（副县级），县人民政府副县长，中共威远县委常委、县人民政府副县长，中共威远县委常委、宣传部部长。2016年8月，任中共威远县委常委、统战部部长。

【刘源】 男，汉族，1978年12月生，四川内江人。2000年11月参加工作，2002年6月加入中国共产党，四川省委党校函授学院法律专业，党校大学学历。历任内江市东兴区高梁镇人民政府科员、党政办副主任、主任；中共内江市东兴区委办公室科员、信调股副股长、督查股股长、秘书股股长；中共内江市东兴区西林街道工作委员会委员、西林街道办事处副主任；中共内江市东兴区委办公室副主任；中共内江市东兴区委政策研究室主任；中共内江市东兴区高梁镇委员会副书记、镇长（兼团委书记）；中共内江市委宣传部互联网信息办公室主任；内江市互联网信息办公室网络综合科科长；内江市互联网信息办公室专职副主任；中共威远县委常委。2016年8月，任中共威远县委常委、宣传部部长。

【李磊】 男，汉族，1965年10月生，四川威远人，1984年8月参加工作，1986年11月加入中国共产党，四川省委党校行政管理专业毕业，省委党校研究生学历。历任威远中学校团委书记，共青团威远县委副书记、书记，县委宣传部副部长、文明办主任，县委办公室副主任、政研室主任，县政府办公室主任，县委办公室主任，县人民政府副县长，中共威远县委常委，中共威远县委常委、总工会主席。2016年7月，任中共威远县委常委、总工会主席。

【谭斌】 男，汉族，1968年3月生，四川内江人。1987年8月参加工作，1988年8月加入中国共产党，四川省委党校经济学专业毕业，研究生学历。历任内江市东兴区贾家初级中学教师，东兴区团委工作员（其间：1991年2月至1992年5月下派到内江市东兴区朝阳乡任乡长助理）、团委副书记、团委书记，东兴区三烈乡党委书记、人大主席，隆昌县云顶镇党委书记，内江市路政支队支队长、内江市交通运输局党委委员。2011年3月，任威远县人民政府副县长。2016年7月任中共威远县委常委；8县任中共威远县委常委、县委政法委书记。

【倪轮】 女，汉族，1975年4月生，四川内江人，1995年7参加工作，1995年4月加入中国共产党，四川统计学校会计统计专业毕业，省委党校公共管理专业，党校研究生学历。历任内江百货集团总公司党办干事（其间：1997年5月至1997年12月借调到内江市国有企业领导小组办公室工作）；中共内江市委组织部办公室办事员（1999年12月高教自考西南财经大学会计专业在职大专业毕业），组织科办事员，办公室办事员、副主任（其间：2001年9月至2003年12月省委党校法律专业在职本科学习）、主任科员、主任（其间：2007年8月至2010年7月省委党校公共管理专业在职研究生学习，2007年12月任部机关党支部副书记）；中共内江市东兴区委常委；中共内江市东兴区委常委、宣传部长。2016年8月，任中共威远县委常委、组织部部长。

【袁开武】 男，汉族，1973年12月生，四川南部人。1990年12月参加工作，1993年6月加入中国共产党，昆明陆军指挥学院步兵指挥专业毕业，大学本科学历，学士学位。1990年12月在十三集团军三十七师高炮团服役，历任隆昌县人民武装部军事科副营职参谋，内江军分区司令部副营职参谋、正营职参谋，隆昌县人民武装部副部长兼军事科科长，内江军分区司令部副团职参谋，威远县人民武装部部长。2016年8月，任中共威远县县委常委，威远县人民武装部部长。

威远县第十六届人民代表大会常务委员会主任、副主任

【周功会】 男，汉族，1967年9月生，四川宣汉人。1988年7月参加工作，1993年12月加入中国共产党，省委党校法律专业毕业，党校大学学历。历任内江市人大常委会办公室科员、副主任科员，市人大常委会财经工委办公室副主任、主任科员，市人大常委会农工委办公室主任，中共内江市委610办公室副主任，内江市防邪办副主任，中共内江市委副秘书长，副秘书长（正县级），中共威远县委常委、纪委书记（保留正县级）。2011年10月，任中共威远县委常委、县委副书记（保留正县级）。2016年8月，任县第十六届人民代表大会常务委员会主任。

【胡林仁】 男，汉族，1963年8月生，四川威远人，1980年11月参加工作，1984年6月加入中国共产党，四川省委党校经济管理专业毕业，党校大学学历。历任成都军区148师443团三营机炮连文书、军械员、代理营部书记，威远县高石镇矮桥村团支部书记，龙会区高石乡果技员、民新乡计生办主任、高石乡计生办工作员、农建乡计生办主任，高石镇武装部副部长（主持工作），中共威远县高石镇委员会委员、武装部长，中共威远县龙会镇委员会副书记、镇长（其间：2000年7月至2002年12月在省委党校经济管理专业函授学习）、书记、镇人大主席，中共威远县委组织部副部长、县人才办主任，中共内江市委驻派威远县委副县级组织员、中共威远县委组织部副部长、县人才办主任，中共内江市委驻派威远县委副县级组织员、县政协党组副书记，中共内江市委驻派威远县委副县级组织员、县委统战部长，中共威远县政协党组副书记（保留副县级待遇）、县委统战部长。2016年8月，任县第十六届人民代表大会常务委员会副主任。

【唐克友】 男，汉族，1963年2月生，四川威远人。西南农业大学土化系毕业，大学学历，农艺师、高级注册咨询师，无党派。1986年7月参加工作，历任简阳县农业局土肥站工作员，威远县农业局土肥站工作员、副站长、农艺师，县镇西镇副镇长，县科协副主席，县科协副主席（主持工作），县人大常委会委员、县科协副主席（主持工作），县人大常委会委员、县科协主席，威远县人大常委会副主任。2016年8月，任县第十六届人民代表大会常务委员会副主任。

【钟玉钦】 男，汉族，1966年4月生，四川威远人，1990年8月参加工作，1993年4月加入中国共产党，南京粮食经济学院经济系企业管理专业毕业，大学本科学历，经济学学士学位。历任威远县计划委员会科员，中共威远县计划委员会支部委员、副书记；中共威远县高石镇委员会副书记，副书记、镇长；中共威远县靖和镇委员会副书记，副书记、镇长；中共威远县观英滩镇委员会书记，镇党委书记、镇人大主席；县人民政府办公室主任，党组书记、主任；党组书记、主任、内江市招商局驻点分局副局长；中共威远县经济和信息化局委员会书记、局长；县连界工业园区管委会副主任、中共威远县经济和信息化局委员会书记、局长；县连界工业园区管委会副主任、县委办公室副主任；县连界工业园区管委会副主任；县连界工业园区管委会副主任、县经济和信息化局局长。2016年8月，任县第十六届人民代表大会常务委员会副主任。

【金毅】 男，汉族，1963年10月生，四川威远人，1981年8月参加工

作，1983年9月加入中国共产党，四川省威远师范学校毕业，四川省委党校经济学专业，党校研究生学历。历任威远县越溪区两河中心校教师，两河乡初级中学教师（其间：1984年9月至1986年7月内江教育学院政治专科学习）；奉龙高级中学校教师；威远县纪委干事、信访室副主任，副局级纪检监察员、信访室副主任；越溪镇副镇长、党委副书记，党委副书记、镇长，党委书记（1998年9月至1998年12月市委党校青干班学习）；县文体委党组书记、主任；县计划生育委员会党组书记、主任（其间：2002年9月至2002年12月市委党校青干班学习）；县委委员、县计划生育委员会党组书记、主任（2000年9月至2003年6月省委党校经济学研究生班学习）；县委委员、县人口和计划生育委员会党组书记、主任（其间：2007年4月至2007年6月清华大学内江市领导干部公共管理高级研修班学习）；县委委员、县广播电视局党组书记；县委委员、县广播电视局党组书记、局长；县广播电影电视局党组书记、局长；县委办公室主任。2016年8月，任县第十六届人民代表大会常务委员会副主任、威远县委办公室主任。

威远县人民政府县长、副县长

【马炬】 男，汉族，1981年2月生，四川高县人，2003年7月参加工作，2010年10月加入中国共产党，重庆大学土木工程学院城市道路与桥梁专业毕业，大学学历。历任宜宾市城市规划局市政工程规划管理科工作员、科员行；宜宾市规划和建设局市政公用管理科副科长；宜宾市公用事业局供排水燃气管理科副科长、科长；宜宾市规划和建设局办公室副主任（保留正科级）；宜宾市住房和城乡建设局建筑规划科科长；内江市住房和城乡规划建设局总规划师、党委委员，副局长、党组成员，内江新城建设指挥部办公室副主任（兼）；内江投资控股集团有限公司总经理、董事；中共威远县委副书记，内江投资控股集团有限公司总经理、董事；中共威远县委副书记、代理县长，内江投资控股集团有限公司总经理、董事。2016年8月，任中共威远县委副书记、县长。

【毕胜】 男，汉族，1973年11月生，四川纳溪人，1992年7月参加工作，1994年3月加入中国共产党，内江工业学校机械制造专业毕业，四川省委党校区域经济学专业，研究生学历。历任内江市东兴区太安乡干事、企业办主任（其间：1994年12月取得西南财经大学高教自考工业经济管专业大专学历）；内江市直机关工委干部、团工委副书记、统战群工处副处长（1998年10月至1999年9月借调内江市委组织部组织处工作）；中共内江市委组织部副主任科员、组织处副处长、办公室主任（其间：2002年7月至2005年6月省委党校区域经济专业研究生班学习，2004年8月至2005年1月借调内江市委办公室工作，2005年2月至2005年7月借调省委先进性教育活动办公室工作）；内江市政府副秘书长（其间：2007年12月至2008年7月借调四川省委办公厅秘书处工作），中共四川省委办公厅秘书处副处长；中共隆昌县委副书记（挂职锻炼）；中共资中县委常委，中共资中县委常委、副县长、县住建局局长（兼）；内江市发展和改革委员会党组副书记、市重点建设项目办公室主任、市“打造百年川威、建设千亿企业”领导小组办公室主任（兼）；中共威远县委常委，中共威远县委常委、副县长。2016年8月，中共威远县委常委、副县长。

【胡小虎】 男，汉族，1967年2月生，江西南昌人，1988年10月参加工作，1987年12月加入中国共产党，西南政法大学法律专业毕业，本科学历。历任江西省劳改局第七劳改支队民警，内江市公安局公安干部学校教师，内江市公安局法制处民警、法制处副处长（其间：1999年3月至1999年6月在内江市委党校第二期科干班培训）、监管支队教导员、刑警支队副支队长、国内安全保卫支队支队长，威远县人民政府副县长、县公安局局长。2016年8月，任威远县人民政府副县长、县公安局局长。

【蔡虎城】 男，汉族，1975年3月生，四川资中人，1995年8月参加工作，1997年6月加入中国共产

党，内江工业学校电子电器专业毕业，省委党校经济管理专业，本科学历。历任内江市市中区乐贤镇工作员、党政办副主任、团委书记、计生办主任、党委副书记、副镇长（其间：1999年9月至2001年12月省委党校经济管理专业本科学习）；龚家乡副乡长，党委副书记、乡长，党委书记；凌家镇党委书记；内江市市中区人民政府副区长。2016年7月，任威远县人民政府副县长。

【王跃辉】　男，汉族，1968年3月生，四川仁寿人，1989年7月参加工作，1995年11月加入中国共产党，西南农业大学农业机械系管理专业毕业，大学学历，学士学位。历任威远县龙会区农机站工作员；县农机局工作员、排灌站站长、计财股股长（其间：1998年11月至1999年1月在县委党校青干班学习）；威远县水利农机局农机水电股股长、水电站站长、农机技术推广站站长、华悦公司经理，县水利农机局副局长；中共威远县越溪镇委员会副书记、镇长；中共威远县连界镇委员会副书记、镇长、书记（2012年9月起任连界工业园区管委会副主任）。2016年8月，任威远县人民政府副县长。

【王革屏】　女，汉族，1969年11月生，重庆江津人，1990年12月参加工作，民建会员，西北纺织工业学院纺化系环境工程专业，大专学

历。历任内江印染厂环保科，技术员，内江经济开发区下属内江西林实业总公司出纳，内江经济开发区管理委员会规划建设科管理员，内江经济开发区管理委员会招商科科员（其间：2002年2月至2002年12月省招商引资局挂职锻练，投资服务中心项目部部长）、招商处副处长，招商引资局局长、兼投资服务中心主任，投商投资服务局局长；内江经济技术开发区建设（环保）局局长。2016年8月，威远县人民政府副县长

【王学斌】　男，汉族，1973年8月生，四川威远人，1995年11月参加工作，1997年11月年加入中国共产党，攀枝花大学市场营销专业毕业，大学本科学历。历任威远县农机学校教师；县农机局办公室副主任；威远县人民政府办公室科员、文秘股股长、副主任（其间：2001年8月至2003年12月在省委党校函授学院法律专业学习）；中共威远县小河镇委员会副书记，威远县小河镇党委副书记、镇长、书记；威远县发展和改革局党组书记、局长；威远县农林局党委书记、局长。2016年8月，任威远县人民政府副县长。

政协威远县第十届委员会主席、副主席

【刘浑源】　男，汉族，1962年12月生，四川威远人。1980年9月参加工作，1985年3月加入中国共产党，四川省委党校法律专业毕业，大学学历。历任民办教师、畜牧站防疫员，威远县新权乡畜牧站站长，新场区畜牧站

副站长、站长，县牧工商公司副经理、经理，县畜牧食品局牧医协会副主任，庆卫镇副镇长、党委副书记、镇长，铺子湾镇党委书记、人大主席，连界镇党委书记、人大主席、连界工业园区管委会主任（副县级），县委常委、总工会主席、连界镇党委书记、连界工业园区管委会主任、政法委书记，政协威远县委员会主席、连界工业园区管委会主任。2016年8月，任政协威远县委员会主席。

【王志远】　男，汉族，1963年10月生，威远县人。1979年11月参加工作，重庆渝州大学中文系毕业，在职大专学历，无党派。历任威远县文教局办公室工作员、小学高级教师；县人民政府办公室文秘工作员；威远牡丹实业总公司总经理；威远县人民政府办公室文秘工作员、副科级秘书；县城市管理局副局长；县科协副主席；县文化体育局副局长；县侨联主席；政协威远县委员会副主席、侨联主席。2016年8月，任政协威远县委员会副主席。

【罗伦建】　男，汉族，1963年5月生，四川威远人，1980年10月入伍，1982年10月加入中国共产

党，四川农业大学法律专业毕业，在职大学学历。历任达州市武警支队万源县中队文书、副班长、班长；威远县龙会区龙会乡龙会村村民，百胜乡党委成员武装部长，民政乡党委委员、副乡长，党委副书记、乡长；龙会镇党委委员、副镇长，党委副书记、镇长；靖和镇党委书记（1997年9月至1999年7月在中央广播电视大学法律专业函授学习）；镇西镇党委书记，党委书记、人大主席；县城市管理局党组书记、局长（其间：2003年2月至2005年2月在四川农业大学法律专业学习）；县物价局党组书记、局长；县林业局党委委员、书记，县林业局党委书记、局长；政协威远县委员会副主席。2016年8月，任政协威远县委员会副主席。

【常胜】 男，汉族，1968年8月生，四川威远人，1988年7月参加工作，无党派，四川省委党校法律专业毕业，党校大学学历。历任威远县镇西中学教师，县经贸委工作员、科员、经济运行股副股长、副主任，威远县经委副主任（其间：2003年9月至2005年12月在四川省党校法律专业学习），经委副主任、中小企业局局长；县经信局副局长、中小企业局局长；县商务局局长；政协威远县委员会副主席。2016年8月，任政协威远县委员会副主席。

【罗刚】 男，汉族，1967年8月生，四川威远人，1987年7月参加工作，无党派人士，四川大学行政管理专业毕业，在职大专学历。历任威远县永民乡人民政府农业干事、生产助理员；县科学技术委员会干部（其间：1993年12月四川大学行政管理专业大专自学考试毕业）、办公室主任；威远科学技术局副主任科员、办公室主任；政协威远县委员会经科委副主任，副秘书长、经科委副主任，副秘书长、办公室副主任，副秘书长、学文委主任；威远县工商业联合会主席、总商会会长。2016年8月，任政协威远县委员会副主席。

中国农技协优秀乡土人才

【游勇】 男，汉族，1968年1月生，四川威远人。1986年7月参加工作，1996年5月加入中国共产党，四川省委党校经济管理专业，大学本科学历。威远县金四方果业有限责任公司总经理，威远县向义镇无花果产业协会会长。2010年，游勇流转土地200公顷，建立起集观光、旅游、采摘、休闲、加工为一体的无花果种植园，取得四川省有机产品基地认证。游勇在优质无花果种植品种选择，规模发展特色林果以及农产品加工营销等方面进行开拓创新，先后总结出“BOT”模式流转土地，建立合作社，统一施肥，统一用药，统一收购，统一送加工厂和超市，统一定期培训等适合农村做好、做大特色产业的新思路，带动广大贫困户共同致富。善于把种植特色果品同农产品加工有机结合，创造出农产品品牌“金四方”，为发展乡村特色经济贡献出了一个农业工作者智慧和力量。2016年2月，中国农村专业技术协会授予游勇“中国农技协优秀乡土人才”称号。

荣誉天平奖获得者

【杨全跃】 男，汉族，1958年12月生，四川威远人。1976年11月参加工作，1992年8月加入中国共产党，西南政法大学函授法律专业，大学本科学历。威远县人民法院员额法官。在县人民法院工作32载，历任秘书、助审员、审判员、审判委员会委员、庭长、政工科长、审管办主任；刑、民商专业法官会议成员。在职期间，共审理案件5000余起，协调解决民企纠纷4000余起。总结归纳的人民法院民商事调解“二十四法”，被内江市中级人民法院在全市推广。提出“人民法院整体搬家”的构想，受到法院领导肯定并参与谋划实施，于2001年10月18日实现县人民法院整体搬迁。与人合撰论文《论民商事再审事由》，被省委政法委、公检法司、省法学会联合评定为三等奖。成为《芝兰生于深林，不因避静不芳》的主人翁原型。2015年12月，最高人民法院授予杨全跃“荣誉天平奖”。

全省优秀共产党员

【张进】 女，汉族，1974年6月生，四川威远人，1992年12月参加工作，2007年3月加入中国共产党，四川省委党校函授学院经济管理专业，大专学历。威远县严陵镇建业社区党支部

书记。在社区工作10余年，以对党无限忠诚、对人民高度负责的主人翁精神，十年如一日的忘我工作、无私奉献，真正做到了“串百家门，知百家情，解百家愁”。累计为老年人服务10000余人次，为老弱病残办理低保428户，为135名残疾人开展“量体裁衣”式个性化服务，带领社区党员定点帮教失足人员5人，支持帮助下岗人员再就业1000余人次。组织社区志愿者队伍开展义务清扫社区环境卫生200次；解决社区纠纷150起。建业社区获得先进基层党组织、创先争优先进基层党组织、先进妇女组织等荣誉称号。2016年6月，中共四川省委授予张进“全省优秀共产党员”称号。

全省优秀党务工作者

【倪雪梅】 女，汉族，1981年9月生，四川威远人，2000年9月参加工作，2003年11月加入中国共产党，四川省委党校函授学院经济管理专业，大学学历。威远县界牌镇党委书记。自2013年任职以来，倪雪梅带领党委、政府一班人提出界牌镇要主动融入向义、新店省级新农村建设示范片区，走特色种养殖产业发展之路。用3年时间，建成中国无花果之乡界牌核心区域无花果基地400公顷。引入四川久润泰生态科技有限公司，投资1亿元建设无花果加工厂；引入珠海迈科智能科技股份有限公司投资上亿元开发“康桥恬园”农旅休闲项目。争取上级资金开工实施基础设施建设项目20余个，总投资1. 1亿元；建成成自泸高速公路（界牌段）和界龙路、界靖路、大环线、两界路等通畅通村公路，全镇提前实现“村村通”。2015年，界牌镇被省政府评为“全省环境优美示范镇”“全省卫生乡镇”；南强村被国家农业部命名为全国“一村一品”示范村。倪雪梅多次被市、县表彰，获内江市“三八红旗手”、内江市“优秀共产党员”荣誉称号。2016年6月，中共四川省委授予倪雪梅“全省优秀党务工作者”称号。

先进名录

先进集体名录

【全国先进集体】

表 58 威远县全国先进集体

序号	被授予单位	授予称号	授奖单位
1	威远县	全国义务教育发展基本均衡县	国务院教育督导委员会
2	四川省内江市威远县	第六批全国社区教育实验区	教育部
3	威远县水产技术推广站	第三批全国基层水产技术推广示范站	农业部
4	中国人民保险威远县联合党支部	中国人民保险集团先进基层党组织	中共中国人民保险集团有限公司委员会
5	威远县香彩种植农民专业合作社	全国林业专业合作社示范社	国家林业局办公室
6	共青团威远县委员会	全国志愿服务项目大赛铜奖	团中央
7	威远县环境保护局	2016 年度中国环境报宣传工作先进单位	中国环境报社
8	威远县茶叶协会	全国科普惠农兴村先进单位	中国科协、财政部
9	余向红家庭	2016 全国“最美家庭”	全国妇联
10	严陵镇大桥街社区	全国综合减灾示范社区	国家减灾委、民政部
11	内江市威远县向义镇四方村	全国计划生育协会村级先进单位	中国计划生育协会
12	内江市威远县新店镇民富村计划生育协会	全国计划生育协会村级先进单位	中国计划生育协会

【四川省委、省政府及部门表彰的先进集体】

表 59 威远县被省委、省政府及部门表彰的先进集体（部分）

序号	被授予单位	授予称号	授奖单位
1	威远县特殊教育学校党支部	四川省先进基层党组织	中共四川省委
2	威远县	第二轮省级新农村示范县	省幸福美丽新村建设推进工作领导小组

续表

序号	被授予单位	授予称号	授奖单位
3	威远县	2015 年度全省“三农”工作先进县	中共四川省委农村工作领导小组
4	威远县	2013—2015 年度现代林业重点县	省林业厅、省发改委、省财政厅
5	威远县委组织部	全省先进基层党组织	中共四川省委
6	县委政法委	2011—2015 年全省法治宣传教育先进集体	中共四川省委
7	威远县关心下一代工作委员会	“四川省关心下一代先进集体”	四川省关工委、省委老干部局、省文明办、团省委
8	威远县关心下一代工作委员会社区工作委员会	“四川省关心下一代先进集体”	四川省关工委、省委老干部局、省文明办、团省委
9	越溪镇关心下一代工作员会	“四川省关心下一代先进集体”	四川省关工委、省委老干部局、省文明办、团省委
10	威远县人民检察院	2013—2015 年全省检察机关先进集体	四川省人民检察院
11	威远县文化广电体育新闻出版局	四川省新闻出版广电系统先进集体	四川省人力资源和社会保障厅 四川省新闻出版广电局
12	威远县文化馆	《梦幻羌寨》荣获“欢跃四季·舞动天府”四川省第二届百姓广场舞大赛一等奖、最佳服装奖	中共四川省委宣传部 四川省文化厅 四川省新闻出版广电局 四川省体育局
13	四川白塔新联兴陶瓷集团有限责任公司	四川省“讲理想、比贡献”活动先进集体	四川省人社厅、省科协等 7 部门
14	威远县人民武装部	安全稳定工作先进单位	四川省军区
15	内江市井得毛织制衣有限公司缝合班组	四川省总工会表扬为“四川省五一巾帼标兵岗”称号	四川省总工会
16	威远县勤达公共交通有限责任公司公交 1 路城北线行车班组	四川省总工会表彰为“四川省工人先锋号”	四川省总工会
17	威远县高石镇工会联合会	四川省总工会命名为“四川省示范乡镇（街道）工会”	四川省总工会
18	威远县总工会	2015 年度四川省“安康杯”竞赛“优秀组织单位”	四川省总工会 省安监局
19	威远县妇女联合会	四川省 2016 年度寻找“最美家庭”活动先进集体	四川省委宣传部、省文明办、省网信办、省妇联
20	威远县国税局	四川省青年文明号	四川省人力资源和社会保障厅、共青团四川省委
21	威远县严陵镇	四川省村民自治模范单位	四川省人力资源和社会保障厅、四川省民政厅
22	严陵镇塔山村	2015 年四川环境优美示范乡村	四川省治理办
23	越溪镇	四川乡村文化旅游示范城镇	省文化厅、省旅游局等

【内江市委、市政府表彰的先进集体】

表 60 威远县被内江市委、市政府表彰的先进集体

序号	被授予单位	授予称号	授奖单位
1	中共威远县委 威远县人民政府	2015 年度目标绩效考核二等奖	中共内江市委 内江市人民政府
2	威远县委	2015 年度全市党委（党组）中心组学习暨学习型党组织建设先进单位	中共内江市委
3	威远县界牌镇党委	2015 年度全市党委（党组）中心组学习暨学习型党组织建设先进单位	中共内江市委
4	威远县教育局党委	2015 年度全市党委（党组）中心组学习暨学习型党组织建设先进单位	中共内江市委
5	威远县直机关工委	2015 年度全市党委（党组）中心组学习暨学习型党组织建设先进单位	中共内江市委
6	威远县严陵镇党委	2015 年度全市党委（党组）中心组学习暨学习型党组织建设先进单位	中共内江市委
7	威远县纪委机关党支部	全市先进基层党组织	中共内江市委
8	威远县委宣传部党支部	全市先进基层党组织	中共内江市委
9	威远县靖和镇花祠村党支部	全市先进基层党组织	中共内江市委
10	威远县观英滩镇街道社区党支部	全市先进基层党组织	中共内江市委
11	威远县严陵镇中心街社区党支部	全市先进基层党组织	中共内江市委
12	威远县新店镇石坪村党支部	全市先进基层党组织	中共内江市委
13	威远县庆卫镇庆丰村党支部	全市先进基层党组织	中共内江市委
14	威远县黄荆沟镇凤凰村党支部	全市先进基层党组织	中共内江市委
15	威远县碗厂镇碧凤村党支部	全市先进基层党组织	中共内江市委
16	威远县东联镇档竹湾村党支部	全市先进基层党组织	中共内江市委
17	威远县国家税务局机关党委	全市先进基层党组织	中共内江市委
18	威远县安全生产监督管理局党支部	全市先进基层党组织	中共内江市委
19	四川威远严陵省粮食储备库党支部	全市先进基层党组织	中共内江市委
20	威远县镇西镇杨家嘴村党支部	全市先进基层党组织	中共内江市委
21	威远县农林局党委	全市先进基层党组织	中共内江市委
22	威远县高石镇升子村党支部	全市先进基层党组织	中共内江市委
23	威远县山王镇山王场社区党支部	全市先进基层党组织	中共内江市委
24	威远县小河镇开元村党支部	全市先进基层党组织	中共内江市委
25	威远县龙会镇党委	全市先进基层党组织	中共内江市委
26	威远县连界镇解放街社区党支部	全市先进基层党组织	中共内江市委
27	威远县铺子湾镇红星村党支部	全市先进基层党组织	中共内江市委
28	威远县新店供销社党支部	全市先进基层党组织	中共内江市委
29	县委组织部	2015 年度投资促进工作先进集体	中共内江市委
30	县委组织部	2015 年度全市安全生产目标考核先进集体	中共内江市委

续表

序号	被授予单位	授予称号	授奖单位
31	县委政法委	2015 年度全市党委中心组学习先进单位	中共内江市委
32	威远县水务局	2015 年度实行最严格水资源管理制度工作考核先进单位	内江市人民政府
33	县公安局	2015 年度征兵工作先进集体	内江市人民政府
34	威远县妇女联合会	2015 年度目标绩效考核先进单位	中共内江市委
35	威远县两河镇	内江市社会治安综合治理先进集体	中共内江市委 内江市人民政府
36	威远县严陵镇人民武装部	践行强军目标先进基层单位	内江军分区
37	越溪镇人民政府	内江市村民自治模范镇	内江市人民政府

【威远县委、县政府表彰的先进集体】

2016 年全县先进基层党组织

中共威远县委办公室支部委员会
中共威远县人民检察院支部委员会
中共威远县委组织部支部委员会
中共威远县委政法委支部委员会
中共威远县直机关工委支部委员会
中共威远县总工会支部委员会
中共威远县司法局支部委员会
中共威远县农林局委员会
中共威远县罗世文烈士史料陈列馆支部委员会
中共威远县审计局支部委员会
中共威远县安全生产监督管理局支部委员会
中共四川威远严陵省粮食储备库支部委员会
中共威远县工商行政管理局机关支部委员会
中共威远县国家税务局机关委员会
中共威远县严陵镇中心街社区支部委员会
中共威远县严陵镇龙埝村支部委员会
中共威远县铺子湾镇红星村支部委员会
中共威远县新店镇石坪村支部委员会
中共威远县向义镇委员会
中共威远县界牌镇南强村支部委员会
中共威远县龙会镇委员会
中共威远县高石镇升子村支部委员会
中共威远县高石镇藕塘村支部委员会
中共威远县靖和镇花祠村支部委员会
中共威远县山王镇山王场社区支部委员会
中共威远县观英滩镇街道社区支部委员会
中共威远县新场镇万祥村支部委员会
中共威远县小河镇开元村支部委员会
中共威远县连界镇中心学校支部委员会
四川百胜药业有限公司支部委员会

威远县 2015 年度维护社会稳定工作先进单位

严陵镇　铺子湾镇　界牌镇　高石镇　靖和镇　镇西镇　庆卫镇
观英滩镇　黄荆沟镇　连界镇　碗厂镇　两河镇
县纪委（县监察局）　县人民武装部　县人民检察院　县人民法院　县委办（县委防邪办、县保密局）　县人大办
县政协办　县政府办（县政府应急办、县民宗局）　县委组织部　县委宣传部（县政府新闻办、县网信办）
县委统战部　县委政法委（县委维稳办、县综治办、县大调解办）　县委群工局　县直机关工委　县总工会
县残联　县发改局　县教育局　县科技局　县民政局　县司法局　县财政局　县水务局　县农林局
县人社局（县社保局、县就业局）　县国土资源局　县住建局（县房管局）　县投促局　县供销社
县交通运输局（县运管所、县养路段）　县文广体新局　县卫计局（县计生服务中心）　县粮食局

县食品药品监管局　县审计局　县安监局　县统计局　县史志办　县档案局　县外事侨务旅游局
县工商局　县邮政银行　县公安消防大队　人民银行威远县支行　严陵工业园区管委会
连界工业园区管委会

威远县 2015 年度社会治安综合治理工作先进单位

严陵镇　向义镇　界牌镇　龙会镇
高石镇　东联镇　镇西镇　庆卫镇
山王镇　连界镇　两河镇

县纪委（县监察局）　县人民武装部　县人民法院　县人民检察院　县委办（县委防邪办、县委保密局）　县人大办
县政府办（县政府应急办、县民宗局）　县政协办　县委组织部　县委宣传部（县政府新闻办、县网信办）
县委统战部　县委政法委（县委维稳办、县综治办、县大调解中心）　县委群工局　县直机关工委
县委党校　县委农工委　县总工会　县妇联　团县委　县科协　县残联　县发改局　县教育局
县科技局　县民政局　县司法局　县财政局　县人社局（县就业局）　县国土资源局　县统计局
县住建局（县房管局）　县交通运输局（县运管所、县养路段）　县水务局　县农林局　县文广体新局
县卫计局（县疾控中心）　县食品药品监管局　县工商局　县质监局　县审计局　县安监局
严陵工业园区管委会　连界工业园区管委会　镇西食品工业园区管委会　县城管局　县粮食局　县投促局
县档案局　县供销社　县公安消防大队　县地税局　县国税局　县气象局　县供电公司
电信公司威远分公司　移动公司威远分公司　农业发展银行威远县支行

威远县 2015 年度安全生产工作先进单位

一等奖

严陵镇人民政府　碗厂镇人民政府　龙会镇人民政府
县交通运输局　县安监局　县教育局

二等奖

连界镇人民政府　越溪镇人民政府　界牌镇人民政府
县住建局　县国土资源局　县质监局
县公安交警大队　县公安消防大队　县运管所

三等奖

镇西镇人民政府　观英滩镇人民政府　向义镇人民政府
两河镇人民政府　黄荆沟镇人民政府　山王镇人民政府
靖和镇人民政府　铺子湾镇人民政府　东联镇人民政府
庆卫镇人民政府　县水务局　县农林局　县文广体新局
县食品药品监督管理局　县工商局　县供销社　县地方海事处
严陵工业园区管委会　连界工业园区管委会

威远县 2015 年践行强军目标先进单位

镇西镇　界牌镇

先进个人名录

【全国先进个人】

表 61　威远县全国先进个人

序号	姓名	工作单位	授予称号	授予单位
1	游　勇	威远县向义镇无花果产业协会	中国农技协优秀乡土人才	中国农村专业技术协会

【省委、省政府及部门表彰的先进个人】

表 62　威远县被省委、省政府及部门表彰的先进个人（部分）

序号	姓名	工作单位	授予称号	授予单位
1	张　进	威远县严陵镇建业路社区	四川省优秀共产党员	中共四川省委
2	倪雪梅	威远县界牌镇	四川省优秀党务工作者	中共四川省委
3	周治平	新场中学校	四川省最美少年	四川省文明办、省教育厅、团省委、省妇联、省关工委
4	罗　鸿	连界镇初级中学校	四川省美德少年	四川省文明办、省教育厅、团省委、省妇联、省关工委
5	刘增汉	中共威远县委维稳办公室	四川省维护稳定工作先进个人	省委政法委、省委维稳领导小组、省人社厅

【内江市委表彰的先进个人】

表 63　威远县市级先进个人

序号	姓名	工作单位	授予称号	授予单位
1	刘玉华	威远县人民医院	优秀共产党员	中共内江市委
2	董　飞	新场镇龙奉村党支部	优秀共产党员	中共内江市委
3	丁华柱	山王镇	优秀党务工作者	中共内江市委
4	李　杨	新场镇联丰村党支部	优秀党务工作者	中共内江市委
5	刘玉忠	镇西镇	优秀党务工作者	中共内江市委

【威远县委、县政府表彰的先进个人】

全县优秀共产党员

李乐召　县人民法院政治处干警
徐　丽（女）　县委老干局专职纪检员
袁　方（女）　县发展和改革局办公室副主任
樊元金　县财政局党组书记、局长
刘　平　县国土资源局党组书记、局长
郧长德　县住房和城乡规划建设局党委委员、副局长
李金平　县农林局无花果核桃科学研究所副所长
徐　渊　县农林局农业技术推广站站长
胡子林　县食品药品监督管理局党组书记、局长
苟文彬（女）　县人民政府政务服务中心纪检组长
吴　畏（女）　严陵工业园区管委会综合办副主任
党　伟　连界工业园区管委会综合办副主任

刘丽娟（女） 镇西工业园区管委会综合办副主任
陈 荣 县投资促进局工作人员
杨仁忠 县地方税务局第六税务所副所长
刘飞龙 县邮政分公司总经理
陈 兰（女） 严陵镇接官亭社区党支部书记
黄建付 严陵镇联合村党支部书记
吴 艳（女） 铺子湾镇双岭村党支部书记
宋光明 新店镇十字村党支部书记
丁利峰 向义镇白石村党支部书记
王泽仙（女） 界牌镇四合村党支部书记
梁平春 龙会镇党委书记
肖 潇 龙会镇组织干事
杨泽彬 东联镇牛皮场村党支部书记
刘敬贵 高石镇场镇社区党支部书记、主任
倪 琳 靖和镇高坡村村主任、党支部副书记
张 铃 镇西镇永和村第一书记
林敬昆（女） 镇西镇新华村党支部书记
朱 娟（女） 庆卫镇世和村党支部副书记
欧 清 山王镇组织干事
杨永良 观英滩镇青山村第一书记
吕恒权 黄荆沟镇党委副书记、纪委书记
董 飞 新场镇龙奉村第一书记
温志远 连界镇经发办主任
李 浩 连界镇社会事务办公室主任、人口计生办主任
李华忠 越溪镇新桥村党支部书记
黎兴贵 碗厂镇义和村党支部书记
毛 静 两河镇党政办主任
林尚贵 勤达公共交通有限责任公司驾驶员

全县优秀党务工作者

史国伟 县科学技术和知识产权局党组成员、纪检组长
殷学良 县就业服务管理局党支部书记、局长
杨 婧（女）县公路运输管理所党支部副书记
梁 刚 县水利工程质量和安全监督管理站党支部书记
刘 榴（女）县粮食局组织干事
刘期文 新店镇党委书记
游成品 界牌镇丰胜村党支部书记
李凌宇 龙会镇党委副书记
黄超英（女）东联镇党委委员、副镇长
孙 洁（女）靖和镇花祠村党支部书记
缪红军 镇西镇党委书记
刘玉忠 县委组织员（派驻镇西镇）
罗 敏（女）庆卫镇纪委副书记
丁华柱 山王镇裕华村党支部书记
李 杨 新场镇联丰村党支部书记
梁 红（女）县委组织员（派驻越溪镇）
朱 科 碗厂镇组织干事
贺小栖（女）威远县第二人民医院党支部委员
钟 艳（女）四川白塔新联兴陶瓷集团公司党办、工会工作员
魏 斌 威远港华燃气有限公司党支部书记

2015 年践行强军目标先进个人

龙天崇 高石镇武装部部长
王 毅 庆卫镇武装部部长
孙 伟 向义镇武装部部长
杨建生 黄荆沟镇武装部部长
缪键槟 东联镇武装部副部长

威远县 2015 年度安全生产工作先进个人

熊安禄 县委办副主任
黄 强 县政府办副主任、法制办主任
刘 宇 县政府办科员
李宇时 县人大办公室主任
郭小林 县政协经科委主任
杨舒文 严陵镇副镇长
邱建国 严陵镇道交办副主任
李龙海 严陵工业园区综合股股长
王庆臣 小河镇副镇长
余 鹏 小河镇经发办主任
余长春 连界镇副镇长
曾天维 连界镇安办副主任
段儒兵 连界工业园区工作人员
王 勇 镇西镇镇长
彭 伟 镇西镇经发办主任
陈 健 新场镇安办主任
龚 兵 新场镇工作人员
杨国辉 两河镇镇长
雷世全 两河镇安办主任
杨 岗 碗厂镇镇长
宋建军 碗厂镇副镇长
曾建涵 观英滩镇镇长
陈 浩 观英滩镇安办主任
罗 兴 越溪镇镇长
叶 飞 越溪镇副镇长
曾云松 庆卫镇镇长
沈国兴 庆卫镇安办主任
孙 伟 向义镇党委委员

龙天崇　高石镇副镇长
殷雪峰　铺子湾镇工办主任
何　林　龙会镇镇长
曾金花　山王镇经发办主任
黄谦云　东联镇人大主席
阴代林　靖和镇人大主席
倪雪梅　界牌镇党委书记
李晓燕　县人民法院工勤人员
罗代勇　县人民检察院干警
刘　畅　县委政法委办公室主任
魏　娜　县委组织部办公室副主任
周正雄　县纪委（监察局）副主任
张　翼　县委宣传部宣传文艺副股长
曾　彬　县委统战部驾驶员
张克东　县机关工委书记
魏　嘉　团县委副书记
万冬梅　县财政局办公室副主任
黎晓忠　县公安局治安大队副队长
袁守贵　县农工委专职纪检员
廖俊如　县委党校办公室主任
佐　丽　县投促局综合股工作人员
杨汉伟　县审计局纪检组长
周　建　县统计局副局长
付　洁　县妇联副主席
陈　刚　县残联康维股股长
刘　磊　县文广体新局办公室主任
王　梅　县气象局副局长
晏小波　县食品药品监局药品总监
李　伟　县住建局城建股副股长
冯　旺　县交通运输局交通战备办公室主任
姚永文　县交通运输局安监股股长
钟孝军　县国土资源局副局长
何超红　县国土资源局地质环境监察站副站长
闵　斌　县质监局总工程师
张　柱　县质监局特种设备监察股股长
倪　萍　县教育局副局长
官　建　县教育局校园安全管理办公室副主任
龚平真　县经信局商务执法大队大队长
温　波　县经信局综合执法和安全环保股股长
张洪良　县环境保护局监察执法大队大队长
林　玲　县水务局工作人员
倪先进　县民政局副局长
刘芳群　县人社局办公室工作人员
杜　旭　县总工会副主席
张　扬　县发改局办公室主任
付　涛　县农林局办公室副主任
胡跃辉　县城管局局长
刘华才　县外事侨务旅游局政策法规股股长
周　武　县卫计局办公室主任
段培燕　县科技局局长
陈建新　县工商局股长
曾本伟　县司法局副局长
付舒宁　县供销社科员
王　立　县粮食局副局长
杨汉明　县档案局（馆）副局（馆）长
杨均鹏　县国税局第四分局局长
刘　刚　县地税局副主任科员
李孟聪　县运管所所长
叶　朗　县地方海事处处长
倪进东　县公安交警大队大队长
陈延福　县公安消防大队参谋
黄　荣　县人民武装部军事科参谋
欧东林　县安监局局长
刘安贵　县安监局副局长
张　勇　县安监局副局长
周　军　县安监局副局长
贺宇凯　县安监局综合股股长

附 录

统计资料

内江市各区县主要经济指标

指标	单位	2016年	2015年	增长%
一、基本情况				
（一）辖区面积	平方千米	5386	5386	0.00
市中区	平方千米	388	388	0.00
东兴区	平方千米	1181	1181	0.00
威远县	平方千米	1289	1289	0.00
资中县	平方千米	1734	1734	0.00
隆昌县	平方千米	794	794	0.00
（二）年末总人口	万人	420.1	420.4	-0.08
市中区	万人	53.0	53.2	-0.35
东兴区	万人	88.3	88.3	0.04
威远县	万人	72.8	72.9	-0.13
资中县	万人	127.9	128.1	-0.15
隆昌县	万人	78.0	77.9	0.09
二、主要经济指标				
（一）地区生产总值	亿元	1297.67	1198.57	7.8
市中区	亿元	155.34	153.29	7.1
东兴区	亿元	236.15	219.08	7.8
威远县	亿元	317.36	294.43	7.7
资中县	亿元	255.94	236.12	8.1
隆昌县	亿元	252.66	233.04	8.3
经开区	亿元	80.22	62.61	8.3
（二）第一产业增加值	亿元	204.52	191.14	4.0

续表

指标	单位	2016 年	2015 年	增长%
市中区	亿元	14.00	12.21	3.8
东兴区	亿元	48.47	45.08	4.0
威远县	亿元	42.63	39.12	3.8
资中县	亿元	66.04	63.35	4.1
隆昌县	亿元	30.87	29.09	3.9
经开区	亿元	2.51	2.29	3.7
（三）第二产业增加值	亿元	765.52	717.78	8.6
市中区	亿元	96.46	101.31	7.2
东兴区	亿元	120.34	114.58	8.8
威远县	亿元	213.60	201.16	8.2
资中县	亿元	119.51	110.52	10.1
隆昌县	亿元	158.21	147.67	9.1
经开区	亿元	57.41	42.54	8.7
（四）第三产业增加值	亿元	327.63	289.65	8.3
市中区	亿元	44.88	39.77	7.9
东兴区	亿元	67.34	59.42	8.7
威远县	亿元	61.13	54.15	8.3
资中县	亿元	70.39	62.24	8.5
隆昌县	亿元	63.58	56.27	8.4
经开区	亿元	20.30	17.76	7.9
（五）规模工业增加值	亿元	—	—	9.4
市中区	亿元	—	—	9.3
#市中区（小）	亿元	—	—	9.4
经开区	亿元	—	—	9.2
东兴区	亿元	—	—	9.1
威远县	亿元	—	—	9.8
资中县	亿元	—	—	9.7
隆昌县	亿元	—	—	9.4
（六）高新技术产业产值占比	%	30.6	26.7	3.9
市中区	%	53.7	48.9	4.8
#市中区（小）	%	54.7	48.4	6.3
经开区	%	52.9	49.4	3.5
东兴区	%	44.7	35.8	8.9
威远县	%	14.2	12.4	1.8
资中县	%	30.0	25.9	4.1

续表

指标	单位	2016 年	2015 年	增长%
隆昌县	%	24.7	21.0	3.7
（七）战略性新兴产业产值占比	%	22.6	18.8	3.8
市中区	%	24.1	20.1	4.0
#市中区（小）	%	18.7	15.4	3.3
经开区	%	28.6	24.2	4.4
东兴区	%	28.2	25.7	2.5
威远县	%	22.9	19.0	3.9
资中县	%	17.4	12.8	4.6
隆昌县	%	21.9	18.7	3.2
（八）社会消费品零售总额	亿元	460.54	408.58	12.7
市中区	亿元	130.09	115.46	12.7
#市中区（小）	亿元	61.30	54.56	12.4
经开区	亿元	68.79	60.91	13.0
东兴区	亿元	65.68	58.46	12.4
威远县	亿元	84.98	75.42	12.7
资中县	亿元	91.30	80.97	12.8
隆昌县	亿元	88.49	78.27	13.1
（九）全社会固定资产投资	亿元	905.52	803.76	12.7
市中区	亿元	180.65	157.36	14.8
#市中区（小）	亿元	103.38	89.21	15.9
经开区	亿元	77.28	68.15	13.4
东兴区	亿元	194.74	174.02	11.9
威远县	亿元	182.25	169.74	7.4
资中县	亿元	172.43	150.99	14.2
隆昌县	亿元	175.45	151.66	15.7
（十）工业投资	亿元	248.79	222.33	11.9
市中区	亿元	42.51	43.25	-1.7
#市中区（小）	亿元	19.89	18.69	6.4
经开区	亿元	22.62	25.08	-9.8
东兴区	亿元	21.01	17.49	20.1
威远县	亿元	86.45	75.93	13.8
资中县	亿元	59.17	47.56	24.4
隆昌县	亿元	39.66	37.59	5.5
（十一）地方一般公共预算收入	亿元	53.68	48.19	11.4
市中区	亿元	6.88	5.81	18.4

续表

指标	单位	2016 年	2015 年	增长%
#市中区（小）	亿元	4. 30	3. 90	10. 2
经开区	亿元	2. 58	1. 91	35. 2
东兴区	亿元	6. 12	5. 18	18. 2
威远县	亿元	7. 02	7. 53	-6. 9
资中县	亿元	8. 81	7. 92	11. 3
隆昌县	亿元	7. 92	7. 06	12. 2
（十二）地方一般公共预算支出	亿元	200. 23	192. 53	4. 0
市中区	亿元	23. 74	22. 73	4. 5
#市中区（小）	亿元	20. 38	19. 54	4. 3
经开区	亿元	3. 36	3. 19	5. 4
东兴区	亿元	29. 35	27. 71	5. 9
威远县	亿元	30. 99	29. 80	4. 0
资中县	亿元	44. 64	42. 84	4. 2
隆昌县	亿元	31. 08	29. 80	4. 3
（十三）到位市外资金	亿元	538. 78	477. 64	12. 8
市中区	亿元	122. 52	109. 18	12. 2
#市中区（小）	亿元	65. 43	58. 16	12. 5
经开区	亿元	57. 09	51. 02	11. 9
东兴区	亿元	69. 70	61. 36	13. 6
威远县	亿元	119. 56	107. 02	11. 7
资中县	亿元	107. 75	94. 77	13. 7
隆昌县	亿元	119. 25	105. 25	13. 3
（十四）城镇居民人均可支配收入	元	27986	25787	8. 5
市中区	元	28447	26254	8. 4
#市中区（小）	元	28447	26254	8. 4
经开区	元	28447	26254	8. 4
东兴区	元	27334	25250	8. 3
威远县	元	28867	26544	8. 8
资中县	元	27900	25690	8. 6
隆昌县	元	27691	25498	8. 6
（十五）农村居民人均可支配收入	元	12491	11428	9. 3
市中区	元	12810	11727	9. 2
#市中区（小）	元	12810	11727	9. 2
经开区	元	12810	11727	9. 2
东兴区	元	12347	11297	9. 3

续表

指标	单位	2016 年	2015 年	增长%
威远县	元	12932	11850	9.1
资中县	元	12291	11237	9.4
隆昌县	元	12478	11413	9.3
（十六）全社会用电量	亿千瓦时	58.20	53.49	8.8
市中区	亿千瓦时	9.31	9.04	3.0
东兴区	亿千瓦时	7.82	6.46	21.0
威远县	亿千瓦时	21.74	19.87	9.4
资中县	亿千瓦时	11.46	11.02	4.0
隆昌县	亿千瓦时	7.87	7.12	10.6
（十七）工业用电量	亿千瓦时	34.68	33.37	3.9
市中区	亿千瓦时	4.23	4.55	-7.0
东兴区	亿千瓦时	1.95	1.75	11.3
威远县	亿千瓦时	18.35	16.83	9.0
资中县	亿千瓦时	6.10	6.44	-5.2
隆昌县	亿千瓦时	4.05	3.80	6.7

（县统计局　提供）

文件索引

2016 年中共威远县委重要文件索引

序号	文件标题	文　号	发文时间
1	县委、县政府关于脱贫攻坚工作的实施意见	威委发〔2016〕1 号	2016 年 1 月 25 日
2	县委、县政府关于《2015 年度全县绩效目标考核结果》的通报	威委发〔2016〕2 号	2016 年 2 月 4 日
3	县委关于批转《威远县人大常委会 2016 年监督工作计划》的通知	威委发〔2016〕3 号	2016 年 2 月 4 日
4	县委、县政府关于 2015 年度镇、部门落实党风廉政建设责任制情况的通报	威委发〔2016〕4 号	2016 年 3 月 2 日
5	县委关于批转《政协威远县委员会 2016 年工作要点》的通知	威委发〔2016〕5 号	2016 年 3 月 12 日
6	县委关于大力推进工业强县产业兴县的决定	威委发〔2016〕6 号	2016 年 3 月 26 日
7	县委关于制定国民经济和社会发展第十三个五年规划的建议	威委发〔2016〕7 号	2016 年 3 月 26 日
8	县委关于认真做好镇领导班子换届工作的通知	威委发〔2016〕8 号	2016 年 4 月 5 日
9	县委关于批转《中共威远县人大常委会党组关于做好县镇两级人大换届选举工作的意见》的通知	威委发〔2016〕9 号	2016 年 4 月 22 日

续表

序号	文件标题	文　号	发文时间
10	县委关于推进全面创新改革驱动转型发展的实施意见	威委发〔2016〕10 号	2016 年 5 月 16 日
11	县委、县政府关于大力推进供给侧结构性改革促进经济社会持续健康发展的意见	威委发〔2016〕11 号	2016 年 6 月 24 日
12	县委关于批转《政协威远县第十届委员会人事安排方案》的通知	威委发〔2016〕12 号	2016 年 6 月 27 日
13	县委、县政府关于 2016 年党风廉政建设和反腐败工作的意见	威委发〔2016〕13 号	2016 年 7 月 8 日
14	县委关于印发《县委常委会 2016 年工作要点》的通知	威委发〔2016〕14 号	2016 年 7 月 8 日
15	县委关于印发《省委第五巡视组巡视我县情况反馈意见整改落实工作方案》的通知	威委发〔2016〕15 号	2016 年 7 月 28 日
16	县委关于全面加强改革落实工作的实施意见	威委发〔2016〕16 号	2016 年 9 月 9 日
17	县委关于进一步加强人大工作和建设的意见	威委发〔2016〕17 号	2016 年 9 月 12 日
18	县委关于新形势下进一步加强和改革人民政协工作的意见	威委发〔2016〕18 号	2016 年 9 月 12 日
19	县委关于认真学习宣传贯彻市第七次党代会精神的通知	威委发〔2016〕19 号	2016 年 9 月 13 日
20	县委关于进一步加强农村基层党建加快完善农村依法治理体系的实施意见	威委发〔2016〕20 号	2016 年 11 月 9 日
21	县委关于落实省委第五巡视组反馈意见整改情况的通报	威委发〔2016〕21 号	2016 年 11 月 30 日
22	县委、县政府关于深化人才发展体制机制改革建设人才集聚小高地的实施意见	威委发〔2016〕22 号	2016 年 12 月 27 日

（县委办公室　提供）

2016 年威远县人民政府重要文件索引

序号	文件标题	文　号	发文日期
1	关于实施返乡创业“回家工程”的意见	威府发〔2016〕1 号	2016 年 1 月 23 日
2	关于编制 2016 年度国有建设用地供应计划的通知	威府发〔2016〕2 号	2016 年 1 月 5 日
3	关于取消 34 项中央指定地方实施行政审批事项的决定	威府发〔2016〕3 号	2016 年 1 月 13 日
4	关于做好第三次全国农业普查工作的通知	威府发〔2016〕4 号	2016 年 3 月 2 日
5	关于进一步加强危爆物品管控工作的实施意见	威府发〔2016〕5 号	2016 年 3 月 21 日
6	关于印发《2016 年民兵组织整顿工作实施方案》的通知	威府发〔2016〕6 号	2016 年 3 月 24 日
7	关于加强环境保护监管工作的通知	威府发〔2016〕7 号	2016 年 3 月 28 日
8	关于颁布威远县 2015 年度科学技术进步奖的决定	威府发〔2016〕8 号	2016 年 3 月 28 日
9	关于 2016 年度国有建设用地供应计划的通知	威府发〔2016〕9 号	2016 年 5 月 29 日
10	关于加快发展体育产业促进体育消费的实施意见	威府发〔2016〕10 号	2016 年 4 月 4 日
11	关于转发《内江市政府性债务管理办法》的通知	威府发〔2016〕11 号	2016 年 4 月 6 日
12	关于表扬 2015 年武装工作先进单位和个人的通报	威府发〔2016〕12 号	2016 年 4 月 6 日
13	关于贯彻落实粮食安全行政首长责任制的实施意见	威府发〔2016〕13 号	2016 年 4 月 18 日

续表

序号	文件标题	文 号	发文日期
14	关于调整县教育督导督学的通知	威府发〔2016〕14 号	2016 年 4 月 18 日
15	关于征收威远红卫橡胶有限公司房屋的决定	威府发〔2016〕15 号	2016 年 4 月 27 日
16	关于印发《威远县“十三五消防事业发展规划”》的通知	威府发〔2016〕16 号	2016 年 5 月 17 日
17	关于印发威远县城市规划管理技术规定的通知	威府发〔2016〕17 号	2016 年 6 月 8 日
18	关于印发《水污染防治行动计划威远县实施方案》的通知	威府发〔2016〕19 号	2016 年 6 月 23 日
19	关于落实省、市政府促进经济稳定增长和提质增效推进供给侧结构性改革政策措施的实施意见	威府发〔2016〕20 号	2016 年 7 月 26 日
20	号关于做好 2016 年地质灾害防灾避险搬迁安置工作的通知	威府发〔2016〕21 号	2016 年 9 月 1 日
21	关于下达 2016 年农村联网公路建设计划的通知	威府发〔2016〕22 号	2016 年 9 月 14 日
22	关于关闭威远县小河镇同乐煤矿的通知	威府发〔2016〕23 号	2016 年 10 月 12 日
23	关于表扬威远县 2015 年度安全生产工作先进单位和先进个人的通报	威府发〔2016〕24 号	2016 年 10 月 19 日
24	关于整合关闭内江市沙湾煤业有限公司向家寨煤矿二井的通知	威府发〔2016〕25 号	2016 年 10 月 19 日
25	关于批准 2016 年黄荆沟镇砚台村马吉良等贫困户退出的通知	威府发〔2016〕26 号	2016 年 11 月 2 日
26	关于建立重大行政决策出台前向县人大常委会报告制度的通知	威府发〔2016〕27 号	2016 年 11 月 22 日
27	关于印发《威远县人民政府工作规则》的通知	威府发〔2016〕28 号	2016 年 11 月 28 日
28	关于征收威远县严陵镇外西街 880 号房屋的决定	威府发〔2016〕29 号	2016 年 12 月 8 日
29	关于印发《威远县全民健身实施计划（2016—2020 年）》通知	威府发〔2016〕30 号	2016 年 12 月 28 日

（县人民政府办公室　提供）

索引

说明

一、本索引采用主题分析法编制，按主题词首汉语拼音顺序排列，同音字按声调排列，音调相同按下一字的音序排列。

二、索引款目后的阿拉伯数字表示内容所在的页码。

A

艾滋病防治 251
爱国卫生 249
安全工作 124 206
安全管理 211
安全教育培训 140
安全社区创建 139 313
安全隐患排查 139
安全与环境保护 177
案件查处 142

B

白萝卜种植 158
白蚁防治 202
百岁老人 265
帮扶企业 178
帮教安置及社区矫正 121
保障机制落实 108
保障性安居工程建设 202
备灾救灾 105
毕胜 316 319
标准化管理 138
殡葬和救助管理 264
不动产登记 134
部队管理 125

C

财政、金融和保险 24
财政管理 148
财政预、决算审计 152
财政专项扶贫资金（第二批） 81
财政专项扶贫资金项目 81
参建参治 124 126
参政议政 84 94
残疾人精准扶贫 107
茶叶种植 158
产地环境动态监控 196
产企对接 179
产权交易流转服务体系 132
产业扶持基金项目 82
产业结构 167
产业融合 179
常胜 321
蔡虎城 319
城管信息化建设 203
城乡居民生活 261
出入境管理 115
储备粮管理 184
川威集团 172
川威集团职工安置工作 258
船石湖旅游小镇建设 186
创业环境优化 258
春灌用水 164
慈善救助 263
村落环境整治 156
村镇建设 197

D

打非治违工作 139
打击假币犯罪 147
大调解工作 112
大气污染防治 194
大桥街社区被评为全国综合减灾示范社区 270
大头菜种植 158
大学生村干部工作 54
党的建设 44
党风廉政建设 90
党建“智能化” 55
党建促脱贫攻坚工作 54
党内民主建设 54
党外代表人士工作 58
党员干部现代远程教育工作 54
党员教育管理 54
档案资源体系建设 240
地方病防治 251
地理位置 18
地质地貌 18
地质灾害防治 133
第 23 届闹元宵活动 293
第十三个五年规划制定建议 47
电商带动产业基地建设 182
电视栏目 246
电子商务 180
电子商务发展服务 136
电子商务基础设施建设 182
电子商务培训 182
电子商务实体规模壮大 182
调研工作 109
动物疫病防控 162
对外经贸 181

F

发挥检察职能服务和保障县域经济社会发展实施意见 118
法定传染病监测 249
法规宣传 185
法律援助 121
法治动漫《对家庭暴力说不》获内江市影视作品大赛一等奖 122
法治威远建设 110
反渎职侵权检察 116
反贪污贿赂 116
返乡创业“回家工程” 79 258
防洪治理工程 164
防汛管理 166
防汛抗旱 163
房地产权属登记 202
房地产市场管理 202
非公党建工作 136
非公经济和社会组织党建工作 54
非公有制经济领域统一战线工作 58
非物质遗产保护 236
风险监测检验 142
佛尔岩景区旅游收入突破 100 万元 289
扶贫机构增设 61
扶贫新村建设工程 156
服务地方 211 213
服务管理 212
服务区域经济社会及助力脱贫攻坚 93
妇女创业就业服务 100
妇幼卫生健康服务 248

G

概况 22 43 52 55 57-63 65 67 72 74 78 79 81 82 84 90 93 95 98 99 101 103 105-108 110 113-115 118 120 123-127 132 134 138 140 142 144 147 149-152 157 159 161-163 165 167 172-176 178 179 181-183 185 186 195-197 199 202 205 206 208 211-214 216 217 220 224-227 229 232 235 239 240 245 247 258 259 261 262 264 267 269 272 274 276 279 282 285 288 290 292 294 296 298 300 301 304 307 310 312 313
干部监督管理 53
干部人事制度改革 52
干部驻村帮扶工作 61
高标准农田建设 157
高石镇工会联合会获评“四川省示范乡镇（街道）工会” 286
高石镇获评四川省 2016 年度水土保持工作先进单位 287
高石镇甲鱼养殖示范村 162
工程管养维护 166
工程建设 153
工会组织建设 97
工伤保险 259
工伤保险工作 260
工业 23
工业强县产业兴县决定 47
工资集体协商 97
工资制度改革 257
公安法治 115
公共气象服务 233
公共卫生监测 251
公共文化服务体系建设 236
公共资源交易监管 80

公民道德教育 56
公务用车制度改革实施方案 48
公务员管理 256
公证服务 121
供给侧结构性改革意见 48
供水服务 166
供水管理 205
供水价格 205
固定资产投资和建筑业 23
固定资产投资审计 152
挂牌督办 112
光大证券股份有限公司内江威远县南大街证券营业部 192
规范化建设 124
规划编制 197
规划编制及经济运行分析 130
规划管理 198
国防交通保障 210
国防交通战备建设 210
国内贸易和对外经济 24
国债资金争取 130

H

和谐创建活动 101
后勤保障 125
胡林仁 318
胡小虎 319
互联网+政务服务 80
户籍管理 115
环保宣传 195
环境监察执法 195
环境质量监测 195
环境质量状况 193
环卫管理 203
黄沓路路面改造工程开工 301
黄荆沟镇第六届人民代表大会第六次会议 300
会员服务工作 94
婚姻登记管理 264
货币政策落实 145

J

机构编制管理 62
积案化解工作 59
基本单位名录库规范化建设 143
基本医疗保险工作 260
基层党组织建设 53
基层司法工作 121
基层宣传思想文化 56
基层组织建设 100
集体林权制度改革 161
计划生育家庭奖励扶助 262
计量监督管理 138
计生服务站机构整合 262
计生基层群众自治 262
计生证件改革 261
纪律建设 91
技改投入 167
寄生虫病防治 251
甲、乙类传染病发病构成 250
甲鱼深加工产业 162
价格管理 132
价格监督检查 132
价格认证 132
假肢装配筛查 107
监督工作 65
检察体制改革创新 117
检务保障 117
检务公开 117
建设质量监督 201
建业集团 173
建置沿革 19
建筑勘察设计 200
建筑施工管理 200
交通安全 210
交通旅游和邮电通信 24
交通运输 208
教育扶贫 215
教育和科学技术 24
结核病防治 250
解决历史遗留问题 206
界牌镇新敬老院建成投用 281
金融创新步伐加快 145
金融改革 146
金融环境优化 145
金融监管与服务 146
金融精准扶贫 146
金融知识普及工作 147
金毅 318
禁渔期渔政检查 162
经济发达镇行政管理体制改革 61
经济建设 44
经济责任审计 152
经营管理 206
景观绿化工程建设 200
竞技体育 254
靖和镇新建敬老院项目建成 291
救灾减灾 262
就业帮扶 96
居民生活用气阶梯价格制度实施 207
决定重大事项 65
军事训练 124
军转干部管理 257

K

开展贫困救助 100
抗旱应急水源工程 164
科级领导班子综合分析研判 54
科技成果 231
科技创新 229

科技富民 230
科技计划 230
科普惠农 102
科普培训 102
科普宣传 102
科研教研 64
控告申诉检察 116
矿山安全标准化建设 139
矿山安全管理 139
矿政管理 134

L

劳动保障监察 258
劳动竞赛活动 95
劳动人事争议仲裁调解 259
劳动者风采宣传 96
老干部政策待遇落实 62
老干部作用发挥 63
李怀兵 316
李磊 317
理论宣讲新探索 57
连乐铁路开工建设 306
联系联络 86
良种补贴与品种改良工作 161
林地管理 160
林业科技推广 160
林业有害生物防控 160
刘浑源 320
刘均 316
刘明亮 321
刘维帝 317
刘学兵 316
刘应江 321
刘源 317
流动人口计生服务 261
流通领域商品质量监管 137
流域治理 193
龙会镇特种水产养殖示范村 162
龙会镇页岩气日产量实现 180 万立方米 284
路政管理 208
旅游扶贫 187
旅游项目包装宣传 187
旅游行业监管 187
旅游宣传 187
律师工作 121
罗刚 321
罗伦建 320
罗平 316

M

马炬 316 319
矛盾纠纷排查化解 59
免规工作 250
民兵整组和国防潜力调查 123
民富村计划生育协会被评为“全国计划生育协会村级先进单位” 275
民间组织管理 264
民生实事 75
民生事业保障 62
民事行政检察 116
民主监督 84
民族工作 267
民族宗教 19
民族宗教领域统一战线工作 58
名胜古迹 21
木材经营加工管理 160
目标督查 46

N

内江广播电视大学威远分校 226
内江市沙湾煤业有限公司 176
内江市委、市政府表彰的先进集体 325
内江市委表彰的先进个人 328
内江兴隆村镇银行威远支行 190
倪轮 317
倪雪梅 322
农产品上行销售量扩增 182
农产品质量安全监管 159
农村财务管理 158
农村产权制度改革 131
农村电商 157
农村合作经济组织建设 158
农村基层党的建设 48
农村金融制度改革 132
农村土地经营权专项改革 48
农村五保 263
农村饮水安全项目 165
农机安全 159
农机购置补贴 159
农机化建设 159
农劳开发工作 258
农民专业合作社 183
农业 22
农业产业化经营 156
农业产业重点片建设 156
农业技术推广 156
农业结构调整 155
农业面源污染治理 196
农业生产 154
农资供应 183

P

赔偿先行制度建设试点 137
品牌建设 179
平安威远建设 111
普惠金融服务体系建设 146

Q

气候　20
气象防灾减灾体系建设　233
气象科普宣传　233
气象为农服务　233
企事业单位档案工作　239
企业定点帮扶　136
侨务工作　81
禽养殖管理及污染治理工作　161
青龙山公园一期安置房分配　202
青少年关爱行动　98
青少年思想道德建设　99
青少年违法犯罪预防　99
青少年维权岗活动　109
区划地名工作　264
区划人口　19
全国水产品质量安全示范县创建　163
全国先进个人　328
全国先进集体　323
全面创新改革驱动转型发展实施意见　47
全面加强改革落实工作　48
全面深化改革　45
全省计生协工作推进会暨计生基层群众自治工作现场会在威远县召开　262
全省首例代替考试罪案件　120
全市首个镇级压缩式垃圾转运站建成　286
全镇规模工业总产值突破 10 亿元　278
群众体育　255
群众文化活动　236

R

人才发展体制机制改革意见　48
人才工作　53
人大代表　68
人大代表建议办理　78
人大代表议案办理　77
人道救助　106
人防警报建设　126
人防行政审批　126
人口、人民生活和社会保障　25
人力客运三轮车退出营运市场　203
人民调解　121
人事任免　65

S

三级联审　80
森林防火　160
森林公安　161
山洪地质灾害应急防御演练　311
山洪灾害防治项目　164
商标兴县战略实施　136
设施蔬菜种植　158
社会保险待遇调整　260
社会保险基金监管　260
社会福利　264
社会建设　44
社会救助　263
社科成果　107
社情民意　85
涉法涉诉信访工作　111
深化公安改革　115
审判管理　119
生活垃圾处理　203
生态绿化工程　196
生育保险　259
省级“四好村”创建　278　295
省级艾滋病综合防治示范区项目建设　252
省纪检监察学会在威远召开全面从严治党座谈会　92
省林业厅领导到山王镇检查护林防火工作　297
省委、省政府及部门表彰的先进个人　328
省委党史研究室领导到威远调研　240
失业保险　259
石板河景区建设　306
石板河旅游景区建设　186
食品药品专项整治　141
市场监管　184
市级财政专项扶贫资金（第二批）　82
市级财政专项扶贫资金项目　82
市容管理　203
市委宣传部领导到越溪镇调研旅游工作　309
市委政法委领导到越溪调研　309
市政管理　198
市政建设、环境保护和安全生产　25
市政设施　198
事业单位改革　62　257
首批环保行政非诉审查案件　119
首批入额检察官选定　117
水利工程蓄水　164
水上交通　209
水生态文明建设　165
水土保持预防监督　164
水土流失治理　164
水政水资源保护与管理　166
水政执法　165
水资源管理　165

税法宣传和纳税服务 151
税收检查 151
税收征管 150
税务稽查 150
司法便民利民 119
司法公开 119
司法鉴定 121
思想政治建设 125
思想政治教育 124
四川白塔新联兴陶瓷集团公司 174
四川百胜药业有限公司 176
四川久润泰科技有限公司 175
四川久润泰科技有限公司无花果系列产品加工项目建成 281
四川省复立茶业有限公司 175
四川省金镭铸业有限公司 175
四川省食品安全示范县通过评估验收 142
四川省威远县严陵中学 219
四川省委、省政府及部门表彰的先进集体 323
四川天娇纺织配件有限公司投入试生产 284
四川听天律师事务所成立 122
四川威玻新材料集团有限公司 173
四川威远西南水泥有限公司 174
饲料质量监督管理 162

T

台商台企服务 58
谭斌 317
唐克友 318
特种设备安全监察 138
提案办理 85
体育产业 255
体育场地建设 255
天宫自来水厂建成投运 313
天然林保护工程 159
铁大路建成投用 313
铁路护路 112
统筹城乡发展 75
统一社会保险费征收和稽核 259
投资转型 153
突出环境问题整改 193
土地资源保护 133
土特名产 19
团结渠大田口渡槽整治工程 166
团鱼凼水厂东线管网延伸工程（靖和段） 291
退耕还林工程及成果专项建设 160
脱贫攻坚 47 82 134

W

外事工作 80
万亩无花果产业示范片 155
王革屏 320
王学斌 320
王跃辉 320
王志远 320
网点分布 153
网格化服务管理 112
网络管理 57
网络建设 213
网络市场监管 137
危险废物管理 195
危险化学品及烟花爆竹监管 139
威远港华燃气有限公司 207
威远河（清溪河）综合治理一期工程 199
威远开展首个全民国家安全教育日学习宣传活动 121
威远名人 21
威远农商银行 190
威远县2016年全国科普日科普益民进社区宣传活动 103
威远县2016年文联工作会召开 104
威远县被教育部确定为全国社区教育实验区 226
威远县被认定为全国义务教育发展基本均衡县 217
威远县昌琪特种水产渔场 162
威远县川康医院建成 284
威远县党政网 246
威远县第二幼儿园 217
威远县第一初级中学 219
威远县第一批农村饮水安全项目结余资金观英滩供水工程 299
威远县第一幼儿园 216
威远县电子政务 246
威远县法学会正式成立 113
威远县佛教协会成立 268
威远县妇联召开第十届执委会第八次会议 99
威远县黄老五土特产食品有限公司 174
威远县基本侨情摸底调查工作完成 81
威远县纪委承办内江市纪检监察机关第一期“审理讲坛” 91
威远县竞力学校 223
威远县科协五届十次全委会 103
威远县老科技工作者协会成立 102
威远县龙会中学 223
威远县青年企业家协会成立 99
威远县摄影家协会 241
威远县诗词学会 245
威远县实验小学 218
威远县史志工作座谈会 240
威远县首届美术作品展在大千美术馆举行 105
威远县书法协会 245

威远县特殊教育学校　225
威远县图书馆　236
威远县委、县政府表彰的先进个人　328
威远县委、县政府表彰的先进集体　326
威远县无花果公园被认定为四川省省级示范农业主题公园　278
威远县严陵镇中心学校　218
威远县镇西文学艺术协会　245
威远县职业技术学校　224
威远县中小学生学籍管理工作经验在全国交流　215
威远县自强中学校　227
威远县作家协会　242
威远中学校　223
违纪案件查处　91
维护妇女儿童合法权益　100
维稳处突工作　112
卫生计生服务体系建设　248
未成年人刑事检察　116
委员活动　86
温家坝五云东路（含温家坝桥梁工程）及滨河景观　198
文化、卫生和体育　24
文化惠民　57
文化精品工程　236
文化市场监管　235
文化遗存　21
文会办理　76
文史活动　86
文物保护　236
文艺创作　104
无公害农产品生产　159
无花果种植　158
吴荣路快速通道威远城区段一期一标段　199
物价走势　261
物业管理　202

X

县2016年上半年党风廉政建设社会评价工作动员会议　92
县2016年下半年党风廉政建设社会评价工作推进会议　92
县“龙传调杯”中年男子篮球赛　255
县地区生产总值首次突破300亿元　74
县第31届青少年科技创新大赛　103
县第二人民医院　253
县第三人民医院　253
县第十六届人民代表大会第二次会议　70
县第十六届人民代表大会第一次会议　69
县第十五届人民代表大会第六次会议　69
县妇幼保健院　253
县侨联四届十次全委会议　103
县人大常委会会议　70
县人民法院淘宝网司法拍卖首次网拍　119
县人民法院执行指挥中心建成　120
县人民医院　252
县镇村换届风气监督　53
县政府常务会议　76
县政协常委会议　88
县政协九届六次全体会议　87
县政协十届一次全体会议　88
县中医医院　254
县忠诚服务奖章授予仪式　115
现代公共文化服务体系构建　48
向义镇休闲渔业示范村　162
项目管理与固定资产投资　127
项目建设　178　183
项目建设工作　106
消防　115
消费维权工作　137
小河镇供水及基础设施建设项目建成投运　315
小河镇生活污水处理厂试运行　315
小微企业发展扶持　136
小型水利工程确权颁证　164
新店镇实现“村村通客运”　275
新媒体思想舆论引导　98
新墙体及散装水泥管理　201
新型农业经营体系专项改革　47
新增蓄引提水能力　165
信访案件复查　59
信访法治化建设　59
信息搜集整理　153
信用监管有力推进　137
刑事检察　116
刑事诉讼监督　116
刑事执行检察　116
行政调解　114
行政复议　114
行政管理　209
行政规范性文件的制定和审查　113
行政权力清理　114
行政权力运行　114
行政执法管理和程序　113
行政执法监督管理　138
行政执法监督检查　113
行政执法与政策法规宣传　239
幸福美丽新村建设　156
休闲农业　157
畜牧示范园区建设　161
畜禽养殖规模化、标准化发展　161
畜禽养殖技术培训及畜牧科技推广工作　162

宣传培训 141
宣教培训 82
学校卫生 251
巡逻防范 115

Y

烟草市场专项整治行动 185
严陵镇跻身全国建制镇综合实力1000强 271
严陵镇新设4个城市社区 270
盐政宣传 186
盐政执法 185
扬尘治理 203
杨全跃 321
养护管理 208
养老保险 259
养老保险制度改革 259
养老服务 265
野生动植物保护管理 160
业务发展 211
业务经营 212
医改工作 247
医疗保险 259
医疗服务管理 248
医疗卫生扶贫 249
依法统计 143
依法行政 141 149
依法治税 151
依法治园 179
银花山庄AAAA级乡村酒店提档升级 311
银花山庄乡村旅游提升示范项目 187
饮用水水源保护 194
应急保障 82
应急处置 83
应急队伍建设 82
应急管理 142
应急救护培训 105
应急演练 82
樱桃产业 295
营销管理 185
优抚安置 264
游勇 321
舆论引导工作 57
园区档案管理 239
园区科技企业孵化器建设 177
园区体制机制创新 61
园区重点项目建设 177
袁开武 318
源头控制 193
源头治理 91
越溪镇第七次党员代表大会闭幕 308

Z

再生资源管理 183
战备和维稳工作 123
战备训练 125
张进 321
招才引智 257
招商“三大”行动 78
招投标管理 132 202
镇便民服务中心工作 80
镇村换届 306
镇西镇食品工业园区广场建成 293
镇域规模工业总产值逾11亿元 273
镇域劳动力收入突破亿元 297
征兵工作 124
正规化管理 125
政策性农业保险 156
政策研究 46
政府网站群建设 246
政府性债务管控 149
政府自身建设 76
政协委员 86
政协委员提案办理 78
政治建设 43
政治协商 84
支持企业发展 145
知识产权 231
执勤处突 125
职称评聘 256
职工文化体育活动 97
职务犯罪预防 116
职业技能培训 258
职业健康安全管理 140
植树造林 160
植物保护 158
志愿服务和党员义工日活动 61
制定“三张清单”推动党建责任落实 55
质量监督管理 137
治安管理 115
中坝村知青纪念馆建成开放 281
中共威远县委第十三届常委会会议 49
中共威远县委第十四届常委会会议 51
中国工商银行威远支行 188
中国共产党威远县第十三届纪律检查委员会第八次全体会议 92
中国共产党威远县第十三届委员会第十次全体会议 49
中国共产党威远县第十四次代表大会 49
中国共产党威远县第十四届纪律检查委员会第一次全体会议 92
中国建设银行股份公司威远支行 189
中国农业发展银行威远县支行 188

中国农业银行威远县支行 188
中国人民财产保险股份有限公司威远支公司 191
中国人寿保险股份有限公司威远县支公司 191
中国银行威远支行 189
中国邮政储蓄银行威远县支行 190
钟玉钦 318
种子及农资经营 158
重大国情国力普查和重点统计局调查 143
重大建设项目档案 239
重点工程建设 273
重点项目建设 181
周功会 318
主任会议 72
主题教育实践活动 108
主席会议 89
主要天气气候事件 233
主要污染物总量减排 194
助学助残助困活动 109
专项执法 137
专项资金审计 152
转型升级加快 74
庄稼医院 183
自然资源 19
自主创新 178
宗教工作 267
综合协调服务 46
组团参加省市残疾人文化艺术节 107

“城镇品质大提升”攻坚行动 204
“个转企”工程推进 136
“归雁”经济发展 136
“金秋助学”活动 96
“农村生活垃圾治理全覆盖”攻坚行动 204
“设施建设增投入”攻坚行动 204
“示范创建作引领”攻坚行动 204
“文明新风促和谐”攻坚行动 205
“五个一千”“学雷锋”实践活动 109
“五失”青少年关爱 109
“城乡儿童心连心”志愿义卖募捐活动 99
“栋梁工程” 82
“放管服”工作 79
“好婆婆·好媳妇”评选活动启动 300
“红盾春雷行动2016” 137
“环境质量大改善”攻坚行动 204
“检察开放日”活动 117
“经管人才+”体系助推企业创新发展 55
“宽带中国·光网威远”工程建设 212
“两纲”实施工作 101
“两学一做”学习教育实施方案 47
“全面经理国库”建设 147
“群众的110 你我的30年”主题集中宣传活动 115
“人大代表联系帮扶再行动” 73
“人大代表送温暖再行动” 73
“三献”工作 106
“三证整合”改革 136
“四好村”创建 156
“四联四包”压实村（社区）“两委”换届工作责任 55
“五个优先五不提名”法 55
“五证合一”改革 136
“阳光助残——为你阅读世界”获中国青年志愿服务项目大赛铜奖 99
“院领导办案月”活动启动 120
0—6岁残疾儿童筛查 106
2015年石漠化综合治理工程二期项目 303
2015年退耕还林工程项目完成133公顷 303
2016年全县主要经济指标运行情况 144
2016年夏季食盐安全整治行动 186
SYE项目 98
《威远年鉴（2015）》出版 241